Droits des télécoms et du numérique

COLLECTION ENJEUX ET DROITS NUMÉRIQUES

Dirigée par Kodjo NDUKUMA ADJAYI

La présente collection traite du Numérique dans ses enjeux sociétaux et juridiques, sous l'angle des réflexions universitaires ou indépendantes. La révolution numérique déploie les limites du cyberespace transfrontière. L'Internet est l'artère du corps social moderne. Nos avatars informatiques vivent dans l'« infosphère », un cybermonde avec des effets cinétiques dans le monde réel. La socialisation du Net est planétaire, grâce à la mise en données du monde (*big data*). Les infomédiaires assurent les fonctionnalités de l'écosystème numérique. La « robolution » se profile avec les objets connectés, l'essor de l'intelligence artificielle.

Le Net libertaire est un défi pour l'impératif de la norme étatique et le monopole de la puissance publique que l'État exerce au nom de tous et de chacun. Les enjeux sont notamment : cybersécurité et souveraineté numérique, vie privée et données personnelles, preuve et signature électroniques, interrégulation, e-gouvernance, économie numérique, us polycentriques du Net et transformations sociales, hétérodoxie des normes rigides (*hard law*), floues (*fluzzy law*) et flexibles (*soft law*)…

À paraître :

Droit de l'économie numérique. E-commerce et dérégulation européenne, française, internationale, africaine, congolaise des télécoms
(Ndukuma Adjayi Kodjo)

Transformation digitale dans l'industrie bancaire et non bancaire
(Gaby Kabue Kayombo)

Kodjo NDUKUMA ADJAYI

Droits des télécoms et du numérique

Profil africain et congolais, prospective comparée d'Europe et de France

L'Harmattan

5-7, rue de l'École-Polytechnique – 75005 Paris

www.editions-harmattan.fr

ISBN : 978-2-343-15722-1
EAN : 9782343157221

À mes enfants :
Raïs, Koane, Marc-Andy et Isra,
pour ces années d'endurance à accomplir
le vœu de votre aïeule Feza partie avant de le voir s'accomplir.
AMDG
kndukuma@hotmail.fr

Le retard est un avantage !
Pourvu que les pays en retard sachent se doter du cadre intellectuel et institutionnel approprié. Ceci en profitant de l'émulation fournie par l'avance des dominants et la soif du développement.

Alexandre Gerschenkron*

Car la sagesse vaut mieux que les perles et a plus de valeur que tous les objets de prix. (Proverbes 8 : 11)

* Voir : Erik. S. REINERT, *Comment les pays riches sont devenus riches, pourquoi les pays pauvres restent pauvres,* traduit par Anne Guèye, revu, corrigé et annoté par Claude Rochet, éd. du Rocher, Paris, 2012, p. 32.

SOMMAIRE

AVANT-PROPOS

Le présent ouvrage est le Tome 2 complétant le Tome 1 publié sous le titre : *Droit de l'économie numérique : E-commerce et dérégulation européenne, française, africaine et congolaise des télécoms*. Il est le résultat des recherches menées depuis les années 2004 à 2017. Le contenu a fait l'objet d'une soutenance publique de thèse de doctorat en sciences juridiques le 16 novembre 2017 à l'Université Paris 1 Panthéon Sorbonne, sous l'intitulé : « Le droit de l'économie numérique en République démocratique du Congo à la lumière des expériences européennes et françaises ». La thèse a été élaborée dès 2012 à l'école doctorale de droit comparé de la Sorbonne (EDDC) et a obtenu la mention « très honorable avec félicitations du jury ».

Cependant, les vues et positions exprimées dans la thèse comme dans cet ouvrage sont celles de l'auteur et ne reflètent pas la position de l'Université, ni ne doivent être considérées comme telles. Les ouvrages, articles, citations et autres exemples mentionnés sont à titre de référence (factuelle) et d'information scientifique.

Dans le corps du présent ouvrage, les références prospectives sur la RDC sont relatives aux trois projets de loi sur les télécoms et les TIC, sur les échanges et le commerce électroniques ainsi que sur la future autorité de régulation des postes, des télécoms et des TIC. Ceux-ci ont été étudiés depuis 2012 par le Gouvernement congolais, avant d'être soumis à l'Assemblée nationale le 19 avril 2017. C'est le 7 mai 2018 que cette dernière a adopté l'un des projets de loi, celui sur les télécoms, à raison de 287 voix favorables de ses députés, sans vote négatif ni abstention, avant de le transmettre au Sénat pour second examen. Sur ce même texte, l'assemblée plénière du Sénat avait sollicité le 28 mai 2018 et obtenu des réponses du ministre des PTNTIC endéans 48 heures. Par rapport aux préoccupations des sénateurs, une étude des services étatiques spécialisés, de la SCPT et de l'ARPTC a révélé le 30 mai 2018 des changements fort critiquables entre le texte initial du gouvernement et celui voté à l'Assemblée nationale.

Leur étude différentielle – à laquelle l'auteur a participé, notamment la rédaction du rapport – a démontré des déviations au regard du double objectif du projet du gouvernement congolais sur la loi des TIC :

- adapter la législation aux impératifs de la sûreté de l'État et à l'évolution de l'industrie des télécommunications ;
- combler les lacunes qui nuisent au bon fonctionnement du marché ainsi qu'à la rentabilité économique de ce secteur pour l'État congolais.

En fait, le projet de loi, tel qu'adopté par la plénière de l'Assemblée nationale le 7 mai 2018, présente des inadéquations profondes entre les objectifs ci-haut fixés dans l'exposé des motifs et les dispositions censées garantir leur réalisation. Le texte de l'Assemblée nationale n'a pas pris en compte l'aspiration à la rentabilité économique et financière du secteur, après avoir bouleversé 381 articles du projet de loi du gouvernement : 8 articles adoptés sur 381, 17 articles permutés, 73 articles adoptés moyennant amendements, 52 nouveaux articles créés, 158 articles purement et simplement supprimés, et en dernier lieu 79 concepts et définitions retenus moyennant reformulations sur les 168 initiaux, 2 créés et ajoutés, 87 supprimés. Notre ouvrage continue de se référer aux numéros d'articles du texte gouvernemental.

En soumettant au Sénat le 30 mai 2018 leur étude sur les inadéquations du travail de l'Assemblée nationale, les services spécialisés du gouvernement, de la SCPT et de l'ARPTC ont explicité leurs observations et propositions en vue de nouveaux amendements par le Sénat. En second examen, ils visent la réhabilitation des instruments de politique publique dans leurs dispositions légales ayant été dénaturées par l'Assemblée nationale.

Premièrement, celle-ci avait purement et simplement supprimé la catégorie d'Exploitant public (SCPT et RENATELSAT) disposant encore de ses droits exclusifs. Elle instituait *sui generis* une « licence des réseaux d'infrastructures de base » au profit du marché. Deuxièmement, elle a arrêté une liquidation astucieuse et antisociale de l'ARPTC. Elle a décidé de retirer le rattachement de l'ARPTC au Président de la République pour la placer sous la tutelle du ministre des PTNTIC. Ce faisant, elle a décidé de l'abrogation de la loi n°014/2002 du 16 octobre 2002 portant organisation et fonctionnement de l'ARPTC pour déléguer sa future création à un décret du Premier ministre. Troisièmement, d'autres dispositions du texte de l'Assemblée nationale sont de nature à compromettre la souveraineté et la sécurité de l'État. Les élections législatives sont prévues au 23 décembre 2018. La dernière session du Parlement pour la 2e législature en cours est annoncée pour la rentrée du 15 septembre 2018. [Ndlr : Jusqu'en 2019, le texte n'a pas été promulgué.] Il est à signaler loi n°018/019 du 9 juillet 2018 relative aux systèmes de paiement [électronique] et de règlement de titres avec des incidences non encore épuisées à l'étude...

Dans ce contexte, les analyses, les conclusions et la prospective du présent ouvrage demeurent inchangées et gardent toute leur pertinence. Le droit positif congolais conserve son *statu quo* par rapport aux télécoms, aux TIC et à l'économie numérique. Les apports de *lege ferenda* de l'ouvrage n'ont donc toujours pas été rencontrés dans la réalité congolaise, tandis que les débats et enjeux politico-techniques en cours abondent dans le sens de notre ouvrage, éclairé par l'expérience et la prospective d'Europe et de France. Un ouvrage dédié portera sur le nouveau visage du droit congolais du numérique, une fois accomplie la promulgation des lois attendues.

L'auteur

Paris, 31 août 2018.

SIGLES ET ABRÉVIATIONS

AAI	Autorité administrative indépendante
ACP-UE	Afrique Caraïbes Pacifique Union Européenne
ACSEL	Association pour le commerce et les services en ligne
ADPIC	Accord sur les aspects des droits de propriété intellectuelle (OMC)
ADSL	Asymetric Digital Subscriber Line (Ligne Numérique à Paire Asymétrique)
Aff.	Affaire
AGCS/GATS	Accord général sur le commerce et les services / General Agreement on Trade and Services
AGTC/GATT	Accord Général sur le Tarif et le Commerce / The General Agreement on Tariffs and Trade
AHATI	Association pour l'histoire des télécommunications et de l'informatique
Al	alter ou alii
al.	Alinéa
AMPS	Advanced mobile phone system
ANFr	Agence nationale des fréquences (France)
ANSSI	Agence nationale de la sécurité des systèmes d'information
ARCEP	Autorité de régulation des communications électroniques et de la Poste
ARJEL	Autorité de régulation des jeux en ligne
ARN	Autorités de réglementation nationales
ARPANET	Advanced Research Projects Agency Networks
ARPTC	Autorité de régulation des postes et des télécommunications de la République Démocratique du Congo
ARPU	Average revenu per user (revenu moyen par utilisateur)
ART	Autorité de régulation des télécommunications
Art.	Article
AT&T	American Telegraph and Telecommunications Company (États-Unis)
AU/UA	African Union / Union africaine
B.O.	Bulletin officiel
BADGE	Brevet d'aptitude délivré par les grandes écoles
BEREC	The Body of European Regulators for Electronic Communications (ORECE, en français)
BIRD	Banque internationale pour la reconstruction et le développement
BM	Banque mondiale
Bull.	Bulletin
C.	Constitution
C. consom.	Code de la consommation
c. ou c/	Contre
C.c.f ou CCF	Code civil français
C.civ	Code civil
C.civ.fr	Code civil français
C.eur.DH	Cour européenne des droits de l'homme
C.F.	Code français

CA	Cour d'appel
CAK	Communication Authority of Kenya (Autorité de la communication du Kenya)
Cass.	Cassation
CCC	Code civil congolais
CCE	Commission de la communauté européenne
CCJA	Cour Commune de Justice et d'Arbitrage (OHADA)
CDR	Call details record
CE	Communauté européenne
CEA/EAC	Communauté d'Afrique de l'Est / Eastern Africa Community
CEDEAO	Communauté économique des États d'Afrique de l'Ouest
CEDH	Convention européenne des droits de l'homme
CEE	Communauté économique européenne
CEEAC	Communauté économique des États d'Afrique centrale
CEMAC	Communauté économique et monétaire de l'Afrique centrale
CEPT	Conférence européenne des administrations des postes et télécommunications
CERT	Computer Emergency Response Team
Cf.	Confères
CGM	Consumer Generated Media
CGU	Conditions générales d'utilisation
Ch.	Chambre
Chap.	Chapitre
CIF	Cost Insurance Freight (Coût de fret et assurance)
CIRDI	Centre international pour le règlement des différends relatifs aux investissements
Civ.	Civil
CJCE	Cour de justice de la Communauté européenne
CJUE	Cour de justice de l'Union européenne
CKT	Congo Korea Telecom
CLI	Caller Line Identity (Identité de la ligne appelante)
CMR	Conférence mondiale des radiocommunications
CNC	Centre national de cinéma et de l'image animée (France)
CNCL	Commission nationale de la communication et des libertés
CNIL	Commission Nationale Informatique et Liberté
CNN	Cable News Network (Chaîne câblée d'information des États-Unis)
CNRS	Centre national de recherche scientifique (France)
CNUDCI	Commission des Nations Unies pour le droit commercial international
col.	Colonne
Coll.	Collection
Collab.	avec la collaboration de
COMESA	Common Market for Eastern and Southern Africa
Comm.	Commerce
CONATEL	Conseil national des télécommunications d'Haïti
Consom.	Consommation
Conv.	Convention
COPIREP	Comité de pilotage de la réforme des entreprises du portefeuille de l'État (RDC)
Cour eur. D.H.	Cour européenne des droits de l'homme
CPCE	Code des postes et des communications électroniques
CPST/FEC	Comité professionnel du secteur des Télécommunications de la Fédération des entreprises du Congo
CPT	Code de la poste et des télécommunications
CRC	Commission de Régulation des communications de Bulgarie
CRDI	Centre canadien de recherche pour le développement international
CREC	China Railways Engineering
Crim.	Criminelle
CRTC	Conseil de la radiodiffusion et des télécommunications canadiennes

CSA	Conseil supérieur de l'Audiovisuel (France)
CSAC	Conseil supérieur de l'audiovisuel et de la communication (au Congo)
CSCE	Centre de surveillance du commerce électronique
CSJ	Cour suprême de justice
CSPLA	Conseil supérieur de la propriété littéraire et artistique
DG	Directeur général ou direction générale
DG Connect	Directorate General for Communications Networks, Content andTechnology
DG INFSO	Directorate General for information Society and Media
DGCCRF	Direction générale de la concurrence, de la consommation et de la répression des fraudes (France)
DGP	Direction générale de la Poste (France Télécom)
DGRAD	Direction générale des recettes administratives, domaniales, judiciaires et de participation (RDC
DGT	Direction générale des télécommunications (France Télécom)
DILA	Direction de l'information légale et administrative
EAC/CEA	Eastern Africa Community / Communauté d'Afrique de l'Est
e-commerce	commerce électronique
e-communications	communications électroniques
éd.	édition(s)
EDGE	Enhanced Data Rates for GSM Evolution
EDI	Échange de données ou de documents informatisé(e)s
e-market	Electronic market (marché électronique)
ENST	École nationale supérieure des télécommunications (Paris)
EPA	Établissement public administratif
EPIC	Établissement public industriel et commercial (France)
EPIC	Entreprise publique industrielle et commerciale (RDC)
ESMT	École supérieure multisectorielle des télécoms (Dakar)
ETP	Emplois à temps plein
EU / UE	European Union / Union européenne
FAI	Fournisseurs d'accès à Internet
FCC	Federal Communications Commission
FEVAD	Fédération des entreprises de vente en ligne
FRATEL	Réseau francophone de la régulation des télécommunications
FTC	Federal Trade Commission
GAFA	Google, Amazone, Facebook et Apple
GAFAM	Google, Amazone, Facebook, et Apple et Microsoft
GAFTAM	Google, Amazone, Facebook, Twitter, Apple et Microsoft
GAJA	Grands arrêts de la jurisprudence administrative (France)
GATS / AGTC	The General Agreement on Tariffs and Trade / Accord général sur le tarif et le commerce (en français)
Gaz. Pal.	Gazette du palais
GPRS	General Packet Radio Service
GSM	Global System for mobile communication
GSMA	GSM Association (Réseau mondial des opérateurs de téléphonie mobile)
HADOPI	Haute autorité pour la diffusion des œuvres et la protection des droits sur Internet
HSDP	High Speed Downlink Packet Access
IBA	Independent Broadcasting Authority (Autorité indépendante de la radiodiffusion et de la télédiffusion, Tanzanie)
ICANN	Internet Corporation for Assigned names and numbers
ICASA	Independent Communications Authority of South Africa (Autorité indépendante des communications de l'Afrique du Sud)
IDA	Association internationale de développement
IDH	Indice de développement humain
IETF	Internet Engineering Task Force

IFC	International Finance Company
IMODEV	Institut du Monde et du Développement
INS	Institut national des statistiques
IRJS	Institut de recherche juridique de la Sorbonne
ISP	Internet Service Provider (Fournisseurs d'accès à Internet)
JCP	Jurisguide – de la semaine juridique – Édition générale
JDI	Journal de droit international
JO	Journal officiel
JOCE	Journal officiel de la Communauté européenne
JORDC	Journal officiel de la République Démocratique du Congo
JORF	Journal officiel de la République française
JOUE	Journal officiel de l'Union européenne
JOZ	Journal officiel du Zaïre
KCA	Kenyan Communication Act (Loi kenyane des télécoms)
L.	Livre
LCEN	Loi pour la confiance en l'économie numérique (France)
LCT (RDC)	Loi-cadre n°013/2002 du 16 octobre 2016 sur les télécommunications en République Démocratique du Congo
LEC	Loi sur les communications électroniques
LECE (RDC)	[Projet de] Loi sur les échanges et le commerce électronique en RDC
LGDJ	Librairie générale de droit et de jurisprudence
LMD	Licence, Master, Doctorat
LME	Loi pour la modernisation de l'économie (France)
LNPA	Ligne Numérique à Paire Asymétrique (équivalent français d'ADSL, Asymetric Digital Subscriber Line)
M.	Monsieur
MCMC	Malaysian Communications and Multimedia Commission
Mél.	Mélange
MIGA	Agence multilatérale de garantie des investissements
Min. PTNTIC	Ministère des Postes, Télécommunications, Nouvelles Technologies de l'information et de la Communication (RDC)
Min. PTT	Ministère des Postes, Téléphones et Télécommunications
Minitel	Medium interactif par numérisation d'information téléphonique
Monusco	Mission d'observation des Nations unies en RDC
MPA & OPA	Millennium African recovery Plan and Omega Plan for Africa (« Nouvelle Initiative africaine »)
NASA	National Aeronautics and Space Administration
NEPAD	Nouveau partenariat pour le développement en Afrique
NTIC	Nouvelles Technologies de l'Information et de la Communication
NTT	Nippon Telegraph and Telephone (La Japonaise du télégraphe et du téléphone)
OCDE	Organisation pour la coopération et le développement
OCPT	Office congolais des postes et des télécommunications (RDC)
OFCOM	Office of communications (Grande-Bretagne)
OFTEL	Office of telecommunications (Grande-Bretagne)
OHADA	Organisation pour l'harmonisation du droit des affaires en Afrique
OIC	Organisation internationale du Commerce
OIF	Organisation internationale de la Francophonie
OIT	Organization for the International Trade
O-L	Ordonnance-loi
OMPI	Organisation mondiale de la propriété intellectuelle
ONP	Open Network Provision (fourniture d'un réseau ouvert de télécommunications)
ONPTZ	Office national de la poste et des télécommunications du Zaïre
op.cit	Opus citatum (ouvrage cité)
Ord.	Ordonnance

Ord.-lég.	Ordonnance-législative
ORECE	Organe de régulation européen et des communications électroniques (BEREC, en anglais)
OTT	Over the top content (opérateur alternatif via internet)
OUA	Organisation de l'Unité africaine
p. ou pp.	page ou pages
P.E	Parlement européen
Parl. Eur.	Parlement européen
PAS	programme d'ajustement structurel
PH	Faisceaux hertziens
PME	Petites et moyennes entreprises
PNR	Passenger name record
préc.	précité(e)
Pro	Professionnelle
PTT	Poste, Téléphone et Télécommunications
PUAM	Presses universitaires d'Aix-Marseille
PUC	Presses universitaires du Congo (RDC)
PUF	Presses universitaires françaises
PVD	Pays en voie de développement
R.E.D.C	Revue de l'école de droit comparé
RASCOM	Regional African Satellite Communications (Organisation africaine de communication par satellite)
RCA	République Centrafricaine
RDC ou RDCongo	République Démocratique du Congo
RDTI	Revue du droit des technologies de l'information
RNIS	Réseau numérique à intégration des services
RENATELSAT	Réseau national de télécommunications par satellite
REZATELSAT	Réseau zaïrois de télécommunications par satellite
RF	République française
RIDE	Revue internationale de Droit économique
RIEJ	Revue internationale d'études juridiques
RJ	Revue de jurisprudence
RSA	République Sud-Africaine (ou Afrique du Sud)
RSS	Really simple Syndication (« souscription vraiment simple ») ou Rich Site Summary (« résumé d'un site enrichi »)
RTD civ.	Revue trimestrielle de droit civil
RURA	Rwanda Utilities Regulatory Authority (Autorité de régulation des services d'utilité publique du Rwanda)
s. ou ss. ou suiv.	suivant(s)
SADC	South African development community (Communauté de développement d'Afrique australe)
SATRA	South African Telecommunications Regulatory Authority (Autorité sud-africaine de Régulation des Télécommunications)
SAV	Services à valeur ajoutée
SCPT	Société congolaise des postes et des télécommunications
SICL	Institut suisse de droit comparé
SMS	Short message service
SMSI	Sommet mondial sur la société de l'information
sous la coord.	sous la coordination de
sous la dir.	sous la direction de
Spim	Spam over Instant Messaging
Spit	Spam over Internet Telephony
SSI	Services de la société de l'information
t.	Tome

TBC	Tanzania Broadcasting Commission
TCC	Tanzania Communications Commission
TCE	Traité instituant la Communauté européenne
TCP/IP	Transfert Communications Protocol / Internet Protocol
TCRA	Tanzania Communications Regulatory Authority (Autorité de régulation des communications de la Tanzanie)
TECE	Traité établissant une Constitution pour l'Europe
TFUE	Traité sur le fonctionnement de l'Union européenne
TGI	Tribunal de grande instance
Th.	Thèse
Th. Doct.	Thèse de doctorat
TLD	Top Level Domain
TMP	Télévision mobile personnelle
TNT	Télévision numérique terrestre
Tri.com.	Tribunal de commerce
Trib. ou Tri.	Tribunal
TSF	Téléphone sans fil
TVR	Télévision de rattrapage
U.C.C.	Uniform Commercial Code
UCC	User Created Content
UE	Union européenne
UE/EU	Union européenne / European Union
UEMOA	Union économique et monétaire ouest-africaine
UGC	User Generated Content
UIT	Union Internationale des Télécommunications
UIT-T	Union Internationale des Télécommunications – Secteur de la normalisation des télécommunications
UMA	Union du Maghreb arabe
UMTS	Universal Mobile Telecommunications System
UNIKIN	Université de Kinshasa
Univ.	Université ou universitaire
UPC	Université Protestante au Congo
USA	United States of America (États-Unis d'Amérique)
V.	Voir
v. ou vs	versus (contre)
VoD	Vidéo à la demande (video on demand)
VoIP	Voix sur Internet (Voice over Internet Protocol)
Vol.	Volume
VPM	Vice-Premier Ministre
Vs	Versus (contre)
WACS	Westafrican cable system (système de câble transatlantique de la côte Ouest de l'Afrique)

CHAPITRE LIMINAIRE

En guise d'introduction

Depuis l'invention du télégraphe au XVIIIe siècle en passant par le téléphone jusqu'à l'Internet des XX-XXIe siècles, l'Europe et la France ont toujours refondé la structure de leurs systèmes juridiques.[1] Leurs institutions politiques ont légiféré graduellement les aspects inhérents aux progrès technologiques. De ce point de vue, « le droit des télécommunications peut être défini comme un ensemble de règles spécifiques qui correspondent à des politiques de télécommunications. Dès 2002, on emploie le terme "Droit des communications électroniques". Le présent terme est adopté en conséquence de la numérisation de l'ensemble des industries et des médias qui recouvrent les télécommunications, la communication audiovisuelle et l'informatique ».[2] La communautarisation a permis une harmonisation des règles de marché entre États européens, tandis que l'Afrique n'a pas assuré la même coordination de ses divers systèmes nationaux.

SECTION I. L'APPROCHE COMPARÉE DES TRANSFORMATIONS DU DROIT DES TÉLÉCOMS À L'ÈRE NUMÉRIQUE

§ 1. Les enjeux de dérégulation des télécoms et du numérique

Partout grâce à l'OMC, l'adoption du droit de la régulation a suscité des défis nouveaux entre les acteurs étatiques et/ou privés pour la séparation des fonctions de régulation, d'exploitation et de réglementation concernant les anciens monopoles des télécoms. Dès lors, les services publics nationaux sont en processus de transformation dans l'économie de marché. Avec le temps, la concurrence sur le marché électronique présente des

---

[1] O. MORÉTEAU et J. VADERLINDEN, *La structure des systèmes juridiques*, Bruylant, Académie internationale de Droit comparé, XVIe Congrès de l'Académie internationale de droit comparé, Brisbane 2002, Bruxelles, 2003, p. 19.

[2] D. POPOVIC, *Le droit communautaire de la concurrence et des communications électroniques*, LGDJ, Paris, 2009, p. 45.

prédominances de l'autorégulation voulue par des forces économiques et l'indépendance du cyberespace.

L'ordre juridique congolais a fait application du modèle international de dérégulation, en libéralisant les droits de l'accès aux télécoms et en instituant des régulations sectorielles. C'est l'œuvre de la loi-cadre n°013/2002 sur les télécommunications[3] et de la loi n°014/2002 portant création de l'Autorité de régulation des postes et des télécommunications[4]. Si ces deux lois sectorielles ont inscrit la RDC dans le processus général des États postmodernes, 15 ans plus tard son cadre juridique est toujours sans préparation suffisante, ni réforme nécessaire par rapport à l'ère numérique.

Malgré la mondialisation des marchés et la globalisation des économies, les niveaux de modernisation administrative diffèrent entre les ordres juridiques européens, français et africains (congolais). Comme l'Internet est le même partout et pour tous, ses phénomènes transfrontières aboutissent à des confrontations des droits et des valeurs sous-jacentes entre États dans la société numérique planétaire. C'est évidemment « [d]ans cette dernière situation, le droit devra se développer dans un sens permettant d'assurer l'existence de certaines valeurs dans la communauté sociopolitique ».[5]

En se basant sur la méthode comparatiste du droit, notre étude ne se limite pas à un catalogue des problématiques juridiques de l'économie numérique entre les systèmes d'Europe (France) et d'Afrique (cas congolais). Elle évite le risque d'un simple mimétisme qui prendrait la forme d'un « copier-coller » du dispositif légal français ou des valeurs sociopolitiques européennes, dans les contextes particuliers de l'Afrique et de la RDC. L'ouvrage procède à des analyses exploratoires et à des synthèses opératoires en droit international, en droits européens, en droit français et en droit congolais pour apprécier avec cohérence leurs régimes face aux défis de l'économie numérique.[6] De la sorte, notre étude entend modéliser des solutions de droit comparé, dans le but de proposer des améliorations et des innovations appropriées au droit positif congolais.

Au préalable, il est nécessaire d'identifier les règles dédiées aux télécoms, leurs limites, leurs carences face aux artefacts sociétaux du

---

[3] Loi-cadre n°013/2002 du 16 octobre 2002 sur les télécommunications en République Démocratique du Congo, JO RDC, 44ème année, numéro spécial, Kinshasa, 25 janvier 2003, pp. 17-46. (Ci-après la « loi-cadre » ou « LCT ».)

[4] Loi n°014/2002 du 16 octobre 2002 portant création de l'Autorité de régulation des postes et des télécommunications, JO RDC, 44ème année, numéro spécial, Kinshasa, 25 janvier 2003, pp. 47-59. (Ci-après « loi n°014/2002 sur l'ARPTC ».)

[5] D. Popovic, *op.cit*, pp. 17-19.

[6] AFTEL, *Internet, les enjeux pour la France*, p. 93, cité par J. Huet, in « Aspects juridiques du commerce électronique : approche internationale », *Les petites affiches*, 26 septembre 1997, n°116, pp. 6-18. É. Caprioli, « Aperçu sur le droit du commerce électronique (international) », in *Souveraineté étatique et marchés internationaux à la fin du 20ème Siècle*, Travaux du CREDIMI, Dijon, 2000, spéc. p. 250. L'économie numérique peut s'entendre « du fait pour une entreprise d'utiliser l'informatique associé aux réseaux de télécommunication pour interagir avec son environnement ».

numérique. L'objectif est de circonscrire l'objet composite d'un droit du numérique. Les institutions juridiques adaptées importent tout autant que l'identification des règles applicables aux phénomènes et enjeux significatifs des mutations du numérique de notre ère.

À l'origine de l'Internet, les télécoms relevaient du régime des services publics de droit administratif,[7] avant qu'elles n'intègrent les régimes libéraux de l'économie des marchés. Il appert que les mesures de libéralisation s'inscrivent dans « la mode de la modernisation administrative » ou encore dans les fondements de la « réforme administrative de l'État ».[8]L'objectif immédiat et durable était de réguler l'ouverture des marchés des télécoms jadis cloisonnés.[9] La « déréglementation » ou « dérégulation » désigne la réforme des règles et des institutions traditionnelles du droit public, ayant transformé les monopoles réglementaires en un système de marché libéralisé, placé sous l'autorité d'un régulateur étatique.[10]

En 1970-1980, les États-Unis ont été le précurseur de la dérégulation des télécoms avant qu'en Europe, le droit communautaire adopte la même politique pour son marché intérieur.[11] En Afrique et en RDC, les accords de l'OMC de 1994 et 1997 ont servi de « passerelle multilatérale »[12] pour appliquer le même schéma de reconfiguration de l'intervention publique dans les marchés électroniques libéralisés.[13] Ainsi, la démonopolisation a entraîné le développement des marchés numériques, tandis que la mondialisation et la globalisation portaient par ailleurs le principal objectif européen de diffusion des technologies à travers le jeu de marché à l'échelon planétaire.[14]

---

[7] G. JÈZE, *Les principes généraux du droit administratif, La notion de service public, les individus au service public, le statut des agents publics*, Dalloz, 3e éd., Paris, 2004, pp. 24 et s. P. AVRIL et J. GICQUEL, *Lexique de droit constitutionnel,* PUF, 4e éd., PUF, Coll. « Que sais-je ? », Paris, 2014 (2003), p. 114. J. CHEVALLIER, *Le service public,* 10e éd., PUF, coll. « Que sais-je ? », n°2359, Paris, 2015 (1987), p. 5. Les auteurs confirment que le service public est une activité d'intérêt général assurée par les pouvoirs publics, pouvant faire l'objet d'une délégation à une personne privée. Cette notion apparaît en France comme la pièce maitresse de la clé de voûte de la construction étatique. C'est elle qui permet de clôturer l'espace étatique sur lui-même, en traçant une ligne ferme de démarcation entre public et privé, mais aussi d'intégrer les différents éléments de la théorie de l'État.

[8] J.-PH. COLSON et P. IDOUX, *Droit public économique*, 8e éd., LGDJ, coll. « Manuel », Paris 2016, pp.198 et s.

[9] *Ibidem*, pp. 472-475 et s.

[10] *Ibid.*

[11] M-A. FRISON-ROCHE, *Les 100 mots de la régulation,* 1re éd., PUF, coll. « Que sais-je ? », 2011, pp. 67-69 et p.114-115. *Verbo* : « Europe » et « Régulation ».

[12] J. DO-NASCIMENTO, « La déréglementation du marché africain des télécommunications », in J.-J. GABAS (sous la dir.), *Société numérique et développement de l'Afrique, usage et politiques publiques,* éd. Karthala, Paris, 2004, p. 123.

[13] C. GUERRIER, « Droit et accords OMC dans le domaine des télécommunications : la problématique », *Droit de l'informatique et des télécoms,* revue trimestrielle, 16e année, 1991, pp. 95-96.

[14] J. CATTAN, *Le droit de l'accès aux communications électroniques,* Coll. Droit de l'information et de la communication, Univ. d'Aix-Marseille, PUAM, Aix-en-Provence,

En d'autres termes, l'internationalisation des réseaux électroniques a donné une nouvelle ampleur au phénomène déjà ancien d'accélération des échanges économiques entre États, d'autant mieux que les télécoms renforcent l'abaissement des frontières et contribuent à l'accélération desdits échanges. [15] En outre, l'économie numérique relève d'« un phénomène radicalement nouveau, celui des échanges économiques sans aucune contrainte de temps et de lieu, portant sur des biens sans corporalité puisqu'il s'agit d'informations ».[16]

Porté par plusieurs facteurs (la technique, l'innovation, les politiques publiques, économiques et industrielles), le fonctionnement du marché électronique a abouti à l'émergence de la société mondiale de l'information. La législation classique telle que pensée au départ puis repensée pour les télécoms, n'est pas toujours en mesure de définir, ni de régir les contingences de la révolution numérique. De façon emblématique, la marchandisation des données personnelles et la propension à la cybercriminalité frappent particulièrement les esprits contemporains. L'intelligence artificielle rend nos objets connectés beaucoup plus intelligents, mais elle interpelle quant à son potentiel et quant à la régulation de ses risques.

De très nombreux défis législatifs sont ainsi nés de la popularisation de l'Internet et de ses usages protéiformes : cybersécurité, souveraineté numérique, preuve et signatures électroniques, e-gouvernance, interrégulation, confiance dans le commerce dématérialisé, identité numérique, intelligence artificielle, techniques intrusives, libertés débridées, ordre public numérique, etc. Ces aspects – sans cesse évolutifs et difficiles à dénombrer – mettent à l'épreuve du renouveau le droit face au numérique. D'expériences comparées, la refondation du droit du numérique s'est opérée sur socle de la régulation sectorielle des télécoms de base.

En RDC, jusqu'à l'an 2000, l'obsolescence du réseau analogique d'État avait réduit drastiquement l'offre des services publics des télécoms. [17] Suivant les estimations de l'UIT en 1996, le pays comptait 0,08 lignes téléphoniques principales pour 100 habitants ou une télé-densité de 36.000 lignes téléphoniques principales, pour ses 45 millions d'habitants à l'époque.[18] Pour le passage au XXIe siècle, l'UIT recommandait à tous les pays du monde de dépasser le seuil d'un téléphone pour cent habitants, soit une télé-densité de 1%.

2015, p. 19. Pour l'Europe, la diffusion des techniques de communications est l'objectif des réformes politiques et juridiques pour insérer les télécoms dans l'économie de marché.

[15] M.-A FRISON-ROCHE, *Les 100 mots de la régulation, op.cit,* pp. 75-76. *Verbo* : « mondialisation ».

[16] *Ibidem,* pp. 93-94. *Verbo* : « globalisation ».

[17] K. NDUKUMA ADJAYI, *Cyberdroit Télécom, Internet, contrats de e-commerce, une contribution au Droit congolais,* Presses Universitaires du Congo (PUF), Kinshasa, 2009, pp. 82-94.

[18] « Exposé des motifs », Loi-cadre n°013/2002 du 16 octobre 2002 sur les télécommunications en RDC, JO RDC, n° spécial, 44e année, 25 janv. 2003, pp. 17 et s.

Cependant, Il y avait seulement 200.000 téléphones au passage à l'an 2000, avec une télé-densité d'un téléphone portable pour 1.300 habitants, soit 0,07% du taux de pénétration de la téléphonie.[19] Depuis 2002, il est constaté une ascension fulgurante du taux de pénétration des technologies de communications numériques. En moins de 15 ans, le marché congolais a connu une croissance spectaculaire de la téléphonie mobile. Et, particulièrement, depuis ces cinq dernières années, celle de l'Internet mobile.

À l'horizon 2010 sur le territoire congolais, le nombre d'usagers des téléphones était ainsi passé de 158.000 en 2001 à plus de 9,45 millions en 2009, soit un taux de pénétration de 0,3% à 18,6%.[20] La croissance annuelle moyenne du nombre de clients actifs de téléphonie mobile était de près de 50% entre 2005 et 2010, de même que celle du chiffre d'affaires sectoriel de l'ordre de 25% chaque année. [21] La progression des abonnements de téléphonie mobile est restée soutenue sur le marché congolais : 11,6 millions en 2010 ; 15,64 millions en 2011 ; 20,25 millions en 2012 ; 28,23 millions en 2013, avec une constance de 20% de taux de pénétration mobile en dépit de la croissance démographique. Les projections de 2016 envisageaient le dépassement du seuil de 35 millions d'abonnés au réseau de téléphonie sur les 70 millions d'habitants selon les estimations.[22] L'observatoire du marché par l'ARPTC confirme ces prévisions en raison de 39.746.740 d'abonnés pour 2015 contre 28.335.503 en 2016 à cause de la déconnexion administrative de certains abonnés non-identifiés. Ces chiffres évoluent constamment ; ce qui traduit le dynamisme du marché et l'appropriation des technologies numériques par les masses populaires.

Aujourd'hui, les télécoms congolaises sont devenues *high-tech,* grâce à la disponibilité d'offre des réseaux à fibre optique et des réseaux 4G/3G. Ce saut technologique est vertigineux d'autant que le pays n'a jamais traversé l'expérience intermédiaire de l'ADSL ou du dégroupage de la boucle locale comme en Europe. En 2016, la souscription de l'accès à l'Internet mobile a atteint 7.157.537 d'abonnés, 2.236.337 utilisant les services mobiles de porte-monnaie électronique.[23] La révolution technologique est atypique en RDC, mais elle a opéré le décloisonnement numérique du pays, en faisant des télécoms l'outil de liaison et de commerce à distance entre plusieurs secteurs et marchés nationaux.[24]

---

[19] *Ibidem.*

[20] Gouvernement de la RDC, *Programme économique et sociale du Gouvernement,* Kinshasa / RDC, 15 septembre 2011.

[21] *Ibidem.* Il est à noter que les chiffres des sources gouvernementales peuvent contraster avec ceux d'autres institutions étatiques en RDC, à savoir : l'Institut national de la statistique et l'Autorité de régulation des postes et des télécoms.

[22] Institut National de la Statistique, *Annuaire statistique 2014,* Ministère du plan et révolution de la modernité / PNUD, Kinshasa, juillet 2015.

[23] ARPTC, *Observatoire du marché de la téléphonie mobile, Rapport du 3e trimestre 2016,* Direction de l'économie et de la prospective, Kinshasa, p. 39.

[24] *Cf.* pour abstract : K. Ndukuma Adjayi, « Les enjeux législatifs de la transition post-conflit dans la société numérique congolaise », *Academic days on Open Government issues,* IMODEV /

Face aux technologies numériques, des transformations des institutions juridiques déterminent en RDC le passage des télécoms vers l'économie numérique, à l'instar de l'Europe et de la France.[25] Nous nous accordons avec Olivier Iteanu lorsqu'il s'interroge sur ces mutations : « Notre droit ne se transforme-t-il pas avec le contact du digital ? Notre réponse à la question est positive. Oui, le droit se modifie sous l'effet du numérique et c'est de cette transformation oubliée que nous proposons de traiter ».[26]

§ 2. Le primat néolibéral des télécoms et l'utilitarisme juridique face au numérique

L'acquis néolibéral congolais s'illustre dans la promulgation des lois de 2002 ayant formellement réorganisé le secteur d'activités des télécoms. Il fallait bien donner écho au modèle pionnier de dérégulation, transbordé depuis les États-Unis et l'Europe à travers l'accord (spécifique) de l'OMC (sur les télécoms de base) de 1994 (et de 1997).[27] Depuis lors, ces lois du 16 octobre 2002 sont restées dans leur état premier. Elles contrastent avec les profondes mutations du service public des télécoms en un véritable marché électronique, à l'aune de la société et de l'économie numériques. C'est seulement depuis avril 2017 que le parlement congolais a débuté et poursuit ses travaux de *lege ferenda* sur les lois des TIC et du commerce électronique.[28] Toujours est-il que « la transformation numérique est une transformation technique et elle appelle désormais une transformation

---

Univ. Paris 1 Panthéon-Sorbonne, Paris, 5 et 6 décembre 2016. [http://cms.imodev.org/nos-activites/europe/france/academic-days-on-open-government-issues-december-5-6th-2016-paris-France/conference-planning-internal-5th-december-2016-fracture-numerique-participation-citoyenne-open-gov/] (consulté le 16 décembre 2016).

[25] O. ITEANU, *Quand le digital défie l'État de droit*, Eyrolles, Paris, 2016, pp.10-11. « Cette transformation est en premier lieu d'ordre technique et technologique. [...] Elle entraîne également un bouleversement des modèles existants. Uber, Airbnb, par exemple, bousculent des modèles économiques établis depuis des décennies. D'autres diront qu'ils détruisent des équilibres économiques et sociaux au sein des sociétés européennes. [...] Cependant, ce phénomène ne génère-t-il pas une troisième transformation, en plus de l'évolution technique et économique ? »

[26] *Ibidem*, p.11.

[27] Accord spécifique de l'OMC sur les télécoms de base (1997) : 4e Protocole de l'AGCS/OMC du 17 février 1997.

[28] Au 7 mai 2018, l'Assemblée nationale congolaise avait adopté en premier examen le projet de loi sur les télécoms et les TIC. Le Sénat y travaille depuis sa transmission dès le lendemain de son adoption. Sa Commission Infrastructures et Aménagement du territoire a produit et fait adopter le 6 novembre 2018 son Rapport relatif à l'examen et à l'adoption du projet de loi relatif aux télécommunications et aux technologies de l'information et de la communication. Au vu de ce rapport, il se dégage des divergences importantes par rapport aux positions des deux chambres législatives : contrairement à l'Assemblée nationale, le Sénat a réhabilité l'exploitant public dans le texte, dans son statut et dans ses droits exclusifs. Une autre loi applicable est à renseigner : la loi n°18/019 du 9 juillet 2018 relative au système de paiement (électronique) et de règlement des titres.

juridique qui doit être conduite, conformément au principe de subsidiarité, à l'échelle nationale et européenne ».[29]

L'utilitarisme juridique irrigue toujours le travail législatif. Il « n'a du reste rien de fortuit. [...] L'homme, qui construit rationnellement son environnement politique et les règles auxquelles il s'assujettit, ne peut le faire qu'en vue de ce qu'il sait être avantageux ».[30] Si les facteurs de législation sur l'Internet sont identiques, le double prisme de comparaison est de politique législative tout autant que de pragmatisme juridique face aux enjeux du numérique. Il est question de rapprocher les objectifs de législation et d'en évaluer l'état des solutions face aux problématiques juridiques du tout numérique.

Comparativement à l'Europe des télécoms, ses institutions politiques et ses États membres réajustent périodiquement leurs cadres réglementaires pour atteindre des objectifs pratiques. Son projet politique s'inscrit dans l'amélioration perpétuelle de la construction du marché intérieur, à travers la volonté de diffusion technologique. Il s'esquisse déjà le « marché numérique unique » au vu des résultats de pleine concurrence et d'harmonisation des règles territoriales au sein de l'Union européenne. En la matière, il faut prendre la mesure des acquis communautaires européens et des lois françaises de transposition en fonction des singularités du droit positif congolais.

Notre ouvrage de droit comparé s'appuie sur le temps législatif comme marqueur des transformations de l'économie et du droit sous le sceau des technologies de l'information.[31] Nous structurons notre analyse autour de deux grandes mutations du marché électronique. En premier lieu, le processus de dérégulation qui s'est opéré en Europe a permis « la modélisation des marchés des télécommunications ».[32] La RDC a adopté les mêmes politiques législatives résultant de la dérégulation mondiale des services publics des télécoms. En démantelant leurs monopoles, les transformations du droit sont parvenues à l'instauration du jeu de la concurrence, sans laquelle le développement des techniques et des marchés

---

[29] J.-M. SAUVÉ, « Séance d'ouverture », in Conseil d'État, *La France dans la transformation numérique : quelle protection des droits fondamentaux ?*, un colloque organisé par le Conseil d'État le 6 février 2015, La documentation française, Coll. Droit et débat, DILA/Conseil d'état, Paris, 2016, p. 9.

[30] ÉPICURE, « Maximes », in V. GOLDSHMIDT, *La doctrine d'Épicure et le droit,* éd. Vrin, 1977, p. 19-21.

[31] A. MBAUNEWA NKIERI, *Droit congolais des télécommunications, état des lieux, analyse critique et comparative,* Juricongo, Kinshasa, 2012, p. 13. L'approche de cet auteur praticien du droit se limite au droit national congolais. Son « questionnement juridique central [...] se résume en un point : Le droit positif congolais des télécommunications a-t-il été édicté en tenant compte des sources matérielles objectives et rencontre-t-il les défis générés par les nouvelles technologies de l'information et de la communication ? ».

[32] N. SHUTOVA, *Monopole naturel, marchés bifaces, différenciation tarifaire : trois essais sur la régulation de télécommunications*, th. Doct., sous la dir. Laurent Benzoni, Université Panthéon-Assas, Paris, 24 septembre 2013, p. 21.

n'aurait pas été possible, ni l'économie numérique. Les défis juridiques de l'Internet sont apparus par la suite, dans l'étape supérieure en cours, permettant d'étendre le champ du droit des télécoms aux communications électroniques et aux services de la société de l'information.

Autour du questionnement ci-dessous, la logique de notre étude s'engage dans une finalité tant « descriptive »[33] que raisonnablement « prescriptive »[34] en fonction de son approche « comparative ».[35] Sur les continents européen et africain, il faut savoir quelles sont les sources matérielles du droit de l'économie numérique. Quel est l'état des réponses de réglementation, face aux défis juridiques analogues en France et en RDC au regard des évolutions de la technique et du marché numériques ? Comment schématiser les expériences de réforme législative et modéliser les transformations du droit afin de répondre aux besoins présents et futurs d'encadrement des secteurs congolais des TIC[36]?

Quelle est la situation de l'État et de l'effectivité de la puissance publique, face à la problématique que « l'on appelle parfois le "non-droit" du cyberespace perçu comme un manque d'effectivité des lois et jugements étatiques face au développement corrélatif d'un "alter-droit" plus ou moins spontané, susceptible d'éviter le recours aux lois et tribunaux nationaux mais non de s'y substituer sans leur autorisation »[37]? Comment assurer pour le marché numérique territorial, la durabilité des dispositions nationales, tout en intégrant les règles supra- ou transnationales dans l'ordre étatique ?

---

[33] A. BAMDÉ, *L'Architecture normative du réseau Internet, esquisse d'une théorie*, L'Harmattan, coll. Le droit aujourd'hui, Paris, 2016, p. 13 et s. L'approche descriptive est celle qui reste « de pure connaissance, de compréhension du réel et, plus encore, de recherche d'une vérité universelle ».

[34] *Ibidem.* Notre ouvrage observe raisonnablement, après comparaison, une manière prescriptive pour contribuer à l'évolution du droit en RDC. En revanche, dans sa manière d'étudier l'architecture de l'Internet, le docteur en droit, Aurélien Bamdé, a choisi de ne pas en aborder l'objet sur le volet prescriptif et s'est limité à l'approche descriptive. Cette dernière est déjà difficile, dans les analyses sur l'« architecture normative du réseau Internet : esquisse d'une théorie ». En effet, l'approche prescriptive répond à une « action de prescrire repos[ant] sur des jugements des valeurs. [Cela] implique, par définition, une appréciation délibérément subjective de ce sur quoi ils portent. Cela conduit, dès lors, à la construction d'une idéologie laquelle se caractérise par son contenu, fait de propositions prescriptives, dont la fonction est d'indiquer ce qui doit être ». C'est aller au-delà du descriptif.

[35] P. LEGRAND, *Le droit comparé*, PUF, 5e éd., coll. « Que sais-je ? », Paris, 2015 (1999), p. 50.

[36] N. COUTINET, « Les technologies numériques et leur impact sur l'économie », Cahier français, *La société numérique,* n°372, La documentation française, Paris, 2013, pp. 20-26, spéc. p. 21. Le secteur des TIC, tel qu'il a été défini en 2008 par l'OCDE, comprend des secteurs producteurs des TIC (fabrication d'équipements informatiques), les secteurs distributeurs des TIC (commerce de matériels informatiques) ainsi que le secteur des services de TIC (télécoms, services informatiques et audiovisuels).

[37] V. PIRONON, « Les nouveaux défis du droit international privé : site actif, site passif, activité dirigée », in J. ROCHFELD (sous la dir.), *Les nouveaux défis du commerce électronique,* LGDJ, Lextenso éd., 2010, p. 94.

Dans l'écosystème numérique transfrontière, comment assurer à la RDC la particularité de ses paradigmes du droit, tout en s'ouvrant aux standards internationaux dictés par la globalisation ? Notre étude répond à toutes ces problématiques : l'Union européenne a un cadre de références juridiques appropriées, grâce à la riche expérience de sa « communauté » des États.[38]

Actuellement, la révolution numérique est une réalité pour tous les États africains.[39] Pour causes, à partir des années 1990 : l'ouverture des fonctions collectives de services publics à l'économie des marchés, les transformations de l'économie et du droit comme à la fois la base et l'effet des progrès technologiques. Les cloisons administratives de l'Afrique ont volé en éclat sous les poussées de l'américanisation, de l'européanisation, de la mondialisation du modèle de dérégulation internationale de l'économie. Sous l'égide de l'OMC, le reste du monde a adopté en 1994 le modèle occidental de l'économie néolibérale.[40]

Dans ce cadre, les États du monde ont conclu le 15 février 1997 un accord spécifique consacré aux services des télécoms de base, à l'exception

---

[38] [www.europa.eu] (consulté le 17 mars 2017). Au 1er janvier 2016, l'Union européenne compte 28 États avec des cultures juridiques variées, une population importante (plus de 510,1 millions d'habitants) et des stades de développement aux minima dépassant bien ceux de l'Afrique.

[39] ALINDAOU (Consulting international), *La révolution numérique en Afrique : le saut qualitatif pour fournir les biens et services*, Étude présentée au Forum Forbes Afrique, Brazzaville, juillet 2015, pp. 45. Ces études publiées par Forbes Afrique en 2015 attestent des taux d'utilisation des TIC en hausse sur le continent. En 2013, la téléphonie cellulaire enregistrait 617.279.080 personnes, dont nombreux utilisent une connexion Internet via des modes d'accès mobiles : *USB data Internet, box ou bornes wifi*. Des réseaux nationaux à fibre optique sont installés. Mais, c'est surtout la téléphonie mobile 3G et 4G qui assure les connexions pour une moyenne de 70% de la population africaine à l'Internet. L'Afrique compte 167 millions d'utilisateurs d'Internet (sur les 3 milliards dans le monde). 160 opérateurs mobiles composent son « paysage télécom », soit une moyenne de 3 opérateurs par pays. La contribution des TIC au PIB est estimée à 18 milliards de dollars américains. Cependant, le taux d'accès à l'Internet haut débit reste encore faible en Afrique : seulement 2 pays africains dépassent le seuil des 50% (Maroc et Seychelles). Ils sont suivis de l'Afrique du Sud, de l'Île Maurice, du Kenya et Nigéria, qui enregistrent des taux compris entre 38 et 50%. Treize pays ont des taux compris entre 10 et 20% et le reste (dix-huit pays) comptent moins de 10% de leur population ayant accès à Internet. Les études de Forbes Afrique citent également d'autres indicateurs du secteur africain des télécoms. La téléphonie mobile est un marché qui produit 7% des recettes fiscales totales de l'Afrique subsaharienne, soit près de 71 milliards de dollars entre 2000 et 2012, selon le rapport spécialisé de « *Bearing point* ». Pour GSMA, « la croissance [de ce] secteur [...] a eu un impact direct de 32 milliards USD, incluant le paiement de 12 milliards USD de taxes et a généré environ 4,4% du PIB de la région (en incluant les effets de la technologie mobile sur la productivité du travail) créant plus de 3,5 millions d'emplois temps plein (ETP) ».

[40] C. GUERRIER, *op.cit*, pp. 92 et s. Il est à noter que « [l]es principales puissances, les États-Unis d'Amérique, Japon, Union Européenne, avaient des intérêts divergents, qu'il fut nécessaire [de surmonter] pour parvenir à un compromis. Le 15 février 1997, soixante-neuf gouvernements, correspondant à plus de 90% des recettes induites par les télécommunications en 1996, se sont engagés à appliquer [l'accord spécifique de l'OMC sur les télécoms] ».

des services à valeur ajoutée.[41] Sous le couvert de cet accord spécifique de l'OMC, les services dits « télécoms de base » sont : la téléphonie vocale, la transmission de données, le télex, le télégraphe, la télécopie, les services de circuits loués privés, les systèmes et services par satellites, la téléphonie cellulaire, les services mobiles pour données, la radio-recherche, les systèmes de communications personnelles.

En réalité, c'est par « mimétisme contraint »[42] que finalement la RDC en 2002 s'engage dans la tendance générale de dérégulation des marchés des télécoms. Auparavant, l'ex-Zaïre (d'avant 1997[43]) faisait partie de ces grands États africains, comme le Nigéria, qui n'avaient pas ratifié le protocole de l'OMC ou étaient restés en marge du processus.[44]

Ainsi sur le marché électronique en RDC, l'existence réelle de« nouveaux entrants »[45] avait précédé depuis 1987-1989 la mise en place du cadre juridique de libéralisation des télécoms en 2002. Tout autant, la question demeure quant au fonctionnement des institutions étatiques appropriées. La technique et le marché ont été en avance sur les règles du jeu. Cet état de fait demeure encore prégnant en RDC. Il motive davantage et complexifie à la fois les réformes à mener pour adapter la réglementation et la régulation au regard de l'économie numérique congolaise.

Dès lors, les facteurs de législation européenne et française servent de base de comparaison sur la façon dont le droit congolais appréhende l'économie numérique. Le « temps législatif » – dû à la démarche processuelle des institutions politiques – contraste avec le « temps des réseaux » numériques, dont la vitesse d'évolution apporte une accélération aux transformations sociales de notre ère.[46] Aussi, un temps propre au droit participe-t-il de sa « force instituante » afin de réaliser la construction sociale, à travers la fiction opératoire de la « temporalisation ».[47] En effet, les règles et institutions juridiques répondent d'une temporalité sociale : « le législateur qui veut opérer de grands changements doit s'allier, pour ainsi

---

[41] *Ibidem.* C'est ainsi que le 4e protocole fut annexé le 15 février 1997 à l'accord général sur le commerce des services (AGCS/OMC de 1994).

[42] J. DO-NASCIMENTO, « La déréglementation du marché africain des télécommunications », in GABAS J.-J. (sous la dir.), *Société numérique et développement de l'Afrique, usage et politiques publiques,* éd. Karthala, Paris, 2004, p. 140.

[43] Avant la date du 17 mai 1997, la République Démocratique du Congo s'appelait le Zaïre qui fut sa dénomination au moment des accords de l'OMC de 1994 et 1997.

[44] C. GUERRIER, *op.cit,* p. 93. Les États ayant ratifié le 4e protocole de l'OMC en 1997 sont les suivants : deux pays du Maghreb : le Maroc, la Tunisie ; parmi les nations d'Afrique noire : en Afrique de l'Ouest, la Côte d'Ivoire, le Sénégal et le Ghana, et en Afrique australe, l'Afrique du Sud.

[45] M.-A. FRISON-ROCHE, *Les 100 mots de la Régulation*, PUF, coll. « Que sais-je ? », Paris, 2011, p. 100. Verbo « nouvel entrant ». Ce terme désigne un opérateur extérieur au secteur ou au marché mais qui vient d'y entrer.

[46] M. ROQUES-BONNET, *Le droit peut-il ignorer la révolution numérique ?,* éd. Michalon, Paris, 2010, p. 15 et s.

[47] F. OST, *Le temps du droit,* éd. Odile, Jacob, Paris, 1999, pp. 4 et s.

dire, avec le temps, ce véritable auxiliaire de tous les changements utiles… ».[48]

Le temps imprègne l'évolution des techniques, le développement des marchés et également la production du droit. Et pourtant, « ce n'est pas la même chose de changer une technique et une loi ; la loi, en effet, pour se faire obéir n'a d'autre force que l'habitude, laquelle se manifeste qu'après beaucoup de temps, de telle sorte que passer facilement des lois existantes à d'autres lois nouvelles, c'est affaiblir la puissance de la loi ». [49] Par conséquent, l'historicité des phénomènes technologiques majeurs empreint notre étude juridique afin de situer la comparaison des expériences du droit de l'économie numérique entre la France et la RDC.

Analyser les évolutions des sources du droit dans le temps est un volet suffisant de droit comparé. Rapprocher plusieurs droits étrangers est tout aussi un apport majeur de la méthode comparatiste. [50] Les législations nationales présentent des facteurs de différenciation entre eux, mais aussi des objectifs de changements similaires. Les convergences et les divergences à dégager d'un ordre juridique à un autre permettent une synthèse de propositions pratiques et théoriques en fonction des besoins d'efficacité juridique en RDC.

Sans se confondre au droit international ni l'ignorer, le droit comparé est propice pour apprécier l'état des législations nationales face à l'économie numérique, surtout au regard de son caractère transfrontière. [51] La globalisation des échanges numériques laisse fondamentalement « entendre l'altérité ». [52] Par conséquent, « l'intervention comparative répond à une recherche du comparatiste à l'affût d'un sens à donner à son itinéraire professionnel non seulement par rapport à la culture juridique locale, mais eu égard au champ des études comparatives dans lequel il choisit de s'inscrire, où il se situe relativement à ses prédécesseurs, aux recherches que ceux-ci ont menées et aux enseignements qu'ils ont préconisés ».[53]

Le droit comparé doit apporter son normativisme et son instrumentalisme, afin d'enrichir l'adaptation des normes étatiques congolaises. En appui de 17 contributions nationales différentes, le rapport général de l'Académie internationale de droit comparé a élaboré la théorie

---

[48] M. BENTHAM, *De l'influence des temps et des lieux en matière de législation,* Œuvres, éd. E. Dumont, Bruxelles, Coster, 1829, t. I, p. 194.

[49] ARISTOTE, *Politique,* Livre II, trad. par J. Aubonnet et M.-L. Desclos, éd. Les belles lettres, Paris, 1998, p. 63.

[50] Le Professeur David Capitant, directeur de l'école de droit comparé de la Sorbonne (EDDC), rappelait les deux atouts ci-dessus de ce droit, lors de la cérémonie officielle de rentrée universitaire 2015-2016, dans sa présentation de ladite école en salle Richelieu (Paris 1).

[51] A. CAPRIOLI, *Droit international de l'économie numérique, les problèmes juridiques liés à l'internationalisation de l'économie numérique,* 2e éd., LexisNexis, Litec, coll. Pratique pro, 2007, pp. 1 et 5.

[52] P. LEGRAND, *Le Droit comparé,* PUF, coll. « Que sais-je ? », Paris, 1999, pp. 50 et s.

[53] *Ibidem*, p. 50.

générale de la structuration des systèmes juridiques.[54] Dans une triple dimension explicative, la théorie du droit a retenu en dernier lieu l'appréhension juridique des faits, en plus du normativisme et de l'instrumentalisme du droit. Notre étude adopte une « approche phénoménologique »[55] qui suscite trois formes possibles d'appréciation des faits technologiques et économiques considérées dans le champ du droit.

Plusieurs assertions sont possibles à l'égard de certains faits nouveaux de l'économie numérique. Le droit peut rester indifférent en adoptant une « attitude de neutralité ».[56] En fonction de la pertinence de certains autres, le droit peut également leur réserver, selon son entendement, une « assertion normative » s'ils sont bons ou une sanction s'il les répute « mauvais ».[57]

Les institutions et les États de l'Union européenne réajustent périodiquement leur cadre réglementaire pour atteindre des objectifs pratiques, au regard des transformations numériques du marché et de l'économie. En fonction de l'utilitarisme juridique,[58] les objectifs législatifs européens et français sont à comparer avec ceux de la RDC à travers les ajustements de leurs cadres juridiques.

Au niveau européen, les acquis communautaires sont marqués par les objectifs législatifs mettant en lumière les apports des transpositions françaises. Le secteur des télécoms connaît en RDC la même transition numérique qu'en France et partage les mêmes objectifs politiques de dérégulation. Toutefois, le droit congolais se singularise quant au niveau de réalisation du processus des réformes, quant aux résultats sur le marché et quant à la qualité des solutions de droit.

SECTION II. LA REFONDATION DU DROIT CONGOLAIS DE L'ÉCONOMIE NUMÉRIQUE SUR LE SOCLE DE LA DÉRÉGLEMENTATION MONDIALE DES TÉLÉCOMS

En France, la doctrine constatait déjà que « l'émergence du réseau électronique confirme le débordement du cadre institutionnel établi en 1958 ».[59] En « allant au-delà d'une simple "organisation du conflit entre

---

[54] O. MORÉTEAU et J. VADERLINDEN, *op.cit*, pp. 17-85. En résumé, « Les Institutions comme les mentalités évoluent. Les structures dans lesquelles leur expression se moule sont, dans nombre de systèmes, presqu'éternelles. En tout cas, en ce qui concerne les structures externes. En effet, divers phénomènes contemporains [...] conduisent au développement accéléré de structures internes fondamentales dont les formulations fort semblables en apparence se révèlent, à l'examen, propres à chaque système ».

[55] *Ibidem*, p. 62.

[56] *Ibid.*, p. 19.

[57] *Ibid.*

[58] ÉPICURE, « Maximes », in V. GOLDSHMIDT, *La doctrine d'Épicure et le droit,* éd. Vrin, 1977, p. 19-21.

[59] M-C. ROQUES-BONNET, *Le droit peut-il ignorer la révolution numérique ?,*éd. Michalon, Paris, 2010, p. 63.

pouvoirs exécutif et législatif[60] ", nos représentants légitimes n'ont plus forcément la compétence technique requise pour "dire le droit" du réseau. ».[61]À l'épreuve de l'Internet et de la globalisation, le droit congolais peut-il se suffire de la déréglementation des télécoms et « ignorer la révolution numérique ? ».[62] Au rythme de l'Europe des télécoms, la France a opéré graduellement les transpositions du « millefeuille réglementaire européen » dans son système juridique national. Depuis l'invention du télégraphe de Chappe au XVIIIe siècle, le droit français a appréhendé successivement les enjeux des lignes télégraphiques et téléphoniques, des réseaux câblés à fil de cuivre et sans fil, des bouquets Internet ADSL et des réseaux multimédias 3G, 4G, 5G. Et ce, jusqu'à la popularisation des connexions Internet via la fibre optique.

§ 1. Le droit congolais des télécoms au vu des expériences internationales et comparées

Sur le plan technique, les technologies disponibles en RDC correspondent bien aux mêmes évolutions du marché et aux mêmes générations des techniques (analogiques et numériques) qu'en Europe. Au fur et à mesure, de nouveaux usages sociaux et des filières économiques se sont structurés autour des télécoms. En sortant sans transition du « désert téléphonique » aux générations successives des réseaux cellulaires GSM et à la fibre optique.[63]Elle montre paradoxalement une nette impréparation de son ordre juridique et institutionnel dans le domaine des TIC.

Le droit sectoriel congolais de 2002 n'a pas connu de mise à jour législative comme en Europe, sauf l'édiction de plusieurs actes administratifs et réglementaires. Pour leur part, les États européens ont élargi aux communications électroniques [64] le droit initial des télécoms en l'intégrant dans l'économie numérique.[65] L'Europe et la France ont opté

---

[60] P. MONTANE DE LA ROQUE, « Propositions pour un nouveau régime », *Écrits politiques et constitutionnels,* Toulouse, Presses de l'IEP de Toulouse, 1982, p. 37.

[61] M-C. ROQUES-BONNET, *op.cit.*, p. 63.

[62]*Ibidem*.

[63] « Exposé des motifs », LCT-RDC, JO RDC, n° spécial, 25 janvier 2003, p. 47. Pour l'an 1996, le journal officiel de la RDC rapportait « une télé-densité de 0,08 lignes téléphoniques principales pour 100 habitants ou au total de 36 mille lignes téléphoniques principales ». Pour le troisième trimestre 2016, soit 20 ans après, la RDC compte plus de 28 millions d'abonnés téléphoniques au réseau mobile GSM, 7 millions de souscriptions Internet mobile (3G) et plus de 2 millions d'utilisateurs de transfert de la monnaie électronique via leurs téléphones. *Cf.* ARPTC, *Observatoire du marché de la téléphonie mobile,* Rapport du 3e trimestre, préc., p.3.

[64] Article L.32-1, 3°, CPCE (France).

[65] *Cf.* Pour la France : Loi pour la confiance en l'économie numérique dite « LCEN » ; loi n°2004-669 relative aux communications électroniques et aux services de communications audiovisuelles. Pour l'Europe : Directive 2000/31/CE du Parlement européen et du Conseil du 8 juin 2000, relative à certains aspects juridiques des services de la société de l'information, et notamment du commerce électronique, dans le marché intérieur (« *directive sur le commerce électronique* »), JO CE n°178, 17 juillet 2000.

pour « l'inscription du droit à venir dans un contexte de globalisation, non seulement économique, mais aussi juridique ».[66]

Suite à la libéralisation des services des télécoms et à la révolution numérique, les lois nationales font plus largement référence aux services de la société de l'information.[67] Ainsi, « dans tous les États membres de l'Union, la vague d'innovation qui résulte de la convergence des technologies de télécommunications et de traitement de données a mené à une réflexion sur l'avenir de l'organisation du secteur des télécommunications et la nécessité d'un ajustement réglementaire ».[68]

En revanche, le droit positif congolais reste limité dans sa logique sectorielle, alors que de nouveaux défis législatifs submergent l'état du droit congolais. Au regard des expériences européennes et françaises, ces défis nécessitent un parachèvement et des correctifs du cadre de dérégulation du secteur du numérique.

Sur l'axe primaire des réformes, la loi-cadre de 2002 n'affirme pas de manière explicite le principe de la liberté d'offre des services de télécoms. Elle maintient encore en faveur de l'exploitant public, des droits exclusifs sur les infrastructures ou le réseau de base. Sur l'axe secondaire des réformes, l'accession du pays à l'économie numérique entraîne d'autres types d'enjeux juridiques du numérique. Ceux-ci dépassent le cadre sectoriel prévus pour les télécoms, d'autant que la législation congolaise ne prévoit pas de régime pour plusieurs aspects des activités numériques : commerce en ligne, données personnelles, paiement et monnaie électroniques, cybercriminalité, preuve et signature numériques... Dans le monde entier, l'avènement de la société numérique devient le centre des « forces créatrices » des nouvelles institutions juridiques.[69]

Effectivement, Léon Duguit est « de ceux qui pensent que le droit est beaucoup moins l'œuvre du législateur que le produit constant et spontané des faits ».[70] Les lois des télécoms sont largement dépassées dans leur portée sectorielle au regard de la transversalité de l'Internet.[71] Ce dernier relie les

---

[66] J. CATTAN, *op.cit.*, p. 24. Pour cette affirmation, l'auteur fournit des références. J.-B. AUBY, *La globalisation, le droit et l'État,* LGDJ, coll. « systèmes », 2e éd., Paris 2010. M.-C. PONTHOREAU, « Trois interprétations de la globalisation juridique. Approche critique des mutations du droit public », *AJDA*, 2006, p. 20 et s.

[67] Directive [européenne] 2000/31/CE du 8 juin 2000 sur les aspects juridiques de la société de l'information, préc.

[68] Commission européenne, « vers une économie européenne dynamique », *Livre vert sur le développement du marché commun des services et équipements de télécommunication,* COM (87) 290 final. J. CATTAN, *op.cit.*, p. 20-21.

[69] M. DELMAS-MARTY, « À l'heure de la mondialisation, nous avons besoin d'un droit flou », in *Libération*, Paris, 23 septembre 2016. Selon l'auteur, « La règle fait aller le droit [...] Mais parfois la réalité ne se plie pas, ou échappe, parce qu'elle a pris des formes inédites ou trop complexes, à la "linéaire" du droit [...] mett[a]nt le droit au défi ».

[70] L. DUGUIT, *Les transformations générales du droit privé depuis le Code Napoléon,* 2e éd. revue, La Mémoire du droit, Paris, 2008, p. 3.

[71] F. VON HAYEK, *Droit, législation, liberté*, t. I, PUF, Paris, 1979. Selon Hayek, l'ordre artificiel de l'État interventionniste, qu'il qualifie de *« taxis »,* est partisan et peu au fait des

marchés et des secteurs économiques distincts, tout en étant un lien et un lieu de déplacements d'enjeux de plusieurs ordres. L'essor de ces derniers constitue une source matérielle du « droit de l'économie numérique » pour le présent et l'avenir de la société congolaise de l'information. En attendant le renouveau de la législation congolaise au vu des transformations numériques, le pragmatisme juridique permet l'adoption des mesures administratives et l'application des lois du marché (*soft law*) sous l'encadrement des autorités nationales de réglementation (ARN). Leurs décisions infra-législatives apportent, en attendant, quelques réponses de droit par rapport aux nouveaux défis législatifs du numérique en RDC.

À la suite de la dérégulation mondiale du secteur des télécoms de base,[72] les communications électroniques se sont développées dans les différents marchés nationaux. Elles sont devenues le vecteur de l'économie et constituent le socle de la société numérique.[73] Cette évolution de la « Cybersociété [74] » se réfère au « cyberespace, défini comme une interconnexion mondiale des réseaux qui transmettent, traitent ou stockent des données numériques, [...] sans limite spatio-temporelle.».[75] Les « enjeux du numérique » concernent différents axes : « Internet, économie et pouvoir », « Internet, démocratie et politique », « Neutralité et gouvernance d'Internet ».[76] La révolution numérique se confirme, elle devient une « source réelle du droit »[77] et « la grande innovation de la réglementation ».[78]

---

informations pertinentes. Il lui oppose l'ordre spontané du marché, qu'il qualifie de *« cosmos »,* susceptible de produire une organisation sociale informée et impartiale. Le législateur propose le droit comme moyen d'encadrement des offres et des pratiques du marché, car les « lois souples » de ce dernier ne sauraient satisfaire à elles seules, l'intérêt général.

[72] J.-PH. COLSON et P. IDOUX, *Droit public économique*, 8e éd., LGDJ, coll. « Manuel », Paris 2006, pp. 466 et s.

[73] P. TRONQUOY, « La société numérique, La révolution numérique », *Cahiers français*, n°372, *op.cit.*, p. 1. « Parler de société numérique signifie que tous les aspects de la vie sociale, l'économie, l'organisation du travail, les relations interindividuelles, la culture, les loisirs... se trouvent concernés. »

[74] M. QUÉMÉNER, *Cybersociété. Entre espoirs et risques*, L'Harmattan, coll. Justice & Démocratie, Paris 2013 pp. 1-227.

[75] M. WATIN-AUGOUARD, « Préface cyber-guerre mondiale ? : la vision stratégique », in X. RAUFER, *La première cyber-guerre mondiale*, MA éditions, Paris 2015, pp. 9-10.

[76] M. QUÉMÉNER, *op.cit.*, p. 19-31.

[77] V.-L. BENABOU et J. ROCHFELD, *À qui profite le clic ? Le partage de la valeur à l'ère numérique*, Coll. Corpus, éd. Odile Jacob, Paris, 2015, p. 25. G. CORNU, *Vocabulaire juridique,* 11e éd., PUF/Quadrige, Paris, 2016 (1987),p. 980. *Verbo* « sources ». Dans les faits, la généralisation des techniques numériques et l'expansion rapide de l'Internet dans la société ont donné lieu à la révolution numérique. Elle est à la base des transformations sociales, mais elle se présente comme portant des données morales, économiques, sociales et politiques, qui suscitent l'évolution du droit.

[78] J. CATTAN, *op.cit.*, p. 20.

Ainsi, il est devenu indispensable de « révolutionner » le droit des télécoms de 2002, au vu de la « transformation numérique »[79] du marché, de l'économie et de la société. Depuis 2012, le gouvernement congolais examine trois projets de lois conjoints concernant, selon leurs intitulés : 1° les « télécoms et les TIC », 2° les « échanges et le commerce électroniques » et 3° la réforme de l'ARPTC en « ARPTNTIC ».[80] Ces textes de loi ont été présentés et déclarés recevables en séance plénière de l'assemblée nationale le 19 avril 2017.[81] Ils engagent le législateur à un renouveau du cadre juridique pour un droit congolais de l'économie numérique. Il s'agit de la deuxième série des réformes après la première déréglementation de 2002. L'économie numérique commande de pallier le retard des lois figées dans une approche sectorielle. Il s'agit aussi de corriger les erreurs et les défaillances de la loi-cadre actuelle sur les aspects liés à la révolution numérique.

Sur le volet marchand, les défis juridiques de l'économie numérique et du commerce électronique dépassent les objectifs politiques de la dérégulation sectorielle. Hélas, les lois congolaises de 2002 n'ont jamais franchi le niveau correspondant en 1990 aux directives ONP en Europe ou aux lois d'organisation des télécoms de 1996 en France.[82] En réalité, les autorités politiques de la RDC entendent « refondre » les textes de loi des télécoms et transcender leur portée sectorielle surannée. Ainsi, la prospective immédiate de *lege ferenda* permet, grâce à un régime approprié, de remédier aux vides juridiques concernant les données personnelles, la cybercriminalité et d'autres activités numériques dans le pays.

En effet, les récents « bouleversements technologiques, économiques et sociaux des industries de la culture et des médias mettent en évidence la transformation de ces secteurs et nous conduisent à analyser à la fois la

---

[79] WATIN-AUGOUARD, « Préface », in F. LORVO, *Numérique : de la révolution au naufrage ?*, éd. Fauves, Paris, 2016, p. 7. « Cette transformation numérique est le fruit d'une succession d'avancées technologiques mises au point de façon souvent empirique par des pionniers, bâtisseurs d'un nouveau monde, qui n'imaginaient sans doute pas la forme que prendrait leur "cathédrale sans plan". »

[80] *Cf.* Lettre n°CAB/PM/CNTIC/PCK/2015/8005 du 17 décembre 2015 du Premier ministre de la RDC, Matata Ponyo Mapon, ayant pour « Objet : la relance de programmation en commission des lois des textes sur les télécoms et TIC [...] Y faisant suite, je vous informe que j'accède à votre demande d'examiner, en Conseil des Ministres, les projets de loi sur : (i) les télécommunications et les technologies de l'information et de la communication, (ii) les échanges et le comme électroniques, et (iii) la modification de la loi n°014/2002 du 16 octobre 2002 portant création de l'autorité de régulation de la poste et des télécommunications du Congo ».

[81] M. TSHISHIKU, « Assemblée Nationale : Les députés refusent au Ministre Ambatobe le droit de défendre trois projets de loi », in *La tempête des Tropiques,* 20 avril 2017. [http://7sur7.cd/new/2017/04/assemblee-nationale-les-deputes-refusent-au-Ministre-ambatobe-le-droit-de-defendre-trois-projets-de-loi/] (consulté le 21 avril 2017). *Cf.* : Avant-propos de l'ouvrage.

[82] *Cf.* Tome 1, Titre I, Chapitre 2 du présent ouvrage (p. 167)

nouvelle organisation qui se dessine et les défis qui l'accompagnent ».[83] Dans les faits, nous sommes à l'ère numérique. Les besoins de législation ne se satisfont plus des mécanismes adoptés il y a 15 ans en vue de la démonopolisation des télécoms. Cela doit conduire à la refondation du cadre réglementaire congolais des télécoms au creuset de la convergence numérique. Le renouveau du droit positif postule pour une amélioration globale des dispositions légales sur les contenants et les contenus des activités numériques. L'architecture centrale du futur droit des télécoms et du numérique est bâtie autour de la loi générale sur les TIC. Elle se complète de deux lois spéciales qui esquissent deux lignes de perspectives. Le premier axe de réforme est de refonder un « droit spécial des échanges et du commerce électroniques ». Le deuxième axe consiste à étendre le domaine de la régulation des télécoms à celui des communications numériques.

À cet égard, le chantier législatif congolais se montre plus attentif et plus original dans son approche. Sa nouvelle sémantique juridique des télécoms se rapporte aux « TIC », d'autant que l'Europe et la France parlent des communications électroniques. Selon l'OCDE[84], le secteur des TIC concerne les domaines de la production[85], de la distribution[86] et des services[87]. En somme, le cyberespace est devenu la « nouvelle frontière du monde » obligeant de réaligner certains points du droit. Sous l'effet de la globalisation, légiférer nécessite de penser local tout en voyant global.[88]

Les options congolaises de politique législative confirment le fait que « les États, à l'origine, relativement absents de la construction du cyberespace en raison de son caractère très "américano-centré", reprennent peu à peu leur place pour assumer leurs fonctions régaliennes. Dans un espace sans frontière qui remet en cause l'ordre "westphalien", ils cherchent à rétablir leur souveraineté, leur enjeu de puissance, voire de domination économique ou culturelle ».[89] La déréglementation reste un aspect de modernisation de l'État.[90] Le droit est à l'épreuve du numérique ; il est

---

[83] N. SONNAC, « Marchés convergents, intérêts économiques divergents ? Le secteur audiovisuel », in P-F DOQUIR et M. HANOT, *Nouveaux écrans, nouvelles régulations*, Larcier, Coll. « droit des technologies », Bruxelles, 2013, p. 55.

[84] N. COUTINET, *op.cit.*, p.21. *Cf.* aussi [http://www.eventsRDC.com/RDC-une-loi-sur-les-tic-en-elaboration/] (consulté le 28 août 2016).

[85] Secteurs producteurs de TIC : fabrication d'ordinateurs et de matériel informatique, de TV, radios, téléphone, etc.

[86] Secteurs distributeurs de TIC : commerce de gros de matériel informatique, etc.

[87] Secteur des services de TIC : télécommunications, services informatiques, services audiovisuels, etc.

[88] N. MALLET-POUJOL, « Le droit de l'Internet à l'épreuve de la mondialisation », *Cahiers français*, n°272, p.21.

[89] M. WATIN-AUGOUARD, « cyber-guerre mondiale ? : la vision stratégique », in X. RAUFER, *La première cyber-guerre mondiale*, MA éditions, Paris, 2015, pp. 10-11. « *Cette régulation est complexe à établir.* [...] *le cyberespace ne peut connaître qu'une gouvernance composite à laquelle le secteur privé et les usagers doivent apporter une contribution* ».

[90] J.-PH. COLSON et P. IDOUX, *op.cit.*, pp. 472 et s.

cependant sollicité des considérations au-delà des seules questions sectorielles des télécoms.[91]

§ 2. Le droit sectoriel congolais à l'épreuve du numérique

Une autre ère technologique a vu le jour sur le socle de la dérégulation : celle de l'économie numérique. Elle suscite des enjeux juridiques particuliers, liés aux nouveaux modes de production, de consommation, d'échanges à travers l'Internet grand public. Notamment, l'Internet a fait des télécoms un incontournable véhicule d'offres commerciales en tout genre : fourniture de multiples services financiers [92], commerce électronique, activités informatives, presse en ligne, production de logiciels, contenus multimédias… Le marché congolais est en pleine mutation numérique.

L'économie numérique est à la base des métamorphoses de normes et de structures en droit comparé. La fonction du droit des télécoms est de répondre aux défis de l'économie de marché face à la dérégulation des services publics monopolistiques. Pour la RDC, la construction du droit adapté doit être une synthèse des expériences juridiques, locales et étrangères, à l'épreuve de l'Internet. La complexification des rapports, des activités et de l'écosystème numérique rend indispensable la référence au droit international et le recours au droit comparé.[93]

Contrairement à la RDC, la France a approfondi sa déréglementation des télécoms par la réforme conjointe du statut administratif et la privatisation de son opérateur historique « France Télécom » devenu « Orange ». En Europe et en France, les transformations du marché et du droit des télécoms ont été fonction de l'évolution orchestrée au niveau législatif. À la différence, les ajustements du droit congolais ont pour particularité d'avoir été effectués uniquement grâce à des actes réglementaires et des mesures administratives. Le pragmatisme juridique se manifeste dans les interstices de la loi-cadre sur

---

[91] C. FÉRAL-SCHUHL, *Cyberdroit, Le droit à l'épreuve de l'Internet*, Dalloz, 2012, pp.157 et s. V. FAUCHOUX, P. DEPREZ et J.-L. BRUGUIÈRE, *Le droit de l'Internet : lois, contrats et usages*, 2e éd., LexisNexis, Coll. Communications et commerce électronique, Paris, 2013, pp.1-23. « L'encadrement de l'Internet par le droit n'est pas aisé, car si les autoroutes de l'information disposent bien de leur « code de la route », à savoir nos règles de droit, et de leurs « gendarmes » […], elles ignorent toute notion de « ligne jaune », de frontière. […] Ces sources non conventionnelles du droit de l'Internet invitent à plusieurs interrogations : académiques et pratiques. ».

[92] P. STOFFER, *Droit de la monnaie électronique,* éd. RB/Eyrolles, coll. Droit, Paris, 2014, p. 24. M. PEDRIX, « La problématique de paiement par carte prépayées », *Bull. Banque de France*, 2e trimestre 1994, suppl. études, p. 98. Ce dernier cité par P. Stoffer souligne que : « Les unités chargées sur une carte prépayée ne peuvent totalement être assimilées ni à l'une ni à l'autre des deux formes de monnaie traditionnelle […] cet encoure constitue une nouvelle forme de monnaie que l'on pourrait qualifier de "monnaie électronique", bien que ce terme renvoie davantage au mode de transfert de ce type de monnaie qu'à sa nature ». La mise en donnée du monde a facilité la circulation des valeurs monétaires et des services financiers dématérialisés.

[93] O. MORÉTEAU et J. VANDERLIDEN, *La structure des systèmes juridiques…op.cit.,* pp. 17-85.

les télécoms. Les textes se juxtaposent sans logique d'ensemble, ni cohérence, tandis que la législation devient d'année en année obsolète depuis sa promulgation en 2002.

Depuis 2006, les opérateurs privés des télécoms ont manifesté leur volonté de passer d'une offre de télécoms de base à l'Internet mobile.[94] La numérisation transforme les anciens réseaux analogiques et ses composantes électroniques. Elle révolutionne l'offre des produits et services sur le marché traditionnel. L'Internet dispose des protocoles qui assurent, grâce à la digitalisation (numérisation), l'interopérabilité de réseaux locaux et nationaux, privés et publics, analogiques et numériques, tout en fusionnant l'audiovisuel, l'informatique et les télécoms. [95] Les communications numériques suggèrent effectivement la convergence des industries et des médias.[96]

Autrefois, les écrans servaient des secteurs traditionnels différents selon leurs usages disjoints : microinformatique, télévision, minitel, cinéma, etc. Aujourd'hui, les tablettes numériques, les portables, les ordinateurs ou encore les Smartphones disposent d'un écran réunissant ces multiples fonctions autrefois séparées.[97] La tendance est à l'interpénétration de plusieurs secteurs régulés par les technologies numériques. Ces dernières superposent différents marchés et par conséquent diverses réglementations. Avec l'apport multiforme de l'Internet adossé au numérique, les services de télécoms de base débordent de leur champ jadis sectoriel, en permettant la transversalité avec d'autres secteurs d'activités tout aussi régulées ou non. Les défis juridiques du numérique transcendent véritablement ceux de la régulation sectorielle.

Au niveau législatif, les nouvelles tendances du numérique débordent les dispositions du cadre légal congolais de 2002. Il n'en demeure pas moins qu'à l'absence de productions législatives, ce sont les efforts de régulation et de réglementation qui ont accompagné ces nouvelles tendances. En revanche, en Europe et en France, les transformations ont été opérées au niveau législatif depuis 1988 grâce aux directives de la Commission,[98] voire

---

[94] L'année 2006 correspond à l'introduction du GPRS en RDC, permettant aux réseaux cellulaires de télécoms d'offrir des services d'Internet mobile bas débit.

[95] P.-F. DOCQUIR et M. HANOT, *Nouveaux écrans, nouvelles régulation ?*, Larcier, Bruxelles, 2013, p. 9 et s.

[96] *Ibidem*, p. 9. Pour les auteurs : « La convergence et la digitalisation révolutionnent l'offre, les contenus et les modes de consommations médiatiques, entrainant les médias historiques […] à la définition d'un nouveau modèle de communication. »

[97] V.-L BENABOU et J. ROCHFELD, *À qui profite le clic ?, le partage de la valeur à l'ère numérique*, Odile Jacob, Coll. « Corpus », Paris, 2015, p. 25. M. QUÉMÉNER, *Cybersociété entre espoirs et risques... op.cit*, pp. 9 et s. C. FÉRAL-SCHUHL, « Préface », *in* M. QUÉMÉNER, *op.cit*, pp. 5-6, spéc. p. 5. M. QUÉMÉNER, *Cybersociété entre espoirs et risques…, op.cit*, pp. 9 et s. F. BENHAMOU, « L'irrésistible ascension de l'Internet », *Cahiers français*, n°372, préc., pp.1-11. N. MALLET-POUJOL, « Le droit de l'Internet à l'épreuve de la mondialisation », *Ibidem*, pp. 13-19.

[98] Directive 88/301/CEE de la commission du 16 mai 1988 relative à la concurrence dans les marchés de terminaux de télécommunication, JO CE L131, 25 mars 1988, pp. 73-77. C'est à

même plus tôt en 1982 avec les « premières lois dérégulatrices » françaises sur la communication audiovisuelle.[99]

Internet induit de grandes transformations dans les approches de nos lois et des politiques publiques. Le Sommet mondial sur la société de l'information (SMSI, tenu à Genève en 2003, puis à Tunis en 2005) marque le point de départ officiel pour le renouveau des aspects du droit partout dans le monde.[100] Il est vrai que l'avènement de l'économie numérique doit ponctuer la transition des normes juridiques en RDC. L'économie inhérente aux réseaux numériques est un tournant décisif pour les législations, car le phénomène Internet est planétaire. Il place tous les États face aux mêmes enjeux juridiques de la révolution numérique.

À l'ère numérique, la globalisation ignore les frontières administratives : le marché numérique est transfrontière, déterritorialisé, présentant une ubiquité de l'information online ou offline, une « dilatation de l'instant » des réseaux (Olivier Cachard)[101], moyennant une « lecture spatiale éclatée » des contenus en ligne (Judith Rochfeld)[102].

Aussi, l'architecture actuelle du nouveau droit de l'économie numérique découle-t-il d'une évolution du cadre réglementaire. Au départ, le droit de l'accès aux communications électroniques était seulement compris comme la transition du monopole vers une concurrence effective, sous la régulation d'une autorité administrative indépendante (AAI). L'adoption des règles technologiquement neutres devait assurer la pleine concurrence, en accompagnant l'ouverture de tous les secteurs du marché de télécoms qui ne l'étaient pas. Dorénavant, les télécoms sont muées en « communications

---

juste titre que l'article 2 de la directive 88/301 impose l'abolition des droits exclusifs d'importation et de commercialisation dans le secteur des terminaux de télécommunication. Son article 3 en fixe des limites qui s'imposent uniquement par des exigences de sécurité, de protection des réseaux et d'interopérabilité des équipements.

[99] *Cf.* version initiale : loi n° 82-652 du 29 juillet 1982 sur la communication audiovisuelle, JORF, 30 juillet 1982, p. 2431.

[100] [http://www.itu.int/net/wsis/index-fr.html] (Consulté le 15 octobre 2017) Le Sommet mondial sur la société de l'information (SMSI) s'est déroulé en 2 phases. La première phase, accueillie par le Gouvernement suisse, a eu lieu à Genève du 10 au 12 décembre 2003 et la deuxième phase, accueillie par le Gouvernement tunisien, a eu lieu à Tunis du 16 au 18 novembre 2005 Le SMSI a été approuvé par l'Assemblée générale de l'ONU aux termes de sa Résolution 56/183 (21 décembre 2001). L'objectif de la première phase était le suivant : formuler de façon parfaitement claire une volonté politique et prendre des mesures concrètes pour poser les bases d'une société de l'information accessible à tous, tout en tenant pleinement compte des différents intérêts en jeu. L'objectif de la deuxième phase était le suivant : mettre en œuvre le Plan d'action de Genève et aboutir à des solutions et parvenir à des accords sur la gouvernance de l'Internet, les mécanismes de financement, et le suivi et la mise en œuvre des documents de Genève et Tunis.

[101] O. CACHARD, *La régulation mondiale du marché électronique,* LGDJ, Paris, 2002, p. 17 et s.

[102] J. ROCHFELD, *Les nouveaux défis du commerce électronique,* LGDJ, Lextenso éd., 2010, pp. 6-8.

électroniques » en considération des apports de l'Internet dans la société et dans l'économie numérique.[103]

En RDC, la réforme des lois a retenu les termes associés : « télécoms et TIC ». Hélas, la régulation des télécoms en RDC est encore limitée au stade de la mise en concurrence des acteurs par l'ouverture du marché, tandis que l'expérience européenne dépasse largement ce stade. Le champ des enjeux congolais reste limité au droit de la régulation sectorielle, contrairement à l'expérience française dotée aussi d'une « régulation transversale »[104] et d'un secrétariat d'État à l'économie numérique. Ces avancées françaises sont en rupture avec l'approche de l'intra-régulation du ministère des PTT et de l'ARPTC. La régulation a encore du mal à trouver son indépendance à côté du ministère des PTT. Ce dernier dispose à la fois du pouvoir de réglementation et de régulation.

Ainsi, les causes de « déplacement du centre de gravité de la régulation sectorielle » sont fonction de plusieurs influences : la prise de conscience occasionnée par les diverses crises du système de régulation, la prise en compte de la régulation transversale ou la prise en compte des évolutions technologiques.[105] Les travaux récents dépassent le stade d'accompagnent momentané de l'ouverture à la concurrence de secteurs d'activités anciennement monopolistiques. Selon M.-A Frison-Roche, « les contours de la régulation sont en train de changer parce que l'objet de la régulation est en train de changer ».[106]

En France, l'ARCEP « a annoncé de nouvelles orientations stratégiques, davantage tournées vers la promotion et la surveillance de la neutralité du net que vers l'instauration de la concurrence entre les opérateurs, désormais largement réalisée ». [107] Ces influences concernent particulièrement les enjeux juridiques de la deuxième étape technologique se rapportant à l'ère numérique. En formant l'architecture de l'Internet, les télécoms participent d'un modèle économique spécifique à des transformations tout aussi particulières pour le droit.

L'écosystème numérique a des incidences dans la vie réelle. Il a été dit que selon l'OCDE [108], le secteur des TIC concerne les domaines de la

---

[103] *Ibidem.* J. CATTAN, *op.cit.*, p. 25 et s. WAEL EL ZEIN, *Les aspects juridiques de la libéralisation des télécommunications (étude comparée)*, LDGJ / éd. Alpha, Paris, 2012, p. 3 et s.

[104] J.-PH. COLSON et P. IDOUX, *op.cit.*, p. 475. « Les régulations transversales sont, comme les autres modes de régulation économique, des modes d'encadrement des conduites au regard de certaines règles et finalités. Elles se distinguent des précédentes, dans la mesure où elles ont vocation à s'appliquer indifféremment à l'ensemble des secteurs d'activité ou, du moins, sont susceptibles de tous les intéresser directement. »

[105] J.-PH. COLSON et P. IDOUX, *op.cit.*, p. 459, 474.

[106] M-A. FRISON-ROCHE, « Les nouveaux champs de la régulation », in *La régulation, RFAP* 2004-1, n°109, p. 53 et s, cité par J.-PH. COLSON et P. IDOUX, *op.cit.*, p. 474.

[107] *Ibidem*, p. 458.

[108] N. COUTINET, *op.cit.*, p.21. *Cf.* aussi [http://www.eventsRDC.com/RDC-une-loi-sur-les-tic-en-elaboration/] (consulté le 28 août 2016).

production[109], de la distribution[110] et des services[111]. « Après la terre, la mer, l'espace aérien et l'espace extra-atmosphérique, l'homme investit aujourd'hui le cyberespace [112]. [...] Les autres espaces préexistent et imposent leurs contraintes [...] le cyberespace, interconnexion mondiale des réseaux qui transmettent, traitent ou stockent des données numériques, est quant à lui, bâti sans véritable plan, sans limite spatio-temporelle ». [113] L'exemple typique est celui de la télécommande de télévision ou du drone armé, dont les actions et les effets se situent à la fois dans le monde cybernétique et dans le monde cinétique.

Par conséquent, les enjeux de « souveraineté numérique » émergent face aux implications de l'Internet dans l'ordre étatique. Il y a convergence totale : le numérique est le centre des flux d'activités de la société moderne. Toutes ces propriétés des communications électroniques constituent à la fois l'enjeu et l'objet de législation, mais aussi de l'ordre public du cyberespace et du monde physique. « Classiquement, la souveraineté s'entend de l'existence d'un monopole étatique sur l'énonciation et l'application du droit. La souveraineté s'entend notamment du pouvoir de dire le droit, de commander par la norme. "Dire la loi est le premier fondement de la souveraineté [114] " ». [115] La gouvernance numérique est une contingence nécessaire pour maintenir la souveraineté face à l'effectivité du pouvoir des géants de l'Internet et face au foisonnement polycentrique des normes, techniques, privées et extra-législatives, régulant indispensablement l'Internet.

Dans ce contexte, le nouvel « espace de gouvernance » d'accès aux communications électroniques devrait désormais associer « un pouvoir doux (*soft power*) agissant par l'incitation et la persuasion » et « un pouvoir dur (*hard power*), imposé par la force [...] pour tenir le système, dans un intérêt commun très fort : que ce système fonctionne ! » [116] Au-delà des aspects simplement économiques, l'État doit concilier de nombreux défis portant sur

---

[109] Secteurs producteurs de TIC : fabrication d'ordinateurs et de matériel informatique, de TV, radios, téléphones...

[110] Secteurs distributeurs de TIC : commerce de gros de matériel informatique...

[111] Secteur des services de TIC : télécommunications, services informatiques, services audiovisuels...

[112] Le terme « cyberespace » apparait pour la première fois dans l'ouvrage William Gibson, *Neuromancer,* Ace Books, New-York, 1er juillet 1984. L'auteur le définit comme une « hallucination consensuelle vécue quotidiennement par des dizaines de millions d'opérateurs dans tous les pays ».

[113] M. WATIN-AUGOUARD, « Préface : une "cyber-guerre mondiale" ? : la vision stratégique », in X. RAUFER, *La première cyber-guerre mondiale*, MA éditions, Paris 2015, pp. 9-10.

[114] K. BENYEKHLEF, *Une possible histoire de la norme*, Montréal, éd. Thémis, 2008, p. 55 et 56.

[115] P. TRUDEL, « Ouverture – La souveraineté en réseaux », in A. BLANDIN-OBERNESSER (sous dir.), *Droits et souveraineté numérique en Europe,* Coll. Rencontres européennes, Bruylant, Bruxelles, 2016, p.10.

[116] PH. MOREAU DEFARGES, *La Gouvernance, une gestion idéale ?* ,5ème éd., « Que sais-je ? » n°3676, Coll. Droit-Politique, PUF, Paris, 2015, p.51, 53.

la « valeur du clic » face aux valeurs juridiques à protéger. Le marché numérique appelle des mécanismes « aconcurrentiels »[117] en vue d'assurer la préservation des droits humains, la démonopolisation de l'accès aux technologies, l'accès universel, la protection des consommateurs et la sécurisation de la société de l'information.

Globalement, les enjeux du numérique ne s'appliquent pas uniquement à l'économie, mais à l'ensemble de la société, au-delà du droit de l'économie numérique pour un véritable « Cyberdroit ». [118] Ainsi, dans l'économie numérique, « la question de la souveraineté numérique devient incontournable. C'est un sujet dont la puissance publique et le politique devaient s'emparer tant il nous concerne tous et partout ».[119] La France, à travers sa « loi pour une République numérique » du 7 octobre 2016, lance une expérience nouvelle, « nervurant » les différentes branches du droit par l'approche sociétale d'un numérique plurisectoriel et transversal.[120] Mais les perspectives de comparaison entre la RDC et la France s'arrêtent à ce niveau.

Les besoins législatifs dépendent de la situation et du développement de chaque société. Les lignes d'horizon de la prospective congolaise ne franchissent pas encore le seuil des objectifs de l'économie de la connaissance, de l'économie de la donnée ou encore de la société du « gigabit ». Ce sont ces objectifs qui sont profilés dans les évolutions présentes de l'ordre juridique européen et français. Il faut le préciser encore : le besoin législatif de la RDC est trop éloigné de récentes transformations des droits européens et français. Au regard des modèles de socialisation et des moyens de leurs politiques, créer un cybermonde n'est ni une ambition, ni un objectif de politique publique en RDC... Parvenir au droit de l'économie numérique et du commerce électronique est encore un défi de *lege ferenda.*

Au préalable, la refondation du droit en RDC impose d'achever le processus de dérégulation des télécoms. Le cadre juridique actuel nécessite

---

[117] Malgré la non-hiérarchisation dans les normes par la jurisprudence, deux traces dénote de l'existence et de l'effectivité du principe de mutabilité : (1) l'administration peut décider de la modification ou de la suppression des services fournis aux usagers, donc pas de droit reconnu aux usagers pour le maintien des prestations fournies par le service public (CE, 27 janv. 1961, *Vannier : Rec. CE 1961*, p. 60), (2) droit de modification unilatérale du contrat administratif signé avec un cocontractant privé dès lors que celui-ci s'avère incapable de s'adapter aux nouveaux besoins, notamment aux nouvelles techniques, dont la mise en œuvre apparaît nécessaire à l'optimisation de la mission de service public en cause (CE, 10 juin 1902, *Cie Nouvelle du gaz de Déville-lès-Rouen* : GAJA) Des principes aconcurrentiels supplétifs autour du noyau dur sont : gratuité, neutralité, transparence et participation.

[118] C. FÉRAL-SCHUHL, *op.cit.*, pp.18 et s. Sous le vocable cyberdroit, le droit à l'épreuve de l'Internet est mis à l'évidence en vue de regrouper et d'étudier les sources formelles : données à caractère personnel, cybersurveillance dans l'entreprise, commerce électronique, droits d'auteur, noms de domaine, preuve, signature, archivage, responsabilité, cybercriminalité.

[119] C. ERHEL, *« Souveraineté et innovation : Trouver l'équilibre »,* in A. BLANDIN-OBERNESSER, *Droits et souveraineté numérique en Europe,* 1re éd., Bruylant, Bruxelles, 2016, p. 91.

[120] *Cf.* Tome 1, Titre 1, Chapitre 2 du présent ouvrage.

des ajustements non seulement à cause des défaillances de législation, mais surtout de sa portée trop sectorielle à l'ère numérique. **(Titre I)**.

À la lumière du droit comparé européen et français, une finalité émerge de la fonction que les politiques législatives accordent à l'instrument du droit. Il est question de réajuster le cadre réglementaire et institutionnel face aux mutations sociétales que le numérique apporte sur le marché et pour le commerce, présente pour les libertés et l'ordre public ou provoque dans la société internationale. **(Titre II)**

TITRE I

La refondation du droit congolais dans la régulation mondiale des Télécoms : Droit sectoriel des télécoms

Au cours de ces 30 dernières années, l'OMC (1994-1997) aura permis aux États-Unis et à l'Europe de diffuser leurs technologies et d'insérer les marchés des télécoms dans l'ordre économique mondial. Ces deux continents étaient déjà avancés dans le processus de changement à la fin de la décennie 70 et en début des années 1980. Sans avoir formellement adopté les lois de dérégulation qui ne sont intervenues finalement qu'en 2002, c'est depuis 1989 que la RDC s'était engagée dans le même processus de transformation de son secteur public des télécoms qu'en Europe. Dans les faits, « [l]a technologie influe sur les règles (le cadre réglementaire et les normes) pour engendrer de nouvelles idées – par exemple, nouvelles méthodes de production des biens et des services. Si la plupart des règles sont établies localement, la technologie fait l'objet d'échanges entre les marchés et à travers les frontières ».[121]

À la fin de la décennie 1980, le gouvernement congolais autorisa en 1987 les premiers opérateurs privés à exploiter, sous licence, le nouveau segment de la téléphonie mobile. À l'époque, la législation maintenait depuis 1940 le monopole public d'alors sur l'ensemble des activités des télécoms.[122] Les lois de 2002[123] ont alors redéfini les rôles d'acteurs publics et privés sur le marché des télécoms, en réalisant une séparation organique des fonctions d'exploitation, de réglementation (*ex post*) et de régulation (*ex ante*).[124]

---

[121] GROUPE DE LA BANQUE MONDIALE, *Les dividendes du numérique, Rapport sur le développement dans le monde 2016*, Washington, avril 2016, p. 29.

[122] Article 2, alinéa 1er, ancienne ordonnance législative n°254/Téléc. du 23 août 1940 sur les télécommunications : « La colonie a seule le droit d'établir et d'exploiter sur le territoire de la colonie des voies et installations de télécommunications de quelque nature que ce soit pour la correspondance du public ».

[123] La loi-cadre n°013/2002 sur les télécoms en RDC (LCT) est complétée par la loi n°014/2002 du 16 octobre 2002.

[124] M.-A. FRISON-ROCHE, *Les 100 mots de la régulation... op.cit.*, p. 69. *Verbo* : « *Ex ante / Ex post* ». L'*ex ante* reste une expression usuelle de l'économie, correspondant à l'« a priori » en droit. Il désigne l'appréhension d'une situation avant que celle-ci ne se constitue. L'*ex post* est

Néanmoins, il résulte de cette réforme la configuration d'un marché semi-libéral *de jure*, en déphasage avec la réalité totalement concurrentielle *de facto* des activités numériques. Dès le début, le droit congolais de la régulation sectorielle s'est confronté à des contraintes de mise en œuvre. Celles-ci s'expliquent par l'existence de droits exclusifs résiduels de l'exploitant public et par des erreurs de réglementation alimentant des conflits de compétences entre les autorités étatiques de réglementation nationale. À la différence du même processus réalisé en France, la RDC n'avait préparé ni son exploitant public, ni son administration nationale à l'évènement de la concurrence du marché électronique mondial. Cette réalité est source d'enjeux juridiques particuliers pour la régulation du marché congolais des télécoms.

D'autres défis de législation sont apparus avec l'accès à l'Internet pour le grand public congolais.[125] La connexion au réseau télématique mondial a ainsi engendré une dynamique de changements juridiques et économiques.

À la faveur des politiques fondatrices de la déréglementation, le développement du marché des télécoms de base a permis le passage des réseaux analogiques au tout numérique. Celui-ci favorise l'offre des services multimédias, grâce au phénomène Internet et à la convergence des moyens de communications électroniques. L'Internet devient l'artère de l'économie. Même s'il demeure comme à ses origines, un réseau des télécoms, les opérateurs deviennent des prestataires techniques du commerce électronique. L'apparition de l'économie numérique et de la pleine concurrence ont aussi

---

l'*a posteriori* désignant la réaction d'un organisme face à une situation ou un comportement constaté, au regard d'un cadre général. Ainsi, les décisions de justice ou les règlements de litige relèvent de l'*ex post*. La « régulation *ex ante* » est particulièrement celle qui concerne les télécoms, en se distinguant de celle de la concurrence. L'autorité de la concurrence agit sur un marché établi et réagit en cas de pratique anticoncurrentielle censée être sanctionnée en application des lois. Le droit de la concurrence se développe *ex post*. Mais, la régulation sectorielle, celle su secteur des télécoms, « utilise des outils que l'on pourrait dire "sur page blanche", essentiellement des réglementations, c'est-à-dire de l'*ex ante* ».

125 En RDC, 2012 est l'année de délivrance des premières licences d'exploitation des réseaux GSM 3G. En effet, la fourniture de l'Internet mobile grand public a contribué à ce que la RDC passe à l'ère de l'économie numérique. Au préalable (2006), le régulateur (ARPTC et Ministre des PTT) avait adopté des mesures judicieuses d'intérêt public, afin d'encourager l'offre des services à valeur ajoutée des télécoms (2G/GPRS et EDGE). Celles-ci ont accompagné la migration technologique du marché vers l'Internet mobile (GSM 3G, 3G+, H+). L'État congolais a investi dans sa première connexion au réseau de câble à fibre optique transatlantique, soutenu avec plus de 600 kilomètres de ligne terrestre. Le câblage de ce réseau numérique traverse 2 provinces sur les 26 du pays, en partant du front de l'océan Atlantique (Matadi) vers la capitale (Kinshasa). Cette passerelle internationale « international Gateway » achemine des communications numériques haut débit à intégration des services entre la RDC et le reste du monde. Ce réseau de l'État assure la collecte, la desserte et le transport des signaux pour l'ensemble du marché, en permettant aux opérateurs des réseaux privés de rationaliser leurs investissements physiques, l'usage de leurs fréquences et des segments satellitaires sur certains axes. Ces nouveaux investissements publics et privés ont contribué à l'innovation technique et à la construction d'un marché numérique congolais.

promu la « régulation transversale »[126], en considérant comme atteints les principaux objectifs primaires de régulation sectorielle : démonopolisation, ouverture d'accès au marché électronique, instauration d'un régulateur, son fonctionnement et l'assise de son autorité.[127]

À l'ère de la convergence des industries et des médias, les bases juridiques et institutionnelles, initialement conçues pour le droit sectoriel des télécoms, sont remises en question. L'avènement de la société de l'information a posé des problématiques nouvelles.

Cependant, les problèmes subsistent en RDC dans la marche vers la pleine concurrence qui est le but de la déréglementation du secteur des télécoms de base. En 2012, la relance des activités de l'exploitant public (SCPT) a mis fin au caractère simplement décoratif des droits exclusifs que le législateur de 2002 avait reconnus à ce dernier dix ans auparavant sur des infrastructures de base. Tant que la SCPT ne disposait pas d'infrastructures techniques correspondant à la réalité des droits évoqués, l'enjeu restait fictif et n'était pas prégnant pour les opérateurs du secteur privé qui avaient déployé leurs réseaux autonomes de transmission de signaux.

Aujourd'hui comme hier, les droits exclusifs et spéciaux sont toujours inscrits dans la loi des télécoms au profit de l'exploitant public. Sa nouvelle exploitation d'infrastructures à fibre optique alimente les craintes du marché quant à la réactivation du monopole, en soulevant des risques (de nationalisation) sur les investissements privés. Le secteur privé a en effet construit ces dix dernières années des infrastructures numériques là où l'absence de l'opérateur historique le requerrait. Ainsi en RDC, les nouveaux défis du numérique s'ajoutent aux enjeux initiaux de régulation du jeu concurrentiel des télécoms.

Par ailleurs, la loi-cadre sur les télécoms ne dispose pas de régimes relatifs aux questions essentielles de l'économie numérique : données personnelles, cybercriminalité, preuve et signature électroniques, etc. En outre, les attributions sectorielles de l'ARPTC limitent son champ d'action. Ces limites rendent difficile l'interrégulation, malgré la transversalité des télécoms par rapport à d'autres secteurs tout aussi régulés ou non. Malgré le pragmatisme des autorités nationales de réglementation (*ex ante*), une loi de l'économie numérique est nécessaire pour limiter l'autorégulation du marché numérique congolais. Il doit garantir l'encadrement juridique du marché,

---

[126]J.-Ph. Colson et P. Idoux, *op.cit*, pp. 472 et s. M.-A. Frison-Roche, *Les 100 mots de la régulation... op.cit*, p. 69. À la différence de la régulation sectorielle de l'ARPTC qui se limite à l'objet technique d'un secteur, « les régulations transversales ont pour vocation de s'appliquer indifféremment à l'ensemble des secteurs d'activité ou, du moins, sont susceptibles de tous les intéresser directement ». La régulation du prix est exercée par le Ministre de l'économie, qui collabore *a posteriori* avec l'ARPTC exerçant une « régulation *ex ante* », utilisant, selon les termes de M.-A. Frison-Roche, « des outils que l'on pourrait dire "sur page blanche", essentiellement des réglementations. »

[127] *Cf.* Tome 1, Titre 2, Chapitre 2, Section 1.

avec des règles impersonnelles de portée générale profitant tant à la croissance et à l'innovation qu'à l'intérêt général.

CHAPITRE I

Les enjeux particuliers du droit de la régulation dans le marché congolais des télécoms

En 2002, l'État congolais engagea formellement son service public des télécoms dans la mouvance mondiale de l'économie libérale, pour opérer la déréglementation. Le seuil à franchir reste encore de mettre les pleins pieds dans l'économie numérique, tout en assurant l'équilibre du marché concurrentiel. L'influence des forces du marché, les contingences de l'OMC et la diffusion des technologies furent la base des mutations communes du droit en RDC, comme en Europe et en France. Néanmoins, il faut insérer l'universalité des principes de la déréglementation dans les singularités des aspects des réformes congolaises.[128] Selon M. Thonon, « une technologie est le résultat d'une logique scientifique, certes, mais elle doit, pour son existence même, négocier avec les logiques propres aux contextes politiques, sociaux culturels de la société dans laquelle elle s'invente et s'invite ».[129]

Quinze ans après (2002-2017), des enjeux particuliers subsistent dans le processus congolais de dérégulation des télécoms. La législation congolaise vise l'aménagement du monopole réglementaire portant sur les infrastructures de transmission des télécoms. Elle a libéralisé la commercialisation des équipements et des services de télécoms, sous le régime de licence ou d'autorisation au profit des concessionnaires privés.[130]

Toutefois, l'un des enjeux majeurs se rapporte au maintien des « droits exclusifs et spéciaux » au profit de l'exploitant public.[131] Même si ceux-ci ne

---

[128] JO RDC, n°spécial, 25 janvier 2003, Kinshasa, 44ème année, pp. 17 et s. et pp. 47 et s. Il s'agit de la loi n°013/2002 du 16 octobre 2002 sur les télécoms en RDC et de la loi n°014/2002 de la même date sur l'ARPTC.

[129] M. THONON, « Libéralisation des contenus. La carte postale, le téléphone, la télévision », in G. DELAVAUD, *Nouveaux médias, nouveaux contenus,* Paris, éditions Apogée, 2009, p. 45.

[130] La LCT (article 38) habilite le Ministre des PTT exceptionnellement, moyennant avis préalable de l'Autorité de régulation, à autoriser un exploitant concessionnaire du service public de télécommunications d'écouler ses propres trafics interurbains et de sortie internationale.

[131] Article 38, al. 1 et 2, LCT, préc. : « L'exploitant public de télécommunications est un opérateur qui jouit de l'exclusivité temporaire. L'exclusivité temporaire consiste pour

sont pas absolus,[132] la loi-cadre sur les télécoms a nommément accordé le bénéfice de tels droits aux deux opérateurs historiques du service public congolais : l'OCPT/SCPT et le RENATELSAT. [133] Mais ce « monopole résiduel » affecte l'autonomie du régulateur (ARPTC), tout autant qu'il perturbe le fonctionnement du marché. La réforme législative de 2002 comporte des défaillances fondamentales. Il convient d'en analyser et d'en corriger les erreurs de logique, les contradictions et les conflits des compétences.

Le législateur congolais de 2002 a taillé pour le marché dérégulé une configuration duale, semi-libérale et semi-monopolistique. Cette option médiane tient compte des enjeux particuliers liés au maintien des droits exclusifs de l'exploitant public sur les infrastructures des télécoms de base. Sur le volet afférant au marché connexe des services, cette situation pose des contraintes non seulement à son fonctionnement, mais aussi à l'autonomisation du régulateur sectoriel **(section 1)**.

Sur un autre volet, la résistance au changement est perceptible dans le chef des instances étatiques ; elle renforce les contraintes de réalisation des réformes juridiques et institutionnelles. Il en a résulté des conflits de compétences entre les autorités de réglementation nationales. Des « erreurs exemplaires »[134] s'illustrent dans l'exécution de la loi-cadre sur les télécoms en RDC. Les faiblesses d'approche de réglementation renforcent ce constat. **(Section 2.)**

SECTION I. LES CONTRAINTES DE LA DÉRÉGULATION DU MARCHÉ EN RDC FACE À L'EXPLOITANT PUBLIC DES TÉLÉCOMS

Dans le processus de dérégulation des télécoms, le législateur de 2002 évoque des « dispositions transitoires ». Celles-ci attribuent à l'OCPT/SCPT et au RENATELSAT le statut d'exploitant public des télécoms, avec des

---

l'exploitant public à posséder seul le réseau de référence auquel tout exploitant concessionnaire de service public de télécommunications est tenu de s'interconnecter, et par lequel, il fait transiter son trafic international. »

[132] Article 38, al. 3, LCT, préc. : « Le Ministre peut exceptionnellement, moyennant avis préalable de l'Autorité de régulation, autoriser un exploitant concessionnaire du service public de télécommunications d'écouler ses propres trafics interurbains et de posséder ses propres voies de sortie à l'international, sous diverses conditions dont la principale est d'écouler les trafics des autres exploitants interconnectés au réseau de référence ».

[133] Article 79, LCT, préc. : « En attendant la création et la mise en place de l'autorité de régulation et de l'exploitant public, le secrétariat général aux Postes et télécommunications, l'Office congolais des postes et des télécommunications et le Réseau national de télécommunications par satellite, assurent le rôle de l'autorité de régulation pour le premier et le rôle de l'exploitant public pour les 2 derniers dans leur forme juridique respective actuelle ».

[134] PH. MOREAU DEFARGES, *La mondialisation, un monde globalisé,* 9ème éd., Coll. « Que sais-je ? », n°1687, Droit-Politique, PUF, Paris, (1997) 2012, p. 110. L'expression « erreur exemplaire » est empruntée à l'auteur. Il y voit, dans le cadre de la mondialisation, des évènements d'histoire politique avec des conséquences « systématiques » et protectionnistes.

droits exclusifs sur le segment de marché des infrastructures de base.[135] En principe, ce « monopole résiduel » limite la libéralisation aux seuls segments de marché des équipements et des services. Les limites posées *de jure* au marché ne cadrent pas avec la libéralisation *de facto*.

Il y a donc contraste entre les droits des opérateurs privés du marché et ceux de l'exploitant public (SCPT/RENATELSAT), et quant à la manière pour ce dernier de penser à une survivance des avantages de son monopole d'autrefois. Les privilèges réclamés contrastent avec les acquis de la concurrence sur le terrain, mais aussi avec la relative inactivité de l'exploitant public sur le segment de marché qui lui est réservé. Les premiers contrastes sont apparus à la suite des revendications de l'opérateur historique, réclamant aux nouveaux entrants des rétributions de son exclusivité, sans exciper d'une contrepartie de services rendus sur le marché **(§1)**. Les deuxièmes contraintes sont nées de la nécessité d'un compromis entre les prétentions de l'exploitant public et l'autonomie fonctionnelle de l'ARPTC **(§2)**.

§ 1. Le contraste entre les droits exclusifs résiduels de l'exploitant public et son inactivité sur le marché congolais des télécoms

L'exclusivité des droits de l'exploitant public est la base du contraste avec les faits sur le marché. Trois dimensions expliquent la tension entre : 1° cette situation de monopole réglementaire partiel et l'effectivité du marché ouvert, 2° le processus de dérégulation et la restructuration de l'exploitant public et 3° l'énonciation des droits exclusifs et l'indisponibilité du réseau de référence en faisant l'objet. Toutes ces dimensions d'enjeux particuliers ont des conséquences sur le fonctionnement du marché.

La législation congolaise des télécoms entretient de 2002 à ce jour un contraste notable entre la libéralisation engagée vers l'économie de marché et la conservation partielle des droits exclusifs au profit de l'ancien opérateur de monopole public. **(A)** L'enjeu de ce contraste a donné lieu en 2005 à une décision de principe, particulièrement motivée, de la part de l'autorité de régulation afin de garantir les intérêts du marché à dominance privée. **(B)**

A. Le contraste entre libéralisation et droits exclusifs

La loi-cadre sur les télécoms (LCT) de 2002 a entrepris la dérégulation du secteur des télécoms, mais en dotant l'exploitant public des « droits exclusifs et spéciaux » rattachés à son statut. À propos, la loi lui reconnait le droit de détenir seul les infrastructures de base du réseau national de

135 Article 79, Loi-cadre sur les télécoms (RDC), préc. : « En attendant la création et la mise en place [...] de l'Exploitant public [...] l'Office Congolais des Postes et des Télécommunications et le Réseau National des Télécommunications par Satellite assurent [...] le rôle de l'Exploitant Public pour les deux derniers dans leur forme juridique respective actuelle ».

transmission. En plus de son privilège, l'exploitant était autorisé par la loi à participer à la concurrence sur les autres segments de marché ouvert, concernant les services ouverts au public, ceux à valeur ajoutée et autres à caractère innovant. Au sens voulu par le législateur, le terme « public » dans « exploitant public » se rapporte à la nature des services et non au statut de la personne morale, celle-ci pouvant être sous contrôle public ou privé.[136]

Le législateur congolais a désigné à titre transitoire l'OCPT et le RENATELSAT, anciens détenteurs du monopole public, au statut d'exploitant public.[137] Dans les faits il a longtemps été constaté la défectuosité, puis l'indisponibilité de leurs infrastructures de collecte, d'acheminement et de sortie des communications électroniques. L'obsolescence de leurs réseaux ne leur permettait pas d'en offrir l'accès aux interconnexions. La réalité technique ne rencontrait pas le prescrit législatif par manque d'infrastructures nécessaires devant réaliser l'acheminement des signaux de communications nationales et internationales en « cœur de chaine » pour l'ensemble du marché. Si le monopole partiel n'était pas matérialisé par les moyens de la technique, celui-ci influe toujours sur la libéralisation des télécoms. Précisément, les droits de « licence » ou d'« autorisation » sont accordés aux opérateurs privés sur le segment du marché concurrent des services. Ce marché ne peut fonctionner sans couvrir le chaînon manquant des infrastructures nécessaires devant en donner lieu.

Le conservatisme de la loi-cadre de 2002 n'aide pas pour avancer les objectifs de dérégulation du service public des PTT, alors que le secteur est en cours de mutation technologique vers un marché numérique. Si la forme juridique de l'OCPT a été modifiée en une société commerciale, ses droits exclusifs autant que ceux du RENATELSAT n'ont cependant pas été abolis en tant qu'exploitant public. Selon l'article 38 de la loi-cadre, chacun d'eux a le droit de détenir seul sur le marché le « réseau de référence », soit un réseau de base filaire terrestre pour le premier et le réseau satellitaire pour le second. Le législateur a imposé aux opérateurs privés de faire transiter leurs communications nationales et internationales, à travers le réseau de transmission de l'exploitant public. Dès lors, le marché dérégulé fait face à l'enjeu de monopole résiduel de l'exploitant public.

Il n'en demeure pas moins un enjeu classique du droit administratif, en corrélation avec l'exclusivité légale de l'exploitant public sur les réseaux de base.[138] Avant et après 2002, le droit positif congolais conserve la tutelle

---

[136] Exposé des motifs, loi-cadre sur les télécoms (RDC), préc.

[137] Articles 38 et 79, loi-cadre sur les télécoms (RDC), préc.

[138] B. STRIM, *Les mots-clés du droit administratif*, Dalloz, Paris, 2009, p. 159. En France, si « la loi de décentralisation du 2 mars 1982 a fait disparaître la tutelle de l'État sur les collectivités territoriales, cette forme de contrôle demeure entre les administrations, tout spécialement à l'égard des établissements publics, qui se trouvent sous la tutelle de la personne publique, État ou collectivité territoriale, dont ils relèvent. La tutelle s'exerce, selon des modalités variées, à la fois sur les personnes, les actes et les budgets ».

administrative de l'État sur les opérateurs de monopole résiduel du secteur des télécoms.[139]

1. La tutelle administrative comme aspect rétrograde de la dérégulation en RDC

Premièrement, les règles de droit public impliquent l'État dans la gestion interne de ses entités, en affectant leur gestion quotidienne. Concernant la tutelle des opérateurs publics SCPT et RENATELSAT, le ministre du portefeuille de l'État continue d'exercer la « gestion des mandataires publics dans les entreprises publiques du portefeuille de l'État (entreprises publiques transformées en sociétés commerciales et sociétés d'économie mixte) ».[140] C'est sur sa proposition que le président de la République nomme des mandataires publics dans les entreprises d'État.[141] Les fréquentes nominations des dirigeants confirment l'instabilité et l'inadéquation de ces mécanismes de droit public : la mainmise de l'État se renforce dans la gestion interne de l'exploitant public, en contraste avec le dynamisme économique et managérial du marché numérique.[142]

En effet, l'OCPT (actuelle SCPT) est l'entreprise congolaise qui a enregistré le plus grand nombre de PDG depuis sa création en 1968, à savoir plus de 60 en dix ans, soit une moyenne d'un PDG tous les six mois. Quel plan de développement pouvait-on attendre d'une telle instabilité, comment pouvait-on le mettre en place avec des mandats aussi brefs ?[143]

Plus récemment, la même influence directe de l'État dans la gestion interne de cette société (SCPT) s'est illustrée avec l'arrêté ministériel n°008/MINPF/LMM/2016 du 1er novembre 2016 portant suspension d'un mandataire public au sein de la « SCPT SA ».[144] Cet arrêté de la ministre du

---

[139] G. JÈZE, *Les principes généraux du droit administratif, La notion de service public, les individus au service public, le statut des agents publics*, *op.cit.*, pp. 15-20. Il est question de l' « examen des différents critériums proposés » pour reconnaître qu'il y a service public.

[140] Article 1, B. 9. 5e tiret, ordonnance n°12/008 du 11 juin 2012 fixant les attributions des Ministères, JO RDC, 53e année, n° spécial, 14 juin 2012, p. 33. (Cette ordonnance fut celle en vigueur.) La tutelle technique directe du ministre des PTT a néanmoins disparu.

[141] Article 81, alinéas 5 et 6, Constitution de la RDC du 18 février 2006, JO RDC.

[142] G. JÈZE, *op.cit.*, pp. 10-11. L'auteur évoque « la situation juridique des individus employés par l'administration [qui] n'est pas la même suivant qu'ils sont affectés de *manière permanente* à un service public proprement dit, ou qu'ils consacrent leur activité à l'accomplissement des tâches qui ne sont pas des services publics proprement dits ».

[143] G. N'KULI, « Discours DGA : contribution de Vodacom Congo à la construction de la RDC », *Vodanews,* n°15, dépôt légal n°MPI/021/2004, juillet-septembre 2006, p.19.

[144] Article 1er, Arrêté ministériel n°008/MINPF/LMM/2016 du 01 novembre 2016 portant suspension d'un mandataire public au sein de la société congolaise des postes et télécommunications, en sigle "SCPT SA" [inédit]. « Le directeur général de la SCPT, Didier Musete suspendu, 3 novembre 2016, MCNTEAM, *Mediacongo* [http://www.mediacongo.net/article-21757.htmlactualité] (consulté le 4 novembre 2016.) « RDC Congo : Didier Musete, l'ADG de la SCPT, suspendu de ses fonctions pour 3 mois », *Agence écofin, TIC & Telecom,* 4 novembre 2016 [www.agenceecofin.com](consulté le 22.11.2016).

portefeuille a « suspendu de toutes ses fonctions »[145] le directeur général de la SCPT (exploitant public). Il intervient moins de deux ans seulement après sa nomination par ordonnance du chef de l'État n°15/017 du 25 mars 2015.[146] En « considérant l'existence des indices suffisamment précis, graves et concordants qui établissent une présomption sérieuse de fautes de gestion »,[147] la fin de ses fonctions a été confirmée en cours d'année 2016, sans préjudice du recours de l'intéressé.[148]

Ainsi, il apparaît que malgré le processus de déréglementation, l'État conserve un contrôle direct et ferme sur la gestion interne de l'exploitant public. Sa transformation d'EPIC à société commerciale d'État (SA) ne change rien au conservatisme public. Cette emprise tutélaire contraste avec les principes néolibéraux d'organisation des télécoms : elle prive l'opérateur historique d'une souplesse d'adaptation, face au jeu concurrentiel du marché. L'État reste donc présent dans les choix opérationnels d'un acteur public du marché. En droit comparé français, cette attitude a été étudiée par la Commission et la Justice européennes comme des cas de distorsion possible de la concurrence pour des entreprises publiques françaises, dans les secteurs libéralisés.[149]

Réguler l'exploitant public ou le sanctionner revient à réguler la politique du ministre du portefeuille traduite dans les actions économiques de l'entreprise publique ou de la société à actions d'État. Cette situation pose un réel problème à l'indépendance de l'Autorité de régulation, devant appliquer ou faire appliquer les règles libérales de concurrence. En effet, les affaires relatives à l'exploitant public mettent le régulateur directement aux prises avec les politiques publiques du gouvernement ; celles-ci sont exécutées par ledit exploitant qui lui sert d'instrument direct d'action.

Le modèle européen de dérégulation tend à mettre à égalité de statut tous les opérateurs du marché, soient-ils publics ou privés, afin d'éviter les aides publiques illicites dans un cadre organisé de concurrence du marché libéral.[150] Des contraintes de la dérégulation sont apparues dans sa mise en œuvre congolaise : elles ont opposé entre eux l'ARPTC, l'OCPT et l'administration (gouvernement). Elles sont approfondies pour la suite comme « les aspects controversés de l'assise d'autonomie du régulateur (ARPTC) face à l'exploitant public ».[151]

---

[145] Article 1er, Arrêté ministériel n°008/MINPF/LMM/2016 du 01 novembre 2016, préc.

[146] Ordonnance n°15/017 du 25 mars 2015 portant nomination des mandataires publics au sein de la Société commerciale des postes et télécommunications, en sigle SCPT, JO RDC, 56e année, 1er avril 2015, col. 9-10.

[147] Préambule, Arrêté ministériel n°008/MINPF/LMM/2016 du 01 novembre 2016, préc.

[148] Jusqu'à ce jour, la SCPT est sous la direction d'un DG *ad interim*.

[149] CJUE, France c/ Commission, C-559/12P, 3 avril 2014. Les transformations des EPIC suivantes entrent dans la logique d'approfondir la libéralisation des marchés, anciennement monopolistiques : imprimerie nationale (1993), France Télécom (1996), EDF et GDF (2004), Aéroports de Paris (2005) et la Poste (2010).

[150] J. CHEVALLIER, *Les services publics*…, p. 48 et s.

[151] *Cf.* §2 de la présente section d'ouvrage.

2. Le contraste entre le fait et le droit dans le statut de l'exploitant public

Deuxièmement, l'exploitant public est censé exploiter un monopole partiel portant sur le segment du marché des infrastructures. La loi lui reconnaît le privilège de possession exclusive du « réseau de référence »[152] sur le marché dérégulé. Cette exclusivité a cependant été décrétée sans réinvestir dans les capacités du réseau de l'exploitant public, ni dans la mise à jour de sa fonctionnalité. L'exploitant public n'a donc pas été doté des infrastructures techniques nécessaires pour la mission que le législateur de 2002 lui confiait dans le cours de la libéralisation du marché.

Si la loi-cadre dispose que son exclusivité est temporaire, le terme final est cependant sans précision de temps.[153] Ce délai importe beaucoup pour la lisibilité du marché ainsi que l'atteinte des objectifs de la pleine concurrence. Il est encore en cause dans les débats sur l'orientation de la réforme du secteur des TIC, 15 ans après. Logiquement, après le délai légal d'exclusivité accordé à l'exploitant public, d'autres opérateurs privés sont censés autorisés à établir eux aussi des réseaux de référence, s'ils ne le sont pas déjà *de facto* depuis longtemps.

À ce jour, le « monopole spécial » de l'exploitant public est dépassé dans les faits, car faute de disposer d'infrastructures adéquates, la concurrence s'est installée sur son propre segment désuet. Les opérateurs privés de télécoms évoquent leurs droits de « licence » d'accès au marché et/ou d'« autorisation » de fourniture des services de télécoms. Ils se plaignent néanmoins de l'insécurité juridique consistant à couvrir leurs droits par les faits ou par les actes réglementaires et administratifs, à l'encontre de la loi-cadre des télécoms à monopole désuet mais de source supérieure.

À juste titre, les opérateurs privés considèrent leurs droits (concessions) comme étant effectivement inexploitables sans établir eux-mêmes les maillons manquants des réseaux de transmission. Les infrastructures de base constituent le préalable *sine qua non* pour la transmission et la fourniture des services ouverts au public. Ces deux finalités constituent l'obligation de résultat, dont les opérateurs privés sont responsables du fait de leurs titres de concession (licences) de services publics. Le contraste entre la loi et le marché réside dans le fait que c'est bien le marché qui a bâti le fameux « kilomètre invisible » du réseau de transport des communications. Selon les obligations de licences d'exploitation de la technologie GSM, la disponibilité de ce maillon du réseau de collecte et de transmission des signaux est indispensable afin d'offrir au public un réseau de desserte ou un réseau d'accès, dit le « dernier kilomètre » (« *last mile* ») pour les communications électroniques.[154]

---

[152] Sur le principe de l'article 10 de la loi-cadre n°13/2002 sur les télécoms, « le réseau de référence est l'ensemble des réseaux [...] établis ou utilisés par l'Exploitant public [...] pour les besoins publics ».

[153] Article 38, loi-cadre n°013/2002 sur les télécoms en RDC, préc.

[154] BANQUE MONDIALE, *Les dividendes du numérique*, *Rapport* [...] *2016*, préc., p. 14 et s. Le déploiement du réseau de transport procède d'un central (*Switch,* en anglais) ainsi que du

Le législateur congolais de 2002 présente un niveau de transition des normes, comparable à l'ancienne expérience dans le système juridique européen. Mais à la différence de la RDC, l'expérience française a toujours associé son processus de libéralisation avec la reconfiguration de son administration des PTT (DGT), de laquelle son ancien exploitant public (France Télécom) émanait en s'y détachant. La loi-cadre congolaise de 2002 se rapproche davantage de la législation française qui fut en vigueur entre 1990 et 1996.[155]Le modèle français a édicté des « lois dérégulatrices » des télécoms en les associant systématiquement et conjointement avec l'édiction des lois de restructuration de son exploitant public.

Dans les années 1990, les politiques législatives en France avaient permis d'effectuer une ouverture du marché des services et des équipements des télécoms, tout en aménageant et réaménageant les droits exclusifs de l'exploitant public « France Télécom » jusqu'à sa privatisation en 2013. Créée en 1988, *France Télécom* avait bénéficié du statut d'exploitant public, sous la forme d'EPIC en détachant cette nouvelle entreprise de l'administration publique (DGT/EPA) en 1990. En 1996, deux lois ont été promulguées sur la « réglementation des télécommunications » [156] et sur « l'entreprise nationale France Télécom ».[157] Elles ont assuré la libéralisation totale du marché, tout en transformant *France Télécom* en société anonyme de droit privé. Au préalable, en anticipant et/ou en accompagnant les transformations législatives, le « colbertisme high-tech » avait permis de préparer l'opérateur public français (autrefois exclusif) à la concurrence.[158]

Depuis 1998, l'objectif des politiques publiques françaises est arrivé à son but en respectant les délais de la loi de 1996, levant la réserve des droits exclusifs ou spéciaux au profit de la pleine concurrence sur le marché français. Le bénéfice des droits exclusifs a permis de financer l'opérateur historique pour une modernisation nécessaire face à la concurrence. La réserve temporaire de ce segment a aussi assuré le recouvrement des

---

réseau de transmission dit « kilomètre invisible », car celui-ci reste souvent enfoui dans la terre ou est dématérialisé par ondes électromagnétiques. Le « dernier kilomètre » ou réseau d'accès est celui qui relie le combiné du client ou le terminal de l'abonné avec le reste du réseau de collecte et de transmission. Les services rendus au client concernent ce dernier maillon du réseau d'accès, tandis que le kilomètre invisible concerne les relations d'affaires entre opérateurs du marché, celles qui devraient interconnecter le réseau de l'exploitant public avec ceux des privés.

[155] Il en a été ainsi des « lois Quilès », à savoir : la loi n°90-1170 du 29 décembre 1990 sur la réglementation des télécommunications et la loi n°90-58 du 2 juillet 1990 relative à l'organisation du service public de la poste et des télécommunications, JO RF, 08 juillet 1990, p. 8070. En 1996, il intervient deux lois : la loi n°96-659 du 26 juillet 1996 de réglementation des télécommunications en France (préc.) et la loi n°96-660 du 26 juillet 1996 de relative à l'entreprise nationale France Télécom (préc.).

[156] Loi n°96-659 du 26 juillet 1996 de réglementation des télécommunications [en France], JO RF, n°174, 27 juillet 1996.

[157] Loi n°96-660 du 26 juillet 1996 de relative à l'entreprise nationale France Télécom, JO RF, n°174, 27 juillet 1996.

[158] *Cf.* Tome 1, Titre 2, Chapitre 1, Section 2.

investissements publics consentis antérieurement sur les infrastructures du réseau public, tout en sauvegardant sa part des revenus sur les services de communications téléphoniques.

Dans le même sens qu'en France, le legislateur congolais a reconnu « des droits exclusifs et spéciaux »[159] à l'exploitant public, en vue de lui procurer également un « avantage prospectif », [160] voire spéculatif, [161] face à la libéralisation du marché. Ce privilège réglementaire devait servir à mobiliser les investissements directs dans l'opérateur historique et/ou servir à sa recapitalisation. La reconnaissance légale des droits spéciaux était pour un but incitatif : attirer les investisseurs craintifs des risques de rentabilité en paralysant la concurrence le temps de leur retour sur investissement.[162]

Cependant en RDC, pendant plus de dix ans, l'utilité et la finalité pratiques du conservatisme législatif sont restées plutôt symboliques qu'effectives. Depuis la loi-cadre sur les télécoms de 2002[163], le marché avait évolué entretemps sans disponibilités d'offres de l'exploitant public.[164]En partant de l'édiction en 2002 des réserves de droit sur le marché en faveur de l'exploitant public, sa situation de totale inactivité avait duré dix ans : elle a quasiment rendu caduc l'usufruit de ses droits exclusifs. Les

---

159 Article 38, Loi-cadre sur les télécoms (LCT-RDC), préc.

160 Exposé des motifs, Loi-cadre sur les télécoms (RDC), JO RDC, n° spécial, 25 janvier 2003, p. 22. L'usage du futur est illustratif : « Le statut de l'exploitant public sera entendu comme la forme juridique qu'il adoptera et les obligations auxquelles il souscrira par la signature du cahier des charges et contrat-programme ».

161 *Ibidem.* La motivation législative est de déterminer un statut pour le besoin de sa « *capacité* [...] *à mobiliser les ressources* ».

162 *Ibid.* « Ce statut est déterminé par la capacité de l'exploitant public à mobiliser les ressources nécessaires pour construire un réseau national de télécommunications permettant d'atteindre au moins un taux de pénétration téléphonique soit 1 ligne téléphonique pour 100 habitants d'ici l'an 2002 ».

163 *Cf.* Titre I, Chapitre 2 du présent ouvrage. Le chapitre suivant étudie les nouveaux défis d'économie numérique, marqués par la relance d'activités techniques et commerciales de la SCPT/OCPT, après dix ans de droits exclusifs inactivés. La relance intervient à l'expiration des droits exclusifs, alors que les investissements privés avaient pris le relais et s'attendaient à la suppression légale des droits de l'exploitant public. En fait, l'État congolais a négocié et conclu en 2008 des contrats de modernisation des infrastructures diverses avec la Chine (ses milieux d'affaire) pour une enveloppe globale de plus de 6 milliards de dollars américains. Ce contrat inclut la construction d'un réseau national de télécoms à fibre optique rendu opérationnel et commercialisé entre 2013 et 2014, à la suite de l'adhésion du pays au Consortium WACS (*West african cable system*) quelques années auparavant. Celle-ci a permis sur la côte Atlantique congolaise (Moanda) la construction d'un point d'atterrissement du « système de câble ouest-africain » à fibre optique, le seul dans l'histoire du pays. Les constructeurs et équipementiers chinois ont construit la phase 1 et 2 de la ligne de transmission reliant le WACS avec le réseau de câble de 600 kilomètres (Phase 1 : province du Sud-ouest, Kinshasa-Moanda-Bandundu) déjà mis en exploitation depuis 2012 ; de plus, 3.000 kilomètres sont en cours de construction avec la même expertise chinoise (Phase 2 : provinces du centre et du Sud-est, grand Kasaï et grand Katanga). Toutes ces infrastructures *high-tech* de l'État sont sous la gestion de la SCPT/OCPT.

164 Radio Okapi, « la RDC officiellement connectée au câble à fibre optique », Monusco, Fondation Hirondelle, le 08 juillet 2013, [www. radiookapi.net/actualité/2013/07/08/la-RDC-officiellement-connectée-au-cable-fibre-optique] (consulté le 18 août 2016).

opérateurs du secteur privé ont organisé et investi ce segment monopolistique « pour la fourniture des services de base ouverts au public », dont l'exploitant public (OCPT et RENATELSAT) était désigné comme « opérateur de monopole ».[165]

C'est seulement à la fin et au début des années 2000 et 2010 que l'OCPT, devenu SCPT depuis 2008, a démontré les premiers soubresauts de relance de ses activités. Auparavant, aucune infrastructure, ni réseau actif, ni savoir-faire technique de cet opérateur historique défaillant n'ont valorisé son privilège légal. Ce dernier était pourtant conçu pour lui servir d'atouts de protection contre le libéralisme sauvage, en faveur de la valorisation de ses opérations, pour la modernisation de ses infrastructures ou la sauvegarde de l'essentiel de ses revenus. Le législateur lui avait accordé le monopole sur le segment de transmission des signaux téléphoniques à partir de son réseau de référence. Toutefois, l'offre d'accès au réseau de l'opérateur historique ne rencontre pas toujours les attentes du marché et du grand public de consommateurs finaux. Il n'existe pas à ce jour d'offre de service généralisé de la SCPT sur le marché de détail (*retail sales*) face à la concurrence du secteur privé. Certes, l'offre d'interconnexion (*whole sales*) au réseau à fibre optique de la SCPT est disponible depuis 2014, mais elle reste localisée dans seulement trois des anciennes provinces de la RDC sur les 26 actuelles.

L'État congolais a engagé les travaux de déploiement du réseau « backbone national » en 2009 avec 3.900 kms de câble à fibre optique présentement installés sur les 50.000 kms prévus. Le gouvernement s'était fixé l'objectif d'atteindre ce chiffre pour desservir l'ensemble du territoire national en points d'accès au réseau à large bande. Ce programme des grands travaux a été rendu possible grâce à la convention de collaboration signée respectivement le 17 septembre 2007 et le 22 avril 2008 par l'État congolais et des investisseurs chinois.[166]

De ce qui précède, la loi contraste avec les faits. Ce contraste est source d'enjeux du droit de la régulation. Et pourtant le législateur devait avoir à l'esprit la réalité des choses. Depuis 1999 – soit trois ans avant la promulgation de la loi-cadre n°013/2002 sur les télécoms – les premiers investissements d'opérateurs privés des télécoms (GSM) avaient commencé à combler la défaillance de l'exploitant public en infrastructures de base des

---

[165] *Cf.* « De l'exploitant public », Exposé des motifs, LCT, JO RDC, n°spécial, 25 janvier 2003, p. 22.

[166] T. COLOMA, « Quand le fleuve Congo illuminera l'Afrique, Le "Contrat du siècle", *Le Monde diplomatique*, février 2011, (consulté le 26 septembre 2016) [https://www.monde-diplomatique.fr/2011/02/COLOMA/20108]. Signés en RDC et en Chine, ces contrats couvrent des prêts titrisés en donnant à la Chine 14 milliards de dollars de réserves de cuivre et de cobalt, en lien avec un programme d'investissement qui confie l'exploitation de ces ressources à la Socomine, appartenant à des sociétés d'État chinoises (68%) et congolaises (32%). Le « contrat chinois » est resté illustre pour l'implication économique croissante de l'Empire du Milieu sur le Continent noir, par le débat qu'il a suscité au Parlement congolais et les efforts du FMI pour réduire le niveau d'endettement de la RDC.

télécoms. « La nature [des choses] abhorre le vide » : les opérateurs privés successifs ont supplanté l'exploitant public, OCPT et RENATELSAT.

Il en est ainsi des services téléphoniques internationaux, dont la loi-cadre de 2002 avait d'ores et déjà autorisé leur fourniture à la concurrence. L'usage de l'identifiant téléphonique national « +243 » était autrefois l'apanage exclusif de l'opérateur historique ONPTZ/OCPT.[167] Pour des raisons pratiques, les forces du marché agissent en lieu et place de l'exploitant public, sous le couvert de leurs licences d'exploitation. Le contraste se situe donc entre l'exclusivité spéciale de l'opérateur historique, accordée par la loi, les titres d'exploitation de la concurrence et les contraintes réelles sur le marché.

C'est sur la base de ce contraste qu'en 2005, il y eut le désaccord entre l'exploitant public et le reste du marché, impliquant aussi l'Autorité de régulation. Les indemnités revendiquées par l'exploitant public (OCPT) étaient formulées et calculées en fonction de l'usage du « code +243 »[168] par les réseaux privés. Le motif assez simpliste des revendications de l'opérateur public était que les opérateurs privés empiétaient sur ses droits exclusifs. L'opérateur historique exigeait la rétribution de ses prérogatives légales au titre des royalties, alors qu'il était dans l'incapacité technique d'assurer lui-même les services y attachés, ce qui l'aurait fondé à exiger sur le marché un paiement de facture pour services rendus. Les faits de la cause révélaient ainsi les prétentions de l'exploitant public, uniquement fondées sur l'énoncé législatif des droits spéciaux, mais sans exciper d'un fondement lié à des prestations effectives de services de transit/transport. Faute d'infrastructures opérationnelles, le segment exclusif du marché restait inactif.

Pour mémoire, ledit désaccord est à la base d'une décision historique du régulateur ayant limité durablement la portée pratique des « droits exclusifs » entre la loi et les faits sur le marché. Un enjeu juridique est né du désaccord ci-dessus résumé entre les opérateurs privés et l'opérateur historique. Son mérite est d'avoir alimenté le pragmatisme de la régulation.

---

[167] UIT, *Atelier sur la création du nouveau plan de numérotage national en Afrique*, Cotonou, Bénin, 30 juin-4 juillet 2003. *Cf.* pour la synthèse des recommandations de l'atelier, [http://www.itu.int/ITU-D/treg/Events/Seminars/2003/Benin/index-fr.html] (consulté le 8 octobre 2017). Le plan de numérotage national comprend : 1° le préfixe international (PI), en anglais *international prefixe (IP)* aussi qualifié d'indicatif du pays (IP), en anglais *country code* (*cc*), 2° le numéro significatif national (NNS), en anglais *National Significant* (*NSN*), 3° l'indicatif national de destination (IND), en anglais *National Destination Code* (*NDC*) souvent appelé interurbain ou code de zone, 4° le numéro d'abonné (NA), en anglais *Subscriber's Number* (SN), soit PI-NNS-IND-NA pour la structure d'un numéro d'appel en RDC comme +243-81-631-0639.

[168] *Ibidem. Le* code +243 pour la RDC, comme le code +33 en France, est l'indicatif du pays (*country code*) attribué par l'UIT comme élément du plan de numérotation téléphonique permettant d'identifier un pays dans le réseau mondial interconnecté. Il figure comme préfixe du numéro de téléphone personnel de l'abonné d'un réseau congolais ou français selon le cas, afin de se combiner avec d'autres éléments (régionaux et identifiants) locaux identification. Dans l'interconnexion internationale, le dialogue des machines se limite à identifier le pays par son code en vue d'ouvrir la voie d'un appel ou l'aiguiller.

C'est ainsi que, pour avoir tranché le différend, l'ARPTC aura vraiment pris une décision qui sert durablement de source de sécurité juridique pour le marché. Le régulateur étatique a justifié l'intervention palliative des privés sur le segment de marché des infrastructures réservées à l'exploitant public. En effet, la valeur d'une décision collégiale de l'organe de régulation est telle que seul le juge du Conseil d'État, autrefois la Cour Suprême de Justice, peut l'infirmer ou l'annuler en cas de recours.

Sur le sujet, l'ARPTC a adopté une décision de principe, en tranchant le différend opposant l'OCPT, en tant qu'exploitant public aux opérateurs privés des réseaux concessionnaires. Le but était d'éviter, une bonne fois pour toute, un fâcheux précédent qui consisterait pour une entreprise publique de se confondre à l'État en s'arrogeant l'exclusivité d'usage des ressources domaniales revenant à ce dernier et dont particulièrement l'indicatif pays +243 fait partie. Dorénavant, la décision n°001/ARPTC/2005 du 25 avril 2005 détermine une règle générale et de principe durable de sécurité juridique : « *les frais d'utilisation du code +243* […] *sont difficiles à appréhender dès lors que ce code n'est qu'un identifiant attribué à la République Démocratique du Congo par l'Union Internationale des Télécommunications et dont l'utilisation par les usagers est une nécessité pour joindre leurs correspondants habitant la République Démocratique du Congo*[169] ».

Ainsi, la décision prise à l'issue du désaccord sus-vanté aura par ailleurs servi à construire le compromis sur la sécurité juridique des investissements privés. Si la rétribution des droits exclusifs ne pouvait plus être possible sans contrepartie de prestations, leur nationalisation ne pouvait pas non plus être envisagée par confusion des actifs privés aux droits exclusifs de l'opérateur historique.

En outre, le différend entre l'OCPT et le secteur privé a permis de distancer l'exploitant public de l'ARPTC. Cette distanciation marque la transformation de l'État-entrepreneur vers l'État-régulateur des télécoms. Auparavant, l'opérateur historique jouissait pleinement, usait, gérait, concédait et régulait les ressources du domaine public des télécoms vis-à-vis de ceux qui furent couramment appelés « radioélectriques privées ». L'institutionnalisation du régulateur étatique ne se fit donc pas sans heurt. Celle-ci a confronté, sans le conforter, le champ particulier d'exclusivité d'une entreprise publique commerciale et le champ général de régulation comme mission de police non-détachable de l'État.

En conséquence, la décision n°001/ARPTC/2005, prise par le régulateur, a renforcé la réalité de ses attributions tout en ayant un effet direct sur le fondement des droits exclusifs de l'exploitant public par rapport au marché

---

169 Décision n°001/ARPTC/2005 du Collège de l'ARPTC du 25 avril 2005, relative au désaccord entre l'Office congolais des postes et télécommunications (OCPT) et les sociétés de télécommunications (inédite). [Source : archivage de la notification de la décision faite à la société Vodacom Congo, l'une des parties litigantes].

des infrastructures et des services. Elle sert depuis 2005 de source indéniable de droit pour le fonctionnement du marché dérégulé. Ce sont là des aspects particuliers post-dérégulation au regard de la loi-cadre de 2002.Ils ont placé dans un même champ de législation les prérogatives et privilèges de l'exploitant public (OCPT et RENATELSAT) face à l'instauration d'une nouvelle Autorité de régulation (ARPTC). Un point spécifique de notre étude en développe les corollaires.[170]

B. L'avis du régulateur sur le contraste des droits de l'exploitant public et du marché

L'importance de la décision n°001/ARPTC/2005 est d'avoir précisé le contour des droits exclusifs de l'exploitant public. Elle fait « jurisprudence » en établissant le fondement juridique selon lequel l'exclusivité des droits demeure une réserve légale mais reste non-effective tant que sa matérialisation n'est pas assurée par des infrastructures opérationnelles, lesquelles doivent être mises effectivement à disposition sur le marché. Comme dans les réformes législatives en Europe[171] ou en France[172], ce sont des infrastructures territoriales préexistantes qui justifiaient au profit de leur détenteur étatique, la réserve légale d'un segment correspondant.

C'est en ce sens que des droits exclusifs et temporaires avaient été conservés au profit des opérateurs publics sur leurs actifs, leurs équipements et leurs valeurs d'exploitation. Fondamentalement, la précitée décision n°001/ARPTC/2005 postule que doter l'opérateur historique d'un statut privilégié l'était pour favoriser sa capacité à mobiliser de nouveaux investissements. La relance du maillon principal du réseau national – dit « *backbone* » pour dire en anglais colonne vertébrale – devait servir au progrès technologique, à des objectifs stratégiques de contrôle par l'État de certaines offres et à la mise à niveau du réseau d'État face à l'avènement de la concurrence sur le marché électronique congolais. Mais il n'était pas destiné à servir d'acte générateur pour une prime d'inactivité de l'exploitant public sur le marché.

Effectivement, l'exploitant public confondait ses *droits*[173] – soient-ils des prérogatives légales et exclusives sur les infrastructures des télécoms – avec

---

[170] *Cf.* point B. du présent § et le § suivant de la section du le présent ouvrage.

[171] *Cf.* Tome 1, Titre 1, Chapitre 2, Section 1. Il s'agit notamment de la directive européenne 90/387/CEE, dite « directive ONP » : Directive 90/387/CEE du Conseil, du 28 juin 1990, relative à l'établissement du marché intérieur des services de télécommunications par la mise en œuvre de la fourniture d'un réseau ouvert de télécommunication, JO CE, n° L 192 du 24.07.1990.

[172] *Cf. Ibidem.* Il est à noter les Lois Quilès des 2 juillet et 29 décembre 1990 de réglementation des télécoms et d'organisation du cadre des services publics ainsi que relative à France Télécom, préc.

[173] G. CORNU, *Vocabulaire juridique*, 11e éd., PUF/Quadrige, Paris, 2016 (1987), p. 793. *Verbo* « prérogative ». P. AVRIL et J. GICQUEL, *Lexique de droit constitutionnel, Vocabulaire citoyen,* PUF, coll. Que sais-je ?, 4e éd., Paris, 2014 (2003), p.92. *Verbo* « prérogative ».

un « pouvoir » [174] régalien portant en l'occurrence sur les ressources nationales en numérotation téléphonique. Si le monopole absolu pouvait permettre cette délégation de pouvoir de l'État au profit de l'ex-ONPTZ (devenu ex-OCPT et SCPT) dans son statut de 1978,[175] les droits exclusifs de 2002 étaient de simples réserves d'activités et non des droits de substitution à l'État. C'est à juste titre que le législateur de 2002 n'imposait pas forcément le contrôle de l'opérateur de ce réseau par l'État, mais il ciblait plutôt le contrôle de la nature des infrastructures concernées.[176]L'ARPTC a tenu compte de cette logique de la loi (*ratio legis*) dans sa décision précitée du 25 avril 2005.

En fait comme en droit, l'autorité de régulation (ARPTC) a qualifié d'inopérantes les prérogatives d'un exploitant public défaillant. Cette qualification empêche ce dernier de profiter de son segment monopolistique, à tel point qu'il ne serait pas en mesure d'offrir à l'ensemble des opérateurs du marché des télécoms l'infrastructure nécessaire au transport des signaux pour les communications électroniques. En vue du fonctionnement du marché des télécoms, l'opérateur supposé offrir ses infrastructures de base– pour la transmission de signaux de l'ensemble du marché – ne saurait empêcher les opérateurs privés d'offrir des services finaux à leurs abonnés à cause de sa propre défaillance. Le cas échéant, des nouveaux entrants du secteur privé sont fondés à détenir, à substituer leurs propres installations techniques pour pallier l'absence d'un réseau de référence attendu de l'exploitant public.

Sur le plan technique, il n'est pas obligatoire de faire recours au réseau de transmission de l'exploitant public pour assurer l'acheminement des signaux au niveau national ou international. L'interconnexion étoilée – de type centralisé autour d'un cœur de chaîne – est substituée par des interconnexions maillées – de type décentralisé et autonome à chaque détenteur privé des réseaux.[177]

Sur le plan juridique et commercial, il est de « principe [...] que tout service rendu, soit rémunéré. Dès lors, on est en droit de se demander quel

---

S'agissant d'un « attribut d'un droit, chacun des pouvoirs exclusifs spécifiés, des moyens d'actions, etc. » (selon Gérard Cornu), les droits exclusifs ne pouvaient se confondre avec le « [p]rivilège attaché à l'exercice d'une compétence » (au sens de pierre Avril et Jean Gicquel).

[174] P. AVRIL et J. GICQUEL, *Lexique de Droit constitutionnel,* 4e éd., PUF, coll. « Que sais-je ? », Paris, 2014, p. 89. *Verbo* « pouvoir ». Le pouvoir désigne la « [f]orce qualifiée par le droit » ; il « [d]ésigne les actes qu'une autorité publique est juridiquement habilitée à accomplir. Du point de vue de droit constitutionnel, il renvoie à l'exercice de la *souveraineté* et présente un caractère originel : [...] le *pouvoir exécutif,* dont sont investis certains organes qui constituent les *pouvoirs publics* ».

[175] Ordonnance n°78-222 du 5 mai 1978 portant statut de l'ONPTZ, JOZ, n°12, 15 juin 1978.

[176] Exposé des motifs, Loi-cadre sur les télécoms (RDC), préc.

[177] L'interconnexion étoilée ou « *starred interconnection* » est un hébergement de toutes les liaisons des réseaux par un système hôte qui réachemine les appels dans chaque route des réseaux tiers qui y converge.

est le service rendu par la SCPT (OCPT) et le RENATELSAT aux opérateurs [privés] pour attendre une rémunération. En effet, ils paie[raie]nt l'opérateur public qui joue effectivement le rôle de centre de transit, en mettant à leur disposition les infrastructures nécessaires pour ce faire ».[178]

En réalité, avec l'économie de marché, la dérégulation a substitué les règles de droit privé dans le secteur des télécoms autrefois sous cloison purement administratif. Elle s'inscrit en rupture par rapport aux pratiques liées au monopole classique des services publics. Dans le champ de ces derniers, l'application des règles de droit privé fut déjà connue depuis la jurisprudence administrative dans l'affaire du « Bac d'Eloka »...[179]

Particulièrement, il est question de marquer les avancées de la libéralisation, donc celles du jeu concurrentiel du marché sur les archétypes du droit public. La régulation sectorielle a désormais interdit à l'opérateur de monopole de prétendre à des indemnités quelconques, sans avoir assuré au préalable, une offre d'accès pour des opérateurs hôtes.[180]

Par ailleurs, une autre règle de pragmatisme juridique est établie en RDC depuis 2005 à la suite du différend opposant l'OCPT, exploitant public et les opérateurs privés sur l'usage du « code pays » (country code). En l'espèce, la régulation congolaise a statué de manière à conclure que « les ressources-racines » des télécoms ne sont pas la propriété d'un quelconque réseau national, et en cela spécialement l'identifiant téléphonique du pays « +243 ».[181]

---

[178] A. MBAUNEWA NKIERI, *Droit congolais des télécommunications,* état des lieux, analyse critique et comparative, Juriscongo, Kinshasa, 2012, p.180.

[179] [https://chevaliersdesgrandsarrets.com/2013/09/10/histoire-arret-bac-eloka-spic] (consulté le 24 novembre 2016). Tribunal des conflits, Société commerciale de l'Ouest africain (SCOA) vs Colonie française de Côte d'Ivoire, 22 janvier 1921, Arrêt « Bac d'Eloka », in *Les grands arrêts de la jurisprudence administrative*, n°36. Dans la nuit du 5 au 6 septembre 1920, le bac d'Eloka coula brusquement. Il transportait notamment une automobile de la SCOA, qui après qu'elle fut extraite de l'eau, se trouva fortement endommagée. La SCOA assigna la Colonie française devant le tribunal civil du Grand Bassam (Côte d'Ivoire), pour le service du Wharf de Bassam qui gérait le bac d'Eloka, dans la lagune d'Ebrié. Le lieutenant-gouverneur de la colonie éleva l'affaire devant le Tribunal des conflits afin de déterminer qui de la juridiction administrative ou judiciaire, était compétente pour trancher le litige. Le Tribunal des conflits trancha alors, par l'arrêt sus-référencé, de soumettre le service public aux règles de droit privé. Cet arrêt marquait la naissance de la notion de service public industriel et commercial. Cet acquis s'ajoutait à la gestion de droit privé par une personne morale de droit public existant déjà en 1921.

[180] Par absurde, la défaillance de l'opérateur public à réaliser ses droits exclusifs correspond à un manquement au devoir sous-jacent de mettre à la disposition du marché le réseau de référence, obligé par la loi-cadre n°13/2002 sur les télécoms (RDC), précisément l'article 38.

[181] K. NDUKUMA ADJAYI, *Cyberdroit, Télécoms, Internet, contrats de e-commerce,* PUC, Kinshasa, 2009, p. 99. *Cf.* Décision n°001/ARPTC/2005 du 25 avril 2005 relative au désaccord entre l'Office congolais des postes et télécommunications (OCPT) et les sociétés de télécommunications (inédite). La règle, qui se dégage de cette Décision est ainsi formulée : « les frais d'utilisation du code +243 [...] sont difficiles à appréhender dès lors que *ce code n'est qu'un identifiant attribué à la République Démocratique du Congo par l'Union Internationale des Télécommunications* et dont l'utilisation par les usagers est une nécessité pour joindre leurs correspondants habitant la République Démocratique du Congo ».

Par application de cette règle, le nom de domaine « .cd » (*Top Level Domain*, TLD) ou des adresses IP ("*Internet protocol*") sont du domaine public. L'État les concède aux exploitants ou en autorise l'utilisation sur son territoire. Ces ressources sont des identifiants essentiels à configurer dans un réseau fonctionnel pour l'interopérabilité avec d'autres systèmes électroniques. L'exploitant public ne peut donc en être rétribué que si une contrepartie des services transite par son réseau de base. Les opérateurs historiques, OCPT ou RENATELSAT, n'étant pas en mesure de satisfaire cette condition pratique, la rétribution *sui generis* de l'exclusivité est sans objet.

Par conséquent, les réseaux concessionnaires deviennent fondés à agir *de facto* dans le domaine exclusif de l'exploitant public, dans l'esprit dérogatoire de l'article 30, dernier alinéa de la loi-cadre n°013/2002 sur les télécoms. Leurs propres installations sont couvertes par leurs droits de licence, leur permettant des interconnexions maillées, là où l'interconnexion étoilée n'était plus susceptible d'assurer, autour d'un seul exploitant public, le « cœur névralgique » des transmissions d'appels téléphoniques et de données.

En somme, la mutation du droit congolais des télécoms s'effectue plus lentement que le saut technologique vers le tout numérique et l'économie de marché. La politique législative de 2002 a des difficultés à maintenir l'exclusivité des droits de l'État sur les infrastructures des télécoms, et encore plus sur les infrastructures de l'information. Les enjeux de globalisation transcendent le protectionnisme local.[182] Le compromis de 2005 se situe entre les principes conservatistes applicables en ce qui concerne l'exploitant public et l'idéologie libérale triomphante dans le monde des affaires.[183]

Les classiques « concessions de service public »[184] valent des titres administratifs d'exploitation. Ils fondent les opérateurs privés à déployer des moyens techniques alternatifs pour fournir les services de télécommunications, à l'aide de leurs propres infrastructures de base là où celles de l'État font défaut. La fourniture des services de télécoms est

---

[182] L'absolutisme des droits ne devrait pas entraver le développement du marché. La préservation du climat des affaires requiert la protection des investissements privés. Les fameux « *Sun cost* » concernent les télécoms, imposant des coûts, inhérents au déploiement d'une industrie de réseau. Ils sont difficilement récupérables et requièrent une stabilité de longue durée.

[183] Décision n°001/ARPTC/2005 du Collège de l'ARPTC du 25 avril 2005, relative au désaccord entre l'Office congolais des postes et télécommunications (OCPT) et les sociétés de télécommunications (inédite). [Source : archivage de la notification de la décision faite à la société Vodacom Congo, l'une des parties litigantes].

[184] G. CORNU, *op.cit*, p. 396. *Verbo « concession »* : les droits de licence et autorisation d'accès sur le marché découle de la concession de service public de l'État aux opérateurs privés, comme l' « [a]cte partiellement conventionnel, par lequel l'administration confie à une personne choisie à raison de ses qualités, la gestion à ses risques et périls d'un service public, moyennant une rémunération perçue par les usagers de ce service ».

soumise à des licences individuelles et autres autorisations d'accès. Ces titres d'exploitation habilitent, voire astreignent, les acteurs privés à la finalité de fourniture des services. Cette faculté se justifie tant que l'opérateur public ne présente pas d'offre d'infrastructures correspondantes sur son segment de marché exclusif conformément à la loi-cadre de 2002.

Toutefois, les bases fonctionnelles du compromis sont en train de connaître deux mutations nouvelles sur le marché numérique congolais. D'un côté, le cadre légal des télécoms de 2002 est en cours de révision depuis avril 2017 au sein du parlement congolais. D'un autre coté, depuis le début 2010, l'opérateur historique (ex-OCPT, actuel SCPT) est en phases 1 et 2 sur 5 de sa reprise d'activités sur le marché congolais.

Après plus de dix ans d'absence d'offre sur le marché – à cause de la totale défaillance de ses équipements d'héritage colonial et zaïrois – l'opérateur historique, actuelle SCPT, renaît de ses cendres. Il a révolutionné son offre commerciale en s'investissant dans le réseau de transmission exclusivement à fibre optique : la gestion lui en est confiée depuis sa construction par endettement chinois de l'État congolais. Avec une offre d'interconnexion à ses infrastructures (déployées et en cours d'extension), l'exploitant public renouvelle le défi juridique de son exclusivité face au marché. Cette relance alimente le débat sur la révision de la loi des télécoms de 2002 : le projet de loi sur les TIC soumis à l'Assemblée nationale le 19 avril 2017 a été adopté le 7 mai 2018 sans l'exploitant public, tandis que le Sénat dans le rapport d'examen de sa Commission datant d'octobre 2018 le réinscrivait... [185] Quelle que soit la position du législateur, la question controversée va demeurer dans les choix de politique publique et de politique commerciale au sujet de la libéralisation totale et effective du marché des télécoms en RDC. Faut-il préserver l'exclusivité partielle afin de protéger et de favoriser les réinvestissements publics dans les infrastructures "high-tech" à fibre optique ? Faut-il plutôt tenir compte des investissements privés fonctionnels, sachant que le secteur privé craint leur « nationalisation »[186] ? Plus loin encore, les opérateurs privés veulent être habilités à déployer leurs propres réseaux à fibre optique… À cette étape de notre écriture, la révision des lois de 2002 déborde des aspects réservés aux

---

185 COMMISSION INFRASTRUCTURES ET AMÉNAGEMENT DU TERRITOIRE, *Rapport relatif à l'examen et à l'adoption du projet de loi sur les télécommunications et les technologies de l'information et de la communication*, Sénat, session ordinaire de septembre 2018, Kinshasa/Lingwala, octobre 2018, pp. 1-59.

186 Source documentaire : Lettre collective n°DPE/LYK/BL/F.0516/2014 du 12 mai 2015 de la Fédération des entreprises du Congo (FEC) adressée au VPM, Ministre des PTT, concernant : « Transmissions […] commentaires des opérateurs [privés] de Téléphonie et des ISP réunis au sein de la FEC ». Sur les 7 points de la lettre, le 4e concerne la « nationalisation des infrastructures ». La FEC soutient que : « La conséquence sur les licences des opérateurs en cours qui seront convertis dans les trois mois de l'entrée en vigueur de la loi sera l'éclatement de tous les réseaux de titres d'exploitations non cumulatifs et consacrera *la nationalisation des infrastructures* puisqu'elles tombent dans le domaine public ».

enjeux actuels du marché des télécoms et de l'économie numérique face à l'exploitant public, son statut et son « monopole résiduel »...[187]

Les développements sur ce point évoquent le contraste général des droits exclusifs énoncés par la loi-cadre de 2002 face aux réalités du marché. Il part d'une observation, à la lumière du droit comparé européen et français, en vue d'éclairer les enjeux particuliers sur cet aspect. Les défis spécifiques inhérents à l'exploitant public ont été approfondis, concernant ses rapports et velléités vis-à-vis du marché (secteur privé). D'autres enjeux découlent des prétentions antagonistes de l'opérateur historique par rapport à l'autonomie de l'ARPTC, à la suite de son institutionnalisation **(§2).**

§ 2. Les aspects controversés de l'assise d'autonomie du régulateur (ARPTC) face à l'exploitant public des télécoms

Les débuts de la dérégulation ont opposé l'OCPT d'antan (actuelle SCPT) et l'ARPTC. Ils dévoilent le compromis trouvé pour assurer l'autonomie de l'organe étatique de régulation face à l'exploitant public. Au terme de l'article 8 de la loi-cadre, l'ARPTC est « un service public dotée *(sic)* de la personnalité juridique ». De plus, l'article 1er de la loi n°014/2002 précise la nature de sa création, au titre de « personne morale de droit public dotée de la personnalité civile ». Les moyens d'action de la régulation garantissent son indépendance vis-à-vis du gouvernement, de l'exploitant public et du marché. Sans conclure sur l'identité de l'ARPTC, on est loin de la toute ressemblance de nature d'« AAI » dont l'ARCEP jouit sans atermoiement en France...[188]Les faits ont mis en collision l'ARPTC avec l'article 38 de la même loi-cadre n°013/2002 consacrant l'exploitant public et à qui elle reconnaît des droits exclusifs.

En pratique, une problématique fondamentale s'est posée entre la nouvelle assise de l'État-régulateur et l'idée irrédentiste de l'État-entrepreneur dans les télécoms. **(A)** L'autonomisation financière du régulateur étatique s'est particulièrement trouvée en butte aux revendications de l'ancien opérateur de monopole public. Pour autant, l'instauration de la taxe de régulation s'est caractérisée non seulement par des avancées réglementaires maladroites, mais aussi par des controverses des statuts et des rôles entre deux entités étatiques : Régulateur étatique et Exploitant public, établies dans un même domaine de service public. **(B)**

---

[187] *Cf.* Titre II, Chapitre 1 et 2 du présent ouvrage.

[188] M. THOUZEIT-DIVINA, *Dictionnaire de droit public interne,* Lexis Nexis, Paris, p. 44. S'agissant d'une « Autorité administrative indépendante (AAI) », il s'entend de l' « organisme qui présente la double particularité éponyme non seulement d'agir comme une institution ou une administration publique mais ce, sans être soumis au pouvoir hiérarchique de contrôle et de direction (et donc sans « dépendre ») de l'État – qui l'a pourtant créé – ainsi que des opérateurs des secteurs dans lesquels il évolue. »

A. L'autonomie du nouveau régulateur (ARPTC) aux prises aux droits exclusifs de l'exploitant public

La déréglementation a déterminé les acteurs publics (régulateur, administration et opérateur historique) dans le domaine des PTT. Auparavant, il n'y existait qu'un seul opérateur de monopole public. Il ne se posait pas de problème. Le droit public classique conférait au détenteur du monopole le pouvoir de réglementation dans le service public. [189] En institutionnalisant l'Autorité de régulation sur le marché, la loi-cadre exécutait à son profit le transfert du pouvoir de réglementation que l'OCPT exerçait jusqu'en 1982, dans le cadre légal de son monopole de 1978.[190] L'assise d'autonomie du régulateur était, dans le même domaine d'enjeu principal que les droits exclusifs de l'exploitant public soulevaient. La distinction devait nécessairement être faite entre les droits détachables de l'État, confiées à un opérateur public, et les droits régaliens non-détachables de l'État, confiés à une autorité administrative.

Sur ce point, l'enjeu particulier procède de la titularisation des pouvoirs et de la reconnaissance des avantages de réglementation *ex ante*. La « taxe de régulation » a été l'objet de la résistance au changement, manifestée par l'OCPT face à l'ARPTC.

À ce sujet, l'État congolais a obtenu un équilibre entre l'autonomie (financière et fonctionnelle) des pouvoirs de l'Autorité de régulation et les droits de l'opérateur historique en tant qu'exploitant public. Des royalties sont versées à l'exploitant public, en les prélevant sur les recettes devant revenir au régulateur. Ce compromis permet à cette dernière de réglementer le secteur, sans avoir à subir les rivalités de l'exploitant public. Le gouvernement a entrepris une laborieuse construction juridique de cet accommodement entre droit fiscal, droit administratif et droit de la régulation pour réussir l'essentiel de la dérégulation des télécoms en RDC.[191]

En effet, depuis sa création en 2002, l'Autorité de régulation construit son indépendance fonctionnelle et son autonomie financière. En exécution de la

---

[189] M. De Villiers et T. De Berranger (sous la dir.), *Droit public général, institutions politiques, administratives et européennes, droit administratif, finances publiques et droit fiscal,* LexisNexis, Coll. Manuel, Paris, 2015, pp. 522, 554-556. *Cf. supra* : l'ordonnance de 1978 (préc.) sur le statut de l'ex-ONPTZ/OCPT/SCPT lui déléguait le pouvoir de faire appliquer la réglementation dans le département des PTT.

[190] Encore faut-il préciser qu'en droit congolais, le pouvoir de réglementation de 1978 avait été repris à l'ex-ONPTZ/OCPT/SCPT en 1982 par l'ordonnance n°82-027 du 13 décembre 1982. Cette ordonnance transférait ce pouvoir au Secrétariat général (Administration) des PTT sous la tutelle du ministre des PTT, en révision de l'ordonnance n°78-222 du 5 mai 1978 ayant consacré la confusion des pouvoirs d'exploitation, de réglementation et de régulation dans le chef de l'ex-ONPTZ.

[191] M.-A. Frison-Roche, *Les 100 mots de la régulation, op.cit.*, p.115. « Le cœur de la [dé]régulation est donc le régulateur. »

loi-cadre sur les télécoms et de la loi n°014/2002,[192] le gouvernement décida de lever la « taxe de régulation » au profit de l'ARPTC par l'arrêté interministériel n°006/CAB/MIN/FIN&BUD/2003 et 001/CAB/MIN/PTT/2003 du 25 janvier 2003.[193] Cette mesure politico-administrative reste originale quant à sa conception et quant aux aspects de sa stabilisation. Elle s'applique encore 15 ans après.

À la base, ce sont les « frais de terminaison » des appels téléphoniques qui constituent l'assiette de la taxe de régulation. Cette dernière a pour base de calcul le tarif des communications internationales entrantes pour le pays, en usant du *country code +243* ; celui-ci étant l'« indicatif pays » assigné à la RDC par l'UIT. L'arrêté précité de 2003 prévoyait une perception de la quotité de 0,05$/minute au bénéfice du régulateur sectoriel des télécoms, en la calculant sur les frais de terminaison d'appels. L'arrêté disposait qu'obligatoirement ces coûts de terminaison d'appels devaient être facturés à 0,20$/minute par tout opérateur local vis-à-vis des opérateurs étrangers.[194]

C'est par la suite entre 2003 et 2005 que la taxe de régulation devient l'objet d'un quadruple enjeu de politique sectorielle, tantôt en contraste, tantôt en conformité avec des règles administratives et des procédures fiscales. Tous ces enjeux concourent à l'indépendance de l'ARPTC vis-à-vis de l'exploitant public et du gouvernement, sachant que l'autonomie financière du régulateur contribue en principe à son fonctionnement optimal et renforce par conséquent son indépendance. Cette indépendance se résume à échapper aux interférences politiques et à la capture du régulateur par les forces du marché.

Le gouvernement a employé le rôle de redistribution des finances publiques pour pacifier les rapports entre les organes étatiques démultipliés par la dérégulation au sein du même secteur. Les mécanismes financiers ont permis d'obtenir une entente pour l'insertion du régulateur dans le secteur public des PTT, en tant que nouvel organe de régulation sectorielle. Asseoir l'autonomie fonctionnelle de l'ARPTC requérait d'écarter les obstructions

---

[192] Article 21, de la loi n°014/2002 du 16 octobre 2002 portant création de l'ARPTC, préc. : « L'autorité de régulation dispose de ressources ordinaires et de ressources extraordinaire. A. Les ressources ordinaires comprennent : […] d) la taxe de régulation ».

[193] Arrêté interministériel n°006/CAB/MIN/FIN&BUD/2003 et n°001/CAB/MIN/PTT/2003 du 25 janvier 2003 portant fixation de la taxe terminale sur les communications internationales entrantes, JO RDC, n° spécial, 44e année, 25 janvier 2003, p. 50 et s.

[194]Au sens de l'arrêté inter. n°006/CAB/MIN/FIN&BUD/2003 et n°001/CAB/MIN/PTT/2003 précité, la hauteur de la *« taxe terminale »* ou *« frais de terminaison d'appel »* est de l'ordre de 0,20$ par minute d'appel téléphonique international entrant en RDC. C'est l'opérateur du réseau étranger qui rétrocède au réseau situé en RDC cette quotité sur la facture de l'émetteur d'appel. L'opérateur local est ainsi rémunéré pour le service de délivrance des appels téléphoniques en provenance de l'étranger auprès du destinataire final se trouvant sur le territoire congolais. Sur ce segment de marché, l'ARPTC obtenait 0,05$/minute d'appel tandis que l'opérateur conservait 0,15$/minute d'appel sur ses frais de terminaison. À ce jour (2017) cette taxe demeure toujours, mais seulement son taux est ramené à 20% pour compte du trésor indifféremment des frais de terminaison librement pratiqué entre opérateurs basés en RDC et opérateurs étrangers.

des anciens régulateurs monopolistiques : OCPT et RENATELSAT. L'enjeu d'indépendance de l'Autorité de régulation procédait aussi de la séparation de ses moyens de fonctionnement avec ceux de l'administration des PTT, chargée également des missions de réglementation. Ces modalités devaient permettre d'asseoir le rôle du régulateur en obtenant sa nécessaire entente avec l'opérateur historique.

En réalité, le législateur de 2002 dispose que les recettes prélevées des titres d'exploitation des télécoms doivent servir au développement sectoriel.[195] L'État congolais n'avait pas préparé le réseau de l'OCPT à rester viable face à la concurrence internationale du marché après la démonopolisation. L'opérateur historique s'estimait en droit d'obtenir des ressources publiques dans le but de maintenir, tout au moins, son administration en état de fonctionnement et, à terme, de moderniser son réseau suranné et défectueux. L'exploitant public considérait la taxe de régulation comme une source indirecte de rétribution de son monopole réglementaire, transmué en droits exclusifs. Trois mois seulement séparaient la création de la taxe de régulation (janvier 2003) et la promulgation de la loi-cadre sur les télécoms ainsi que la loi n°014/2002 (octobre 2002). L'opérateur historique s'opposait déjà au nouveau régulateur dès 2005, faute de recevoir des royalties de la part des opérateurs du marché. Il considérait comme paradoxal le fait que le régulateur en était pourvu largement via la taxe de régulation pourtant calculée sur son ancien attribut de monopole, à savoir : le code +243.[196]

Avant la loi-cadre sur les télécoms de 2002, l'exploitant public (ex-OCPT) avait acquis d'appliquer la réglementation aux acteurs privés, intervenant dans son champ de gestion à monopole absolu du service public. Historiquement, des royalties lui étaient versées pour les autorisations d'intervention qu'il délivrait aux « radioélectriques privées ». [197] Cette pratique administrative n'est pas insolite en droit comparé des services publics monopolistiques. « Traditionnellement, les opérateurs historiques aux mains de l'État assuraient des services de télécommunications en régime de monopole sur la plupart des marchés. Les activités de télécommunications étaient considérées comme une branche de l'administration publique, parallèlement aux services postaux, aux transports routiers, et aux autres

---

[195] Article 40, Loi-cadre sur les télécoms (RDC), préc. : « Les recettes tirées des frais de licence, d'autorisations de déclarations, de taxes et redevances, en rapport avec les télécommunications, servent essentiellement au développement de télécommunications ».

[196] *Cf.* Point A du présent § d'ouvrage. Au préalable, il a été démontré ci-dessus que les opérateurs privés avaient obtenu de ne pas rémunérer le monopole de l'exploitant public. La décision obtenue de l'ARPTC les fondait en refusant de lui verser des royalties sans contrepartie d'accès à des infrastructures de base, même s'il en avait en principe l'exclusivité.

[197] Ordonnance-loi n°71-015 du 15 mars 1971 sur les installations radioélectriques privées, Moniteur congolais, n°8, 15 avril 1971, p. 362.

services publics, de sorte que les licences n'étaient pas jugées nécessaires[198]».

En énonçant les droits exclusifs temporaires et partiels de l'exploitant public, le législateur de 2002 confortait l'idée d'une extension ou d'une délégation des pouvoirs de l'État à la compétence de son exploitant public sur le marché. Comme le disait Gaston Jèze, « il est des besoins d'intérêt général auxquels l'administration est la seule chargée de satisfaire à l'*exclusion des particuliers* : justice, police, communications télégraphiques, téléphoniques, transport des lettres, etc. Il y a monopole ».[199] S'estimant encore dans les schèmes du droit administratif classique,[200] l'OCPT des années 2003-2005 postulait à exercer des attributs de puissance publique notamment sur le « *country code* +243 » pour tirer des bénéfices économiques et financiers au nom de l'État. À défaut pour les opérateurs privés de transiter par son réseau de référence inexistant, l'OCPT avait encore la mentalité statutaire d'une administration publique. Et à cet égard, il se comportait en conséquence comme une émanation de l'État à qui des droits devaient être versés du simple fait, pour les « nouveaux entrants » non pas de passer par son réseau, mais d'intervenir dans son domaine légal.

Cependant, il faut rappeler que l'Autorité de régulation adopta sur ce point la décision n°001/ARPTC/2005 du 24 avril 2005, mettant fin au différend opposant les opérateurs privés à l'exploitant public.[201] Elle établissait la règle que des royalties étaient indues à l'exploitant public pour autant que ses droits exclusifs portaient sur des infrastructures auxquelles la contrepartie d'accès était techniquement impossible pour défaillance du réseau.[202] L'opérateur retournait le raisonnement de cette décision contre l'Autorité de régulation elle-même : si les droits restaient indus pour non prestation des services, ils devaient l'être néanmoins vis-à-vis de l'État en grevant « les recettes tirées des frais de licence [...] servant en principe au développement des télécoms ».[203]

Sur cette base, l'exploitant public décida de s'attaquer aux droits de l'ARPTC au sein du gouvernement, au même motif que la taxe de régulation portait sur l'identifiant pays +243. Selon l'OCPT, cet indicatif téléphonique (*country code*) était un élément technique de son exclusivité sur les infrastructures de transmission, lesquelles infrastructures il aurait exploitées si l'État lui avait consenti des investissements conséquents pour ce faire. Dès

---

[198] H. INTVEN, O. JEREMY et E. SEPULVEDA, « Octroi des licences pour les services de télécommunications », in *Manuel de la réglementation des télécommunications,* Module 2, Infodev, Banque Mondiale, p. 2, cité par A. MBAUNEWA NKIERI, *op.cit.*, p. 100.

[199] G. JÈZE, *Les principes généraux du droit administratif..., op.cit.,* pp. 1-35.

[200] *Ibidem,* p.1.

[201] Décision n°001/ARPTC/2005 du 25 avril 2005 [inédit] : « les frais d'utilisation du code +243 [...] sont difficiles à appréhender dès lors que ce code n'est qu'un identifiant attribué à la R[DC] par l'U[IT] et dont l'utilisation par les usagers est une nécessité pour joindre leurs correspondants habitant la R[DC]».

[202] *Cf.* Point A du présent § du présent ouvrage.

[203] Article 40, Loi-cadre sur les télécoms (RDC), préc.

lors, l'exploitant public contestait à l'ARPTC le droit d'être le seul bénéficiaire des recettes de la taxe de régulation perçue auprès des concessionnaires sur le marché des télécoms.

Depuis deux ans (2003-2005), les opérateurs s'acquittaient de la taxe auprès de l'État, à défaut de payer une quelconque indemnité à l'exploitant public dénué de réseau de référence. Un enjeu sous-jacent explique le contraste d'attitude de la part de marché à l'égard de la taxe de régulation. Le marché trouvait un double avantage politique et stratégique à payer à l'ARPTC la taxe de régulation.

D'un coté, l'assiette de la taxe était liée à une activité relevant en principe du monopole des droits exclusifs de l'exploitant public portant sur les passerelles internationales (« *international gateway* »), usant du code +243.[204] Les opérateurs pouvaient s'en acquitter auprès de l'ARPTC sans donner un financement direct à l'exploitant public, qui restait par ailleurs leur concurrent commercial sur les autres segments non-exclusifs du marché. D'un autre coté, en s'acquittant de la taxe, les opérateurs privés obtenaient une plus grande sécurité juridique d'utiliser leurs droits de « licences » de fourniture de services, bien au-delà de leur simple finalité. La taxe validait indirectement le fait pour le marché d'intervenir dans le segment exclusif réservé par la loi-cadre de 2002 à l'exploitant public, car dans l'impossibilité pour lui d'offrir des infrastructures de transport des communications internationales, le marché y suppléait lui-même.[205]

Par ailleurs, l'objectif de la « taxe de régulation » était de financer le fonctionnement du nouveau régulateur étatique dans le secteur des télécoms. L'urgence de l'arrêté interministériel répondait au besoin de lever une taxe sur le marché en vue de rétribuer l'intervention du régulateur, impactant *de facto* l'exclusivité des infrastructures.[206] Le premier arrêté interministériel de 2003 sur la taxe de régulation soulignait la nécessité « de réglementer les voies d'entrée et de sortie des communications internationales […] pour accroître les recettes en devises étrangères des opérateurs locaux […] et les

---

[204] *Cf.* Arrêté interministériel n°006/CAB/MIN/FIN&BUD/2003 et n°001/CAB/MIN/PTT/2003 du 25 janvier 2003, JO RDC, n° spécial, 44e année, 25 janvier 2003, p.50 et s. Le préambule de l'Arrêté sur la taxe de régulation le confirme en « considérant la nécessité de réglementer les voies d'entrée et de sortie des communications internationales "*gateway*" ».

[205] S'agissant d'une taxe pour l'usage du code +243, il fut même dit que dans le cas où le réseau de l'exploitant de l'OCPT était opérationnel, il devrait également payer la taxe de régulation en étant redevable vis-à-vis de l'État, vu le caractère obligatoire et impersonnel de la taxe due. L'État se distingue de l'opérateur historique. Celui-ci est astreint à la taxe, pourvu que l'État l'en exonère dans les formes requises ou le subventionne en fonction de son rôle « redistributeur » des finances publiques (subventions).

[206] Arrêté interministériel n°006/CAB/MIN/FIN&BUD/2003 et n°001/CAB/MIN/PTT/2003 du 25 janvier 2003, JO RDC, n° spécial, 25 janvier 2003, pp. 46 et s. « Considérant le fait que toute communication internationale entrante en [R]DC engendre une rétribution en devises étrangères fortes […] ».

apports à l'économie nationale ».[207] Les droits de licence s'exercent sur les activités d'interconnexion internationale ; le fonctionnement du marché justifiait l'intervention étatique pour assurer l'équilibre des segments exclusifs et concurrents dudit marché.

Sur le plan économique, les opérateurs du marché congolais ont accueilli la régulation étatique comme essentielle et indispensable au jeu compétitif devant transformer le secteur monopolistique congolais en un marché ouvert, comme ailleurs dans le monde. D'autant que le maintien du monopole était contraire aux objectifs de dérégulation, le marché ne trouvait pas justifié de financer l'exploitant public en lui versant directement des royalties. Imposer au marché de subventionner indirectement la capacitation de l'opérateur historique ou sa recapitalisation violait toute règle de bon sens, d'autant plus encore que la contrepartie de ses services n'était pas possible dans l'immédiat.[208]

B. Le pragmatisme de la taxe de régulation entre controverses statutaires et maladresses réglementaires

En 2003, l'arrêté interministériel avait le mérite de définir l'assiette et le taux de la nouvelle taxe de régulation.[209] En revanche, il comportait des irrégularités sur le plan juridique, même si le marché s'y conformait par pragmatisme et par réalisme. En effet, l'arrêté signé par les ministres des finances et des PTT rendait opérationnelle la taxe de régulation, mais sans en respecter les conditions constitutionnelles de légalité externe. Soit-elle pour cause d'inexpérience administrative de mise en œuvre de la politique de dérégulation, certainement l'incurie juridique ne devait pas servir à donner une réponse à l'urgence des besoins d'autonomie de fonctionnement de l'Autorité de régulation. En tant qu'acte administratif, la première cause de nullité formelle de l'arrêté susdit tenait du non-respect du principe hiérarchique. Son deuxième grief substantiel tenait de la taxe qui ne respectait pas les règles et les procédures de fiscalité.[210]

Premièrement, la taxe de régulation était inscrite dans les « ressources ordinaires » du régulateur. Elle devait faire l'objet non pas d'un arrêté

---

[207] *Ibidem*. L'arrêté est édicté en « *Considérant la nécessité de réglementer* les voies d'entrée et de sortie des communications internationales [...] ». (Arrêté interministériel n°006/CAB/MIN/FIN&BUD/2003 et n°001/CAB/MIN/PTT/2003 du 25 janvier 2003)

[208] En témoignage, l'auteur du présent ouvrage a été, de 2004 à 2007, conseiller juridique de haut niveau dans la division régulation et interconnexion (*Head of division regulatory and interconnect*) de Vodacom Congo RDC, le leader actuel du marché congolais de la téléphonie GSM et de l'Internet mobile. Cette logique d'entreprise était portée par l'ensemble de la corporation des nouveaux entrants sur le marché et défendue par ses juristes.

[209] Arrêté interministériel n°006/CAB/MIN/FIN&BUD/2003 et n°001/CAB/MIN/PTT/2003 du 25 janvier 2003 portant fixation de la taxe terminale sur les communications internationales entrantes, JO RDC, n° spécial, 44e année, 25 janv. 2003, pp. 50 et s.

[210] D. TRUCHET, *Le Droit public*, PUF, coll. « Que sais-je ? », 2e éd., Paris, 2010 (2003), pp. 76-77.

ministériel comme c'est le cas, mais plutôt d'un décret du Président de la République, conformément à la loi n°014/2002 sur l'ARPTC.[211] L'arrêté interministériel de 2003 fixant la taxe de régulation intervint donc en violation tant de la loi que de la Constitution du 4 avril 2003.[212]Néanmoins, les vices de forme d'un acte administratif n'empêchent pas l'acte de produire des effets tant que son annulation n'est pas acquise, à l'initiative des intéressés agissant par voie d'exception ou par voie d'action.[213]

En droit judiciaire congolais, la règle commune d'annulation des actes juridiques est celle de « nullité pour grief », supposant un intérêt à faire annuler un acte non seulement à cause d'un vice de forme mais lorsqu'un intérêt est réellement préjudicié.[214] Toutefois, pour les raisons politiques et stratégiques relevées ci-dessus, le marché s'accommodait et s'acquittait de la taxe de régulation, car quoique l'arrêté illégal, restait en faveur des droits d'accès et de licence du secteur privé à l'encontre de l'exploitant public. L'utilitarisme de l'arrêté interministériel de 2003 était essentiel : il explique le silence du marché et des acteurs publics du secteur des PTT par rapport à la nullité de l'acte illégal.[215]

D'autre part, la révision de la loi financière en 2004 mit définitivement à mal ce compromis d'une légalité précaire. En plus d'être déjà contraire aux lois des PTT,[216] l'arrêté interministériel de 2003[217] devenait aussi contraire à la loi n°04/015 du 16 juillet 2004.[218] Si l'arrêté permettait sous l'ancien régime fiscal une encaisse de la « taxe de régulation » par l'ARPTC,

---

[211] Article 21, dernier alinéa, Loi n°014/2002 du 16 octobre 2002, préc. : « Les modalités de calcul, le taux et le montant des redevances, frais et autres rémunérations constituant les ressources ordinaires de l'Autorité de Régulation, sont fixés par Décret du Président de la République ».

[212] Constitution de la Transition en RDC du 4 avril 2003 [http://mjp.univ-perp.fr/constit/cd2003.htm] (consulté le 23 novembre 2016). Le Chef de l'État statuait *« par voie de décrets délibérés en Conseil des Ministres »*, en tant qu'il « *assure l'exécution des lois et exerce le pouvoir réglementaire* » (Article 71).Cette constitution ne prévoyait pas de Premier Ministre, mais un Chef d'État et du gouvernement, avec quatre vice-présidents. « Le Président de la République convoqu[ait] et présid[ait] le Conseil des Ministres au moins une fois tous les quinze jours » (Article 69). « La Présidence de la République [était] composée du Président de la République et de quatre Vice-présidents » (article 80).

[213]D. TRUCHET, *Le droit public*, *op.cit.*, pp. 76-77.

[214]Article 11, Décret du 7 mars 1960 portant Code de procédure civile, *Moniteur congolais*, 1960, p. 961 ; erratum, p. 1351.

[215]*Cf.* le point A du présent § d'ouvrage et les lignes précédentes sur les enjeux politiques de la taxe de régulation.

[216]L'article 21 de la Loi-cadre sur les télécoms (RDC) exigeait pour fixer la taxe de régulation, un décret (acte administratif de hiérarchie supérieure) et non un arrêté (acte administratif de hiérarchie inférieure).

[217] Arrêté interministériel n°006/CAB/MIN/FIN&BUD/2003 et n°001/CAB/MIN/PTT/2003 du 25 janvier 2003 portant fixation de la taxe terminale sur les communications internationales entrantes, JO RDC, n° spécial, 44e année, 25 janvier 2003, p.50 et s.

[218]Loi n°04/015 du 16 juillet 2004 fixant la nomenclature des actes générateurs des Recettes Administratives, Judiciaires, Domaniales et des Participations ainsi que leurs modalités de perception, JO RDC, 45e année, n° spécial, Kinshasa, 22 juillet 2004, p. 1-28 (Autre publication : JO RDC, 47e année, n° spécial, 18 aout 2006, pp. 1-23.)

l'unicité de caisse du trésor public est devenue le principe impératif de la loi n°14/015. Son article 18 abroge le décret-loi n°101 du 3 juillet 2000.[219] Il n'était plus admis d'effectuer une correspondance entre imputations budgétaires et taxes perçues comme autrefois.[220] Aucun service de l'État n'était donc plus autorisé à « consommer à la source » les prélèvements de taxes, soit pour leurs besoins de fonctionnement ou en contrepartie des services publics pour lesquels leurs missions étaient concernées.[221]

Par conséquent, la taxe de régulation par sa nature de « taxe » ne pouvait plus servir à l'autofinancement du régulateur. Désormais la loi n°014/05 interdit l'ancienne pratique des « budgets pour ordre », dite « BPO ». À ce sujet, la loi modificative n°05/008 du 31 mars 2005[222] expose les mêmes motivations : « La suppression du budget pour ordre a fait intégrer les recettes y relatives au budget général où elles sont réparties par nature dans les différents postes budgétaires. Elles constituent des recettes non fiscales à encadrer par la Direction générale des recettes administratives. Les recettes concernées étaient jadis perçues par [plusieurs services cités, y compris] l'ARPTC dépendant de la Présidence de la République. En application de l'article 2 de la loi n°014/015[...] il apparait nécessaire de couvrir les actes générateurs desdites recettes par une loi. L'intégration de ces recettes non fiscales à mobiliser par la DGRAD permet, en respect du principe d'universalité du Budget de l'État, de les canaliser vers le Trésor public et *éviter ainsi leur affectation à l'avance à des dépenses déterminées par les services poseurs d'Actes* ».[223]

---

[219]Décret-loi n°101 du 3 juillet 2000 portant fixation de la nomenclature des actes générateurs des recettes administratives, judiciaires, domaniales et de participations et de leurs modalités de perception.

[220] Exposé des motifs, Loi n°04/015 du 16 juillet 2004, préc. « En effet, bien qu'ayant également des imputations budgétaires, au regard de la nomenclature budgétaire, les impôts et autres droits dus au Trésor public ne sont pas rattachés à ces imputations dans les textes juridiques qui les créent[...] Tel doit aussi être le cas pour les actes générateurs des recettes non fiscales, d'autant que la nomenclature budgétaire peut être modifiée suivant les nécessités du moment, sans que cela n'ait une quelconque incidence sur la situation juridique de ces actes ».

[221] K. NDUKUMA, « La problématique de l'application de la nouvelle loi 04/015 du 16 juillet 2004 fixant la nomenclature des actes générateurs des recettes administratives, judiciaires, domaniales et de participations ainsi que leurs modalités de perception », *Vodanews*, n°8, Kinshasa, sept.-oct. 2004, pp. 10-11. Nous écrivions : « il y a lieu de relever que l'article 12 de la loi 04/003 du 31 mars 2004 portant Budget de l'État pour l'exercice 2004 dispose que "*les budgets pour ordre sont supprimés*. Les actes générateurs des recettes pour ordre sont reclassés dans les différents ministères de tutelle et deviennent d'office des recettes non fiscales constatées et liquidées par les services d'assiette, ordonnancées et recouvrées par la DGRAD" ».

[222] [http://leganet.cd/Legislation/Dfiscal/L05.008.31.03.2005.nomenclature.htm] (consulté le 18 juillet 2016) : Loi n°05/008 du 31 mars 2005 modifiant et complétant la Loi n°04/015 du 16 juillet 2004 fixant la nomenclature des actes générateurs des Recettes Administratives, Judiciaires, Domaniales et des Participation ainsi que leurs modalités de perception, JO RDC.

[223] « Exposé des motifs », Loi n°05/008 du 31 mars 2005, préc.

Cet aspect de la réforme du droit fiscal « tient également compte de l'évolution de la législation notamment en matière [...] des télécommunications ».[224] Dès lors, l'arrêté interministériel sur la taxe de régulation ne pouvait plus résister à cette illégalité substantielle. Aussi, une rupture devait-elle être marquée avec l'ancien régime des BPO, budget pour ordre, sur la base duquel l'ARPTC percevait la taxe de l'État comme une de ses ressources directes de trésorerie. « Quant à la suppression des imputations budgétaires, elle répond à la nécessité de distinguer la nomenclature des actes générateurs, qui découle de l'existence juridique de ceux-ci, de la nomenclature budgétaire, qui, elle est liée aux préoccupations d'exécution du budget de l'État.[225] »

L'Autorité de régulation ne pouvait plus financer son fonctionnement sur base de l'« arrêté du compromis initial » obtenu avec le marché en marge de la légalité formelle. « Ainsi, un certain nombre d'actes générateurs nouveaux ont été repris sur la nomenclature des recettes » à percevoir pour le compte du trésor public. Les différentes évolutions de la législation financière congolaises ont confirmé les principes d'unicité de la caisse du trésor public, dûment imposés par la loi n°014/015 de 2004, telle que modifiée et complétée par la loi n°05/008 du 31 mars 2005 la modifiant.[226]

Toutefois, la loi des finances n°014/2004(telle que modifiée) dispose qu'un arrêté d'exécution détermine l'assiette et le taux des taxes reprises dans sa nomenclature des recettes de l'État. Elle précise néanmoins que cet arrêté doit être interministériel. En l'espèce, la taxe de régulation devait continuer d'impliquer les signatures du ministre des finances en qualité d'ordonnateur des finances publiques et du ministre des PTT en tant que chef de département Télécoms faisant office du service taxateur.

Il est entendu que les produits de cette taxe sont désormais destinés au compte du trésor public et ne sont donc plus pré-affectés au profit d'une quelconque entité publique, en l'occurrence pour financer le régulateur. Par sa spécialité,[227] la loi n°014/015 des finances l'emportait donc sur la loi

---

224 « Exposé de motifs », Loi n°014/015, préc., JO RDC, 47e année, n° spécial, 18 aout 2006, p.4.

225 *Ibidem.*

226 En RDC, d'autres textes complémentaires, modificatifs ou applicatifs des lois de finances de 2004 et 2005 sont : 1° la loi n°11/11 du 13 juillet 2011 relative aux finances publiques, 2° l'ordonnance-loi n°13/002 du 23 février 2013 fixant la nomenclature des droits, taxes et redevances du pouvoir central, 3° l'ordonnance-loi n°13/003 du 23 février 2013 portant réforme des procédures relatives à l'assiette, au contrôle et aux modalités de recouvrement des recettes non fiscales, 4° le décret n°007/2002 du 02 février 2002 relatif au mode de paiement des dettes envers l'État, tel que modifié par le Décret n°011/2011 du 14 avril 2011.

227 G. Cornu, « Maximes et adages du droit augmentés de quelques dictons et sentences », in *Vocabulaire juridique, op.cit.*, p. 1100. « *Specialia generalibus derogant :* les dispositions spéciales dérogent aux dispositions générales ». En matière de taxation, les dispositions de loi de finances (n°014/05 du 16 juil. 2004) sont plus spéciales que la loi (n°014/2002 du 16 oct. 2002) portant création de l'ARPTC. En fixant les ressources ordinaires de l'ARPTC, le but de la seconde loi évoquée n'est pas de se substituer à la loi des finances qui a pour spécialité d'encadrer l'assiette, les taux et les modalités de perception des recettes publiques.

sectorielle n°014/2002 créant l'ARPTC, car la loi des finances « résulte de l'analyse de tous les actes générateurs [des recettes publique] au regard tant de leur fondement juridique [...] de leur justification économique que d'éventuels conflits de compétence qu'ils auraient engendrés ».[228]

Pour tous ces motifs, il fallait corriger le premier arrêté interministériel de 2003[229]qui renforçait fiscalement l'autonomie de l'Autorité de régulation. Aussi, fut-il signé l'arrêté interministériel n°004/CAB/MIN/PTT/2005 et n°015/CAB/MIN/FINANCES/2005 du 28 juillet 2005 portant taux de la taxe de régulation.[230] Ce dernier destina la taxe de régulation au Trésor public au même titre que tous les « actes générateurs des recettes administratives, judiciaires, domaniales et de participation » de l'État. Ce nouvel arrêté privilégiait la nature fiscale de la taxe de régulation au titre de ressource financière du budget général de l'État. Hélas, cet arrêté faisait supplanter la nature d'une taxe à l'énonciation légale des recettes qui étaient en revanche prévues au titre de ressource ordinaire de l'ARPTC. Il allait à l'encontre de la liste de l'article 21, A, c) de la loi n°014/20012 sur l'ARPTC qui alignait la taxe de régulation dans la série de ressources ordinaires de l'ARPTC. Néanmoins, la loi financière n°014/05 a prévu des rétrocessions des taxes perçues, en faveur des principaux services publics du domaine des PTT. En effet, la loi n°014/015 établit l'unité du budget des recettes de l'État.[231]

Ainsi, la dérégulation des PTT pose aux politiques sectorielles un double enjeu primaire. Il s'agit de la séparation organique des fonctions d'exploitation du domaine public des PTT (par l'OCPT et RENATELSAT) d'avec la régulation (par l'ARPTC). Il s'agit également d'assurer à l'ARPTC elle-même d'être indépendante de l'administration (ministère des PTT).Les mécanismes de finances publiques ci-dessus analysés auront permis de concrétiser le principe de dissociation, imposé par la loi-cadre de 2002.[232]

Finalement, le gouvernement a décidé de déduire de la taxe de régulation la quote-part légale de 5% afin de la rétrocéder par solidarité au régulateur, à l'exploitant public (OCPT et RENATELSAT) et au ministère des PTT. La politique a pris le dessus sur la rationalité juridique. En pratique, il a été arrêté une clé de répartition, en tenant compte de leurs charges respectives de

---

[228] « Exposé de motifs », Loi n°014/015, préc.

[229] Arrêté interministériel n°006/CAB/MIN/FIN&BUD/2003 et n°001/CAB/MIN/PTT/2003 du 25 janvier 2003 portant fixation de la taxe terminale sur les communications internationales entrantes, JO RDC, n° spécial, 44e année, 25 janvier 2003, pp. 50 et s.

[230] Arrêté interministériel n°004/CAB/MIN/PTT/2005 et n°015/CAB/MIN/FINANCES/2005 du 28 juillet 2005 portant taux de la taxe de régulation à percevoir à l'initiative du Ministère des PTT et de l'ARPTC [inédit].

[231]« Exposé de motifs », Loi n°014/015, préc. : « Elle [la loi] consacre aussi le principe de la rétrocession de 5% en faveur des ministères et services générateurs, en plus de celle reconnue à la DGRAD pour son fonctionnement, en vue d'encourager lesdites structures dans l'effort d'optimisation des recettes non fiscales ».

[232] *Cf.* Tome 1, Titre II, Chapitre 2, Section 2, §1 du présent ouvrage, en rapport à la « dissociation de la réglementation *ex post* et de la régulation *ex ante* dans la loi des télécoms » de 2002.

fonctionnement. L'Autorité de régulation et l'administration ont dû signer à la longue un protocole d'accord particulier ayant pour objet de partager les produits de rétrocession des taxes sectorielles des télécoms. Dans le même ordre des choses, l'État lui-même verse dorénavant et jusqu'à présent une subvention tirée de la taxe de régulation, tant au RENATELSAT (établissement public) qu'à la société commerciale d'État S.A. (SCPT) qui s'est installée dans la continuité des droits de l'ex-OCPT (EPIC).

Malgré toute cette construction politique de longue haleine, il s'avère insuffisant de s'arrêter au compromis trouvé sur la taxe de régulation entre l'assise du régulateur, la survie de l'exploitant public et le fonctionnement du marché. En effet, la taxe de régulation était fixée par arrêté interministériel ; ce qui revenait finalement à subordonner le financement quotidien de l'ARPTC aux délais (d'attente) des rétrocessions fiscales versées au trésor public. Par voie de conséquence, son fonctionnement se soumettait à l'ordre général des priorités du gouvernement, particulièrement à l'ordonnancement du ministre des finances.

Ainsi, l'Autorité de régulation a vu l'indépendance de sa mission être exposée aux risques d'influences politiques et d'inféodation financière, en cas des rapports de force avec le gouvernement. L'appréciation du ministre est en effet prépondérante sur l'ARPTC, en tant qu'ordonnateur de la taxe de régulation et des rétrocessions.[233] L'indépendance fonctionnelle de l'ARPTC et son autonomie d'action étaient donc sous risque de compromission, car précisément les procédures des finances relèvent du ministère du budget et des finances. Diversifier les ressources du régulateur étatique évitait sa dépendance de fonctionnement à la seule la taxe de régulation.

À cet effet, l'article 21 de la loi n°014/2002 du 16 octobre 2002 a établi au profit de l'ARPTC une longue liste des ressources ordinaires et extraordinaires.[234] Celles-ci sont restées inactivées durant dix ans. C'est plus

---

[233]Article 5, loi n°04/015 du 16 juillet 2004 fixant la nomenclature des actes générateurs des Recettes Administratives, Judiciaires, Domaniales et des Participations ainsi que leurs modalités e perception, telle que modifiée et complétée par la loi n°05/008 du 31 mars 2005 : « Toutes les recettes provenant des actes générateurs définis dans la nomenclature en annexe sont versées intégralement au compte du Trésor. Outre la rétrocession de 5% sur toutes les recettes réalisées allouées à la DGRAD pour son fonctionnement, le Trésor public rétrocède également 5% des recettes au service générateur desdites recettes, notamment pour l'octroi des primes d'encouragement à ses agents ». Le ministre des finances est l'ordonnateur de la taxe de régulation et des rétrocessions. Il influerait alors sur les finances de l'ARPTC.

[234] Article 21, loi n°014/2002, préc. : « L'autorité de régulation dispose des ressources ordinaires et des ressources extraordinaires : A. Les ressources ordinaires comprennent : a) les revenus de ses prestations ; b) les produits, des frais administratifs liés à l'étude des dossiers d'octroi ou de renouvellement des licences et/ou autorisations, d'agrément des équipements terminaux et plus généralement les produits de toute redevance en relation avec la mission de l'Autorité de régulation ; c) la taxe de numérotation ; d) la taxe de régulation ; e) les taxes parafiscales autorisées par la loi financière. [...] B. Les ressources extraordinaires comprennent : a) les avances remboursables du trésor, d'organismes publics ou privés ainsi des emprunts autorisés conformément à la législation en vigueur ; b) les subventions, dons, legs, et toutes les autres recettes en rapport avec son activité ».

tard que le décret n°012/15 du 20 février 2012[235] a fixé les modalités de calcul desdites ressources de fonctionnement et les modalités d'investissement de l'organe de régulation. L'arrêté ministériel n°026 du 30 mars 2012 a assuré l'exécution dudit décret.[236]

Désormais, les prestations du régulateur congolais des télécoms disposent d'une base juridique et tarifaire alimentant ses ressources de financement, en conformité au droit administratif et au droit fiscal. Ses fonds de fonctionnement ne dépendent plus uniquement que de la chaîne des recettes et des dépenses du Trésor public. Son autonomie financière et fonctionnelle est assurée. Ses ressources propres sont alimentées par les actes générateurs ci-après traduisant sa mission de régulation : règlement des conflits, traitement des brouillages (de fréquences), examen des catalogues et des contrats d'interconnexion, gestion des activités d'interconnexion, gestion des services des réseaux de données.[237] Seulement, la forme juridique du décret n°012/15 ci-dessus pourrait soulever des controverses, puisqu'il est signé par le Premier ministre et non par le président de la République, comme spécifié à l'article 21 *in fine* de la loi n°014/2002.[238]

En réponse, il sied de considérer la succession des ordres constitutionnels et la répartition des attributions au sein des Institutions politiques entre les années concernées : 2002, sous le régime constitutionnel de l'AFDL ; 2003 sous la transition post-conflit ; 2006 sous la IIIe République et 2011 concernant la révision constitutionnelle. C'est à présent le Premier ministre qui dispose du pouvoir de statuer par décret, tandis que le président de la République statue désormais par ordonnance. La loi n°014/2002 sur l'ARPTC découlait du système politique en vigueur durant la transition congolaise de 1997 à 2003. Il n'était pas prévu de premier Ministre, chef du gouvernement. Le Président de la république était chef de l'État et en même temps chef du gouvernement : il statuait par voie de décret. Sous l'égide de la Constitution du 18 février 2006, telle que révisée par la loi n°11/002 du 20 janvier 2011, les pouvoirs correspondant reviennent aujourd'hui au Premier ministre, chef du gouvernement. C'est donc à bon droit que ce soit ce dernier qui ait signé le décret n°012/015 relatif aux ressources de l'ARPTC.L'article 93 de la Constitution lui reconnait d'exercer le pouvoir réglementaire. Ce pouvoir lui permet de faire application des dispositions concernées de la loi-cadre sur les télécoms et de la loi n°014/2002 sur l'ARPTC.

---

[235] Décret n°012/15 du 20 février 2012 fixant les modalités de calcul et les taux des revenus des prestations de l'Autorité de Régulations de la Poste et des Télécommunications, « ARPTC » en sigle, JO RDC, n°6, 15 mars 2012, col.9-10.

[236] Arrêté ministériel n°026/CAB/VPM/MIN/PNTC/LKNG/OPS/2012 du 30 mars 2012 portant mesures d'application du décret 012/15 du 20 février 2012 fixant les modalités de calcul et les taux des revenus des prestations de l'ARPTC.

[237] *Ibidem.*

[238] Article 21, alinéa 3, Loi n°014/2002, préc. « Les modalités de calcul, le taux et le montant des redevances, frais et autres rémunérations constituant les ressources ordinaires de l'Autorité de régulation sont fixées par *décret du Président de la République* ».

En somme, l'indépendance financière de l'ARPTC se situe au cœur des enjeux de son autonomie statutaire et décisionnelle par rapport au marché. Conformément à la loi des finances, l'Autorité de régulation dispose, pour son budget de fonctionnement, d'une rétrocession de 5% sur toutes les recettes générées par ses prestations donnant prise à la « taxe de régulation ». Créée en janvier 2003, ladite taxe a permis de contourner le refus des opérateurs privés de rétribuer l'exploitant public au titre des royalties qui découleraient de ses droits exclusifs. Les opérateurs privés ne pouvaient donner prime à la défaillance de celui-ci sur son segment exclusif de fourniture d'accès aux infrastructures de base. Ils s'abstenaient davantage de financer par ailleurs leur propre concurrent autorisé par la loi – comme eux, par leurs licences – à exploiter le segment ouvert du marché des services.

Véritablement, la taxe de régulation a servi d'alternative au marché et aux politiques publiques, au-delà de sa seule logique juridique et fiscale. Aussi, la taxe de régulation a-t-elle été dès 2003 le premier atout de financement des autorités de réglementation nationales et de l'exploitant public de la part de l'État. L'exploitant public (OCPT et RENATELSAT) bénéficie d'une redistribution d'une quotité des droits liés à la taxe de régulation, sans exigence de contrepartie de service à sa charge. Si la taxe de régulation n'a pas permis d'assurer l'indépendance du régulateur, elle a néanmoins désengagé l'exploitant public du champ de la régulation.

Ainsi, le mécanisme financier relatif à la taxe de régulation a apaisé le marché ainsi que la coexistence entre entités publiques du secteur des PTT. Pour le besoin de légalité, les corrections juridiques ont été effectuées, pour distinguer les ressources du trésor public et celles revenant à l'Autorité de régulation. Après dix ans de fonctionnement de la régulation et du marché dérégulé, le décret n°012/015 précité du Premier ministre assure l'autonomie financière de l'ARPTC, avec des actes générateurs propres faisant largement échapper ceux-ci à l'ordonnancement du ministre des finances, sauf pour gestion comptable.[239]

Le schéma réglementaire a été sinueux au sujet de la taxe de régulation. Il traduit sur le plan financier, toute la logique de l'équilibre que le marché et les autorités de réglementation nationales ont trouvé par rapport aux attitudes de résistance aux transformations de la part de l'opérateur public du monopole résiduel, à l'encontre de la dérégulation des télécoms. Des hésitations sur les plans juridique, administratif et fiscal traduisent tout autant qu'ils alimentent les enjeux particuliers de la démarcation d'un droit de la régulation sectorielle des PTT en RDC. De la sorte, les « lois dérégulatrices » de 2002 comportent des erreurs de conception, des contradictions de logiques et d'application **(section 2)**.

---

[239]Article 27, Loi n°014/2002, préc. : « À la fin de chaque exercice, le collège [...] rédige un rapport financier sur les activités de l'Autorité de Régulation. Ces documents sont transmis dans les trois mois suivant la clôture de l'exercice au Ministre ayant les finances dans ses attributions pour besoin de contrôle ».

Section II. Les « erreurs exemplaires » de réglementation sous la loi-cadre n°013/2002 sur les télécoms en RDC

La dérégulation a été un « droit venu d'ailleurs » suivant l'expression de Jean Carbonnier évoquant Charles de Gaulle. [240] Les pouvoirs publics congolais ont entrepris les transformations du secteur des PTT, selon le modèle libéral de l'OMC. [241] Sans expérience cognitive des schèmes de l'économie de marché, les deux autorités nationales de régulation (ARPTC et ministère des PTT) ont connu des conflits de compétences entre elles, tout en faisant face aux intérêts du marché des télécoms. Plusieurs erreurs ont été commises dans le cadre réglementaire de 2002.

À la lumière des expériences européennes et françaises, des critiques du droit positif congolais doivent permettre des correctifs de *lege ferenda*. Des corrections sont à apporter aux erreurs de départ du processus de dérégulation en RDC. Elles procèdent de l'étude des conflits des compétences entre les autorités de réglementation nationales du domaine, à savoir : le ministre des PTT et ARPTC. **(§1)**

C'est fondamentalement la logique de la législation de 2002 qui est la base des contradictions entre les faits sur le marché et le droit applicable. De prime abord, des contrariétés résident dans les sources congolaises du droit de la régulation. Elles sont aux prises face aux principes de droit administratif. Elles affectent le fonctionnement du marché régulé des télécoms. Dès le départ de la dérégulation des télécoms, les options congolaises de politique législative étaient en déphasage par rapport aux mutations internationales, voire nationales, du marché électronique et aux évolutions conséquentes du droit comparé. **(§2)**

§ 1. Les sources légales des conflits des compétences entre l'ARPTC et le Ministère des PTT

Dans le secteur des télécoms, le cadre juridique congolais est parsemé de contradictions qui concernent : les lois et leurs mesures d'application, les autorités de réglementation entre elles et/ou la logique de la législation, face au marché, dans sa structuration internationale ou nationale. En séparant la régulation *ex ante* de la réglementation *ex post*, le législateur dépouillait de certains de leurs avantages, privilèges et attributions, l'administration classique et l'opérateur historique, en instituant un nouveau régulateur.

Les textes légaux et réglementaires ont été édictés depuis 2002 dans un contexte de lutte de pouvoir entre l'administration classique et le régulateur étatique des télécoms. Ils sont à l'origine des conflits de compétences et autres formes d'empiètements **(A)**. En illustration, plusieurs cas de conflits

---

[240] J. Carbonnier, *Droit et passion du droit sous la Vè République*, Flamarion, coll. champs essais, n°819, Paris, 1996.

[241] *Cf.* Tome 1, Titre II, Chapitre 2 du présent ouvrage.

de compétences ont affecté et affectent encore les aspects importants de régulation du marché des télécoms **(B)**.

A. Les conflits de compétences entre l'ARPTC et le ministre des PTT

À titre illustratif, l'exposé des motifs de la loi-cadre des télécoms évoque « la création d'une Autorité de Régulation, *placée sous la tutelle du Ministre des P.T.T. (sic)* », au titre des « innovations introduites » par la loi.[242] En revanche, l'article 2 de la loi n°014/2002 sur l'ARPTC dispose que celle-ci « *relève du Président de la République* ». La contradiction est flagrante au sujet de la tutelle du régulateur entre la loi-cadre du 16 octobre 2002 et la loi n°014/2002 de la même date. Comment et pourquoi cette erreur demeure ainsi ? La question appelle des analyses factuelles et juridiques permettant de trouver des solutions dans le *renouveau du droit de la régulation.*[243]

Subséquemment, chacune des entités publiques concernées par la réforme a multiplié contre l'autre des « immixtions »[244], des « usurpations de fonctions »[245]et des « empiétements des fonctions ».[246]Encore à ce jour, les autorités congolaises de réglementation des télécoms entretiennent l'une contre l'autre des cas d'« excès de pouvoir »,[247] au gré de leurs intérêts par rapport au marché et/ou pour y renforcer leurs pouvoirs respectifs.

En RDC, plusieurs antinomies entre les principes et les règles se constatent entre la loi-cadre de 2002 et ses mesures d'application. En droit comparé français, la « loi-cadre » rappelle « la technique législative utilisée à la fin de la IVe République, selon laquelle la loi énonce les objectifs ou les principes que le *gouvernement* est invité à mettre en œuvre par *décrets*. Ces derniers, qui peuvent modifier *des dispositions* législatives, deviennent exécutoires après avoir été soumis au Parlement suivant les modalités

---

[242]« Exposé des motifs », loi-cadre n°013/2002 sur les télécoms, préc.

[243] Titre II, Chapitre 2, section 2 du présent ouvrage, spéc. « §1. Le regard critique sur le statut administratif de l'ARPTC pour une révision de son ''rattachement tutélaire'' à la Présidence de la République ».

[244] G. CORNU, *op.cit,* p. 521. *Verbo* « immixtion » pour dire « en un sens large, toute intervention sans titre dans les affaires d'autrui se traduisant par l'accomplissement d'un acte [...] Intervention illicite dans les affaires d'autrui, l'absence de tout titre d'intervention (mandat, habilitation juridique claire, pouvoir légal) s'aggravant ici de la transgression d'une interdiction d'agir »

[245] *Ibidem*, p. 1057. *Verbo* « usurpation de fonctions » pour désigner toute « initiative, considérée comme un cas d'incompétence radicale, qui consiste soit dans l'exécution d'une fonction administrative par une personne dépourvue de tout pouvoir légal, soit dans l'ingérence d'un agent administratif dans l'exercice des fonctions substantiellement ou organiquement séparée des siennes ».

[246] *Ibidem*, p. 396. *Verbo* « empiètement » pour désigner « la catégorie la plus ordinaire d'incompétence consistant en une ingérence d'une autorité administrative dans les attributions d'une autre autorité administrative ».

[247] *Ibidem*, p. 429. *Verbo* « excès de pouvoir » pour dire « Ensemble des violations par l'administration du principe de la légalité ; la locution plus générique que spécifique, ne s'emploie que dans l'expression "recours pour excès de pouvoir" ».

variables ».[248] L'expérience congolaise de la dérégulation s'est illustrée par des objectifs contradictoires entre les décrets, arrêtés et décisions adoptés sous son régime à cause d'intérêts statutaires entre acteurs publics sectoriels.

À sa première année d'application, la loi-cadre de 2002 a été au cœur des enjeux d'attribution et d'intervention publique sur le marché entre les autorités de réglementation. La dérégulation des télécoms entraînait la reconfiguration de la présence de l'État dans ce service public anciennement monopolistique. Les craintes de l'administration des PTT ont contribué à instrumenter et instrumentaliser le décret n°03/027 du 16 septembre 2003,[249] afin de récupérer, par des astuces infra-législatives, d'anciennes attributions que le législateur de 2002 a conférées au régulateur. Cette dérégulation s'est également fondée sur la loi n°014/2002 sur l'ARPTC. Les décisions arrêtées sur la base des interstices légales, au titre d'actes administratifs, l'ont été tantôt en défense contre l'usurpation des fonctions de régulation ou en revanche pour empiéter sur celles de l'administration.

En effet, le décret n°03/027 du 16 septembre 2003 fut à l'origine des contradictions, pour avoir fixé les attributions du ministère des PTT en violation des dispositions de la loi-cadre n°013/2002. En intervenant moins d'un an seulement après les « lois dérégulatrices » du 16 octobre 2002, ce décret illustre la résistance au changement face à la transformation des services publics des PTT. Malgré son abrogation, quatre ans plus tard, par l'ordonnance n°07/18 du 16 mai 2007,[250] ses violations intentionnelles des « lois dérégulatrices » ont durablement affecté la régulation du marché des télécoms.

Le précité décret n°03/027 de 2003 alimentait des conflits des compétences entre autorités sectorielles de réglementation. À ce jour encore (2017), les mêmes vices rétrogrades caractérisent les rapports des autorités de réglementation entre elles et/ou vis-à-vis du marché. Seule la forme de leur expression est devenue insidieuse dans le comportement des acteurs, sans une expression flagrante dans les textes réglementaires. Notre étude appréhende la virulence historique du conflit des pouvoirs, exacerbé à la première année d'exécution du processus légal de régulation en RDC. En demeurant un cas d'école de l'affront volontaire des règlements contre la loi, le décret susdit marque le contrecoup orchestré dans la hiérarchie des normes juridiques par le gouvernement contre le législateur. Entre 2003 et 2005, le

---

248 P. AVRIL et J. GICQUEL, *Lexique de droit constitutionnel*, préc., p. 72. Les auteurs donnent l'exemple de la loi-cadre de Deffere du 23 juin 1956 sur l'évolution *des territoires d'Outre-mer*.

249 Décret n°03/027 du 16 septembre 2003 fixant les attributions des ministères du gouvernement de transition, JO RDC, n° spécial, 44e année, 23 septembre 2003, colonne 22 et suivants, point 21° (Décret abrogé 4 ans après en 2007).

250 Il s'agit de l'ordonnance n°07/18 du 16 mai 2007 fixant les attributions des ministères. De manière constante, les ordonnances postérieures ont conforté la correction effectuée quant à l'organisation des attributions du gouvernement, jusqu'en 2005. *Cf.* Ordonnance n°15/015 du 21 mars 2015 portant le même intitulé, spécialement article 1, al. 24 sur le ministère des PTT, JO RDC, n° spécial, 56e année, 27 mars 2015, col. 23 et s.

but des règlements sectoriels était ostensiblement dans une logique contraire au sens de la transition des services publics des télécoms vers l'économie numérique des marchés, telle que décidée par les lois de 2002.

Ainsi, des erreurs de réglementation ont été intentionnellement commises afin que chaque autorité de réglementation nationale puisse détourner les effets de la loi-cadre à leurs avantages respectifs, au détriment du marché et de l'intérêt général. D'autres erreurs spécifiques se sont traduites en conflits des textes juridiques et des compétences administratives concernant les aspects essentiels de la dérégulation, à savoir : homologation des équipements, règlement des litiges entre opérateurs du marché et gestion de l'accès aux ressources rares des télécoms (fréquences radioélectriques et numérotation).[251] Les cas d'empiètement se sont cristallisés sur ces questions de réformes du service public des télécoms.

B. Les erreurs spécifiques d'attribution des compétences entre l'ARPTC et le Ministre des PTT

Parmi les erreurs exemplaires de réglementation, certaines ont conduit l'ARPTC à empiéter sur les pouvoirs de l'administration quant à l'organisation des procédures de règlements des litiges entre opérateurs et de sanctions de leurs manquements sur le marché. D'autres erreurs ont encore alimenté des conflits de compétences spécifiques concernant l'homologation des équipements des télécoms, la gestion du plan de numérotation ainsi que la gestion des fréquences radioélectriques.

1. L'empiètement des pouvoirs du ministère des PTT sur la procédure de règlement et des sanctions des différends du marché

En 2003, le premier rapport public d'activités de l'ARPTC faisait référence aux différends portés à sa compétence par les opérateurs. « Tous ces litiges dans les affaires ci-après : Oasis *vs* Celtel, Vodacom *vs* Sogetel, Celtel *vs* Sogetel portaient essentiellement sur le niveau du coût et du règlement de l'interconnexion. L'arbitrage du régulateur a permis de vider ces différends et concilier les opérateurs ». [252] Le bilan en fut très encourageant, surtout au sujet de sa mission d'assurer l'équilibre de fonctionnement du marché.[253] La loi-cadre habilite effectivement l'Autorité de régulation à arbitrer avec équité les litiges entre les opérateurs, en vue d'instaurer et de maintenir une concurrence légale et durable.[254]

---

[251] P. HUET, « Allocation et gestion des ressources rares », *L'actualité juridique, Droit administratif*, n°3, 20 mars 1997.

[252]ARPTC, *Rapport public d'activités 2003*, Kinshasa, 2003, p. 18.

[253] Article 8-a), loi-cadre sur les télécoms (RDC), préc. : l'ARPTC « a pour attribution de [...] veiller au respect des lois, des règlements et des conventions en matière des télécoms ».

[254]Article 5, loi n°014/2002 sur l'ARPTC dispose qu'elle soit « saisie d'une demande d'avis sur un litige né entre opérateurs ».

Seulement, la loi n°014/2002 sur l'ARPTC insiste en ce sens : la « *procédure se rapportant aux sanctions et au règlement des litiges est fixé par arrêté du Ministre* » des PTT.[255] Cependant, au lieu d'arrêter cette procédure, le Ministre s'est attribué via le décret n°03/027 de 2003 le pouvoir d'« arbitrage des conflits entre opérateurs du secteur des postes, téléphones et télécommunications ».[256] Comme à ce jour (2018), jadis le ministre n'avait pas arrêté la procédure de règlement des litiges requis par la loi, l'Autorité de régulation a décidé de passer outre le Ministre, en adoptant en 2006 deux décisions substitutives fixant *sui generis* ses propres règles en la matière.[257] La loi n°014/2002 sur l'ARPTC l'habilite à édicter des actes réglementaires sous forme de « décision »[258] susceptible de recours devant la section administrative de la Cour suprême de justice (CSJ).[259]

Cependant, la compétence se rapportant à l'objet concerné de la décision de l'ARPTC est plutôt reconnue au ministre des PTT. En décidant en lieu et place de ce dernier, le régulateur a donc opté de prendre quelques libertés d'action par rapport à la légalité formelle, même si le but est de combler une carence d'acte règlementaire et d'assurer un aspect de ses missions légales. En agissant effrontément, l'ARPTC laissait le choix au Ministre d'attaquer l'acte en annulation, auquel cas il devait prendre l'arrêté correspondant. L'ARPTC présupposait la mauvaise foi du ministre en anticipant le risque de voir ce dernier le priver d'un instrument juridique indispensable à la réalisation de sa mission légale d'arbitre des conflits sur le marché. En justification de l'immixtion de l'ARPTC dans le domaine ministériel, une étude publique de son directeur de réglementation, Lepage Bushabu, reste emblématique. Elle argue la nécessité pour son institution de traiter les conflits qui lui sont soumis, alors que le Ministre tarde à appliquer la loi.[260]

Cependant, le droit administratif exige le « respect des règles du droit public »,[261] sous peine d'empiètement de fonctions de la part du régulateur à l'encontre du Ministre. Faute de respecter la légalité de forme, ses décisions entrent dans « la catégorie la plus ordinaire d'incompétence consistant en une ingérence d'une autorité administrative dans les attributions d'une autre

---

[255] Article 6, loi n°014/2002, préc.

[256] Article 1er, B.21, 8e tiret, décret n°03/027 du 16 septembre 2003 fixant les attributions des Ministres.

[257] Il s'agit : 1° de la décision n°003/CLG/ARPTC/2006 fixant les règles de procédure applicables en cas de manquements par les opérateurs de postes ou de télécommunications à leurs obligations légales ; 2° la décision n°004/CLG/ARPTC/2006 fixant la procédure de règlement des différends en matière de poste ou de télécommunications.

[258] Article 17, al. 4, loi n°014/2002, préc.

[259] Depuis lors, l'article 154 de la Constitution de la RDC du 18 février 2006 (préc.) a institué un ordre de juridictions administratives composé du Conseil d'État et des Cours et tribunaux administratifs.

[260] L. BUSHABU, *De la mise en œuvre de la régulation des télécommunications en droit congolais (RDC),* Mémoire pour obtention de BADGE, Promo 2005, Télécom Paris Ecole nationale supérieure des télécoms (ENST)/Arcep Burkina-Faso/Institut de la Banque mondiale/ESMT Dakar, Ouagadougou, 2005, pp. 18 et s.

[261] D. TRUCHET, *Le Droit public, op.cit.,* pp. 70 et s.

autorité administrative ».[262] Les décisions viciées de l'ARPTC n'ont pas non plus été attaquées, par défaut d'intérêt du marché qui a besoin de son pouvoir d'arbitrage des différends. Mais, dans l'hypothèse d'un différend entre opérateurs devant l'ARPTC, l'une des parties en cause pourrait toujours exciper l'illégalité des décisions n°003 et n°004/CLG/ARPTC/2006 sur la base desquelles se déroule la procédure d'examen ou d'arbitrage des différends entre opérateurs des télécoms.

Aussi, la sécurité juridique n'est-elle pas garantie s'agissant des décisions arbitrales qu'adopte le collège de l'Autorité de régulation jusqu'à présent, sur la base de ce règlement de procédure *contra legem*. Il s'agit actuellement d'un cas non solutionné de conflit de compétences comme d'autres encore. Dans le même ordre d'idées, s'inscrit l'homologation des équipements des télécoms.

2. Le conflit de compétences dans l'homologation des équipements

La loi-cadre n°013/2002 dispose que le régulateur « a pour attribution de [...] procéder aux homologations [d'équipements] requises par la présente loi ».[263] La loi n°014/2002 sur l'ARPTC spécifie cette mission comme consistant à « édicter les normes techniques des équipements et terminaux et procéder aux homologations requises par la loi ».[264] La décision d'homologation est prise en fonction des « spécifications techniques »[265] que l'ARPTC elle-même publie.[266] Ainsi, homologuer les équipements des communications électroniques est de la compétence du régulateur. Le pouvoir régulateur s'exprime en autorisation ou non d'importer, de commercialiser, de vendre ou de détenir un équipement traitant ou émettant des signaux radioélectriques, sur l'ensemble du territoire congolais.

Cependant, le ministère des PTT s'arrogeait une fois de plus la même compétence d'homologuer les équipements sur la base d'un arrêté de 1993, publié dans le même numéro du journal officiel que la loi avec laquelle il entre en contradiction.[267] Cet arrêté fixe les conditions d'exercice des activités du secteur des télécoms. La confusion des rôles avec l'Autorité de régulation a été appuyée par un autre arrêté fixant la taxe d'homologation au

---

[262] G. CORNU [2016], *op.cit.*, p. 396.

[263] Article 8-c), loi-cadre sur les télécoms (RDC), préc.

[264] Article 3-f), loi-cadre sur les télécoms (RDC), préc.

[265] Article 4-16, loi-cadre sur les télécoms (RDC), préc. : « La définition des caractéristiques requises d'un produit telles que, d'une manière exhaustive, les niveaux de qualité ou de propriété d'emploi, la sécurité, les dimensions, la terminologie, les symboles et les méthodes d'essai, l'emballage, le marquage et l'étiquetage ».

[266] Article 29, loi n°014/2002 sur l'ARPTC, préc : « L'homologation vise à assurer la conformité des équipements et terminaux aux normes et spécifications techniques en vigueur sur le territoire national ».

[267] « Chapitre II », arrêté ministériel n°CAB/MIN/PTT/0027/31/93 du 18 novembre 1993 fixant les conditions d'exercice des activités du secteur de télécoms, JO RDC, n° spécial, 44e année, Kinshasa, 25 janvier 2003, p. 64 et s.

profit du ministère des PTT et au détriment de l'ARPTC.[268] Sans désemparer, ni s'en préoccuper, cette dernière a adopté la décision n°024/ARPTC/CLG/2006 fixant le régime d'homologation des équipements terminaux et des installations des télécoms.[269] À ce jour (2017), la décision de l'ARPTC est demeurée en vigueur. Dans l'entre-temps, le conflit de compétences a cessé et des ententes ont permis une collaboration sur ce point entre les deux autorités étatiques de réglementation et de régulation. En pratique, le régulateur procède aux homologations, tandis que le ministère émet des notes de taxation, sur base de l'article 1er de l'arrêté interministériel du 5 juillet 2014 (modifié).[270]

Près de 15 ans après, les expériences des ARN ont muri. Le retour à la raison garder est atteint de la part de l'administration publique au regard du développement du marché et de l'irréversibilité du processus de dérégulation des télécoms. Les équipements constituent un segment de marché libéralisé à part entière, sous l'exploitation du secteur privé et l'encadrement de l'Autorité de régulation. Néanmoins, d'autres conflits subsistent. Notamment, le plan national de numérotation a été l'objet de tensions entre le ministre des PTT et l'ARPTC.

3. Le conflit des compétences dans la gestion du plan national de numérotation

Les deux « lois dérégulatrices » de 2002 attribuent au régulateur le pouvoir d'élaborer et de gérer le plan national de numérotation.[271] En revanche, sans reconnaître de compétences spécifiques au ministre des PTT sur ce point, la *ratio legis* de 2002 reste cohérente en inscrivant la « taxe sur la numérotation » dans la liste des ressources ordinaires de l'ARPTC, telle que prévue dans sa loi de création.[272]

Cependant, cette même taxe a également fait l'objet de réclamations de paiement de la part du ministre des PTT sur la base d'un arrêté *contra*

---

[268] Arrêté interministériel n°005/CAB/MIN/PTT/2005 et n°110/CAB/MIN/FINANCES/2005 du 29 juillet 2005 portant fixation des taux des droits, taxes et redevances à percevoir à l'initiative du Ministère des PTT, JO RDC, n° spécial, 46e année, Kinshasa, 1er novembre 2005, col. 57-60. Cet arrêté fondait le ministre des PTT à reprendre l'homologation des équipements de télécoms dans la liste d'actes générateurs des recettes (5% de la valeur CIF) relevant de son département.

[269] JO RDC, n°15, 47e année, Kinshasa, 1er août 2006, col. 21 et s.

[270] *Cf.* article 1er, 1°, Arrêté interministériel n°CAB/MIN/PT&TIC/059/2014 et n°CAB/MIN/FINANCES/2014/109 du 5 juillet 2014 portant fixation des taux des droits, taxes et redevances à percevoir à l'initiative du ministère des Postes, télécommunications et nouvelles technologiques de l'information et de la communication [inédit]. Il dispose : «les taux des droits, taxes et redevances à percevoir à l'initiative du Ministère des [PTNTIC] sont fixés comme suit : […] 1° taxe d'homologation des équipements des télécommunications à fabriquer, à importer ou à commercialiser sur le territoire nationale »

[271] Article 8-c), Loi-cadre sur les télécoms (RDC), préc. et article 3-e), Loi n°014/2002 sur l'ARPTC, préc.

[272] Article 21-c), Loi n°014/2002, préc.

legem.[273] Cette contrariété à la loi découlait du décret n°03/027 de 2003 attribuant au ministre des PTT l'« élaboration du Plan national de numérotation »,[274] alors que les lois de 2002 reconnaissaient plutôt cette compétence au régulateur.

Par conséquent, les opérateurs privés subissaient le harcèlement fiscal et administratif de deux services de l'État intervenant auprès des mêmes opérateurs pour les mêmes compétences sur le même marché. En effet, le ministère des PTT insistait erronément sur des rubriques spéciales de taxes qu'il dégageait de ses propres règles du plan de numérotation, à savoir : « *country code +243* », « *préfixe identification du réseau* » et « *code sémaphore* ».

Au regard des principes de légalité tant des actes administratifs que des taxes, les deux dernières rubriques avaient été rajoutées *de facto* par acte réglementaire,[275] sans avoir été créées au préalable ni par la loi de finances[276] ni par les lois sectorielles des télécoms de 2002.

Un cas reste illustratif de ce dualisme administratif face au marché. Il s'agit de l'expérience connue en 2004 par *Celtel Congo RDC*, opérant à ce jour sous la raison sociale *Airtel RDC*. Sur la base de sa loi de création, l'Autorité de régulation décida en effet d'attribuer à cet opérateur les blocs de numéros de téléphone à dix chiffres « *digits* » (099 MCDU). La décision n°006/CLG/ARPTC/2004 du 30 août 2004 en tient lieu d'acte. Après sa publication au journal officiel, le ministère des PTT considéra ladite décision comme non avenue en remettant en question la compétence *ratione materiae* de l'ARPTC à ce sujet. Le Ministre s'appuyait à cet effet sur les dispositions du décret n°03/027 du 16 septembre 2003 lui conférant plutôt la gestion de la numérotation au sein du gouvernement.[277]

Actuellement, la controverse a été tranchée. Après neuf ans d'insécurité juridique, la situation a été harmonisée et les modalités de calcul des revenus

---

[273] Points XV-22 et XV-26 de l'arrêté interministériel n°005/CAB/MIN/PTT/2005 et n°110/CAB/MIN/FINANCES/2005 du 29 juillet 2005 sur la fixation des taux des droits, taxes et redevances à percevoir à l'initiative du Ministère des PTT, JO RDC, n° spécial, 46e année, Kinshasa, 1er novembre 2005, col. 57-60.

[274] Article 1er, B.21, 2e tiret du décret du 16 septembre 2003, préc.

[275] Arrêté interministériel n°005/CAB/MIN/PTT/2005 et n°110/CAB/MIN/FINANCES/2005 du 29 juillet 2005 sur la fixation des taux des droits, taxes et redevances à percevoir à l'initiative du Ministère des PTT, préc.

[276] Loi n°04/015 du 16 juillet 2004 fixant la nomenclature des actes générateurs des recettes administratives, judiciaires, domaniales et des participations ainsi que leurs modalités de perception, JO RDC, 45e année, n° spécial, Kinshasa, 22 juillet 2004, (Autre publication : JO RDC, 47e année, n° spécial, 18 août 2006). NDUKUMA ADJAYI K., « La problématique de l'application de la nouvelle loi 04/015 du 16 juillet 2004 fixant la nomenclature des actes générateurs des recettes administratives, judiciaires, domaniales et de participations ainsi que leurs modalités de perception », *Vodanews*, n°8, Kinshasa, sept.-oct. 2004.

[277] K. NDUKUMA, *Cyberdroit, op.cit.*, pp. 165-166.

des prestations concernées ont été fixées par le nouveau décret n°012/15 du 20 février 2012[278] et son arrêté d'application du 30 mars 2012.[279]

En conséquence, le ministre des PTT n'a plus inscrit la gestion de la numérotation dans la liste des taxes à percevoir par son administration.[280] L'Autorité de régulation effectue la gestion de la numérotation des télécoms, dont la taxe est perçue désormais en contrepartie de son initiative. Les régimes de la loi-cadre n°013/2002 et de la loi n°014/2002 sur l'ARPTC ont finalement été bien distingués, y compris dans les mesures d'application. Toutefois, la question n'est pas toujours (restée) aussi harmonieuse s'agissant de la gestion des fréquences.

4. Le conflit des compétences dans la gestion des fréquences radioélectriques

Le législateur de 2002 attribue au régulateur le pouvoir de « gérer et contrôler les fréquences ».[281]La loi n°014/2002 sur l'ARPTC complète la loi-cadre dans les mêmes termes en spécifiant la mission d'« assigner les fréquences nécessaires au fonctionnement de toute station de radiodiffusion sonore et de télévision ».[282] Cette précision est importante pour renforcer la compétence exclusive de l'Autorité de régulation congolaise dans ce sous-domaine des télécoms. Sur ce point, elle est l'équivalent de l'agence nationale des fréquences (ANFr) en droit comparé français.[283]

Cependant, cette même compétence avait été attribuée au ministère des PTT par le décret n°03/027 de 2003, en ces termes: « – Police des ondes ; – Centralisation et Gestion nationale des fréquences ». [284] La loi-cadre n°013/2002 ne reconnaît pourtant pas de rôle au ministre des PTT sur ce point, sauf celui d'agir d'une manière générale tant sur le cadre réglementaire, la politique sectorielle, la conception, la proposition ou la mise en œuvre de celle-ci, que sur les règlements d'administration, de police

---

[278] Décret n°012/15 du 20 février 2012 fixant les modalités de calcul et les taux des revenus des prestations de l'Autorité de Régulations de la Poste et des Télécommunications, « ARPTC » en sigle, JO RDC, n°6, 15 mars 2012, col.9-10.

[279] Arrêté ministériel n°026/CAB/VPM/MIN/PNTC/LKNG/OPS/2012 du 30 mars 2012 portant mesures d'application du décret 012/15 du 20 février 2012 fixant les modalités de calcul et les taux des revenus des prestations de l'ARPTC.

[280] La taxe de numérotation ne figure plus dans l'Arrêté interministériel n°CAB/MIN/PT&TIC/059/2014 et n°CAB/MIN/FINANCES/2014/109 du 5 juillet 2014 portant fixation des taux des droits, taxes et redevances à percevoir à l'initiative du ministère des Postes, télécommunications et nouvelles technologiques de l'information et de la communication [inédit].

[281] Article 8-e), loi-cadre sur les télécoms (RDC), préc.

[282] Article 3-g), loi n°014/2002, préc.

[283] P. Huet, « Allocation et gestion des ressources rares », préc.

[284] Article 1er, B.21, 4e tiret du décret du 16 septembre 2003 fixant les attributions des ministères du gouvernement de transition, JO RDC, n° spécial, 44e année, 23 septembre 2003 (abrogé à ce jour).

ou de taxation du secteur.[285]Cette confusion des rôles a largement préjudicié la bonne exploitation du secteur des télécoms d'autant que les fréquences radioélectriques en constituent la ressource première et essentielle.

En effet, la « gestion des fréquences radioélectriques est un ensemble des actions administratives et techniques relevant de l'État et visant à assurer une utilisation rationnelle du spectre des fréquences radioélectriques assignés *(sic)* d'une manière objective, transparente et non discriminatoire aux utilisateurs ». [286] Assigner une fréquence ou un canal radioélectrique correspond à « l'autorisation donnée par l'État pour l'utilisation par une station radioélectrique d'une fréquence ou d'un canal radioélectrique déterminé selon les conditions spécifiées ».[287] Assigner à plus d'un opérateur à la fois les mêmes canaux crée des interférences nuisant aux intérêts du marché et, particulièrement, à la qualité des services pour les opérateurs et les consommateurs.

Aux débuts de la dérégulation congolaise en 2002-2003, il s'est exacerbé le manque de collaboration entre autorités de réglementation nationales. Cela entraînait les opérateurs à disposer des titres d'assignation de fréquences sur papier, mais techniquement inexploitables. Le pouvoir administratif exercé de droit par l'ARPTC en 2002 ne lui conférait pas en réalité la même maîtrise cognitive des données de terrain. Encore moins, il ne pouvait prétendre au niveau de contrôle des fréquences que l'administration des PTT, y compris l'opérateur historique, avait mis en place depuis 1940.

Des conséquences subsistent encore au regard des cas d'occupation simultanée des bandes et canaux de fréquences par des opérateurs.[288] Il en est de même des cas d'assignations accordées en parallèle par le ministère des PTT, sans leur enregistrement à l'ARPTC, alors que les bénéficiaires en évoquent l'effectivité devant le régulateur.

De nos jours, la maturation du marché se constate au même titre que le renforcement des expériences des autorités nationales de réglementation. Ce constat permet une harmonie générale en respect et en application des principes légaux. Le marché n'est toutefois pas à l'abri des velléités encore fâcheuses d'affirmation de pouvoirs entre les acteurs publics du domaine des PTT. Des soubresauts de conflits apparaissent de temps en temps. Tel est le cas du communiqué officiel du 15 avril 2009 par lequel le ministère des PTT refusait les assignations de fréquences décidées par l'Autorité de régulation. N'étant pas habilité à annuler les décisions concernées de l'ARPTC[289], le

---

[285] Article 6-a),b), c), d), loi-cadre sur les télécoms (RDC), préc.

[286] Article 4-25, loi-cadre sur les télécoms (RDC), préc.

[287] Article 4-31, Loi-cadre sur les télécoms (RDC), préc.

[288] Exemple : conflit d'occupation par Orange des mêmes bandes de fréquences GSM antérieurement assignées à Tigo.

[289] En l'occurrence : Décision n°001/ARPTC/CLG/2009 du 14 janvier 2009 et n°005/ARPTC/CLG du 24 février 2009. De plus, l'article 17 de la loi n°014/2002 sur l'ARPTC dispose que ses décisions sont susceptibles de recours devant la section administrative de la CSJ, pour assurer l'indépendance de l'ARPTC face au gouvernement.

ministre choisit de les dénoncer au journal officiel sous la rubrique « Avis et annonces ». Pour marquer le coup, il devait user de la même voie de publicité empruntée par l'ARPTC pour l'opposabilité de ses décisions.[290]

Toutes les erreurs exemplaires ci-dessus sont des cas d'école des conflits de compétences entre le ministre des PTT et le régulateur. En RDC, d'autres contradictions se situent dans la logique du cadre réglementaire de 2002, elles ont des impacts significatifs sur le fonctionnement du marché **(§2)**.

§ 2. Les contradictions des logiques du cadre réglementaire de 2002 sur les aspects fonctionnels du marché électronique

Les erreurs de réglementation alimentent le désordre. L'analyse précédente a porté sur les conflits de compétences entre autorités publiques sectorielles. Chacune d'elles se sert du moindre paradoxe de leurs sources de pouvoirs pour les exercer entre elles, contre elles-mêmes et s'imposer à l'égard des forces économiques du marché. Il apparaît d'autres contradictions par ailleurs, à savoir : la logique des politiques législatives des télécoms.

L'illogisme conceptuel de nos lois a des conséquences sur la réalité politique, sur le fonctionnement et le développement du marché. Il affecte ainsi la pratique des activités proprement dites d'exploitation. Le législateur de 2002 ne démontre pas avoir cerné ces réalités du marché : en construisant les régimes légaux à partir des types de réseaux, son approche est dépassée par les enjeux de mutation numérique du marché et des technologies. Des faiblesses de logique ont fragilisé dès le départ le cadre réglementaire congolais. L'architecture de la loi est uniquement orientée sur les réseaux de télécoms de base, sans envisager l'économie numérique, ni appréhender les aspects du commerce électronique qui étaient déjà en vogue grâce à Internet.

Il convient d'analyser les inadéquations du niveau des réformes entreprises par le législateur en RDC. Ce dernier n'a pas tenu compte de toutes les mutations pertinentes du marché électronique avant et après 2002. **(A)** Les régimes et les titres que la loi-cadre n°013/2002 des télécoms confère aux opérateurs du marché congolais sont, le cas échéant, désuets, indifférenciés ou imprécis au regard du droit comparé français et européen du commerce électronique. **(B)**

A. L'inadéquation du niveau des réformes législatives au regard des mutations du marché électronique

La loi-cadre n°013/2002 a pour objet les télécoms de base. Elle rattrape un retard de législation de soixante ans entre 1940 et 2002, mais elle n'est

---

290 JO RDC, n°8, 15 avril 2009, 1re partie, « Avis et annonces », col. 74 [www.droitcongolais.info/files/avis-Ministere-des-Postes,-perte-certificat—JO-n-8,-annee-50,-15-avril-2009-.pdf] (consulté le 9 juillet 2016).

pas à la dimension d'un code des communications électroniques. Elle situe les activités de télécoms dans un sous-secteur sans traiter des aspects juridiques de l'Internet. Elle se limite aux priorités d'accès au marché par les opérateurs de téléphonie mobile GSM. Elle apporte des transformations qui se concentrent sur la gestion domaniale et administrative des ressources du domaine public. Elle restructure davantage les pouvoirs du ministre des PTT, du régulateur (ARPTC) et de l'exploitant public. Elle ne définit pas suffisamment les règles du marché des télécoms dans ses aspects des services de la société de l'information. Et pourtant, l'économie numérique et le commerce électronique étaient déjà en pleine émergence dans le monde, au moment de sa promulgation en 2002. L'Europe déjà en 1998 et 2000 avaient édicté les directives sur les services de la société de l'information...[291]

La loi-cadre entretient une disparité de définitions, sans catégorisation ni régimes d'activités entre opérateurs des services de télécoms, y compris de l'Internet. En l'occurrence, par « opérateur », le législateur de 2002 entend « toute personne physique ou morale, exploitant un réseau de télécommunication ».[292] Le « réseau »[293] est défini comme un ensemble d'installations de transmission, d'acheminement de signaux de télécoms ainsi que d'échange d'informations, de commande et de gestion entre des « points de terminaison ». Ces points sont ensuite définis[294] autant que l'« équipement terminal »[295] ou encore les « télécommunications »[296].

En revanche, le droit comparé européen et français a défini les opérateurs au titre de « prestataires intermédiaires du commerce électronique » : opérateurs de transmission (transport ou *mere conduit*), opérateurs de caching, Fournisseurs d'accès à Internet, hébergeurs, éditeurs de contenu. L'expérience européenne fixe ainsi un cadre de catégorisation de ces prestataires, selon leurs types d'activités techniques au-delà du marché mais dans la société de l'information.[297]Actuellement (2017), la loi-cadre de 2002 reste la source formelle du « droit de l'accès au marché des télécoms », lui-même de plus en plus dépassé par l'évolution technologique. Le droit congolais se structure malheureusement autour des types de réseaux et dans le contexte limité à un secteur. C'est normal que plusieurs activités débordent de son cadre réglementaire.

De manière constante, y compris dans la révision en cours, le législateur des télécoms privilégie le critère de catégorisation des opérateurs par rapport

---

[291] Directive 2000/31/CE, préc. Directive 98/34/CE, préc.
[292] Article 4-10, loi-cadre sur les télécoms (RDC), préc.
[293] Article 4-2, loi-cadre sur les télécoms (RDC), préc.
[294] Article 4-15, loi-cadre sur les télécoms (RDC), préc.
[295] Article 4-14, loi-cadre sur les télécoms (RDC), préc.
[296] Article 4-1, loi-cadre sur les télécoms (RDC), préc.
[297] *Cf.* Tome 1, Titres I, Chapitres 1 et 2. La directive 2000/31/CE du 8 juin 2000 sur le commerce électronique (préc.) catégorise les « prestataires intermédiaires » (section 4) avant de définir leur régime de responsabilité par rapport aux contenus qu'ils transportent, qu'ils stockent ou diffusent.

à une typologie de réseaux. Il ne procède pas par type d'activités sur le marché comme cela est fait avec pertinence en Europe en RDC. Le système réglementaire est construit sur la typologie des réseaux, à laquelle la loi rattache un régime et à ce dernier ensuite, un titre particulier d'exploitation. Trois régimes légaux sont arcboutés sur les réseaux électroniques existants. Ils demeurent encore les suivants : 1° le « réseau de base » de l'exploitant public, 2° les « réseaux concessionnaires des services publics » ouverts au public et 3° les « réseaux indépendants ». De *lege ferenda*, les débats à l'assemblée nationale supprimaient en mai 2018 l'exploitant public, tandis que le sénat le réinsérait en novembre 2018 en attendant l'harmonisation paritaire des divergences des termes de la future loi. Si, dans les cas de figure, « infrastructures de base » est préféré par rapport à « réseau de référence », le régime de l'exploitant public est moins identifié par rapport à son rôle que rapport à ses installations techniques…

Dans la logique, la loi-cadre sur les télécoms opère une répartition des compétences entre les autorités de réglementation nationales ; leurs attributions respectives sont fonction des catégories, des régimes et des titres correspondants à chaque type de réseau opérant en RDC. C'est cette typologie qui détermine les pouvoirs d'action du ministre des PTT et du régulateur face aux opérateurs.[298] En principe, le détenteur de « licence » exploite un réseau ouvert au public, tandis que le détenteur d'« autorisation » est destiné à exploiter des réseaux indépendants. Mais l'article 17 de la loi-cadre applique de manière très diffuse ces « régimes d'exploitation » à des services et activités qu'elle ne prend pas soin de définir, en se limitant uniquement à insinuer leur variété.[299]

Paradoxalement, ce n'est qu'à son exposé des motifs que la loi-cadre n°013/2002 évoque l'Internet à titre prospectif : elle l'assimile au statut et au régime des services à valeur ajoutée, comme supplétif des télécoms de base. La perspective de la loi ne franchit pas le seuil d'autres technologies plus avancées, en dehors de la téléphonie cellulaire. La finalité globale des télécoms n'est pas précisée dans l'économie et la société, ni l'objectif de la pleine concurrence.

En RDC, les « lois dérégulatrices » de 2002 n'ont pas tenu compte du fait que « la concurrence est un des principaux mécanismes qui permettent à l'Internet de stimuler la croissance économique ».[300] Quinze ans plus tard (2002-2017), ces lois demeurent inchangées et la transformation du secteur

---

[298]Article 9, Loi-cadre sur les télécoms (RDC), préc. « Les télécommunications comportent trois types de réseaux : - le réseau de référence ou réseau de base ; - le réseau concessionnaire des services publics ; - le réseau indépendant »

[299]Article 17, Loi-cadre sur les télécoms (RDC), préc. : « Il existe trois régimes d'exploitation distincts *s'appliquant à des services et des activités également différents* : a) le régime de concession ; b) le régime de l'autorisation et c) le régime de la déclaration ».

[300] Banque Mondiale [2016], *Les dividendes du numérique, op.cit.*, p. 19.

est inachevée.[301] Cependant, les télécoms ne sont qu'un maillon de l'« écosystème numérique ».[302] Même si elles sont à part entière des techniques de mise en relation à distance, leur utilité finale est de donner accès aux ressources numériques et/ou de servir de support des activités numériques.[303] Les communications électroniques ont évolué au point que l'Internet ne peut plus être maintenu par le législateur congolais à un rang accessoire, surtout au regard des statistiques en Afrique.[304]

Au cours de la même année 2015, les opérateurs se sont tout de même établis à 133 milliards de dollars de chiffres d'affaires cumulés en 2015 et pourraient atteindre 210 milliards de dollars à échéance 2020. Malgré la forte dominance des réseaux 2G, l'essor du haut débit est perceptible : la moitié des 74 réseaux 4G en activité en Afrique a été lancée depuis moins de trois ans (2013-2015). Cette offre croissante de l'Internet mobile encourage les acquisitions des Smartphones. En fin 2015, 226 millions de cartes SIM sont utilisées via des Smartphones, soit 23% des connexions, ce qui représente un taux de couverture assez modeste. Mais les appareils *low cost* gagnent des parts de marché aidés en cela par des prix de vente cassés à 160$ en moyenne fin 2015 contre 230$ en 2012. Ces prix sont encore en baisse. GSMA table sur 720 millions de connexions par Smartphone (sur 1,3 milliards de carte SIM en circulation) en 2020. Toutefois, le continent africain présente le plus faible taux de couverture de l'Internet au monde. En termes de potentiel, les indicateurs font de l'Afrique le deuxième plus grand marché des technologies au monde, derrière la zone Asie-Pacifique avec 12% des abonnés uniques mondiaux.[305]

De nos jours en RDC, le régime des opérateurs est construit par type de réseau. L'architecture législative est décalée au regard de la convergence numérique des réseaux, des médias et des industries, dont l'Internet est la manifestation éloquente. De surcroît, le droit comparé européen ou français était déjà très avancé sur ce point au regard des directives du paquet télécom (2002) ainsi que des lois relatives à la réglementation des télécoms et à

---

301 *Cf.* Titre 1, Chapitre 2 et Titre 2, chapitre 1 et 2. Ces aspects sont développés au-delà des points relatifs à la dérégulation des télécoms de base. Ils correspondent aux nouveaux défis de l'économie numérique et aux projets de loi en cours d'examen actuellement au Parlement (2017).

302 A. BAMDÉ, *op.cit.*, p. 27. « Chaque innovation sociale est devenue porteuse de révolution sociale. L'invention du télégraphe électrique en est le parfait exemple. [...] L'idée selon laquelle l'avenir d'un pays et des peuples est étroitement lié à l'édification des réseaux de communication était désormais présente au plus profond de chacun des artisans du monde. [...] Au contraire, celle-ci a grandi et s'est enrichie à mesure que les kilomètres de fils et de câbles reliant les êtres humains entre eux ont augmenté, jusqu'à devenir le moteur de la société ».

303 V-L BENABOU et J. ROCHFELD, *op.cit.*, pp. 1-25.

304 B. POLLE, « Téléphonie mobile : le nombre d'abonnés africains en hausse de 70% depuis 2010 », *Jeune Afrique*, rubrique Économie, entreprises et marchés, 1er août 2016 [www.jeuneafrique.com/345544/economie/État-de-leconomie-mobile-afrique-rapport-gsma-2016] (consulté le 21 novembre 2016).

305 *Ibidem.*

France Télécom (1996). Ces avancées étrangères inséraient définitivement le marché semi-monopolistique dans la pleine économie libérale en supprimant les « droits réservés » reconnus aux opérateurs historiques nationaux. Elles soumettaient ainsi au régime du droit des sociétés l'exploitant public France Télécom qui avait auparavant un statut de droit public. Le législateur congolais de 2002 ne pouvait donc pas ignorer ces évolutions juridiques, étant donné qu'il s'inspire généralement du droit français au regard de l'appartenance de la RDC à la famille romano-germanique du droit. L'inadéquation du droit congolais des télécoms mérite d'être examinée.

B. L'inadéquation des régimes du droit congolais des télécoms au vu du droit comparé

Il a déjà été dit que la loi-cadre sur les télécoms consacre trois types de réseaux auxquels il rattache des régimes particuliers, à savoir : réseaux de l'exploitant public, réseaux concessionnaires et réseaux indépendants. La conception et l'application de ces typologies présentent une inadéquation aussi bien par rapport au marché congolais que par rapport au niveau plus avancé du droit comparé. Le déphasage des régimes du droit congolais se démontre à travers les évolutions économiques, technologiques et juridiques du marché local et international. Une appréciation critique de chaque régime mérite d'être effectuée au regard de son contenu et des défis qu'il pose. Au vu du droit comparé français, il convient d'expliciter les critères de législation et de réglementation fondant ces régimes qui s'avèrent « désuets » pour le cas de l'exploitant public, « indifférenciés » pour les réseaux concessionnaires et « imprécis » pour les réseaux indépendants.

D'ores et déjà, la loi-cadre n°013/2002 ne transfère pas les télécoms du domaine de droit public à celui du droit de la concurrence. Les activités des télécoms restent fondamentalement rattachées au régime du droit administratif, en dehors d'autres branches du droit concernées. La dérégulation n'a pas encore autorisé une libéralisation qui aboutit à l'application intégrale des règles de droit privé aux acteurs du marché. Elle considère les opérateurs du marché comme des agents d'exécution d'un service public, avec qui l'État entretient des rapports de droit basé sur un contrat administratif : la licence concédée. Un cahier des charges définit les règles et conditions d'exercice des activités économiques dans le secteur des télécoms.[306]

1. Le régime suranné et désuet du réseau de l'exploitant public

Au vu des régimes de la loi-cadre n°013/2002, le régime de « réseau de base » de l'exploitant public est cité en premier lieu. Son réseau dispose des « droits exclusifs et spéciaux » tirés directement de la loi. Ces droits ne

[306] Arrêté ministériel CAB/MIN/PTT/0027/31/93 du 18 novembre 1993 fixant les conditions d'exercice des activités dans le secteur des télécommunications, préc.

l'empêchent pas d'agir aussi sur le marché libéralisé des services de télécoms. Le ministre des PTT ne peut déroger à ces droits de l'exploitant public que sur avis de l'ARPTC, l'exploitant public étant lui-même légalement entendu. [307] L'exploitant public dispose d'un « réseau de référence » ou « réseau de base » auquel les réseaux concessionnaires sont tenus de s'interconnecter et de faire transiter leur trafic national et international.[308] La logique législative conçoit son réseau comme la colonne vertébrale du « réseau national »[309], qualifié de « *Backbone* » dans le jargon du pays, en vue d'effectuer des opérations de « simple transport », dites « *mere conduit* » en droit européen.[310]Les dispositions finales de la loi-cadre ont assigné à l'OCPT/SCPT et au RENATELSAT, à titre transitoire, le statut d'exploitant public.[311]

Toutefois l'État n'a pas mis à sa disposition les infrastructures de réseau répondant aux ambitions de réseau fédérateur, que le législateur lui a définies pour le marché dérégulé. Dans la méthode fidèle au droit comparé, notre étude rapproche de l'expérience européenne, les situations concrètes sur lesquelles le législateur congolais n'a pas édicté de loi, ni su trouver des solutions adéquates.

En Europe, avant même les directives « paquet télécom » 2002, l'exclusivité n'était plus à l'ère du temps. La série des directives « ONP » de 1990 avait déjà imposé aux États d'abolir les droits exclusifs ou spéciaux pour la fourniture de services de télécoms. Une exception était faite au début de la dérégulation européenne pour assurer les services suivants : satellite, téléphonie vocale et radiocommunications mobiles. Le marché communautaire européen avait dès lors évolué et la directive 96/19/CE introduisait la pleine concurrence, y compris pour les derniers « bastions monopolistiques » de la téléphonie vocale et de l'exploitation des réseaux. La directive 2002/77/CE dite « directive "concurrence" » de la Commission européenne a adapté le droit de la concurrence au secteur des communications électroniques et interdit le maintien de droits exclusifs ou spéciaux pour des prestations liées aux communications électroniques.[312]

---

[307]Articles 10 à 12, 37 et 38, loi-cadre sur les télécoms (RDC), préc.

[308]Article 38, al. 2, loi-cadre sur les télécoms (RDC), préc.

[309]Article 4-33, loi-cadre sur les télécoms (RDC), préc. « Réseau national : l'ensemble de terminaux d'abonnés, de lignes téléphoniques, de centraux, de moyens de transmission terrestres et par satellites utilisés en République Démocratique du Congo pour la production des services de télécommunications locaux, interurbains et internationaux ».

[310] Article 12, directive 2000/31/CE, préc. Pour le cas de l'OCPT/SCPT et RENATELSAT, la logique de correspondance l'est par rapport à la définition européenne du « Simple transport ("*mere conduit*") » se limiterait à l'aspect de « [...] fourniture d'un service [...] consistant à transmettre, sur un réseau de communication des informations fournies par le destinataire du service », sans prendre la suite de la définition européenne qui ajoute « ou à fournir un accès au réseau de communication ».

[311] Article 79, loi-cadre n°013/2002 du 16 octobre 2002 sur les télécoms, préc.

[312] Directive 2002/77/CE de la Commission du 16 septembre 2002 relative à la concurrence dans les marchés des réseaux à la concurrence dans les marchés des réseaux et des services de communications électroniques, JOCE, L 249, 17 septembre 2002, pp. 21-26.

En complétant le paquet télécom, cette directive – y compris d'autres l'ayant précédée à l'exemple de la « directive "accès et interconnexion" » (directive 2002/19/CE) [313] –avait définitivement apporté la finalité d'harmonisation, de codification et de simplification du cadre réglementaire européen. Le paquet télécom 2002 est intervenu comme la deuxième vague des réformes libérales. Il supplante toutes les premières « directives ONP », *Open Network Provision*, directives pour la fourniture d'un réseau ouvert, ayant posé les bases de la libéralisation, notamment la directive 90/388/CEE.[314] Le paquet télécom simplifie le dispositif antérieur, sans renouveler ni ajouter d'obligations au profit d'un exploitant public. Sur ces bases, la pleine libéralisation du marché intérieur de l'Europe des télécoms était déjà assurée à l'horizon 2002, sauf des obligations supplémentaires pour les satellites, le service universel, l'attribution des fréquences.[315]

Malheureusement, le législateur congolais 2002 ne s'est pas inspiré des directives du paquet télécom adoptées en Europe plus tôt dans le courant de la même année. La RDC n'est pas entrée dans l'ère du temps, ni dans l'ordre des avancées du droit et des marchés européens, alors que les évolutions du droit sectoriel en Europe étaient déjà de mise, bien avant la promulgation de la loi-cadre n°013/2002 du 16 octobre 2002. La plupart des propositions du paquet télécom avaient, en effet, été présentées et adoptées en mars 2002 en Europe. Le niveau de la législation congolaise de 2002 reste celui des premiers jalons de libéralisation graduelle des directives ONP des années 1990, soit un retard conceptuel de plus de dix ans. Quinze ans après, la loi-cadre est restée d'application en RDC, sans un travail parlementaire de revue périodique comme ce fut le cas des directives du « paquet télécom » avec des ajustements en 2009, 2012, 2014 et actuellement.[316]

2. Le régime légal indifférencié des « réseaux concessionnaires »

Au vu des régimes de la loi-cadre n°013/2002, le régime des « réseaux concessionnaires » est cité en deuxième lieu. Ces opérateurs privés sont censés détenir des « licences de concession de services publics des télécoms » délivrées par le Ministre, après instruction de leurs dossiers par l'ARPTC. Le législateur donne à la licence le sens d'un « contrat de concession liant l'État à un concessionnaire, personne physique ou morale de droit public ou privé ».[317]

---

[313] Directive 2002/19/CE du Parlement européen et du Conseil du 7 mars 2002 relatif à l'accès aux réseaux de communications électroniques et aux ressources associées, ainsi qu'à leur interconnexion, JOCE, L 108, 24 avril 2002, pp. 7-20.

[314] Directive 90/388/CEE sur les services de télécommunications.

[315] D. BOULAUD, *Le nouveau cadre européen des communications électroniques, quelle régulation pour quel équilibre ?*, Rapport d'information, n°3048, Assemblée nationale, Paris, 2001, pp. 17 et s.

[316]*Cf.* Tome 1, Titre II, Chapitre 1, section 1.

[317]Article 13, Loi-cadre sur les télécoms (RDC), préc. : Le réseau concessionnaire de service public est un réseau ouvert au public, établi sur la base de contrat de concession liant l'État à

Au sens de Gaston Jèze, « [i]l est un point sur lequel il convient de retenir l'attention : le service public n'est pas toujours géré par des agents publics ; il est un cas spécial de gestion des services publics : la concession des services publics. Un individu, une compagnie privée sont chargés de faire fonctionner le service public ».[318] Tel est le cas du régime des réseaux concessionnaires en RDC. En principe, hormis la communication audiovisuelle[319], ce régime de concession concerne tous les types de réseaux de télécoms ouverts au public : Internet, GSM, téléphonie fixe de type filaire ou TSF, « télédistribution »[320], etc.[321]

Concernant l'Internet, une liste ad hoc des FAI a été établie par les titulaires de licences et autorisations spéciales pour dénoncer des « opérateurs dits clandestins »,[322] fournissant lesdits services sans aucun titre officiel d'exploitation. Le système congolais reste encore soumis à la délivrance d'une autorisation spéciale et préalable pour l'accès au marché de fourniture des services de téléphonie, tandis que les directives européennes du paquet télécom 2002 et 2009 n'en exigent que si l'activité entraîne une allocation de ressources radioélectriques.[323]

Au regard de l'acquis de l'Union européenne, le système de l'octroi de licences individuelles fut le modèle dominant dans les années 1990. Il a été adopté par les États en cours de transformation de leurs services publics monopolistiques. Ce « droit de l'accès aux télécoms » couvrait tant l'accès au marché qu'aux consommateurs territoriaux entre États européens.[324] Cette institution juridique (à savoir : l'autorisation spéciale) était consacrée par la directive 97/13/CE, dite « directive "licence" » de la série ONP. Le système entendait « faciliter l'accès aux marchés nationaux », en laissant aux autorités nationales le soin des lois de police et la charge de réglementation

---

un concessionnaire, personne physique ou morale de droit public ou privé dont il attend des frais de licence, de divers paiements périodiques liés à des obligations d'intérêt public et d'autres droits dus ». Cette disposition de la LCT est l'article unique de la « Section II : Réseaux concessionnaires de services publics ».

318 G. Jèze, *Les principes généraux du droit administratif..., op.cit.*, p. 64.

319 En France comme en RDC, la Communication audiovisuelle relève organiquement d'un autre domaine de régulation sectorielle que les télécoms, car elle porte sur le contenu auquel les télécoms servent de support. Mais, elle reste en lien avec le secteur public des télécoms, en ce qui concerne l'attribution et la gestion des fréquences radioélectriques dont elle a besoin pour fonctionner.

320 Article 4-8, Loi-cadre sur les télécoms (RDC), préc. : « Télédistribution : La transmission ou la retransmission à des abonnés à travers un réseau de câble et/ou hertzien, des signaux de radiodiffusion sonore et de télévision reçue par satellite ou par un système de terre approprié ou produits localement ». Elle reste dans le champ d'intersection entre les secteurs organiques des Médias et des Télécoms.

321 Articles 13, 16 à 22, Loi-cadre sur les télécoms (RDC), préc.

322 Radiookapi, « Me Kodjo Ndukuma s'exprime l'assainissement du secteur des télécommunications », Kinshasa, 1er juin 2015, in [http://www.radiookapi.net/emissions-2/linvite-du-jour/2015/06/01/kodjo-ndukuma-sexprime-lassainissement-du-secteur-des-telecommunications#sthash.94iJ7kQw.dpuf] (consulté le 1er juin 2016).

323 *Cf.* Tome 1, Titre II, Chapitre 1, section 1.

324 J. Cattan, *Le droit de l'accès aux communications électroniques, op.cit.*, p. 17 et s.

nationale. Mais cette architecture fondée sur le principe d'une « autorisation préalable » a été la source d'une « réelle hétérogénéité » des droits concédés en Europe, laquelle était nuisible au développement d'un marché intérieur concurrentiel européen.[325]

Ainsi en 2002, la « directive "autorisation" » du paquet télécom s'est substituée à la « directive "licence" » de 1997, en vue d'harmoniser et de niveler les droits obtenus sous l'ancien régime. Le paquet télécom apportait un nouveau système d'autorisation générale, n'exigeant en principe pas d'autorisation préalable sauf « en cas d'utilisation des ressources rares, comme les fréquences et les numéros [téléphoniques] ».[326]

En revanche, pour l'accès au marché en RDC, « la déclaration est préalable et est faite auprès de l'Autorité de Régulation dans les conditions et sous les effets devant être précisées par directives de l'ARPTC ».[327]Dans sa *ratio legis*, la loi-cadre de 2002 est restée globalement en deçà du niveau des directives européennes « ONP » des années 1990, visant la fourniture d'un réseau ouvert (« *open netwok provision* »). *A contrario*, la logique du libre accès (*« free access »*) irrigue les directives successives du paquet télécom depuis la même année (2002, voire 2009).

Il serait très difficile d'appliquer en RDC le principe d'entrée libre sur le marché ou d'un droit de l'accès aux télécoms sans pas-de-porte, ni contrepartie des droits pour le Trésor public. Le pays mise sur des entrées de devises étrangères comme le considère clairement le gouvernement depuis 2003, en régulant étroitement le marché concurrent des communications internationales entrant dans le pays.

En Europe, la question des taxes administratives s'était aussi posée avec acuité lors de la transformation du cadre juridique européen de 2002 de l'accès au marché électronique – passant des règles ONP (imposant des licences) à celles du paquet télécom (établissant le principe d'une autorisation générale). Ce changement a été négocié entre États par un accord politique au sein de l'Europe des télécoms, afin de ne plus imposer la répartition des taxes entre les entreprises en fonction de leurs chiffres d'affaires, ni d'effectuer l'exemption de paiement en faveur de petits opérateurs.[328]

Cependant, sous le régime de la loi-cadre n°013/2002 sur les télécoms en RDC, la loi des finances requiert des frais de licence et d'autorisation d'une part. Les cahiers des charges des opérateurs leur exigent, d'autre part, le paiement d'une redevance annuelle de 2 à 3% de leurs titres de concession,

---

[325] D. BOULAUD, *Le nouveau cadre européen des communications électronique pour quels équilibres ?*, Ass.nat., Rapport d'information, n°3048, 11e législature, Paris, 2001, pp. 16-17.
[326] *Ibidem*.
[327]Article 28, Loi-cadre sur les télécoms (RDC), préc. En droit congolais la « déclaration » est un régime des droits de l'accès au marché moins contraignant que le régime d'autorisation et de licence, cette dernière étant dite « concession ». La déclaration est le régime le moins lourd mais requiert néanmoins un titre préalable.
[328] D. BOULAUD, *op.cit*, pp. 16 et 17.

sous forme d'annuité rémunératoire, payable au plus tard le 31 mars de l'année suivant la fin de l'exercice comptable.

À ce propos, l'ordonnance-loi n°13/003 du 23 février 2013 fixe la nomenclature des droits, taxes et redevances du pouvoir central. L'arrêté interministériel des ministres des finances et des PTT, qui en a fait application au 5 juillet 2014, prévoit des taxes pour l'acquisition de tous les titres correspondant à chaque régime ainsi que les redevances. C'est également le cas du principe arrêté pour la mise aux enchères de l'acquisition des « licences », dont le prix d'acquisition est indexé au minimum du coût d'acquisition de la dernière licence de concession vendue.[329]

Au titre d'exemple : les dernières licences attribuées en RDC l'ont été en 2012 au profit de la Société Yozma Times Turns S.A. pour un coût de l'ordre de 55.000.000$ (licence 2GSM) et de 15.000.000$ (licence 3GSM). Elles concernaient le droit d'établissement, de détention et d'exploitation dans le pays, tant de ses réseaux de téléphonie cellulaire, technologique GSM de 2e génération (2G) que de l'Internet mobile, grâce à la 3e génération des technologies cellulaires (3G).[330]

3. L'imprécision du régime légal des « réseaux indépendants »

Au vu des régimes de la loi-cadre n°013/2002, le troisième régime cité concerne les « réseaux indépendants ». Ceux-ci sont soumis à une simple formalité de « déclaration » assortie du titre officiel d'exploitation du même nom. L'intervention du ministre des PTT n'est pas de mise dans cette procédure. Les conditions de la loi-cadre se limitent à l'exploitation de tels réseaux, à détenir et à établir moyennant autorisation de l'Autorité de régulation. Les réseaux indépendants concernent des services non-ouverts au grand public, tels que l'Intranet, le PABX, le VLAN, etc. Il s'agit également des services d'annuaires téléphoniques, des réseaux d'organismes et institutions étrangers et internationaux, des stations terriennes de réception individuelle et des stations de communication de « faible puissance et portée »[331].

---

[329] Article 1-8°, Arrêté interministériel du 5 juillet 2014 n°CAB/MIN/PT&TIC/059/2014 et n°CAB/MIN/FINANCES/2014/109 portant fixation des taux des droits, taxes et redevances à percevoir à l'initiative du ministère des Postes, télécommunications et nouvelles technologies de l'information et de la communication [inédit] : « Taxe sur l'autorisation de concession ou contrat d'exploitation des services publics des télécommunications (Licence) : Téléphone – fixe avec câble – fixe sans fil (*Wireless*) – Mobile [avec] évolution des générations 2G, 3G (IMT, UMTS, Iburst-Mobile, etc.), 4G (LTE-WIMAX, etc.) 5G, autres) ».

[330] Arrêté ministériel n°CAB/MIN/PT&NTIC/0011/09/2012 du 10 septembre 2012 portant attribution de la licence d'établissement et d'exploitation de réseau public de télécommunications de troisième génération « 3G » en R[DC] (inédit.)

[331] Article 27, alinéa 2, Loi-cadre sur les télécoms (RDC), préc. Le point d) de cet alinéa 2 fixe cette *« faible puissance* [à celle] *inférieure à 10 milliwatts ou* [à celle] *de faible portée limitée à la zone urbaine de 300 mètres ».*

Ces activités des réseaux indépendants peuvent se limiter à une simple déclaration « dans les conditions et sous les effets devant être précisés par directives de l'Autorité de régulation ».[332] Ce régime regroupe des activités d'exploitation de réseaux n'impliquant pas les mêmes exigences d'instruction et de compétence pour la délivrance des « concessions » de droit administratif. La loi-cadre sur les télécoms enjoint les réseaux indépendants de ne pas obtenir un quelconque paiement de la part des bénéficiaires de leurs activités.[333]

Cependant, le régime de « réseaux indépendants » ne définit nullement ce que la loi sous-entend, contrairement aux deux précédentes catégories de réseaux. Cette lacune du législateur congolais de 2002 est flagrante face au droit comparé français, car celui-ci définit le réseau indépendant comme « un réseau de communications électroniques réservé à l'usage d'une ou plusieurs personnes constituant un groupe fermé d'utilisateurs, en vue d'échanger des communications internes au sein de ce groupe ».[334]

Aussi le législateur congolais reste-t-il imprécis en disposant que « le régime de déclaration concerne les activités de télécommunications autres que celles soumises aux deux régimes précédents ».[335] La loi-cadre ouvre un assez large champ du possible sans le définir. Cette illustration fait partie de nombreuses ambigüités et apories de la législation sectorielle des télécoms en RDC. Ces anomalies sont à la base des confusions des droits sur le marché, du déséquilibre de la concurrence et des conflits de compétences entre autorités de réglementation nationales.

En pratique, la distinction de régime détermine les pouvoirs respectifs d'action du ministère des PTT pour les licences, et de l'Autorité de régulation pour les autorisations. Le raisonnement par déduction n'assure pas la sécurité juridique pour des compétences devant rester d'attribution.[336] Ces craintes juridiques corroborent l'étude faite en 2005 sur le thème d'une « intra-régulation », par Oscar Manikunda, alors directeur de l'économie et perspective de l'ARPTC et son actuel président en exercice depuis 2009.[337]

---

[332] Articles 14 et 15, 22 à 28, Loi-cadre sur les télécoms (RDC), préc.

[333] Article 49, Loi-cadre sur les télécoms (RDC), préc. : « Sauf stipulation contraire d'une convention particulière conclue avec l'État, il est interdit à l'exploitant d'un réseau indépendant de percevoir une redevance, rémunération ou un avantage quelconque direct ou indirect en raison de l'établissement ou de l'usage d'une installation d'un appareil privé de télécommunications ».

[334] Articles 32 à L 32-4 CPCE, spéc. L 32 - 4° tel que modifié par la loi n°2004-669 du 9 juillet 2004 relative aux communications électroniques et aux services de communication audiovisuelle.

[335] Article 27, alinéa 1, Loi-cadre sur les télécoms (RDC), préc.

[336] G. CORNU, *op.cit,* p. 213. *Verbo.* La « compétence » est l'aptitude [d'une autorité] à agir dans un certain domaine », soit à l'exclusion de toute autre, soit dans les règles de collaboration ou de décision.

[337] O. MANIKUNDA MUSATA, *La dynamique de la régulation des télécommunications en République Démocratique du Congo : de la synergie intra-sectorielle à l'interrégulation,* Badge régulation des télécoms promo 2005, ENST Paris/ARTEL/ARCEP/FRATEL/ESMT/Word Bank Institute, mars 2006, p. 6.

Assez aléatoirement, des « licences » ont été délivrées à des fournisseurs d'accès à Internet (FAI), en les attitrant en qualité de réseaux concessionnaires, car leurs services sont ouverts au public. Dans l'instruction de dossiers analogues, le régulateur décida aussi des « autorisations » pour des FAI établissant des réseaux en principe restrictifs, mais qui se sont étendus au public par la suite. Pour garantir la sécurité juridique de leurs réseaux, certains particuliers, professionnels ou opérateurs GSM associèrent les deux titres officiels d'exploitation des télécoms ; à savoir : « licence » ou « concession » et « autorisation », cumulées pour un seul et même service.[338]

Pour conclure sur le constat d'imprécisions des régimes des télécoms, « cette anarchie intra-sectorielle avec une administration publique sectorielle sclérosée et non préparée à la dynamique de mutation dans son domaine a produit un besoin, celui de rétablir le bon fonctionnement du marché par une régulation éclairée. Sans quoi, le secteur allait tout droit vers le blocage. »[339]

4. L'inadéquation de la loi au contexte des mutations numériques

La libéralisation et l'ajustement des régimes des télécoms restent l'élément central du travail de *lege ferenda* en cours au parlement congolais.[340] Si la loi-cadre n°013/2002 ne s'est jamais construite sur la bonne logique en se fondant sur les types de réseaux, les mutations technologiques du marché renforcent davantage le débordement du cadre de la loi. D'ores et déjà, la convergence des réseaux et des médias (terminaux) efface le clivage entre réseaux ouverts au public, réseaux indépendants et les services innovants y associés.[341] Le réseau est à intégration des services...

Particulièrement, ces derniers n'ont plus forcément besoin de réseau, ni d'infrastructures, encore moins d'installations : les *over the top content* dits OTT ou les *mobile virtual networks* dits MVNO opèrent de plus en plus et font désormais « concurrence aux opérateurs de la téléphonie traditionnels ».[342] Tels sont les cas des opérateurs des applications dits « OTT », comme *Skype*, *Whatsapp*, *Imo, Viber, etc.* Il existe à ce sujet « un combat qui oppose [en France] l'ARCEP à la société "*Skype*" qui refuse de se soumettre globalement au CPT [code des postes et des

---

[338] Ainsi, la décision n°002 bis/ARPTC/CLG/ 2006 du collège de l'ARPTC du 27 janvier 2006 a autorisé Celtel Congo (opérant actuellement sous la dénomination « Airtel RDC ») à fournir les services Internet au public. L'article 1er de la décision arrête : « la société Celtel Congo est autorisée à fournir les services Internet au public sur l'ensemble du territoire de la RDC, à travers son réseau [téléphonique] GSM ou tout autre réseau de télécommunication ouvert au public qu'il pourra déployer ».

[339] O. MANIKUNDA MUSATA, *op.cit.*, p. 6.

[340] *Cf.* Titre II, spécialement Chapitre 1 du présent ouvrage.

[341] P.-F. DOCQUIR et M. HANOT (sous la dir.), *Nouveaux écrans, nouvelles régulations ?*, Larcier, coll. Droit et technologies, Bruxelles, p. 13.

[342] S. CHARTY (sous la dir.), *La régulation d'Internet, regards croisés de droit de la concurrence et de droit de la propriété intellectuelle, (Actes de colloque)*, coll. droit privé & sciences criminelles, éd. mare& martin, Nantes, 2015, p. 22.

télécommunications] sous le prétexte pris qu'elle ne fait que transiter de la voix sur l'Internet ».[343]

Il est aussi déplorable de constater que le législateur sectoriel de 2002 ne définit pas non plus la responsabilité des acteurs du marché des télécoms, comme l'organisait déjà deux ans auparavant la directive 2000/31/CE du 8 juin 2000 en Europe.[344] Aucune distinction n'est faite entre droit positif congolais entre : hébergeur, opérateur, FAI et éditeur. La politique législative congolaise est loin des soucis de la vision européenne de limiter sur le marché les risques d'investissements de chacune des catégories d'acteurs cités de la société de l'information, afin de favoriser le développement de l'économie numérique à travers les prestataires techniques qu'ils sont.

En somme, l'erreur fondamentale de législation en RDC est de n'avoir pas intégré les télécoms dans le contexte global de la société de l'information. En se limitant au niveau primaire de dérégulation du secteur des télécoms selon les accords de l'OMC. Si l'entrée des télécoms dans l'économie libérale reste un défi pour la RDC, le pays n'a pas encore inscrit ses lois et règlements dans l'économie numérique du XXIe siècle. Toujours est-il que la révolution numérique reste le contexte marquant, mais non pris en compte, de la promulgation en 2002 de la loi-cadre ainsi que de ses révisions législatives en cours actuellement. Mais véritablement, au sens de Jacques Perriault, le législateur congolais n'a pas transcendé l'« effet de diligence ».[345] En fait, l'attitude du législateur est forgée par « les mentalités habituées à des techniques désormais dépassées, utilisant les nouveaux outils avec des protocoles anciens ; c'est ce que l'auteur appelle "effet de diligence" ».[346]

C'est ainsi que la loi-cadre n°013/2002peut paraître comme « les premiers wagons qui ressemblaient à des diligences et les premières automobiles à des voitures à cheval ».[347] Adoptée à l'aube du 2e millénaire de notre ère, la loi-cadre sur les télécoms n'a tenu compte ni de l'Internet, ni des obligations de sécurité publique que les autorités de réglementation nationales se sont efforcées de réglementer. Le législateur congolais aurait pu « éviter le piège de l'effet diligence », s'il s'était porté « à chercher et à identifier les pratiques innovantes à la périphérie [...] pour se repérer dans un environnement qui sera de plus en plus complexe ».[348] En agissant

---

[343]*Ibidem.*

[344] C. Castets-Renard, *Droit de l'Internet*, Montchrestien / Lextenso éd., coll. cours LMD, Paris, 2010, pp. 329-455.

[345] J. Perriault, « Effet diligence, effet serendip et autres défis pour les sciences de l'information », Paris X Nanterre, cris/series, octobre 2012, (consulté le 5 juin 2017) in [http://www.pearltrees.com/u/1696102-diligence-serendip-information].

[346] *Ibidem.*

[347] *Ibid.*

[348]*Ibid.*

maladroitement comme des « portulans »[349] au XIIIe siècle, la logique du législateur congolais « situe l'environnement Internet par rapport à sa propre trajectoire, celle du législateur lui-même. Hésitant dans la maîtrise de cet espace, il l'est ainsi en ce qui concerne le temps ».[350]

Des développements supplémentaires sont effectués aux chapitres suivants sur les défis de correctif et de parachèvement du cadre réglementaire des télécoms en RDC.[351] Cependant, dans un tel contexte législatif, les mesures de réglementation *ex ante* se sont avérées difficiles et risquées pour le marché lui-même à plusieurs égards, notamment : la gestion prudentielle des souscriptions anonymes d'abonnements téléphoniques et le droit de l'accès à l'interconnexion.

EN GUISE DE RÉSUMÉ DU CHAPITRE…

Le processus de dérégulation a donné lieu en RDC à une législation très sectorielle des télécoms. Le législateur de 2002 a opéré la transformation du service public des télécoms, suivant le modèle de l'OMC. Toutefois, elle n'a pas réglé les enjeux majeurs du droit de la régulation sectorielle qui en découlent. La transition du secteur des télécoms de base est résolument engagée vers l'économie de marché. L'État a transformé ses institutions juridiques, principalement en instaurant une régulation, dissociée de la réglementation et de l'exploitation. Toutefois, des erreurs de départ affectent la logique de législation. Ces erreurs posent des contraintes à son application et au fonctionnement du marché. Ce dernier s'autorégule à plusieurs égards. En pointe de l'innovation, les forces du marché sont en avance dans le processus de changement par rapport à l'État, à ses institutions et à son droit. Le processus de dérégulation des télécoms doit faire face à de nouvelles mutations technologiques, économiques et sociétales à l'ère numérique.

Si les droits congolais et européens restent comparables dans l'ordre des enjeux de la globalisation, leurs expériences présentent d'énormes écarts : le niveau des réformes, les régimes adoptés et les époques des lois en Europe. À son origine, la loi-cadre de 2002 est postérieure à l'expérience des lois françaises et des premières mesures de libéralisation de la Commission européenne de 1988 qui ont constitué les directives ONP jusqu'au second semestre de 1990. La loi-cadre n°013/2002 a repris au début du XXIe siècle et un modèle de politique législative déjà suranné en Europe. Elle le maintient encore à ce jour (2018).

Sa promulgation est intervenue au moment où l'Europe, elle-même, avait déjà modifié en mars 2002 son cadre initial de libéralisation (ONP). En revoyant périodiquement le cadre réglementaire, dit « paquet télécom », le

---

[349] *Ibid. Cf.* aussi *Le petit Larousse illustré 2017, Verbo* « portulan » : carte marine de la fin du Moyen-âge et de la Renaissance, indiquant la position des ports et le contour des côtes.
[350] *Ibid.*
[351] *Cf.* Titre I, Chapitre 2 du présent ouvrage.

droit européen s'est drastiquement distancé des autres ordres juridiques.[352]L'expérience comparée doit aider à corriger et à parachever la dérégulation des télécoms de la RDC. Comparativement, l'« effet de diligence » de la loi-cadre n°013/2002 s'accentue, car« une invention technique met un certain temps à s'acclimater pour devenir une innovation. Pendant cette période d'acclimatation, des protocoles anciens sont appliquées aux techniques nouvelles. Ainsi, les premiers wagons avaient les formes de diligence à chevaux ».[353] Face à la sclérose des lois, la transition vers de nouvelles approches législatives s'impose : ajuster le concept.

De nos jours, l'Internet marque la transition numérique de l'économie et des réseaux. Il est la trame de la société de l'information. « L'essor de l'Internet, défini comme le " réseau des réseaux"[...] permet l'interconnexion d'opérateurs et de consommateurs dispersés dans différents États, sans que leur localisation géographique n'exerce d'influence significative [...]. Les activités économiques menées par l'intermédiaire des réseaux de communication participent ainsi au mouvement de mondialisation de l'économie ».[354] Malheureusement, le processus congolais de dérégulation n'offre pas encore de régime adéquat, ni adapté face à l'Internet et aux activités numériques.

En dépit de tout, le secteur des télécoms en RDC demeure faiblement réglementé, comparativement à l'Europe. L'État congolais voit indéniablement son marché des télécoms évoluer, mais l'encadrement juridique n'est pas à jour. Le saut technologique place la RDC au même niveau des défis du numérique que l'Europe et le reste du monde. De nouveaux défis se posent alors à la régulation sectorielle. Des exemples attestent des écarts d'application des principes de l'OMC par la loi-cadre de 2002. Cette loi des télécoms est en décalage avec le marché, en déphasage avec la pleine concurrence et en ballotage dans sa logique de réglementation. Elle oscille entre une véritable transformation des services publics en marché libéral et la conservation des institutions administratives classiques.[355]

---

[352] THIRION N. (sous la dir.), C. CHAMPAUD, et AL., *Libéralisations, privatisations, régulations, aspects juridiques et économiques des régulations sectorielles,* Larcier, Bruxelles, 2007, spéc. N. THIRION, « Économie de marché, régulations sectorielles et droit économique », p. 11. Il faut considérer le cas « dans la mesure où le dispositif communautaire qui la régente désormais est le plus avancé et le plus exhaustif de tous les instruments de droit européen gouvernant les industries de réseau. Du point de vue expérimental, les télécoms offrent donc un profil idéal pour une réflexion en profondeur. »

[353] P.-F. DOCQUIR et M. HAMOT (sous la dir.), *op.cit.*, p.13. L'ouvrage collectif reprend la pensée de J. PERRIAULT, « Effet diligence, effet serendip et autres défis pour les sciences de l'information », Paris X Nanterre, CRIS/SERIES, octobre 2012, en citant une autre source : [http://archives.limsi.fr/WkG/PCD2000/textes/perriault.htlm].

[354] *Cf.* Cahiers français, *La société numérique,* n°372, *Paris,* 2013, pp. 1-7 et 12-17.

[355] La section 2 du présent chapitre d'ouvrage explique les écarts de la LCT par rapport aux réalités du marché. Elle permet d'appréhender les contraintes générales d'application du modèle de dérégulation de l'OMC en RDC.

Tout autant que les facteurs de législation ont évolué depuis les premières déréglementations de 1982, les objectifs et les approches de la régulation sectorielle sont eux-mêmes en reformulation pour des typologies plus globales de la régulation étatique.[356] Des pistes innovantes du droit de la régulation se dessinent et se discutent ; par exemple : la « régulation convergente »[357] et l'« interrégulation ».[358]Par ailleurs, l'ajustement graduel du droit en Europe et en France appréhende les mutations du marché électronique. Les services de la société de l'information ont motivé un réalignement des concepts en droit : des « télécoms » aux « communications électroniques ». En outre, la révolution numérique a renforcé la mondialisation des marchés et la globalisation des réseaux, pour tous les États du monde, y compris la RDC. Des correctifs sont nécessaires au regard des standards internationaux et comparés, par pragmatisme juridique ou plus profondément par ajustements des sources du droit positif.

Aujourd'hui l'Internet transforme les secteurs traditionnels de l'économie congolaise. Il interroge le cadre juridique et les modes d'intervention étatique initialement prévus pour les télécoms. Le cadre réglementaire congolais présente des limites de logique et un manque d'expérience de gouvernance du secteur numérique. La loi est en déphasage. Comment le cadre juridique répond-il aux nouveaux défis d'accès à l'économie numérique ? Au chapitre suivant, le droit positif congolais des télécoms est mis aux prises avec l'ère numérique qui impacte sur le marché et le cadre institutionnel.[359]De nouveaux défis de *lege ferenda* doivent être pris en compte dans la refondation du droit des télécoms et, plus largement, du droit de l'économie numérique.

---

[356] M. DE SAINT PULGENT, « Les besoins d'interrégulation engendrés par Internet. Propos introductifs », M.-A. FRISON-ROCHE, *Internet et espace d'interrégulation*, Dalloz, Paris, 2016, p. 3. « Comme dans d'autres domaines de la vie économique et sociale [...], les situations d'inégalité de position et d'allocation de ressources rares, fréquentes dans le monde du numérique, justifient pleinement l'intervention des pouvoirs publics ».

[357] *Ibidem.* p.4. L'économie numérique pose des questions qui débordent et qui ne touchent plus exclusivement les marchés des services de communications numériques, mais qui concernent des activités économiques et des pratiques sociales de plus en plus diversifiées. [...] De ce fait, la régulation du numérique interfère de plus en plus avec la régulation d'autres secteurs économiques. [...] Aujourd'hui [...] les points de jonction et de convergence se multiplient du fait de l'essor du numérique et de l'évolution des techniques ». Par conséquent, les objets techniques distincts par secteur peuvent fusionner, sous l'autorité d'un seul organe de régulation.

[358] J.-PH. COLSON et P. IDOUX, *op.cit,* p. 441. « L'inter-régulation désigne [...] le lien ou la synthèse qui doit être réalisée entre l'ensemble [des régulateurs des secteurs concernés ou apparentés] comme la prise en considération de l'ensemble des points de vue pertinents et, *in fine*, l'efficacité de l'action régulatrice globale ». *Cf.* M. DE SAINT PULGENT, *op.cit.*, p. 5. « Le besoin d'interrégulation procède aujourd'hui d'un souci d'unification, du moins de mise en cohérence de différents niveaux qui ne peuvent plus demeurer dans une juxtaposition confinant à l'ignorance ».

[359] L'épreuve du numérique est abordée dans le Titre II au sujet du renouveau du droit congolais.

CHAPITRE 2

Les défis législatifs de la dérégulation des télécoms pour l'accès de la RDC à l'économie numérique

Depuis près de 40 ans, aux États-Unis, en Europe comme en France, en Afrique comme en RDC, les politiques de libéralisation de l'économie ont remodelé les services publics des télécoms. L'économie de marché a fait reculer la conception classique des services publics.[360] La mondialisation a renforcé l'interpénétration des marchés et des réseaux électroniques. La compétition commerciale intervient désormais entre plusieurs acteurs privés et étatiques, dans le secteur des télécoms où l'État assurait autrefois le monopole public, sous l'idée d'un entreprenariat stratégique.[361]

Dès lors, des mécanismes de régulation étatique sont devenus indispensables pour assurer l'équilibre du marché ouvert. Son fonctionnement a occasionné de grandes avancées technologiques ainsi que la popularisation d'offres et de services numériques à travers les réseaux de télécoms. Les connexions à l'Internet marquent l'évolution du monde[362] et appellent « ainsi à s'adapter dans ce cyber univers ».[363] Ainsi, la société et l'économie sont en mutation à l'ère numérique. Plusieurs « outils passifs » et « instruments actifs », inhérents aux technologies numériques, améliorent et agrémentent le quotidien de notre société de l'information.[364]

Toutefois, 15 ans après, la RDC n'a pas achevé la mise en œuvre des réformes structurelles et institutionnelles de départ. À l'ère numérique et de

---

[360] L. DUGUIT, *Les transformations du droit public,* La Mémoire du droit/Librairie Armand Colin, Paris, 1999 (1913), p. XIX. « L'État n'est plus une puissance souveraine qui commande ; il est un groupe d'individus détenant une force qu'ils doivent employer à créer et à gérer les services publics. La notion de service public devient la notion fondamentale du droit public moderne. » Dans la pensée de Léon Duguit, ces idées sont longtemps péremptoires. Elles se rapprochent bien, par exemple, d'autres courants : colbertisme, protectionnisme, souveraineté et intangibilité des frontières, étatisme nationaliste.

[361] J. CHEVALLIER, *L'État post-moderne,* 4e éd., LGDJ, Lextenso éd., Paris, 2014, pp. 56 et s.

[362] C. FÉRAL-SCHUHL, « Préface », *in* M. QUÉMÉNER, *Cybersociété entre espoirs et risques,* L'Harmattan, Coll. « Justice et Démocratie », Paris, 2013, pp. 5 et s.

[363] M. QUÉMÉNER, *op.cit*, p. 9.

[364] *Ibidem.*

l'Internet, le droit positif congolais conserve encore des erreurs commises aux débuts du processus de déréglementation des télécoms des années 1990-2002. Notamment, la législation sectorielle n'a pas affirmé avec clarté le principe de la libre concurrence du marché des télécoms. Elle évoque seulement un « réaménagement du monopole »,[365] contrastant avec la pure logique d'économie de marché et de libre entreprise, caractéristiques du monde contemporain. D'une part, les sociétés multinationales opèrent sur le territoire congolais au titre de concessionnaires des services publics. D'autre part, l'indépendance de la régulation étatique est encore un réel défi, vu la coexistence de deux autorités administratives, à savoir : l'administration classique des PTT (Ministère) et l'Autorité de régulation (ARPTC).

Le président de l'ARPTC qualifia d'« intra-sectorielle »[366] la présence duale d'organes étatiques de régulation sectorielle, telle que voulue par le législateur. Malgré un effort notable de répartition des compétences, la loi a provoqué une confusion des rôles. La confusion est alimentée par l'intervention conjointe, voire concurrente, entre deux entités publiques, au sein d'un seul et même département des télécoms. Pour autant, la logique des lois Télécoms de 2002 nécessite des correctifs.

C'est ainsi que les réformes législatives et sectorielles sont à parachever en vue de répondre non seulement aux anciens défis de libéralisation des télécoms, mais aussi aux nouveaux défis d'organisation du marché électronique et de l'Internet. En attendant des changements législatifs nécessaires, l'action de la régulation *ex ante* fait preuve de pragmatisme dans le contrôle et l'orientation des innovations que l'Internet apporte sur le marché électronique congolais. Si la globalisation des économies suscite une réadaptation des modes de régulation, les télécoms congolaises et leur réglementation s'insèrent dans les nouvelles tendances de l'économie numérique au niveau international, européen et français. **(Section 1)**

À propos, le formalisme parlementaire est attendu depuis ces 15 dernières années face à la dynamique du marché des télécoms de base vers l'économie numérique. À la base, les objectifs de régulation ne portaient que sur les aspects essentiels du droit de l'accès au marché des télécoms et à la gestion des ressources essentielles d'exploitation (fréquences radioélectriques et numérotation). À défaut de législation adéquate aux défis nouvellement né de l'économie du Net, les autorités administratives sectorielles ont adopté de pratiques et judicieux règlements. Effectivement, la régulation étatique *ex ante* a fait preuve d'un astucieux pragmatisme juridique, en réadaptant ses actions ainsi que certains textes réglementaires *ex post,* au vu de la transition numérique du marché des télécoms.

---

[365] Exposé des motifs, Loi-cadre des télécoms (RDC), préc.

[366] O. MANIKUNDA MUSATA, *La dynamique de la régulation des télécommunications en République Démocratique du Congo : de la synergie intra-sectorielle à l'interrégulation,* ENST/Paris/ARTEL/ARCEP/FRATEL/ESMT/Word Bank Institute, BADGE régulation des télécoms promo 2005, mars 2006, pp. 1-118.

D'un coté, la *régulation économique* concerne la concurrence en révélant les défis législatifs auxquels les organes régulateurs nationaux sont astreints face aux forces du marché. Pour limiter la domination de l'autorégulation du marché, notamment dans l'offre des services Internet, d'interconnexion et autres, l'État-régulateur engage la « corégulation », comme mode de conciliation de la puissance publique avec la souplesse des lois du marché. D'un autre coté, la *régulation technique* rencontre les questions de gestion des ressources du domaine public de l'État et de l'effectivité des normes techniques. Elle concerne le contrôle ainsi que la gestion des ressources en numérotation téléphonique, en fréquences radioélectriques[367] dont le pays dispose. La donne internationale est à prendre en compte vu les nécessités de coopération interétatique et de coordination multilatérale des activités numériques transfrontières, tant pour celles à l'intérieur du territoire, aux frontières nationales et au-delà. **(Section 2)**

SECTION I. LES DÉFIS DE PARACHÈVEMENT ET DE CORRECTIF DE LA DÉRÉGULATION DES TÉLÉCOMS DE 2002 EN RDC À L'ÈRE NUMÉRIQUE

En ouvrant à la compétition internationale leurs secteurs publics de télécoms,[368] les États du monde en ont fait le moteur et le support de leurs économies.[369]Malgré la dérégulation préconisée par l'OMC, la loi-cadre sur les télécoms en RDC n'avait toutefois pas explicitement formulé dès 2002 le principe de libéralisation totale. Dans le pays, les prestataires techniques sont des acteurs économiques évoluant dans un marché semi-libéralisé. Le législateur congolais maintient encore à ce jour l'exploitant public et l'idée d'un segment exclusif portant sur les infrastructures de télécoms, comme ce fut le cas en Europe et en France dans les étapes de réforme d'il y a 27 ans.[370]**(§1)**

---

[367] Pour des aspects autres que la régulation technique des fréquences radioélectriques : O. CACHARD, *Le droit face aux ondes électromagnétiques*, Lexis/Nexis, coll. actualité, Paris, 2016. L'auteur aborde les aspects d'exposition aux ondes magnétiques, les aspects de protection juridique contre les effets des champs électromagnétiques notamment sur la santé et quant à l'installation ou le démantèlement des antennes-relais et lignes électriques.

[368]Au demeurant, la mondialisation est effective avec la mise en œuvre des communications mobiles par satellites ayant une couverture mondiale. La RDC est également partie au Consortium WACS, propriétaire du câble transatlantique à fibre optique long de 14.530 Km reliant *Cap Town* à Londres avec 14 poins d'arrêt, dont un point d'atterrage à Moanda en RDC.

[369] « Exposé des motifs », Loi-cadre des télécoms (RDC), préc. La régulation peut assurer la capacité de l'État à assumer les attributs de sa souveraineté dans un environnement dématérialisé et transfrontière pour l'intérêt général.

[370]*Cf.* Tome 1, Titre II, Chapitre 1, section 2. Au niveau européen, les directives Open Network Provision (ONP) de 1990 avaient prescrit des « droits réservés » sur le marché des infrastructures nationales des télécoms, tandis qu'au niveau français, la loi sur la réglementation des télécoms de 1990 faisait de même en faveur des exploitants publics. Ces restrictions furent temporaires et maintenues jusqu'en 1996 en vue de prémunir les opérateurs

Selon sa portée, la législation congolaise présente le visage d'un régulateur étatique qui s'identifie davantage à un gestionnaire des ressources du patrimoine public immatériel de l'État, [371] qu'à un arbitre de la concurrence sectorielle. Dans cette logique, la régulation congolaise a du mal à se démarquer et à prendre sa réelle dimension face aux fonctions traditionnelles, réglementaires du gouvernement. **(§2)**

§ 1. Le défi législatif d'affirmation du principe de la libre concurrence dans le secteur public des télécoms

Jusqu'à la loi de 2002, le droit congolais des télécoms ne contenait toujours pas d'affirmation législative du principe de la liberté de communication au public en ligne. Et ce, contrairement à la consécration expresse dudit principe dans la loi pour la confiance en l'économie numérique en France (2004). [372] Le législateur congolais avait abordé « l'existence et la promotion de la concurrence effective et loyale » comme un objectif de protection des intérêts des consommateurs et des opérateurs sur le marché.[373]

De manière subordonnée, la concurrence fonde l'essence de création du régulateur étatique dans un secteur d'activités ex-monopolistique, en mutation. De manière plus spéciale encore, le droit sectoriel congolais place la concurrence des télécoms dans le cadre des mesures que la régulation étatique doit prendre au profit du consommateur. En d'autres termes, la concurrence serait tout au plus pensée pour le bénéfice du marché dans les rapports B2B, entre opérateurs, mais primordialement et tout au moins dans sa profitabilité pour les consommateurs. En comparaison, les transformations générales des télécoms congolaises se limitent à l'étape équivalente des réformes des lois françaises de 1990, dont le niveau est déjà révolu. Les Lois Quilès de cette année-là avaient autorisé la concurrence seulement pour les

---

historiques face à une libéralisation trop brusque sur tous les segments du marché : infrastructures, services et équipements.

[371] Par exemple, les fréquences radioélectriques et le plan de numérotation téléphonique sont immatériels. Ils constituent les ressources que l'État octroie aux exploitants moyennant autorisation et paiement des droits.

[372] La loi n°2004-575 du 21 juin 2004 pour la confiance en l'économie numérique (LCEN) est concernée en ce que son article 1er, paragraphe IV, rappelle *« ce qu'il est dit à l'article 1er de la loi n°86-1067 du 30 septembre 1986 relative à la liberté de communication, la communication au public par voie électronique est libre »*. Cet article est rangé au Titre 1er de la liberté de communication en ligne, chapitre Ier de la LCEN, [www.legifrance.gouv.fr/affichText.do?cidTexte=JORFTEXT000000801164] (consulté le 26 mai 2016).

[373] Article 3, l), loi n°014/2002 sur l'ARPTC, préc. : « L'Autorité de Régulation a pour mission de : [...] l) protéger sur le marché des postes et des télécommunications, les intérêts des consommateurs et des opérateurs en veillant à l'existence de la promotion d'une concurrence effective et loyale et prendre toutes les mesures nécessaires à l'effet de rétablir la concurrence au profit des consommateurs ».

équipements et les services de télécoms, tandis qu'elles réaménageaient des droits exclusifs d'exploitant public sur les infrastructures.[374] **(A)**

En comparaison des étapes de législation, la structure duale du marché post-monopolistique de la France entre 1990-1996 reste celle conservée en RDC depuis ces 15 dernières années. Dans les faits, la RDC n'a cependant pas d'infrastructures publiques suffisantes de télécoms de base. Même si le prescrit légal a reconnu des droits dits spéciaux à l'exploitant public en tenant le secteur privé obligé de s'interconnecter à celui-ci,[375] l'effectivité dudit prescrit sur le marché n'est pas pleinement réalisée faute de réseau de référence d'État. À défaut de mise à disposition d'éléments techniques conséquents, le marché s'est ouvert à la concurrence dans tous ses segments : infrastructures, services et équipements.

Depuis 1988, la liberté d'entreprise des télécoms est acquise *de facto* sur le marché. Mais, le défi est celui de la sécurité juridique des droits acquis par le secteur privé sur le segment initialement réservé à l'opérateur public. La relance d'activités de la SCPT comme opérateur historique est seulement survenue en 2012, soit dix ans après la promulgation de la loi-cadre de 2012.Les concessions administratives fondent l'exploitation privée, mais le sous-domaine d'exclusivité reste un avantage législatif. Les sources des prérogatives sont hiérarchisées, la contradiction est préoccupante entre les droits des opérateurs privés et les restrictions du droit public. **(B)**

A. L'affirmation équivoque de la libre concurrence des télécoms en RDC

En règle générale, dans un domaine public, « il y a parfois nécessité d'organiser l'accès, soit parce qu'il y a libéralisation d'un secteur naguère monopolistique, soit parce que des opérateurs sont encore trop puissants et qu'il faut construire cette concurrence en faveur de nouveaux entrants, ou bien parce qu'il y a des monopoles naturels ».[376] En RDC, la loi-cadre des télécoms de 2002 est intervenue en vue de réaménager le monopole réglementaire de l'État indépendant du Congo (1885) et l'ordonnance législative de 1940 héritée du Congo-Belge.[377]

---

[374] *Cf.* Tome 1, Titre II, Chapitre 1, Section 2 et Tome 2, Titre 1, Chapitre 1, section 1. Malgré le monopole en France avant 1990, le Ministre des PTT avait accepté en 1987 l'entrée de SFR dans un marché non formellement libéralisé, se trouvant sous le régime monopolistique des lois Mexandeau (1982) et Léotard (1986). SFR fut autorisé à fonctionner dans un sous-secteur de service public monopolistique en concurrence avec *Radiocom* qui était une branche de la DGT, administration des PTT (EPA). Cette autorisation intervint avant la création de *France Télécom* en 1996, sous le statut d'EPIC et avant de lui faire adopter depuis 2003 le statut de société anonyme de droit privé.

[375] Article 38, loi-cadre sur les télécoms (RDC), préc.

[376] M.-A. FRISON-ROCHE, *Les 100 mots de la régulation, op.cit*, p. 7.

[377] « Exposé des motifs », loi-cadre sur les télécommunications en RDC, JO RDC, n° spécial, 44e année, 25 janv. 2003, pp. 17-27. Il est à noter que 10 pages sur les 46 du journal officiel sont réservés à la seule motivation de la loi exposé des motifs.

La concurrence des télécoms présente des réserves, des règles générales, communautaires, spécifiques et des imbrications de rôles d'acteurs publics. Des équivocités sont présentes. Elles appellent des discussions et éclaircissements en droits OHADA, congolais et comparé : principe de concurrence orientée vers le consommateur, récente loi du 9 juillet 2018 face à l'ancien régime de concurrence de 1951, intervention du juge comme régulateur ponctuel des télécoms, niveaux comparés d'objectifs sectoriels.

1. Le principe de concurrence orientée vers les consommateurs

En conférant huit attributions au régulateur des télécoms, l'article 8 de la loi-cadre n'en prévoit aucune sur la gestion de la concurrence.[378] C'est à titre complémentaire que la loi n°014/2002 sur l'ARPTC a disposé que cette dernière a pour mission de « protéger sur le marché des postes et télécommunications, les intérêts des consommateurs et des opérateurs *en veillant à l'existence et à la promotion d'une concurrence effective et loyale*, et prendre toutes les mesures nécessaires à l'effet de *rétablir la concurrence au profit des consommateurs* ».[379] Il apparaît que le législateur a défini le domaine de la concurrence simplement par déduction de « la fourniture des services qui ne sont pas confiés exclusivement à l'exploitant public ».[380]

En droit sectoriel congolais, la pleine concurrence ne constitue guère la finalité de la législation de 2002 : assurer, maintenir la concurrence sur le marché reste un objectif sous-jacent à atteindre par la régulation. Au sens de la loi-cadre, la concurrence du marché est à construire dans l'ordre des intérêts consuméristes. Le régulateur doit en assurer le respect. À l'égard du ministre des postes et télécoms, la loi-cadre de 2002 dispose que celui-ci « veille [...] dans les conditions d'une *concurrence loyale* » à la fourniture des services de télécoms non-exclusifs.[381]

Dans l'acquis français et communautaire européen, le processus de réforme avait pour objectif de parvenir à la pleine concurrence pour l'accès de tous aux communications électroniques.[382] La régulation sectorielle postule la subsidiarité du droit de la concurrence qui assure une régulation transversale.[383] Celle-ci correspond au degré d'évolution des réformes du secteur des télécoms ayant permis d'en insérer les services dans l'ordre de

---

[378] Il s'agit du « Chapitre II : De l'autorité de régulation » inscrit au « Titre II : Des structures » de la loi-cadre sur les télécommunications en RDC.

[379] Article 3-1, loi n°014/2002 sur l'ARPTC, préc.

[380] Article 7, b), loi-cadre sur les télécoms [RDC], préc. : « Dans l'exercice des attributions qui sont conférées par la présente loi, le Ministre veille à ce que soient [...] b) effectuée, dans les conditions d'une concurrence loyale, notamment entre l'exploitant public et les autres exploitants, la fourniture des services qui ne sont pas confiés exclusivement à l'exploitant public ».

[381] *Ibidem.*

[382] D. POPOVIC, *Le droit communautaire de la concurrence et les communications électroniques*, LGDJ, Paris 2009, pp. 11, 23 et s.

[383] J.-PH. COLSON et P. IDOUX, *Droit public économique*, *op.cit*, pp. 472-475 et s.

l'économie de marché. À l'instar de toute autre activité commerciale, les communications électroniques s'insèrent dans la régulation *ex post* du droit de la concurrence, tout en associant des règles sectorielles des télécoms.[384]

2. Les incidences des récentes réformes de l'ancien droit de la concurrence des télécoms sous le prisme de l'OHADA

L'essor de la libéralisation permet celui des règles du droit de la concurrence comme en France. Mais le droit positif congolais ne permet pas d'envisager une adéquate régulation transversale des télécoms, la réalisation de la pleine concurrence n'a pas été l'objectif de la dérégulation enclenchée en 2002. En outre depuis 1950,[385] le droit congolais de la concurrence était jusque-là limité, car il s'orientait vers la répression des actes déloyaux et la liberté des prix plutôt que vers l'organisation générale de la concurrence.

C'est ce que confirme le nouveau législateur de 2018, dans son exposé des motifs : « En matière de concurrence, il [le droit congolais] se résume à l'Ordonnance-loi n°41-63 du 24 février 1950 portant sur la concurrence déloyale ainsi qu'à l'Arrêté départemental du 15 juin 1987 portant création et fonctionnement de la Commission de la concurrence [386]».

En effet, jusqu'au 9 juillet 2018, l'ordonnance-loi du 24 février 1950 restait encore le seul texte de loi applicable en droit congolais de la concurrence. « L'ordonnance-loi n°41-63 du 24 février 1950 fut élaborée dans une optique strictement répressive et ne comporte que cinq articles d'une brièveté incompatible avec l'évolution dans le domaine de prix et de concurrence.[387] » Ses règles apparaissaient comme étant de droit commun par rapport aux règles plutôt sectorielles des télécoms et des TIC.

Avec un très court texte de trois articles au total, l'ordonnance-loi de 1950 visait uniquement la répression pénale de la concurrence déloyale. Il constituait la législation *ex post* d'une nature assez éloignée du besoin d'efficacité que les télécoms attendent du régulateur des télécoms. Aujourd'hui, la nouvelle loi organique du 9 juillet 2018 sur la concurrence attend ses mesures d'application, notamment pour concrétiser l'option levée d'avoir une *Commission de la concurrence* dans sa nouvelle formule d'organe de régulation, placée sous la tutelle du ministre ayant l'économie nationale dans ses attributions. Cette législation générale « définit les dispositions de protection de la concurrence afin de stimuler l'efficience des relations commerciales. Elle vise à assurer la transparence, la régularité et la loyauté des prix ainsi que la lutte contre les pratiques restrictives et la hausse

---

[384] *Ibidem.*

[385] Ordonnance-loi n°41-63 du 24 février 1950 sur la concurrence déloyale et sa répression, *Bulletin Administratif,* Congo-Belge, 1950, p. 811.

[386] « Exposé des motifs » : *Loi organique n°18/020 du 9 juillet 2018 relative à la liberté des prix et à la concurrence*, n° spécial, JO RDC, Kinshasa, juillet 2018, col. 105-129.

[387] *Ibidem.*

illicite des prix. Elle a élégamment pour objet le contrôle de la concentration économique ».[388]

Au sens de la nouvelle loi : « La liberté de commerce et de l'industrie est garantie en République démocratique du Congo[389] […] : la liberté de concurrence implique le droit pour toute personne d'exercer une activité économique ou commerciale de son choix aux conditions qu'elle juge compétitives, qu'elle fixe librement sous réserve des restrictions légales[390] ». Avec cette dernière réserve, le jeu concurrentiel du marché des télécoms retourne aux limites des droits exclusifs de l'exploitant public.

Comparativement au droit de la concurrence en France, la RDC ne dispose pas d'institutions équivalant à la Direction générale de la concurrence, de la consommation et de la répression des fraudes (DGCCRF). Néanmoins, un arrêté du ministre congolais de l'économie nationale a institué depuis 1987 la « Commission de la concurrence ».[391] Instauré au sein du département de l'économie et industrie, la Commission peut s'autosaisir ou être saisie de toute requête des consommateurs, des concurrents ou de toute personne physique ou morale intéressée par la concurrence.[392] À ce jour, nos recherches n'ont pas permis de noter l'intervention de la commission de concurrence sur le marché des télécoms (en subsidiarité ou en priorité par rapport à l'Autorité de régulation congolaise).

Cependant, avec la nouvelle loi du 9 juillet 2008 et en cas de concentration économique, par fusion, création d'entité nouvelle ou contrats spécifiques, le ministre de l'économie peut d'autorité constater le projet, enjoindre aux entreprises la préservation de la concurrence ou subordonner la réalisation du projet à des prescriptions.[393] Le ministre agit à cet effet après avis de la Commission de la concurrence, mais le échéant avec, sans

---

388 Article 1er, loi organique n°18/020 du 9 juillet 2018 relative à la liberté des prix et à la concurrence, préc.

389 Article 3, alinéa 1er, *idem*.

390 Article 4, alinéa 2, *idem*.

391 Arrêté départemental DENI/CAB/06/013/87 portant création et fonctionnement de la Commission de la concurrence, JOZ, n°12, 15 juin 1987, p. 62. Article 7, *ibidem* : « Dans l'accomplissement de sa mission, la Commission de la concurrence dispose des pouvoirs ci-après : 1. élaborer à l'intention du commissaire du commissaire d'État à l'Economie et à l'Industrie des projets des pouvoirs visant à : – interdire une fusion ou exiger la cessation d'une pratique abusive ; – annuler ou faire modifier des contrats abusifs passés par plusieurs entreprises dans le cadre d'une entente ou d'un abus de position dominante, déclarer nulles et sans effets les décisions prises dans ce sens ; – autoriser certains contrats ou certaines décisions dictés par l'intérêt général ; 2. infliger des amendes transactionnelles dans les limites des lois et règlements en vigueur en la matière, en cas d'atteinte aux règles de libre concurrence ou de non-respect des décisions de la Commission et en faire rapport au commissaire d'État à l'Economie nationale et à l'Industrie ; 3. classer le dossier sans suite et en faire rapport au commissaire d'État à l'Economie nationale et à l'Industrie ».

392 Article 8, *ibidem*.

393 Article 53, loi organique n°18/20 du 9 juillet 2018 relative à la liberté des prix et à la concurrence, préc.

ou sur demande du ministre dont relève le secteur économique intéressé. Ici, les télécoms sont à l'occurrence.

En plus, le système de droit commercial de l'OHADA a inscrit les télécoms au titre d'actes de commerce,[394] qui s'exercent librement en principe.[395] Cependant, la matière des télécoms n'est pas encore régie par un Acte uniforme spécifique et à valeur de règle impérative d'harmonisation OHADA. Il en est ainsi, par exemple, du droit des investissements, du droit minier, du droit des hydrocarbures, du droit fiscal, du droit douanier, du droit agricole, du droit forestier, du droit des télécommunications, de la réglementation du petit commerce.[396] « À ce titre, l'adhésion de la RDC au traité de l'OHADA ne les affectera aucunement.[397] » Le droit congolais conserve en effet son *corpus juris* applicable aux affaires, sur des matières non couvertes par le droit OHADA (Droit des Traités, Droit dérivé dit « droit uniforme ») et/ou en considération des disposions du droit interne qui ne lui sont pas contraires.[398]

Pour revenir à la récente réforme du droit congolais de la concurrence, les compétences de la Commission de la concurrence sont élevées au niveau législatif, en lui assignant le rôle de « contrôle et de la régulation de concurrence ».[399] Elle bénéficie désormais d'un chapitre de la loi sous le statut affirmé d'« organisme public ». Ses modalités d'organisation et de fonctionnement sont à fixer par décret du Premier ministre, délibéré en conseil des ministres sur proposition du ministre en charge de l'économie.[400] En attendant, le législateur de 2018 a assuré la continuité des attributions dévolues à l'ancienne Commission de la concurrence créée par l'Arrêté départemental du 15 juin 1987. Des rapports d'interrégulation sont à envisager tant entre ladite commission et le régulateur des télécoms qu'avec la justice.

---

394 Article 3, Acte uniforme Ohada du 15 décembre 2010sur le droit commercial général. Cf. aussi, R.-C. OKANI, *Droit commercial général (Ohada),* les P.U.Y, Yaoundé, 2017, pp. 117 et s.

395 A. SAKHO (2006), *Régulation des télécoms*, M4a1 : notes polycopiées de cours de droit du cyberespace africain, Université Gaston Berger, Saint-Louis (Sénégal), 13 juillet 2006, p. 7.

396 R. MASAMBA MAKELA, *Modalités d'adhésion de la RDC au Traité de l'OHADA*, Rapport final, Vol. 1, COPIREP, Kinshasa, 2005, p. 11.

397 P. MATSANDE, « De l'entrée en vigueur du droit OHADA en RDC, le 12 septembre 2012 », Working paper n°002/GLPIC/30 septembre 2012, Goma/Nord-Kivu, 2012, pp. 25, in [www.glpic.org] : « Et, si un jour l'OHADA se décidait à régir ces matières, encore lui faudrait-il compter avec l'assentiment de la RDC qui, en tant qu'État partie aura un véritable droit de veto, puisque les actes uniformes s'adoptent à l'unanimité des membres présents ».

398 Article 10, Traité OHADA. PH. TIGER, *Le Droit des affaires en Afrique,* 3e éd., PUF, coll. « Que sais-je ? », Paris, 2001. F.-X. LUCAS, *Le droit des affaires*, 1re éd., 2005, PUF, coll. « Que sais-je ? », Paris, 2005.

399 Article 58, loi organique n°18/020 du 9 juillet 2018, préc.

400 Article 59, *idem.*

3. Le juge comme régulateur ponctuel des télécoms

Dans l'ancien ou le nouveau régime du droit de la concurrence, la législation *ex post* est appliquée par le tribunal.[401]Le droit de la concurrence est dit par le juge. « En cas de contentieux, les infractions aux dispositions de la présente loi [organique n°18/020 du 9 juillet 2018] sont de la compétence du tribunal de commerce.[402] »Ce fut autrefois de celle du tribunal de première instance à la requête de l'intéressé.[403] Sur requête, le juge pouvait ordonner la cessation d'acte déloyal[404] ou prononcer des peines d'amende,[405] d'emprisonnement en cas de récidive[406] ou d'autres peines complémentaires.[407] La loi organique n°18/020 du 9 juillet 2018 dispose

---

[401] La réglementation *ex ante* est celle produite par l'autorité de régulation. Elle fait également l'objet de recours juridictionnel devant le juge administratif. Non seulement ce dernier contrôle les actes du régulateur, mais aussi il applique la réglementation *ex post*.

[402] Article 84, loi organique n°18/020 du 9 juillet 2018, préc.

[403] Article 1er, ordonnance-loi n°41-63 du 24 février 1950, préc. : « Lorsque, par acte contraire aux usages honnêtes en matière commerciale ou industrielle, un commerçant un producteur, un industriel, ou un artisan porte atteinte au crédit d'un concurrent, ou lui enlève sa clientèle, ou d'une manière générale porte atteinte à sa capacité de concurrence, le tribunal de première instance, sur poursuite des intéressés, ou de l'un d'eux, ordonne la cessation de cet acte ».

[404] Article 2, ordonnance-loi n°41-63 du 24 février 1950, préc. : « Sont considérés notamment comme actes contraires aux usages honnêtes en matière commerciale ou industrielle : 1) créer la confusion, ou tenter de créer la confusion entre sa personne, son établissement ou ses produits, et la personne, l'établissement ou les produits d'un concurrent ; 2) répandre des imputations fausses sur la personne, l'entreprise, les marchandises ou le personnel d'un concurrent ; 3) donner des indications inexactes sur sa personnalité commerciale, sur son industrie ou ses dessins, marques, brevets, références, distinctions, sur la nature de ses produits ou marchandises, sur les conditions de leur fabrication, leur origine, leur provenance, leur qualité ; 4) apposer sur les produits naturels ou fabriqués détenus ou transportés en vue de la vente ou mis en vente ou sur les emballages de ces produits, une marque de fabrique ou de commerce, un nom, un signe ou une indication quelconque de nature à faire croire que les produits ont une origine ou une provenance autre que leur véritable origine ou provenance ; 5) faire croire à une origine ou à une provenance inexacte desdits produits, soit par addition, retranchement ou altération quelconque d'une marque, d'une dénomination ou d'une étiquette, soit par des annonces, écrits ou affiches, soit par la production de factures, de certificats d'origine ou de provenance inexacts, soit par tout autre moyen ; 6) faire un usage non autorisé du matériel d'un concurrent, de l'emballage, des récipients de ses produits, même sans l'intention de s'en attribuer la propriété, ni de créer une confusion entre les personnes, les établissements ou les produits ; 7) utiliser des dénominations, marques, emblèmes créant une confusion avec des services publics, des organismes publics, ou tendant à faire croire à un mandat de l'autorité ».

[405] Article 3, al. 1er, ordonnance-loi n°41-63 du 24 février 1950, préc. : « Dès que la décision n'est plus susceptible d'appel ni d'opposition, tout manquement aux injonctions ou interdictions y portées est puni d'une amende de 100 à 2.000 francs ».

[406] Article 3, al. 3, ordonnance-loi n°41-63 du 24 février 1950, préc. : « En cas de récidive [dans un délai de 5 ans], une peine de servitude pénale de 7 jours à 2 mois peut en outre être prononcée ». Article 4, *ibidem* : « Les infractions à l'article 3 ne sont poursuivies qu'à requête des intéressés, ou de l'un d'eux ».

[407] Article 3, al. 2, ordonnance-loi n°41-63 du 24 février 1950, préc. : « Le tribunal peut ordonner l'*affichage du jugement*, pendant le délai qu'il détermine, à l'extérieur des établissements du contrevenant, et aux frais de celui-ci. Il peut aussi ordonner la *publication du jugement dans les journaux* aux frais du contrevenant. »

actuellement en son Titre III : des règles relatives à la concurrence, le chapitre 7 : des infractions, des sanctions et du contentieux. Les mécanismes classiques de justice obéissent au temps administratif ou processuel, alors que le marché numérique est empreint du temps accéléré : le « temps du réseau ».[408] Rapidité et spécialité innervent la justice commerciale...[409]

Selon Myriam Quéméner, « le juge tire sa légitimité de son pouvoir de régulation des textes législatifs et réglementaires, ce qui permet d'affirmer que le législateur est par essence le régulateur suprême. Ces lois [...] concernant la régulation de l'Internet, sont de plus en plus soumises au contrôle du juge constitutionnel qui construit progressivement une jurisprudence régulatrice ». [410] Il faut garder à l'esprit les décisions administratives des régulateurs étatiques transversaux et sectoriels (AAI) qui sont susceptibles de recours devant le Conseil d'État.

En France comme en RDC, c'est le tribunal qui dit le droit de la concurrence (des télécoms), au titre de « magistrat régulateur ponctuel et final ».[411] En effet, « le juge judiciaire est régulateur ponctuel [...] dans la régulation d'Internet qui apparaît aujourd'hui incontournable, bien que sérieusement concurrencé à la fois par des procédures administratives et par des autorités administratives indépendantes ».[412]

À ce propos, la jurisprudence congolaise aurait pu renseigner une affaire intéressante en matière de concurrence des télécoms. En l'espèce, l'opérateur *Africell* avait saisi en 2012la Cour suprême de justice (CSJ), faisant office de cour de cassation, pour se plaindre, en tant que « nouvel entrant », du refus d'interconnexion le confrontant aux réseaux plus anciens, établis dans le pays. Cependant, cette action judiciaire a été arrêtée à la suite d'une transaction amiable conclue entre opérateurs en décembre 2014 et entérinée par décision de l'ARPTC en février 2015.[413]

4. Les niveaux comparés des objectifs législatifs de concurrence dans les télécoms

Les droits comparés congolais et français présentent quelques convergences et des divergences de politiques législatives concernant les télécoms et les communications électroniques. En premier lieu, les mesures de libéralisation ont permis d'« assurer aux opérateurs un accès égalitaire aux supports de communications électroniques qui ne sont pas les leurs afin qu'ils puissent fournir les services [...] les plus avancés aux utilisateurs ».[414]

---

408 M. ROQUES-BONNET, *Le droit peut-il ignorer la révolution numérique ?,* éd. Michalon, Paris, 2010, p. 15 et s.
409 M.-F. COUTANT, *Les tribunaux de commerce*, PUF, Coll. « Que sais-je ? », Paris, 1998, p.5.
410 M. QUÉMÉNER, « Le magistrat, régulateur ponctuel, régulateur final », *in* M.-A. FRISON ROCHE (sous la dir.), *Internet, Espace d'interrégulation*, Dalloz, Paris, 2016, pp. 168-169.
411 *Ibidem,* pp. 167-181.
412 *Ibid.*, p. 177.
413 *Cf.* section 2 du présent chapitre d'ouvrage.
414 J. CATTAN, *op.cit.*, p. 27 et s.

Le deuxième niveau des réformes aura consisté à « garantir aux utilisateurs un accès aux services existants qui soit le plus riche ».[415] Aussi, le dispositif législatif devait-il se compléter des règles de protection des [cyber]consommateurs contre les pratiques agressives, abusives et déloyales (en ligne) dans le fonctionnement du marché.[416] De ce point de vue, les expériences françaises et congolaises convergent pour avoir inscrit assez tôt les intérêts des consommateurs dans les objectifs de dérégulation des services publics des télécoms.

Contrairement à la RDC, l'Europe a fait de la concurrence un élément essentiel de construction et de développement de son marché intérieur. Au courant de la décennie 1980, ses institutions politiques avaient initié la réorganisation des marchés des télécoms des États membres. En 1988, la Commission européenne adopta les premières mesures de libéralisation sur la base de l'article 86 du TCE.[417] Depuis les premières directives « ONP » (1988-1997), les règles successives du « paquet télécom » ont consolidé dès 2002, puis en 2009 ; elles parachèvent jusqu'à ce jour la pleine concurrence des communications électroniques.[418] Le droit communautaire européen devait « garantir un accès optimal aux communications électroniques, dans un environnement concurrentiel »[419] en opérant « la construction de la "confiance" du consommateur » sur le marché intérieur.[420]

En ce sens, Judith Rochfeld souligne, « conformément à la volonté du législateur européen, que cette confiance n'est pas souhaitée pour elle-même. Elle l'est comme le moyen de construction du marché intérieur. La protection du consommateur et la construction de la confiance interviennent comme l'instrument de développement de ce marché ».[421] C'est pourquoi la

---

[415] *Ibidem.*

[416] J. ROCHFELD (sous la dir.), *Les nouveaux défis du commerce électronique,* LGDJ, Paris, 2010, pp. 8 et s. V. FAUCHOUX, P. DEPREZ et J.-M. BRUGUIÈRE, *Le droit de l'internet,* Lexis Nexis, Litec, Paris, 2008, pp. 196-212. Les auteurs regroupent au Chapitre 7, Section 1, Sous-sections 1 à 5 les aspects protecteurs du Code français de la consommation et de la LCEN en faveur du consommateur en ligne. Il s'agit de : Informations relatives au vendeur, au produit (service, délais et frais de livraison), acceptation de l'offre, faculté de rétractation du consommateur, preuve et archives. *Cf.* pour les « règles du droit de la consommation » : C. CASTETS-RENARD, *Droit de l'internet*, Montchrestien/Lextenso éd., Coll. cours LMD, Paris, 2010, pp. 153 et s.

[417] Directive 88/301/CEE de la Commission du 16 mai 1988 sur la concurrence dans le marché des terminaux de télécommunications, préc.

[418] Directive 2002/77/CE de la Commission du 16 septembre 2002 relative à la concurrence dans le marché de réseaux et des services de communications électroniques, JOCE L 249, 17 septembre 2002, pp. 21 et s.

[419] J. CATTAN, *op.cit.*, p. 27 et s.

[420] J. ROCHFELD, « La définition du contrat électronique », in J. ROCHFELD (sous la dir.), *L'acquis communautaire, le contrat électronique,* Economica, coll. Études juridiques, n°34, Paris, 2010, pp. 8-9.

[421] *Ibidem*, pp. 8-9. Cette articulation se lit d'ailleurs dans les fondements des textes principaux de la législation européenne en la matière : [...] l'ancien article 100A, puis l'article 95 du Traité CE (devenu l'article 114 du Traité de Lisbonne), tous textes qui ouvrent aux mesures "qui ont pour objet l'établissement et le fonctionnement du marché intérieur. L'article 153 du

directive 2000/31/CE a allégé le régime de responsabilité des prestataires des services de télécoms, en vue de favoriser non seulement leur investissement en tant qu'intermédiaires techniques du commerce en ligne, mais aussi l'innovation au sein du marché électronique.[422]

En outre, les règles de « service universel » apportent la garantie des objectifs « aconcurrentiels » que le marché ne saurait par lui-même assurer en direction des consommateurs dans le cas où les mécanismes du marché seraient à eux-seuls insuffisants pour réaliser l'intérêt général.[423] Cette « question de service universel ne se posait guère tant que le régime du monopole était en vigueur ».[424]

Concernant de la restructuration du marché congolais, la loi-cadre sur les télécoms de 2002 intitule son « Titre III : Du régime juridique » (articles 9 à 15), sans au préalable avoir énoncé le principe de la libre concurrence ou de la liberté de communication en ligne comme en France. Le législateur organise uniquement les régimes de « concession »[425] : celle-ci est une modalité connue de gestion des services publics par des exploitants publics ou privés autres que l'État lui-même.[426] En effet, selon Gaston Jèze, « quoi qu'il en soit, deux points doivent être mis en pleine lumière : 1° La

---

Traité CE (devenu l'article 169 du Traité de Lisbonne) qui dispose lui que la Communauté contribue à assurer un niveau élevé de protection des consommateurs, ne sera que très rarement invoqué de façon autonome c'est-à-dire seul et pour l'unique objectif de protection des consommateurs. Il sera couplé avec l'article 95 évoqué [article 153, § 1 et 3, point a), Traité CE], pour signifier que la poursuite de l'établissement du marché intérieur s'effectue en tenant compte d'un haut niveau de protection du consommateur ».

422 *Cf. a contrario* pour les lourdes obligations de transparence et de loyauté des éditeurs, C. FÉRAL-SCHUHL, *Cyberdroit... op.cit,* pp. 279-311.

423 La Commission européenne entend par « service universel » : « un ensemble d'exigences d'intérêt général dont l'objectif est de veiller à ce que certains services soient mis à la disposition de tous les consommateurs et utilisateurs sur la totalité du territoire d'un État membre, indépendamment de leur position géographique, au niveau de qualité spécifié et, compte tenu de circonstances nationales particulières ». Commission européenne, *Livre vert sur les services d'intérêt général,* COM (2003) 270, 21 mai 2003, p. 116. Directive 2002/22/CE du 7 mars 2002 *concernant le service universel et les droits des utilisateurs au regard des réseaux et services de communications électroniques (directive « service universel »),* JOCE L 108, 24 avril 2002, pp. 51 et s. Directive 2009/136/CE du 25 novembre 2009 *modifiant la directive 2002/22/CE concernant le service universel et les droits des utilisateurs au regard des réseaux et services de communications électroniques, la directive 2002/58/CE concernant le traitement des données à caractère personnel et la protection de la vie privée dans le secteur des communications électroniques et le règlement (CE) n° 2006/2004 relatif à la coopération entre les autorités nationales chargées de veiller à l'application de la législation en matière de protection des consommateurs,* JO L 337, 18 décembre 2009, pp. 11-36.

424 J. CATTAN, *op.cit,* p. 172.

425 H. INTVEN, O. JÉRÉMY et E. SÉPULVEDA, *op.cit.*, p. 21. La concession désigne « l'octroi, par les pouvoirs publics, d'un droit d'exploiter un service, sous réserve des modalités et des conditions spécifiées dans la licence ou dans d'autres instruments réglementaires. ».

426 G. JÈZE, *Les principes généraux du droit administratif, la notion de service public... op.cit,* pp. 64-80. L'auteur aborde au « Chapitre III [:] Des services publics gérés par un concessionnaire ».

concession ne change pas la nature juridique du service public concédé : il reste un *service public.* 2° En conséquence, c'est le *régime du service public* qu'il faut appliquer au *service concédé ».*[427] En se limitant à catégoriser les types de réseaux électroniques, la loi-cadre de 2002 ne bouleverse pas les bases, ni les normes classiques des services publics des télécoms face à l'économie numérique, elle-même fleuron de l'économie de marché.

En RDC, la réforme législative de 2002 n'a donc pas servi à organiser la concurrence des télécoms, mais plutôt la typologie des réseaux pour leur attacher respectivement des régimes particuliers :

- premièrement, le *« réseau de référence ou réseau de base »* pour l'exploitant public[428],
- deuxièmement, le « *réseau concessionnaire des services publics »* pour les opérateurs, de droit public ou privé, autres que l'État[429] ;
- troisièmement, le *« réseau indépendant »* pour les réseaux privés non connectés aux réseaux ouverts au public[430].

Ainsi, en réformant les services publics des télécoms, la loi-cadre de 2002 ne leur a pas fait franchir le seuil juridique de la pleine concurrence. Elle a néanmoins institué un droit de la régulation sectorielle, sans non plus avoir atteint le niveau d'un véritable droit du marché. Le droit de la consommation est évoqué comme une finalité de l'action du régulateur en construction du droit sectoriel de la concurrence. En RDC, le législateur a choisi de maintenir les opérateurs privés des télécoms dans un cadre de service public, plutôt que d'instituer le marché. Il a organisé l'accès des exploitants privés au domaine public, en les soumettant à l'obtention des *« licences*[431] *»,* d'une*« concession »* ou d'une autorisation.[432] Si, dans le pays, l'exploitation des services de télécoms s'est définitivement éloignée de la « régie »[433], elle demeure toutefois solidement encadrée sous les mécanismes classiques de gestion du droit administratif. En l'occurrence, l'article 20, alinéa 1er de la loi-cadre de 2002 dispose que « les clauses contenues dans la licence sont

---

[427] *Ibidem,* p. 65.

[428] Articles 10, 11 et 12, Loi-cadre des télécoms [RDC], préc.

[429] Article 13, Loi-cadre des télécoms [RDC], préc.

[430] Article 14 et 15, Loi-cadre des télécoms [RDC], préc.

[431] H. INTVEN et *al., op.cit.,* p. 2 et 21, cité par A. MBAUNEWA NKIERI, *op.cit.,* p. 100 et 104. La licence est « un document juridique octroyé ou approuvé par un régulateur ou une instance gouvernementale qui définit les droits et les obligations des services de télécommunications. [...] Par conséquent, l'octroi et la mise en application d'une licence dépendent toujours, dans une certaine mesure, du droit public ou droit administratif ».

[432]Articles 19, al. 1er, 20 al.1er, 22, 42, 43 et 45, Loi-cadre des télécoms [RDC], préc.

[433]KABANGE NTABALA, *Droit administratif,* T.1, éd. Publications des Facultés de Droit des Universités du Congo, RDC, Kinshasa, 2005, p. 117. « On est en présence d'une régie lorsque le service est directement exploité par l'Administration au moyen de son personnel et de son patrimoine. »

celles d'usage en matière de concession de service public et elles fixent le cadre général d'exécution du service concédé ».[434]

Néanmoins, la transformation du droit public congolais est notable à travers le marché et la reconfiguration des structures étatiques de gestion des services publics de télécoms. La « loi prévoit [à ce propos] deux structures : a) le Ministre ; b) l'autorité de régulation ».[435]Cette dernière assume le rôle prépondérant d'« instruire les dossiers de demande de concession, de délivrer les autorisations, de recevoir les déclarations, d'établir les cahiers des charges correspondant aux autorisations et de veiller à ce que les obligations contractées par leurs titulaires soient respectés ».[436]

Le droit positif congolais reste attaché à la notion classique des contrats administratifs que l'État signe avec chaque opérateur privé comme condition et titre d'exploitation du service public des télécoms. Par conséquent, l'organe étatique de régulation a pour rôle de veiller au *« respect des lois, des règlements et des conventions en matière des télécommunications ».*[437] Pour autant, l'ARPTC est tout au plus arbitre de la compétition des opérateurs sur le marché, mais tout au moins gestionnaire des actifs de l'État mis en exploitation sous un régime de concession de service public.[438]

À cet effet, l'autorité de régulation (ARPTC) a pour attribution de « gérer et contrôler le spectre des fréquences ; élaborer et gérer le plan national de numérotation ».[439] Elle représente les intérêts étatiques sur le marché des télécoms, dont il assure le fonctionnement harmonieux. En ce sens, ses missions s'orientent vers l'optimisation des recettes fiscales, parafiscales et des redevances du secteur des PTT, sans omettre plusieurs missions d'intérêt public, comme par exemple : le contrôle des risques de la libre entreprise, la résolution rapide des contentieux entre prestataires techniques, les mécanismes permanents de contrôle de qualité des réseaux de communications, les principes de tarification des communications et des services, etc.[440]

En définitive, le droit positif congolais ne dispose pas encore d'une loi d'économie numérique, comme en France depuis 2004.[441] En lien avec nos conclusions antérieures de recherches, la réforme congolaise de 2002 a donné lieu à une « loi de téléphonie »[442], car les enjeux technologiques dont

---

434 Pour précision, article 20, al. 2, loi-cadre des télécoms [RDC], préc. : « Ces clauses portent notamment sur les conditions et les obligations relatives à la couverture, à la capacité du réseau, à la qualité du service, aux conditions et redevances de la licence et à l'interconnexion. ».

435 Article 5, inscrit au « Titre II : Des structures », Loi-cadre des télécoms, préc.

436 Article 8, b), loi-cadre des télécoms [RDC], préc.

437 Article 8, b), loi-cadre des télécoms [RDC], préc.

438 L'ARPCT apparaît sous le profil de gestionnaire patrimonial d'un service public.

439 Article 8, points e) et f), Loi-cadre des télécoms [RDC], préc.

440 Exposé de motifs, loi n°014/2002 portant création de l'ARPTC, préc.

441 *Cf.* Loi n°2004-575 du 21 juin 2004 pour la confiance en l'économie numérique.

442 K. NDUKUMA ADJAYI, « Le phénomène de la prospection et de la contractualisation sur Internet : entre déphasage du droit congolais des télécoms et défis de confiance du e-

elle a tenu compte n'incluent pas la pleine dimension des TIC, ni distinctement la perspective de l'Internet.[443] La loi-cadre de 2002 a eu pour finalité d'organiser un département ministériel des télécoms, en aménageant un espace d'intervention publique pour un régulateur indépendant et des opérateurs économiques. Elle n'a pas non plus défini les statuts, ni les régimes de responsabilités des « intermédiaires techniques » des télécoms quant aux contenus qu'ils transportent, hébergent ou auxquels ils donnent accès.[444] Jusqu'à présent, la politique législative congolaise n'a pas considéré le commerce électronique, ni les données comme la finalité d'accès aux réseaux de télécoms. Deux approches législatives sont pourtant possibles. Il y a une première « *approche par les réseaux* qui renvoie aux débats sur la neutralité de l'Internet, la connectivité et l'interopérabilité des réseaux, le traitement égal des offreurs de services en concurrence, etc. ».[445]La loi-cadre de 2002 se retrouve dans cette approche basique. En revanche, la seconde « *approche par les contenus* renvoie aux questions de droit de propriété intellectuelle, des libertés individuelles, de protection de mineurs, etc. »[446]La législation congolaise n'a pas encore franchi ce dernier stade du droit de l'économie numérique.

Tout autant que pour les principes de l'OMC, les réformes législatives en Europe et en France ont eu pour objectif et pour résultat d'insérer les télécoms dans la pleine concurrence de l'économie. Il n'en demeure pas moins que la mondialisation a inséré la RDC dans l'économie de marché. Son législateur national maintient encore les services électroniques dans l'approche basique des télécoms et dans les notions classiques de droit administratif. Pour autant, la loi-cadre de 2002 conserve encore un segment exclusif au profit de l'exploitant public, en limitant la concurrence des télécoms sur le plan du droit. Mais, dans les faits, l'exploitant public n'avait pas été en mesure d'exercer ses droits exclusifs sur le marché, faute d'infrastructures de transmission dont la loi-cadre de 2002 lui reconnaît l'exclusivité de détention et d'exploitation.[447]

---

commerce », *Vodanews,* n°16, Dépôt légal n°MPI/021/2004, Kinshasa, oct. nov.déc. 2006, pp. 7-8.

[443] K. NDUKUMA ADJAYI, *Cyberdroit, télécoms, internet, contrat de e-commerce, une contribution au droit congolais*, PUC, Kinshasa, 2009, pp. 63-69.

[444]*Cf.* pour le cas de l'Europe : directive 2000/31/CE, préc.

[445] L. BENZONI ET P. DUTRU, « De l'accès aux infrastructures à l'accès aux moyens numériques : nouvelles frontières pour la régulation des communications électroniques », in M.-A. FRISON ROCHE, *op.cit.*, p. 18.

[446] *Ibidem.*

[447] Article 38, al. 1 et 2, loi-cadre des télécoms, préc. : « L'exploitant public des télécommunications est un opérateur qui jouit de l'exclusivité temporaire. L'exclusivité temporaire consiste pour l'Exploitant public à posséder seul le réseau de référence auquel tout exploitant concessionnaire de service public de télécommunications est tenu de s'interconnecter, et par lequel, il fait transiter son trafic national et international ».

Pendant dix ans, cette absence d'activité exclusive avait favorisé la pleine concurrence, jusqu'à la relance d'activité de l'opérateur public en 2012.[448] Ce fait ravive les risques de limitation de la concurrence acquise *de facto*, moyennant des autorisations administratives *de jure*, à valeur infra-législative face à la loi de monopole résiduel sur les infrastructures.[449]

En finissant par conclure à l'affirmation équivoque de la libre concurrence des télécoms en RDC, quels sont les défis consécutifs à la reprise d'activité de l'opérateur public dans le contraste entre l'ordre libéral de marché et le cadre légal, colbertiste, congolais ?

B. Le défi des droits exclusifs dans la relance d'activités de l'exploitant public

Sur le marché, les opérateurs privés ont présenté une alternative des services électroniques que le législateur avait auparavant réservés à l'opérateur historique.[450] De la sorte, la concurrence entre opérateurs privés s'est installée durant les dix années d'inactivité de l'exploitant public, à compter de la promulgation de la loi-cadre de 2002. Il a été dit ci-dessus que les défaillances de l'opérateur historique ont permis l'émergence de la concurrence sur les infrastructures des réseaux de transmission, dont la loi-cadre de 2002 réservait l'exclusivité de détention à l'exploitant public.[451]

Le législateur avait prévu l'exploitant public comme principal acteur du marché de transmission des signaux de télécoms, en tant que « réseau de base » ou « réseau de référence ».[452] Il avait hélas très peu légiféré sur l'interconnexion au « réseau de référence » de l'exploitant public, car il avait

---

[448] AGENCE NATIONALE POUR LA PROMOTION DES INVESTISSEMENTS, « Nouvelles technologies de l'information et de la communication », *Cahier sectoriel*, ANAPI, Kinshasa, mai 2017, pp. 20 et 22. Quinze ans après la promulgation de la loi-cadre sur les télécoms, la SCPT (ex. OCPT) et le RENATELSAT (ex. REZATELSAT), les deux opérateurs publics, réapparaissent dans le « cahier sectoriel » des investissements au « profil des acteurs évoluant dans le secteur » des télécoms. Outre la connexion de la RDC au réseau transatlantique à fibre optique en 2012, la « construction de la station d'atterrage de Moanda est dans sa phase de finalisation. Celle-ci devra permettre de relayer le signal jusqu'à la station de jonction à Kinshasa. Il est déjà réalisé l'installation d'une boucle (ring) en fibre optique de 21 Km, avec une capacité de 10 Gbps couvrant la capitale Kinshasa (projet métropolitain, MAN/Kinshasa : à ce jour, tous les grands opérateurs GSM sont déjà connectés. [La] construction du Backbone National (BBN) : Kinshasa-Moanda réalisé est opérationnel. »

[449] Article 12, loi-cadre des télécoms [RDC], préc. : « Toutefois, l'État, par l'Autorité de régulation, peut autoriser un autre opérateur à installer et exploiter sous les conditions prévues au chapitre II ci-dessous, une partie du « réseau de référence. L'Autorité de régulation fixe périodiquement le nombre de nouveaux opérateurs pouvant obtenir une telle autorisation ».

[450] *Cf.* D. BOULAUD, *Le nouveau cadre européen des communications électronique pour quels équilibres ?*, Assemblée nationale, Rapport d'information, n°3048, 11e législature, Paris, 2001. En droit européen des télécoms de même que pour l'OMC, les infrastructures des télécoms ne sont pas regardées comme le commerce des biens, mais comme la fourniture des services suivant leur finalité communicationnelle.

[451] Article 38, al. 1, loi-cadre des télécoms, préc.

[452] Article 38, al. 2, loi-cadre des télécoms, préc.

disposé de la signature d'un « contrat-programme » à signer entre le ministre des PTT et l'exploitant public, il devait préciser les règles d'exclusivité.[453] Cela n'advint pas. À défaut de plateforme nationale d'interconnexion des réseaux (interconnexion étoilée), les opérateurs privés ont déployé, entre leurs réseaux, des maillages d'interconnexion. Effectivement, la loi-cadre n'avait pas envisagé la généralisation des « interconnexions maillées » entre réseaux, indépendantes du « cœur de chaîne » que devait offrir l'exploitant public pour y faire transiter les communications de l'ensemble du marché. Depuis lors, le marché de l'interconnexion est largement autorégulé...[454]

Au bout de dix ans d'inexécution de la disposition se rapportant à l'exclusivité de l'exploitant public sur le segment des infrastructures, deux évènements importants ont permis en 2012[455] et 2014[456] de réhabiliter des maillons d'infrastructures numériques de l'exploitant public. Pour les opérateurs privés du marché congolais, l'inquiétude a été de revenir au respect *a posteriori* des droits exclusifs de l'exploitant public. Toutefois, en 2015, la Banque mondiale a été à la base d'un troisième élément appuyant la concurrence des télécoms, à la suite d'un accord avec le gouvernement congolais pour la restructuration de l'exploitant public et la réforme du cadre légal de 2002. [457] Pour mieux comprendre les défis juridiques de la concurrence des télécoms en RDC, il importe de présenter la trilogie des faits juridiques alimentant les défis relatifs au statut de l'exploitant public.

---

[453]Article 11, al. 1 et 2, loi-cadre des télécoms [RDC], préc. : « Le réseau de référence ne peut être établi que par l'exploitant public qui, avec le Ministre conclut tous les trois ans, un Contrat-programme qui définit et fixe les objectifs économiques et financiers que l'exploitant public devra atteindre au cours de la période arrêtée. Ces objectifs concernent notamment le rythme de croissance des prix, le niveau d'investissement, le niveau d'endettement, la productivité du personnel, le taux de pénétration téléphonique, la qualité de service et la couverture du territoire national ».

[454]*Cf.* le point B du présent § d'ouvrage, se rapportant à la question précise de l'autorégulation du marché congolais. Ici, il est question d'aborder le défi des droits exclusifs de l'exploitant public par rapport au marché semi-libéralisé *de jure*, mais ayant acquis *de facto* la pleine libéralisation des services.

[455]*Cf. Cahier sectoriel*, ANAPI, Kinshasa, mai 2017, p ; 20. En 2012, l'exploitant public a rendu opérationnelle le Gateway physique international à fibre optique pour des connexions à haut débit. Il s'agit de l'accès de l'OCPT non seulement au projet de câble sous-marin de transmission optique transatlantique « WACS » depuis 2012, mais aussi aux capitaux chinois pour la construction des infrastructures de base à fibre optique.

[456] *Cf.* Discours-bilan du Premier Ministre (sortant) de la RDC du 22 novembre 2016 [http://7sur7.cd/new/primature-augustin-matata-ponyo-sort-par-la-grande-porte-discours-bilan] (consulté 24 novembre 2016). « Le déploiement du réseau backbone à fibre optique, Mouanda-Kinshasa (650 km) et Kinshasa-Kasumbalesa (3.300 km). Ce qui permet de relier la RDC au Congo-Brazzaville et à la Zambie ». En 2014, l'État congolais a déployé un réseau terrestre à fibre optique sur une distance de près de 3.950 km.

[457] Il s'agit d'un programme régional (dit CAB-5) de la Banque mondiale qui motive la pleine concurrence du marché (*full-open market*), comme aspect structurant la mise en œuvre de l'accord de don avec le gouvernement congolais.

1. Le retour de l'exploitant public au gateway physique international

Premièrement, depuis le 8 juillet 2014, la RDC est branchée à la station d'atterrissement du câble sous-marin international à fibre optique, construite à Moanda sur la côte Atlantique. [458] Ces infrastructures relèvent du« consortium international WACS », dans lequel la RDC est membre.[459] Ayant participé à son financement et à sa réalisation,[460] le gouvernement congolais en a confié la gestion à l'exploitant public (OCPT/SCPT), opérateur historique, car il a estimé hautement stratégique la gestion de cette passerelle physique internationale. L'opérateur historique est investi désormais comme câblo-opérateur transnational parmi la douzaine d'autres opérateurs étrangers membres du Consortium. Pour autant, il entend pleinement disposer des droits exclusifs à lui reconnus sur le marché par la loi des télécoms de 2002.[461]

2. Le soubresaut colbertiste du partenariat sino-congolais

Deuxièmement, un partenariat a été mis en place entre l'État congolais et le groupe d'entreprises chinoises (Sinohydro et CREC), à travers le protocole d'accord du 17 septembre 2007 et la convention de collaboration du 22 avril 2008.[462]Les prêts faisant l'objet de ces « contrats chinois » ont été réajustés à 6 milliards de dollars à la suite de l'intervention du Fonds Monétaire International, par rapport à l'endettement initial qui fut de 8,5 milliards de dollars. Les engagements de l'État congolais avec un groupe d'entreprises chinoises sont destinés à la construction des infrastructures

---

[458]Moanda : ville côtière de la RDC sur l'Atlantique, située dans le seul front de mer que compte la RDC et dans la province (Kongo-Central) où se situe le seul port du pays (Matadi).

[459] [https://en.wikipedia.org/wiki/WACS_(cable_system)] (Consulté le 18 juillet 2016). WACS, *West African Cable system,* est un câble de communication sous-marine d'une capacité de 5,12Tbit/s mis en fonctionnement depuis 11 mai 2002 et reliant l'Afrique du Sud avec le Royaume-Uni le long de la côte Ouest. Construit par Alcatel –Lucent, il est long de 14.530 Km avec 14 point de passages et/ou « points d'atterrage » sur la côte Atlantique (de l'Afrique et en Europe) : Yzerfontein (RSA), Swakopmund (Namibie), Luanda (Angola), Mouanda (RDC), Pointe-Noire (Brazzaville), Limbe (Cameroun), Lagos (Nigeria), Lomé (Togo), Accra (Ghana), Abidjan (Côte d'Ivoire), Praia (Cap Vert), Las palma (Espagne), Seixal (Portugal) et Highbridge (Royaume-Uni).

[460] En 2004-2005, l'opérateur privé *Vodacom Congo RDC* avait tenté en vain, auprès des autorités congolaises, d'obtenir l'autorisation de participer au projet WACS. Dans la seconde moitié des années 2000, il lui fut également refusé la possibilité de gérer, tout au moins, cette passerelle internationale, malgré la preuve de ses capacités techniques et financières.

[461]Article 38, Loi-cadre sur les télécoms [RDC], préc.

[462]T. COLOMA, « Quand le fleuve Congo illuminera l'Afrique, Le "Contrat du siècle", *Le Monde diplomatique*, février 2011, [https://www.monde-diplomatique.fr/2011/02/COLOMA/20108]. Ces accords ont été signés en RDC et en Chine. Ils couvrent des prêts « titrisés » en donnant à la Chine 14 milliards de dollars de réserves de cuivre et de cobalt, en contrepartie avec un programme d'investissement confiant l'exploitation de ces ressources à la Socomine, appartenant à des sociétés d'État chinoises (68%) et congolaises (32%). La couverture des opérations a été assurée par la Banque d'import-export de Chine, *China Exim Bank.* Le « contrat chinois » est resté illustre pour l'implication économique croissante de l'Empire du Milieu sur le continent noir. Il a suscité un débat important au Parlement congolais, accompagné des efforts du FMI de réduire le niveau d'endettement de la RDC.

utilitaires, en cautionnant les revenus futurs à tirer de l'exploitation conjointe des ressources minières de la RDC.[463] Grâce à cet arrangement, plus de 3.900 kilomètres de réseau terrestre de fibre optique ont été déployés dans le pays depuis 2009 à ce jour.[464] L'objectif du gouvernement est de construire en 5 phases de projet, 50.000 kilomètres de réseaux numériques devant assurer le transport des données et de signaux des télécoms sur l'ensemble du territoire.[465]

Si la mondialisation a permis au secteur privé d'accéder aux marchés, la levée des fonds chinois a permis à l'État de financer de grands projets de transformation du paysage numérique. Traiter avec la Chine contourne les contingences et conditionnalités des instances internationales en faveur de la libéralisation prônée par le Fonds Monétaire International, la Banque Mondiale ou l'Organisation Mondiale du Commerce. Leurs linkages financiers (conditionnalités) soutiennent le décloisonnement des marchés monopolistiques et notamment l'ouverture du secteur des télécoms à la compétition des sociétés multinationales. La Chine émergente intéresse davantage les États africains, en prenant appui sur l'« engagement économique extraverti » de sa politique extérieure.[466] « En changeant, la Chine nous change aussi » avec son caractère qui « nous est toujours plus semblable ».[467] Le colbertisme high-tech congolais a été ainsi financé par la Chine sans aucune exigence des conditionnalités d'institutions néolibérales.

Les capitaux chinois ont doté l'exploitant public OCPT/SCPT d'un réseau numérique à fibre optique terrestre, lui permettant d'effectuer en 2104 plusieurs sauts de générations technologiques depuis 2002. En partant d'une situation d'obsolescence de son réseau analogique en fil de cuivre hérité de la colonisation, l'opérateur historique est présent sur le marché de la

---

[463] *Cf.* « Les contrats chinois en République Démocratique du Congo : un nouvel ordre économique pour l'Afrique ? », 28 mai 2008, [http://www.ananzie.net/Les-contrats-chinois-en-RDC-un] (consultés le 18 juillet 2016). J. KABANGE NKONGOLO, « Quelques considérations juridiques sur le deal sino-congolais », Kinshasa, 2009, pp.1-14, [www.leganet.cd/Doctrine.textes/decon/Dcontrats%20sino_congolais.pdf]. Il s'agissait des accords de prêt d'une valeur initiale de 8,5 milliards dans le domaine des mines et des infrastructures. *Cf.* aussi « Les contrats chinois en République Démocratique du Congo : un nouvel ordre économique pour l'Afrique ? », 28 mai 2008, [http://www.ananzie.net/Les-contrats-chinois-en-RDC-un] (tous consultés le 26 septembre 2016).

[464] Les 3.950 premiers kilomètres de fibre optique ont été effectivement déployés en deux phases, pour une valeur d'exécution de plus de 400.000.000 $US décaissés par la banque China Exim Bank. La phase 1 de déploiement du réseau national à fibre optique compte 600 kilomètres déjà opérationnels dans les 3 provinces Ouest allant de la côte Atlantique à la capitale et reliés au câble WACS. La phase 2 du projet est en cours de construction pour relier d'Ouest au Sud-est 12 villes et chefs-lieux de provinces jusqu'à sa frontière avec la Zambie où une interconnexion est prévue.

[465] ASSEMBLÉE NATIONALE, *Rapport de mission de la commission d'enquête parlementaire sur le backbone national en fibre optique*, Commission d'enquête sur la non-connexion à la fibre optique (sigle : A.N/C.E/FIB.OPT), Kinshasa, mai 2014, pp. 1-22.

[466] T. SANJUAN, « En changeant la Chine nous change aussi », *Quand la Chine change le monde*, Panthéon Sorbonne magazine, n°17, Paris, mars-mai 2016, p. 20-23.

[467] *Ibidem.*

transmission et de la location des capacités à haut débit avec une passerelle internationale fiable. Quoiqu'une mémorable enquête parlementaire ait pu constater « des malfaçons, des inadéquations et des lacunes sur le plan technique »,[468] l'ensemble du marché est aujourd'hui connecté aux infrastructures à fibre optique de l'exploitant public qui sont uniques pour le transport vers l'international des communications numériques à haut débit.

Toutefois, le réinvestissement de l'OCPT/SCPT n'a pas permis à cet exploitant public de reprendre la suprématie exclusive sur le marché local des infrastructures de l'information, dit « marché gros » (« *whole sale* » en anglais). Par ailleurs, l'opérateur historique n'est pas encore en mesure de présenter une offre commerciale des services pour les clients sur le « marché de détail » (« *retail sale* » en anglais). Dans ce contexte, les opérateurs privés conservent encore leurs infrastructures locales ainsi que leurs voies alternatives de sortie internationale par satellite. Ceux-ci continuent à offrir des services de communications aux clients finaux.

Dans les faits, la concurrence reste un acquis du marché, malgré les plaintes d'opérateurs privés quant à l'application putative de la disposition légale maintenant l'exclusivité du segment des infrastructures des télécoms.

Cependant, en fondant l'exclusivité de l'exploitant public sur un segment de base pour le marché, l'article 38 de la loi-cadre demeure un défi pour la concurrence sur le plan juridique et politique. En adoptant depuis 2009, le « document de politique sectorielle » (DPS), le gouvernement ne l'a plus mis à jour, malgré son principe de révision à intervalles de cinq ans. La caducité du DPS est un obstacle politique pour les opérateurs privés qui entendent obtenir une « licence d'opérateur d'infrastructure », avant de consentir des investissements dans le domaine des infrastructures de transmission des télécoms. Par exemple, la société américaine *Google* a introduit le 19 mars 2015 sa demande de « licence d'opérateur d'infrastructure » à fibre optique auprès du gouvernement congolais. [469] Elle entend installer des infrastructures de réseaux à haut débit en RDC, dans l'objectif stratégique de fiabiliser l'accès à l'Internet et d'optimiser la consommation des ressources numériques.

Depuis 2016, le projet de *Google* bénéficie de l'avis favorable du régulateur (ARPTC), qui se justifie par la nécessité de disposer d'un autre opérateur de service universel que l'inefficient opérateur historique. Mais à ce jour (septembre 2017), *Google* est toujours en attente d'octroi de l'autorisation du gouvernement.[470] Par ailleurs, en début de la décennie 2010, un autre opérateur du nom de « Liquid Télécom » avait déjà installé ses

---

[468] ASSEMBLÉE NATIONALE, *Rapport de mission de la commission d'enquête parlementaire sur le backbone national en fibre optique*, *op.cit*, p. 17. « La phase 1 du backbone construit est dans un état critique exigeant une action urgente de mise en conformité, de réparation et de complétion ».

[469] Archives, Ministère des PTNTIC : TIDJANE DEME, Demande de licence d'opérateur d'infrastructure en RDC, Google Sénégal, Dakar, 19 mars 2015 [Inédit].

[470] Article 12, loi-cadre sur les télécoms en RDC, préc.

infrastructures à fibre optique, en déployant un réseau depuis l'Afrique du Sud jusqu'à Lubumbashi (Sud-est de la RDC).[471] Liquid Télécom avait pris l'option d'anticiper l'octroi d'une licence sur le segment de marché des infrastructures. Ce n'est qu'au 5 février 2018[472] que le gouvernement a revu son option de ne pas délivrer de première licence d'exploitation ouvrant la concurrence dans le sous-secteur des infrastructures des télécoms en RDC.[473]

3. Les conditionnalités libérales de la Banque mondiale

Troisièmement, la Banque mondiale et la RDC ont signé le 25 juillet 2014 un accord de don pour un montant de 92,1 millions de dollars afin de construire un réseau terrestre à fibre optique et renforcer les capacités institutionnelles du secteur des télécoms.[474] L'intervention de la Banque Mondiale s'inscrit dans le « Projet CAB5 »[475] qui est le 5e round d'intégration régionale de 11 pays africains à travers des liaisons physiques d'interconnexion par câble à fibre optique.[476] À la suite du lancement officiel dudit projet le 19 mars 2015,[477] le nouveau réseau numérique à construire

---

471 [http://www.agenceecofin.com/equipement/1411-7569-rd-congo-liquid-telecom-etend-sa-fibre-optique-jusqu-a-lubumbashi] (consulté le 12 juin 2017) : AGENCE ECOFIN, « RD Congo : Liquid Telecom étend sa fibre optique jusqu'à Lubumbashi », Kinshasa, 14 novembre 2012. « Afin de réduire la dépendance de la République démocratique du Congo (RDC) au satellite et d'améliorer la disponibilité de l'offre, Liquid Telecom a annoncé une extension de son réseau de fibre optique internationale à Lubumbashi, la deuxième plus grande ville du pays. Liquid Telecom utilise à cet effet le câble WACS qui passe par la Zambie, le Zimbabwe et l'Afrique du Sud. »

472 Arrêté ministériel n°CAB/MIN/PTNTIC/EON/JA/Mmv/004/2018 du 5 février 2018 portant attribution d'une licence pour l'établissement et l'exploitation d'un réseau à fibre optique en RDC [au profit de Liquid Telecom RDC SARL] (inédit).

473 RADIO TOP CONGO FM, « Interview du Vice-Premier Ministre, Ministre des PTNTIC, Thomas Luhaka », 1er avril 2016 [www.topcongo.fm] (consulté le 17 avril 2016).

474 Ordonnance [du Président de la RDC] n°14/073 du 5 décembre 2014 portant approbation de l'Accord de don H81-ZR conclu entre la RDC et la Banque mondiale, au titre de la 5e phase du programme régional de réseaux de télécommunication haut débit en Afrique centrale (CAB5), JO RDC, 59e année, n° spécial, 10 janv. 2015, col.2.

475 CAB5 : *Central African Backbone Round 5* est un projet d'intégration sous-régionale dans 11 pays, sur financement de la Banque mondiale et réalisé en plusieurs phases par pays. CAB1 en 2009 : Cameroun, République centrafricaine, Tchad. CAB2 ; Sao Tome et Principe. CAB3 en 2011 : République du Congo. CAB4 en 2012 : Gabon. CAB5 en 2014 : RDC.

476 COPIREP, Présentation du Projet CAB5 au VPM, Ministre des PTNTIC, Hôtel Kempiski, Kinshasa, 9 janvier 2015. Dans ses composantes, CAB5 a inscrit la réhabilitation de la liaison Kinshasa-Mouanda de la SCPT (« composante A ») pour 13,2 millions de dollars. CAB5 combine une « composante B » pour la construction d'un réseau de fibre optique terrestre de 2800 à 4000 kms, d'un coût de faisabilité de l'ordre de 71,6 millions de $.

477 La Banque mondiale a achevé d'exécuter un autre projet de construction d'une ligne à fibre optique sur la ligne de transport d'électricité à haute tension de la SNEL sur plus de 2.000 km reliant Inga au Katanga. Mais le gouvernement refusa le principe de son affermage à des privés : il bloqua l'appel d'offre et la garantie d'accorder une licence à des exploitants privés sur cette ligne. [Inga est le nom de la Ville situé près de la côte Atlantique de la RDC, ayant donné son nom au Barrage d'Inga, la plus grande centrale hydroélectrique du pays et la 2e d'Afrique, après celle d'Assouan sur le Nil égyptien. Le Grand-Katanga au Sud-est de la RDC avec la frontière Zambienne, est la capitale du cuivre et aujourd'hui du Cobalt…

n'est pas à mettre sous la gestion de l'exploitant public OCPT/SCPT. Il est à affermer à une société de droit privé avec 100% d'actionnariat de l'État.[478] Le capital de la société est constitué par le montant du don de la Banque mondiale et par la valeur des actifs du réseau numérique câblé à construire.[479]

Du nom de « SOCOF SA (Société Congolaise de Fibre Optique), cette société créée par l'État congolais a pour mission de financer, construire, détenir, gérer, exploiter et maintenir des infrastructures et équipements de télécommunications haut débit, notamment la fibre optique de la RDC ».[480] Dans ses prévisions, elle « étendra son réseau [...] vers les villes de l'Est du pays (Lubumbashi, Goma, Beni et Kisangani) et en interconnexion avec les pays limitrophes de la sous-région des grands lacs africains ainsi que la Zambie. »[481] Les activités ne sont encore que sur le plan préparatoire, mais la perspective de son statut privilégié de société d'État préoccupe la concurrence sur le marché. En tant que société unipersonnelle d'État, la SOCOF est créée « conformément aux règles de l'OHADA (Acte uniforme relatif au Droit des sociétés commerciales et groupement d'intérêt économique) et aux dispositions spécifiques nationales relatives aux entreprises publiques, [comme] complémentaires ».[482]

En droit comparé européen et français, la libéralisation a nécessairement été approfondie par la réforme conjointe de la réglementation et du statut de l'opérateur public « France Télécom ».[483] La dérégulation à la congolaise s'est effectuée jusqu'ici sans revoir le statut légal des entreprises et sociétés. Elles contournent la réforme générale du portefeuille de l'État, en se prévalant des prérogatives de droit public consacrées par les lois sectorielles de télécoms en 2002. En 2008, l'OCPT, anciennement EPIC, a été transformée en société commerciale au nom de SCPT. De même à sa création en 2015, la SOCOF a été directement constituée en société anonyme unipersonnelle. Mais dans leurs cas, le contrôle de la totalité de leur capital social par l'État les conforte à prétendre à des prérogatives de l'exploitant public.

---

[478] Lettre n°1029/04/2015 du 20 avril 2015 du directeur de cabinet du Chef de l'État. Concernant la « création d'une société de Patrimoine National relative au projet CAB 5 », la lettre adressée à la Ministre du portefeuille rappelait que : « La mise en œuvre effective du projet CAB 5 est subordonnée à la création de cette société, dans les trois mois après la mise en œuvre de l'accord de financement intervenue le 22 janvier 2015. Il ne reste plus que moins d'un mois, délai au-delà duquel la Banque mondiale peut, à tout moment, retirer son don conformément au Titre 2, section V, point 2 de cet Accord ».

[479] *Cahier sectoriel,* ANAPI, Kinshasa, mai 2017, p. 21. « Avec un capital de 1.028.270.000FC, SOCOF SA fonctionnera sur le modèle de l'open-access ».

[480] *Ibidem*, pp. 20 et 21.

[481] *Ibid.*, p. 21. « Avec un capital de 1.028.270.000FC, SOCOF SA fonctionnera sur le modèle de l'*open-access* ».

[482] *Ibid.*

[483] *Cf.* Tome 1, Titre 1, Chapitre 2, Section 2, s'agissant précisément de l'expérience de la déréglementation française des télécoms et des communications électroniques.

C'est ainsi que les conditionnalités de la Banque mondiale ont intentionnellement été plus globales.[484] L'accord de don H81-ZR préconise et finance la révision des dispositions surannées de la loi-cadre de 2002, afin d'assurer l'ouverture totale du marché congolais des télécoms.[485] En effet, la Banque mondiale (BM) souligne l'« adoption du nouveau cadre légal et réglementaire […] comme action importante et urgente […] d'autant plus que : (i) le cadre de 2002 comporte des dispositions qui sont contraires aux meilleures pratiques internationales (présence d'exclusivités) ».[486] Elle avait fait de cette conditionnalité un « préalable au décaissement des fonds du CAB5 ».[487] Le gouvernement s'est engagé envers la BM pour restructurer l'exploitant public. Cet engagement vise l'approfondissement de la libéralisation du service public des télécoms, en garantissant la pleine concurrence et l'égalité des droits entre acteurs sur le marché.

En définitive, tant que le statut de l'exploitant public reste rattaché à des droits exclusifs,[488] le défi législatif reste toujours majeur pour réaliser la loyale concurrence sur le marché des télécoms. La dérégulation amorcée par le législateur de 2002 ne fait pas application de tous les principes de l'OMC et de la BM.[489] La pleine concurrence reste l'un des objectifs finaux de la dérégulation. La RDC n'est pas encore parvenue au niveau de réformes législatives lui permettant de réaliser l'ouverture complète de son secteur des télécoms à l'économie de marché. Elle y est forcée par le développement du marché, l'innovation et les contingences internationales. En préconisant l'instauration du jeu concurrentiel du marché, la dérégulation entraîne une profonde réorganisation de la puissance publique face aux forces économiques, dans le but d'assurer le fonctionnement du marché. Ces questions relèvent des aspects d'études du comportement polymorphe de l'État dans la vie économique, formant le droit public économique.[490] Les transformations étatiques polymorphes contribuent à la construction d'un droit de l'économie numérique sur le socle de base relevant du droit des

---

[484] Accord de don H81-ZR conclu entre la RDC et la Banque mondiale, au titre de la 5e phase du programme régional de réseaux de télécommunication haut débit en Afrique centrale (CAB5) [Inédit]. Les conditionnalités de décaissement du don portent sur trois points. 1° La restructuration de la SCPT, exploitant public, doit être achevée, en fonction d'une feuille de route du gouvernement. 2° Une « Société de Patrimoine National » (SPN) doit être créée pour gérer les actifs (infrastructures à fibre optique) à construire sur financement de la banque mondiale. 3° Un nouveau cadre légal du secteur des télécoms doit être adopté par le conseil des Ministres de la RDC, en vue d'assurer une concurrence totale, sans droits exclusifs.

[485] Ce projet de loi est examiné au Titre 1, Chapitre 1, du présent tome de l'ouvrage.

[486] Lettre n°753/BM/RDC/RR/EPM/JN/2015 du 20 octobre 2015 du Représentant résident a.i. de la Banque mondiale en RDC (Emmanuel Pinto Moreira), en réaction la lettre n° Vodacom-Cgo/LR&I/CL/AB/DB/0189/09/15 du 25 sept. 2015 relative au « projet de loi sur les télécommunications en RDC ».

[487] *Ibidem.*

[488] Article 38 et 79, Loi-cadre sur les télécoms [RDC].

[489] *Cf.* Tome 1, Titre II, Chapitre 2, s'agissant précisément des principes de l'AGCS/OMC et de l'accord spécifique de l'OMC sur les télécoms.

[490] J.-PH. COLSON et P. IDOUX, *Droit public économique,* préc.

télécoms : État-gendarme, État-gendarme, État-entrepreneur, État-régulateur, État-actionnaire, État-partenaire. Le droit de la régulation sectorielle est un mouvement de trajectoire allant de sa proximité avec le droit administratif, en s'ouvrant au droit de la concurrence vers les cimes des droits de la concurrence et de la consommation. **(§2)**

§ 2. La reconfiguration de la puissance publique face aux forces économiques du marché congolais des télécoms

En Europe, en France de même qu'en RDC, le marché électronique a comme principaux sous-secteurs d'activités : les infrastructures, les équipements et les services des télécoms. [491] Les offres d'activités numériques se destinent aussi bien aux consommateurs qu'aux opérateurs du marché eux-mêmes. Il en est ainsi des services d'interconnexion qui assurent l'échange agrégé des communications électroniques entre réseaux (*telecoms whole sales*). L'autre volet est la mise en relation des abonnés de réseaux différents (*telecoms retail sales*). Les services électroniques forment une typologie d'offres constituant le « marché dit de gros » (des prestations entre opérateurs, B2B) qui se distingue du « marché dit de détail » (des prestations d'opérateurs et fournisseurs divers vis-à-vis des clients, B2C).

En principe, la régulation doit assurer l'équilibre du système global du marché, dont les composantes s'influencent mutuellement. Mais, la corégulation et l'autorégulation sont des aspects incontournables de l'économie de marché dans lequel le secteur des télécoms évolue à la suite de la dérégulation. **(A)**

Dans le cas de l'interconnexion, les opérateurs de télécoms ont eux-mêmes structuré la régulation économique et technique du marché. Le législateur de 2002 charge le régulateur du marché (ARPTC) de « définir les principes d'interconnexion et de tarification des services »de télécoms.[492]Il n'en demeure pas moins que les opérateurs édictent des principes d'autorégulation (spécialement pour l'accès à l'Internet), assortis des sanctions à l'encontre des récalcitrants aux lois du marché (spécialement pour l'interconnexion des réseaux téléphoniques au niveau national), sans forcément attendre des mesures de régulation étatique *ex ante* ou s'en référer. **(B)**

---

[491] *Cf.* Tome 1, Titre II, Chapitre 1 du présent ouvrage.

[492] Article 3, e), loi 014/2002 sur l'ARPTC, préc. : « L'Autorité de régulation a pour mission de : [...] e) définir les principes d'interconnexion et de tarification des services publics des postes et télécommunications ». L'article 8, d) de la loi-cadre des télécoms (RDC) est libellé dans les mêmes termes. À titre d'exemple : Décision n°007/ARPTC/CLG/2011 du Collège de l'A[RPTC] portant fixation des tarifs d'interconnexion, JO RDC, n° 8, 52e année, 15 avril 2011, col. 26.

A. La régulation étatique face aux défis de corégulation et d'autorégulation

En RDC, la concurrence a donné lieu à la substitution du monopole public par des oligopoles privés sur le marché.[493] La « puissance économique »[494] des prestataires rend délicate, voire précaire, l'intervention de l'autorité étatique de régulation, en tant qu'arbitre du jeu de la concurrence. La complexité du marché électronique et la globalisation de l'Internet débordent les capacités d'intervention des organes congolais de régulation. L'autorégulation du marché érode davantage le rôle de la puissance publique en contraignant le régulateur étatique à des consultations préalables pour garantir l'effectivité de ses mesures *ex ante* grâce à la corégulation.

1. La corégulation avec les opérateurs privés du marché congolais des télécoms

Par définition, la dérégulation reste le processus de démonopolisation conduisant à adopter un système de concurrence régulée. Elle engage les services publics classiques à garantir le libre accès à une variété de prestataires techniques (opérateurs, fournisseurs d'accès, hébergeurs, etc.). Elle réorganise également les rôles entre le marché et la puissance publique. Le législateur de 2002 charge le Ministre de veiller aux conditions de concurrence loyale dans la fourniture des services sur les segments libéralisés.[495] Les autorités administratives assurent l'équilibre entre leurs rôles et les exigences du marché. Mais, en réalité, l'équilibre à réaliser se situe dans la concertation avec le marché pour le succès de la régulation étatique en elle-même : la corégulation est une nécessité dans le contexte du marché post-monopolistique à faible législation.

En 2002, la loi-cadre sur les télécoms a instauré pour la première fois un organe indépendant de régulation étatique devant concilier les intérêts publics et privés, le plus souvent divergents, sur le marché libéralisé.[496] La

---

[493] *Cahier sectoriel*, ANAPI, Kinshasa, mai 2017, p. 19-20. « En 2016, le marché de la téléphonie mobile a été largement dominé par les opérateurs mobiles privés à savoir : Airtel Congo, Vodacom Congo, Orange RDC (après rachat de Tigo) et Africell RDC, tous exploitant dans un environnement fortement concurrentiel ».

[494] AUTORITÉ DE RÉGULATION DE LA POSTE ET DES TÉLÉCOMMUNICATIONS, *Observatoire du marché de la téléphonie mobile, Rapport du 2è trimestre 2017*, Direction Économie et Prospective, Kinshasa, avril-juin 2017, p. 3. La situation du marché de la téléphonie et de l'Internet mobile se présente comme suit : « les quatre opérateurs mobiles ont enregistré plus de 31 millions d'abonnements, générant un revenu total de plus de 300,9 millions de dollars américains […] une hausse de l'ordre de 7,34% soit de 281,8 à 300,9 millions de dollars américains a été observée ».

[495] Article 7-b), Loi-cadre sur les télécoms [RDC], préc.

[496] Article 3, l), loi 014/2002 sur l'ARPTC, préc. : « L'Autorité de régulation étatique (ARPTC) a donc pour mission sectorielle de « protéger sur le marché […], les intérêts des consommateurs et des opérateurs en veillant à l'existence et à la promotion d'une concurrence

libéralisation du droit de l'accès aux télécoms comporte en effet plusieurs corollaires, notamment : la diversification des acteurs sur le marché, le foisonnement d'intérêts privés, l'asymétrie des rapports entre les acteurs du marché et la place de l'État-régulateur, etc. La professionnalisation des opérateurs privés leur permet d'agir en corporation pour l'autorégulation de leurs activités, la sauvegarde de leurs positions sur le marché ou encore la gestion de leurs rapports vis-à-vis des autorités de réglementation nationales devant les contrôler. C'est ainsi que le fonctionnement du marché nécessite une coordination d'actions d'abord entre ses propres prestataires (autorégulation) et ensuite en rapport avec le régulateur étatique (corégulation).

La structuration du marché de l'interconnexion illustre l'autorégulation technique et économique assurée par les acteurs du marché eux-mêmes. À cet effet, les opérateurs privés des télécoms agissent en sous-comité ou en corporation professionnelle. En RDC, l'un des plus actifs groupements est le « Comité professionnel du secteur des télécoms » (CPST), mis en place au sein de la « Fédération des entreprises du Congo » (FEC). Bien avant l'instauration de la régulation étatique, c'est le CPST/FEC qui avait fondé les règles techniques et commerciales du marché de l'interconnexion *(B2B, whole sales)* tout autant que la structure des prix des services électroniques fournis aux consommateurs *(B2C, retail sales).*

Le CPST/FEC en tant que syndicat des opérateurs congolais des télécoms, a ainsi harmonisé les conditions techniques, économiques et juridiques d'accès réciproques aux abonnés des réseaux devenus à la fois partenaires et concurrents. Pour ce faire, il a établi les standards techniques, les normes de facturation et les contrats-type à respecter par tous les opérateurs économiques du marché électronique, sans oublier les modalités de règlement de litiges entre opérateurs et les pratiques du service-client.

Toutefois, les opérateurs démontrent une attitude d'obéissance sélective face à la réglementation *ex ante* de l'État-régulateur. Ce dernier éprouve des difficultés à rendre effectives ses décisions vis-à-vis du marché, tant qu'au préalable un consensus n'est pas engagé entre leur corporation et l'autorité de régulation des télécoms (ARPTC). Tel est le cas de la détermination des principes d'interconnexion et de tarification des services au détail. Les opérateurs autorégulent les prix des services électroniques, qu'ils choisissent de soumettre ou non à l'entérinement de l'ARPTC, sauf restrictions...

En effet, le droit congolais garantit le principe de liberté du prix pour ceux qui font l'offre de vente de leurs produits et services, sur la base du décret-loi du 20 mars 1961[497] tel que modifié à ce jour.[498] Cette législation

---

effective et loyale et [de] prendre toutes les mesures nécessaires à l'effet de rétablir la concurrence au profit des consommateurs ».

497 Article 1er, Décret-loi sur le prix du 20 mars 1961, *Moniteur congolais*, 1961, p. 218. Décret-loi sur le prix du 20 mars 1961, tel que modifié par l'Ordonnance-loi n°83-026 le 12 septembre 1983

générale sur le prix n'inscrit pas les services des télécoms sous le régime des « prix régulés ».[499] En 2016, à la suite d'une hausse unilatérale de 500% du prix de l'Internet en RDC, le communiqué du Président de l'ARPTC exhortait les opérateurs à une « procédure qui veut que toute modification des prix des services de télécommunications soit approuvée préalablement par l'ARPTC ».[500]

Sans trouver appui sur un impératif de droit, cette exhortation traduit la réalité d'un rapport de forces entre les lois du marché *(soft law)* et les lois parlementaires (*hard law*), entre les forces économiques du marché et la puissance publique, entre l'autorégulation du marché et la régulation étatique. Dans les faits, le marché électronique congolais se caractérise par la dominance de l'autorégulation dans l'offre des services au consommateur final.

2. La dominance de l'autorégulation dans l'offre du marché de détail

La concurrence concerne les services de télécoms fournis au public et principalement les offres des services de base (appels vocaux et SMS), les offres promotionnelles et d'autres services à valeur ajoutée. La loi-cadre sur les télécoms a investi l'ARPTC de la mission de promotion de la concurrence en faveur des consommateurs sur le marché des services. Mais sa mission a été tenue en échec en mars 2012 suite à l'opposition des opérateurs du marché de se soumettre à la décision n°021/ARPTC/CLG/2012 suspendant les offres promotionnelles des services électroniques.[501] Cette décision appuyait deux précédentes décisions d'août 2008 et de février 2011 fixant les conditions à observer en matière d'offres promotionnelles des services voix et SMS.[502] L'ARPTC avait pris toutes ses

---

[498]Décret-loi sur le prix du 20 mars 1961, tel que modifié par l'Ordonnance-loi n°83-026 le 12 septembre 1983, in *Les codes Larcier de la République démocratique du Congo*, t.III, vol. 2, éd. De Boeck & Larcier (Afrique éditions), Bruxelles (Kinshasa), 2003, p. 805.

[499]*Ibidem.* À titre d'exception, des « prix régulés » sont pratiqués pour quatre secteurs d'utilité publique en RDC, à savoir : les transports publics, les hydrocarbures, l'eau et l'électricité. Ce sont les Ministres concernés du gouvernement central ou les gouverneurs de province (par délégation) qui en fixent les prix à la consommation.

[500] O. Manikunda Musata, « Communiqué de Presse », Président de l'ARPTC, Kinshasa, 19 juin 2016, in C. Moanda, « Internet : L'ARPTC ordonne aux télécoms de revenir aux anciennes tarifications », 20 juin 2016, *Potico.cd* [http://www.politico.cd/actualite/la-une/2016/06/19/internet-larptc-ordonne-aux-telecoms-de-revenir-aux-anciennes-tarifications.html] (consulté le 25 juin 2016). Par rapport à la pratique unilatérale des prix par les opérateurs privés sur le marché des télécoms (internet), le Président de l'ARPTC a exprimé un principe empirique : « Ceux-ci ont violé les dispositions légales et réglementaires, notamment par le non-respect de la procédure qui veut que toute modification des prix des services de télécommunications soit approuvée préalablement par l'ARPTC. »

[501] Décision n°021/ARPTC/CLG/2012 du 03 mars 2012 du Collège de l'ARPTC portant suspension des promotions des services de télécommunications en RDC [inédit]

[502] Décision n°008/ARPTC/CLG/2011 du 28 février 2011 du Collège de l'ARPTC modifiant la décision n°044/CLG/ARPTC/2008 du 25 août 2008 portant conditions et modalités de

décisions dans le cadre de la régulation des prix de services au détail, sachant que la législation lui en confère la compétence.[503]

À l'époque, se fondant uniquement sur ses prérogatives de puissance publique, l'ARPTC entendait imposer d'autorité aux opérateurs ses décisions en édictant des actes administratifs, sans recourir à la corégulation avec le marché.[504] À défaut d'un consensus préalable entre les opérateurs et l'État-régulateur, le marché n'appliquait pas les décisions unilatérales de l'ARPTC dont il résistait à la témérité.[505] Pour autant, le régulateur étatique ne fut pas en mesure de réguler la « guerre des prix » qui déstabilisa finalement le marché entre 2012 et 2015.

Face à la situation, le marché adopta de son côté – avec succès et sans le concours du régulateur étatique – des mécanismes coercitifs d'autorégulation des prix pour mettre fin à la concurrence déloyale sur les prix offerts sur le marché. Pour faire respecter les mesures d'autorégulation, les opérateurs dominants (Vodacom et Airtel) refusèrent l'interconnexion à tout réseau récalcitrant par rapport aux minima des prix et autres standards imposés par le marché. Ils prirent cette « sanction » à l'encontre d'un nouvel entrant (Africell), en mettant également en garde ses fortuits alliés (Orange et Tigo). La logique économique de la déconnexion d'Africell était de préserver l'équilibre de l'ensemble du marché au titre de peine civile tant qu'Africell ne revoyait pas sa stratégie des « prix cassés » qu'il offrait à ses abonnés sur son propre réseau tout en s'appuyant sur les réseaux interconnectés.

Dans leur praxis marketing, le nouvel entrant Africell se rapprochait de deux réseaux de petite échelle : Tigo et Orange – avant leur fusion-absorption en avril 2016 – contre les deux opérateurs leaders du marché (Vodacom et Airtel). Les réseaux posaient des actes de concurrence consistant à offrir des prix anormalement bas aux abonnés de leurs propres réseaux, tout en profitant des économies d'échelle que leur permettait l'accès à une large base d'abonnés des réseaux dominants grâce à l'interconnexion.

De la sorte, les opérateurs plus anciens perdaient des parts de marchés à la suite de la stratégie de *dumping* (offre des « prix cassés ») de la part de nouveaux entrants. Si le principe de la liberté des prix et des marges licites pouvait donner un couvert légal à la pratique ci-dessus décrite, celle-ci déséquilibrait cependant le marché en créant de grandes marges de prix entre les nouveaux entrants et les opérateurs plus anciens. Le déséquilibre du marché tenait des charges d'exploitation entre les prestataires à puissance

---

promotion des services de télécommunications en République Démocratique du Congo, JO RDC, n°8, 52e année, 15 avril 2011, col. 27.

[503]Article 3, loi n°14/2002 sur l'ARPTC.

[504] Décision n°009 ARPTC/2012 du Collège de l'ARPTC modifiant la décision n°028/ARPTC/CL/2011 portant définition des principes de tarification du service de détail voix applicables par les exploitants des réseaux et services de télécommunications ouverts au public en RDC, JO RDC, 53e année, n°23, 1er décembre 2012, col. 20.

[505] Les opérateurs privés de télécoms opposaient à leur avantage contre les attributions du Régulateur, en évoquant le Décret-loi du 20 mars 1961 sur le prix (tel que modifié par l'Ordonnance-loi n°83-026 du 12 septembre 1983), préc.

significative et les petits réseaux en phase d'émergence sur le marché. Notamment, selon la taille des réseaux, des économies étaient possibles à réaliser entre le prix de vente offert au client final et le prix de revient du service.

La marge était variable en fonction de la différence des charges de maintenance de chaque réseau et de leurs gestions de clientèle, les petits réseaux disposant à ce sujet d'une plus grande flexibilité. L'offre des prix bas stimulait le volume d'appels, de SMS à consommation, entraînant une augmentation du volume des données à transporter par les opérateurs de réseaux. Si l'abonné pouvait tirer avantage du bas prix du service à la consommation, les opérateurs de réseaux travaillaient davantage sans toutefois retirer du service rendu la part de rétribution devant assurer la rentabilité de leurs investissements.[506]

Les investissements financiers consentis à bâtir les réseaux étaient menacés, du fait de leur utilisation sans rendement conséquent. Il fut aussi constaté une « transhumance » des clients d'un opérateur à l'autre, selon les oscillations des offres de prix. Certains clients (dits « multi-SIM ») s'étaient procurés pour l'occasion plusieurs abonnements. *A posteriori*, la guerre des prix ne contribuait pas à conserver dans la durée les parts de marché gagnées par l'argument des offres promotionnelles. En provoquant un accroissement artificiel du volume d'appels et des données, la pratique du prix cassé alimentait plusieurs risques techniques pour les réseaux. La pratique faussait également les externalités du réseau de même que les indicateurs économiques du marché, au point de menacer l'équilibre du marché lui-même. La guerre des prix ne fait pas bouger durablement les lignes.

C'est pourquoi en 2012 les opérateurs dominants exclurent Africell de l'interconnexion à leurs réseaux. Africell estimait que le déni de service à son encontre était une atteinte à son droit de l'accès au marché des télécoms, en violation de sa licence obtenue du ministre des PTT.[507] Au cours de la même année, il porta sa réclamation devant la Cour Suprême de Justice en vue d'obtenir en sa faveur l'application de la loi-cadre et la levée de la mesure qui le privait d'interconnexion avec les autres réseaux. En assignant les opérateurs dominants devant la Cour suprême de justice (CSJ), *Africell* visait l'application de l'article 41 de la loi-cadre obligeant l'interconnexion entre réseaux ouverts au public.[508] La saisine fut davantage dissuasive pour

---

506 [www.radiookapi.net/economie/2012/11/12/RDC-africell-denonce-la-coupure-de-son-interconnexion-avec-vodacom-tigo-airtel] (consulté le 12 juillet 2012) : Radio Okapi, « RDC : Africell dénonce la coupure de son interconnexion avec Vodacom, Tigo et Airtel », 12 novembre 2012.

507 *Cf.* Déclaration du DG d'Africell à la presse : « Tarification des services des télécommunications : l'ARPTC se conforme à l'avis de la CSJ », février 2015, [www.forumdesas.org/spip.php?article3387] (consulté le 9 juillet 2016).

508 Article 41, Loi-cadre sur les télécoms [RDC], préc : « Tout réseau de télécommunications établi ou utilisé pour les besoins du public est obligé de s'interconnecter au réseau de l'exploitant public à travers lequel tous les réseaux nationaux sont interconnectés. Le Ministre fixe les règles particulières à l'interconnexion des réseaux ».

obliger à un fléchissement des positions d'autorégulation, à défaut d'obtenir un verdict favorable.

À l'occasion, il fallut des négociations en fin 2014 entre les opérateurs au sein de leur corporation pour trouver des solutions. Les opérateurs dominants Vodacom et Airtel conduisirent les pourparlers nécessaires face aux opérateurs Africell, Orange et Tigo cherchant à se constituer une puissance collective. À la suite des ententes entre opérateurs du marché, Africell signa les actes transactionnels arrêtant les actions judiciaires autrefois engagées contre Vodacom et Airtel pour attaquer leurs refus d'interconnexion à son endroit.[509]

Au bout du long processus d'autorégulation des prix et d'offres promotionnelles (2008, 2012, 2015), les opérateurs du marché se décidèrent de se soumettre à l'autorité du régulateur étatique. C'est en décembre 2014 qu'ils notifièrent à l'ARPTC les résultats de leur autorégulation, en lui remettant leurs conclusions pour entérinement. S'agissant de l'interdiction des offres promotionnelles et des prix cassés, le marché entendait finalement se conformer, à partir de janvier 2015, aux décisions administratives que le régulateur avait voulu appliquer d'autorité en 2008[510] et 2012[511] sans y parvenir.

Ainsi, dans leur ensemble, les opérateurs du marché ont considéré que « l'industrie des TIC a, *à l'unanimité*, initié les propositions suivantes à soumettre à l'Autorité de régulation (ARPTC) », en décidant de la stricte observance du tarif d'interconnexion arrêté à travers la détermination d'un « prix-plancher » de 0,085$/minute TTC, « promotions incluses jusqu'au 31 juillet 2015, date à laquelle les opérateurs [devaient] réévaluer cette résolution ».[512] En outre, l'entente des opérateurs était applicable sans exception aux services interconnectés et intra-réseaux sur le marché congolais.[513]

---

[509] Le compromis général a été trouvé avec l'ensemble de la corporation des opérateurs le 19 décembre 2014. L'accord d'application des prix-planchers inter-réseaux a ouvert l'interconnexion à Africell.

[510] Décision n°008/ARPTC/CLG/2011 du 28 février 2011 du Collège de l'ARPTC modifiant la Décision n°044/CLG/ARPTC/2008 du 25 août 2008 portant conditions et modalités de promotion des services de télécommunications en République Démocratique du Congo, JO RDC, n°8, 52e année, 15 avril 2011, col. 27.

[511] Décision n°021/ARPTC/CLG/2012 du 03 mars 2012 du Collège de l'ARPTC portant suspension des promotions des services de télécommunications en RDC [inédit]

[512] AFRICELL S.A. (DG), AIRTEL S.A (DG A.I. & LEGAL & REGULATORY), ORANGE SA (DG & S.G), TIGO (D.G & REGULATORY), VODACOM CONGO S.A (D.G & LEGAL) et YOZMA S.A (D.G & P.R), Compte-rendu de la réunion tenue par les opérateurs télécoms sur la régulation des prix le 19 décembre 2014 au siège de Tigo [inédit], pp. 1-2.

[513] *Ibidem*, p. 1. Pour l'essentiel, « Les opérateurs proposent de constituer comme annexe la grille de tarifs ci-jointe. *Première résolution* : Le tarif d'interconnexion (*Mobile Termination Rate* : MTR) tel que défini par le Régulateur à l'issue de la modélisation et le *glide path* [trad. trajectoire de baisse de prix] qui avait été décidé sera strictement observé. […] « Troisième résolution : La prise en compte comme *prix plancher un Off Net de USD cent 8,5 TTC (8,5*

Pour la bonne forme, l'ARPTC a adopté une nouvelle décision n°001/ARPTC/CLG/2015 du 02 février 2015, abrogeant toutes les décisions querellées antérieurement pour enfin encadrer durablement les tarifs des services de télécoms.[514] En réalisant la corégulation, la dernière décision de l'autorité de régulation a pu suspendre momentanément les offres promotionnelles avec le consentement des opérateurs. À ce jour, la décision est d'application sans ambages.

Toute l'expérience ci-dessus illustre la prédominance, voire la dominance, de l'autorégulation dans les conditions d'offre des services de télécoms en RDC. Il en est ainsi d'autres enjeux techniques et économiques du marché libéralisé, qui à défaut d'encadrement législatif permettent la prépondérance de l'autorégulation sur la régulation et la régulation étatiques.

B. La régulation étatique face au défi législatif de l'interconnexion et de l'internet en RDC

Sans le couvert légal, l'autorité de régulation intervient avec pragmatisme sur les enjeux de fonctionnement du marché, en se référant notamment aux lois du marché, aux meilleures pratiques et aux expériences juridiques comparées.

L'activité numérique génère des « zones d'inconfort » pour la pratique de la régulation étatique. Les avancées technologiques du marché dépassent le seuil de la régulation en ce qui concerne les services de l'interconnexion et de l'Internet en RDC. Cette situation renforce la prédominance de l'autorégulation sur les aspects concernés. En l'absence de législations spécifiques, les autorités nationales de réglementation doivent adapter leur action par rapport au marché, sans le laisser totalement sous l'influence des forces économiques.

1. La prédominance de l'autorégulation du marché sur l'interconnexion

Au terme de la loi-cadre sur les télécoms de 2002, l'interconnexion s'entend de toutes les « prestations réciproques offertes par tout exploitant de réseaux ouverts au public qui permettent à l'ensemble des utilisateurs de communiquer librement entre eux quels que soient les réseaux auxquels ils sont raccordés ou les services qu'ils utilisent ».[515] Sur le plan technique,

---

centimes de dollars toutes taxes comprises), promotions incluses jusqu'au 31 juillet 2015, date à laquelle les opérateurs ré-évalueront cette résolution ».

[514] Décision n°001/ARPTC/CLG/2015 du 02 février 2015 portant encadrement des tarifs voix applicables par les exploitants des réseaux et services des télécommunications ouverts au public en RDC [inédit].

[515] Article 4-17, Loi-cadre sur les télécoms [RDC], préc.

l'« interopérabilité »[516] est impérieuse entre réseaux, étant donné que chaque opérateur dispose de ses propres infrastructures de télécoms.

Sur le plan économique, le marché doit organiser l'accès mutuel et réciproque des abonnés aux réseaux de chaque opérateur en s'assurant de la neutralité technologique. Sur le plan du droit de l'accès aux communications électroniques, l'objectif de la régulation est tout autant de réaliser un marché ouvert et concurrentiel au profit des opérateurs que d'exiger le libre accès aux services électroniques au profit des consommateurs.[517]

Pour 2016, l'observation du marché par l'ARPTC témoigne de l'importance des revenus tirés de l'interconnexion locale, nationale et internationale concernant les appels téléphoniques. Par rapport aux transactions « intra-réseaux », la part de l'« inter-réseau » (interconnexion) est de 25 à 30% du chiffre d'affaires global du marché de la téléphonie mobile en RDC.[518] Ce ratio du marché de l'interconnexion reste relativement stable depuis plusieurs années.

Notre tableau : Part de l'interconnexion sur le marché des appels téléphoniques

Type de trafic	**Volume de trafic 2016 (Trimestre 2)**		**Volume de trafic 2016 (Trimestre 3)**	
	Minutes	**ratio**	**Minutes**	**Ratio**
Intra réseau	**2.855.198.341**	**71,76%**	**3.181.307.915**	**74,81%**
Interconnexion nationale sortant	474.948.189	11,93%	452.826.272	10,64%
Interconnexion nationale entrante	506.489.558	12,73%	482.909.310	11,35%
International sortant	80.233.940	2,01%	76.503.286	1,79%
International entrant	61.610.322	1,54%	58.648.701	1,37%
Sous-total interconnexion	**1.123.282.010**	**28,23%**	**1.070.887.569**	**25,16%**
Total trafic Voix	**3.978.480.351**	**100%**	**4.252.195.484**	**100%**

Source : ARPTC/opérateurs -Tableau 8 : Évolution trimestrielle du Trafic Voix [519]

La loi-cadre de 2002 a confié au ministre des PTT une compétence générale sur le marché de l'interconnexion : il « veille à ce que soient [...] interconnectés tous les réseaux assurant les services publics de télécommunications ».[520] Par ailleurs, la loi n°04/2002 sur l'ARPTC habilite le régulateur uniquement à « définir les principes d'interconnexion et de tarification ».[521]

---

[516] Article 4-32, Loi-cadre sur les télécoms [RDC], préc. « Interopérabilité des équipements terminaux : « l'aptitude de ces équipements à fonctionner, d'une part, avec le réseau et d'autre part avec les autres équipements terminaux permettant d'accéder à un autre service. »

[517] J. CATTAN, *Le droit de l'accès aux communications électroniques, op.cit*, p. 8.

[518] ARPTC, *Observatoire du marché de la téléphonie mobile, Rapport du 3e trimestre* 2016, préc., p. 12.

[519] *Ibidem.*

[520] Article 6-e), loi-cadre sur les télécoms [RDC], préc.

[521] Article3-e), loi n°014/2002, préc.

De façon éphémère, le décret n°03/027 du 16 septembre 2003 avait octroyé au ministère des PTT le pouvoir de « définition et d'application des principes d'interconnexion et de tarification des services publics des Postes, Téléphones et Télécommunications... ».[522]Jusqu'à son abrogation en 2007, le ministre des PTT n'avait pas fait application dudit décret,[523] compte tenu de la loi-cadre de 2002 habilitant seulement l'Autorité de régulation à cet effet. C'est à bon droit que les directives du régulateur sont le seul règlement applicable définissant les principes d'interconnexion en 2016.[524]

Au départ, le législateur avait conçu l'exclusivité de l'exploitant public sur les infrastructures de base comme un moyen de placer l'État-entrepreneur au carrefour des réseaux de transmission. Le dispositif devait éviter d'excentrer les interconnexions entre réseaux d'opérateurs privés. En contrôlant le marché de transit des données entre opérateurs, la société d'État aurait été plus efficace sur le marché, car la seule présence de l'État-régulateur ne suffit à contrôler la pleine concurrence entre les réseaux privés. Suite à la défaillance de l'exploitant public, l'interconnexion s'est transformée en une activité concurrentielle faiblement régulée par l'État et échappant à plusieurs égards au strict contrôle réglementaire.

Les services d'interconnexion peuvent tout autant faire l'objet de régulation sectorielle des télécoms que de la « régulation transversale » de l'économie.[525] De manière générale, le ministre de l'économie assure la régulation des prix et de la concurrence. Par principe de subsidiarité, il pourrait appliquer de manière transversale la réglementation *ex post* sur le marché des télécoms en se basant sur le décret-loi de 1961 sur la réglementation des prix [526] ou sur l'ordonnance-loi de 1950 sur la concurrence déloyale et sa répression, tous deux abrogés par la nouvelle loi organique n°108/020 du 9 juillet 2018.[527] Dans la réalité, l'ARPTC et le ministère des PTT agissent en priorité en tant qu'autorités sectorielles devant appliquer la réglementation *ex ante*, sans donner lieu à l'intervention *ex post* d'un organe extérieur. L'expérience de la dérégulation démontre que les lois du marché se renforcent, alors que les rôles des pouvoirs publics peuvent

---

522 Article 1er, B.21, 11e et derniers tirets, du décret n° 03/027 du 16 septembre 2003, préc.

523 Et ce, jusqu'à son abrogation en 2007.

524 Décision n°016/ARPTC/CLG/2006 du 23 juin 2006 portant définition des principes d'interconnexion, JO RDC, n°15, 47e année, Kinshasa, 1er août 2006, col. 13 et s.

525 J.-PH. COLSON et P. IDOUX, *op.cit,* pp. 472-475 et s. M.-A. FRISON-ROCHE, *Les 100 mots de la régulation... op.cit.,* p. 69. À la différence de la régulation sectorielle de l'ARPTC qui se limite aux PTT, la réglementation de prix a un objet technique qui recoupe celui des PTT ainsi que d'autres secteurs d'activités économiques de droit public ou de droit privé. La régulation du prix est exercée par le Ministre de l'économie, qui collabore *a posteriori* avec l'ARPTC exerçant une « régulation *ex ante* » des télécoms, utilisant, selon les termes de M.-A. Frison-Roche, « des outils que l'on pourrait dire "sur page blanche", essentiellement des réglementations. »

526 Décret du 20 mars 1961 sur la réglementation des prix, *Moniteur congolais*, 1961, p. 218.

527 Ordonnance-loi n°41-63 du 24 février 1950 sur la concurrence déloyale et sa répression, *Bulletin Administratif,* Congo-Belge, 1950, p. 811.

souffrir de confusion, les fonctions étatiques d'imprécision et la norme juridique de non-application.

Effectivement, la réglementation de l'interconnexion est intervenue quatre ans après son autorégulation par le marché, sans ignorer que les services interconnectés étaient offerts bien avant l'installation du régulateur étatique. Au fil du temps, l'interconnexion n'est plus simplement un service des télécoms ; elle s'avère une activité économique à part entière. Elle a donné lieu à des fonctions substitutives d'autorégulation du marché par rapport aux limites des pouvoirs des autorités de réglementation nationales.

En principe, l'ARPTC devrait effectuer l'encadrement tarifaire de l'interconnexion, en obligeant les opérateurs puissants à produire les catalogues d'interconnexion. Mais, les « lois des parties » s'imposent sur le marché à défaut, pour les autorités nationales de réglementation, de les avoir édictées.[528] En effet, le marché a établi ses propres règles conventionnelles de fourniture des services d'interconnexion. L'autorégulation de l'activité d'interconnexion renforce la puissance significative que les opérateurs dominants peuvent exercer sur le marché face aux nouveaux entrants. Néanmoins, l'Autorité de régulation agit en corégulation avec les opérateurs du marché des télécoms

Grosso modo, les opérateurs ont convenu des méthodes de calcul du prix de revient de l'interconnexion, en convenant aussi de modéliser les coûts des services.[529] Les règles du marché obligent les opérateurs à retenir et à facturer uniquement les « coûts pertinents » des ressources de leurs réseaux qui sont sollicitées pour le service rendu.[530] Pour ce faire, la corporation des

---

[528] L'usage du protocole de signalisation « SS7 » est une exigence technique entre réseaux hôtes, en préférence au protocole « R2 ». La fiabilité du premier facilite le contrôle de l'origine des données entre réseaux interconnectés, en transmettant à chacun l'identité de la ligne de l'appelant, dit « *Caller Line Identity* », « CLI » en sigle. Ainsi, le contrat-standard effectue une normalisation des conditions techniques et économiques d'interconnexion : la localisation physique des nœuds d'interconnexion au point le plus proche, le système le plus fiable de volumétrie pour le trafic et la facturation des échanges entre opérateurs, le prix standard d'interconnexion oscillant de 0,15 à 0,16$/minute pour les appels locaux et fixé à 0,20$ de frais de terminaison pour les appels internationaux, le principe de facturation à l'unité seconde entre opérateurs, les modalités de réconciliation des comptes avec une tolérance du seuil différentiel de 3%, sinon le recours aux données brutes, dites « CDR » pour *Call detail record*.

[529] Pour faire simple, il faut dire qu'il existe plusieurs modèles de calcul de prix de revient d'un appel en interconnexion. Ces modèles tiennent compte de la valeur des ressources du réseau (deux éléments sur les quatre segments : la commutation et la transmission) qui entrent en ligne de compte pour fournir le service d'interconnexion. Les couts associés à l'emploi de ces ressources pour transporter le signal du réseau d'autrui vers ses propres abonnés sont reflétés dans des fenêtres de feuilles de calcul (Excel avec des formules prédéfinies) pour faire peser sur la facture d'interconnexion entre operateurs seulement les couts pertinents. Parmi le modèle de calcul, l'on peut citer : le *FDC* (*Fully Distributed Cost* ou coût pleinement incrémenté), le CMILT (couts moyens intégrés à long terme).

[530] Les « coûts pertinents » sont ceux qui tiennent compte uniquement des composantes techniques employées pour fournir les services d'interconnexion, afin de ne pas faire

opérateurs s'est imposé un « contrat-standard d'interconnexion ». Ce dernier définit un coût unique (« *flat rate* ») pour les échanges des données, en imposant des « exigences essentielles » pour les trafics inter-réseaux.[531]

Toutefois, le « contrat-standard » présente une faiblesse dans son modèle d'affaires. La facturation était fonction des transits d'appels. Par conséquent, les opérateurs mobiles devaient réserver des blocs spécifiques de numéros pour des régions précises. La sédentarité des abonnés et de leurs numéros était mieux adaptée aux réseaux de téléphonie fixe. Cependant, le marché congolais est dominé quasi-totalement par la téléphonie et l'Internet mobiles. La modalité de tarification entre les opérateurs n'était pas adaptée aux réseaux cellulaires de type GSM, à cause de la mobilité des abonnés à travers tout le pays. Le modèle du contrat affectait négativement le plan de numérotation ainsi que le circuit de distribution des cartes d'abonnement dites cartes-SIM. La mobilité des abonnés ne cadrait donc pas avec le critère localisateur de facturation par zone auquel il était dédié des séries de numéros précis.[532]

En définitive, le marché a rectifié son modèle de contrat d'interconnexion en dissociant le lieu d'acquisition de la SIM du critère de facturation entre opérateurs. Ainsi, le marché de téléphonie mobile a mis fin à plusieurs modalités de facturation qui existaient jadis, à savoir : le « simple transit » des zones (appel local), le « double transit » des zones (appel d'une zone à une autre) et le « triple transit » des zones (appel depuis des zones extrêmes).[533]

Depuis 2003, les tarifs initiaux d'interconnexion avaient été corrigés en les nivelant à 0,15$/minutes d'appel, avec un système de facturation à la seconde. La dernière révision du tarif entre opérateurs a été décidée par les opérateurs eux-mêmes, au cours de leur réunion du 19 décembre 2014, dont le compte-rendu confirme la préséance du compromis des opérateurs privés sur sa formalisation officielle par l'Autorité de régulation. Les opérateurs se sont décidés d'observer strictement le nouveau tarif d'interconnexion fixé au

---

supporter de manière déloyale aux partenaires d'interconnexion des coûts de fonctionnement de son propre réseau. Les coûts des ressources inhérentes à l'accès réciproque à leurs réseaux.

[531] L'article 4-13 de la Loi-cadre sur les télécoms [RDC] définit les « exigences essentielles » comme des « raisons [pour] la sécurité de fonctionnement du réseau, le maintien de son intégrité et, dans les cas où cela est justifié, l'interopérabilité des services, la protection des données, [celle] de l'environnement [...] ainsi que l'utilisation rationnelle du spectre des fréquences et la prévention de toute interférence ».

[532] Des stocks de cartes SIM étaient en effet réservés et écoulés en fonction de la localisation physique des abonnés par région. La rationalisation du plan de numérotation n'était plus possible, dès le moment que les SIM configurés pour une ville se retrouvaient facilement dans d'autres. Il devenait inutile de limiter les ventes de numéros de SIM par zone géographique, car les abonnés censés se trouver dans une ville lointaine pouvaient émettre ou recevoir des communications depuis leur adresse physique ou dans n'importe quel autre lieu de localisation.

[533] *Cf.* Contrat d'interconnexion entre opérateurs concessionnaires des services téléphoniques. Source : nos archives en tant que « Head of Regulatory and interconnect », chez Vodacom Congo RDC sprl (2004-2007).

« prix-plancher » de 0,085$/minute TTC entre opérateurs. [534] Le 2e « considérant » de cette entente d'autorégulation se fondait sur les résultats des concertations engagées par le régulateur avec le marché, « en prévision de la définition des principes de tarification ainsi que de la nécessité d'encadrement tarifaire ».[535]

Depuis leur entente de 2014, les solutions adoptées sont demeurées d'application, à l'issue de la période d'évaluation prévue au 31 juillet 2015. Ainsi, jusqu'à ce jour, « les tarifs de la téléphonie mobile [...] n'ont pas connu de changement et ce, conformément aux dispositions de la décision n°001/ARPTC/CLG/2015du 02 février 2015. »[536]

Cependant, l'offre des services Internet n'entrait pas dans le cadre des mesures de corégulation. Les forces économiques du marché avaient impliqué l'ARPTC uniquement pour les services d'appels téléphoniques. Les SMS, les services à valeur ajoutée et l'Internet restent largement sous l'autorégulation du marché, alors que la législation ne limite pas la définition de l'« interconnexion » aux seuls appels téléphoniques.[537]

2. La dominance de l'autorégulation dans les services de l'Internet

L'Internet, comme acronyme d'« *interconnected network* », est par essence un « réseau interconnecté ». Les meilleurs spécialistes présentent « l'infrastructure de l'Internet comme une interconnection *(sic)* de près de 50.000 réseaux différents » [538] dont le protocole TCP/IP assure l'interopérabilité. [539] En RDC, la fourniture d'accès à Internet échappe largement à la régulation économique et technique des autorités nationales de réglementation. En revanche, en se positionnant sur les deux segments de la téléphonie et de l'Internet mobiles, les opérateurs privés contrôlent les aspects de gouvernance et de l'autorégulation du marché numérique.

À défaut de réglementation et de régulation étatiques adaptées, en mai 2016, tous les opérateurs de télécoms avaient décidé d'augmenter de manière unilatérale et sans préavis, leurs tarifs de fourniture de l'Internet à la

---

[534] AFRICELL S.A. (DG), AIRTEL S.A (DG A.I. & LEGAL & REGULATORY), ORANGE SA (DG & S.G), TIGO (D.G & REGULATORY), VODACOM CONGO S.A (D.G & LEGAL) et YOZMA S.A (D.G & P.R), Compte-rendu de la réunion tenue par les opérateurs télécoms sur la régulation des prix le 19 décembre 2014 au siège de Tigo, préc.

[535] *Ibidem.*

[536] ARPTC, *Observatoire du marché de la téléphonie mobile, Rapport du 2e trimestre 2015*, Direction économie et prospective, Kinshasa, 2015, p. 5. En d'autres termes, les tarifs planchers pour les services de détails sont restés à 0,051$/minutes en on-net [intra-réseau] et 0,085$ /minute en off-net [interconnexion]. Cependant, la moyenne des tarifs de détail appliqués par les opérateurs, se situe à 0,113$/minute en on-net et de 0,126$/minute en off-net. »

[537] Article 4-17, loi-cadre sur les télécoms [RDC], préc.

[538] V. SHAEFER et H. LE CROSNIER, *La neutralité de l'Internet un enjeu de communication, op.cit,* p. 11.

[539] *Ibidem*, p. 153. « IPv6 : Internet Protocol version 6 est né des travaux de l'IETF dans les années 1990 et propose un espace d'adressage plus important que l'actuel IPv4 »

consommation.[540] La hausse du prix atteignit le seuil vertigineux de 35 à 500% d'augmentation suivant les forfaits offerts à la consommation.

Vu la situation, le Vice-Premier ministre, ministre des PTT reconnaissait, par une correspondance du 31 mai 2016, que *« les décisions du collège de l'ARPTC prises en 2015 n'ont pas réglementé les services de transmission ou d'interconnexion des données (Internet) et SMS. Ces derniers sont donc restés libres de toute concurrence.* Ainsi, l'augmentation brusque et simultanée auprès de tous les opérateurs des télécommunications frise la pratique "d'entente" qui, à [s]on avis, est prohibée. La police du secteur […] exhorte à diligenter une enquête pour en comprendre les causes et prendre les dispositions utiles ».[541]

À l'analyse, les forces du marché avaient recouru à l'arme économique, en guise de compensation, voire de représailles, pour répondre non seulement aux mesures de sécurité ayant entraîné la baisse de leurs revenus d'activités, mais aussi pour faire face à la hauteur des taxes dans le budget de l'État, selon la Presse. [542] Les opérateurs entendaient réajuster le niveau de leur offre des prix, à la suite des contraintes de la nouvelle loi de finances 2016, ayant revu à 50% de hausse la redevance annuelle de 2% à 3% sur leurs chiffres d'affaires. Cette restructuration de prix était également fonction de la perte de millions d'abonnés à la suite des mesures d'identification des abonnés décidées le 19 mai 2015. À l'analyse, la hausse du prix de l'Internet de 500% nous semble davantage symbolique et revendicative que réellement stratégique pour rattraper l'effet négatif des décisions d'État sur la croissance des revenus du marché en cours d'année 2016.

De son côté, l'autorité de régulation exigea aux opérateurs le retour aux prix initiaux qu'ils pratiquaient sur le marché avant leur augmentation discrétionnaire. Dans son communiqué du 19 juin 2016, le Président de l'« ARPTC a enjoint […] tous les opérateurs de la téléphonie mobile d'annuler leurs nouvelles offres tarifaires ».[543]Il arguait le « fait que ceux-ci ont violé les dispositions légales et règlementaires, notamment par le non-respect de la procédure qui veut que toute modification des prix des services de télécommunications soit approuvée préalablement par l'ARTPC ».[544]

---

[540] RACHIDI MABANDU, « Hausse de prix des cartes prépayées, internet […] », *Forum des As / La prospérité,* Journal (quotidien), Kinshasa, 08 juin 2016 [http://mediacongo.net/article-actualite-18262.html] (consulté le 25 octobre 2016).

[541] Lettre n°CAB/PTNTIC/TLL/KNZ/hle/0889/2016 du 31 mai 2016 du Vice-Premier Ministre, Ministre des PTNTIC, Thomas Luhaka, adressée au Président de l'ARPTC, concernant la « Hausse des prix de services des télécommunications ».

[542] « Pourquoi la hausse des tarifs de l'internet mobile ? », *RFI,* 11 juin 2016. [http://www.rfi.fr/afrique/20160611-RDC-pourquoi-hausse-tarifs-internet-mobile] (consulté le 19 juin 2016).

[543] Le Communiqué a été signé le 19/06/2016 par le Président de l'ARPTC, Oscar Manikunda Musata. [http://www.radiookapi.net/2016/06/20/actualite/economie/hausse-du-prix-dinternet-larptc-ordonne-aux-operateurs-de-revenir] (consulté le 20 juin 2016).

[544] *Ibidem.*

Il s'en fallut des nuits de protestation et environ deux semaines pour revenir à une situation des prix plus ou moins équivalent au *statu quo ante*. Un député de la majorité présidentielle, du nom de Patrick Muyaya, élu de la Funa (2011-2018), une circonscription de Kinshasa, analysait cette décision en une « victoire collective et de preuve de ce que les congolais peuvent faire ensemble », à la suite des nuits de protestations organisées contre la hausse du prix de l'Internet pour les consommateurs.[545]

En réalité, les forces économiques profitaient de la vacuité des règles du droit positif congolais encadrant l'Internet et ses aspects mercantiles. Le législateur de 2002 n'avait pas du tout distingué les catégories d'intermédiaires techniques, comme le firent la directive 2000/31/CE et la LCEN dans le marché européen et français. En RDC, la loi-cadre a fixé trois catégories de réseaux de télécoms, dans le but d'accorder à leurs détenteurs des droits spécifiques sans définir un régime clair de responsabilité. Tel que défini par typologie des réseaux, les régimes congolais des télécoms sont devenus obsolètes, à cause des mutations des marchés et des technologies résultant de la convergence numérique et de la popularisation de l'Internet.

En méconnaissant en 2002 les catégories des prestataires techniques, la loi-cadre sur les télécoms comporte une faiblesse d'appréhension juridique du statut des fournisseurs d'accès à Internet (FAI) ainsi que de leur fonctionnement au sein du marché numérique. Sans une telle expérience cognitive et à défaut de régime juridique approprié, la régulation congolaise, conçue pour la téléphonie, ne peut pas efficacement encadrer l'activité numérique et économique des multinationales du Numérique sur le marché local. L'économie numérique congolaise se développe en fonction de plusieurs facteurs : les progrès techniques, l'évolution de l'offre des services de la société de l'information et l'influence de la mondialisation sur les habitudes de consommation locale. Le cadre réglementaire nécessite des ajustements correspondant à la dynamique des marchés et à l'innovation.[546]

En somme, les défis législatifs rappellent bien les contraintes générales de la régulation devant allier souplesse et rigidité, dans le cadre des services de la société de l'information. Mais à la lumière des expériences, le droit étatique congolais subit la dominance des lois du marché des télécoms.

---

[545] *Cf. Ibidem.* Un député de la majorité parlementaire, Patrick Muyaya, analysait cette décision en une « victoire collective et de preuve de ce que les congolais peuvent faire ensemble » pour un collectif spontané des consommateurs congolais à Kinshasa et dans les grandes villes.

[546] L. GILLE (sous la dir.), *Les dilemmes de l'économie numérique, la transformation des économies sous l'influence de l'innovation,* éd. fyp, coll. « Innovation », Paris, 2009, pp. 8-9. « Le progrès technique scande désormais l'évolution de nos sociétés. […] Mais le progrès des sciences et des techniques conduit-il "au progrès" des économies et des sociétés qui l'adoptent ? La notion même de progrès est perçue comme très caractéristique du monde occidental, car elle "place l'avenir dans une position de perpétuelle amélioration" […] La technique transforme le monde et surtout notre rapport au monde et, désormais, le rapport des hommes entre eux ».

Par conséquent, la régulation étatique exerce difficilement son arbitrage dans le jeu concurrentiel du marché. Elle ne contrôle pas non plus les aspects essentiels du marché électronique, comme par exemple les infrastructures, l'Internet, l'interconnexion. La puissance publique peine à se confronter aux forces économiques du marché, à encadrer le progrès technologique et à supplanter l'autorégulation du marché.

Concernant l'organisation interne de l'État, la loi-cadre des télécoms a réparti en 2002 des missions de puissance publique du secteur des télécoms entre deux autorités nationales de réglementation. Au regard des lois constitutionnelles de la RDC, l'autorité de régulation agit dans le département ministériel dont le chef est le ministre des postes, télécoms et NTIC. Le partage des fonctions de régulation affecte considérablement l'emprise de l'État sur le marché, tout autant qu'il est source d'incohérences entre des mesures administratives polycentriques.[547]

Au vu du contexte institutionnel, l'indépendance de la régulation reste un défi juridique, autant que le fonctionnement conjoint de deux autorités nationales de réglementation pour un même secteur public d'activités. Les solutions ne sont pas évidentes dans la législation, ni dans les politiques publiques. Les défis législatifs du secteur congolais des télécoms ont plusieurs corollaires sur la régulation et la réglementation dans leur efficience face aux lois du marché ainsi qu'à ses forces économiques. Les enjeux du marché dérégulé obligent de parachever les transformations générales du droit public congolais. La régulation nécessite des institutions juridiques adaptées aux forces économiques et aux réalités du marché. Précisément, le défi de la régulation concerne le fonctionnement conjoint d'un régulateur indépendant à côté d'une administration classique des PTT.

SECTION II. LE DÉFI DE RÉGULATION CONJOINTE DU DOMAINE DES TÉLÉCOMS ENTRE ARPTC ET MINISTRE DES PTT

Sous l'effet de la mondialisation, les secteurs nationaux des télécoms sont passés du monopole public en un système de marché régulé. Si l'opérateur unique de l'État-entrepreneur congolais a laissé place à des opérateurs privés souvent oligopolistiques, l'État-régulateur congolais intervient sur le marché des télécoms à travers deux autorités administratives : le ministère des PTT et l'ARPTC. Il y a une double implication de l'État dans un même secteur, l'administration classique agissant conjointement avec une autre autorité administrative voulue indépendante. Outre les conflits de compétence étudiés au chapitre précédent,[548] la loi-cadre sur les télécoms soulève des enjeux de répartition équilibrée des attributions entre les autorités publiques

[547] *Cf.* pour les « polycentres » de la régulation : L. BELLI, *De la gouvernance à la régulation de l'Internet,* éd. Berger Levrault, coll. « Au fil des études, les thèmes », Paris, 2016, p. 8.
[548] *Cf.* Titre I, Chapitre 1 du présent ouvrage.

sectorielles. Le défi législatif concerne le système dual de la régulation des télécoms. **(§1)**

La « concurrence » entre l'ARPTC et le ministère des PTT ne facilite pas l'accomplissement de leurs missions d'intérêt général. Un des défis majeurs de la régulation est inhérent à la gestion des ressources essentielles des télécoms. La dérégulation n'a pas seulement assuré le développement des marchés, mais a également complexifié la gestion des ressources rares en fréquences radioélectriques, en numérotation et en noms de domaines.

Dans ses réflexions sur le sujet, le réseau des régulateurs francophones (FRATEL)[549] estime que « la bonne gestion des ressources rares est l'un des objectifs majeurs du régulateur, notamment celle du spectre des fréquences impossibles d'être dupliquées ».[550] La libéralisation du droit de l'accès aux télécoms rappelle les enjeux de rareté des ressources essentielles au vu de la diversité d'acteurs, là où autrefois un seul opérateur, détenteur du monopole réglementaire, opérait avec l'ensemble des ressources à sa disposition.

En tant que représentants de l'État et chargés de la gestion de son domaine public des télécoms, les autorités réglementaires voient leurs missions s'interpénétrer, voire s'interférer. Dès lors, l'efficacité de la régulation pose un défi de cohérence et d'autonomie d'action. Les décisions répondent à des enjeux réels sur les investissements privés et engendrent des conséquences directes sur le fonctionnement du marché. **(§2)**

§ 1. L'enjeu de dissociation effective des compétences entre le Ministre des PTT et l'ARPTC

En 2002, l'innovation – de même que la faiblesse – de la loi-cadre sur les télécoms a été d'instituer l'autorité de régulation sectorielle et de la faire coexister avec l'administration des PTT, dans ses fonctions traditionnelles. Pour la gouvernance étatique des télécoms, la « loi prévoit deux structures : a) le Ministre ; b) l'Autorité de régulation ».[551]

---

[549] FRATEL, « Les effets de la régulation sur le développement de la concurrence », *Sixième réunion annuelle de FRATEL*, Tunis, 16 et 17 octobre 2008 [www.fratel.org] (consulté le 24 novembre 2016). La table ronde n°2 du 16 octobre 2008 a été réservée à la problématique « Quelle gestion des ressources rares pour favoriser l'arrivée de nouveaux entrants ?», avec un large panel d'interventions principales de : Peter Rendov, membre de la commission de Régulation des communications de Bulgarie (CRC) ; M. Moez Lajimi, directeur de la qualité de l'Agence Nationale des Fréquences tunisiennes ; Jean-Louis Beh Mengue, Directeur général de l'Agence de régulation des télécommunications du Cameroun (ART) ; Marcelin Montaigne, Directeur général du Conseil national des télécommunications de Haïti (CONATEL) ; de l'Autorité de régulation des télécommunications du Burkina-Faso (ARTEL).

[550] ARTEL (Burkina-Faso), « Quelle gestion des ressources rares pour favoriser l'arrivée de nouveaux entrants : cas du Burkina Faso », *FRATEL, Table ronde n°2*, 6e réunion annuelle, Tunis, 16 octobre 2008 [www.fratel.org] (consulté le 24 novembre 2016).

[551] Article 5, loi-cadre sur les télécoms [RDC], préc.

Leurs missions semblent concordantes, au point de s'interroger sur la distinction et la dissociation à faire quant à leurs rôles respectifs l'un vis-à-vis de l'autre et aussi vis-à-vis du marché à réguler. **(A)** L'harmonisation de leurs fonctions est tout aussi cruciale pour l'intervention publique qu'indispensable à l'équilibre du marché. L'analyse doit servir à mieux appréhender les aspects de leur opposition et de leur complémentarité. **(B)**

A. Les enjeux de dissociation des attributions entre le ministre des PTT et l'ARPTC dans le secteur dérégulé des télécoms

Le chapitre précédent a démontré les difficultés de démarcation de l'ARPTC avec l'exploitant public et le marché (sauf « capture du régulateur »[552]). Le principe est que « la fonction de régulation [...] est indépendante de celle de l'exploitation des réseaux et de la fourniture des services ».[553] Quant à la séparation des fonctions de la régulation et de la réglementation, le législateur a chargé le ministre des PTT de superviser la restructuration du département public dont il a charge. Compte tenu du transfert de certains pouvoirs traditionnels de l'administration au régulateur, la superposition des fonctions et des décisions est un risque important de la régulation bicéphale du marché.

Dans le secteur congolais des télécoms, le maintien du ministre des PTT complique la détermination de ses compétences vis-à-vis de l'organe de régulation, d'autant que le partage des compétences est la conséquence de leur cohabitation. En référence aux principes de dérégulation édictés par l'OMC, le Ministre doit « veiller à ce que soient assurées la séparation et l'indépendance de la fonction de régulation du secteur des télécommunications ».[554] Il convient de préciser les axes de leur concrète démarcation. Mais, les difficultés sont apparues dès le départ quant aux sources des pouvoirs de décisions des deux autorités de réglementation. Il en va de même de leurs régimes de droit public et des compétences d'attribution de chacune d'elles.

Principalement, le Ministre tire ses compétences de la Constitution, sachant que les textes législatifs et réglementaires servent à les organiser. En revanche, les attributions du régulateur (ARPTC) découlent seulement des lois sectorielles des PTT.[555]En effet, la Constitution dispose que « le Ministre est responsable de son département ».[556] Le ministre s'estime disposer d'une autorité régalienne, alors que l'indépendance de l'Autorité de régulation lui est également opposable. L'article 2 de loi n°014/2002 rattache l'ARPTC au

---

[552] M.-A. FRISON-ROCHE, *Les 100 mots de la régulation, op.cit*, p. 33.

[553]Article 7-a), loi-cadre sur les télécoms [RDC], préc.

[554] Article 7, a), loi-cadre sur les télécoms [RDC] (RDC), préc.

[555] En l'occurrence : la loi-cadre sur les télécoms [RDC] préc. et la loi n°14/2002 sur l'ARPTC, préc.

[556] Article 93, Constitution de la RDC, préc. : « [...] Il applique le programme gouvernemental dans son ministère, sous la coordination du Premier Ministre ».

Président de la République, tandis que la Constitution place les membres du « gouvernement, sous l'impulsion du Premier ministre qui demeure le maître de la conduite de la politique de la Nation ».[557] Mais en même temps, les deux organes doivent se partager des attributions, définies dans les « lois dérégulatrices » de 2002 en RDC.

Dans ses prérogatives, le ministre des PTT élabore la politique sectorielle, en veillant à sa bonne exécution, y compris dans l'orientation de la réglementation des télécoms. Il lui revient aussi de fixer les règlements de police ou d'assurer la continuité des actes du régulateur, en les approuvant ou en décidant des sanctions sur leur base. Le ministre dispose du pouvoir réglementaire qu'il exerce par « arrêté »,[558] tandis que l'ARPTC l'exerce par « décision ».[559]

Quoique l'Autorité de régulation intervienne dans la réglementation du département des télécoms, elle n'encourt pas de sanction politique. Son rattachement hiérarchique au chef de l'État l'assimile à l'irresponsabilité politique de ce dernier devant le parlement. En revanche, le ministre des PTT « est comptable de son action devant l'Assemblée nationale qui peut le sanctionner par l'adoption d'une motion »[560], soit à titre individuel par motion de défiance, soit à titre collectif par motion de censure du gouvernement.[561]

Le législateur a marqué l'autonomie de la régulation par rapport à la réglementation du ministère, en rattachant l'ARPTC au Président de la République.[562] Cette expérience est aussi celle du Sénégal.[563] En Europe et en France, les deux grandes guerres avaient confirmé le caractère stratégique des réseaux télégraphiques et téléphoniques.[564] « Déjà dans l'Antiquité, où

---

[557] « Exposé des motifs », Constitution de la RDC, préc., p. 6. Articles 91, 92 et 93, Constitution de RDC, préc., pp. 50-51.

[558] Article 93, alinéa 2, Constitution de la RDC, JO RDC, n° spécial, 47e année, 18 février 2006, pp. 1-80. « Le Ministre […] statue par voie d'arrêté. »

[559] Article 17, loi n°014/2002, préc. « Le collège se réunit au moins une fois par semaine et aussi souvent que l'intérêt de l'autorité de régulation l'exige. Le quorum de 4 membres est requis pour les délibérations du collège. Les décisions du collège de l'Autorité en matière de régulation sont susceptibles de recours devant la section administrative de la Cour suprême de justice. Le recours n'est pas suspensif de l'exécution de la décision entreprise. […] Elles deviennent exécutoires dès leur notification aux intéressés. Elles sont communiquées, pour information, au Ministre ayant les postes et télécommunications dans ses attributions. »

[560] *Ibidem.*

[561] Articles 146 et 147, Constitution de la RDC, préc.

[562] Article 2, loi n°014/2002 sur l'ARPTC, préc.

[563] C. Guerrier, « Droit et accords OMC dans le domaine des télécommunications : la problématique », *Droit de l'informatique et des télécoms,* revue trimestrielle, 16e année, 1991, pp. 95-96. En 1999, l'auteure mentionne que « Le Sénégal vient de créer une autorité de régulation, mais jusqu'à la fin de 1997, il privilégiait la régulation connectée avec la tutelle. Le Comité national de coordination des télécommunications, créé dès l'indépendance du Sénégal, réorganisé à plusieurs reprises (*cf.* décret n°84-350 du 26 mars 1984) a été rattaché au secrétariat général de la Présidence de la République ».

[564] *Cf.* Tome 1, Titre 1, Chapitre 2, section 2, se rapportant aux fondements des monopoles en Europe et en France depuis Louis Philipe et Napoléon jusqu'aux deux grandes guerres du siècle passé. *Cf.* aussi : Wael El Zein, *Les aspects juridiques de la libéralisation des télécommunications (étude comparée),* LGDJ, éd. Alpha, Paris, 2012.

les techniques étaient avant tout guerrières, l'essor technique, synonyme de progrès dans l'art de la guerre, apparaissait antinomique au progrès de l'humanité. L'*Encyclopédie* des lumières de Diderot et de d'Alembert fait place aussi à cette ambigüité du progrès, où celui-ci oscille entre civilisation et décadence.[565] » Le législateur congolais a entendu mettre le régulateur à l'abri des influences politiques exogènes, en le plaçant sous la gestion de la plus haute autorité du pays, le Président de la République.[566]

En rapprochement du modèle français, l'Autorité de régulation des télécoms (ART) se présente comme une autorité administrative indépendante (AAI). Ses attributions n'excluent pas cependant de collaborer avec d'autres structures de l'État chargées du rôle de police pour la concurrence, les PTT, le commerce, les médias, la justice ou la sécurité nationale. [567] Elle assure la régulation économique comme arbitre du jeu concurrentiel sur le marché des télécoms. Tout autant, elle assure la régulation technique dans la gestion des ressources nationales, l'homologation des équipements et les directives d'interconnexions.

Dans ce contexte, le défi permanent est de parvenir à la cohabitation entre l'administration des PTT et l'autorité de régulation (ARPTC). D'une part, les « lois dérégulatrices » de 2002 ont redéfini certaines attributions anciennes de l'administration classique (ministère), tandis que d'autre part elles ont fixé de nouvelles attributions à l'idée d'une autorité de régulation indépendante (AAI). L'ARPTC est opérationnelle en RDC depuis 2002 et a connu trois collèges de dirigeants, dont les sept membres sont nommés par ordonnance présidentielle.[568] Pour assurer la technicité et l'indépendance de sa composition, l'ARPTC comprend des membres du Collège proposés à la nomination par plusieurs institutions.[569]

En revanche, l'administration des PTT est placée sous la tutelle du Ministre. Elle est de création plus ancienne. Si cette ancienneté renforce son expérience d'intervention publique, elle alimente aussi certaines résistances au changement

---

565 L. GILLE, *Les dilemmes de l'économie numérique, la transformation des économies sous l'influence de l'innovation,* éd. fyp, coll. « Innovation », Paris, 2009, pp. 8-9.

566 Le contexte politique d'élaboration des lois de 2002 était post-conflit en attendant les accords politiques de partage de responsabilité dans un gouvernement d'union nationale entre anciennes factions belligérante. Seul le Chef de l'État présentait l'atout de stabilité, car son statut n'était pas remis en cause. Par contre, il fallait mettre à l'abri d'un ancien belligérant qui obtiendrait le portefeuille ministériel des PTT de contrôler également l'ARPTC. La volonté du parti présidentiel au Parlement a été de garder une haute main sur cet organe stratégique.

567 Les questions d'interrégulation étudiées à la Section suivante approfondissent la question.

568 L'ARPTC est opérationnelle depuis 2002. Elle est au 4e mandat de nomination de son président et du collège de ses dirigeants. Le dernier collège est en fonction depuis 2009 jusqu'à ce jour (2017) sur la base des ordonnances du Président de la République n°09/40 et 09/41 du 1er juin 2009 portant respectivement nomination d'un président et d'un vice-président et des conseillers du collège de l'ARPTC.

569 *Cf.* articles 9 et 10, loi n°014/2002 sur l'ARPTC, préc. Le Président de l'ARPTC et le Vice-président de l'ARPTC viennent de la Présidence de la République. Le ministère des PTT propose trois membres. Le Sénat et l'Assemblée nationale en proposent respectivement un. Ils sont tous nommés par ordonnance présidentielle.

en ce qui concerne des réformes d'instauration d'une autre autorité administrative « concurrente ». Des réformes administratives accompagnent, orientent et encadrent la transformation du marché et les artefacts de l'innovation. L'administration des PTT a longtemps redouté que les transferts de certaines de ses attributions et de ses dossiers n'entraînent sa baisse d'activité et l'inanition de ses services internes au profit de l'ARPTC.

La confusion demeure quant aux rôles respectifs des deux acteurs publics de réglementation et de régulation sur le marché. En 2009, le document de politique sectorielle avait dressé un tableau de répartition des responsabilités entre le ministère des PTT et le régulateur (ARPTC), en s'inspirant des meilleures expériences de la régulation africaine.[570] Le législateur a en effet chargé le ministre des PTT de veiller à la séparation effective de ses fonctions avec l'ARPTC au sein du secteur des télécoms.[571] Mais, l'application réelle des réformes relève de la responsabilité de ces deux acteurs publics eux-mêmes.

Tableau de répartition des responsabilités entre le ministre des PTT et l'ARPTC

Domaine de responsabilité	**Ministre**	**Régulateur**
Politique sectorielle	X	
Législation et réglementation sectorielles	X	Conseille
Régulation technique et économique		X
Régulation de la concurrence dans le secteur		X
Régulation de l'interconnexion et de l'accès		X
Gestion et régulation des ressources rares		X
Plan national des fréquences	X(i)	Propose
Assignation des fréquences, supervision et contrôle	X(ii)	X
Plan de numérotation (élaboration et gestion), attribution et contrôle		X
Définition du réseau cible (Backbone national)	X	Propose
Partage des infrastructures		X
Attribution des licences supervision et contrôle	X	Instruit
Résolution des litiges entre opérateurs ou entre clients et opérateurs		X
Plan de mise en œuvre de l'accès universel	X(iii)	Propose
Gestion du fond d'accès universel	à mettre en place	
Régulation tarifaire		X
Contrôle des opérateurs et enquête		X
Imposition des sanctions administratives, compensations, indemnisation, etc.	X	X(iv)
Normalisation et agrément des équipements		X
Planification et mise en œuvre des systèmes de communications des États	X	
Relations internationales, régionales et sous-régionales	X(v)	Assiste
Coopération internationale en matière de régulation		X

Source : Document de politique sectorielle, Ministère des PTT, RDC, 2009

570 Ministère des PTT, *Document de politique sectorielle des télécommunications en RDC,* (DPS) 2009, Kinshasa, p. 13.

571 Article 3, al. 3, loi-cadre sur les télécoms [RDC], préc.

En commentaire du Tableau :

- Note (i) : Sur proposition du régulateur, en coordination avec les autres administrations ;
- Note (ii) : Le Ministre attribue les licences sur avis du régulateur. Dans le cas d'un nombre de licences limité, le Régulateur organise une mise en concurrence des opérateurs intéressés et soumet les propositions d'attribution au Ministre. Les fréquences directement liées aux licences sont assignées par la licence ;
- Note (iii) : Les deux institutions collaborent à l'élaboration du Plan. Celui-ci est approuvé par le Ministre ;
- Note (iv) : Les sanctions pénales définies par la législation sont prononcées par les tribunaux. Les retraits de licences sont décidés par le Ministre. Les décisions de suspension des autorisations sont prises par le Régulateur et sont susceptibles de recours devant le Ministre ;
- Note (v) : Le Ministre se fait assister par le régulateur pour les questions techniques relevant de la responsabilité de celui-ci. Dans ce cadre, le Régulateur participe aux réunions et conférences à caractère technique.

Le tableau ci-dessus démontre des pouvoirs communs d'action ainsi que les attributions respectives, reconnus aux deux autorités nationales de réglementation *ex ante*. La démarcation entre leurs fonctions n'est pas toujours évidente. Leurs missions de régulation les obligent à entretenir des rapports de collaboration et de complémentarité sur des aspects précisés par les lois sectorielles. Les missions des PTT restent dans une perspective de réaménagement par rapport à la dérégulation mondiale et aux transformations liées à l'économie numérique. Mais, un défi législatif particulier découle du rattachement administratif de l'ARPTC à la plus haute institution de l'exécutif national.[572] Pourquoi pas un ministère de l'économie numérique, délesté de l'esprit des PTT, présentant plus de « réflexivité » avec la phénoménologie, comme en France, au Congo-Brazzaville, en Côte d'Ivoire… ?

Cet état de choses ne permet pas au ministre des PTT de conduire sans ambages des réformes relevant de son département des télécoms.

---

[572] Articles 68 et 69, Constitution de la RDC, JO RDC, 47e année, n°spécial, Kinshasa, 18 fév. 2006, pp.2-80. Cet état de chose a donné lieu à débat houleux au parlement de la 3e République en RDC (2012-2013), vu la difficulté de contrôle parlementaire à exercer sur l'ARPTC. Etant entendu son rattachement à la tutelle de la Présidence de la République (qui ne peut engager sa responsabilité politique devant le parlement), l'ARPTC échappe à tout contrôle et à toute sanction du parlement. Une proposition de loi a été introduite par un député de l'opposition, M. Mayo Mambeke. Auteur d'une question orale adressée au Ministre des PTT en juin 2014, sa conclusion visait de corriger cette tutelle présidentielle de l'ARPTC. [www.lesoftonline.net/articles/appels-téléphoniques-désastreux-le-Ministre-kin-kye-réplique-aux-questions-des-députés] (consulté le 18 juillet 2016.)

B. Le défi législatif d'organisation des rapports de droit public dans le secteur des TIC en RDC

Les lois congolaises de télécoms contiennent une erreur dans l'organisation du secteur public des télécoms. Elles entretiennent entre elles une contradiction quant aux rapports de subordination ou plutôt d'indépendance entre l'ARPTC et le ministre des PTT. Des interprétations divergentes sont parties de la lecture de l'exposé des motifs de la loi-cadre sur les télécoms, que contredisent les articles 1 et 2 de la loi n°014/2002. Suivant l'exposé des motifs de la loi-cadre n°013/2002 sur les télécoms, l'ARPTC est « placée sous la tutelle du ministère des PTT ».[573] À ce propos, une partie de la doctrine congolaise a estimé que la loi-cadre fonde le ministre des PTT à exercer son autorité sur le régulateur, en le soumettant aux règles et actes de tutelle administrative. Toutefois, un exposé des motifs d'une loi ne pourrait l'emporter sur les dispositions du texte de loi.[574]

En effet, la loi n°014/2002 sur la création de l'ARPTC dispose que celle-ci est une administration (dotée d'une personnalité juridique) et relève du président de la République. Ces dernières sont la « prescription énoncée dans un texte comme règle résultant expressément […] de la loi ».[575] Cette disposition conforte l'idée que l'ARPTC ne dépend pas du Ministre des PTT, mais que les deux acteurs entretiennent des rapports de collaboration. En 2005, la question avait donné lieu à un avis technique du directeur de la réglementation et des affaires juridiques de l'autorité de régulation.[576] Son *opinio juris* est encore d'actualité par rapport à l'incurie du cadre juridique des télécoms. Mais la question n'est pas tranchée pour autant.

En réalité, le rattachement de l'ARPTC au président de la République revêt un caractère purement politique. À part l'article 2 de la loi n°014/2002 sur l'ARPTC, aucune autre de ses dispositions n'organise les modalités dudit rattachement. Si la même loi n'évoque pas la « tutelle » du président de la République sur l'ARPTC, elle contient néanmoins de nombreuses dispositions fondant à conclure à des actes de tutelle que le ministre des PTT exerce sur l'ARPTC. S'agissant de la tutelle sur les actes, il y a celle « qui subordonne à l'accord des autorités de tutelle la perfection juridique des décisions des autorités sous tutelle (tutelle de l'opportunité) et s'analyse plus

---

573 Exposé des motifs, Loi-cadre sur les télécoms [RDC], préc., JO RDC, 44e année, n° spécial, 25 janvier 2003, p.19.

574 G. Cornu, *Vocabulaire juridique,* PUF, Paris, 2006, p. 440. Verbo « Exposé des motifs » : « Considération qui accompagne un projet ou une proposition (par ex. de loi) et en indiquent les raisons. ». L'exposé de la loi-cadre ne peut donc pas prévaloir par rapport au texte de loi, car il ne sert qu'à expliquer les dispositions de celui-ci lorsqu'elles sont lacunaires ou ambiguës.

575 *Ibidem,* p.356. *Verbo «* disposition ».

576 L. Bushabu Woto, *op.cit*, p. 89. En plus de la « tutelle de l'ARPTC », l'auteur a évoqué aussi d'autres disparités juridiques de l'ordre interne congolais, à savoir : mesures prévues par la loi (Internet), existence de deux textes de lois contradictoires dans certaines dispositions, interférence du ministre des PTT dans les décisions du Collège de l'ARPTC.

exactement en une coopération entre ces deux catégories d'autorités, partant en une co-administration ».[577]

Le défi législatif est d'opérer un rattachement administratif de l'Autorité de régulation dans l'ordre juridique et politique congolais, sans affecter son autonomie ni son indépendance, au regard des principes de déréglementation de l'OMC. Par définition, la tutelle constitue l'ensemble des moyens de contrôle dont dispose l'institution ou l'organe tutélaire sur une entreprise. Elle désigne l'« ensemble des contrôles auxquels sont soumises les personnes administratives décentralisées ». [578] La tutelle est d'ordre administratif, judicaire, technique, économique ou financier. Elle s'exerce sur les personnes comme sur les actes, à tous les niveaux et à tous les stades de procédure.

Précisément, la loi n°014/2002 sur l'ARPCT a prévu les mécanismes rapprochant davantage le régulateur des modes de contrôle tutélaire du droit administratif classique, malgré son rattachement à la présidence de la République.[579] Cependant, la loi-cadre reconnaît au ministre des PTT le pouvoir d'approbation de plusieurs actes posés par l'ARPTC. Tel est le cas, par exemple, de l'approbation et de la signature, par le ministre, des travaux réalisés par l'ARPTC dans la préparation ou l'instruction des dossiers de licence, autorisation et cahiers des charges.[580]

Et pourtant, vis-à-vis de l'Autorité de régulation, le président de la République ne pose pas d'acte administratif ou d'administration quelconque, s'agissant du contrôle hiérarchique des activités du régulateur congolais des télécoms. D'autres exemples concernent son budget de fonctionnement, c'est son collège et non le président de la République qui l'approuve. De même, toutes les décisions prises par le collège dans ses missions de régulation ne sont pas homologuées par le Président de la République. Il s'avère que l'article 28 de la loi n°14/2002 fait allusion aux comptes de l'ARPTC, susceptibles de vérification par un cabinet d'audit externe. Le rapport est adressé au président de la République, au ministre des finances et au ministre des PTT. Mais encore une fois, cette disposition n'apporte rien au contenu de la loi pour faire « relever » le régulateur de l'institution Président de la République.

En « rattachant » l'Autorité de régulation à la plus haute autorité de l'Exécutif du pays, le législateur a entendu souligner encore plus son

---

577 *Ibidem.*

578 G. CORNU, *op.cit*, p. 1046. *Verbo* « Tutelle ».

579 P. AVRIL et J. GICQUEL, *Lexique de droit constitutionnel*, PUF, 4e éd., coll. « Que sais-je ? », 2014, p. 92. Verbo « Présidence de la République » : maison du Chef de l'état [...] dont il détermine de manière discrétionnaire, l'organisation et la composition, à l'opposé d'une administration et en analogie avec un cabinet ministériel ».

580 Article 19, al. 2, loi-cadre sur les télécoms [RDC], préc. : « La licence d'exploitation et le cahier des charges sont préparés par l'Autorité de Régulation, approuvés et signés par le Ministre ». Article 25, al. 1er, loi-cadre sur les télécoms [RDC], préc. : « L'autorisation et le cahier des charges qui lui est annexé, sont délivrés par l'Autorité de Régulation, après approbation du Ministre. »

indépendance fonctionnelle par rapport à l'administration (ministère). À bon droit, il y a lieu de penser à un simple rattachement politico-opérationnel et non à un pouvoir tutélaire entre le régulateur et le Président de la République. Ce dernier, aux termes de l'article 69 de la Constitution, est garant du bon fonctionnement de toutes les institutions du pays.

En somme, le défi demeure d'opérer un rattachement administratif de l'Autorité de régulation dans l'ordre juridique et politique congolais, sans affecter son autonomie ni son indépendance, au regard des principes de déréglementation de l'OMC.

Toutefois, ce rattachement institutionnel ne trouve de mécanismes organisés ni par la Constitution, ni par la loi n°014/2002 sur l'ARPTC. En droit constitutionnel congolais, le pouvoir de disposer de l'administration publique ne relève pas du président de la République, chef de l'État, mais tout au plus des prérogatives sectorielles du ministre ayant en charge le domaine d'activités concerné.[581] Quoique le président de la République soit l'institution suprême de l'exécutif national, il reste distinct du gouvernement.[582]

Au titre de solution par rapport à l'ambigüité du rattachement du régulateur, une proposition de loi avait été formulée par un député[583] et transmise au gouvernement pour observation.[584] Le ministre des postes, téléphones et nouvelles technologies de l'information et de la communication (PTNTIC) avait exposé au Premier ministre, à l'intention de l'assemblée nationale, les points essentiels des transformations à apporter, allant dans le sens de revoir la « tutelle » de l'ARPTC.[585] Dans sa proposition de loi, le député entendait faire relever l'Autorité de régulation non plus de l'Institution Président de la République, mais plutôt du Ministre.

En appui d'un tel changement, il évoquait des raisons pertinentes et soutenables à plusieurs égards, notamment : les évolutions de la Constitution et de la législation générale relative aux établissements publics. En appui de leurs positions, la série des lois du 7 juillet 2008 sur le désengagement de l'État a effectué une réforme générale des tutelles techniques et

[581] Article 91, al. 3, Constitution de la RDC, préc. : « Le Gouvernement dispose de l'administration publique… »

[582] Article 68, Constitution de la RDC, préc. : « Les institutions de la république sont : 1. Le Président de la République ; 2. le Parlement ; 3. Le Gouvernement ; 4. Les Cours et Tribunaux. »

[583] Article 130, al. 1, Constitution de la RDC, préc. : « L'initiative des lois appartient concurremment au Gouvernement à chaque député et à chaque sénateur ».

[584] Article 130, al. 3, Constitution de la RDC, préc. : « Les propositions de loi sont, avant délibération et adoption, notifiées pour information au Gouvernement qui adresse, dans les quinze jours suivant leur transmission, ses observations éventuelles au Bureau de l'une ou l'autre Chambre. Passé ce délai, ces propositions de loi sont mises en délibération. ».

[585] *Cf.* Lettre n°CAB/VPM/MIN.PTNTIC/TLL/NAK/ktc/0114/2015 du 7 janvier 2015 du VPM, Ministre des PTNTIC en réponse à la lettre n° CAB/PM/CJFAD/SML/2014/00016801 du 26 décembre 2014 du Premier Ministre de la RDC. La lettre avait comme objet : « Transmission des observations sur la proposition de loi de l'Honorable MAYO MAMBEKE portant modification de la loi n°014/2002 du 16 octobre 2002 portant création de l'ARPTC ».

administratives concernant les EPA, les EPIC et autres entreprises publiques nouvellement transformées en sociétés commerciales d'État.

Si en 2002 les télécoms étaient l'un des premiers secteurs dérégulés en RDC, le regard comparatif sur d'autres secteurs publics plus récemment déréglementés s'oriente vers une tutelle ministérielle de leurs autorités de régulation sectorielle. Par exemple, la loi n°014/011 du 17 juin 2014 relatif au secteur de l'électricité (anciennement monopolistique) fait état d'une tutelle de son régulateur (ARE, autorité de régulation de l'électricité) par le ministère en charge de l'énergie et des ressources hydrauliques.[586]

Toutefois, cette proposition de loi est restée isolée en marge des réformes du gouvernement, dans le cadre des projets de loi sur les télécoms, les TIC et la modification de la loi de 2002 relative à l'ARPTC. Dans la démarche politique, l'arbitrage préalable du président de la République, chef de l'État a été sollicité avant de statuer au parlement, car il s'agit de réaménager des prérogatives à lui reconnues avant de trancher sur tout possible changement du rattachement de l'ARPTC sous sa haute autorité.[587] Lors du débat général sur ces nouveaux projets de loi en avril 2017 au parlement, le rattachement est resté au président de la République.

Néanmoins, le défi reste entier à ce jour. La proposition de loi ci-dessus analysée faisait suite aux recommandations de l'assemblée nationale à l'issue d'une question orale avec débat de son auteur adressée au ministre des PTT d'alors. Au sens du règlement intérieur de la chambre parlementaire, les recommandations, dûment prises par l'assemblée plénière des députés, conseillent ou appellent le gouvernement d'agir ou de ne pas agir dans un sens donné sur une matière déterminée.[588] La communication par le gouvernement de ses observations à ladite Assemblée devait tenir compte de ce contexte. Le projet de loi modificative de la loi n°014/2002 sur l'ARPTC maintient, en son article 2, la disposition selon laquelle la future « ARPTNTIC relève [toujours] du Président de la République ». Les appréciations critiques sont fournies au dernier titre de la présente étude quant au statut administratif du régulateur. La position serait de réviser le « rattachement politique » de l'ARPTC, mais de mieux l'organiser juridiquement afin de ne pas travestir complètement la logique d'une AAI.[589]

Les incohérences des règles de droit public constituent un défi législatif, nécessitant d'apporter des correctifs aux « lois dérégulatrices » de 2002 en RDC. Le législateur consacre le fonctionnement conjoint des deux organes de régulation dans le même secteur : le ministre des PTT et l'ARPTC.

---

[586] Appendice : Lettre n°CAB/VPM/MIN.PTNTIC/TLL/NAK/ktc/0114/2015 du 7 janvier 2015 du VPM, Ministre des PTNTIC en réponse à la lettre n° CAB/PM/CJFAD/SML/2014/00016801 du 26 décembre 2014 du Premier Ministre de la RDC.

[587] *Ibidem.*

[588] ASSEMBLÉE NATIONALE, *Règlement intérieur*, JO RDC, 48e année, Kinshasa, numéro spécial, 20 février 2007, pp. 1-65. Ce texte est modifié depuis la législature 2012-2018.

[589] Titre 2, Chapitre 2, Section 2, §2, A/ du présent ouvrage.

Dans ses travaux, l'actuel président de l'ARPTC qualifie cette situation d'« *intra-sectorielle* ».[590] Cela signifie que « face à la complexité et aux dysfonctionnements sectoriels », la problématique est de « dynamiser la fonction de régulation, assurer le rattrapage et susciter la synergie dans le secteur » des télécoms.[591] Mais « comment parvenir à normaliser pertinemment et efficacement le marché […] face au dysfonctionnement et générer une synergie sectorielle ? ».[592] L'incoordination de leur collaboration et l'incohérence de leurs actions sont source de difficultés, surtout parce qu'elles affectent la gestion des ressources essentielles pour le marché des télécoms.

§ 2. La régulation technique des télécoms dans les enjeux de dualité des compétences entre les autorités intra-sectorielles

Depuis 2002, la loi-cadre sur les télécoms a impulsé des transformations qui n'effacent pas la forte expérience de « gestion partagée » entre l'administration des PTT et l'Autorité de régulation. Il est vrai qu'« il y a parfois concomitance entre la fonction de l'autorité de régulation et celle qui est dévolue au ministère. L'Afrique du Sud illustre ce bicéphalisme relatif ».[593] Comparativement, le cas de la RDC est resté pareil à la suite de la déréglementation des télécoms, initiée par ses lois de 2002. En organisant l'accès au marché, l'État autorise l'exploitation des ressources des télécoms (fréquences radioélectriques et numérotage essentiellement), à travers les licences que les autorités publiques accordent aux opérateurs.

Si la régulation économique concerne la concurrence de l'offre des services électroniques, elle comporte des aspects sous-jacents de pure régulation technique. Cette dernière assure l'égalité d'accès aux ressources essentielles entre opérateurs : il ne faut pas biaiser la concurrence à cause d'une mauvaise équité dans la répartition des capacités naturelles ou techniques permettant à chaque opérateur de fournir les services attendus sur le marché. Sans parcimonie des droits de l'accès aux ressources rares ou en cas d'incoordination des autorités nationales de réglementation, la régulation technique ne saurait gérer le risque immédiat de dysfonctionnement ou de déséquilibre du marché. Ce qui accentue le risque de blocage du marché, car la disponibilité des ressources essentielles des télécoms est limitée.

---

[590] O. MANIKUNDA MUSATA, *La dynamique de la régulation des télécommunications en République Démocratique du Congo : de la synergie intra-sectorielle à l'interrégulation*, *op.cit*, spéc. p. 6.

[591] *Ibidem.*

[592] *Ibid.*

[593] C. GUERRIER, *op.cit*, p. 96. « Le *Telecommunication Act* de 1996 donne naissance à la *South African Telecommunication Regulatory Authority* (SATRA), régulateur présumé indépendant. Quant au Ministre des PTT, il est chargé de l'industrie des télécommmunications ».

En RDC, l'analyse de la régulation technique met en lumière le défi législatif du mode dual de l'intervention publique : l'« intra-régulation » entre le ministre des PTT et l'ARPTC. Effectivement, les missions et les enjeux de la régulation technique sont de gérer le lot des fréquences radioélectriques allouées à chaque État selon les normes de radiocommunications de l'Union Internationale des Télécommunications (UIT).

La délimitation des frontières d'exploitation économique est une nécessité de coopération entre pays limitrophes. La coordination transfrontalière complète les enjeux nationaux de régulation technique. **(A)** La gestion du plan national de numérotation fait également partie des enjeux dérégulation technique des ressources des télécoms. Sans quoi, les correspondants étrangers et nationaux ne peuvent ni entrer en communication, ni échanger les données, ni commercer à distance. **(B)**

A. Le défi de l'« intra-régulation » dans la gestion des ressources essentielles des télécoms

Sans les ressources en numérotation et en fréquences hertziennes, la téléphonie et l'Internet mobiles sont impossibles. Ces « ressources rares » sont du domaine public des télécoms.[594] Avec le temps, l'accent mis sur l'innovation risque d'occulter que la valorisation de la donnée ne peut exister sans le fonctionnement du réseau. Les infomédiaires utilisent les ressources naturelles indispensables à la fourniture des services électroniques « réseautés » ou « médiatés ». Les fréquences radioélectriques relèvent des enjeux fondamentaux de l'économie numérique. L'UIT en limite les lots d'attribution par pays. La valeur de leurs concessions par les États est fonction de leur rareté, selon le principe économique : « ce qui est rare est cher ». Autrefois elles étaient seulement allouées à l'exploitant public. Avant les réformes législatives de 2002, les opérateurs historiques, OCPT/SCPT et le RENATELSAT, jouissaient du monopole d'accès à ces ressources (ou presque).[595]

Aujourd'hui, l'ouverture du marché congolais des télécoms reste caractérisée par l'entrée des opérateurs de réseaux cellulaires offrant des services de téléphonie et d'Internet mobiles. En avril 2016, la société française Orange a racheté toutes les actions dans le capital de l'opérateur

---

[594] P. HUET, « Allocation et gestion des ressources rares », *L'actualité juridique – Droit administratif*, n°3, 20 mars 1997.

[595] GILBERT N'KULI, « Les grands repères des télécommunications en République démocratique du Congo », Séminaire, 2e licence, Cours de Droit du numérique, Université Protestante au Congo, Kinshasa, 28 novembre 2018 [Inédit]. M. N'kuli a vécu de l'intérieur la libéralisation du marché des télécoms. Il témoigne sur le fait qu'à l'avènement de Télécel en 1987, un contrat d'attribution de la totalité des plages de fréquences AMPS avait été conclu à cette époque-là au profit de Télécel, au Zaïre. La « guerre des fréquences » avait freiné l'accès de nouveaux entrants et affecté la qualité des services. Comcell qui fut le deuxième entrant sur le marché mena cette guerre…

Oasis (Tigo). Avant cela, le marché congolais des télécoms comptait six opérateurs de télécommunications. Ce nombre reste parmi les plus élevés par rapport aux autres pays africains.

La mobilité de la technologie GSM exige des ressources radioélectriques pour la transmission, sans fil, des signaux par la voie des ondes. Le but est de créer des zones de couverture radioélectrique donnant accès aux services numériques ou permettant la connexion aux réseaux électroniques. Par conséquent, le marché congolais de la téléphonie mobile connaît une plus grande précarité dans la disponibilité des ressources essentielles des télécoms. Cet état des choses est un défi majeur pour la régulation, d'autant que la RDC compte deux autorités sectorielles devant se coordonner dans leur gestion desdites ressources pour ne pas déstabiliser le marché.[596]

Le droit de l'accès est matérialisé par l'attribution des licences et/ou autorisations aux nouveaux entrants sur le marché. La valeur de ces titres d'exploitation, en tant que contrat administratif, est fonction de son contenu technique. Les licences et les autorisations sont des titres comportant des assignations de fréquences hertziennes et des réservations de blocs de numéros, contre rétribution de l'État propriétaire et concédant. Le régulateur et le ministre des PTT ont pour mission de gérer ces ressources rares en accord l'un et l'autre. Ils doivent en effectuer le partage entre prestataires et en assurer une gestion rationnelle au nom et pour le compte de l'État.

La régulation technique est un défi majeur du « bicéphalisme relatif »[597] entre les autorités de réglementation nationales. Autant que leurs mesures réglementaires, leurs actes administratifs ont un impact crucial sur le fonctionnement du marché numérique. Les infrastructures de télécoms sont les actifs de grande valeur pour l'économie numérique. Leur fonctionnement requiert non seulement une bonne gestion des fréquences radioélectriques quant à leurs assignations au niveau national, mais aussi l'efficacité de leur coordination transfrontalière.

1. Les enjeux de la régulation technique des « ressources radio » entre les autorités congolaises de réglementation et de régulation

Le domaine public trace son périmètre dans le secteur des technologies de l'information et de la communication. Il est constitué des ressources naturelles dont l'État concède les droits d'occupation et d'exploitation aux opérateurs privés. La régulation technique des télécoms a pour fondement et

---

[596] FRATEL a estimé que « [l]a bonne gestion des ressources rares est l'un des objectifs majeurs du régulateur, notamment celle du spectre des fréquences impossibles d'être dupliquées ». FRATEL, « Les effets de la régulation sur le développement de la concurrence », *Sixième réunion annuelle de FRATEL*, Tunis, 16 et 17 octobre 2008 [www.fratel.org] (consulté le 24 novembre 2016).

[597] C. GUERRIER, « Droit et accords OMC dans le domaine des télécommunications : la problématique », *Droit de l'informatique et des télécoms,* revue trimestrielle, 16e année, 1991, p. 96.

pour finalité d'assurer la disponibilité, l'octroi et l'utilisation des fréquences radioélectriques. Ces défis de la régulation sont la conséquence de la libéralisation du droit de l'accès aux communications mobiles GSM (2G, 3G, 4G). L'accès au marché et son fonctionnement dépendent des pouvoirs publics qui allouent aux opérateurs les ressources d'exploitation relevant du domaine de l'État. Le législateur a confié à l'Autorité de régulation la charge de leur gestion et répartition. Autrefois l'opérateur de monopole (OCPT) en avait la charge dans ses statuts de 1978, avant que le Secrétariat général des PTT en reprenne la responsabilité entre 1982 et 2002.[598]

Au regard des enjeux de développement numérique, le législateur a prévu l'élaboration par l'ARPTC du plan national d'allocation des fréquences devant au préalable être approuvé par le ministre des PTT.[599] Il prévoit par ailleurs la tenue et la publication par le régulateur du tableau national d'assignation des fréquences. En RDC, malgré des travaux d'experts, la publication de ce tableau n'est pas assurée pour permettre une lisibilité des assignations qui étaient réalisées antérieurement par le ministre des PTT et qui le sont nouvellement par le régulateur. Le défi d'intra-régulation reste de taille sur l'aspect de contrôle des ressources rares.

Le système de marché régulé présente des attributions interpénétrées entre les autorités de réglementation nationales. Leurs rôles restent imbriqués en ce qui concerne la planification, l'allocation, les assignations et la gestion des ressources du domaine public des télécoms. Pour les pays ayant encore conservé l'approche des PTT, la dualité des fonctions se constate entre le ministre et l'Autorité de régulation. Dans ce contexte, la logique de gestion du service public de l'État domine l'approche de gestion de la concurrence. Les autorités de réglementation nationales sont chargées de réguler le marché, mais aussi de gérer pour le compte de l'État ses ressources publiques, dont le marché a besoin pour exister.

C'est ainsi qu'en règle générale, l'octroi des licences et autorisations s'attache à la valeur d'attribution des fréquences radioélectriques.[600]Celles-ci constituent la valeur d'usage des droits d'accès, pour les opérateurs de réseaux ouverts au public et les fournisseurs de services électroniques en réseaux (téléphonie, Internet, autres). C'est le prestataire technique qui les intègre dans l'offre d'usage de ses services ou de son réseau par le grand public. Pour le besoin de son exploitation, l'opérateur peut demander au régulateur des ressources supplémentaires au regard du développement du

---

[598] Titre 1, Chapitre 1, section 1 du présent ouvrage.

[599] Article 8, points e) et f), Loi-cadre sur les télécoms en RDC, préc.

[600] J. DO-NASCIMENTO, « La déréglementation du marché africain des télécommunications », in J-J GABAS (sous la dir.), *Société numérique et développement en Afrique, usage et politiques publiques*, éd. Karthala, Paris, 2004, p. 140 et s. À ce jour, toute l'Afrique reste encore marquée par la première vente de licence GSM par le Maroc en 1999 pour une valeur d'environ 1 milliard de dollars américains. En RDC, le coût d'acquisition de la licence n'a jamais dépassé les 55.000.000 $ pour la téléphonie mobile GSM/2G, ni les 15.000.000 $ pour l'internet mobile GSM/3G.

marché. Les réseaux concessionnaires sont « astreints en plus des frais de licence, à divers paiements périodiques liés à des obligations d'intérêt public et autres droits dus ».[601]

La gestion du « spectre national des fréquences » demande parcimonie en vue de rationnaliser les ressources radioélectriques du pays, dites spectre des fréquences radio. Une procédure particulière de gestion encadre leurs allocations et assignations aux requérants, en procédant souvent par des appels d'offres ou par des mises aux enchères.[602] De nos jours, le développement du marché des technologies mobiles renforce les besoins en fréquences hertziennes à double titre.

La mobilité géographique des clients connectés requiert des « fréquences d'accès » par rapport aux points de présence des réseaux. Par ailleurs, la collecte et le transport des signaux sans fil requièrent des « fréquences de transmission » entre les maillons du système des réseaux. Les communications électroniques ont besoin d'accès à large bande pour les services d'Internet sans fil de type wifi, de géolocalisation et de téléphonie GSM. Les opérateurs téléphoniques ne sont pas seuls à utiliser les fréquences radioélectriques. D'autres usagers se comptent parmi les chaînes de radiotélévision[603], les navires et aéronefs, les FAI, les agences de sécurité et de défense, les banques[604] et aussi les missions diplomatiques[605]. Les risques de brouillages et d'interférences restent préjudiciables non seulement pour la qualité des communications, mais aussi pour les équipements et terminaux dans leurs fonctionnalités. Des technologies de plusieurs types et à finalités différentes doivent fonctionner harmonieusement sur le marché électronique. La gestion des fréquences est d'un rôle indispensable pour la régulation des réseaux de communication numérique, dans la société de l'information.

Même en France, avant les lois n°96-659[606] et n°96-660[607]du 26 juillet 1996, il n'existait pas de procédure organisée pour l'attribution des

---

[601] Article 13 (*in fine),* loi-cadre sur les télécoms [RDC], préc.

[602] P. HUET, « Allocation et gestion des ressources rares », *L'actualité juridique – Droit administratif,* n°3, 20 mars 1997.

[603] Exemple : Décision n°036/ARPTC/CLG/2011 du 14 juin 2011 du collège de l'ARPTC portant attribution d'un canal de fréquences de service de radiodiffusion télévisuelle à la chaîne de télévision Broad Casting Network « BNTV/Baraka » à Kinshasa, JO RDC, 1er déc.2011, n°23, col. 23.

[604] Exemple : Décision n°038/ARPTC/CLG/2011 du collège de l'ARPTC du 27 avril 2011 autorisant la Banque First International Bank (FIBANK) à installer et exploiter un réseau indépendant constitué de quatre stations VSAT, JO RDC, n°23, 52è année, 1er déc. 2011, col. 25.

[605] Exemples : (1) Décision n°037/ARPTC/CLG/2011 du collège de l'ARPTC du 27 avril 2011 attribuant les fréquences à l'Ambassades des États-Unis à Kinshasa, JO RDC, n°23, 52è année, 1er déc. 2011, col.24. (2) Décision n°062/ARPTC/CLG/2011 du collège de l'ARPTC du 02 septembre 2011 attribuant les fréquences à l'Ambassades d'Afrique du Sud à Kinshasa, JO RDC, n°52, 52è année, 1er déc. 2011, col. 52.

[606] Loi n°96-659 du 26 juillet 1996 de réglementation des télécommunications, JORF, n°174, 27 juin 1996, p. 11384.

fréquences radioélectriques, comme le rappelle Pierre Huet.[608] L'expansion des radiocommunications accompagne les avancées techniques. Celles-ci conduisent à des pénuries enregistrées pour certaines bandes de fréquences et dans certaines régions très actives de déploiement des réseaux. Des blocages du marché ont été causés faute de gestion prévisionnelle du nouveau spectre des fréquences et de véritable procédure d'arbitrage des besoins. Ces faiblesses ont provoqué des retards de développement de nouveaux moyens de communication, dont les effets sur le secteur et l'économie furent graves.[609] La France a confié la gestion de ses fréquences à une autre autorité que l'ARCEP, à savoir : l'Agence nationale des fréquences (ANFr).[610]

En effet, le droit de l'accès au marché n'est plus possible, ni la croissance des réseaux existants, si les perspectives d'épuisement des ressources se confirment. Tel est le cas en RDC de l'indisponibilité des fréquences GSM 900 MHz et 1800 MHz, dont les dernières attribuées à la société Vodacom en 2016 avait soulevé quelques écueils administratifs…

En principe, l'utilisation des fréquences n'est pas toujours neutre : il faut éviter le dysfonctionnement de plusieurs technologies sur une même bande de fréquences.[611] Ainsi, les fréquences d'accès et de transmission sont allouées en fonction des bandes dédiées aux technologies et assignées à chaque réseau, disposant des canaux assignés à chaque opérateur.[612]Une fois à lui attribué, l'opérateur les gère en fonction du nombre d'abonnés qu'ils ont en charge[613] et selon la quantité de données à transporter[614]. Toutefois, ce travail de « radio planning » évolue au regard de la convergence des réseaux.

---

[607] Loi n° 96-660 du 26 juillet 1996 relative à l'entreprise nationale France Télécom. Au cours de cette année, la loi n°96-660 du 26 juillet 1996 inséra à l'article 1er de la loi n°90-568 précitée la transformation de la personne morale de droit public France Télécom en une entreprise publique de même nom, à compter du 31 décembre 1996.

[608] P. HUET, « Allocation et gestion des ressources rares », *L'actualité juridique – Droit administratif*, n°3, 20 mars 1997.

[609] *Ibidem.*

[610] En France, c'est l'ANFR qui détermine la position nationale du pays au cours des CMR et les décisions des Radiocommunications sont déclinées au niveau français dans le TNRBF, en précisant les bandes et services radio gérés par les différents affectataires ainsi qu'en précisant les priorités. L'Aviation civile et le BMNF interviennent respectivement pour les besoins de l'aéronautique civile et de la défense nationale.

[611] Les débats sur des « licences neutres » ou des « licences convergentes » ont été amorcés lors des travaux de révision de la loi-cadre de 2002, mais l'État congolais s'en tient aux assignations par lot dédié aux technologies et par canaux dédiés aux opérateurs.

[612] Le nombre de MHz ou de GHz accordés détermine la largeur de la bande passante du réseau vis-à-vis des concurrents.

[613] Les fréquences d'accès sont celles qui permettent aux terminaux des abonnés d'interagir avec le système du réseau. Dans un réseau GSM, par exemple, chaque cellule de prise en charge d'un abonné doit être planifiée de sorte qu'elle ne puisse pas interférer avec la cellule contigüe. L'ensemble des cellules doit être configuré en autonomie singulière sans pouvoir interférer, mais dans une logique permettant à l'abonné d'être toujours repérer dans le réseau de n'importe quelle cellule, qu'il émette ou reçoive une communication, même au passage d'une cellule à une autre pendant celle-ci.

Des combinaisons techniques permettent de recycler au sein d'un même réseau des fréquences de plusieurs natures (GSM, FH, UMTS). Les opérateurs entendent recycler à d'autres usages les fréquences qui leur sont administrativement assignées pour des types précis de technologie. La technique se dit « *refarming* ». Les autorités nationales de réglementation avaient longtemps observé s'ils devaient lever l'option sur la question : des autorisations plus ou moins formelles ont été tolérées pour des tests de faisabilité et de viabilité des bandes de fréquences considérées.

Comme les fréquences représentent de la valeur, certains opérateurs économiques se le font attribuer afin de les « thésauriser » sans installer un quelconque réseau d'exploitation. Cette situation, approchant l'idée d'une « guerre des fréquences radio », a plusieurs conséquences négatives. Elle crée une rareté artificielle des ressources en fréquences pour le marché ; ce qui limite le développement des réseaux en activité (avec d'autres conséquences possibles sur les possibilités de création d'emplois). Elle entraîne une distorsion du marché national, si l'équité et la loyauté ne sont pas assurées dans l'attribution des fréquences pour la concurrence entre opérateurs.[615] Leur inexploitation provoque un manque-à-gagner pour le trésor public faute d'activité susceptible de générer des recettes. Le gouvernement a adopté la ligne politique de retirer systématiquement les titres d'exploitation inactifs, afin de les réattribuer à d'autres investisseurs.

Plus d'une décennie après la loi-cadre de 2002, le développement du marché ainsi que les nouvelles exigences de la technique ont motivé un réaménagement des assignations antérieures des fréquences radioélectriques. En effet, « en raison des différences entre modes de propagation, les bandes de fréquences ne sont pas interchangeables et, même si la technologie permet d'utiliser des bandes de plus en plus élevées en fréquences, les contraintes physiques conduisent à concentrer chaque type d'utilisation dans les catégories très précises. [...] De ce fait, certaines parties du spectre des fréquences se trouvent finalement assez saturées et les ressources spectrales dans leur ensemble doivent être perçues comme un bien plutôt rare ».[616]

Un impressionnant redéploiement des assignations de fréquences GSM a été opéré par l'ARPTC en 2012, particulièrement sur ses trois types de bandes : PGSM, EGSM, RGSM.[617] La mutation de la téléphonie GSM vers

---

614 Les fréquences de transmission permettent de faire circuler les flux collectés entre éléments du réseau.

615 Par souci d'équité, l'ARPTC s'efforce d'accorder le même lot de fréquences aux opérateurs concurrents sur le marché. Le déploiement des réseaux s'effectue ainsi avec la base des mêmes ressources publiques. La concurrence devient déloyale lorsque les réseaux qui se déploient effectivement en font usage, tandis que d'autres les conservent sans s'en servir. Les opérateurs plus actifs sont ainsi confrontés à des restrictions dans leurs réseaux.

616 A. MBAUNEWA NKIERI, *op.cit*, p. 98 et s.

617 These are different types of GSM 900 Mhz. PGSM: *Primary* GSM (*uplink* 890-915 MHz et d*ownlink* 935-960 MHz); EGSM: *extended* GSM (*uplink* 880-915 MHz et *Downlink* 925-960 MHz); RGSM: Railways GSM (*uplink* 876-915 MHz et *downlink* 921-960 MHz) [http://edaboard.com/thread555115.html] (consulté le 24 novembre 2016). Traduction : « Il y

l'Internet mobile, ses besoins spécifiques en ressources radio ont été adressés de trois manières entre le régulateur et les opérateurs sur le marché. Premièrement, un premier accord stratégique a été réalisé par le marché, sans l'intervention du régulateur.

Deuxièmement, une corégulation a été nécessaire, en combinant les stratégies du marché et les méthodes de régulation étatique. Le but était d'offrir à chaque opérateur un accès optimisé aux « ressources radio ». Le régulateur privilégiait la solution de « bandes de fréquences continues », car la discontinuité antérieure des canaux de fréquences pénalisait les opérations de radio-planning ainsi que l'extension des réseaux (*roll-out*). Plusieurs réseaux étaient obligés d'occuper la même bande de fréquences.

Troisièmement, c'est en 2012 que de coûteuses migrations et redéploiements d'équipements radio ont été engagés par tous les opérateurs du marché sur décisions prises par l'autorité de régulation en consensus avec le marché.

Malheureusement, malgré les avantages techniques de l'opération, le ministre des PTT décida d'annuler tous les avenants aux licences qui lui étaient soumises pour approbation, à la suite des décisions du régulateur. Tous les opérateurs du marché congolais durent revenir au *statu quo ante*, à part l'un d'entre eux, *Orange RDC* (opérant sous l'ancienne licence de Congo Chine Télécom). En restant sur les nouvelles bandes de fréquences acquises sur décision de l'ARPTC[618], Orange empiétait 2 MHz d'anciennes bandes de fréquences de l'opérateur *Oasis (Tigo).* Ce dernier devait en principe revenir à son occupation initiale, à la suite de l'arrêté du ministre des PTT annulant la décision de migration.[619] La situation est ainsi demeurée jusqu'à caducité (présumée[620]) suite à la fusion-absorption opérée par *Orange RDC* sur *Oasis* (*Tigo*). L'acquisition de 100% des parts d'actions d'*Oasis/Tigo* par *Orange* fut officialisée en avril 2016, pour une valeur de 140 millions de dollars.[621]

---

a différents types de GSM 900 MHz. PGSM : Pure GSM (*lien de transmission* 890-915 MHz et lien de réception 935-960 MHz) ; EGSM : GSM étendu (lien de transmission 880-915 MHz et lien de réception925-960 MHz) ; RGSM : chemin de fer GSM (lien de transmission876-915 MHz et lien de réception921-960 MHz) ».

618 Décision n°33/ARPTC/CLG/2012 du Collège de l'ARPTC attribuant les fréquences additionnelles dans la bande GSM 900 à la société CCT Sarl, JO RDC, 53e année, 1er décembre 2012, col. 54.

619 Décision n°028/ARPTC/CLG/2012 du Collège de l'ARPTC attribuant les fréquences additionnelles dans la bande GSM 900 à la société Oasis Sprl, JO RDC, 53e année, 1er décembre 2012, col. 53.

620 Au regard des modes classiques d'extinction des obligations, les revendications de Oasis (Tigo) tombent caduques par la confusion de tous ses actifs dans le patrimoine d'un seul et même propriétaire (Orange), y compris les 2 MHz de PGSM de Oasis anciennement occupées par Orange.

621 Source : Archives de la Vice-primature, Ministère des PTT et NTIC, Kinshasa, décembre 2004 à février 2016.

2. Le défi de coordination transfrontalière des fréquences radioélectriques au regard de l'« intra-régulation » des télécoms en RDC

La RDC fait face à un grand défi de coordination des fréquences transfrontalières, avec ses neuf pays limitrophes.[622] L'UIT a effectué des répartitions globales de ressources essentielles des télécoms au regard du développement mondial du marché électronique.[623] La mission de l'UIT concourt à définir une régulation technique mondiale. Son intervention évite des interférences radioélectriques entre les États, de mauvais routages d'appels téléphoniques entre pays de même que des confusions des signaux entre types de technologies. La CMR de l'UIT, Conférence Mondiale de Radiocommunications, répartit pour chaque État les fréquences en lots, en bandes, en canaux et en types de technologies.[624]

Au niveau national, le ministre des PTT conçoit, propose et met en œuvre la politique générale devant guider le développement du secteur tout en représentant l'État auprès de l'UIT. Ce pouvoir de représentation lui accorde la possibilité de signer les licences et autorisations. Celles-ci consignent les droits d'usage des ressources rares au profit des opérateurs, pour leur exploitation dans les limites du marché territorial et leur insertion dans le marché international. Le ministre des PTT assure la coordination transfrontalière des fréquences radioélectriques et représente l'État vis-à-vis d'autres membres de l'UIT. Cette dernière assure la gestion mondiale des ressources de radiocommunication et de numérotation des télécoms.

L'autorité de régulation des fréquences veille au respect des normes de radiocommunication afin de prévenir les émissions d'ondes radioélectriques en dehors des frontières nationales. Mais, une coordination entre différents régulateurs étatiques nationaux est nécessaire. Si un opérateur de réseau en RDC oriente trop d'émissions des fréquences en dehors du pays, l'affluence causerait de nombreux préjudices d'ordre technique, économique et financier pour d'autres opérateurs de réseaux dans les États voisins.

Sur le plan technique, ces émissions couvrent le marché centrafricain, tout en interférant sur les émissions de ses réseaux territoriaux. Sur le plan

---

[622] Les pays limitrophes de la RDC sont : Ouganda, Rwanda, Burundi, Tanzanie (frontière Est) ; Zambie (frontière Sud-est) ; Angola (frontière Sud-ouest), RDC (frontière Nord et Nord-ouest) ; Sud-Soudan (frontière Nord-est) ; Congo-Brazza (frontière Est).

[623] En ce qui concerne la gestion des fréquences radioélectriques, l'Union Internationale des télécommunications (UIT) a accompagné le processus de dérégulation du marché conduit par l'OMC.

[624] Les Conférences Mondiales de Radiocommunications (CMR) de l'UIT ont lieu tous les trois ou quatre ans. Elles ont pour tâche d'examiner et, s'il y a lieu, de réviser le « Règlement des radiocommunications », traité international régissant l'utilisation du spectre des fréquences radioélectriques et des orbites des satellites géostationnaires et non géostationnaires. Sur base de l'article 19 de la Convention (Genève, 1992), cette conférence se tient sur la base des contributions soumises par des administrations des États membres concernant les questions réglementaires, techniques, opérationnelles et de procédures à examiner par le CMR. [www.itu.int/fr/ITU-R/conferences/wrc/Pages/default.aspx] (consulté le 8 juillet 2016).

économique, les citoyens de la République Centrafricaine se procuraient les services téléphoniques des réseaux de la RDC leur faisant des offres intéressantes. Sur le plan financier, cette concurrence déloyale des opérateurs congolais affectait les revenus commerciaux des opérateurs centrafricains et par conséquent les recettes fiscales de la République Centrafricaine.

Pour ces motifs, une plainte du régulateur de la République Centrafricaine – adressée le 22 novembre 2004 contre les opérateurs de télécoms basés en RDC – est restée dans les annales de l'Autorité de régulation congolaise et du ministère des PTT.[625] Se plaignant précisément contre Celtel RDC (actuelle Airtel)[626] et Vodacom Congo (actuel Vodafone RDC), le régulateur centrafricain des télécoms sollicitait l'arbitrage de l'ARPTC. La plainte visait la cessation des actes de concurrence déloyale sur le marché transfrontalier. Les opérateurs congolais émettaient leurs ondes radioélectriques au-delà des frontières administratives de la RDC en destinant leurs services des télécoms GSM sur le marché du pays voisin. Les droits de licence sont limités aux territoires souverains dont relève les autorités nationales qui les ont accordés aux prestataires techniques. Le fait de couvrir l'espace d'un marché extérieur sans en avoir les droits n'est pas permis. L'instruction du dossier aboutit à une décision du régulateur ordonnant aux opérateurs fautifs l'application d'une recommandation spécifique de l'UIT.[627]

Néanmoins, cette décision prise par le régulateur nous semble relever de la compétence du ministre des PTT. Concernant la coordination des fréquences, la loi-cadre dispose que « l'application des accords et traités internationaux dans le secteur des télécommunications » relève des attributions légales du Ministre et non de l'Autorité de régulation. Il en est de même pour « représenter les intérêts du pays auprès des organisations sous-régionales, régionales et internationales ». En principe, l'ARPTC régule un marché intérieur territorial, alors que la loi ne la mandate pas à décider sur des affaires d'État à État.[628]

Dans la pratique, la coopération entre régulateurs nationaux se développe dans le cadre des associations paritaires internationales. L'indépendance des

---

625 K. NDUKUMA ADJAYI, *Cyberdroit…, op.cit,* p. 90. La plainte avait été introduite par le Directeur Général de l'Agence de Régulation des Télécommunications de la République Centrafricaine, M. Jean-Marie Sakila, le 22 novembre 2004 contre accusé de réception de l'ARPTC sous le n°1032 en date du 23 novembre 2004.

626 La société Celtel a été vendue à Zain (MCT) puis à la société Airtel Congo RDC, actuel exploitant de sa licence en RDC.

627 Recommandation UIT-R SM 1132-2, *Principes généraux et méthodes de partage des fréquences entre services de radiocommunication ou entre stations radio électriques*, 1995-2000-2001. En l'occurrence, il s'agit de la Rec. UIT-R SM 1132-2 de radiocommunication. Celle-ci préconise au moins trois possibilités de cessation des *« transborder overspilling »* (interférences transfrontalières), soit par le partage des canaux de fréquences, soit par le changement d'orientation de leurs antennes, soit par la baisse de la puissance de leurs émetteurs.

628 Article 6, points f) et g), loi-cadre sur les télécoms [RDC] (LCT-RDC).

missions de l'ARPTC lui permet d'initier des contacts techniques en vue de la coordination des émissions transfrontalières. Conformément à la Constitution et au Droit des traités, le gouvernement signe des accords internationaux, sans préjudice de leur ratification parlementaire, dépassant les habilitations techniques de l'ARPTC. Pour cette dernière, la gestion de la numérotation téléphonique reste également un défi juridique et technique.

B. La régulation technique des ressources en numérotation entre les autorités congolaises de réglementation et de régulation

Comme pour les fréquences radioélectriques, le numérotage est également une ressource rare des télécoms. La numérotation téléphonique ne comporte pas de possibilités d'utilisation illimitées dans la nature. « Avec l'arrivée des nouveaux opérateurs, l'évolution des nouvelles technologies, on constate un usage intense des numéros. L'un des défis majeurs de la régulation est de pouvoir gérer cette ressource rare, afin qu'elle puisse répondre aux besoins croissants en numéros, surtout pour le mobile ».[629] Le système de marché ouvert à la concurrence renforce les aspects limités et essentiels du « plan de numérotage ».[630] Aussi, la numérotation est-elle un enjeu économique certain.

En effet, la « ressource en numérotation » est « l'ensemble des potentialités qu'offrent les numéros dans un plan défini ».[631]L'objet de leur régulation est de garantir *« un accès égal et simple des utilisateurs aux différents réseaux et services de télécommunications et l'équivalence des formats de numérotation ».*[632] Leur partage équitable entre exploitants des télécoms est indispensable pour l'interopérabilité des réseaux et l'interfonctionnement des services offerts au public.

Dans le jeu concurrentiel du marché, l'accès égal à ces ressources détermine l'équilibre du marché. Il détermine aussi et notamment la valeur économique des numéros de téléphones, leur portabilité, l'identifiant d'accès des usagers et des entreprises aux SSI. C'est l'enjeu de la téléphonie et de l'Internet (mobile). Même l'« Internet fixe à domicile » procède d'un modem branché sur la ligne téléphonique, sur la base d'un numéro d'appel.

---

[629] UIT, Atelier pour la création de nouveau plan de numérotage national en Afrique, Cotonou (Bénin), 30 juin-04 juillet 2003. Le plan de numérotage national comprend : Préfixe international (PI) ou *International prefixes (IP)* ; l'indicatif de pays (IP) ou *Country Code (CC) ;* le numéro significatif (NNS) ou *National Significant Code (NSN) ;* l'indicatif national de destination (IND) dit « code zone, code interurbain » ou *National Destination Code (NDC) ; le* Numéro abonné (NA) ou *Subscriber's Number (SN),* soit pour la France : 00-33-66-101-5544 et pour la RDC : 00-243-81-631-0639.

[630] *Ibidem.*

[631] Article 1er, arrêté n°004/CAB/MIN/PTT/2009 du 26 février 2009 portant fixation des modalités de gestion du Plan National de Numérotation, JO RDC, 50e année, n°5, 1er mars 2005, col. 1-10.

[632] P. HUET, « Allocation et gestion des ressources rares », *Actualités juridiques, Droit administratif,* n°3, 20 mars 1997.

Le plan de numérotation comprend un identifiant du réseau pour celui qui opère sur le marché électronique et une adresse d'appel/réception pour l'abonné du réseau hôte. Il est, comme pour Internet, l'adressage des « noms de domaine[633] » (TLD).[634] Le préfixe téléphonique constitue les « premiers chiffres d'un numéro qui permettent d'identifier la nature du service, l'opérateur ou la localisation géographique de destination ».[635]

Le législateur de 2002 a confié à l'ARPTC la charge d'élaboration du plan national de numérotation ainsi que sa gestion.[636] La loi-cadre sur les télécoms a placé le régulateur au premier plan de gestion nationale des ressources rares, en lui confiant pour attributions spécifiques non seulement de « gérer et contrôler le spectre des fréquences » mais aussi d'« élaborer et gérer le plan national de numérotation ».[637] Le régulateur « arbitre les différends survenant dans le domaine des télécommunications, notamment en matière d'utilisation (la notion d'utilisation est indirectement liée à celle de disponibilité) de fréquences ou indicatifs ».[638]Ces derniers font partie du plan national de numérotation, créé et organisé par deux arrêtés du Ministre des PTT : les arrêtés n°003 et 004/CAB/MIN/PTT/2009 du 26 février 2009 créent le Plan national de numérotation et en déterminent les modalités de gestion.[639]

---

633 E. LAGRANGE, *L'Internet corporation for assigned names and numbers : un essai d'identification*, éd. A. Pedone, Paris, 2004, pp. 305-346 (Extrait broché : *RGDIP*, 2004-2). L'attribution des noms de domaine « traduit dans un langage plus usuel, mémorisable, de l'adresse IP (pour *Internet protocol*) des sites accessibles sur le réseau via une application ou un service ». Le TLD ou *Top Level Domain* est le nom de domaine de tête ou de premier niveau se distribuant en trois catégories : *iTLD* (pour le domaine *infrastructure,* monopole de l'ARPANET, en *generic* TLD ou gTLD tels que .org, .com, .int, .mil, .gov, et en *country code* TLD ou *cc*TLD tels que « .fr » (France), « .uk » (Royaume-Uni), « .be » (Belgique), « .cd » (RDC). L'ICANN est l'entité privée d'utilité publique qui gère la racine de l'architecture du réseau Internet en administrant le système des noms de domaine.

634 MUTINGA MUTUISHAYI et *alii*, *Rapport de la Commission d'enquête sur le secteur des télécommunications en RDC*, Sénat, RDC, mai 2008, pp. 39-41. Comme le souligne la commission d'enquête sénatoriale congolaise de 2008, au sujet du ccTLD « .cd » de la RDC : « L'internet n'est pas seulement source d'information et un canal d'échange ; il est aussi et surtout générateur d'importances ressources financières. [...] Alors que [le] contrat [avec l'État congolais] oblige CIM à verser chaque année au trésor public 25% de son chiffre d'affaires, cette société n'a jamais présenté un bilan positif pour un exercice. Elle n'a rien versé au compte du Trésor, même à titre forfaitaire. [...] Les études prévisionnelles élaborées par l'OCPT à cet effet font état des estimations de recettes pour la première année de 16.225.200$ pour un investissement total de 3.215.625$ ».

635 Article 1er, arrêté n°004/CAB/MIN/PTT/2009, préc.

636 Article 8, point f), loi-cadre sur les télécoms [RDC], préc.

637 Article 8-e) et -f), loi-cadre sur les télécoms [RDC], préc.

638 C. GUERRIER, « Droit et accords OMC dans le domaine des télécommunications : la problématique africaine », *Droit de l'informatique et des télécoms,* revue trimestrielle, 16e année, 1999, pp. 92-96, spéc. p. 95-96

639 Arrêté n°003 /CAB/MIN/PTT/2009 du 26 février 2009 portant création du Plan National de Numérotation et Arrêté n° 004/CAB/MIN/PTT/2009 du 26 février 2009 portant fixation des modalités de gestion du Plan National de Numérotation, JO RDC, 50e année, n°5, 1er mars 2005, col. 1-10.

Ainsi, par rapport à l'ARPTC, l'intervention du ministre des PTT s'exerce en amont en arrêtant les principes de gestion et d'octroi de la numérotation. C'est le Ministre qui organise la répartition des ressources de numérotation entre les réseaux ou entre différents services de télécoms. La réglementation nationale correspond à un segment du Plan National de Numérotation Mondiale conformément à la recommandation UIT-T E.164. La RDC a adopté la même définition du « plan national de numérotation » que préconise le réseau de régulateurs francophones,[640] en ajoutant quelques précisions.

Ce plan correspond à « la ressource nationale constituée par l'ensemble structuré de numéros permettant d'identifier les points de terminaison fixes ou mobiles des réseaux et services téléphoniques, d'acheminer les appels et d'accéder à des ressources internes aux réseaux ». L'organisation de ces ressources a tenu compte des besoins présents et prévisibles. La réservation ou l'attribution à un opérateur d'un ou de plusieurs numéros ou blocs de numéros est décidée en respectant le plan de numérotation. Cette attribution doit tenir compte des besoins prévisibles du réseau sur un terme de 20 ans au moins. L'attribution tient aussi compte de la perspective d'ouverture du marché afin de disposer de la marge pour de nouveaux entrants.[641]

Les conditions d'attribution de numéros font l'objet de procédures de contrôle et de sanction, suivant l'arrêté n°004/CAB/MIN/PTT/2009 du 26 février 2009.[642] Les autorités congolaises de réglementation interviennent pour l'allocation des ressources en numérotation aux opérateurs des télécoms ou à d'autres entités demandant des numéros spéciaux. Les mécanismes de publication permettent aux autorités de réglementation « la mise à disposition du public [...] des informations relatives à la structure et à l'évolution du plan d'une part et à la situation et l'utilisation des ressources réservées ou attribuées d'autre part ».[643]

---

[640] UIT, Atelier pour la création de nouveau plan de numérotage national en Afrique, Cotonou (Bénin), 30 juin-04 juillet 2003. Au cours de la sixième réunion annuelle du réseau des régulateurs francophones, l'ARTEL (Burkina-Faso) définissant « [l]e plan national de numérotation [...] comme étant la ressource constituée par l'ensemble structuré des numéros permettant notamment d'identifier les points de terminaison fixes ou mobiles des réseaux et services téléphoniques ».

[641] Article 4, arrêté n°004/CAB/MIN/PTT/2009, préc. : Le Plan National de Numérotation est établi en conformité avec les principes suivants : – le respect des normes de l'UIT – T [...] ; – la capacité suffisante pour satisfaire les besoins prévisibles à long terme (20 ans au moins) des différents réseaux et services. [...] Les réserves peuvent être, soit préaffectées à des catégories de services, soit sans affectation [...] ; – la prise en compte des besoins prévisibles des opérateurs de réseaux et de services, dans une perspective d'ouverture du marché [...]. En outre, le plan national de numérotation prévoit, en concordance avec la stratégie d'ouverture du marché, la possibilité de mettre en place la fonction de sélection du transporteur ; – la planification des amendements de manière à minimiser l'impact des modifications par rapport au plan précédemment en vigueur et par rapport aux usagers ; – l'harmonisation des numéros nationaux devant avoir le même nombre de chiffres. »

[642] Arrêté n°004/CAB/MIN/PTT/2009 du 26 février 2009, JORDC, n°5, 1er mars 2009, col. 1-10.

[643] Article 1er, arrêté n°004/CAB/MIN/PTT/2009, préc.

Deux cas d'attribution des ressources en numérotation sont possibles.

- Premièrement, des blocs de numérotage[644] sont délivrés au moment de l'octroi des licences ou autorisations d'entrée sur le marché. La signature du ministre sur le titre vaut attribution, car décidant comme représentant l'État concédant.
- Deuxièmement, l'allocation est faite aux utilisateurs suivant un besoin précis exprimé auprès de l'autorité de régulation statuant sur décision de son collège. Le régulateur est souvent saisi pour harmoniser une situation ou pour amender des droits initiaux d'usage de la numérotation. Elle dispose d'une grande activité se rapportant à la numérotation téléphonique, comme le démontre le grand nombre de ses décisions, laissant penser à une routine de la régulation dans le domaine.[645]

Par ailleurs, des numéros courts ou spéciaux configurés dans le réseau permettent de canaliser des appels surtaxés, d'organiser des services particuliers en ligne, de servir aux contrats à distance, de voter par SMS, d'accéder aux plateformes de paris et d'autres jeux en ligne. L'ARPTC alloue des numéros spéciaux et régule les offres professionnelles, à défaut d'une autorité nationale de la régulation des jeux en ligne comme l'autorité de régulation des jeux d'argent en ligne (ARJEL) en France.[646]

---

[644] L'usage des termes « plan de numérotage » ou « plan de numérotation est indifférent », de l'anglais *numbering plan.*

[645] JO RDC, 1er déc.2011, n°23 : (1) Décision n°045/ARPTC/CLG/2011 du 14 juin 2011 portant attribution des ressources en numérotation à la société OASIS, col. 33. (2) Décision n°046/ARPTC/CLG/2011 du 14 juin 2011 portant attribution des ressources en numérotation à la société CELTEL Congo, col. 33. (3) Décision n°042/ARPTC/CLG/2011 du 20 mai 2011 portant attribution des ressources en numérotation à la société CELTEL Congo (RDC), col. 33. (4) Décision n°060/ARPTC/CLG/2011 du 2 septembre 2011 portant attribution des ressources en numérotation à la société Congo Chine Télécom, col. 51. (5) Décision n°060/ARPTC/CLG/2011 du 2 sept. 2011 portant attribution d'un numéro court de service à valeur ajoutée à la société OASIS Sprl, col. 49. (6) Décision n°068/ARPTC/CLG/2011 du 05 oct. 2011 portant attribution des ressources en numérotation à la société Vodacom Congo, col. 63. (7) Décision n°034/ARPTC/CLG/2011 du 20 avril 2011 portant autorisation de concessions de gestion de country code (243) à la société V-SAT Telecom, col. 20. (8) Décision n°027/ARPTC/CLG/2011 du 24 mars 2011 portant attribution des numéros des Codes de réseau et de signalisation à la société YOZMA Timeturns, col. 11. etc. [www.journalofficiel.cd/joRDC/resthesau.php?id_terme_initial=3204&lettre=P] (consulté le 1er juillet 2016).

[646] *Cf.* pour le principe : Arrêté du 19 janvier 1901 du gouverneur général (de la colonie belge Congo) sur les jeux de hasard, *Recueil usuel de la législation,* IV, p. 4. Décret sur les loteries du 17 août 1927, *Bulletin officiel*, Congo-Belge, 1927, p. 1487. Ordonnance-loi n°11-141 sur l'interdiction des concours de pronostics sportifs ou autres, *Bulletin administratif*, 1951, p. 1154. En RDC, les jeux de paris et de pronostic sont sous régime d'interdiction. Mais avec les pratiques du marché et le réalisme fiscal de loi 04/015 de 2004, le ministre des sports et loisirs autorise les jeux d'argent et de hasard, moyennant « taxe d'autorisation » et « taxe *ad valorem* sur les gains des parieurs ». L'activité est encadrée, même si elle se déroule en ligne.

En RDC, des « numéros courts » peuvent être attribués aux services publics d'appel d'urgence (pompiers, police, etc.), sachant que tous les opérateurs sont tenus d'affecter les mêmes numéros à ces services d'utilité publique. La création ou la modification des numéros courts des services d'urgence est décidée par arrêté du ministre des PTT sur proposition de l'autorité de régulation (ARPTC). D'autres numéros spéciaux sont destinés, soit aux services d'assistance gratuité aux abonnés (cahiers des charges des opérateurs), soit à des services à valeur ajoutée (avec tarif surtaxé).[647]

En outre, la réglementation congolaise organise la portabilité des numéros. Cette dernière s'entend de la possibilité offerte aux clients de conserver le même numéro d'appel même s'ils changent d'opérateur de réseau. En France, l'article 44 du CPCE impose aux opérateurs de proposer à un tarif raisonnable à leurs abonnés afin de conserver le numéro, fixe ou mobile, lorsqu'ils changent d'opérateur. [648] En RDC, un arrêté interministériel des PTT et des finances a défini en 2009 les taxes relatives à l'utilisation des ressources de numérotation.[649]

Vu le développement rapide des télécoms,[650] il a fallu tenir compte du passé récent au cours duquel il y avait une disparité de la taille de « *digits* » ou des numéros téléphoniques entre les opérateurs d'un même pays. Un seul opérateur (*Vodacom*) avait montré une planification ambitieuse : dès son entrée sur le marché en 2002, il avait retenu une configuration de numéro téléphonique à dix chiffres ou digits pour son plan de numérotage. Ses prédécesseurs sur le marché en l'an 2000, *Celtel* (actuel *Airtel*), *Oasis* (*Tigo RDC*, racheté par *Orange* en avril 2016) et *Congo Chine Télécom* (racheté par *Orange* en 2012), avaient adopté une numérotation à huit digits. Leurs bases des registres des réseaux (HLR) étaient très vite arrivées à saturation.

Entre 2005 et 2007, face à la croissance du marché, des « migrations techniques » ont dû être opérées en urgence pour une standardisation du numérotage téléphonique sur différents réseaux de la RDC. Afin de ne pas freiner la croissance en nouveaux abonnés de leurs réseaux respectifs. Ces

---

647 Article 1er, arrêté n°004/CAB/MIN/PTT/2009, préc.

648 En France, l'article D406-18 du CPCE, modifié par Décret n°2012-488 du 13 avril 2012 - art. 19 détaille les modalités de la portabilité des numéros. *Cf.* pour détails l'Institut National de Consommation (INC) détaille la portabilité de téléphone fixe, sous l'intitulé : La portabilité de votre numéro de téléphone fixe en 10 points [http://www.conso.net/content/la-portabilite-de-votre-numero-de-telephone-fixe-en-10-points]

649 Arrêté interministériel n°001/CAB/VPM/MIN/PTT/2011 et n°045/CAB/MIN/FINANCES/2011 modifiant et complétant l'Arrêté interministériel n°005/CAB/MIN/PTT/2009 et n°071/CAB/MIN/FINANCES/2009 du 26 février 2009 portant fixation de taux de la taxe de numérotation à percevoir à l'initiative de l'ARPTC pour l'utilisation des ressources en numérotation, JO RDC, 52e année, n°4, 15 février 2011, col. 6 [www.legalnet.cd/Legislation/JO/2011/JO%2015%2002%202011.Sommaire.pdf] (consulté le 15 juin 2016).

650 GOUVERNEMENT [RDC], *Programme économique et sociale du gouvernement*, Kinshasa, 2010. Le PEG indique une croissance de 50% de croissance du nombre d'abonnés sur cinq ans entre 2005 et 2010 et un taux de croissance annualisé du secteur des télécoms calculé à 25% en fin 2010.

migrations faites à la hâte obligeaient les autres opérateurs interconnectés à réadapter également leurs systèmes. Le but fut d'éviter des congestions d'appels téléphoniques passés par leurs propres clients (*on-net*) et d'un réseau à l'autre (*off-net*). La bonne configuration du plan de numérotage évite des saturations des lignes ainsi que des pertes dans le chiffre d'affaires.

Par exemple, l'achat de *Congo Chine Telecom* par *Orange* en 2012 avait conduit encore à un ajustement des numérotations de ce réseau. En revanche, la fusion-absorption de la société *Oasis (Tigo)* par *Orange* le 21 avril 2016 a entraîné la conservation de deux plans de numérotations téléphoniques sur un même réseau. À son rachat par *Orange*, *Oasis (Tigo)* comptait à son actif environ six millions d'abonnés en 2016 : depuis son entrée sur le marché congolais en 2000, leurs numéros d'appel sont devenus des éléments d'identité pour les abonnés. *Orange* ne put donc entreprendre de les changer sans prendre le risque d'entraîner des pertes référentielles d'identité pour ses clients et des manque-à-gagner pour lui-même, dans l'hypothèse d'une transition radicale.

Au niveau national, la régulation technique présente quelques faiblesses de planification de gestion et de transparence des assignations des ressources réalisées par les autorités étatiques sectorielles. Le marché exprime des besoins croissants des ressources en numérotation et en fréquences radioélectriques au regard de la croissance économique, du déploiement du réseau (*roll-out*) et de l'innovation. Il n'en demeure pas moins que les marchés transfrontaliers utilisent les mêmes fonctionnalités techniques de leurs réseaux, au point que des risques d'interférence ou de concurrence déloyale entre opérateurs transfrontaliers sont à gérer par coordination et coopération, bilatérale ou multilatérale.

EN GUISE DE CONCLUSION DU CHAPITRE...

En somme, notre étude identifie les nouveaux défis du droit congolais des télécoms en les rapprochant du niveau de maturation des solutions juridiques européennes et françaises. Plusieurs enjeux découlent des transformations du secteur monopolistique en marché. Mais aussi, des défis législatifs concernent plusieurs aspects du système dérégulé du marché des télécoms. Fondamentalement, le défi législatif congolais est d'organiser la régulation conjointe entre l'ARPTC et le ministère des PTT, autour de deux enjeux primordiaux : gérer les ressources du domaine public des télécoms et développer le marché qui en opère l'exploitation concurrentielle. Néanmoins, plusieurs secteurs régulés s'entrecroisent aujourd'hui à cause des services numériques en réseau, en accentuant les limites du modèle législatif initial. La régulation sectorielle semble de plus en plus inadaptée face aux nouveaux enjeux de l'Internet.

Précisément, la régulation technique est le rayon d'action conjointe des autorités de réglementation nationale en ce qui concerne la numérotation et la gestion des fréquences radioélectriques. Les différents développements illustrent les défis de l'intra-régulation dans la gestion partagée des ressources essentielles des télécoms. L'intervention de deux autorités étatiques peut s'avérer source de difficulté en cas d'incoordination ou de conflits chroniques. Ces défis classiques et plus anciens des télécoms s'associent à de nouveaux défis juridiques inhérents à l'accession de la RDC à l'économie numérique.

Dans le monde entier, l'économie des marchés a concerné au premier chef les services publics des télécoms avant d'intégrer l'économie numérique. Pour le droit congolais, les acquis juridiques en la matière sont encore au niveau du réaménagement du monopole public (l'État par rapport au marché), mais aussi la séparation des fonctions de réglementation, de régulation et d'exploitation (l'État par rapport à lui-même). Dans le secteur des télécoms, l'instauration de la régulation a été une transformation marquante opérée par la loi-cadre sur les télécoms, telle que complétée par la loi n°014/2002 sur l'ARPTC. Analyser la *ratio legis* de ces lois vise à appréhender les aspects des changements de même que leurs valeurs en droit positif congolais.[651] L'approche de droit comparé permet d'évaluer la pertinence des réformes congolaises, à la lumière des expériences européennes et françaises[652] ainsi que des standards de l'OMC.[653]

Face à la révolution numérique, les autorités congolaises de régulation font preuve de beaucoup de pragmatisme juridique, malgré leurs sphères de compétences limitées aux télécoms. Il est plus que nécessaire pour le législateur de construire un véritable *corpus juris,* au diapason du droit comparé de l'économie numérique européenne et française.

---

[651] L'orientation n'est pas axée sur une étude économique du marché dérégulé. Le choix d'analyse ne détaille pas les effets bénéfiques des réformes effectuées, notamment : augmentation du parc téléphonique, amélioration de la qualité des services, participation du secteur à la croissance du PIB et des conditions de vie, numérisation de l'administration, avantages des services alternatifs (convergence), disponibilité de l'offre des services de base, commerce électronique, diversité de l'offre des services à valeur ajoutée et des services de base, etc. L'orientation n'est pas axée sur une étude économique du marché dérégulé.

[652] *Cf.* Tome 1, Titre 2, Chapitre 1 : ouvrage du même auteur. En France, la dissociation des services postaux de ceux des télécoms est réalisée. Des entités différentes ont été instituées avec un statut d'indépendance clairement affirmé pour la régulation, face à l'administration et au marché. L'approfondissement de la démonopolisation a été axé sur la privatisation de l'exploitant public (France télécom) par association des capitaux publics et privés, nationaux et internationaux. Comparativement, il convient d'analyser, en droit congolais, l'état d'« implémentation » de ce modèle depuis son adoption en 2002.

[653] *Cf.* Tome 1, Titre 2, Chapitre 2 : ouvrage du même auteur.

TITRE II

La refondation du droit congolais à l'ère de l'économie numérique : Droit du numérique

Pour la RDC, trois types d'enjeux de la société numérique peuvent servir de finalité à la transformation de son cadre juridique. En premier lieu, l'État est censé légiférer les phénomènes sociaux émergents et réguler ceux de la révolution numérique. En deuxième lieu, il est question d'établir dans la société congolaise la sécurité juridique et la confiance en l'économie numérique. En troisième lieu, avec la globalisation des économies, l'Internet repousse les frontières entre les marchés, les citoyens et les nations du monde. « La vision du gouvernement dans ce secteur est de faire entrer la R.D.Congo de plain-pied dans l'économie numérique. [...] Cette vision devra se traduire par l'amélioration de la gouvernance de ce secteur ».[654]

Quoiqu'il en soit le « phénomène Internet » et son économie informationnelle débordent de l'actuel cadre légal en RDC. Les enjeux de l'économie numérique motivent de rattraper le retard législatif. Pour la mise à jour du droit congolais, des références au droit comparé sont nécessaires. Les droits européens et français sont le fruit des expériences avant-gardistes qui inspirent l'étape actuelle des réformes des lois sectorielles à l'ère numérique depuis leurs promulgations en 2002.

Depuis avril 2017, le parlement congolais est engagé dans des travaux de *lege ferenda* pour le renouveau du droit des télécoms. L'initiative entend combler les carences de la loi, en corriger les erreurs anecdotiques et surtout étendre la vision sectorielle de la législation des télécoms à la bascule au tout numérique. Après près de cinq ans d'études internes à compter de l'an 2012, le gouvernement congolais a déposé au parlement en avril 2017 trois textes de refondation du droit dans la société de l'information.

En conformité avec la politique nationale d'accession à l'économie numérique,[655] le premier projet de loi est général, englobant les aspects

---

[654] AGENCE NATIONALE POUR LA PROMOTION DES INVESTISSEMENTS, « Nouvelles technologies de l'information et de la communication », *Cahier sectoriel*, ANAPI, Kinshasa, mai 2017, p. 29.
[655] *Ibidem.*

juridiques des télécoms et des TIC, sans toutefois adopter la terminologie française et européenne de « communications électroniques ». Le deuxième projet de loi doit réajuster l'organe de régulation sectorielle des PTT, en réalignant ses fonctions par rapport enjeux de l'Internet et de la convergence numérique. Le troisième projet de loi se rapporte notamment au commerce électronique, dépourvu de régime spécifique en droit positif congolais.

Dans les faits jusqu'en août 2018, l'Assemblée nationale adoptait en premier examen le 7 mai 2018 le texte général de loi sur les télécoms et les TIC avec 287 pour, sans aucun vote négatif, ni abstention. L'Assemblée n'a pas examiné le projet de loi modificative sur l'ARPTC, car elle leva l'option d'abroger la loi n°014/2002 relative à son organisation et de renvoyer la question de son fonctionnement à un décret du Premier ministre, délibéré en conseil des ministres. Dans le flou, le texte sur le commerce électronique, censé déposé simultanément avec le reste du paquet 2017, ne le semble plus.

Pour la RDC, l'économie numérique est à la fois la source matérielle, l'objet et l'objectif de renouveau de son droit positif. Les transformations numériques du marché national sont un aperçu indispensable pour comprendre l'accession du pays dans la société de l'information. Le contexte juridique congolais est marqué par la révolution numérique. Les anciens défis législatifs des télécoms sont étudiés au titre précédent. Ils éclairent les récents besoins de législation devant encadrer les nouveaux aspects encore anomiques d'économie numérique.

Notamment, les données personnelles ne disposent en RDC d'aucune réglementation, ni de système de protection à la hauteur des enjeux de vie privée et de droits fondamentaux en ligne. Et pourtant, le pays enregistrait au 2ème trimestre 2017 : 31.298.358 abonnements téléphoniques, 11.731.606 souscriptions à l'Internet mobile et 7.485.510 utilisateurs des e-paiements et des transferts de monnaie électronique.[656] Dans la législation actuelle des télécoms, la seule référence aux données personnelles est une phrase générique autour de la définition terminologique des « exigences essentielles des télécoms ».[657] En l'espèce, la disposition de la loi-cadre de 2002 présente une simple forme de déclaration potestative : « La protection des données peut comprendre la protection des données personnelles, la confidentialité des informations transmises ou stockées ainsi que la protection de la vie privée ».[658] Les enjeux initiaux de l'informatique mettaient aux prises le citoyen face au traitement automatisé, effectué par l'administration sur ses données à caractère personnel.[659]

---

[656] AUTORITÉ DE RÉGULATION DE LA POSTE ET DES TÉLÉCOMMUNICATIONS, *observatoire du marché de la téléphonique mobile, rapport du 2e trimestre 2017,* Direction Économie et Prospective, Kinshasa, p. 4.

[657] Article 13-4, *in fine*, loi-cadre sur les télécoms [RDC], préc.

[658] *Ibidem.*

[659] M-L. LAFFAIRE, *Protection des données à caractère personnel, tout sur la nouvelle loi « informatique et libertés »,* éd. d'organisation, coll. « Guide pratique », Paris, 2005, pp. 35 et s.

Avec la révolution numérique, les pratiques intrusives, la captation insidieuse des données et leur marchandisation ne concernent plus seulement les fichiers administratifs d'identité.[660] Les techniques numériques font le profilage psychique et comportemental de la personne physique. La liberté individuelle est à l'épreuve de la sophistication de la téléinformatique, de la popularisation des objets connectés et de la massification des données. Les pratiques du *« big data »* (méga données), leur transfert international, tracent de trajectoires insoupçonnées pour des transformations du droit de la protection des données personnelles.

En la matière, 1978 et sa Loi informatique et libertés restent la référence du système de protection.[661] Les illustrations en sont données en Europe avec le dernier « règlement général sur la protection des données » (RGPD).[662] En France, la « loi pour la République numérique » de 2016 insiste sur la loyauté des plateformes électroniques.[663] Au vu des expériences européennes et françaises, le dispositif juridique de protection des données personnelles se structure autour : 1° du droit à consentir ou à s'opposer à leur collecte ; 2° du droit de consulter ; 3° du droit de rectifier ; 4° du droit à l'oubli numérique, voire à la mort numérique, au nom du droit désormais fondamental à l'autodétermination informationnelle.[664] Mais, face à tous ces défis sous-jacents de l'économie numérique, le droit congolais est déficient, à cause de l'inexistence de réglementation y afférente.

De même, la lutte contre la cybercriminalité ne dispose pas de dispositif pénal approprié en RDC. Cette carence législative est non seulement un défi de cybersécurité nationale quant aux innommables atteintes informatiques, mais aussi source d'innombrables enjeux de protection des droits individuels des internautes. Sur ce registre, le Conseil de l'Europe a adopté la « Convention sur la cybercriminalité » depuis le 23 novembre 2001.[665] Pour le monde entier, cette convention dite de Budapest, lieu de son adoption,

---

660 Sur le sujet, l'affaire SAFARI des années 70 reste emblématique des remous populaires en France face au « Système Automatisé pour les Fichiers Administratifs et le Répertoire des individus », ayant donné lieu à cet acronyme et à la Loi Informatique et Libertés de 1978.

661 Loi n°78-17 du 6 janvier 1978 relative à l'informatique, aux fichiers et aux libertés, JO RF, 7 janvier 1978 (modifiée en 2004).

662 Règlement (UE) 2016/679 du parlement européen et du Conseil du 27 avril 2016 relatif à la protection des personnes physiques à l'égard du traitement des données à caractère personnel et à la libre circulation de ces données, et abrogeant la directive 95/46/CE (règlement général sur la protection des données), JOUE, L 110, 4 juillet 2016, pp 1-88.

663 Loi n°2016-1321 du 7 octobre 2016 pour une République numérique [« loi Axelle Lemaire »], JORF, 8 octobre 2016.

664 *Cf.* notamment : CONSEIL D'ÉTAT, *La France dans la transformation numérique : quelle protection des droits fondamentaux ?,* La documentation française, n° 16, coll. droits et débats, colloque organisé le 6 février 2015, Paris, 2016, pp. 4-203.

665 CONSEIL DE L'EUROPE, *Convention sur la cybercriminalité*, Budapest, 23 novembre 2001, STE n°185, pp. 1-30.

reste un traité ouvert et fait référence au regard de son niveau de protection.[666]

Entrée en vigueur en juillet 2004, la Convention reste à ce jour le « seul traité international contraignant. Elle sert de ligne directrice à tout État souhaitant développer une législation nationale complète contre la cybercriminalité. Elle propose un cadre pour l'élaboration d'une législation et la mise en place d'une coopération internationale contre la cybercriminalité ».[667] Mais à l'ère post-Snowden, le monde se trouve en rupture d'équilibres stratégiques obligeant chaque nation à construire sa cybersécurité.[668] Une coopération accrue est nécessaire aux plans national et international pour une stratégie globale de « cybersécurité ». Au niveau européen depuis 2013, le « Centre européen de lutte contre la cybercriminalité » (EC3, en acronyme) travaille avec comme objectifs de « rendre la navigation sur Internet plus sûre et de protéger les citoyens, les entreprises et les différentes infrastructures des organisations criminelles actives sur la toile ».[669]

Au niveau africain, la lutte contre la cybercriminalité connaît un tournant majeur sur le plan juridique. La conférence de l'Union africaine a adopté à Malabo la Convention africaine sur la cybersécurité et la protection des données à caractère personnel.[670] Pour son entrée en vigueur, celle-ci attend encore sa ratification par la RDC et les autres États membres de l'UA.[671]

Au niveau national, l'architecture du droit pénal congolais est défaillante face au phénomène des cybercrimes. Les débuts de réponses spécifiques sont

---

666 En dehors des États européens, la Convention de Budapest a été signée par les États-Unis, le Japon, le Canada, l'Australie et l'Afrique du Sud qui ne sont pas membres du Conseil de l'Europe. La convention est théoriquement ouverte à tous les pays qui en feraient la demande.

667 M. QUÉMÉNER, *Cybercriminalité & Gouvernements ouverts*, 1res journées académiques/Academic days 2016, IMODEV / Université Panthéon-Sorbonne, texte d'exposé, 5 décembre 2016, pp. 1-30, spéc. p. 23.

668 N. ARPAGIAN, *La cybersécurité, op.cit,* p. 3. « Ainsi débute l'"Affaire Snowden", du nom d'Edward Snowden, qui travaillait comme informaticien […] sous-traitant de la NSA. C'est lui qui a fourni aux journalistes la masse de documents originaux permettant d'étayer leurs accusations d'espionnage généralisé, avec la participation des entreprises de pointe de la Silicon Valley. Le sujet est devenu plus critique […] lorsque l'hebdomadaire allemand affirme le 23 octobre 2013, que le téléphone mobile personnel de la chancelière allemande Angela Merkel est écouté en direct par les grandes oreilles étatsuniennes. En juin 2015, le site Wikileaks révélera que c'est aussi le cas de trois présidents français : Jacques Chirac, Nicols Sarkozy et François Hollande ».

669 M. QUÉMÉNER, *Cybercriminalité & Gouv. ouverts, exposé*, Academic days, 15 nov. 2016, Imodev, Univ. Paris 1 Panthéon Sorbonne, Paris, pp. 22 et s.

670 La Convention africaine sur la cybersécurité a été adoptée à Malabo le 27 juin 2014 au cours de la 23ème session ordinaire de la conférence de l'Union africaine à Malabo.

671 C. AHOUTY, « Le cadre juridique de prévention et de lutte contre la cybercriminalité en Afrique », *Conférence internationale sur le renforcement de la cybersécurité et de la cyberdéfense,* OIF, Grand Bassam (Côte d'Ivoire), 8-10 février 2016. Le Sénégal – qui s'était inscrit en priorité dans le processus de ratification de la Convention de Budapest sur la cybercriminalité – a néanmoins ratifié la Convention africaine sur la cybersécurité avec la Guinée, en attendant l'atteinte du seuil de ratifications pour son entrée en vigueur.

inscrits dans le projet de loi sur les télécoms et les TIC,[672] en cours d'examen au parlement congolais. Son titre IV articule la politique pénale autour de trois axes, à savoir : la politique nationale de cybersécurité[673], la répression de la cybercriminalité [674], la coopération et l'entraide judiciaire internationales.[675]

À la lumière des « contingences » ci-dessus de l'économie numérique, le renouveau du droit positif congolais s'impose, pour un droit du numérique à la hauteur des enjeux pertinents de notre société de l'information.[676] Le projet de loi sur les télécoms et les TIC en RDC s'inscrit dans une perspective proche du droit de la protection des données personnelles. Il vise le respect de la vie privée en réseau et la cybersécurité. Les expériences européennes et françaises sont riches et avant-gardistes sur ces objectifs de politique législative. Elles inspirent la prospective de transformation du droit des télécoms et des pouvoirs publics, à l'ère numérique. **(Chapitre 1)**

Plus en profondeur, le renouveau du droit concerne les défis spécifiques se rapportant à la régulation des communications électroniques et à l'encadrement juridique du commerce électronique. Dans sa politique législative, le gouvernement congolais entend contrôler les enjeux nationaux de l'Internet. Le projet de loi entend restructurer l'autorité de régulation des télécoms (ARPTC) pour lui conférer les prérogatives d'une agence nationale de promotion des TIC et de protection des données personnelles.[677]

La réforme de la régulation des télécoms ne serait-elle pas l'occasion de porter un regard critique sur le statut administratif « hybride » et inachevé de l'ARPTC ? N'étant pas encore comme en France une AAI, son rattachement « tutélaire » au président de la République est une problématique lancinante. Depuis 2006, la Constitution de la RDC a modifié les pouvoirs de celui-ci, ce qui relance le débat... Le dernier volet de la réforme législative projette la construction d'un Droit spécial des échanges et du commerce électroniques, au regard des paradigmes de la CNUDCI, de l'OCDE, voire européens et français. La loi n°18/019 (2018) sur le système de paiement électronique est *sui generis*, mais renforce le volet global des avancées du droit. **(Chapitre 2)**

---

[672] Articles 197 à 355, projet de loi sur les télécoms et les TIC.

[673] *Cf.* « Chapitre I : de la cybercriminalité » : articles 187 à 258, projet de loi sur les télécoms et les TIC.

[674] *Cf.* « Chapitre II : de la cybercriminalité et sa répression » : article 259 à 354, projet de loi sur les télécoms et les TIC.

[675] *Cf.* « Chapitre III : de la coopération et de l'entraide judiciaires internationales » : article 355, projet de loi sur les télécoms et les TIC.

[676] A. GONOR, *Le temps,* éd. GF, coll. Corpus, Paris, 2001, p. 217. Nous connotons volontiers le sens logique de l'expression « contingence incontournable », pour justifier le rapport causal entre l'avènement de l'économie numérique et la réforme du droit des télécoms en RDC. Au sens premier de la philosophie : « La contingence est le caractère de ce dont l'existence n'est pas nécessaire, mais simplement possible. Lorsqu'une chose contingente est devenue réelle, on peut dire qu'elle aurait pu aussi bien ne pas arriver. Est ainsi contingence ce dont l'existence est simplement possible ».

[677] *Cf.* Projet de loi sur télécoms et les TIC en RDC, version du gouvernement déposée à l'assemblée nationale depuis avril 2017.

CHAPITRE 1

Le renouveau du droit congolais face aux défis de l'économie numérique

L'Internet, en tant que dernier né du progrès technologique, fonde l'économie numérique. Une des plus grandes caractéristiques de l'écosystème numérique est son dynamisme. Sur le marché des télécoms, l'innovation permanente est le moteur du progrès technologique. L'innovation devrait également être le moteur de la réglementation. En associant la technique numérique à l'économie de marché, la société et l'économie elle-même s'en trouvent transformées.[678] Le droit ne peut rester indifférent. Les services publics sont appelés à la mutabilité pour répondre aux nouveaux besoins sans cesse croissants.[679] Le marché assure cet objectif en présentant un large éventail des services de la société de l'information. Les réseaux de télécoms constituent les autoroutes de l'information, soulevant de nouveaux défis du droit et d'indépendance du Net.[680]

Étant désormais insérée dans la mondialisation, l'économie numérique congolaise oblige de repenser profondément les « lois dérégulatrices » des télécoms de 2002. La convergence numérique suscite de nouvelles tendances de droit comparé vers une fusion des objets techniques de plusieurs régulations sectorielles, du fait de l'utilisation transversale des télécoms dans plusieurs autres domaines d'activités économiques, sociales ou administratives.[681] La loi n°014/2002 enjoignait l'ARPTC de « s'assurer que

---

678 L. GILLE, *Les dilemmes de l'économie numérique, la transformation des économies sous l'influence de l'innovation,* éd. fyp, coll. « Innovation », Paris, 2009, pp. 8 et s.

679 *Cf.* pour les « lois de Rolland » dans la notion des services publics : G. JÈZE, *Les principes généraux du droit administratif, La notion de service public, les individus au service public, le statut des agents publics*, Dalloz, 3e éd., Paris, 2004. J. CHEVALLIER, *Le service public,* 10e éd., PUF, coll. « Que sais-je ? », n°2359, Paris, 2015 (1987).

680 O. ITEANU, *Quand le digital défie l'État de droit, op.cit.*, pp. 10-11. « Les entreprises, les organisations humaines se numérisent. […] Elles jouissent aussi d'outils logiciels d'aide à la décision de plus en plus performants. Enfin, le numérique se met à la disposition de la communication humaine et interpersonnelle […] Cette transformation entraine également un bouleversement des modèles économiques existants ».

681 M.-A. FRISON-ROCHE (sous la dir.), *Internet, espace d'interrégulation, op.cit*, p. 3 et s.

les citoyens bénéficient des services fournis à l'aide de nouvelles technologies de l'information et de la communication ».[682] Mais, c'est dix ans plus tard en 2012 qu'une ordonnance présidentielle[683] a confié, pour la première fois au ministre des PTT (PTNTIC), les attributions relatives aux nouvelles technologies de l'information et de la communication (NTIC).[684]

Au cours de la même année, la RDC se connectait à un réseau international à fibre optique, pour la première fois de son histoire.[685] Par voie de conséquence, la régulation des télécoms a aussi réaligné son objet technique et son action sur lesdites technologies (TIC), entendant revisiter les limites classiques et sectorielles axées sur les Postes, Téléphones et Télécoms (PTT). Au demeurant, en Europe et en France, les changements sémantiques traduisent la prise en compte, dans les lois et règlements, des mutations sociétales des télécoms aux communications électroniques. La dénomination de l'ART à sa création en 1996 est changée en ARCEP depuis 2005.[686] Les réseaux analogiques tendent au tout numérique.[687]

Si les réseaux de télécoms restent la base des communications numériques, les nouveaux défis de l'Internet appellent à repenser la régulation, la réglementation et la législation. La RDC n'a toutefois pas encore adopté de nouvelles lois d'économie numérique répondant aux enjeux de la convergence des marchés, des industries, des médias, ni adopter des réglementations que suscitent les technologies numériques.[688] En ce sens, la réforme du droit congolais se démarque des expériences de droit comparé :

---

[682] Article 3, r), loi n°014/2002 sur l'ARPTC, préc.

[683] Ordonnance n°12/008 du 11 juin 2012 fixant les attributions des ministères, JO RDC, 53e année, n° spécial, 14 juin 2012, p. 22-51. Cette ordonnance remonte au 1er gouvernement de la 2e législature de la IIIe République. Elle est la première à innover avec cette dénomination, car la précédente ordonnance était restée dans l'approche des PTT : ordonnance n°08/74 du 24 décembre 2008 fixant les attributions des ministères [inédit].

[684] *Cf.* pour texte en vigueur : Ordonnance n°17/025 du 10 juillet 2017 fixant les attributions des ministères, JO RDC, n° spécial, 58e année, Kinshasa, 19 juillet 2017, pp. 24-59 (spéc. article 1er, A-17).

[685] AGENCE NATIONALE POUR LA PROMOTION DES INVESTISSEMENTS, « Nouvelles technologies de l'information et de la communication », *Cahier sectoriel*, ANAPI, Kinshasa, mai 2017, p. 20. « Depuis 2012, la RDC est connectée à la fibre optique internationale WACS (*West Africa Cable System*), depuis la ville de Moanda, sur le littoral de l'océan Atlantique ».

[686][http://www.zdnet.fr/actualites/l-art-devient-officellement-l-arcep-39227791.htm] (consulté le 8 octobre 2016) L'ART, autorité de régulation des télécoms, est devenue ARCEP, autorité de régulation des communications électroniques. Le changement est effectif depuis le 21 mai 2005, date de la promulgation au Journal officiel français de la *loi relative à la régulation des activités postales*. Ce texte donne de nouvelles prérogatives à l'ARCEP : en plus de la régulation des télécoms, l'organisme devra gérer celle du secteur des postes, appelé à s'ouvrir à la concurrence d'ici à 2009.

[687] J. CATTAN, *op.cit.*, p. 18 et s. Il a déjà été dit que, pour répondre au besoin d'alignement de la sémantique juridique face à l'évolution technologique, le terme « communications électroniques » avait remplacé celui des « télécoms » dans toutes les acceptions et références officielles européennes sauf en rapport à l'UIT.

[688] *Cf.* Tome 1, Titre II, Chapitre 2, Section 2, §2. *Cf.* aussi Titre I, Chapitre 1 du présent ouvrage.

l'Europe et la France effectuent des réajustements graduels de leurs dispositifs législatifs ainsi que de leurs institutions juridiques en fonction des évolutions d'enjeux des télécoms et de l'Internet. Sans avoir pu révolutionner les lois congolaises des télécoms de 2002, les autorités sectorielles agissent avec pragmatisme juridique face aux nouveaux défis de régulation et de réglementation de l'Internet, à l'ère numérique.

La technique numérique est transversale : elle met les régulateurs sectoriels des télécoms aux prises avec d'autres secteurs régulés. Toujours est-il qu'en RDC, l'« intra-régulation » continue de poser un défi de coordination entre les autorités de réglementation nationales pour la régulation des aspects économiques (du Numérique) et techniques (des Télécoms).[689] Dans l'économie numérique, l'objet technique des lois et de la régulation ne consiste plus uniquement à organiser le droit de l'accès au marché et aux ressources des télécoms. Dorénavant la dérégulation s'insère dans l'ordre d'enjeux post-monopolistiques de la révolution numérique. L'économie numérique et le commerce électronique appellent une interrégulation, au vu de la transversalité des activités qu'elles permettent. Le rapprochement devient possible entre les objets techniques disséminés dans les attributions sectorielles des organes de régulation. L'interrégulation concerne leur collaboration fonctionnelle ainsi que la coordination de la pluri-normativité à cause de la diversité des réglementations impliquées, impliquant plusieurs secteurs d'activités avec le réseau pour centre unique de gravité.[690]

Les transformations du marché numérique motivent un renouveau pour le droit positif. Au regard des sources matérielles du droit congolais, quels sont les faits juridiques et les facteurs de législation à appréhender de la transition numérique du marché des télécoms et de l'économie ? Comment l'État congolais a relevé les défis juridiques immédiats de l'accession du pays à l'ère numérique, sans avoir révisé son cadre réglementaire de 2002 ? **(Section 1)**

En attendant de légiférer l'économie numérique, les règlements d'administration ont néanmoins étendu le domaine de la régulation des télécoms à un ensemble plus large de services numériques. Il s'agit d'une nouvelle trajectoire tant du droit positif que de la régulation étatique face aux services de la société de l'information. La transition numérique en cours a commandé une approche plus globale des missions relatives aux instances sectorielles. Il apparaît que les « lois dérégulatrices » des télécoms de 2002 demeurent incomplètes, obsolètes et laconiques face aux transformations numériques de l'économie, du marché et de la société.

---

689 *Cf.* Tome 1, Titre I, Chapitre 2, Section 2 du présent ouvrage. O. MANIKUNDA MUSATA, *La dynamique de la régulation des télécommunications en République Démocratique du Congo : de la synergie intra-sectorielle à l'interrégulation,* ENST/Paris/ARTEL/ARCEP/FRATEL/ESMT/ Word Bank Institute, BADGE régulation des télécoms promo 2005, mars 2006, pp. 1-118.
690 *Cf.* M.-A. FRISON-ROCHE (sous dir.), *Internet, espace d'interrégulation*, *op.cit*, pp. 3 et s.

Vieux de 15 ans, le cadre légal en vigueur a été conçu pour l'accès au marché des télécoms, spécialement la téléphonie. Le champ de la loi-cadre de 2002 est aujourd'hui trop étroit pour appréhender les enjeux de l'économie numérique, particulièrement les défis de protection des données personnelles et de lutte contre la cybercriminalité. Le projet de loi sur les télécoms et les TIC entend légiférer ces deux derniers aspects. Toutefois, l'approche cognitive congolaise n'est pas pétrie d'expériences juridiques antérieures, qui rendraient inutile de se référer aux solutions comparées des droits européens et français. **(Section 2)**

SECTION I. LES NOUVEAUX DÉFIS JURIDIQUES DE L'ACCÈS AU MARCHÉ CONGOLAIS : DES TÉLÉCOMS À L'ÉCONOMIE NUMÉRIQUE

Au cours des années 1980-2000, la dérégulation des télécoms a fondé les bases des réformes législatives pour la transformation des services publics des télécoms en marché libre. Depuis les accords de l'OMC (1994-1997), les premiers acquis du marché des télécoms ont permis l'avènement de la société mondiale de l'information, avec l'accès depuis 2006 à l'Internet mobile bas débit grand public. En 15 années depuis les lois de 2002, « le taux de pénétration aux services des réseaux mobiles à faible et haut débit (voix, Internet, *money* [monnaie électronique], etc.) est croissant ».[691]

Sur le plan juridique et institutionnel, l'intervention publique sur le marché a conduit à des réadaptations de l'action de la régulation et de nouvelles modalités réglementaires. L'objet de réglementation *ex ante* s'est élargi aux défis des technologies de l'information et de la communication. Le marché congolais des télécoms a évolué en une véritable économie numérique. Les défis d'adaptation des règles juridiques trouvent des réponses pratiques dans les « interstices de la loi »[692] en attendant les ajustements de *lege ferenda* actuellement en cours au Parlement depuis avril 2017.

Dans les faits, l'Internet apporte aux télécoms de base une dimension multisectorielle, dépassant la législation sectorielle congolaise. C'est ainsi que « la mise en œuvre des TI [technologie de l'information] contribue aux objectifs de développement des professionnels en permettant le lancement de produits et services numériques et l'amélioration des […] existants par

---

691 AGENCE NATIONALE POUR LA PROMOTION DES INVESTISSEMENTS, « Nouvelles technologies de l'information et de la communication », *Cahier sectoriel*, ANAPI, Kinshasa, mai 2017, pp. 24 et 25. « Le taux de pénétration [de l'Internet mobile via le réseau téléphonique cellulaire] en fin 2016 est à 13% et encore très faible par rapport aux données de l'UIT (Union internationale des télécommunications) où en moyenne, il est de 90% pour les pays développés, de 40% pour les pays en développement et de 29% pour l'Afrique, dont la RDC fait partie. »

692 C. ROQUES-BONNET, *Le droit peut-il ignorer la révolution numérique ?*, *op.cit*, p. 10 et s. Les termes « interstices de la loi » ont été empruntés de l'auteur.

l'intégration des sous-ensembles numériques ». [693] Face aux défis de l'innovation, les acquis européens et français ont appréhendé progressivement les enjeux juridiques de l'économie numérique. Le choix stratégique a été de mettre en œuvre des politiques successives au fil des évolutions technologiques et des philosophies économiques du Net. Le droit a servi d'instrument aux politiques publiques avant-gardistes de l'Europe des télécoms.[694]En RDC, le phénomène Internet a pris le dessus sur les lois de dérégulation sectorielle et de simple téléphonie. Continuellement, les faits de la technique et du marché précèdent le droit.

Au niveau réglementaire, l'ordonnance ayant ajouté au ministère des PTT depuis 2012[695]l'acronyme NTIC, pour faire PTNTIC traduit bien la prise en compte de nouveaux enjeux des techniques numériques en RDC. [696] Effectivement, « L'Internet a brouillé, voire effacé, les frontières entre communication personnelle et diffusion de masse, a créé de nombreux intermédiaires en raccourcissant en même temps les chaînes de valeur et en supprimant d'anciens intermédiaires, etc. Ces mutations provoquent des "trous noirs" dans la régulation ».[697] Il importe d'appréhender les mutations de la régulation, pour se servir de ses aspects les plus pertinents comme facteurs de législation et de construction du droit de l'économique numérique.

Dans sa mission de contrôle quotidien du marché, l'autorité de régulation a accompagné, voire encadré et anticipé, la dynamique du marché, en vue d'aboutir à la migration technologique du pays dans la société de l'information. **(§1)**

Toutefois, les compétences du régulateur (ARPTC) restent techniques et sectorielles, tandis que le ministre des PTT peut assurer l'interrégulation en se fondant sur ses attributions constitutionnelles et son rôle politique. Vu la spécialité de sa mission, l'ARPTC a adopté de mesures judicieuses de transition numérique du secteur des télécoms vers l'Internet mobile. En revanche, le ministre des PTT a commis des « erreurs exemplaires » [698]

---

693 H. KLOETZER, *Introduction à l'économie numérique,* éd. Hermès/Lavoisier, coll. Management et informatique, Paris, 2012, p. 23.

694 *Cf.* Tome 1, Titre 1 et Titre 2, Chapitre 1 : ouvrage du même auteur.

695 Ordonnance n°12/008 du 11 juin 2012 fixant les attributions des ministères, JO RDC, 53e année, n° spécial, 14 juin 2012, pp. 22-51. [Inédit.]

696 Article 1er, A-17, ordonnance n°17/025 du 10 juillet 2017 fixant les attributions des ministères, JO RDC, n° spécial, 58e année, Kinshasa, 19 juillet 2017, pp. 24-59 : « Ministère des Postes, Télécommunications et Nouvelles Technologie de l'Information et de la Communication […] Élaboration et mise en œuvre des études techniques, économiques et de planification des actions de développement dans le domaine […] pour améliorer le taux d'accessibilité auxdits services ».

697 L. BENZONI et P. DUTRU, « De l'accès aux infrastructures à l'accès aux moyens numériques : Nouvelles frontières pour la régulation des communications électroniques », in FRISON ROCHE M.-A. (sous la dir.), *Internet, Espace d'interrégulation*, Dalloz, Paris, 2016, p. 18.

698 PH. MOREAU DEFARGES, *La mondialisation... op.cit.,* p. 89 Le terme est emprunté à l'auteur, lorsqu'il qualifie d'erreur exemplaire de l'histoire consistant à avoir un concours des

d'appréciation, en réglementant maladroitement la migration des télécoms de base vers le déploiement des réseaux numériques à intégration des services (RNIS), y compris la télévision numérique terrestre (TNT).

À défaut de loi sur l'économie numérique, l'action de la réglementation *ex ante* se multiplie, son champ s'élargit, mais rencontre des limites statutaires. Il faut une loi pour effectuer des ajustements institutionnels nécessaires par la force des choses. **(§2)**

§ 1. L'émergence de l'économie numérique congolaise comme objet de réglementation et facteur de législation

La dérégulation des télécoms et la globalisation de l'Internet sont deux mouvements communs de la mondialisation de l'économie. Mais, ces deux phénomènes de la modernité présentent une grande différence dans leur expérimentation par les États du monde. D'une part, la dérégulation a été un schéma uniforme, depuis les États-Unis, en Europe ensuite et enfin en Afrique, diffusé en multilatéral, sous l'égide de l'OMC.[699] Les monopoles réglementaires ont été démantelés et insérés dans l'économie de marché. Il en a résulté les stéréotypes du nouveau droit de la régulation sectorielle. D'autre part, chaque État a une expérience particulière de l'Internet, par rapport à son accession au web mondial, à l'appropriation des TIC et à ses réformes internes.[700]

Chefs de gouvernement avec des décisions, pour le moins, burlesques. Hitler en Allemagne et Roosevelt aux USA, l'un menant le monde à sa seconde grande guerre, l'autre son pays à la prohibition. Les deux politiques ayant servi d'enseignement aux États du monde entier par l'exemplarité de leurs erreurs.

[699] *Cf.* plusieurs théories de schématisation de la dérégulation : J. Do-Nascimento, « La déréglementation du marché africain des télécommunications », in J-J. Gabbas (sous dir.), *Société numérique et développement en Afrique, usage et politiques publiques,* éd. Kathala, Paris, 2004 ; W. El Zein, *Les aspects juridiques de la libéralisation des télécommunications (étude comparée),* éd ; Alpha, LGDJ, Paris, 2012, R. Gilardin, La « libéralisation » des télécommunications en France (1981-1996), Mémoire de 4e année, Séminaire : Histoire de la France au XXe siècle, sous la dir. de Gilles Richard, Science Po, Rennes, 2009-2010 ; P. Musso, Les Télécommunications, éd. La Découverte, coll. Repères Économie, Paris, 2008 ; J.-Ph. Colson et P. Idoux, *Droit public économique,* 8e éd., LGDJ, Paris, 2016 ; M-A. Frison-Roche, *Les 100 mots de la Régulation,* 1re éd, PUF, coll. Que sais-je ?, Paris, 2011.

[700] A. Blandin-Obernesser, (sous dir.), *Droits et souveraineté numérique en Europe,* 1re éd., Bruylant, Belgique, 2016.O. Eyrolles, 2016, Paris. Le premier ouvrage cité aborde le sursaut de l'Europe à construire un droit protecteur de la liberté, de ses valeurs fondamentales et de la souveraineté au regard de la rupture stratégique provoquée par la révélation des activités américaines en rapport à la NSA (*National Security Agency).* Dans le second ouvrage cité, l'auteur démontre deux conceptions différentes du droit entre les États-Unis et l'Europe (France) au regard des défis du numérique. Il rapproche notamment les institutions juridiques américaines et françaises et en démontre les nuances et différences de contenu : le *copyright* face au droit d'auteur, le *speech freedom*, face à la liberté d'expression, etc. Mais, il démontre les différences fondamentales d'approche de régulation du marché de l'Internet entre les États-Unis prônant la « régulation par le marché » (voire l'absence de régulation étatique

Pour le cas de la RDC, le processus d'émergence de l'économie numérique est le fait des forces économiques du marché des télécoms. L'État congolais n'a pas encore adopté de législation, ni développé de politique publique face à l'Internet, à l'économie de la donnée. Les autorités nationales de réglementation agissent et réagissent au regard des impératifs factuels liés aux contingences de la mondialisation et à la nécessité de la migration technologique.

Il est indispensable de comprendre la transformation du droit de l'accès aux télécoms, à travers les étapes de convergence numérique et d'accès à l'Internet mobile en RDC. **(A)** Fort de sa finalité analytique, notre étude réalise une structuration juridique des défis législatifs se rapportant aux aspects de la technique numérique et de l'économie informationnelle. **(B)**

A. La transformation du droit de l'accès aux télécoms à travers les étapes de la convergence numérique et de l'Internet en RDC

Un postulat est établi en partant de « [l]a convergence entre informatique et télécommunications, le développement du numérique et de l'Internet ont contribué au déplacement des frontières entre acteurs de ces secteurs et soulèvent des questions sur les voies de régulation à adopter, les autorités légitimes, l'enchevêtrement des législations, la réactivité du droit dans un environnement technologique en mouvement rapide ».[701] Sur quelle base juridique faut-il apprécier et encadrer le phénomène Internet ?

En droit sectoriel des télécoms a omis les aspects sociétaux de l'Internet. La construction du marché et l'émergence de l'économie numérique ont été portées par les forces économiques. Longtemps en dehors de toute politique législative, le pragmatisme juridique a porté la régulation de l'Internet qui reste très insuffisante.

1. La place du « phénomène Internet » dans la loi en RDC, en France et en Europe

Autour des enjeux de l'Internet, l'Europe présente une expérience d'harmonisation juridique qui diffère de celle de l'Afrique et de la RDC. Plusieurs réformes ont permis de « constituer une branche du droit à part entière ».[702] Le Droit du numérique apparaît comme le nouveau cyberdroit, intégrant le Droit de l'Internet. Notamment, les directives européennes 98/34/CE, 98/48/CE, 2000/31/CE ont traité assez tôt des services de la société de l'information au niveau européen.[703] Particulièrement en France,

---

permanente pour les libertaires), à l'opposé du mode français de régulation par le droit étatique.

[701] A. Rutily et B. Spritz, « Les nouveaux enjeux de la révolution numérique », *Hermès*, n°44, 2006, p. 29. V. Schafer et H. Le Crosnier, *La neutralité de l'Internet un enjeu de communication,* éd. CNRS, coll. Les essentiels d'Hermès, Paris, p. 115.

[702] C. Castets-Renard, *op.cit,* p. 4.

[703] JO CE L 178, 23 janvier 1999, pp. 1-16.

la réglementation des aspects de l'Internet révèle une dispersion des sources du droit impliquées.

En effet, le droit de l'Internet se réparti dans une diversité des branches possibles. « Il est le droit "de tout"[704]. Les sources du droit de l'Internet sont donc multiples et se trouvent [...] en droit national, communautaire et parfois international ». [705]« Quant au procédé, l'Internet s'insère dans le droit de la communication et des médias ».[706] En outre, « il est rattaché au droit de la communication pour ses modalités de mise en œuvre ».[707] De la sorte, il subsiste encore des difficultés sur l'unicité du Droit (multisectoriel) de l'Internet et du numérique, par rapport au Droit (sectoriel) des télécoms.

En droit positif congolais, une ordonnance faisait déjà allusion dès 1987 à l'activité informatique dans l'ex-Zaïre.[708] Celle-ci se référait à l'activité informatique offline c'est-à-dire non-connectée à un quelconque réseau ouvert au public. Le mérite de ce texte réglementaire est d'avoir été précurseur sur son temps, sans être abrogé, ni malheureusement avoir été mis à jour.[709] Sa désuétude vient du fait que l'informatique s'est intégrée dans les réseaux et les outils de la vie quotidienne. Si le contexte initial de la réglementation visait la bureautique et les microordinateurs isolés, l'activité numérique actuelle a définitivement dépassé le niveau du contrôle préalable voulu par les services présidentiels d'études (SPE). Avec le temps, l'informatique a apporté aux réseaux analogiques, la possibilité d'intégration des données et du multimédia. Elle est à la base de l'apparition de l'Internet comme un multimédia associant audiovisuel, télécoms et diverses applications.

Historiquement, l'apparition de l'Internet en RDC remonte à une vingtaine d'années. La première connexion TCP/IP du pays a été établie en octobre 1996 par une liaison satellite de 64 kbps entre Kinshasa et VUNET/Belgique.[710] Au regard des statistiques officielles, la RDC comptait vingt-quatre FAI et quatre opérateurs GSM en 2003 (contre plus tard dix-sept FAI et cinq opérateurs GSM en 2013).[711] Entre 1997 et 2003, les

---

704 *Ibid.* (En effet, « il [le droit de l'Internet] véhicule un contenu susceptible de concerner toutes les branches du droit : droits des données personnelles, droits des contrats, de consommation, de la concurrence, de la responsabilité, droit de la propriété intellectuelle, droit pénal, droit international privé… ».)

705 *Ibid.*

706 *Ibid.*

707 *Ibid.*

708 Ordonnance n°87-243 du 22 juillet 1987 portant réglementation de l'activité informatique en République du Zaïre, JOZ, n°15, 1er août 1987, p. 21.

709 *Les Codes Larcier de la République démocratique du Congo*, éd. De Boeck & Larcier (Afrique éditions), Bruxelles (Kinshasa), t. VI, vol. 2, p. 521.

710 B.-B. KITUMU, « Grandes dates de l'Internet », in J-C. D. EKAMBO et J. LINO PUNGI, *L'Internet et la R.D.C. Technologies – Appropriations – Société,* Cedesurk, UCC/Fac.des Com. Sociales, Kin, 2009, p. 19.

711 INSTITUT NATIONAL DE LA STATISTIQUE, *Annuaire statistique 2014,* éd. Ministère du Plan et Révolution de la modernité & PNUD, Kinshasa, juillet 2015, p. 465, spéc. Tableau 3.202. G. N'KULI, « Discours du DGA de Vodacom, Contribution de Vodacom Congo (RDC) Sprl à la

abonnements à l'Internet existaient déjà, même s'ils présentaient des statistiques encore faibles. À l'époque de la promulgation de la loi-cadre de 2002, l'importance de l'Internet et son émergence paraissaient évidentes sur le marché congolais, car la liste de ses fournisseurs (FAI) autorisés était déjà longue dès 2005. Parmi ceux-ci, l'on comptait déjà : Microcom, Global Broadband, I-Burst Africa, Vodanet (opérant sous licence Vodacom avec les actifs rachetés au FAI InterConnect), Raga, Simba Télécom, Hitec (Roffe Congo), Afrinet, Satel-Kin, Saprocom, Rutel-Congo.[712]

Ainsi, devient-il incompréhensible de constater l'absence de législation sur les activités numériques, le parlement s'étant limité en 2002 à régir la téléphonie. L'exposé des motifs de loi-cadre n°13/2002 sur les télécoms compte une dizaine de pages au journal officiel du 25 janvier 2003, mais il n'accorde que trois lignes laconiques à (certains usages de) l'Internet.

En effet, le législateur disait : « Concernant les services, du simple téléphone vocal, du télégramme et du télex, on est passé, grâce à la télématique, association des télécommunications, de l'informatique et de l'audiovisuel, *à l'Internet et ses applications* : le courrier électronique e-mail, le transfert des fonds "*fund transfert*", le *e-business*, etc. [713] ». Cependant, le corps du texte de loi ne rencontre pas les problématiques juridiques inhérentes aux responsabilités des acteurs de l'Internet.[714] Les 82 articles de la loi-cadre sur les télécoms ne contiennent pas de disposition spécifiquement réservée au phénomène Internet. [715] « Pourtant [en droit comparé français], l'adaptation des règles de droit commun et surtout la prolifération de règles spécifiques montrent que le droit de l'Internet est une réalité. Ce droit n'en est plus au stade de l'émergence depuis dix ans [en partant de l'an 2000] tant pour le législateur que pour les juges ».[716]

Jusqu'à ce jour, la législation congolaise n'encadre pas les aspects juridiques de l'Internet, contrairement à la LCEN de 2004 en France[717] ou à la directive 2000/31/CE en Europe. Encore une fois, l'absence d'esprit de la part du législateur congolais ne se justifie pas autour des phénomènes

---

reconstruction du Congo », in *Vodanews* n°15, dépôt légal n°MPI/021/2004, Kinshasa, juillet-août-septembre 2006, p. 5. Gouvernement de la RDC, *Programme économique et social, vision, défis, stratégies et politiques et sectorielles*, septembre 2011, Kinshasa, pp. 21-22.

[712] Source : ARPTC/2005.

[713] « Exposé des motifs », Loi-cadre sur les télécoms [RDC], JO RDC, n° spécial, 25 janvier 2003, p. 18.

[714] Toute proportion gardée, nous soulignons que les aspects juridiques de l'Internet manquent à la loi-cadre n°013/2002 sur les télécoms en RDC, mais notre insistance ne signifie pas que lesdits aspects sont les seuls qui intéressent et devraient intéresser une loi axée sur l'économie numérique. Par ailleurs, le principe de la neutralité technologique donne un angle à la législation ne lui permettant pas de légiférer une technologie particulière au détriment d'une autre. En outre, le caractère impersonnel et général de la loi impose une approche holistique en légiférant sur l'Internet.

[715] Articles 1 à 82, Loi-cadre sur les télécoms [RDC], JO RDC, n° spécial, 25 janvier 2003, pp. 28-47.

[716] C. CASTETS-RENARD, *op.cit.*, p. 4.

[717] *Cf.* Tome 1, Titre 1, Chapitre 2.

sociétaux et commerciaux de l'Internet. Plusieurs enjeux découlent des applications connexes du Net grand public. Il en est ainsi de l'informatique appliquée, de la numérisation, de l'intégration des services de télécoms et des réseaux, du multimédia, etc.

Le silence du législateur congolais est regrettable, car il ne définit pas le cadre d'intervention pour les autorités de réglementation nationales des télécoms dans le champ de l'économie numérique. Il ne rassure pas non plus les investisseurs, ni les consommateurs quant à leur sécurité juridique, au vu de l'imprécision des droits et des responsabilités par type d'activités. La construction juridique du marché numérique congolais a connu beaucoup de maladresses. Elle comporte ainsi des inadéquations de règles applicables.

À défaut de prescrit législatif clair, l'Autorité de régulation assimila maladroitement la fourniture des services Internet au régime des articles 14 et 15 de la loi-cadre. Des années durant, l'action du régulateur confondit l'Internet aux « réseaux indépendants ». Ces derniers étant eux-mêmes non-définis dans la loi-cadre. Pensant profiter d'un interstice législatif, le ministère des PTT et l'ARPTC ont délivré par commodité des autorisations pour la fourniture d'accès à l'Internet, par réseau filaire ou sans fil : la base du régime fut des réseaux, soit indépendants, soit non-concessionnaires.

Pour mémoire, le régulateur décida d'attribuer en août 2005 la bande de fréquences supplémentaires à *Celtel Congo* pour la couverture de son réseau indépendant.[718] L'objet de l'autorisation concernait un réseau informatique privé WLAN de l'opérateur GSM sur l'ensemble du territoire national.[719]Par la suite, l'Autorité de régulation octroya en 2006 au même opérateur une autorisation spécifique pour la fourniture des services Internet. [720] En parallèle, le ministère des PTT accordait également de telles autorisations. Notamment, *Vodacom Congo* obtint le 31 janvier 2006 une autorisation de fourniture d'accès à l'Internet. Dans sa stratégie commerciale, l'opérateur concerné devait amorcer l'évolution de son réseau de téléphonie cellulaire, pour offrir l'accès à l'Internet grand public, au moyen de ses capacités installées ou d'autres formes de réseau à déployer.[721]

---

[718] JO RDC, 46e année, 1er septembre 2005. Il était décidé que « la bande de fréquences assignées à la société Celtel Congo en vertu de l'autorisation n°ARPTC/03/AT/2005 a été portée à un total de 30 MHz (soit la bande de 2053-2083) afin de lui permettre d'exploiter un réseau indépendant (réseau informatique privé WLAN) à travers le territoire national congolais. »

[719]*Ibidem.*

[720] Décision n°002bis/ARPTC/CCG/2006 du Collège de l'ARPTC du 27 janvier 2006 autorisant la société Celtel Congo à fournir les services Internet, en ces termes : « La société Celtel Congo est autorisée à fournir les services Internet au public sur l'ensemble du territoire de la RDC à travers son réseau [téléphonique] GSM ou tout autre réseau de télécommunications ouvert au public qu'il pourra déployer ».

[721] K. NDUKUMA ADJAYI, *op.cit*, p. 68. Le FAI dont l'achat des actifs a été opéré par *Vodacom* était la société « *InterConnect* » disposant de 1.500 abonnés entre Kinshasa et Brazzaville.

2. L'émergence de l'économie numérique congolaise dans la pratique du marché et le pragmatisme juridique de la régulation ex ante

Avant 2006, les politiques publiques n'avaient pas encore programmé l'acquisition des licences 3G/GSM sur le marché congolais. Mais, les opérateurs de la téléphonie 2G/GSM se plaçaient à l'avant-garde de l'évolution numérique. Dès 2006, ils avaient besoin de se positionner sur les deux versants du marché de la téléphonie cellulaire et de l'Internet mobile. Leur but était également de disposer des titres d'exploitation intérimaires, tant que le droit n'avait pas permis d'en disposer des plus adéquats. Il fallait suivre les tendances de l'Internet (mobile) et rester compétitifs face aux nouvelles générations du GSM. En janvier 2006, l'opérateur *Vodacom Congo* est le premier à lancer l'offre des services Internet bas débit, dits GPRS/EDGE.[722]

Cette étape marque les premiers signes de mutation du marché vers la convergence numérique, à travers la fourniture des services Internet mobile au grand public à travers le même réseau 2G/GSM.[723] Il s'agissait d'une [r]évolution du marché de la téléphonie mobile vers la technologie 2.5G/GSM, offrant des services multimédias accessibles grâce aux premiers téléphones intelligents.[724] Pour la conformité à la réglementation, l'opérateur combinait sa licence de téléphonie 2G avec une autorisation d'exploitation comme FAI ordinaire obtenue du ministre des PTT.[725]

Effectivement, la loi-cadre sur les télécoms exige une autorisation préalable de l'autorité de régulation pour toute interconnexion entre un réseau indépendant et un réseau ouvert au public.[726] Ce qui pose une difficulté d'ordre pratique. Plusieurs FAI, préexistants à l'an 2002, allèguent qu'ils sont des réseaux des télécoms ouverts au public. Ils sollicitent leur interconnexion avec des opérateurs de réseaux téléphoniques offrant des services numériques mobiles. En revanche, ces derniers leur opposaient un refus d'interconnexion du fait de leur statut de réseau indépendant requérant une autorisation préalable du régulateur. À l'inverse, les FAI se trouvaient désavantagés par la concurrence que les opérateurs de réseaux téléphoniques menaient sur le segment de marché qui leur fut propre, sans qu'à l'inverse

---

[722] GPRS : *General Packet Radio Service* (de la génération 2.5GSM). EDGE: *Enhanced Data Rates for GSM Evolution* (de la génération 2.75GSM).

[723] G. N'KULI, « Exposé du DGA à l'occasion du lancement officiel du GPRS sur le réseau Vodacom », Kinshasa, 19 janvier 2006, *Vodanews*, n°13, pp. 8 et 16.

[724] À l'époque (2006), les terminaux les plus avancés étaient des « Blackberry » servant de Smartphones, disposant des processeurs et logiciels adaptés aux nouveaux SIM de 64K (plutôt que de 32K).

[725] *Ibidem*, p. 8. Selon les explications du Directeur Général de Vodacom, « Le GPRS est essentiellement une valeur ajoutée, qui bascule le GSM [...] vers le monde de la *data communication*, en augmentant de façon significative la vitesse de transmission des données, qui passe de 9,6 Kbps à 40 Kbps. Le GPRS introduit dans le GSM le mode [de] transmission par paquet, qui ouvre la voie à une infinité de nouveaux services liés à la mobilité et la rapidité ».

[726] Article 14, loi-cadre sur les télécoms [RDC], préc.

lesdits FAI n'aient la possibilité d'agir de même dans le segment réservé à la téléphonie en écoulant leur possible trafic de VoIP.

Avec la convergence numérique, les réseaux 3G fournissent à la fois l'Internet et les services vocaux sur Internet (dits VoIP, *Voice over IP*), tandis que les FAI classiques souffrent du « protectionnisme défensif ».[727] La large autorégulation du marché de la téléphonie a toujours permis aux opérateurs de choisir les FAI avec qui ils collaboreraient en tant qu'infomédiaires (dits « *international carriers* ») pour le transport du volume agrégé de leur trafic de données sur protocole IP. Cette activité numérique déborde de la sphère de la loi-cadre de 2002.[728]

Le *statu quo* législatif obligeait les opérateurs téléphoniques à demander plus d'un titre pour fournir légalement l'Internet à leurs abonnés téléphoniques. C'est suite à des mesures « infra-législatives » que la libéralisation de l'Internet s'est inscrite en RDC dans le mouvement du marché. La réorientation de la régulation a pu assurer l'essor de la convergence technologique dans le pays, sur la lancée de la dérégulation réalisée à travers la loi de 2002.

Aussi, par pragmatisme juridique, les autorités de réglementation nationales octroyèrent-elles aux opérateurs de réseaux cellulaires des titres d'exploitation initialement destinés aux modes d'accès à l'Internet fixe. En conséquence, les autorités nationales de réglementation allouaient des « ressources radio » (fréquences radioélectriques) indifféremment aux FAI[729] et aux opérateurs GSM qui engageaient la migration technologique de leurs réseaux. Les opérateurs GSM qui étaient déjà actifs sur le marché de la téléphonie visaient davantage l'obtention du droit de l'accès au marché de l'Internet. L'obtention des fréquences hertziennes n'était qu'un supplément aux ressources dont ils disposaient déjà sur la base de leurs licences d'exploitation initiale.[730]

En revanche, les FAI classiques utilisent des technologies *WIMAX, BreezeMax et VL BreezeMax*. Ils ont légitimement craint la distorsion de la concurrence à cause du chevauchement de deux segments de marchés Internet-Téléphone à cheval duquel se plaçaient les opérateurs de téléphonie mobile en opérant désormais des *Internet providers*. Ils ont décrié longtemps

---

[727] *Cf.* par opposition à « protectionnisme offensif » : C. GUERRIER, « Droits et accords OMC dans le domaine des télécommunications : la problématique », *Droit de l'informatique et des télécoms*, revue trimestrielle, 16e année, 1991, pp. 95-96.

[728] Avec les enjeux d'Internet, les opérateurs et les FAI ont créé un point d'échange de trafic Internet qu'ils ont appelé KINIX-DRC (information de mai 2015).

[729] Décision n°26/ARPTC/CLG/2011 du Collège de l'ARPTC attribuant les fréquences faisceaux hertziens dans les bandes de 8 GHz et de 11 GHz à la société CIELUX, 1er déc.2011, n°23, col. 11. Décision n°29/ARPTC/CLG/2011 du Collège de l'ARPTC portant sélection de la société CYBERNET comme attributaire d'une licence d'établissement et d'exploitation d'un réseau de Télécommunications par satellite de type V-SAT, 1er déc.2011, n°23, col. 15.

[730] Par exemple : Décision n°003/ARPTC/CLG/2012 du Collège de l'ARPTC autorisant la société Oasis Sprl à fournir le service Internet au public, JO RDC, 53è année, n°23, 1er décembre 2012, col. 11.

les défaillances de leurs marchés. Mais, sur ce dernier aspect, l'expérience démontre que la neutralité technologique autorise la concurrence entre technologies dans les alternatives qu'elles offrent pour la fourniture des mêmes services finaux.

En 2005-2006, le progrès technologique conduisit le marché téléphonique congolais à la finalité d'obtenir des licences mobiles GSM/UMTS de 3e génération (dite 3G). Les opérateurs privés exprimaient le désir d'accéder à des garanties juridiques et technologiques, renforcées pour innover et mieux offrir des services Internet et des produits multimédias.[731] Pour y répondre, la régulation devait faire preuve de pragmatisme et de flexibilité. À cet effet, l'ARPTC organisa sa toute première consultation publique du genre en mars 2006, dans l'optique d'autoriser l'exploitation de la technologie 3G. Des mesures de la régulation engageaient une nouvelle phase d'ouverture à la concurrence dans l'offre des services multimédia et de l'Internet mobile.

En 2006-2007, les deux plus grands opérateurs de la RDC, *Vodacom* (actuellement Vodafone) et *Celtel* (actuellement Airtel) avaient formellement réagi par « manifestation d'intérêt », auprès de l'autorité de régulation. La réaction des autorités réglementaires nationales ne fut pas immédiate. En effet, l'action de la régulation et de la réglementation restait encore timide à cause de la limitation de son objet et de son champ par de la loi-cadre de 2002 en RDC, peut-être par manque d'expertise nécessaire.

À partir de 2009, sur le marché international, la popularisation de l'offre d'accès à l'Internet mobile avait sensiblement cru. L'accès à l'Internet grand public était rendu possible, grâce aux technologies mobiles bas/moyen débit et par des générations intermédiaires, à savoir : GPRS/2.5G et EDGE/2.75G, sachant que la technologie GSM évolue du 2G, GPRS, EDGE, 3G, 3G+, HSDPA, 4G jusqu'à la 5G. Les avancées du marché numérique mondial étaient évidentes sur les plans technique et économique. Mais en RDC, sur le plan juridique en ce moment-là (l'an 2009), il n'existait toujours pas de législation, ni de réglementation spécifique encadrant les mutations numériques du marché pour autoriser sans ambages les activités numériques d'offre d'accès à l'Internet grand public.

Finalement, la véritable convergence technologique du marché congolais est advenue en 2012 avec l'introduction de plus en plus massive de la téléphonie GSM/3G. Celle-ci marque le tournant décisif et définitif de l'accès de la RDC à l'ère numérique.

Schématiquement, six ans après les premières consultations de 2006, le régulateur a procédé à des essais techniques de la technologie GSM/3G avec les sociétés opérant déjà sur le marché du GSM/2G. Des réflexions et discussions, souvent très critiques, ont été engagées concernant les espoirs financiers de l'État : l'opportunité du Trésor était l'octroi de nouvelles licences de 3e génération en RDC. Arrêté en définitive à 15.000.000$, le coût

---

731 À noter que le premier SMS de l'histoire a été lancé un certain 3 décembre 1992 et faisait marquer un pas aux télécoms mondiales.

d'acquisition de ces licences semblait moins favorable aux nouveaux entrants qu'aux opérateurs GSM déjà présents sur le marché depuis plus de dix ans. Ce seuil de la taxe d'acquisition de licence 3G fit l'objet de critiques par rapport aux expériences de la Tunisie, du Maroc ou encore du Nigéria.[732]

Dans la mutation du marché des télécoms vers une économie numérique, l'autorité de régulation a fait preuve de cohérence et d'exactitude quant aux mesures d'encadrement et aux options politiques adoptées en vue de la transition technologique de la 2G (téléphonie mobile) à la 3G (Internet mobile). Les résultats postérieurs corroborent la circonspection du régulateur dans la convergence des télécoms et du multimédia.

En ce sens, le régulateur avait adopté le 30 mars 2012 plusieurs décisions publiées au journal officiel, autorisant des tests techniques pour le lancement de la 3G, Internet mobile.[733] L'ARPTC a successivement octroyé en 2012 des fréquences liées aux licences de fourniture d'Internet mobile 3G adossé sur réseaux 2G.[734] Ainsi, au cours de la même année, *Orange* faisait son entrée sur le marché par le rachat de *Congo Chine Telecom*, en disposant à l'occasion, des fréquences qui ne l'obligeaient pas techniquement à requérir auprès des autorités de nouvelles attributions de ressources radioélectriques pour offrir des services d'accès à Internet mobile.[735]

Par ailleurs, l'accession de la RDC à l'économie numérique est à ce jour renforcé par les infrastructures de communication à haut débit. Celles de l'exploitant public OCPT/SCPT sont disponibles depuis 2014. Afin d'offrir l'accès à l'Internet haut débit, les opérateurs privés ont interconnecté leurs réseaux aux installations à fibre optique de la SCPT. Ce qui est susceptible de leur éviter les contraintes des transmissions satellites. L'opérateur

---

[732] O. MASINI, « PTNTIC : La RDC passe de la licence 2G à la licence 3G », juin 2012, *Congo Opportunités Media*, [www.congoopportunities.net:?p=5018] (consulté le 11 juillet 2016).

[733] JO RDC, 53è année, n°23, 1er décembre 2012 : (1) Décision n°010/ARTPTC/CLG/2012 du 30 mars 2012 du Collège de l'ARPTC accordant l'autorisation d'effectuer les essais techniques de la technologie 3G à la société Oasis SCRL, col. 21 ; (2) Décision n°011/ARTPTC/CLG/2012 du 30 mars 2012 du Collège de l'ARPTC accordant l'autorisation d'effectuer les essais techniques de la technologie 3G à la société Vodacom Congo, col.23 ; (3) Décision n°012/ARTPTC/CLG/2012 du 30 mars 2012 du Collège de l'ARPTC accordant l'autorisation d'effectuer les essais techniques de la technologie 3G à la société Celtel Congo, col.26 ; (4) Décision n°018/ARTPTC/CLG/2012 du 10 avril 2012 du Collège de l'ARPTC accordant l'autorisation d'effectuer les essais techniques de la technologie 3G à la société Yozma Timeturns, col.36.

[734] (1°) Décision n°022/ARTPTC/CLG/2012 du 16 mai 2012 du Collège de l'ARPTC portant attribution des fréquences de troisième Génération (3G) à la société Celtel Congo Sarl, JO RDC, 53è année, n°23, 1er décembre 2012, col.43. (2°) Décision n°023/ARTPTC/CLG/2012 du 16 mai 2012 du Collège de l'ARPTC portant attribution des fréquences de troisième génération (3G) à la société Vodacom Congo Sprl, JO RDC, 53è année, n°23, 1er décembre 2012, col.45. (3°) Décision n°051/ARTPTC/CLG/2012 du 08 septembre 2012 du Collège de l'ARPTC portant attribution des fréquences de troisième génération (3G) à la société *Yozma Timeturns*, JO RDC, 53è année, n°23, 1er décembre 2012, col.56.

[735] Source : Archives, Vice-Primature, Ministère des PTT, Compte-rendu d'entretien, RDC/Kinshasa, février 2015.

historique offre un maillon important de liaison numérique grâce à son réseau terrestre à fibre optique branché au câble transatlantique WACS. Malheureusement, l'enfouissement des câbles à fibre optique n'a pas été effectué dans les règles de l'art, sur l'ensemble du tracé entre Moanda et Kinshasa. Le réseau numérique de la SCPT/OCPT n'offre donc pas encore de fiabilité technique nécessaire (taux de disponibilité). C'est ce que stigmatise le rapport d'enquête parlementaire initiée en 2013 par l'assemblée nationale et présenté à sa plénière le 18 mai 2015.[736]

Pour autant, les opérateurs privés de téléphonie mobile déploient leurs propres câbles à fibre optique afin de fiabiliser les tronçons de leurs réseaux avec les points d'interconnexion de la SCPT ou ceux reliant les antennes-relais (BTS). Leurs contrats d'interconnexion leur offre l'avantage technique et commercial de se brancher directement au point d'atterrage du câble transatlantique sous-marin. En outre, la technologie 4G/LTE[737] est en cours d'introduction. Sur le plan administratif, le ministre des PTT a délivré des licences 4G individuelles depuis avril 2018, les opérateurs titulaires ont déjà mis en exploitation la technologie mobile haut débit.

En 2013 et 2014, le ministre des PTT a délivré des autorisations provisoires aux différentes sociétés de téléphonie mobile dans le but d'effectuer des tests et essais techniques à cet effet. Mais en réalité, l'indisponibilité de la gamme des fréquences correspondantes résulte en grande partie de la lenteur du basculement de la télévision analogique vers la télévision numérique terrestre (TNT).

3. Le décloisonnement de la TV et des télécoms : économie numérique

Si la numérisation générale des télécoms a été obtenue, celle de l'audiovisuel ne l'est toutefois pas encore. L'État est par conséquent dans l'impossibilité de récupérer les ressources appelées « fréquences d'or » en usage pour la télédiffusion sous le mode analogique, mais que l'UIT a

---

[736] ASSEMBLÉE NATIONALE, *Rapport de mission de la commission d'enquête parlementaire sur le backbone national en fibre optique*, Commission d'enquête sur la non-connexion à la fibre optique (sigle : A.N/C.E/FIB.OPT), Kinshasa, mai 2014, pp. 1-22. Selon le rapport, il y a eu surfacturation des matières achetées pour réaliser la première phase de la connexion à fibre optique, sans aucun rapport qualité-prix. *Cf.* aussi [www.assemblée-nationale-cd/v2/?p=5018] (consulté le 19 juillet 2016).

[737] LTE (*Long Term Evolution*) est une évolution des normes de téléphonie mobile GSM/EDGE, CDMA 2000, TD-SCDMA et UMTS. Définie par le Consortium 3GPP (*3rd Generation Partenership Projet*), la LTE a d'abord été considérée comme une norme de 3e génération « 3,9 G » (car proche de la 4G) spécifiée dans le cadre des technologies IMT-2000. Toutefois, dans les « versions 8 et 9 » de la norme, la LTE ne satisfait pas toutes les spécifications techniques imposées pour les normes 4G par l'UIT. La norme LTE n'est pas figée : le Consortium 3GPP la fait évoluer en permanence (en général une nouvelle version tous les 12 à 18 mois). Il assure la coopération entre organismes de standardisations des télécoms : UIT, ETSI (Europe), ARIB/TTC (Japon) ; CCSA (Chine), TTA (Corée du Sud) pour les réseaux 3G et 4G. [https://fr.m.wikipedia.org/wiki/LTE_(reseaux_mobiles)] [https://fr.m.wikipedia.org/wiki/3rd_Generation_Partership_Project] (Consultés le 17 juillet 2016).

désormais réaffectées à l'exploitation des services GSM/4G. C'est en application de l'Accord régional de Genève GE-06 de l'UIT que les deux ministres des PTT et des Médias ont arrêté conjointement le 25 avril 2015 les modalités de cette migration du marché de la télévision analogique vers la télévision numérique.[738]

Ainsi, « la convergence et la digitalisation révolutionnent l'offre, les contenus et les modes de consommations médiatiques, entraînant les médias historiques [...] dans une phase de mutation profonde qui devrait conduire à la définition d'un nouveau modèle de communication ».[739]La convergence numérique impose l'ajustement à la fois du cadre juridique des télécoms et des médias. Toutefois, la forte implication politique fragilise le processus réglementaire. Elle ne favorise pas non plus le processus technique de changement. Celui-ci implique l'exploitation de l'audiovisuel dans les mêmes réseaux aux communications électroniques, au diapason de la numérisation des télécoms.

Il n'en demeure pas moins que la séparation organique des ministères des médias et des PTT est rétrograde, car elle correspond à l'expérience entreprise en France par la « loi Mexandeau » de 1982. La France dispose aujourd'hui d'un secrétariat d'État à l'économie numérique, sans besoin de disposer des portefeuilles départementaux des PTT, de l'information et médias. Le numérique opère un déplacement des frontières d'activités entre les télécoms, le paysage de l'audiovisuel impliquant : multiplexage, édition des programmes, diffusion publique et télédistribution.

La numérisation des réseaux intègre en effet celle des données et des contenus d'édition. La télévision et les télécoms sont devenues des services numériques.[740] Leurs régimes tendent à converger au même titre que les technologies, les médias, les industries ou les marchés. Toutefois, les modalités initiales d'octroi des titres administratifs d'exploitation posent encore problème dans l'économie numérique, puisque la législation de 2002 les assimile encore à ce jour à des concessions des services publics.

Si le passage à la TNT tarde à être une réalité générale en RDC,[741] l'ascension de l'offre Internet est bien réelle et présente des tendances vers le

---

[738]Arrêté interministériel n°002/TNT/CAB/M/CMLNO/2015 et CAB/VPM/PTNTIC/TLL/002/2015 du 25 avril 2015 portant définition des acteurs du nouveau paysage audiovisuel congolais, récupération par l'État congolais des fréquences analogique octroyées aux chaines de télévision et interdiction d'importation en RDC des récepteurs analogiques, JO RDC, 56e année, n°11, 1er janvier 2015, col. 24.

[739] M. HANOT, « Introduction, Nouveaux écrans, nouvelles régulations ? Prendre le tempo et le temps de la mutation », in P-F DOCQUIR et M. HANOT, *op.cit*, p. 9.

[740] *Ibidem.*

[741] Quelques chaînes locales de télévision ont signé des contrats d'hébergement dans les bouquets numériques de chaîne CANAL-SAT, Star-times, Teleconsult, etc. pour rendre disponibles par décodeur l'accès à leurs programmes d'édition en HD. L'une des grandes barrières à la transition numérique est le coût d'investissement associé : au niveau individuel, il faut pour chaque ménage une acquisition des décodeurs individuels ainsi que l'achat des poste-téléviseurs et au niveau des chaînes de télévision analogique, il faut abandonner le

haut débit. Le marché congolais des télécoms est dans « une métamorphose à laquelle les politiques de régulation ne peuvent échapper. Quelle qu'elle soit, de contenus, de marchés, d'appareils ou de réseau, la convergence appelle à interroger, à repenser, à renouveler les approches de la régulation et des principes logiques qui la fondent ».[742]

Le numérique a engagé la convergence des réseaux, des marchés et des médias, tandis que l'état de la législation congolaise de 2002 sépare encore les titres relatifs à chaque service électronique et par type de réseau. Dans les faits, la transition numérique a décloisonné les segments des marchés de services audiovisuels, téléphoniques et Internet. Face aux mutations du secteur des télécoms vers l'économie numérique, les deux autorités politiques des médias et des PTT ont adopté des règlements, mais qui s'avèrent contraires à la loi-cadre de 2002. Elles ont hélas commis des erreurs de réglementation dans leurs efforts de structurer les aspects juridiques de la transition numérique entre audiovisuel et télécoms. C'est à juste titre que, par mémo, l'Autorité de régulation releva à leur attention ces erreurs et les défis juridiques liés à la convergence technologique…

B. La structuration juridique des défis contemporains de convergence du Net et d'économie numérique en RDC

En RDC, l'émergence de l'Internet grand public a connu un cheminement sinueux, mais il est acquis que le pays s'est résolument inscrit dans l'ère numérique. Les termes ci-après d'un internaute traduisent, avec autant de simplicité que de pertinence cette réalité : « la convergence technologique, c'est lorsque l'on a : la télévision, le téléphone en un et que l'on peut télécharger gratuitement, légalement et en illimité de la musique sur Internet. Voilà, si l'on a pu avoir un shampoing, un démêlant et un revitalisant des cheveux en 1, pourquoi la technologie ne parvient-elle pas à combiner télévision-téléphone et Internet en 1 ? Vive la technologie. Vive le téléchargement légal et en illimité. Que veut le peuple ? ».[743]

Même si le peuple congolais peut jouir des avantages des technologies, le défi législatif reste entier en revanche. Si le champ réglementaire s'est davantage étendu, la loi-cadre reste encore obsolète sur les questions de l'Internet que le pragmatisme juridique essaie de réguler.

En effet, la législation congolaise n'a toujours pas fixé les règles de conduite générale en rapport avec la convergence numérique et à l'Internet. Les facteurs de législation doivent être structurés autour des faits et enjeux

---

matériel de diffusion actuel pour adopter le système numérique de multiplexage et de diffusion.

[742] N. SONNAC, « Marchés convergents, intérêts économiques divergents ? Le secteur audiovisuel », in P-F DOCQUIR et M. HANOT, *op.cit.*, p. 55.

[743] *Cf.* « Le partage des connaissances en toute liberté » [www.weblibre.org] (consulté en 2007), cité par K. NDUKUMA ADJAYI, *Cyberdroit, télécom, contrat de e-commerce, op.cit*, p. 68. Il s'agit de la réaction d'un internaute sur le site *« web libre »*.

de l'économie numérique. Sous l'action de la régulation, il se forme pourtant des sources infra-législatives donnant des solutions à des défis d'ordre législatif inhérents aux services de la société de l'information en RDC.

1. La structuration des enjeux juridiques de la convergence numérique

En RDC, le domaine de la législation sectorielle est défini en fonction des activités des télécoms, tandis qu'en France il est étendu aux communications électroniques et à ses aspects connexes.[744] En tant qu'écosystème numérique, l'Internet comporte des défis dépassant les aspects législatifs des services de télécoms de base. Les nouveaux défis juridiques de l'Internet nécessitent une législation, une réglementation et une régulation adéquates. Face à la convergence technologique, assurer le fonctionnement du marché des télécoms n'est plus la finalité ultime de la régulation.

Les institutions juridiques doivent servir au maintien des équilibres entre (et au sein de) chacune des industries concernées par l'économie numérique. L'État-régulateur post-moderne encadre les artefacts de la troisième révolution industrielle portée par l'Internet. En Europe, la stratégie de gouvernance de l'Internet pour 2015 a été revue pour la suite des années, tandis que les directives du « paquet télécoms » sont en constante amélioration depuis 2002.[745]

Cependant en RDC, 15 ans après la déréglementation officielle des télécoms, le retard législatif est encore criant. Le document de politique sectorielle de 2009 est dépassé depuis 2014. Sa revue était prévue tous les cinq ans, mais n'a pas été effectuée à ce jour. Le recadrage politique ne s'est donc pas réalisé autour des nouveaux enjeux numériques dépassant le socle analogique des télécoms. Le pays conserve encore l'approche sectorielle des PTT, malgré l'apparition depuis 2012 de l'acronyme « PTNTIC ». Ce nouveau générique étend aux activités du sous-domaine des TIC les attributions sectorielles du ministre des télécoms.[746]

Actuellement, la législation congolaise n'a pas encore pris en compte les enjeux consécutifs aux transformations numériques des télécoms, de l'économie et de la société. C'est à juste titre que l'ordonnance d'habilitation du ministère des PTNTIC oriente les missions de ce dernier vers « les études techniques, économiques et de planification des actions de

---

[744] *Cf.* Tome 1, Titre 1, Chapitre 2. Ce chapitre se rapporte aux transformations générales du droit de l'accès aux communications. Il a analysé les champs de la régulation et de la réglementation, tout en précisant au regard du droit français les différences de domaines tracées par les lois de 2004 entre la communication audiovisuelle et les communications électroniques.

[745] *Cf.* Tome 1, Titre 2, Chapitre 2, Section 2, § 2.

[746] Article 1er, A-17, ordonnance n°17/025 du 10 juillet 2017 fixant les attributions des ministères, JO RDC, n° spécial, 58e année, Kinshasa, 19 juillet 2017, pp. 24-59 : « Ministère […] planification des actions de développement dans le domaine des Postes, Téléphone et Télécommunications, y compris les Nouvelles Technologie de l'Information et de la Communication (NTIC) ».

développement ».[747] Aujourd'hui, l'architecture de l'Internet façonne la société de l'information.[748] En effet, « la société concernée ne se comporte pas comme une pâte indifférenciée qu'il suffit d'adapter au potentiel d'une technologie, mais comme une structure dynamique qui adopte, détourne, modèle des inventions à la hiérarchie de ses équilibres préexistants aux dispositifs et aux formes en place qui font la communication ».[749]

Les télécoms sont devenues l'artère du corps social. Elles transforment l'économie. Elles créent de la valeur tout en détruisant.[750] L'économie numérique ne véhicule pas que de la valeur marchande ; elle implique aussi certaines valeurs fondamentales du droit constitutionnel.[751] En effet, « les réseaux d'échanges, Internet, télécom fixes, mobiles et postaux, constituent une "infrastructure de libertés". Liberté d'expression et de communication, liberté d'accès au savoir et de partage, mais aussi liberté d'entreprise et d'innovation, enjeu clé pour la compétitivité du pays, la croissance et l'emploi ».[752]

Comme « le digital défie l'État de droit », les ordres juridiques s'ajustent. Toutefois, la législation congolaise n'assure pas les fondamentaux du droit face au code informatique et à la puissance économique du marché.[753] La globalisation de l'économie numérique impose dans le domaine du droit, des normes protéiformes, privées et publiques, techniques et juridiques.

En droit comparé, les sources formelles se redéployent à l'aune du phénomène Internet. Olivier Iteanu a approché le défi législatif du numérique grâce à « quatre concepts fondamentaux du droit ».[754] Son questionnement est à la fois utilitariste et comparatiste : « le droit européen

---

747 *Ibidem.*

748 M. QUÉMÉNER, *Cybersociété entre espoirs et risques, op.cit*, p. 13. A. BAMDÉ, *op.cit,* pp. 12-26.

749 N. SONNAC, « Marchés convergents, intérêts économiques divergents ? Le secteur audiovisuel », in P-F DOQUIR et M. HANOT, *op.cit.*, p.11. M. THONON, « Libération des contenus. La carte postale, le téléphone, la télévision », in G. DELAVAUD (sous la dir.), *Nouveaux médias, nouveaux contenus,* Paris, éditions Apogée, 2009, p. 45.

750 V.-L. BENABOU et J. ROCHFELD, *op.cit,* p. 3 et s. E. SCHERER, *la révolution numérique,* Paris, Dalloz, 2009, pp. I-XII.

751 *Cf.* Tome 1, Titre II, Chapitre 2, Section 2, §2. L. BELLI, *op.cit*, p. 3 et s. S. CHATRY (sous la dir.), *op.cit,* p.18-23. O. ITEANU, *Quand le digital défie l'État de droit, op.cit,* p. 23. D. CARDON, *La démocratie Internet,* seuil, 2010. Olivier Iteanu s'interroge : « La loi est-elle encore la seule norme qui régule les comportements des citoyens sur les réseaux numériques ? N'est-elle pas désormais en concurrence avec d'autres normes? Des normes démocratiques ?». La réponse de Dominique Colson est exacte : « Internet [est aussi devenue] une révolution démocratique » des normes, élaborées et appliquées par les internautes et les structures privées, en dehors de la puissance publique ou du pouvoir étatique.

752 [http://www.arcep.fr/uploads/tx_gspublication/revue-stratégique-conclusions-priorités-janv2016.pdf] (consulté le 30 juin 2016) : ARCEP, « 12 chantiers pour 2016-2017 ».

753 O. ITEANU, *op.cit*, pp. 21-29.

754 *Ibidem,* pp. 21-23. En accord avec l'auteur, les fondamentaux suivants sont en jeu dans la société du numérique et du digital dans le choc entre Europe et États-Unis : 1° liberté d'expression *vs "freedom of speech",* 2° vie privée *vs "privacy",* 3° droit d'auteur *vs "copyright"*, 4° régulation des réseaux *vs"governance".*

n'est-il pas en phase d'être bouleversé par le droit américain de l'intérieur ? Ses concepts fondamentaux ne sont-ils pas en cours d'américanisation ? Dans ce cas, le digital n'est pas le moyen, il est le mobile, le prétexte d'une évolution fondamentale du droit ».[755]Pour le monde entier, l'Internet est un acquis bénéfique, mais il engendre de nombreux défis juridiques. La dimension du problème est la même en France et en RDC. Cependant, les deux pays ne disposent pas des mêmes atouts législatifs à l'épreuve de l'Internet et des activités numériques.

Le numérique s'agence avec l'idéologie néolibérale du droit de l'accès aux anciens monopoles. « Certaines entreprises mettent à profit la société en réseau issue d'Internet pour s'affranchir de contraintes réglementaires ».[756] Par nécessité, les pouvoirs publics congolais doivent en appréhender les enjeux juridiques et sociétaux. Pour autant, l'ordonnance d'habilitation du ministre des PTNTIC recentre ses attributions d'autorité publique sectorielle dans la « définition et actualisation du cadre légal et réglementaire du secteur des télécoms, et [le] renforcement des capacités de l'ARPTC ».[757] La portée d'un acte réglementaire ne rassure pas quant à la durabilité de l'action administrative qu'elle sous-tend. La praxis adoptée par les autorités réglementaires offre, face aux enjeux du Net, des réponses du droit que le législateur peut traduire en normes et institutions mieux élaborées.

2. Le pragmatisme juridique face aux innovations de réseaux numériques

En accédant à l'Internet mobile, la RDC se trouve au cœur des nouveaux défis du numérique. La « valeur du clic » est devenue la finalité dominante de l'usage des télécoms : accéder aux « intangibles numériques ».[758] Les firmes américaines et européennes destinent aux marchés africains les services dématérialisés sur leurs plateformes, sites web, messageries numériques, etc. Les plus répandus en Afrique sont les applications suivantes accessibles sur Internet mobile : *Viber, Deezer, WhatsApp, Twitter, YouTube*[759]*, Instagram, Facebook...*[760]

En Afrique, il apparaît réellement que « le mobile n'est pas une tendance, c'est l'adoption la plus rapide d'une technologie qui a révolutionné l'histoire

---

755 *Ibid.*, pp. 21-29.

756 *Ibid.*, pp. 20-21.

757 Article 1er, A-17, ordonnance n°17/025 du 10 juillet 2017 fixant les attributions des ministères, JO RDC, n° spécial, 58e année, Kinshasa, 19 juillet 2017, pp. 24-59, spéc. 39-40.

758 V-L Benabou et J. Rochfeld, *op.cit.*, pp. 29 et s.

759 *YouTube* est la branche audiovisuelle de *Google*.

760 AFP-JA, « Infographies : les derniers chiffres de Facebook pour l'Afrique subsaharienne », *Jeune Afrique*, 10-11 septembre 2015. Source : *Facebook* Afrique, Statistiques, 2015. Quatre utilisateurs africains sur cinq (80%) de *Facebook* y accèdent via leurs téléphones portables. Entre septembre 2014 et juin 2015, le nombre de ses utilisateurs en Afrique subsaharienne a augmenté de 20%, passant de 100 à 120 millions d'internautes, dont 31,5 millions en provenance du Kenya et de la RSA. Le Nigeria s'ajoute à ces derniers, pour former le quart de ses utilisateurs dans la région, à raison des poids démographiques de ces pays au top du continent. Sur le continent, le premier bureau *Facebook* a été ouvert en 2015 à Johannesburg.

de la communication ».[761] Dans le contexte des pays comparables à la RDC, la Banque mondiale a démontré l'ampleur des « dividendes du numérique ». [762] Au dernier trimestre 2015, la croissance du taux de pénétration du mobile à 63% démontre que « le portable est plus qu'une [simple] alternative ».[763]

Whatsapp, racheté par *Facebook* en 2014, est l'une des applications mobiles des plus prisées. En considération de ses propriétés, *Whatsapp* est un bon modèle d'étude des enjeux de convergence technologiques pour le droit congolais du numérique. Dans les faits, ces firmes multinationales, aux offres transnationales, restent en avance sur le cadre réglementaire et régulateur, [inter]national. Si « les libertariens […] croient en la technologie pour réguler le monde, elles [multinationales, championnes du Net] ont foi quant à elles dans le seul mécanisme de marché ».[764]

Dans les marchés locaux, le numérique restructure les secteurs des télécoms, les modèles économiques et les schèmes de la société. Ces transformations numériques méritent une théorisation juridique : comment réguler l'Internet transfrontière sur la base empirique des efforts de régulation des télécoms de base au niveau national ? L'ère numérique engendre plusieurs problématiques de l'État : création de nouvelles valeurs économiques et financières, polycentres extra-étatiques des normes, transfert à l'internaute du pouvoir d'action dans le réel via le virtuel, autorégulation imposée par les forces du marché ou par les codes et protocoles du Net, etc.[765] Néanmoins, l'État congolais doit assurer un minimum de régulation face à ces aspects de l'économie numérique. La régulation doit trouver des instruments juridiques applicables face au « marché total ».[766]

Dans le cas précis de la RDC, le téléphone portable, l'Internet mobile et ses applications s'imposent au quotidien comme des outils privilégiés de communication à distance. Plusieurs raisons y contribuent : vétusté des lignes fixes, difficulté d'accès à des ordinateurs, faible pouvoir d'achat des

---

761 NUNU NTSHINGILA, Communiqué de *Facebook*, Directrice division Afrique, Johannesburg.AFP-JA, « Infographies : les derniers chiffres de *Facebook* pour l'Afrique subsaharienne », *Jeune Afrique*, 10-11 septembre 2015.

762 BANQUE MONDIALE, *Les dividendes du numérique, Rapport mondial sur le développement 2016,* préc., p. 2. « Dans les pays en développement, les ménages qui possèdent un téléphone mobile sont plus nombreux que ceux qui ont accès à l'électricité ou à de l'eau salubre, et près de 70 % des personnes appartenant au quintile inférieur de la population sont propriétaires d'un portable. Le nombre d'internautes [dans le monde] a plus que triplé en dix ans, passant d'un milliard en 2005 à 3,2 milliards à la fin de 2015, selon les estimations ».

763 Source : Statistiques du 11 septembre 2015 [http://m.huffpost.com/mg/entry/8122780] (consulté le 10 juillet 2016).

764 O. ITEANU, *op.cit*, p. 27.

765 L. BELLI, *op.cit*., p. 15. V-L BENABOU et J. ROCHFELD, *op.cit*., p. 29 et s.

766 A. SUPIOT, *La gouvernance par le nombre*, Fayard, Paris, 2015, cité par O. ITEANU, *op.cit.*, p. 27. « Comme l'a écrit le professeur Alain Soupiot, elles croient dans le marché total en non dans la liberté totale des libertaires. […] Ce marché total requiert un minimum de régulation, voire pas du tout. C'est pourquoi, comme les libertariens, mais pour d'autres objectifs, ils promeuvent l'autorégulation non contraignante et le contrat comme outil juridique roi ».

populations congolaises, coût élevé des taxes douanières, faible taux d'électrification des villes.[767] Quand les aspects du numérique atteignent un seuil d'atteinte aux impératifs d'ordre public, les autorités congolaises prennent des mesures de régulation sécuritaire, très drastiques.

C'est alors réellement le pragmatisme qui oriente la régulation *ex ante.* Le législateur de 2002 n'a en réalité réservé aucun régime à l'Internet. La réglementation *ex post* ne dispose pas de préalable légal, ni d'orientation de politique législative. Pour la RDC, une loi sur l'économie numérique aurait permis une réponse de souveraineté sur les phénomènes suscités en sens divers par la technologie globale et le marché total. À défaut, l'économie numérique est régulée par des actes réglementaires, assurant l'effectivité d'un droit applicable en cas de difficulté. D'autres autorités administratives interviennent là où le régulateur sectoriel des télécoms ne sait appliquer la réglementation *ex ante* sur les aspects polymorphes de l'Internet.

Notre théorisation retient les règles « prétoriennes » édictées par les pouvoirs publics congolais dans des cas précis les mettant aux prises à des défis de l'Internet. Le législateur congolais de 2002[768] a retenu la nécessité « d'analyser et d'étudier de façon prospective l'évolution, aux plans national et international, de l'environnement social, économique, technique et juridique des activités du secteur ».[769] Le régulateur est censé alimenter son expérience cognitive par son arbitrage quotidien du jeu concurrentiel du marché. Pour autant, il peut « suggérer toutes modifications législatives ou réglementaires qui lui paraissent nécessaires à l'évolution des secteurs des télécommunications et au développement de la concurrence ».[770]

En somme, l'économie numérique est à la base de nombreux défis juridiques. Ces derniers ne se réfèrent à aucune législation préétablie. Ils ne rencontrent non plus de régime spécifiquement organisé. Il est nécessaire d'effectuer un ajustement conséquent des institutions juridiques congolaises à l'ère numérique. Il faut un droit du numérique. **(§2).**

§ 2. Les défis d'ajustement des institutions juridiques de 2002face à l'économie numérique en RDC

À l'échelle mondiale, l'économie numérique découle de la dérégulation des télécoms. Elle se particularise selon les pays. Pour la RDC, le téléphone mobile et ses applications restent le moyen le plus répandu d'accès à Internet, sur lequel l'économie numérique a pris naissance et appui. En ouvrant le droit de l'accès aux communications numériques, l'État congolais

---

[767] Taux d'électrification en RDC : 6% en 2006, 9% en 2011 et 15% en 2016. (Source : Société nationale d'électricité, SNEL.)

[768] Loi-cadre sur les télécoms [RDC] et Loi n° 014/2002 sur l'ARPTC du 16 octobre 2002, JO RDC, 44e année, n° spécial, 25 janv. 2003, pp. 47-59.

[769] Article 3-j), loi n°014/2002 sur l'ARPTC, préc.

[770] Article 3-k), loi n°014/2002 sur l'ARPTC, préc.

n'a pas organisé en contrepartie une régulation adaptée au foisonnement des activités numériques. La cartographie des acteurs du marché témoigne de la présence de professionnels d'un commerce du XIXe siècle, de type nouveau : « des opérateurs fournisseurs des services de la téléphonie mobile (MNos), des Fournisseurs des services Internet (FAI) ainsi que les fournisseurs des services à valeur ajoutées (VAS) ».[771]

Notre analyse des défis juridiques du numérique va encore plus loin. La nouvelle réalité met en scène des opérateurs alternatifs, dits « OTT » (*Over The Top content*) comme les exemples en ont déjà été donnés : *Viber, Imo, Whatsapp, Skype ou Line.*[772] Ce sont des fournisseurs d'application. Ils cumulent les fonctionnalités d'appels téléphoniques, de fourniture de contenus et d'échanges de données sur Internet, sans disposer en propre d'un réseau. La popularité de *WhatsApp* a justifié son choix comme paradigme d'étude des défis d'un nouveau genre ; ce sont ceux que les systèmes juridiques congolais, français et européens ont du mal à cerner. **(A)**

Tout comme dans d'autres cas que ceux des OTT, l'économie numérique est source d'enjeux juridiques multisectoriels. Ces derniers démontrent les limites des régimes classiques et des institutions sectorielles au point qu'il devient impératif de les ajuster. En RDC, les défis de l'économie numérique dépassent les dispositifs de régulation des télécoms. **(B)**

A. L'identification des défis de l'économie numérique en référence aux outils numériques grand public

Les réseaux et les applications numériques sont des techniques de réalisation à distance des transactions en tout genre. L'échange de la valeur est au bout du clic.

À sa création en 2014, *Whatsapp* était censée ne conserver sa gratuité que pour une année, mais finalement celle-ci perdure depuis février 2015. Ce modèle d'affaires est une base de succès de ses usages en permettant des échanges massifs d'appels et de données, sans subir aucune publicité. Les internautes n'ont qu'à acquitter les coûts de consommation des données auprès de l'opérateur ou du fournisseur d'accès à Internet. Bien à propos, l'ARPTC précise que « le marché de la téléphonie mobile reste dominé à plus de 99% par des abonnements prépayés et moins de 1% seulement d'abonnement post-payés ». [773] En se greffant aux réseaux mobiles,

---

[771] *Cf.* ANAPI, *Cahier sectoriel*, Kinshasa, mai 2017, p. 19.

[772] *Cf.* Tic Mag, 12 février 2016 in [https://www.ticmag.net/viber-whatsapp-skype-comment-reguler-les-ott-qui-penalisent-les-operateurs-mobiles/] (consulté le 8 octobre 2016). J. TÉ-LESSIA, « WhatsApp, Skype et Viber, le casse-tête des opérateurs », in *Jeune Afrique*, 11 février 2016
[http://www.jeuneafrique.com/mag/298324/economie/whatsapp-skype-viber-casse-tete-operateurs/] (consulté à nouveau le 8 octobre 2016).

[773] AUTORITÉ DE RÉGULATION DE LA POSTE ET DES TÉLÉCOMMUNICATIONS, *observatoire du marché de la téléphonique mobile, rapport du 2e trimestre 2017,* Direction Économie et Prospective, Kinshasa, p. 5.

Whatsapp sert à la fois de moyen de communication, de messagerie mobile et plateforme de partage des données. Sur le plan commercial et technologique, *Whatsapp* présente plusieurs avantages pratiques pour ses services gratuits, protéiformes et transfrontières.

Toutefois, de nombreux défis juridiques s'attachent aux propriétés ainsi décrites de *Whatsapp*, comme paradigme. Notre étude retient deux critères de regroupement d'enjeux de droit par rapport à l'atypisme des opérateurs alternatifs et aux aspects de sécurité publique les concernant.

1. Les dispositifs classiques et l'atypisme des opérateurs alternatifs de l'Internet

Premièrement, il faut répondre à la problématique de régulation des OTT comme étant acteurs dans le marché électronique. L'offre de gratuité de *Whatsapp* lui procure une position de concurrence redoutable par rapport aux opérateurs téléphoniques. Une fois l'application téléchargée, son utilisation se greffe aux fonctionnalités des réseaux 3G/4G, qui sont astreints à des droits de licence (taxes et redevances) et à des surtaxes pour leurs appels internationaux traditionnels. La firme américaine, déterritorialisée affecte *a priori* la rentabilité des droits de licence acquittés par les opérateurs des réseaux locaux. Ainsi, sous la pression des réseaux GSM, le Maroc avait-il dû momentanément bloquer en février 2016 les services alternatifs et non-régulés d'appels audio *Whatsapp*, afin de protéger son marché contre la concurrence d'un nouveau type d'acteurs « OTT ».[774] *Whatsapp* délivre grâce à Internet, les mêmes services vocaux et d'échanges de données que les opérateurs locaux. En droit européen, la même expérience des « OTT » a posé la difficulté de réguler *Skype* ou de le ranger dans un régime connu.[775] Pourquoi ne pas tenter de soumettre les OTT aux mêmes obligations de licence ou d'autorisation que les réseaux concessionnaires ? Comment le faire ?

Pour l'Europe, la « directive "licence" » a été remplacée par la « directive "autorisation" » (2002, Paquet Télécom), celle-ci n'étant requise par exception que dans le cas d'affectation des ressources radio pour exploiter une technologie. Mais la question reste entière pour le droit congolais, au vu des régimes obligatoires fixés par le législateur, à savoir : licence, autorisation et déclaration. Comment placer les OTT dans une des catégories des intermédiaires techniques et leur appliquer le régime de responsabilité correspondant ? L'intérêt de la question réside également dans l'application des règles de fiscalité, en considérant que les appels internationaux font l'objet de taxes spécifiques. En l'occurrence, la « taxe de régulation » est calculée sur les minutes d'appels, tandis que la « redevance des titres » l'est

---

[774] Le Maroc bat le record africain de vente de sa première licence GSM à 1 milliard de dollars d'une licence GSM.

[775] S. CHATRY (sous la dir.), *La régulation de l'Internet, op.cit,* p.18-23.

sur le chiffre d'affaires.[776] Les appels internationaux passés via OTT sont-ils déjà hors assiette fiscale ?

Deuxièmement, les fonctionnalités de la messagerie mobile *Whatsapp* permettent la synchronisation automatique du répertoire téléphonique individuelle. La synchronisation de sa plateforme avec celle de *Facebook*, son acquéreur, a également soulevé des préoccupations. Le croisement de données personnelles mettrait en péril les cloisons de la vie privée. L'application dispose aussi d'une polyvalence pour les échanges de textes, photos et vidéos. Il se pose de ce fait le problème de traitement et de conservation des données personnelles que le droit congolais ne règle pas.[777] Assisterait-on déjà à l'histoire finie de l'anonymat humain, impossible à cacher derrière des avatars informatiques ?

Troisièmement, les applications mobiles permettent des partages groupés ; elles posent nécessairement des défis au droit des marques et des signes, dans le cadre des diffusions hors copie privée. D'autres nouvelles fonctionnalités attendues renforcent cette préoccupation des droits de propriété intellectuelle ou artistique. Il en va notamment du partage de la musique stockée sur son Smartphone et des morceaux d'*Apple Music*, pourvu que les deux interlocuteurs partagent un abonnement au service d'*Apple*.[778] Le défi du droit est de protéger les droits intellectuels, car « le numérique détruit de la valeur [des biens culturels à forte pénibilité de production] et n'en récrée pas, pour l'instant, nécessairement autant, ni ne réinvente facilement de nouveaux modèles économiques, [Internet est] un espace où la gratuité a continué de croître, et avec elle, la notion de paradis numérique, à laquelle une génération s'est déjà habituée ».[779] La neutralité des réseaux (contenants) quant aux contenus des *égos médias* doit-il justifier l'inaction des opérateurs face aux bradages des droits intellectuels et voisins ? Quid du modèle de l'HADOPI ?

Quatrièmement, la déterritorialisation physique des OTT est à part entière un défi juridique. Elle est la base des « activités dirigées » vers les États du monde entier sans n'y avoir de siège, ni succursale, ni représentation assignable. Une des caractéristiques de la révolution numérique est de permettre à « de toutes petites structures de réaliser des projets de dimensions planétaires *(Twitter, Digg...)* ».[780] Pour la plupart, les géants du

---

776 *Cf.* à date : Arrêté interministériel n°CAB/VPM/PTNTIC/MTLL/MSK/005/2016 et n°CAB/MIN/FINANCES/2016/100 du 29 juillet 2016 portant fixation des taux de droits, taxes et redevances à percevoir à l'initiative du ministère des PTNTIC.

777 *Cf.* Titre I, Chapitre 2, Section 2, §2 du présent ouvrage. Le droit congolais n'organise pas de régime des données personnelles. La loi-cadre des télécommunications aborde l'aspect des données personnelles uniquement dans l'énonciation de la définition des « exigences essentielles », à son article 2. *Cf.* aussi Titre II, Chapitre 1 du présent ouvrage, au sujet des aspects du renouveau du droit de protection des données personnelles dans le projet de loi sur les télécoms et les TIC en RDC.

778 S. CHATRY (sous la dir.), *op.cit*, pp.18-23.

779 *Ibidem.*

780 E. SCHERER, *La révolution numérique, Glossaire*, Dalloz, Paris, 2009, p. XII.

Net basés en Californie se servent de leurs conditions générales d'utilisation (CGU) en faveur des juridictions américaines ; c'est pour se prémunir en cas de conflits avec des internautes étrangers du monde entier. Leurs services numériques déterritorialisés créent la difficulté d'application des règles nationales du droit positif (pourvu qu'elles existent à bon escient) en faveur des internautes-citoyens. L'Internet semble le vecteur de diffusion mondiale des lois territoriales des États-Unis. Ses champions économiques du Net les véhiculent ainsi, sans toutefois accorder le bénéfice de leurs dispositions à l'usage du monde entier. Ce paradoxe renforce la crainte d'une dominance centralisatrice des GAFA, GAFTAM ou GAFAM, véritables puissances américaines du Net, vis-à-vis des droits des consommateurs : *Google, Facebook, Apple, Twitter, Microsoft.*[781]

Si les sources congolaises restent silencieuses à propos, en France la jurisprudence a tranché la question, en faveur des consommateurs contre *Facebook.* La Cour d'appel de Pau a déjà jugé en 2012 que la clause des juridictions californiennes intégrées à ses CGU était abusive et par conséquent non opposable aux consommateurs français.[782] En 2016, le Tribunal de grande instance de Paris statuait de la même manière par son verdict sur l'assignation de 2011 d'un consommateur français contre la même firme. Son jugement a écarté pour son caractère abusif la clause que la firme opposait au particulier français et a été confirmé par la cour d'appel de Paris au détriment de la compétence des juridictions californiennes.[783] Les deux juges ont fait application des règles européennes soumettant les professionnels au droit de la consommation des États européens au titre de loi de police. Le Règlement CE n°44/2001 dispose clairement que la compétence revient au juge local du consommateur.[784]

2. La sécurité publique et les opérateurs alternatifs dans l'économie numérique

Cinquièmement, *Whatsapp* a fait de la confidentialité des échanges un atout de son produit.[785] Les crises politiques africaines ont aussi fait de cette application une alternative de communication pour les partis d'opposition en

---

781 V-L BENABOU et J. ROCHFELD, *op.cit,* pp. 29 et s. J. ROCHFELD (sous la dir.), *L'effectivité du droit face à la puissance des géants de l'Internet*, préc., p. 17. C. CASTETS-RENARD, *op.cit,* p. 4. O. ITEANU, *op.cit,* pp. 16-17.

782 Cour d'appel de Pau, 23 mars 2012, n° 11/03921 [http://www.legalis.net/spip.php?page=jurisprudence-decision&id_article3382] (consulté le 21 mai 2013).

783 Cour d'appel de Paris, Facebook Inc. c/ Monsieur X, 12 février 2016, n°15/08624.

784 Articles 16 et 17, Règlement CE n° 44/2001 du Conseil du 22 décembre 2000 concernant la compétence judiciaire, la reconnaissance et l'exécution des décisions en matière civile et commerciale.

785 *Jeune Afrique*, 1er avril 2016. En avril 2015, les fondateurs de *Whatsapp,* Brian Acton et Jan Koum, vantaient sur le plan marketing la confidentialité des données cryptées de bout-en-bout, de sorte que *« personne ne peut rentrer dans ce message. Pas même les cybercriminels, les pirates, les régimes oppressifs. Même pas nous »*, disaient-ils.

RDC.[786] Mais comme en Angleterre lors des attentats de son parlement en 2017, *Whatsapp* s'est mis à dos, tout autant que *Apple* aux États-Unis, un bon nombre de gouvernements, pour n'avoir pas déféré à leurs réquisitions d'informations sur les données stockées de sa plate-forme numérique. Ainsi, en décembre 2015 au Brésil, cette messagerie a été entièrement bloquée pendant 48 heures à la suite d'un nouveau refus de fournir à la police des informations dans une affaire criminelle. En contournement de la censure des médias traditionnels au Burundi, *Whatsapp* avait notamment servi de canal de circulation des alertes et des informations de l'opposition contre le Président Pierre Nkurunziza en 2015.[787]

À propos du numérique et de la liberté publique de manifestation, la Banque mondiale est explicite : « Les rendements d'échelle et les coûts marginaux nuls expliquent aussi pourquoi beaucoup de réseaux sociaux sont devenus l'instrument de mobilisation sociale et de protestations politiques de prédilection[788] ». Même s'il est nécessaire d'être connecté à un réseau 3G/4G ou *wifi*, le coût de connexion est largement compensé par rapport aux coûts des SMS traditionnels. Le coût d'opportunité des revendications et la prise des risques sont réduits pour les [h]activistes agissant derrière ou depuis leur écran d'ordinateur contre l'autorité publique, alors que l'impact de masse de leurs cyberactions est plus renforcé. L'avantage comparatif est déterminant en termes de discussions des groupes d'utilisateurs, de messages massifs ou d'appels internationaux. Dans les médias sociaux numériques, les économies d'échelle facilitent les revendications et mobilisations de masse.

Pour ces motifs en RDC, l'interruption d'accès à l'Internet avait été ordonnée par les autorités en janvier 2015 sur l'ensemble des services. Ce black-out avait pour but d'enrayer la diffusion de messages viraux appelant à manifester dans la rue contre la modification de la loi électorale... Du 15 au 19 janvier 2015, dans les grandes villes du pays, y compris à Kinshasa, les émeutes se poursuivaient malgré le retrait de l'article litigieux du projet de loi au Parlement. Comme lors des « printemps arabes », les messages via *Whatsapp* et d'autres applications du Net incitaient et organisaient les émeutiers dans les rues du pays de Kinshasa. Ils bénéficiaient des mots d'ordres et d'autres indications leur permettant notamment de déjouer les dispositifs des forces de l'ordre. Avant l'avènement de l'Internet grand public, le gouvernement congolais avait déjà décrété en 2006 et en 2011 la suspension de fourniture des SMS, dans le but de réguler à chaque fois les

---

[786] Sur le continent africain en proie à des contestations politiques et à des revendications sociales, bon nombre de politiques et d'activistes sont persuadés, à tort ou à raison, d'être écoutés par les gouvernements. *Whatsapp* fait figure de réseau sécurisé.

[787] *Jeune Afrique*, 1er avril 2016.
[www.jeuneafrique.com/339107societe/technologie-whatsapp-a-conquis-lafrique/]

[788] BANQUE MONDIALE, *Les dividendes du numérique, Rapport sur le développement du monde 2016,* préc., p.11, col.1.

tensions postélectorales.[789] Il en est de même de la suspension générale de l'Internet et des SMS, intervenue le 31 décembre 2018 au lendemain des scrutins du troisième cycle électoral en RDC, [790]jusqu'à la proclamation des résultats définitifs de la présidentielle au 19 janvier 2019 par la cour constitutionnelle.

En connaissance du genre nouveau de défis politico-juridiques du Net, les États postmodernes expriment une avide volonté de contrôler leurs citoyens en ligne. Ils s'organisent de sorte « qu'il existe de moins en moins de "rupture de faisceau" dans la connaissance des activités et la localisation des individus ».[791] Ainsi, si pour les États-Unis, George Orwell écrivait *Big Brother is watching you*,[792] aujourd'hui « Big Brother n'existe pas, il est partout ». [793] Les « évolutions sociétales et technologiques » assurent la « surveillance globale » des réseaux numériques. [794] Dépourvu de tels moyens de vigile informatique, l'État congolais ordonne carrément et habituellement la suspension de tous les services Internet dans le pays, comme le 20 janvier 2015 ou le 31 décembre 2018, conformément à l'article 46 de la loi-cadre sur les télécoms.[795] Pour le premier cas, ce fut en février 2016 que les opérateurs furent autorisés à relancer le service Internet, moyennant quelques restrictions d'accès à des sites et applications subversives pour la circonstance.

Il n'en demeure pas moins que les émeutes de janvier 2015 auront été la première démonstration concrète de l'immersion du citoyen congolais dans l'univers de l'Internet et des médias sociaux. Non seulement : « Ce web contributif ou communautaire est construit sur les échanges des internautes qui deviennent acteurs du réseau ». Mais encore : le gouvernement a pris la mesure de la propension de l'Internet innervant les multiples aspects de la vie sociale, bien au-delà du seul secteur des télécoms. En voulant endiguer les moyens techniques de mobilisation de masse, l'interruption

---

789 Reporters sans frontières, « Levée de la suspension du service SMS », 28 décembre 2011 [https://rsf.org/fr/actualites/levee-de-la-suspension-du-service-de-sms] (consulté le 1er juillet 2006). Le rétablissement des services SMS est intervenu le 28 décembre 2011 après sa suspension depuis le 3 décembre 2011 sur l'ensemble de la RDC, près d'un mois après les élections générales du 28 novembre 2011, sur ordre du Gouvernement (Ministre de l'Intérieur).

790 DEUTSCHEWELLE, « Coupures d'internet en Afrique, un remède facile aux impacts imprévisibles », 11.01.2019, [https://p/dw.com/p/3BNzi] (consulté le 13 janvier 2019).

791 L. PAILLIER, *Les réseaux sociaux sur Internet et le droit au respect de la vie privée,* Larcier, coll. Droit des technologies, Bruxelles, 2012, p. 15.

792 G. ORWELL, *1984*, préc.

793 D. CASSADA et E. SADIN, « Big brother n'existe pas, il est partout », *Multitudes*, 2010/1, p. 78.

794 L. PAILLIER, *op.cit*, p. 15.

795 Article 46, Loi-cadre sur les télécoms [RDC], préc. : « L'État peut pour des raisons de sécurité publique ou de la défense du territoire soit pour l'intérêt du service public de télécommunications soit pour tout autre motif, interdire en tout ou en partie, et durant le temps qu'il détermine, l'usage des installations de télécommunications. [...] réquisitionner ou faire réquisitionner [...] les installations des télécommunications ».

administrative des services Internet paralysa des pans entiers de l'économie nationale.

En imposant un total black-out de l'Internet sur leur territoire, les autorités congolaises démontraient la véritable face libertine de cette technologie numérique décentralisée. Par ailleurs, sans trop y penser, ils obtenaient par ricochet la preuve de l'emprise du numérique sur des secteurs importants de l'économie et la vie nationales.

Faute de connexion Internet, les distributeurs automatiques des billets de banque (DAB) devinrent inopérants, tout autant que la navigation aérienne. Le système d'exploitation de l'aviation civile a été paralysé faute d'accès au réseau télématique mondial depuis la RDC : indisponibilité de la billetterie électronique, défaut de transmission des données d'immigration des passagers... Il en a résulté l'annulation des vols internationaux... Les banques aussi en furent touchées, car leurs ordinateurs déconnectés ne pouvaient pas gérer leurs parcs informatiques de DAB, ni assurer la télé-compensation des mouvements excentrés des comptes bancaires. Il en fut de même du secteur de la télédistribution numérique par satellite...

Les faits ci-dessus amènent au constat que la RDC traverse sa révolution numérique. Le quotidien congolais est inexorablement transformé à l'aune de la numérisation croissante et de la popularisation de l'Internet. La cyberdépendance de l'économie et de la société est soudainement apparue. Aussi, le gouvernement congolais est-il parvenu à la conscience que la vie nationale et le tissu économique s'adossaient à l'Internet.

Par nécessité et par précaution, le ministre des PTT, l'ARPTC, les services de sécurité ont convenu avec les opérateurs téléphoniques et les FAI d'un « Acte portant principe de base du protocole de restriction, de filtrage, d'interruption, de suspension et de rétablissement des services publics des télécommunications ».[796] Après 17 jours de suspension de fourniture des SMS et d'Internet, ce protocole signé le 31 janvier 2015 avait permis le rétablissement desdits services le 7 février 2015.[797]

Auparavant, le droit congolais ne disposait d'aucune source nationale – législative, réglementaire ou administrative (licence, cahier des charges) – relative à la responsabilité des intermédiaires techniques sur les contenus qu'ils hébergent, transportent ou mettent à disposition du public. Pour la circonstance, la signature d'un contrat État/opérateurs est apparue comme un mode pratique de régulation. L'acte bilatéral d'engagement imposa une nouvelle obligation de restriction d'accès aux réseaux et/ou aux contenus numériques en ligne en cas de dénonciation des violations. Cette obligation

---

[796] Archives de la Vice-primature, Ministère des PTNTIC, déc. 2014 à fév. 2016.

[797] Dossier : « Articles de presse de la catégorie "SMS" » : « RDC: l'envoi et la réception des SMS rétablis après 17 jours d'interruption », 07 février 2015 ; « RDC : les entreprises des télécommunications annoncent la reprise des SMS dimanche 8 février [2015]», 06 février 2015 ; « SMS et Internet coupés en RDC », 20.01.2015 » ; « Le phare : « Internet et textos : la censure continue », 03 février 2015 [www.radiookapi.net/mot-cle/sms] (consultés le 10 juillet 2016).

est mise à la charge des opérateurs, FAI et hébergeurs, mais ne les contraint pas à assurer la surveillance générale de l'Internet et de son contenu. Les principes sécuritaires du droit congolais de la régulation se sont inspirés des principes de responsabilités allégées du droit européen.[798] Ils obligent les prestataires techniques à rendre inaccessible ou à empêcher l'accès à un contenu illicite, tout en les exonérant d'une surveillance générale des activités en ligne. La commodité conventionnelle produisit un régime *sui generis* afin de tempérer la règle draconienne d'interruption de l'Internet de l'article 46 de la loi-cadre sur les télécoms.

Ce qui précède démontre le dépassement des limites sectorielles des télécoms par rapport à l'économie de l'Internet. En accédant à l'économie numérique, le droit positif congolais est hélas resté en déphasage. Le pragmatisme juridique devient le levier d'ajustement des réponses sécuritaires de régulation étatique. Au devant de l'ordre public numérique, le ministère des PTNTIC recourt à l'interrégulation avec d'autres services de l'État, pour répondre aux défis sécuritaires et financiers d'économie numérique. Son caractère politique lui permet de dépasser certaines limites de confinement l'ARPTC dans les frontières techniques des télécoms.

B. Les limites sectorielles de l'ARPTC en faveur de l'interrégulation du numérique par le ministère des PTT

Les lois de 2002 sur les télécoms cloisonnent les actes de régulation et l'action de l'ARPTC dans les strictes limites du secteur dit des PTT. La réalité fait remarquer l'évolution en silo de diverses autorités de régulations sectorielles. En revanche, les compétences du ministère des PTNTIC permettent des actions multisectorielles, en prenant appui sur la Constitution, les lois, les règlements et les usages politiques. À l'ère numérique, la sectorisation des compétences étatiques n'assure plus l'efficacité des institutions publiques sur les activités numériques. Dorénavant, elles sont appelées à une collaboration : le sectoriel doit tendre au multisectoriel. Certains défis de l'économie numérique justifient des interventions de plusieurs organes de régulation au-delà de ceux des télécoms de base.

Bien à propos, le ministre des PTNTIC dispose d'un rôle politique et des moyens de puissance publique, plus étendus que l'autorité de régulation (ARPTC). Les attributions de cette dernière limitent son action au contrôle de la concurrence et à la gestion des ressources des télécoms. La loi spéciale n°014/2002 est en effet la source formelle de ses missions, tandis que le département des PTNTIC dispose des sources des pouvoirs réparties dans plusieurs textes constitutionnels, législatifs et réglementaires. Ses pouvoirs se réfèrent directement au droit constitutionnel et au droit public en général en tant que service public administratif.[799]

---

798 Directive 2000/31/CE, préc.

799 Article 93, Constitution de la RDC, préc.

En conséquence des mutations liées à l'économie numérique, les attributions réglementaires du ministre des PTT avaient été étendues aux NTIC en 2012.[800] Fort de l'extension de son domaine par rapport aux NTIC, le ministre des PTNTIC organise ses rapports interinstitutionnels sur le plan économique, sécuritaire ou administratif, en suivant le curseur d'impacts inhérents aux technologies numériques.[801] Les principes d'interrégulation trouvent leur ébauche dans l'expérience réglementaire congolaise. Il convient d'en préciser la logique ainsi que les domaines de collaboration entre les PTT et les autres autorités, concernant des défis particuliers de l'économie numérique.

En l'occurrence, les efforts d'interrégulation ont concerné la réglementation et le contrôle de souscription de l'accès individuel aux réseaux numériques.

1. L'ébauche des domaines de l'interrégulation dans l'économie numérique

L'expérience française connaît « la mise en place d'instances de régulation indépendantes, sectorielles (CSA, ARCEP, CRE, ARAFER, ARJEL…) ou transversales (Autorité de la concurrence) […] destinées à garantir le respect de ce principe : dès l'instant où un secteur évolue vers une structure pluraliste, il devient nécessaire de veiller au respect de certaines règles du jeu ».[802] En application de tel modèle en RDC, les priorités de la loi-cadre de 2002 sur les télécoms étaient de déréguler les services publics et non les corrélations d'objectifs sociétaux via le numérique.

Le développement des télécoms déborde les objectifs législatifs initiaux, en ce que la prospective de la loi-cadre était très courte, sans envisager la convergence numérique. Le fait est qu'« auparavant, la loi était gravée dans le marbre tandis qu'aujourd'hui, elle apparaît comme étant rapidement dépassée... La plasticité d'une norme est un gage d'adaptation et de pérennité ! »[803] En pratique, l'administration publique utilise aussi bien les interstices de la loi sectorielle que certaines des dispositions propres, pour réguler des aspects multisectoriels de l'Internet. La loi-cadre de 2002 reste

---

[800] Ordonnance n°12/008 du 11 juin 2012 fixant les attributions des ministères, JO RDC, 53e année, n° spécial, 14 juin 2012, p. 22-51. Cette ordonnance remonte au 1er gouvernement de la 2e législature de la IIIe République. Elle est la première à innover avec cette dénomination, car la précédente ordonnance était restée dans l'approche des PTT : ordonnance n°08/74 du 24 décembre 2008 fixant les attributions des ministères [inédit].

[801] Ordonnance n° 12/007 du 11 juin 2012 portant organisation et fonctionnement du Gouvernement, modalités pratiques de collaboration entre le Président de la république et le gouvernement ainsi qu'entre les membres du gouvernement, JO RDC, 53e année, n° spécial, 14 juin 2012, pp. 1-21.

[802] J. CHEVALLIER, *L'État post-moderne,* 4e éd., LGDJ, Lextenso éd., coll. droit et société, n°35, Paris, 2014, p. 87.

[803] J. POMPEY, « Discussion avec Jane Ginsburg » [Interview], *Les défis scientifiques du tourisme*, Magazine de l'Université Paris 1, n°21, Panthéon-Sorbonne, avril-juin 2017, p. 36.

néanmoins le principal texte applicable aux réseaux numériques, même si elle ne réserve guère de régime se rapportant aux activités numériques de l'Internet.[804]

La Loi-cadre sur les télécoms habilite le ministre des PTNTIC à « assurer en collaboration avec les ministères et services de l'État ayant en charge la justice, l'intérieur, la défense nationale et la sécurité, conformément aux lois et règlements en vigueur, la surveillance générale et la police du secteur ».[805] Pour autant, le ministre des PTNTIC devrait être au cœur de l'interrégulation avec d'autres secteurs régaliens. Il est censé collaborer dans les dossiers de cybersécurité, de fiscalité du numérique, de police du commerce et autres. Les domaines de collaboration sont nécessaires entre les régulateurs des télécoms et les autres pouvoirs publics. Quatre esquisses sont à renforcer.

Premièrement, la loi annule de finances et ses arrêtés d'application déterminent les modalités de collaboration entre le département des finances et celui des PTT. Dans la procédure d'encadrement des recettes publiques, le régulateur et l'administration des PTT agissent au titre de « service taxateur » pour les recettes à mobiliser sous leurs attributions. Ils constatent et liquident les actes générateurs des taxes perçues sur les activités numériques en contrepartie des prestations réglementaires. Dans la même chaîne de mobilisation des recettes publiques, l'ordonnancement et le recouvrement sont assurés parles services des finances (DGRAD).[806]

Deuxièmement, la collaboration entre le ministère de l'économie nationale et l'ARPTC s'illustre dans la régulation des prix des services des télécoms. D'une manière transversale, les services relèvent du commerce général, car les opérateurs téléphoniques et les FAI sont des opérateurs économiques avant tout. L'ordonnance-loi de 1993 et le décret-loi de 1961 sur le prix posaient déjà le principe de leur libre pratique, sous réserve des marges licites. Le ministre de l'économie exerce la police de commerce sur le prix.[807] La loi, hier comme aujourd'hui, lui confère l'autorité de fixer les prix des produits précis et/ou des services d'utilité publique, qui sont stratégiques, à savoir : l'eau, l'électricité, le transport et les hydrocarbures.[808]

---

[804] *Cf.* point B. du présent § d'ouvrage pour les détails sur les vides juridiques de la loi-cadre (LCT-RDC) par rapport au e-commerce, à la preuve électronique, à la cybercriminalité, aux données personnelles, aux contrats électroniques, etc.

[805] Article 6-e), loi-cadre sur les télécoms [RDC], préc.

[806] Loi n°04/015 du 16 juillet 2004 fixant la nomenclature des actes générateurs des recettes administratives, judiciaires, domaniales et des participations ainsi que leurs modalités de perception, préc.

[807] Ordonnance n°83-178 portant création de la commission de la police du commerce, JOZ, n°19, 1er octobre 1983, p. 93. Arrêté interdépartemental DENI/CAB06/005/87 portant mesures d'exécution de l'ordonnance n°83-178 portant création de la commission de la police du commerce, *Législation et réglementation économiques et commerciales*, 2e éd., 1998, p. 243.

[808] Article 1er, décret-loi du 20 mars 1961 sur le prix [modifié par ordonnance-loi 83-026 du 12 septembre 1983], *Moniteur congolais*, 1961, p.218. Néanmoins, le ministre de l'économie peut déléguer au gouverneur des provinces son pouvoir de fixer les prix des services et

Ce sont quatre secteurs à prix régulés. Ils présentent une logique d'industries en réseaux, dans l'idée de cohésion sociale et d'intérêt général, à l'instar des services publics des télécoms.[809] L'ensemble des principes sus-vantés reste de mise dans la récente législation du 9 juillet 2018 sur la concurrence et le prix, qui abroge les textes précités.

Sans toutefois échapper à la régulation transversale du ministère de l'économie, les télécoms relèvent en priorité de la régulation sectorielle de l'ARPTC. La loi n°014/2002 reconnaît à cette dernière le pouvoir de fixer les principes de tarification des services de télécoms. Même si l'« Internet peut ébranler le schéma qui fonde l'intervention *ex post* des autorités de concurrence et *ex ante* des autorités de régulation sectorielle », [810] la concurrence et le prix font l'objet de l'interrégulation. Par principe de spécialité, l'ARPTC disposerait de l'*a priori* de son intervention *ex ante.*[811] Le ministre de l'économie agirait *a posteriori* pour l'application de la législation *ex post*.

Troisièmement, le juge reste le régulateur ponctuel et final dont les compétences traditionnelles ne s'effacent pas derrière le droit de la régulation sectorielle des télécoms, ni dans le droit du numérique.[812] Qu'il s'agisse des compétences administratives, constitutionnelles ou judiciaires, les décisions des cours et tribunaux permettent de dégager des règles prétoriennes *ex post* à partir de la chose jugée des communications électroniques ou de l'Internet.

En droit comparé français, le droit de l'Internet a ainsi pu naître de l'ordonnance de référé du 30 octobre 2001 dans le procès « Front 14 » *vs* « Association J'accuse !…et autres, AFA, à treize FAI et prestataires ». « En effet, […] le réseau est devenu le refuge de nombreux excès, de formes diverses de provocations et le moyen de nombreuses agressions telles que les atteintes aux biens, aux droits des auteurs sur leurs créations [...] lors du procès Front 14, le risque était réel de voir se développer un paradis de l'Internet comme […] des paradis fiscaux. La société ne pouvait pas tolérer pareille dérive. Il était dès lors légitime qu'elle se tournât vers le juge ».[813] Ce retentissant procès aura opposé la morale au droit, l'éthique à la logique économique tant que « Front14.ord » hébergeait près de 300 sites xénophobes et néo-nazis. Le juge français du référé fit « preuve d'"audace et de courage" qui de manière historique trancha en dégageant des règles

---

produits à prix régulés. La loi n°18/0020 du 9 juillet 2018 sur la concurrence et le prix abroge désormais le décret-loi de 1961, mais garde le même principe.

[809] J. CHEVALLIER, *Le service public, une administration citoyenne ?,* 10e éd., PUF, coll. « Que sais-je ? » Droit-Politique, Paris, 2015 (1987), pp. 58 et s.

[810] L. BENZONI et P. DUTRU, *op.cit.*, p. 19.

[811] J.-PH. COLSON et P. IDOUX, *op.cit,* pp. 472 et s.

[812] M. QUÉMÉNER, « Le magistrat, régulateur ponctuel, régulateur final », *in* M.-A. FRISON ROCHE (sous la dir.), *op.cit,* pp. 167-181.

[813] J-J. GOMEZ, « Avant-propos », in S. ROZENFELD (sous dir.), *Les 50 décisions clés du droit de l'Internet,* éd. Celog, coll. Legalis, Paris, 2005, p. 7.

prétoriennes susceptibles de faire sortir la réflexion de l'impasse d'un trouble sans responsabilité à imputer ».[814]

En droit congolais, une affaire intéressante de recours à la « régulation juridictionnelle » a été portée à la connaissance de la Cour suprême de justice par *Africell*, dernier arrivant des opérateurs GSM (3G) sur le marché. En 2012, il avait assigné tous les opérateurs du marché en justice, pour entendre la plus haute cour judiciaire leur imposer l'application de l'article 41 de la loi-cadre.[815] Il s'estimait privé de son droit d'accès au marché, suite au refus d'interconnexion dont il souffrait, malgré l'avis favorable obtenu du ministre des PTNTIC. À la suite des actes transactionnels convenus en 2015 entre protagonistes, les procédures judiciaires ont été arrêtées. [816] Le dessaisissement du juge suprême ne permit pas d'avoir ni d'analyser une jurisprudence.[817] L'interconnexion d'*Africell* est acquise depuis lors, sans recours à des voies d'exécution forcée pouvant à nouveau impliquer le juge.

Quatrièmement, l'article 46 de la loi-cadre ouvre une large possibilité de collaboration entre le ministre des PTNTIC et le ministre chef de département de la sécurité publique. [818] Les autorités de réglementation contribuent chaque fois que de besoin à la préservation des intérêts d'ordre public et de défense nationale. Il apparaît une ferme régulation de l'Internet congolais dans le cas d'émeutes ou d'insurrections s'appuyant sur les moyens de télécoms. L'article précité évoque l'intervention de l'État, mais ne précise pas quelles autorités publiques sont habilitées pour ce faire. Cette imprécision est source d'insécurité juridique. Elle mérite clarification. L'approche de l'OMC souhaitait l'interaction des forces multinationales du

---

[814] S. ROZENFELD (sous dir.), *op.cit*, p. 126-135. « Statuant publiquement [le TGI de Paris sous la présidence du juge tenant l'audience publique des référés M. Jean-Jacques Gomez], et en premier ressort et par ordonnance réputée contradictoire : constatons que le site portail Front 14, actuellement accessible à l'adresse www.front14.org , constitue dans son intégralité, et donc dans diverses déclinaisons, le trouble manifestement illicite tel que défini à l'article 809 du nouveau code de procédure civile ; […] ordonnons à M. Delvez, sous astreinte de 1 000 F par jour à compter du dixie jour qui suivra la notification de la présente décision, de rendre impossible toute consultation des pages personnelles hébergées sur le site […] ».

[815] Article 41, Loi-cadre sur les télécoms [RDC], préc : « Tout réseau de télécommunications établi ou utilisé pour les besoins du public est obligé de s'interconnecter au réseau de l'exploitant public à travers lequel tous les réseaux nationaux sont interconnectés. Le Ministre fixe les règles particulières à l'interconnexion des réseaux ».

[816]Le compromis général a été trouvé avec l'ensemble de la corporation des opérateurs le 19 décembre 2014. L'accord d'application des prix-planchers inter-réseaux a ouvert l'interconnexion à *Africell*.

[817] Radio Okapi, « RDC : Africell dénonce la coupure de son interconnexion avec Vodacom, Tigo et Airtel », 12 nov. 2012, [www.radiookapi.net/economie/2012/11/12/RDC-africell-denonce-la-coupure-de-son-interconnexion-avec-vodacom-tigo-airtel] (consulté le 12 juillet 2012).

[818] Article 46, loi-cadre sur les télécoms [RDC], préc. : « L'État peut pour des raisons de sécurité publique ou de la défense du territoire soit pour l'intérêt du service public de télécommunications soit pour tout autre motif, interdire en tout ou en partie, et durant le temps qu'il détermine, l'usage des installations de télécommunications. […] réquisitionner ou faire réquisitionner […] les installations des télécommunications ».

marché avec « un guichet unique » pour ne pas multiplier des logiques extra-sectorielles d'intervention. [819] Sur ce point, l'interrégulation sécuritaire devrait s'articuler *à minima* autour du ministre des PTT pour le besoin de cohésion intersectorielle et de cohérence d'actions. Même si la sécurité fondait l'action, le canal de son expression pourrait être le ministre sectoriel.

À titre illustratif, les nouveaux défis d'ordre public sont nés de la multiplication des usages numériques. Par nécessité de contrôle des accès aux services des télécoms, l'ARPTC avait décidé en 2007 d'obliger les opérateurs à collecter à des fins administratives et judiciaires, les identités des abonnés à leurs réseaux. [820] Suite à l'échec de la décision n°005/ARPTC/CLG/2007, le ministre de l'intérieur et celui des PTT avaient adopté en 2008 un « règlement de police » [821] sur le même objet. [822] Désormais, la police administrative s'était associée aux autorités de réglementation des télécoms, pour le contrôle prudentiel des identités d'abonnés à l'occasion de leurs souscriptions des services des télécoms. Le but fut de réguler en ligne les influences des masses sociales ainsi que les risques sécuritaires des connexions anonymes aux réseaux numériques. Avec l'arrêté interministériel du 19 mai 2015, l'interrégulation en la matière a impliqué au total de six départements ministériels : PTT, Intérieur, Médias, Finances, Justice et Défense. [823] Le règlement, tel qu'édicté sur l'identification des abonnés, s'appuie sur un préalable légal à « géométrie variable », ayant amené les principaux assujettis, parmi les opérateurs GSM, à en contester la légalité formelle. Les opérateurs du marché ont attaqué en inconstitutionnalité l'arrêté devant la Cour constitutionnelle. Le contrôle de constitutionnalité des actes réglementaires est une voie d'exception permise à l'article 162 de la Constitution congolaise du 18 février 2006.

Nonobstant l'attente du verdict de la Cour constitutionnelle, le gouvernement a fait appliquer avec succès son règlement querellé. Il importe d'analyser une telle expérience originale de régulation portant sur la

---

[819] J. DO-NASCIMENTO, *op.cit,* p.140 et s.

[820] Décision n°005/ARPTC/CLG/2007 du 29 juin 2007 du Collège de l'ARPTC portant identification des abonnés du service de la téléphonie mobile JO RDC, 48e année, n° 10, Kinshasa, 15 octobre 2007, col. 1 et 2.

[821] Article 6-c), Loi-cadre sur les télécoms [RDC], préc. : Le ministre des PTT a le pouvoir d'« arrêter les règlements d'administration et de police relatifs aux télécommunications et fixer les taxes y afférentes ».

[822] Arrêté interministériel n°25/CAB/MINÉTAT/INTERDESEC/010/2008 et n°003/CAB/MIN/PTT/2008 du 8 mars 2008 fixant les conditions de souscription à l'abonnement téléphonique [inédit].

[823] Arrêté interministériel n°25/CAB/VPM/MIN/INTERSEC/024/2015, n°003/CAB/VPM/PTNTIC/2015, n°MNDAC-RCAB/009/2015, n°004/CAB/MIN/J&DH/2015,n°CAB/MIN.FINANCES/2015/0144 et n°008/CAB/MIN/CM/LMO/2015 du 19 mai 2015 modifiant et complétant l'Arrêté interministériel n°068/CAB/MIN/INTERSEC/2009, n°212/CAB/MIN/MIN/J/2009, n°CAB/MIN/PTT/011/2009 du . 21 décembre 2009 fixant les conditions de souscription à l'abonnement téléphonique en RDC, JO RDC, 56e année, n°11, 1er janvier 2015, col. 7 et s.

souscription d'accès aux services téléphoniques et Internet. Comment l'État congolais contrôle-t-il les identités des abonnés aux réseaux ?

2. Le processus juridique d'interrégulation dans le défi d'identification des abonnés

L'intermédiation technologique est à la base des usurpations d'identité ou du travestissement de celle-ci, à des fins souvent [cyber]criminelles. « L'identité numérique peut être définie comme un lien informatique entre une entité réelle d'une personne et une entité virtuelle, c'est-à-dire en quelque sorte sa représentation numérique ».[824] La libéralisation des télécoms visait des résultats économiques et techniques pour l'accès universel. Sur le marché, les cartes SIM étaient vendues à la sauvette sans diligences administratives. Au fil du temps, l'économie numérique congolaise a posé de nouveaux défis d'ordre public pour l'identification des abonnés de la téléphonie et de l'Internet mobiles.

Auparavant, les opérateurs téléphoniques n'étaient pas tenus d'organiser un registre de leurs abonnés. L'anonymat des usagers alimente des infractions, tout en empêchant des poursuites judiciaires. Le numéro de téléphone portable sert pour l'accès à l'Internet. Il fait également office d'adresse de contact professionnel. Dans un pays à grande mobilité de personnes sans signalement de leurs derniers domiciles, le numéro de téléphone complète les identifiants administratifs. Il va sans dire que les fichiers d'identité et les registres d'état civil sont défaillants en RDC. Cet état des choses paralysait de nombreuses enquêtes judiciaires, puisque les réquisitions d'information restaient sans suite faute d'éléments fiables d'identité du titulaire de la ligne de téléphone ou de la connexion Internet.

Pour ces motifs en 2008, les ministres des PTT et de l'intérieur ont imposé l'obligation d'identifier les abonnés des réseaux téléphoniques. L'ARPTC avait échoué d'y parvenir l'année d'avant en 2007. Leur arrêté interministériel soumettait les opérateurs à la collecte et à l'enregistrement de l'identité administrative de chaque ancien et/ou nouvel abonné,[825] en vue de recueillir les « informations substantielles ».[826] L'exécution de la mesure posait des contraintes logistiques : les opérateurs GSM – bousculés dans leur *business* – devaient échafauder une administration paperassière adossée à la

---

[824] M. QUÉMÉNER, *Cybersociété entre espoirs et risques…, op.cit,* p. 37.

[825] Arrêté interministériel du 8 mars 2008 n°25/CAB/MINÉTAT/INTERDESEC/010/2008 et n°003CAB/MIN/PTT/2008 du Ministre d'État en charge de l'intérieur et du Ministre des PTT fixant les conditions de souscription à l'abonnement téléphonique en RDC.

[826] Notamment : les noms ou raisons sociales, adresses physiques et personnes de référence. Arrêté interministériel n°25/CAB/VPM/MIN/INTERSEC/024/2015, n°03/CAB/VPM/PTNTIC/2015, N°MNDAC-RCAB/009/2015, n°004/CAB/MIN/J&DH/2015, n°CAB/MIN.FINANCES/2015/0144, n°008/CAB/MIN/CM/LMO/2015 du 19 mai 2015 modifiant et complétant l'Arrêté interminist. n°068/CAB/MIN/INTERSEC/2009, n°212/CAB/MIN/J/2009, n°CAB/MIN/PTT/011/2009 du 21 décembre 2009 fixant les conditions de souscription à l'abonnement téléphonique en République Démocratique du Congo, JO RDC, n°11, 56e année, Kinshasa, 1er juin 2015, col.7.

vente et à la distribution des cartes SIM. Les nouvelles priorités de sécurité publique entraient en contradiction avec les objectifs économiques du marché. À défaut d'identifier l'usager, l'opérateur était tenu de le déconnecter s'il est actif sur son réseau ou de lui refuser l'accès en cas de nouvelle souscription. Dans le règlement de police de 2008, des devoirs – prescrits sous peine d'amendes transactionnelles à l'encontre de l'opérateur récalcitrant[827] – n'était pas conforme à la loi des finances, ni au code pénal.

D'une part, en fixant des amendes transactionnelles, le ministre des PTT et celui de l'intérieur créaient un acte générateur des recettes publiques.[828] Cependant, le règlement aurait dû obtenir à cet effet la signature conjointe du ministre des finances en conformité avec la loi des finances.[829] Ainsi, à défaut pour le gouvernement de méconnaître cette exigence de légalité formelle, le marché s'est trouvé en droit d'« exciper de la nullité »[830] de l'arrêté susdit, au motif d'« incompétence » des deux ministres signataires au vu des aspects parafiscaux étant hors de leurs attributions, mais de celles du ministre des finances.[831] À cause de la violation de légalité externe, le règlement était entaché d'un vice radical : la nullité pour excès de pouvoir.[832]

D'autre part, si ces amendes s'analysent comme de véritables sanctions pénales, l'arrêté aurait créé de toute pièce une incrimination, une infraction *sui generis* sanctionnant la non-identification des abonnés téléphoniques. En conformité avec le code pénal congolais, le principe de la légalité des délits et des peines voudrait que seul le législateur prescrivit des amendes – soient-elles transactionnelles et en fixa le barème.[833] Aussi le règlement édicté par les deux ministres (intérieur et PTT) entrait dans « un cas d'incompétence radicale », correspondant à la « nature d'empiètement [...] d'un agent administratif dans les attributions d'une autorité délibérante ».[834] En outre, l'amende était fixée entre 5.000$ et 10.000$ pour chaque abonné non-

[827] Article 9, alinéa 1er, arrêté interministériel du 8 mars 2008, préc. : « Tout opérateur qui n'aura pas identifié ses abonnés dans un délai de 3 mois s'expose à l'une de ses sanctions suivantes : 1) - amende transactionnelle allant de l'équivalent en francs congolais de 5.000 à 10.000USD par abonné non ou insuffisamment identifié ».

[828] Annexe, point XV-47 : « amendes transactionnelles », loi n°04/015 du 16 juillet 2004 portant nomenclature des actes générateurs des recettes domaniales, judiciaires et de participation, préc.

[829] Article 3, loi 014/015 du 16 juillet 2004, préc. : « L'assiette, le taux ainsi que la période de paiement des droits, taxes et redevances des recettes [...] ci-dessus sont fixés par Arrêté conjoint des Ministres ayant les finances dans ses attributions et celui dont l'administration constate et liquide lesdites recettes ».

[830] *Ibidem*, p. 430. *Verbo* « exciper » signifie « précisément, soulever, pour sa défense, une exception de procédure ».

[831] G. CORNU, *op.cit*, p. 534. *Verbo* « incompétence » pour signifier l'« inaptitude d'une autorité publique à accomplir un acte juridique »

[832] *Ibidem*.

[833] *Code pénal congolais* : Décret du 30 janvier 1940 tel que modifié et complété à ce jour, mise à jour au 5 octobre 2006, JO RDC, 47e année, n° spécial, Kinshasa, 05 octobre 2006.Article 5 : « Les peines applicables aux infractions sont: 1° la mort, 2° les travaux forcés, 3° la servitude pénale et 4° *l'amende* ».

[834] G. CORNU, *op.cit*, p. 1057. *Verbo* « Usurpation ».

identifié.[835] Les réseaux GSM comptaient déjà de millions d'abonnés anonymes. Leur coefficient rendait irréaliste l'application effective d'une telle peine, vu le calcul excessif du montant. Le règlement compromettait les objectifs de dérégulation du marché autant que son équilibre. Il exacerbait le risque de faillite des entreprises. Les manques de circonspection affectaient l'efficacité du premier l'arrêté du 8 mars 2008 et motivaient sa révision.

Vu la nécessité, les deux ministres précités adoptèrent en 2009 un règlement modifiant le précédent.[836] Leur deuxième arrêté conjoint fixa une nouvelle sanction administrative. Aussi, fut-elle instituée la procédure d'activation et de désactivation des abonnés aux réseaux téléphoniques. Leur acte innova en distinguant les usagers « insuffisamment identifiés » des « non-identifiés ». Cependant, il conserva les mêmes vices qu'en 2008, même s'il réduisait de 500% le barème des « amendes transactionnelles » encourues de 5000$ à 5$ par infraction.[837] Les rédacteurs de ces règlements s'étaient mépris sur la faculté offerte par la loi-cadre à l'« administration de transiger avec le contrevenant et de lui faire payer une amende transactionnelle dont les taux sont revus périodiquement par le Ministre ».[838]

Loin d'être un principe générique,[839] cette faculté n'est applicable qu'aux infractions spéciales aux télécoms, que le législateur de 2002 a spécifiées au chapitre des dispositions pénales.[840] Aucune d'elles n'incrimine le fait d'identifier on non les abonnés d'un réseau numérique. Le deuxième

---

835 Article 9, alinéa 1er, arrêté interministériel du 8 mars 2008, préc.

836 Arrêté interministériel n°068/CAB/MIN/INTERSEC/2009, n°212/CAB/MIN/J/2009, n° CAB/MIN/PTT/011/2009 du 21 décembre 2009 modifiant et complétant l'Arrêté interministériel n°25/CAB/MINÉTAT/INTERDESEC/010/2008 et n°003 CAB/MIN/PTT/2008 du 8 mars 2008 du Ministre d'État en charge de l'intérieur et du Ministre des PTT fixant les conditions de souscription à l'abonnement téléphonique en République Démocratique du Congo.

837 Article 12, arrêté interministériel du 21 décembre 2009, préc. : Sous réserve des dispositions du Code pénal et de la Loi-cadre n° 013/2002 du 16 octobre 2002 sur les Télécommunications, tout Exploitant d'un réseau de télécommunications ouvert au public qui n'aura pas identifié ou qui aura insuffisamment identifié ses abonnés dans les délais impartis s'expose, à dater du 1" janvier 2010, à l'une des sanctions suivantes :

a) Amende transactionnelle de l'équivalent en francs congolais de 10 $US à 20 $US par abonné non identifié ;

b) Amende transactionnelle de l'équivalent en francs congolais de 5 $US à 10 $US par abonné insuffisamment identifié en raison de l'omission d'une ou de plusieurs informations substantielles prescrites à l'article 4 du présent Arrêté.

L'Exploitant verse l'amende au compte du Trésor public, conformément aux dispositions légales et règlementaires en vigueur. »

838 Article 68, Loi-cadre sur les télécoms en RDC, préc.

839 En effet, l'article 68 de la loi-cadre sur les télécoms [RDC] dispose que « Sous réserve des dispositions du code pénal, les infractions en matières des télécommunications donnent lieu à une procédure de transaction. L'administration peut transiger avec le contrevenant et faire payer une amende transactionnelle dont les taux sont revus périodiquement par le Ministre ».

840 *Cf.* « Titre VI : Des dispositions pénales », loi-cadre, préc. Composé des articles 68 à 78, ce titre retient des amendes pour punir toutes « les infractions en matière des télécommunications » (article 68, al. 1, Loi-cadre, préc.). Dans quelques cas, la Loi-cadre des télécoms a aussi prévu des peines d'emprisonnement.

règlement de police violait donc le préalable légal. Ce dernier ne peut en principe faire l'objet d'analogie dans l'interprétation des lois pénales.

Finalement, un dernier règlement de police a accompli avec succès en mai 2015 l'interrégulation quant à l'identification des abonnés des réseaux numériques.[841] C'est le troisième arrêté signé en l'espèce (par six ministres). Il corrige les deux précédents de 2008 et 2009 ci-dessus examinés. Il ne se limite pas aux réseaux téléphoniques ; il s'étend aussi aux services Internet. Son innovation déterminante est l'interdiction de vente des « SIM pré-activées » sur le marché.[842]

Auparavant, l'usager était immédiatement actif sur le réseau, dès l'achat de sa SIM.[843] Cette facilité permettait aux anonymes une fois déconnectés du réseau, de s'y reconnecter par l'achat d'une autre SIM déjà activée par l'opérateur. La sanction était contournée, au point de perdre son efficacité, voire son utilité, comme un vrai tonneau des Danaïdes. Ainsi, l'identification administrative a été renforcée à la fois comme une obligation et comme un préalable d'accès au réseau téléphonique ou Internet, à la charge de l'opérateur et/ou du FAI. Les procédures d'activation et de désactivation ont été clarifiées. Pour éviter les vices antérieurs de légalité formelle en cas de manquement à l'obligation d'identification, le règlement a arrêté des « droits et pénalités » plutôt que des « amendes transactionnelles ».[844]

Instruit par huit ans d'échecs répétés face au même défi d'identité d'internaute,[845] l'État congolais a fait preuve de minutie et de transparence dans la rédaction du dernier règlement en la matière. Malgré la consultation très poussée des acteurs du marché lors de la rédaction de l'arrêté de 2015,

---

841 Arrêté interministériel n°068/CAB/MIN/INTERSEC/2009, n°212/CAB/MIN/J/2009, n° CAB/MIN/PTT/011/2009 du 21 décembre 2009 modifiant et complétant l'Arrêté interministériel n°25/CAB/MINÉTAT/INTERDESEC/010/2008 et n°003 CAB/MIN/PTT/2008 du 8 mars 2008 du Ministre d'État en charge de l'intérieur et du Ministre des PTT fixant les conditions de souscription à l'abonnement téléphonique en République Démocratique du Congo.

842 *Ibidem* : « Sont interdites : - l'identification par procuration […] ; - la réactivation de toute SIM avant l'identification de son abonné » (Article 2, al. 3).

843 Sur le plan marketing, divers slogans illustrent marketing « *pay-and-go* », « *play and pay* », « *take-away* » ; notre traduction : « achète et accède », « paie et joue », « prends et vas-y ».

844 [http://www.legalnet.cd/legislation/Droit%2àeconomique:telecommunication/AIM.19.05.2015.html] (Consulté le 21 septembre 2015) : Article 12, arrêté interministériel du 19 mai 2015, préc. : « sous réserve des dispositions du Code pénal, tout exploitant d'un réseau ou tout fournisseur des services de télécommunications ouverts au public qui n'a pas été identifié ou qui a insuffisamment identifié ses abonnés ou qui manquerait d'interrompre le service à un abonné non identifié ou insuffisamment identifié, s'expose aux sanctions, droits et pénalités prévus par la Loi. »

845 En 2008, les règles de police n'ont pas été connues de résultats vis-à-vis du marché, à cause de leur portée limitée à la téléphonie oubliant l'Internet. Elles se concentraient davantage sur des sanctions que sur la procédure administrative, tout en assurant le fonctionnement du marché. En 2009, des modifications ont été apportées à la mesure précédente. Cependant, l'opposition du marché se fondait toujours sur la contrainte de déconnecter des millions d'abonnés anonymes, dont le nombre leur faisait redouter des pertes financières.

les autorités réglementaires n'en obtinrent pas une application facile par ses opérateurs GSM. Quoique corédacteurs, ceux-ci le contestèrent plutôt devant la cour constitutionnelle, sur la base de l'article 162 de la Constitution.[846]

Dans leur requête déposée le 24 novembre 2015 au greffe de la cour constitutionnelle sous le numéro « RCONST n°177 » au registre du greffe, les opérateurs de téléphonie et d'accès à Internet ont formulé trois principaux griefs contre l'acte réglementaire attaqué.[847] En l'espèce, ils ont requis l'annulation de l'arrêté pour excès de pouvoir devant la Cour constitutionnelle. *Premièrement*, même si le règlement de police de 2015 est signé par six ministres, leur nombre ne saurait couvrir le fait que seuls deux d'entre eux sont habilités par la loi à édicter des mesures de police des télécoms.[848] *Deuxièmement*, la fixation des « pénalités » par ce Règlement serait une violation du principe de la légalité des impôts et taxes, qui ne peuvent être fixés que par la loi. Troisièmement, une mesure de police n'a pas pour vocation d'établir des règles substitutives à la loi, mais plutôt de l'appliquer. En conclusion, le marché attaque la constitutionnalité du règlement pou avoir créé des procédures et des institutions juridiques *sui generis*. Après plus d'une année de sa saisine, la Cour constitutionnelle n'avait pas encore rendu son arrêt.

Indifféremment du recours en inconstitutionnalité contre l'arrêté de 2015, le gouvernement s'est résolu de l'appliquer le 26 décembre 2015, notant qu'il produit ses effets tant qu'il n'est pas annulé.

Par un communiqué officiel, le ministre des PTT et celui de l'intérieur mettaient en demeure le public de s'identifier administrativement pour régulariser leur accès au réseau. Les opérateurs déconnectèrent effectivement les usagers anonymes de leurs réseaux, leur fermant l'accès aux services numériques ouverts au public.[849] Entre les mois de septembre 2015 et 2016, l'observation subséquente du marché démontra l'impact de la mesure concernée sur la croissance économique du marché. L'ARPTC rapporta à ce propos une sensible variation de la totalité des abonnements téléphoniques et

---

[846]Article 162, Constitution de la RDC du 18 février 2006, préc. : « La Cour constitutionnelle est juge de l'exception d'inconstitutionnalité soulevée devant ou par une juridiction. Toute personne peut saisir la Cour Constitutionnelle pour inconstitutionnalité de tout acte législatif et réglementaire ».

[847] Vodacom, Tigo, Orange et Airtel, Requête en inconstitutionnalité de l'Arrêté interministériel [...] fixant les conditions de souscription à l'abonnement téléphonique en République Démocratique du Congo, sous R. Const. n°177, 16 novembre 2015. [Source : Greffe de la Cour Constitutionnelle, le Greffier principal, Lucie Baluti Mondo, Directeur]

[848] Leur argument se réfère à l'article 6-e) de la loi-cadre des télécoms. Ils soutiennent que le règlement en cause devrait impliquer tout au moins les Ministres des PTT et de l'intérieur pour les aspects essentiels du règlement de police (sécurité publique et sécurité des réseaux). Tout au plus, le Ministre des finances pouvait intervenir pour les taxes à prélever.

[849] VPM, Ministre de l'Intérieur et Sécurité et VPM, Ministre des PTNTIC, « Communiqué du Gouvernement relatif à l'opération de contrôle d'identification des abonnés des services de télécommunications en République Démocratique du Congo », Kinshasa, 26 décembre 2015, [http://www.7sur7.cd/new/sur-decision-du-gouvernement-telecommunications-desormais-tout-abonne-doit-etre-identifie-par-son-operateur/] (consulté le 15 septembre 2016).

Internet. Le nombre de 12.452.288 d'usagers est le lot de déconnexion d'abonnés insuffisamment ou pas du tout identifiés.[850]

Notre tableau

Indicateurs	T3 2015	T3 2016	Différence	Variation
Total abonnements	39.746.740	27.294.452	-12.452.288	-31,32 %
Souscription Internet mobile	5.170.685	6.183.537	+1.012.852	+19,58%
Souscription mobile money	5.796.545	1.581.720	-4.214.825	-72,71%

Source : ARPTC/observatoire du marché de la téléphonie mobile T3-16

Les efforts d'ordre public numérique ont connu un début de succès. Ils ont par ailleurs provoqué un ralentissement de la croissance des abonnés téléphoniques et Internet sur le marché congolais des télécoms. Les opérateurs de télécoms déclaraient que leurs revenus en début 2016 présentaient une tendance à la baisse de 11 à 20%, comparaison faite par rapport à la même période d'avant. Ils attestaient que « cette situation était accentuée par la perte de millions d'abonnés à la suite du processus d'identification des cartes SIM imposée par le gouvernement ».[851]

Le gouvernement assurait sa régulation dans les interstices de loi. Toutefois, le risque d'instabilité s'accroît quand le cadre réglementaire n'offre pas de lisibilité pour le marché. Les motifs d'ordre public restent dans le brouillage de la frontière entre Droit et Politique. L'identification des internautes illustre l'imposition d'exigences non-concurrentielles affectant la croissance de l'économie numérique. Bien plus, les carences du cadre légal laissent gravement sans régime adéquat les activités numériques **(section 2)**.

SECTION II. LE DÉFI DE COMBLEMENT DES VIDES LÉGISLATIFS DU DROIT DE L'ÉCONOMIE NUMÉRIQUE EN RDC

La loi-cadre de 2002 s'avère incomplète et inadaptée face à l'économie numérique ainsi que sur moult aspects de la société de l'information.[852] L'aperçu général des carences de législation permet de projeter le renouveau du cadre juridique de l'économique numérique. Les enjeux non-légiférés sont ainsi à mettre en lumière. **(§1)**

En 2008, le Sénat congolais a publié son Rapport sur le secteur des télécoms. Il souligne qu'« aucune société moderne ne peut harmonieusement fonctionner sans une fenêtre sur le monde à travers l'Internet. Cet instrument

---

[850] ARPTC, *Observatoire du marché de téléphonie mobile, Rapport du 3e trimestre 2016*, préc., p. 39.

[851] « Pourquoi la hausse des tarifs de l'Internet mobile ? », *RFI,* 11 juin 2016. [http://www.rfi.fr/afrique/20160611-RDC-pourquoi-hausse-tarifs-Internet-mobile] (Consulté le 19 juin 2016).

[852] *Ibidem.*

qui constitue l'autoroute de l'information grâce au système multimédia a réduit le monde au niveau d'un village planétaire ».[853]

Hélas, contrairement à l'Europe et à la France, la RDC ne dispose pas encore d'un droit de l'économie numérique qui encadre la responsabilité des acteurs de l'Internet, la protection de la personne en ligne ou encore la confiance dans les transactions dématérialisées. Aussi, les carences du droit congolais ne contribuent-elles pas à « instaurer un équilibre entre les différents intérêts en jeu et établir des principes qui peuvent servir de base aux normes et accords adoptés par les entreprises ».[854]

Selon les défaillances analysées, la réforme des lois des télécoms doit s'effectuer à travers des ajustements des règles et des institutions juridiques répondant aux enjeux prégnants du numérique. De cet ordre d'idées, figurent le droit de la protection des données personnelles et la cybersécurité pour répondre aux enjeux de liberté et de confiance dans les TIC. **(§2)**

§ 1. L'aperçu général des carences de législation de l'économie numérique

Pour rénover, innover, réformer le droit à l'ère numérique, il convient d'identifier les vides législatifs par rapport à l'économie du Net. La carence des lois sur le numérique permet d'analyser des solutions pragmatiques ainsi que celles en cours de discussion de *lege ferenda.*

Avant l'adoption de la loi n°18/019 du 9 juillet 2018 relative aux systèmes de paiement et de règlement-titres, plusieurs défis ci-après dépassaient totalement l'état des réponses des lois positives congolaises, à savoir : la signature électronique et la preuve numérique dans les aspects du commerce en ligne **(A)**. Il en est de même de l'absence des règles appropriées en matière de lutte *vs* la cybercriminalité et de protection des données personnelles comme aspect de sûreté de la personne en ligne **(B)**.

A. Les défaillances de la législation congolaise face au commerce électronique

Le commerce électronique se pratique en RDC, mais il ne trouve pas à ce jour de source législative de définition. Par ailleurs, le droit congolais ne prévoit pas de régime de droit civil pour la preuve et la signature électroniques, alors qu'il s'agit d'éléments indispensables pour la certification des échanges, l'authentification des sujets du commerce en ligne et de la sécurisation de leurs transactions.

---

[853] M. MUTINGA MUTUISHAYI et *al*, *Rapport de la Commission d'enquête sur le secteur des télécommunications en RDC*, Sénat, RDC, mai 2008, pp. 39-4.1

[854] Considérant n°41, Directive 2000/31/CE du parlement européen et du conseil, préc.

1. L'absence de définition législative du commerce électronique

Plusieurs offres d'activités en ligne font état de l'existence du commerce électronique congolais. L'exemple le plus courant est l'achat à distance d'unités de recharge des crédits de communication sur les réseaux téléphoniques à partir de son téléphone.[855] Dans la pratique commerciale, les commandes en ligne contre accusé-réception réalisent les contrats électroniques par double-clic. Toutefois, le droit positif congolais ne définit pas ces activités, ni leur réserve un régime spécifique.[856]

En droit, l'exactitude des mots produit et engendre des conséquences juridiques. L'évocation du terme « commerce électronique » peut rappeler des liens conceptuels évidents avec l'Internet ou avec les réseaux et médias numériques. Pour Vincent Gautrais, « l'accomplissement d'activités commerciales de manière automatique par l'utilisation des technologies de l'information et de la communication » relève du commerce électronique. Quant au professeur Filiga Michel Sawadogo, il le définit comme « tout ou partie des opérations relatives à la publicité, à l'accord des volontés des parties, à la livraison du produit, à la prestation du service ou au paiement du prix, effectuées en ayant recours aux nouvelles technologies de l'information et de la communication ». [857] En l'absence de définition législative congolaise, « ces définitions empiriques traduisent la différence que le marketing institue entre produits matériels, produits exclusivement informationnels et produits riches en information ».[858]

La RDC est connectée au commerce numérique mondial, mais se trouve considérablement dépourvue d'une réglementation adéquate en rapport avec les services de la société de l'information. En 2002, le législateur des télécoms rapprocha le commerce en ligne des « services à valeur ajoutée » et des « services supports », en privilégiant les services de base (transmission du signal) comme étant les principaux concernés par l'accord de l'OMC de 1997.[859] Les lois congolaises de 2002 n'ont pas considéré les réalités du marché avant l'an 2000. Plusieurs acteurs avaient déjà fait leur entrée dans le secteur congolais de l'offre d'accès à Internet et des contenus numériques en

---

[855] Le clavier alphanumérique des téléphones permet de réaliser des commandes sous forme de syntaxe informatique et d'obtenir des accusés de réception, par le même procédé automatique, généralement par SMS. L'écran du téléphone intelligent sert de media d'accès au serveur de l'opérateur et la mémoire du téléphone fait office de support durable.

[856] K. NDUKUMA, *Cyberdroit…, op.cit.*, pp. 46-47.

[857] M. SAWADOGO FILIGA, « Approche nationale et régionale de la mise en place d'une réglementation du commerce électronique : le cas du Burkina-Faso et de l'Afrique de l'Ouest », Conférence régionale africaine de haut niveau, Tunis, 19-21 juin 2003, pp. 1-3. K. NDUKUMA, *Cyberdroit…, op.cit*, p. 18.

[858] X. LINANT DE BELLEFONDS, *le droit du commerce électronique*, 1re éd., PUF, coll. « Que sais-je ? », Paris, 2013, p. 3.

[859] C. GUERRIER, « Droit et accords OMC dans le domaine des télécommunications : la problématique », *Droit de l'informatique et des télécoms,* revue trimestrielle, 16e année, 1991/1, pp. 95-96.

ligne. Après 62 ans d'attente des réformes,[860] les « lois dérégulatrices » des télécoms n'ont pas satisfait les attentes de l'économie numérique. Leur champ ne couvre pas les aspects juridiques des services de la société de l'information, tels que le commerce en ligne, l'écrit électronique, la preuve et la signature électroniques, la responsabilité des prestataires techniques, le contrat électronique, la publicité en ligne, la protection des données personnelles ou des œuvres d'esprit numérisées ou diffusées sur l'Internet, etc.

2. Le défaut de régime spécifique à la preuve numérique en RDC

La valeur de l'écrit numérique n'était pas encore rendue équivalente à la preuve littérale. En 2010, les facilités de l'outil numérique ont néanmoins amené le législateur congolais à conférer une valeur d'opposabilité aux textes à publier par Internet au journal officiel en ligne.[861] Le code civil congolais ne précise pas la valeur équivalente d'un écrit numérique à la preuve littérale. Il en est de même pour la signature électronique.[862] Cependant en France, la loi du 13 mars 2000 et son décret d'application du 30 mars 2001 avaient introduit une réforme considérable, en transposition de la directive européenne 1999/93/CE du 13 décembre 1999 « sur un cadre communautaire pour les signatures électroniques ».[863] Cette directive « expurge des droits nationaux toutes les dispositions qui seraient de nature à entraver l'efficacité juridique. Elle établit pour ce faire un principe général d'équivalence entre l'écrit électronique et l'écrit papier qui s'induit de la genèse et de l'objectif poursuivi par l'acquis communautaire ».[864]

---

[860] Avant l'édiction de la loi sur les télécommunications en RDC, loi-cadre n°013/2002 du 16 octobre 2002, la précédent en vigueur fut l'Ordonnance-législative 254/TELEC du 23 août 1940 du Gouverneur général du Congo à l'époque du Congo colonie belge. *Cf.* JORDC, n° spécial, 25 janvier 2005, Kinshasa, p.18.

[861] JO RDC, *Recueil de textes sur l'amélioration du climat des affaires,* n° spécial, 51ème année, Kinshasa, 3 mars 2010, p. 6 et 7. En RDC, dans le cadre de l'amélioration du climat des affaires, deux lois promulguées en 2010 autorisent, pour besoin d'opposabilité, les publications sur Internet, par voie numérique ou par voie d'insertion au JO, les actes législatifs et réglementaires, ainsi que les actes de société et autres notifications officielles. Ces publications numériques ont le même effet juridique (d'ordre public) que la publication papier sur journal officiel. Il s'agit de : 1) Loi n° 10/007 du 27 février 2010 modifiant l'ordonnance –loi n° 68-400 du 23 octobre 1968 relative à la publication et à la notification des actes officiels ; 2) Loi n°10/008 du 27 février 2010 modifiant et complétant le Décret du Roi souverain du 27 février 1887 sur les sociétés commerciales tel que modifié par le décret-loi du 19 septembre 1965.

[862] Les articles 197 et 245 du Code civil congolais Livre III forment le droit commun de la preuve hiérarchisée : preuve littérale, preuve testimoniale, présomptions, aveu de partie et serment.

[863] Directive 1999/93/CE du Parlement européen et du Conseil du 13 décembre 1999 sur un cadre communautaire pour les signatures électroniques, JOCE, 19 janv.2000, p.13.

[864] A. PENNEAU, « La forme et la preuve du contrat électronique », in J. ROCHFELD (sous la dir.), *L'acquis communautaire…, op.cit.*, pp. 255-342.

En matière commerciale et pénale, la preuve peut s'établir par tous moyens de droit, sous réserve de loyauté. L'exigence d'équivalence – entre preuves numérique littérale – concerne les rapports de droit civil. La loi n°018/019 du 9 juillet 2018 organise les modalités de signature électronique, simple et qualifiée, en rapport avec les systèmes d'e-paiement et de règlement-titres. Il est un texte spécifique : son champ d'application est limité aux transactions financières à distance. Son principe ne s'insère donc pas dans l'ensemble du droit civil, mais il reconnait la parfaite équivalence des preuves littérale et électronique pour les services financiers à distance et au profit de ses consommateurs.[865]

Des défis juridiques sont relatifs à la réception des traces et documents numériques en tant que preuves. Ils concernent le droit commun de la preuve, car en matière commerciale et pénale, la preuve est libre. Cette observation ramène la problématique de la preuve numérique à de justes proportions. De très nombreuses activités numériques ne sont pas intéressées par les mutations d'enjeu de la preuve numérique, puisqu'elles ont lieu entre professionnels (commerçants, *B to B*). Elles ne donnent pas lieu à des contestations requérant une hiérarchisation des moyens probants en cas de contestation des « actes ou des faits juridiques » en ligne.[866]

Particulièrement, les rapports *B to C* soulèvent davantage l'enjeu législatif de la preuve électronique, car les actes ont une nature mixte, à la fois une nature civile du point de vue du consommateur et une nature commerciale du point de vue du cybercommerçant. Toutefois, la valeur probante des documents informatiques n'est pas à confondre avec les usages informatiques, ni avec la preuve des faits, en relation avec l'activité informatique. À la différence de la coutume qui ne se prouve pas, l'usage doit être prouvé lorsque son existence est discutée.

En effet, la notion de support durable invite à sortir de la chaîne du traitement numérique en ligne une inscription sur un CD-Rom ou sur un support microfilmé au titre d'archivage numérique. Mais aujourd'hui le *Cloud computing*, l'archivage en ligne, permet de ne pas échapper au numérique en temps réel, principalement en ce qui concerne la conservation des preuves, des traces et des données numériques du réseau dans ses diverses déclinaisons (*Internet*, *Extranet*, *Outnet*).[867]

En France, dans une logique d'assimilation de la preuve électronique aux propriétés probantes du papier, l'article 1316 de la loi du 13 mars 2000 dispose : « l'écrit sous forme électronique est admis en preuve au même titre

---

865 Ce texte de loi est à examiner plus spécifiquement dans un autre ouvrage, au regard de sa nouveauté.

866 Le droit civil français distingue entre les faits juridiques et les actes juridiques. Les premiers peuvent être prouvés par tous moyens, les seconds doivent en revanche être prouvés par un écrit pour toute transaction supérieure à un certain montant. Aux termes des articles 1326 et 1341 du Code civil français, il s'agit de 800 euros.

867 T. MUSSA, *Transactions et commerce électroniques, Preuve (par écrit) et signatures électroniques,* Première partie, Cours, Master en Droit du cyberespace africain, 2006-2007.

que l'écrit sur support papier, sous réserve que puisse être dûment identifiée la personne dont il émane et qu'il soit établi et conservé dans des conditions de nature à en garantir l'intégrité ». La preuve de l'écrit sous forme électronique, pour des actes authentiques ou sous-seing privé, relève respectivement des articles 1317 et suivants, ainsi que 1322 et suivants du CCF. Elle est admise dès lors que les deux conditions susdites de l'article 1316 du CCF sont remplies à la base.

En revanche en RDC, les carences du régime de la preuve numérique demeurent un enjeu législatif important. Le système probatoire traditionnel est structuré autour des fonctions rassurantes : l'écrit assure une fonction de mise en alerte. Le papier demeure un support qui fournit des garanties, en termes de document fidèle et durable. La fidélité, caractéristique de la preuve littérale, recouvre deux significations : la non-altérabilité des contenus et la permanence de la forme. Autant l'écrit traditionnel possédait d'emblée ces deux qualités, autant le propre du numérique est de les exclure.[868]

Le document numérique ne recherche pas la stabilité et n'est pas fait pour durer physiquement. Ces éléments contrastent avec la fugacité et la volatilité de la consultation pages électroniques sur Internet (site, page web). Sur la question de sécurité juridique des contenus numériques, l'informatique permet de fiabiliser la transmission des fichiers jusqu'à la sécurité absolue (protocole et chiffrages). Sur la question de la permanence des formes, la rédaction d'un écrit présente encore un avantage pour lequel le numérique ne fournit pas de substitut. Il en est ainsi également de la signature électronique.

3. Le défaut de régime spécifique sur la signature électronique en RDC

La preuve numérique connaît un manque de reconnaissance dans le code civil congolais, sauf dans la législation spécifique au paiement électronique. En vertu de la loi n°018/019 du 9 juillet 2018, il est à inférer que, pour le particulier, les mêmes attributs de la preuve littérale sont de mise dans leurs transactions électroniques vis-à-vis des professionnels, acteurs du système national de paiement.[869] Cette problématique et cette solution confinées s'associent à celles de la signature électronique. En effet, cette dernière sert à assurer le rattachement d'un acte ou d'un fait sans équivoque à une personne agissant avec une volonté de qualité.

La signature électronique consiste en l'usage d'un procédé fiable d'identification, garantissant son lien avec l'acte et l'auteur auxquels elle se rattache. Un certificat qualifié est utile en cas de preuve du contraire. Le procédé technologique de certification met en œuvre un dispositif technique sécurisé pour la création et la vérification des signatures électroniques.[870] Ce

[868] Un site Internet en ligne peut être rendu impossible d'accès, mis à jour ou supprimé. La conservation des données couvre leur volatilité. D'où : en garantir authenticité et intégrité.
[869] Loi n°018/019 du 9 juillet 2018 sur le système de paiement [en RDC]..., préc.
[870] *Cf.* Article 21 du Règlement n°15/2002/CM/UEMOA relatif aux systèmes de paiement dans les États membres de l'UEMOA.

sont de tels moyens techniques et de telles procédures appropriées qui répondent aux défis de la garantie de confidentialité et de la « production génétique » unique des données de création des signatures. Elles ne doivent entraîner aucune modification du contenu de l'acte à signer, ni faire obstacle à une connaissance préalable et exacte de son signataire. Des garanties de sécurité (technique et juridique) assurent la protection des transactions dématérialisées et de leurs acteurs, professionnels ou particuliers contre toute falsification et/ou utilisation frauduleuse du fait des tiers. La certification par des organismes agréés, conformément aux normes définies, renforce la garantie de qualité des dispositifs sécurisés de signature électronique.

Une trace informatique ne sert de preuve que dans la double condition de rattachement de celle-ci à un individu et de l'intégrité de sa conservation, tandis que l'écrit numérique est susceptible d'obtenir la vertu d'une signature numérique. Le document informatique, lorsqu'il répond aux conditions posées par la loi vaut alors comme preuve de premier rang ; si ce n'est pas le cas, il peut être considéré comme une copie ou un commencement de preuve par écrit.[871] « La technologie, les protocoles à la base de l'Internet sont bien libertariens ».[872]

Tous les procédés de signature électronique cadrent avec l'esprit des « héritiers fondateurs de l'Internet », ce sont « ceux qu'on appelle les libertariens californiens. [...] Ils font également confiance aux technologies et au code informatique pour défendre leurs valeurs [...] l'anonymat [ou le pseudonymat[873]] ou la cryptologie pour défendre la vie privée ».[874] Selon l'expression connue de Lawrence Lessig, « *code is law* » (le code informatique est la loi), le numérique fiabilise le « pseudonymat » lié à l'usage des médias numériques. La signature électronique est un régulateur technique permettant l'identification fiable de signature en ligne ou sur support numérique, au même titre que la main du signataire sur le papier.[875] La sécurité de l'individu en ligne ne procède pas que de la preuve et de la signature, soit-elles numériques, en vue d'attester de la véracité d'un fait ou d'une prérogative. La vie privée et l'identité des individus en ligne méritent également la protection du droit.

B. Les défaillances de la législation congolaise sur les données personnelles et la cybercriminalité

L'économie numérique expose la personne physique à plusieurs risques d'atteinte se rapportant à la « vie en réseau » et aux aspects sous-jacents de sa personnalité « réseautée ». Cependant, la législation congolaise ne prévoit

---

871 V. Fauchoux et P. Deprez, *Le Droit de l'Internet, lois, contrats et usages, op.cit*, p. 177.
872 O. Iteanu, *Quand le digital défie l'État de droit, op.cit.*, pp. 24 et s.
873 O. Iteanu, *L'identité numérique en questions*, Eyrolles, Paris, 2008.
874 O. Iteanu, *Quand le digital défie l'État de droit, op.cit.*, p. 25.
875 O. Iteanu, *op.cit*, pp. 24-25.

pas de règles de protection des données personnelles, ni un dispositif pénal approprié contre la cybercriminalité.

1. L'absence de législation sur la vie privée et les données personnelles

Quant aux données personnelles en ligne, elles ne font pas l'objet de définition ni de régime spécifique dans la législation des télécoms en RDC. En Europe, la directive 95/46/CE du 24 octobre 1995 les avait définies comme : « toute information permettant l'identification de la personne ».[876] La loi-cadre de 2002 les évoque en termes de possibilités, se rapportant aux exigences essentielles, mais sans traitement particulier. En effet, aux termes de ladite loi, « la protection des données personnelles peut comprendre la protection des données personnelles, la confidentialité des informations transmises ou stockées ainsi que la protection de la vie privée ».[877]

Ainsi, les utilisateurs des réseaux téléphoniques et des services Internet (mobile) sont exposés à divers aléas d'aspiration, de collecte, de profilage, de traitement, de modification et de diffusion à leur insu de leurs données informatisées, de connexion, d'identification et de navigation. En la matière, quelques prescrits légaux notables portent sur le principe de neutralité des acteurs du réseau. Compte est tenu toutefois des exceptions autorisées par rapport au secret des correspondances émises par la voie des ondes.

En principe, « l'exploitant public, les exploitants concessionnaires des services publics de télécommunications et les autres fournisseurs du service de télécommunications ainsi que les membres de leur personnel, sont tenus de respecter le secret des communications ». [878] Puisque le secret des correspondances émises par la voie des télécommunications est garanti par la loi, « [i]l ne peut être porté atteinte à ce secret que par l'autorité publique, dans les seuls cas de nécessité d'intérêt public prévus par la loi et dans les limites fixées par celle-ci ». [879] Ces préventions sommaires, en matière d'interceptions et d'écoutes illégales,[880] servent de manière large à assurer la protection des données personnelles et de la vie privée (mises) en ligne.

Toutefois, à l'ère numérique, ce régime de protection n'est pas suffisant. Encore moins, la non-consécration du concept « données personnelles » et le manque de régime y afférent ne sont pas sécurisants en l'état actuel du droit

---

[876]Article 2, directive n°95/46/CE du 24 octobre 1995 relative à la protection des personnes physiques à l'égard du traitement des données à caractère personnel et la libre circulation des données.

[877]Article 4-13, dernier alinéa, loi-cadre sur les télécoms [RDC], préc.

[878]Article 53, loi-cadre sur les télécoms [RDC], préc.

[879]Article 52, loi-cadre sur les télécoms [RDC], préc.

[880] Article 54 -a) *et* -b), loi-cadre sur les télécoms (RDC), préc. : « Sont interdits : a) l'interception, l'écoute, l'enregistrement, la transcription et la divulgation des correspondances émises par voie des télécommunications, sans autorisation préalable du Procureur Général de la République ; b) l'émission des signaux d'alarme, d'urgence ou de détresse ».

congolais. Et pourtant, les données personnelles sont au cœur des nouveaux défis du numérique.

L'enjeu sur les données personnelles à l'ère numérique est important, c'est une « source indiscutable de richesse, l'or d'Internet ». [881] La massification de la collecte et la circulation des informations est une réalité amplifiée par le réseau, elle permet le fichage, le profilage (*profiling)* ou l'analyse statistique (*data mining*). Les données à caractère personnel sont devenues un marché à part entière. La question est de concilier circulation des données (*free flow of information)* et protection de la vie privée. « Leur commercialité et donc leur aptitude à la circulation juridique, soulèvent des questions en droit, mais s'imposent en fait » comme enjeu de législation.[882]

D'ores et déjà, les dispositions pénales de la loi-cadre sur les télécoms sanctionnent en RDC les formes d'atteinte intentionnelle aux données. Il en est ainsi du complément qu'elles apportent aux infractions classiques du code pénal avec quelques incriminations nouvelles. Les articles 54-b), et -c)[883]et 55[884]de la loi-cadre traitent de plusieurs malveillances informatiques assorties des peines prévues en ses articles 71[885], 72[886] et 73[887]. Mais ces dispositions font seulement allusion à la protection de la correspondance émise via les ondes, alors que le code pénal français assure avec précision la

---

[881] L. MARINO, « les nouveaux défis du droit des personnes : la marchandisation des données personnelles », in J. ROCHFELD, *Les nouveaux défis du commerce électronique... op.cit.*, p. 55.

[882] *Ibidem.*

[883]Article 54, points b) et c), loi-cadre sur les télécoms [RDC] de 2002 : « Sont interdits : [...] b) l'émission des signaux d'alarme, d'urgence ou de détresse, faux ou trompeurs ; c) l'émission des signaux et communications de nature à porter atteinte à la sûreté de l'État ou qui seraient contraires à l'ordre public ou aux bonnes mœurs ou qui constitueraient un outrage aux convictions d'autrui ou une offense à l'égard d'un État étranger. »

[884]Article 55, loi-cadre sur les télécoms [RDC], préc. : « Seules les nécessités de l'information motivées par les besoins de la manifestation ultime de la vérité dans un dossier judiciaire peuvent autoriser le Procureur Général de la République de prescrire l'interception des correspondances émises par voies de télécommunications ».

[885]Article 71, loi-cadre sur les télécoms [RDC], préc.: « Sera puni d'une servitude pénale de six mois et d'une amende qui ne dépassera pas 100.000 francs congolais constants, ou l'une de ces peines seulement, quiconque aura altéré, copié sans autorisation ou détruit toute correspondance émise par la voie de télécommunications, l'aura ouvert ou s'en sera emparé pour en prendre indûment connaissance ou aura employé un moyen pour surprendre des communications passées par un service public de télécommunications ».

[886] Article 72, loi-cadre sur les télécoms [RDC], préc.: « Tout agent au service d'un exploitant de services publics de télécommunications qui aura commis l'un des actes prévus à l'article précédent, ou l'aura facilité ou qui aura intentionnellement omis, dénaturé ou retardé la transmission d'une correspondance par voie de télécommunications, sera puni d'une servitude pénale d'un an au plus et d'une amende ne dépassant pas 100.000 francs congolais constants ou de l'une de ces peines seulement ».

[887]Article 73, loi-cadre sur les télécoms [RDC], préc.: « Seront punies d'une servitude pénale de six mois au plus et d'une amende qui ne dépassera pas 100.000 francs congolais constants ou de l'une de ces peines seulement, les personnes désignées à l'article précédent qui hors le cas où la loi les y obligerait, auront révélé ou ordonné de correspondance émise par voie de télécommunications »

protection des données personnelles.[888] Si ces quelques efforts du législateur congolais contribuent à la protection pénale des activités numériques, le droit congolais reste néanmoins rudimentaire quant à la lutte contre la cybercriminalité.

2. La faiblesse du dispositif pénal contre la cybercriminalité

En RDC, la cybercriminalité constitue un de grands défis juridiques liés à l'économie numérique et à la société de l'information. En tant qu'espace informationnel et électromagnétique, le cyberespace fait naître des dangers divers pour l'ordre social : menaces civile et militaire, attitudes offensive et défensive, usages citoyen et criminel, selon les finalités des utilisateurs.

La cybercriminalité présente une forme de décloisonnement des délinquances, alors que les organes de répression, demeurent spécialisés par matière. Le profil multiforme de la délinquance informatique peut être le fait des cybersoldats, des actes isolés des « hacktivistes », des réseaux mafieux, des « mules » ou intermédiaires. Quant à certains cas pratiques, la criminalité sur/par le Net concerne de gros enjeux financiers et économiques. En sont ainsi : cyber-blanchiments (fraudes aux cartes prépayées et monnaies virtuelles), cyber-rackets, cyberpornographie, transferts de fonds anonymes, des instruments de débits de transfert monétaire sans pièce d'identité, des by-pass des appels téléphoniques non déclarés (*Sim box*).[889]

Face à la situation, le droit positif congolais ne dispose pas d'une législation propre à la cybercriminalité. Néanmoins, au niveau réglementaire, un texte est souvent très peu mis en exergue : l'ordonnance n°87-243 du 22 juillet 1987 portant réglementation de l'activité informatique en République du Zaïre.[890] Ce texte pose le principe que « tout acte accompli à l'occasion d'une application informatique et qui porte atteinte à la sûreté de l'État, à l'ordre public ou aux bonnes mœurs est punissable conformément aux lois pénales en vigueur ». [891] Il incrimine et sanctionne d'amende les manifestations des plus rudimentaires de la criminalité informatique.[892] Avec l'évolution, cette dernière pourrait être perçue comme le générique d'une

---

[888]Article 226-16, CPF : « Le fait de collecter des données par un moyen frauduleux, déloyal ou illicite, ou de procéder à un traitement d'informations nominatives concernant une personne physique s'y opposant pour des raisons légitimes ». Article 226-17, CPF : « Le fait de mettre ou de conserver en mémoire informatisée sans l'accord express de l'intéressé des données nominatives qui, directement ou indirectement, font apparaître les origines raciales ou les opinions publiques, philosophiques religieuses ou les appartenances syndicales ou les mœurs des personnes ».

[889] M. QUÉMÉNER, « La criminalité économique et financière à l'ère numérique », *Conférence internationale sur le renforcement de la cybersécurité et de la cyberdéfense,* OIF, Grand Bassam (Côte d'Ivoire), 8-10 février 2016.

[890]JOZ, n°15, 1er août 1987, p. 21.

[891] Article 9, ordonnance n°87-243 du 22 juillet 1987, préc.

[892] Article 17, ordonnance n°87-243, préc. : « Sans préjudice des peines prévues par les lois en vigueur, les infractions à la présente ordonnance sont punissables d'une amende de 50.000 à 100.000 zaïres ».

criminalité inhérente à l'informatique non-connectée, laissant penser que la cybercriminalité porte l'idée de connexion à un réseau comme moyen, support ou finalité d'expression de l'*animus nocendi*, la nuisance criminelle.

Plusieurs infractions numériques ne disposent pas d'incriminations spéciales en RDC. La carence législative rend aléatoire la typologie de la lutte pénale contre les cybercrimes. Comme le code pénal congolais date de 1940[893], certains actes de cybercriminalité appellent le juge à effectuer une interprétation téléologique sur des dispositions de droit commun.[894]

Avec la présence de l'Internet et en l'absence de régime répressif adéquat face aux malveillances informatiques, la RDC est très exposée au phénomène criminel de l'écosystème numérique. L'Internet dispose d'une couche d'infrastructures, régie par les lois de télécoms. Sa couche logique et sa couche sémantique relèvent du droit de l'Internet. Ses nouveaux usages économiques et sociaux échappent aux canons traditionnels du droit applicable. La complexité de la gouvernance du numérique s'en ressent.

L'approche de la SMSI (Genève 2003, Tunis 2005) est la référence de base des structures de gouvernance, comme tel, au niveau mondial, le Forum de la Gouvernance de l'Internet (FGI) et en France le Conseil National Numérique.[895] L'Organisation internationale de la Francophonie, dont la RDC est membre, a produit son Guide pratique de la cybersécurité et de la cyberdéfense en février 2017. Le « Guide propose de prendre en considération les principaux impacts des cyber-risques sur les personnes, les entreprises et l'État avant d'établir un plan d'action ».[896] Le pays manque d'institutions juridiques spécialisées à la hauteur du phénomène de criminalité de notre temps.

Plus précisément en Afrique, la cybersécurité reste encore expérimentale, comme réponse aux défis de la cybercriminalité. Les instruments juridiques de lutte sont en cours de formulation pour les États du continent à travers leurs organisations sous-régionales et régionales. En 2003, le COMESA adopta la loi-type sur la cybercriminalité et la loi-type sur les transactions électroniques. En 2009, la Communauté de l'Afrique de l'Est entreprit l'harmonisation d'une « cyber législation » pour ses États membres.

---

[893] *Code pénal congolais*, Décret du 30 janvier 1940 tel que modifié et complété à ce jour, mis à jour au 30 novembre 2004, JO RDC, 45ème année, n° spécial, 30 novembre 2004, p. 1-64.

[894] J. KONGO, « Vol et diffusion des données numériques sur les réseaux sociaux, Me Kodjo [Ndukuma] : "la cybersécurité est la réponse à la cybercriminalité », *Le Pouvoir,* 8e année, n°295, 27-31 mars 2017, Kinshasa, p. 7.

[895] P. OUÉDRAOGO, « L'organisation de l'écosystème numérique Internet, un enjeu majeur pour la cybersécurité dans les pays en développement », *Conférence internationale sur le renforcement de la cybersécurité et de la cyberdéfense,* OIF, Grand Bassam (Côte d'Ivoire), 8-10 février 2016.

[896] ORGANISATION INTERNATIONALE DE LA FRANCOPHONIE, *Guide pratique de la cybersécurité et de la cyberdéfense*, OIF, Paris, février 2017, pp. 1-67. En proposant un tel instrument, l'OIF met en œuvre l'une des conclusions de la Conférence sur le renforcement de la cybersécurité et la cyberdéfense dans l'espace francophone (Grand Bassam, Côte d'Ivoire, 8-10 février 2018) auquel l'auteur a pris part.

En 2010, la déclaration des Chefs d'États de l'Union africaine sur la cybercriminalité a été rendue publique. La 23ème session ordinaire de la conférence de l'Union africaine a adopté le 27 juin 2014 à Malabo la Convention africaine sur la cybersécurité et la protection des données à caractère personnel. Celle-ci requiert les ratifications des États africains pour son entrée en vigueur.[897] La RDC ne l'a pas encore fait, sauf la Guinée et le Sénégal seuls.

En droit comparé, le code pénal français avait déjà introduit des ajustements, imposés par la ratification de la Convention de Budapest sur la cybercriminalité du 23 novembre 2001,[898] convention entrée en vigueur en 2004. Déjà la loi « Godfrain », loi n°88-19 du 5 janvier 1988, relative à la fraude informatique visait l'atteinte aux systèmes d'information. Depuis lors, « l'utilisation des technologies est un phénomène culturel qui concerne chacun de nous, quotidiennement. Elle facilite de surcroît les actes de malveillance. Selon une étude publiée en février 2005 [...] 1500 menaces potentielles malveillantes naîtraient chaque mois contre 300 deux ans auparavant ».[899]

En France, les articles 226-15, alinéa 2, et 321-1 du Code pénal français sont illustratifs de la typologie des infractions d'accès illégal dans un système d'information et d'interception illégale de données informatiques.[900] Plusieurs lois et ordonnances spécifiques entre 2001 et 2006 ont complété l'arsenal répressif de la cybercriminalité en France, jusqu'à la loi sur la République numérique (« loi Axelle Lemaire ») en octobre 2016. Cette dernière incrimine la « revanche pornographique », désormais insérée à l'article 226-2 du CPF au-delà de l'article 226-1 se rapportant à l'atteinte au droit à l'image.[901]

Cependant, l'enjeu global de la cybercriminalité est loin d'être appréhendé et traduit dans les textes de loi de la RDC. Le cyberespace présente des risques globaux, structurels et permanents. La dépendance au cyberespace et l'interdépendance des infrastructures constituent un risque inhérent à la vie numérique. Le cyberespace est à la fois individuel, institutionnel, national et international.

---

[897] C. AHOUTY, « Le cadre juridique de prévention et de lutte contre la cybercriminalité en Afrique », *Conférence internationale sur le renforcement de la cybersécurité et de la cyberdéfense,* OIF, Grand Bassam (Côte d'Ivoire), 8-10 février 2016.

[898] CONSEIL DE L'EUROPE, Convention sur la cybercriminalité, 23 novembre 2001, STE n°185.

[899] C. FÉRAL SCHUHL, *Cyberdroit, op.cit,* pp. 590. Rapport de Criminologie virtuelle de McAfee, étude paneuropéenne au sujet du cybercrime organisé, février 2005.

[900] Article 321-1, CPF : « Le fait d'accéder ou de se maintenir frauduleusement, dans tout ou partie d'un système de traitement automatisé de données est puni de 2 ans d'emprisonnement et de 300.000 euros d'amende. Lorsqu'il en est résulté soit la suppression ou la modification de données contenues dans le système, soit une altération du fonctionnement de ce système, la peine est de trois ans d'emprisonnement et de 45.000 euros d'amende ».

[901] Article 226-2, CPF. La loi pour la République numérique punit de 2 ans de prison et 60.000 euros d'amende le fait pour quiconque publie les photos ou images à caractère sexuel d'un quidam à son insu ou sans son consentement sur Internet.

En réalité, le même Internet pour tous devient un enjeu de pouvoir et, par conséquent, un milieu de prolongation des réalités et des actions du monde physique. Le cyberespace offre un cadre de cyber-invisibilité favorable au vandalisme, à la délinquance, à la cybercriminalité, à l'espionnage, au terrorisme et aux conflits interétatiques (cyber guerres). À la mesure de cette réalité, il apparaît la nécessité d'un continuum sécurité-défense, car tout objet connecté devient une cyber-arme. La « sécurité périmétrique » est dépassée, dans la société numérique mondialisée et connectée.[902]

À l'ère numérique, le choix du modèle d'évolution est déterminant pour le droit pénal congolais, car chaque État en développement voudrait adopter le meilleur modèle juridique. Par exemple, jusqu'en février 2016, le Sénégal avait fait le choix politique d'adhérer à la Convention de Budapest sur la cybercriminalité du 23 novembre 2001 plutôt que de ratifier la Convention africaine de Malabo susdite de 2014 sur la cybersécurité, avant d'y revenir par la suite. En effet, la première convention (de Budapest) reste un traité international ouvert, d'initiative de la Conseil l'Europe, qui présente plus d'avantages au regard de son niveau de protection et de son envergure géopolitique (ratification outre-Atlantique par les États-Unis et le Japon).

En RDC, le projet de loi sur les télécoms et les TIC innove en termes de futures solutions nationales en matière de lutte contre la cybercriminalité. Hélas, dans sa version remaniée au Parlement entre mai et novembre 2018, le texte a été délesté de certaines de ses dispositions se rapportant à la lutte contre la cybercriminalité. La commission mixte paritaire, constituée par les deux chambres législatives, a adopté un Titre IV au contenu très sommaire au sujet « [d]e la cybersécurité, de la cryptologie, de la cybercriminalité et de la fraude ». Il y est listé une nomenclature des infractions cybernétiques. Le Titre VII, consacré aux « dispositions pénales », centralise les incriminations et les barèmes de sanctions non seulement générales aux télécoms, mais aussi spécifiques à la cybercriminalité.[903]

Ainsi, la cybercriminalité reste un défi pour le droit congolais du numérique. Il faut compléter les incriminations manquantes contre la cyberdélinquance. Il est également question de combler plusieurs défaillances et de corriger les méprises de la loi-cadre de 2002 sur les télécoms. Ce renouveau s'impose notamment en ce qui concerne le droit de protection des données personnelles des citoyens-internautes congolais.

---

902 S. GHERNAOUTI, « Les enjeux de la cybersécurité et de la cyberdéfense », *Conférence internationale sur le renforcement de la cybersécurité et de la cyberdéfense*, OIF, Grand Bassam (Côte d'Ivoire), 8-10 février 2016.

903 *Cf.* Point B du § suivant, pour l'analyse prospective de la vision législative du gouvernement concernant la répression pénale de la cybercriminalité.

§ 2. L'approche comparée des défis congolais de protection des données personnelles et de cybersécurité en droit du numérique

À l'échelle mondiale, les activités numériques sont devenues le creuset des pratiques très diversifiées et intrusives. Elles allient plusieurs typologies de collecte, de traitement et de circulation des données se rapportant à la personne humaine. Le fonctionnement de l'informatique et du marché électronique est essentiellement fondé sur la donnée, qualifiable de « pavé numérique ». Au vu des enjeux juridiques, les technologies de l'information et de la communication, de plus en plus sophistiquées, mettent à rude épreuve le principe du libre consentement de la personne dont les données sont collectées, traitées et échangées dans l'économie numérique.[904]

L'usage de l'informatique ou des réseaux de télécoms suscite continuellement des appréhensions du citoyen-internaute au sujet de son intimité et du respect de sa vie privée. Tout autant, l'informatique suscite des interrogations sur la sûreté de la personne dans le cyberespace et la sécurité de la société numérique dans son ensemble. En réalité, la dialectique est posée : « *Les technologies de l'information et de la communication qui portent à la fois le masque de la liberté et de la criminalité incitent fortement à réfléchir* à une nouvelle forme de contrat social – un contrat numérique ? – dans lequel l'atteinte consentie aux libertés de l'individu dans le cyberespace est le corollaire de leur protection et de leur épanouissement[905] ».

La référence au droit comparé est nécessaire pour orienter la politique législative congolaise, qui se trouve en cours de structuration des institutions juridiques et publiques protectrices de la donnée. À cet effet, le modèle européen comporte un niveau élevé de protection de la donnée et de la personne sur le réseau électronique. Les expériences européennes et françaises enrichissent les solutions juridiques à envisager en la matière. Elles inspirent d'autres systèmes législatifs et motivent l'adoption des normes analogues par d'autres États. Le droit comparé doit inspirer les mécanismes appropriés devant encadrer les risques et réprimer la criminalité informatique. Pour la RDC, les nécessités du commerce juridique avec le grand marché européen incitent à un rapprochement des systèmes de protection des contenants et des contenus numériques pour une mise à niveau du système le plus faible.

Face aux défis du numérique, la RDC s'est inscrite dans le processus du renouveau de son cadre juridique des télécoms. La prospective législative concerne particulièrement la mise en place d'un système congolais de protection des données personnelles **(A)** et la construction des bases de cybersécurité pour le pays **(B)**.

---

[904] J. EYNARD, *Les données personnelles, quelle définition pour un régime de protection efficace ?,* Michalon, Paris, 2013, pp. 8 et s.

[905] W. GILLES et I. BOUHADANA, « Cyberespace, cybercriminalité et libertés », in W. GILLES et I. BOUHADANA (sous la dir), *Cybercriminalité, cybermenaces et cyberfraudes,* éd. IMODEV, Paris, 2012, pp. 4-5, spéc. p. 4.

A. La prospective du renouveau des lois sur les données personnelles dans le droit du numérique congolais

Au regard de l'expérience euro-française, le droit de la protection des données personnelles s'adapte aux enjeux de l'informatique de base et de la sophistication des techniques numériques. En fonction des époques, les régimes juridiques présentent des marqueurs du progrès technologique, s'attachant aux évolutions des modes de traitement manuel, automatisé et numérisé de la donnée dite à caractère personnel. Cependant, les niveaux de protection des données personnelles diffèrent d'un continent à un autre, d'un pays à un autre.

Pour l'essentiel, l'aperçu des références du droit comparé est à rapprocher du contenu de la réforme de *lege ferenda* en cours au sein du parlement congolais depuis avril 2017. Le texte final, mais non encore promulgué, a été adopté en commission mixte paritaire le 22 novembre 2018, constituée par les membres représentant les deux chambres législatives. Une typologie doit guider l'analyse entre le niveau très élevé de protection en France et en Europe, et le niveau cognitif très embryonnaire du droit positif congolais.

Pour ce faire, notre étude retient quelques références sur l'évolution des notions des données personnelles. Ces dernières supplantent désormais les informations nominatives et les données à caractère personnel.[906] Le but définitionnel est d'en appréhender la définition et le régime. La synthèse des enjeux sur la donnée permet de situer les innovations du droit comparé, quant aux éléments du système de protection, institué en la matière.[907]

1. La notion des données personnelles dans l'évolution de ses régimes de protection

La protection de la vie privée et de la personnalité est un enjeu juridique important, face aux techniques (automatisées) de collecte, de traitement et d'échange ou de circulation des données (numériques) se rapportant à la personne. À cet égard, la transformation du cadre juridique est particulièrement perçue à travers l'évolution des concepts inhérents au régime légal de leur protection, à savoir : « informations nominatives » (1978), « données à caractère personnel » (1995) et « données personnelles » (2004). En pratique, « *si la notion a* […] *un intérêt ou un sens, c'est comme point d'imputation d'un régime juridique* ».[908]

Au premier stade de 1978, la loi française « Informatique et Libertés » n'était pas pensée pour remettre en cause l'informatique, mais plutôt pour

---

[906] *Cf.* J. EYNARD, *Les données personnelles, quelle définition pour un régime de protection efficace ?,* Michalon, Paris, 2013, pp. 8 et s.

[907] A. DEBET, J. MASSOT, N. METTALLINOS (avec la collab. A. DANSI-FATÔME et O. LESOBRE), *Informatiques et libertés,* Lextenso éditions, col. Les intégrales, Paris, 2015.

[908] C. SEVELY-FOURNIER, *Essai sur l'acte juridique extinctif en droit privé. Contribution à l'étude de l'acte juridique,* t. 100, 2010, p. 38, cité par J. EYNARD, *Les données personnelles, quelle définition pour un régime de protection efficace ?*, Michalon, Paris, 2013, p. 357.

protéger le citoyen face au traitement automatisé de ses « informations nominatives » par l'administration. Au départ, le niveau légal de protection devait prémunir le citoyen face au contrôle de l'administration se trouvant seule à l'époque en possession des moyens informatiques et des capacités d'agrégation des identités en masse.

Au deuxième stade de 1995, la protection des « données à caractère personnel » n'a plus uniquement concerné les informations nominatives, ni seulement les possibilités de leurs traitements manuels et/ou automatisés par l'administration. Il s'agit plutôt de toutes les données de connexion, de navigation et d'identification qui permettent, de manière plus ou moins directe, de saisir la personnalité de l'individu, de le profiler, de le cibler et de l'identifier. Les techniques biométriques d'identification nominative se combinent aux moyens de massification de données et de leur traitement numérique, autour de l'individualisation en ligne.

Au troisième stade sémantique depuis 2004, les acquis français et européens parlent de protection des « données personnelles ».Celles-ci « étant par nature plus intrusives que les informations nominatives, le régime applicable aux premières peut être repris pour les secondes. L'inverse, en revanche, n'est pas possible. ».[909] Le règlement général (UE) n°2016/679 sur les données personnelles (RGDP) a repris en 2016 le même terme, plus actuel et significatif.

Dans la temporalité des évolutions, la RDC réforme son cadre juridique des « contenants »[910] et du « contenu »[911] des télécoms. De *lege ferenda*, son projet de loi sur les télécoms et les TIC a retenu la notion juridique de « données à caractère personnel ».[912] Cette sémantique législative s'inscrit ainsi à la médiane de transformation du droit entre « informations nominatives » et « données personnelles ». Les esquisses de la nouvelle législation congolaise se destinent à compléter et à surpasser la notion générique de « correspondances émises par la voie des ondes ».[913] En l'état actuel du droit congolais, il s'agit de la rare référence possible au traitement des informations nominatives ou des données personnelles en ligne.

---

909 J. EYNARD, *op.cit*, 2013, p. 357.

910 N. ARPAGIAN, *La cybersécurité, mesurer les risques, organiser les défenses*, 2e éd., Que sais-je ?, n°3891, PUF, coll. Droit-Politique, Paris, 2016 (2010), p.8 : « les contenants, c'est-à-dire les moyens techniques (réseaux informatiques, téléphoniques, satellitaires…) utilisés pour les échanges de données, qui peuvent faire l'objet d'infiltration, d'altération, de suspension voir d'interruption ».

911 *Ibidem*, p. 8 : « les contenus, c'est-à-dire l'ensemble des informations qui circulent ou sont stockées sur des supports numériques (sites Internet, bases de données, messageries et communications électroniques, transactions dématérialisées…) ».

912 Titre III : De la protection de la vie privée et des données à caractère personnel des utilisateurs de réseaux et de services des télécommunications et des technologies de l'information et de la communication, Loi sur les télécoms et les TIC, préc.

913 Article 52, loi-cadre sur les télécoms en RDC, préc. : « Le secret de correspondances émises par la voie de télécommunications est garanti par la loi. Il ne peut être porté atteinte à ce secret que par l'autorité publique, dans les seuls cas de nécessité d'intérêt public prévus par la loi et dans les limites fixées par celle-ci ».

Le projet de loi s'identifie à la méthode définitionnelle européenne, en y consacrant un long article dédié. Certaines définitions sont uniques au projet congolais, d'autres sont communes et d'autres encore ne sont précisées qu'en Europe. De manière singulière, le texte congolais définit les « données » comme toute représentation de faits, d'informations ou de notions sous une forme susceptible d'être traitée par un équipement terminal, y compris un programme permettant à ce dernier d'exécuter une fonction.

En RDC comme en France, les « données à caractère personnel »[914]sont définies, avec leurs déclinaisons fournies seulement dans le texte congolais : données de connexion, données de trafic, données informatiques, données relatives aux abonnées d'un réseau, en y ajoutant les données génétiques. Toutefois, le règlement européen n°2016/679 (RGPD) ajoute les définitions des « données biométriques »[915] et « données de santé », tout en complétant la notion des données génétiques. Il donne une précision importante quant à l'enveloppe logique des données : le « fichier » est tout ensemble structuré de données à caractère personnel accessibles selon des critères déterminés, que cet ensemble soit centralisé, décentralisé ou réparti de manière fonctionnelle ou géographique.

2. La synthèse de l'évolution comparée des enjeux de protection des données personnelles

Au fil du temps, les enjeux législatifs sur la donnée se sont amoncelés en trois étapes. Il faut partir des débuts de l'informatique dans les années 1970 en Europe et en France jusqu'à l'ère numérique actuelle. Les étapes des transformations du droit empreignent la base du système composite de protection des données personnelles. Les premières législations en Europe des années 1970 ont concerné les informations nominatives, la directive 95/46/CE du 24 octobre 1995 a consacré les données à caractère personnel et les plus récentes réformes (RGDP, 2016) les données personnelles.

Premièrement, l'enjeu définitionnel est fondamental, dans la structuration des régimes de droit. La notion de données personnelles se dégage finalement comme autonome. Elle est cumulative des informations nominatives et des données à caractère personnel. Elle est globalisante : elle se présente comme un œuf, avec son blanc (données à caractère personnel) et son jaune d'œuf (informations nominatives).[916] Pour paraître irréductibles dans leurs singularités, toutes ces notions sont associées à un niveau davantage élevé de protection juridique, en les englobant dans les données personnelles.

---

[914]Article 4-1), règlement (UE) 2016/679 du 27 avril 2016, préc. : « "données à caractère personnel", toute information se rapportant à une personne physique identifiée ou identifiable ».

[915]Article 4-13), -14) et 15), règlement (UE) 2016/679 du 27 avril 2016, préc., pour définir respectivement les données génétiques, biométriques et de santé.

[916] J. EYNARD, *op.cit*, p. 357.

Deuxièmement, l'émergence du droit protecteur et ses adaptations tendent à concilier respect de la vie privée et circulation des données personnelles. Le système de protection renforce l'obligation de loyauté des plateformes de traitement à l'ère numérique. Il se fonde sur le principe du consentement *a priori* (*opt-in*) ou du moins sur celui de l'opposition *a posteriori* (*opt-out*) de la personne pour le traitement des informations et des données la concernant dans un système. Cependant, des activités numériques de plus en plus sophistiquées contournent le principe, en faisant progressivement perdre à la personne le contrôle de ses données. La personne n'est pas toujours au courant des collectes qui l'enserrent et des traitements qui la concernent dans le cyberspace.

Troisièmement, le niveau harmonisé de protection des données au sein de l'Union européenne permet une circulation sécurisée des données au sein de son marché intérieur et de son espace économique. L'échange des données est plus problématique hors de l'écrin continental européen. En direction des États-Unis, le *« Safe harbor »* fut un des mécanismes particuliers.[917]

La RDC entame sa première expérience d'élaboration des sources formelles du droit des données à caractère personnel. Le projet de loi sur les télécoms et les TIC lui a consacré son « Titre III »[918], en abordant en trois chapitres ses conditions de traitement[919], les droits et obligations des acteurs[920], sa régulation[921] ainsi que les mesures et les sanctions[922] y afférentes. Des dispositions spécifiques sont prévues dans un autre Titre du projet de loi pour traiter « de la protection de la vie privée des utilisateurs de

---

[917] Le « Safe harbor » est un mécanisme conventionnel entre l'Union Europe et des opérateurs américains qui acceptent de respecter le niveau de protection des données au même titre que les opérateurs européens et vers qui, pour ce motif, l'Union Europe autorise le transfert international des données de ses citoyens.

[918]*Cf.* « Titre III : De la protection des données à caractère personnel », projet de loi sur les télécoms et les TIC en RDC, préc. Il est à noter que ce titre a été inséré au projet de loi précité, alors qu'initialement il faisait l'objet d'un projet de loi à part entière. Le gouvernement congolais avait entrepris de fusionner ses projets de textes de loi, en vue contourner les préalables du droit constitutionnel congolais. Compte tenu de la difficulté de situer les télécoms dans les matières relevant du « domaine de la loi » ou du « domaine de règlement ». Mais, le droit de la protection des données personnelles ne relève pas entièrement du droit de la personnalité (à cause notamment de sa protection administrative). Néanmoins, il relève tout au moins des « garanties fondamentales accordées aux citoyens pour l'exercice de leurs libertés publiques », au sens de l'article 122-1 de la Constitution. Cet article défini les matières relevant du domaine de la loi et à soumettre au parlement. Ainsi le gouvernement congolais a fait l'économie d'un projet de loi spécifique sur les données personnelles.

[919] Projet de loi sur les télécoms et les TIC en RDC, préc. : « Chapitre I : des conditions de traitement des données à caractère personnel », inséré au Titre III.

[920] *Ibid.*: « Chapitre II : des droits et obligations des acteurs », inséré au Titre III.

[921] *Ibid.*: « Chapitre III : de la régulation en matière des données à caractère personnel », inséré au Titre III.

[922] *Ibid.*: « Chapitre IV : des mesures et des sanctions », inséré au Titre III.

réseaux et de services des télécommunications et des technologies de l'information et de la communication ».[923]

3. La typologie essentielle du droit comparé de protection des données personnelles

Les techniques numériques mettent à l'épreuve la vie privée ainsi que les données personnelles et/ou les informations nominatives. Elles alimentent les risques d'atteintes diverses, au regard de la mondialisation des économies, de l'internationalisation des réseaux et surtout de la globalisation du cyberespace.[924] Avec l'économie numérique, les marchés territoriaux ne sont plus isolés. Les pratiques ne sont plus localisées sur un territoire précis. Les droits nationaux ne sont plus cloisonnés dans des territoires étatiques. La typologie des systèmes de protection répond aux aspects dématérialisés de la donnée elle-même et de leurs traitements. Mais, les institutions juridiques se destinent aussi à l'État, son administration et finalement au citoyen personne physique.

Le droit de la protection des données personnelles n'est pas laissé au seul droit de la personnalité, ni assimilé au droit patrimonial : « somme toute, la reconnaissance du droit de propriété impliquerait une moindre capacité de protection des données personnelles des pouvoirs publics, sans renforcer pour autant la capacité des individus à veiller à leurs propres intérêts ».[925] Le système de protection est encadré par un « service public de la donnée »[926], sans lequel le citoyen est désarmé vis-à-vis de la puissance économique et technologique des responsables de traitement (cybermarchands, géants du Net, administrations,…), vu leurs modes de plus en plus massifs et/ou insidieux de collecte des données et informations les concernant.

Depuis 1978, la France a institué la CNIL, « Commission Informatique et Libertés » comme une AAI pionnière sur le plan national, en vue de réguler la donnée à l'aune des droits fondamentaux des individus.[927] Ne recevant d'instructions d'aucune autorité, elle « accompagne les professionnels dans leur mise en conformité et aide les particuliers à maîtriser leurs données

---

923 *Ibid.* : « Chapitre XI », inséré au Titre II : des technologies de l'information et de la communication ».

924 *Cf.* M.-A. FRISON-ROCHE, *Les 100 mots de la régulation*, préc. : « verbo » concernés…

925 CONSEIL D'ÉTAT, *Le numérique et les droits fondamentaux*, La Documentation française, études, Paris, 2014, p. 267, in La documentation française, n°16, 2015, p. 11.

926 *Cf.* pour la source de l'expression : loi pour la République numérique, préc.

927 *Cf.* pour la création (et composition) : Loi n°78 du 6 janvier 1978 relative à l'informatique, aux fichiers et aux libertés, dite « Loi Informatique et liberté » (spéc. article 13, dont dernière modification est faite par *la loi n°2017-55 du 20 janvier 2017).* La CNIL est composée de 18 membres, dont 6 représentants de hautes juridictions (2 conseillers d'État, 2 de la Cour de cassation, 2 de la Cour des comptes), 5 personnalités qualifiées (1 désigné de l'Assemblée nationale, 1 du Sénat et 3 du Conseil des Ministres), 4 parlementaires (2 pour le Sénat et l'Assemblée nationale), 2 membres du Conseil économique, social et environnemental et 1 membre de la Commission d'accès des aux documents administratifs. Ses membres élisent leur Président, chacun de commissaires ayant une durée de mandat de 5 ans.

personnelles et exercer leurs droits. Elle analyse l'impact des innovations technologiques et des usages émergents sur la vie privée et les libertés. Enfin, elle travaille en étroite collaboration avec ses homologues européens et internationaux pour élaborer une régulation harmonisée ».[928]

En tant qu'autorité de régulation des données personnelles, la CNIL a ses quatre missions principales qui sont : informer et protéger[929], accompagner et conseiller,[930] contrôler et sanctionner,[931] et enfin anticiper[932]. Les « outils » de la CNIL dans sa mission d'accompagnement sont : les Correspondants Informatique et Libertés (CIL) qui épaulent son travail ; les labels, packs de conformité (référentiels sectoriels) ; les BCR (*Binding Corporate Rules*) qui encadrent les transferts de multinationales hors de l'Union Européenne. La CNIL certifie la conformité des processus d'anonymisation des données personnelles dans la perspective de leur mise en ligne et de leur réutilisation.[933]

À l'instar de la France, la réforme congolaise prévoit la création d'une autorité de régulation des données à caractère personnel, sous l'appellation d' « Agence nationale des Nouvelles technologies de l'information et de la communication », ANTIC en sigle.[934] À l'avenir, elle est censée assurer le service public congolais de la donnée, comme administration chargée de la régulation des activités de sécurité électronique.

À ce titre, l'Agence est censée veiller à la mise en œuvre des traitements des données à caractère personnel conformément à la législation spécifique dont elle relève. Elle assure les missions de liaison entre les responsables de traitements et les personnes concernées quant à leurs droits et obligations,

---

[928] [https://www.cnil.fr/fr/les-missions] (consulté le 8 octobre 2016).

[929] *Ibid.* La CNIL informe les particuliers et les professionnels et répond à leurs demandes, en usant de pédagogies, de l'éducation au numérique et d'outils pratiques, d'aide aux personnes se trouvant en difficulté dans l'exercice de leurs droits. Elle a pour mission de promouvoir l'utilisation des technologies protectrices de la vie privée, notamment les technologies de chiffrement des données.

[930] *Ibid.* La CNIL assure la régulation des données personnelles à travers différents instruments juridiques du système de protection des données personnelles. Elle encourage, par des boîtes à outils, les organismes souhaitant optimiser leur niveau de conformité.

[931] *Ibid.* La CNIL contrôle la mise en œuvre concrète des lois et notamment les systèmes de vidéo-protection autorisés par les préfectures. Elle sanctionne par des amendes, versées compte du Trésor public, les infractions, avec possibilité de les dénoncer ou de les référer à la juridiction compétence. Elle peut aussi enjoindre la cessation du traitement ou retirer l'autorisation accordée par elle

[932] Dans le cadre de son activité d'innovation et de prospective, la CNIL met en place une veille, avec un laboratoire d'étude de l'innovation, pour détecter et analyser les technologies ou les nouveaux usages pouvant avoir des impacts importants sur la vie privée. Aussi, conduit-elle une réflexion sur les problèmes éthiques et les questions de société soulevés par l'évolution des technologies numériques.

[933] Source : [www.cnil.fr](consulté le 8 octobre 2016)

[934] Le projet de loi de loi sur les télécoms et les TIC (article 184) délègue son organisation et son organisation au Premier ministre, délibérant par décret sur proposition du ministre des PTNTIC, en concertation avec les Ministres en charge des départements suivants : Défense nationale, Intérieur, Sécurité et Justice. L'ARPTC/TIC devrait jouer ce rôle, à titre transitoire.

tout en s'assurant également que les technologies employées ne comportent pas de menace au regard des libertés publiques. D'autres tâches concernent l'homologation des chartes, la réception des plaintes, la tenue des répertoires de traitement pour le public, la fourniture des conseils notamment pour l'amélioration du système juridique, l'autorisation des transferts transfrontaliers des données personnelles, la publication des rapports, avis et autorisations accordées.[935]

Néanmoins, le niveau européen de protection des données est des plus élevés. En l'espèce, les réflexions des hautes instances, comme le Conseil d'État français, répondent aux défis juridiques de la transformation numérique. Elles « invitent à une révolution de nos catégories et paradigmes juridiques [...] Il s'agit de mettre davantage les technologies numériques au service des droits fondamentaux des résidents européens. C'est à partir de ce point d'ancrage personnel que doit se développer le droit du numérique qui est désormais une composante essentielle des droits de l'Homme ».[936]

4. *La « fondamentalisation » du droit à l'autonomie informationnelle*

Une des expressions significatives de la protection de la personne a émergé avec l'article 8 de la Charte des droits fondamentaux de l'Union européenne. La loi française pour la République numérique a institutionnalisé le droit à l'autodétermination informationnelle, comme le fit auparavant la jurisprudence constitutionnelle en Allemagne et en Europe.[937] La prérogative « à décider de la communication et de l'utilisation de ses données à caractère personnel »[938] devient un droit fondamental, inaliénable « dans l'intérêt global d'une société libre et démocratique ».[939] Même dans la figuration d'une révision constitutionnelle, la prospective du droit en RDC n'a pas encore effleuré l'idée de constitutionnaliser la protection des données personnelles, sauf l'article 31, Constitution.[940]

Le règlement européen 2016/679 du 27 avril 2016 sur la protection des données – en vigueur au 25 mai 2018 – introduit de nombreuses innovations dans le système de protection, notamment : le « droit à l'oubli »

---

935 Article 185, projet de loi sur les télécoms et les TIC

936 J-M. SAUVÉ, *op.cit.*, p. 16

937 CJUE, Gde ch., aff. C-293/12, 8 avril 2014, *Digital Rights Ireland Ltd.*

938 BVert 65, 1 – Volkszählung, 15 décembre 1983, cité par J-M. SAUVÉ, *op.cit.*, p. 11.

939 J-M. SAUVÉ, *op.cit.*, p. 11.

940 *Cf.* E. BOSHAB, *Entre la révision de Constitution et l'inanition de la nation,* Larcier, 2013, p. 11. Le professeur Boshab, chef de département de droit public à l'Université de Kinshasa, a étudié en détail les stimuli et objets envisageables de la révision de la Constitution du 18 février 2006 en RDC. Son étude arrive à l'appréciation suivante : « Dans les démocraties naissantes comme celles qui peinent à s'affirmer en Afrique subsaharienne puisqu'elles n'ont pas encore quitté ; de manière définitive, la zone de turbulence, deux facteurs méritent d'être intégrés dans l'analyse du foisonnement des clauses constitutionnelles d'éternité ». Selon l'auteur, le « premier facteur le plus crucial est que ces démocraties [...] fonctionnent par injonctions et menaces d'isolement politique [...] Le second facteur concerne l'idéalisation de la citoyenneté par le droit ».

numérique[941] ou encore l'obligation dans certains cas de désigner un « *Data protection Officer* » (DPO). [942] Ce règlement général européen sur la protection des données (RGDP) « vise à contribuer à la réalisation d'un espace de liberté de sécurité et de justice et d'union économique, au progrès économique et social, à la consolidation et à la convergence des économies au sein du marché intérieur ainsi qu'au bien-être des personnes physiques ».[943]

Dans la même optique que le parlement européen, le législateur français a renforcé en octobre 2016 « la protection de la vie privée en ligne ». À cet effet, la loi pour la République numérique a consacré le principe de l'énonciation de la « mort numérique » comme découlant de la liberté d'autodétermination informationnelle.[944] C'est pour chacun le « droit à la libre disposition de ses données personnelles » : il consiste pour une personne à décider de ce que deviendrait ses données personnelles après sa mort, comme une sorte de testament.[945] Ce droit protecteur est entouré de la « confidentialité des correspondances électroniques privées », prises au même titre qu'une lettre postale. Le secret de correspondance ne connaît de dérogation qu'en cas de consentement dûment exprimé et régulièrement renouvelé pour des traitements automatisés statistiques ou visant à améliorer le service à lui rendu. La protection pénale est de mise de manière renforcée, notamment (en cas de revanche pornographique de l'article 222-2, CPF).[946]

D'autres solutions protectrices des données personnelles débordent des aspects de l'économie numérique qui focalise nos analyses. Le passage à l'ère numérique apporte des exigences de protection des données exploitées

---

941 Considérants n°65 et 66, règlement (UE) n° 2016/679 du 27 avril 2016, préc. La personne peut « disposer d'un « droit à l'oubli » lorsque la conservation de ces données constitue une violation du présent règlement ». Particulièrement, c'est « avoir le droit d'obtenir que leurs données à caractère personnel soient effacées et ne soient plus traitées [si] elles ne sont plus nécessaires au regard des finalités pour lesquelles elles ont été collectées ou traitées d'une autre manière, lorsque les personnes concernées ont retiré leur consentement au traitement ou [...] s'opposent au traitement ».

942 V. BENSOUSSAN-BRULÉ, A. COQUER, D. ENTRAYGUES, M. GRATEAU, B. LAPRAYE, H. LEGRAS, L. LEGRIS, A. MARC, V. TIREL et CH. TORRES, *Le data protection officer une fonction nouvelle dans l'entreprise,* Bruylant, coll. Minilex, Bruxelles, 2017, pp. 1-129. Le DPO ou délégué à la protection des données est un nouveau métier de pilote de l'entreprise aux exigences du règlement européen.

943 Considérants n°2, règlement (UE) n°2016/679 du 27 avril 2016, préc.

944 « La #LoiNumérique en 15 points clés » [http://www.economie.gouv.fr/republique-numerique/15-points-cles] (consulté le 1er mars 2017).

945 *Ibidem.* Mort numérique : « Comme pour un testament, une personne aura le droit de faire respecter sa volonté sur le devenir de ses informations personnelles publiées en ligne après son décès, auprès des fournisseurs de service en ligne ou d'un tiers de confiance. »

946 *Ibidem. «* La pénalisation des revanches pornographiques, pratique qui consiste à publier contre son consentement des images érotiques ou pornographique d'une personne a été durcie à deux ans de prison et 60 000 euros d'amendes. » *Cf.* aussi S. NAWAF SHATHIL, « L'insertion de l'infraction de vengeance pornographique dans le code pénal », *e-juristes.org*, posté le 10 juillet 2016, (consulté le 10 mars 2017) [http://www.e-juristes.org/linsertion-de-linfraction-de-vengeance-pornographique-dans-le-code-penal/].

sous forme de « *Big data* ». L'utilisation des données publiques est aujourd'hui effectuée par le secteur privé et la société civile, alors qu'elle était essentiellement le fait des administrations qui les détenaient. Selon William Gilles, l'« ouverture des gouvernements crée un nouveau contexte. À l'heure de l'*open data*, les données publiques ne sont plus seulement détenues par les organismes qui les collectent, mais se retrouvent désormais accessibles à tout un chacun. Ces données doivent certes faire l'objet d'une anonymisation [ou d'une pseudonymisation avec le règlement européen 2016/679 du 27 avril 2016[947]] avant leur mise en ligne en vue de leur réutilisation éventuelle, mais aucune certitude n'existe quant à l'absence d'identification ultérieure des usagers ».[948]

Fondamentalement, il est toujours question de considérer les droits consacrés par la plupart des systèmes de protection des données personnelles, du fait de leur caractère essentiel pour la personne physique. Ils se schématisent en droit à l'information, en droit d'accès, en droit d'opposition, en droit de rectification et en droit de suppression par rapport à la collecte, au traitement et à la circulation des données personnelles. La personne physique a la liberté de les exercer et de les invoquer vis-à-vis du responsable privé ou public de traitement, sous la garantie des sanctions.

De manière générale, les droits de la protection des données à caractère personnel sont assortis des sanctions administratives, civiles et pénales.

En France, les sanctions sont insérées dans la section 5 du code pénal français sous l'intitulé : « Des atteintes aux droits de la personne résultant des fichiers ou des traitements informatiques ». Le code pénal est complété ou modifié par d'autres textes législatifs et réglementaires.[949]

Pour la RDC, le projet de loi sur les télécoms et les TIC a envisagé au titre III, au « Chapitre IV : des mesures et sanctions ». Les mesures de la future ANTIC consistent en des sanctions administratives, mais en des avertissements et des mises en demeure. Les sanctions de nature administrative sont à prononcer par l'ANTIC avec possibilité de porter recours devant le Conseil d'État. Toutefois, les sanctions en cas d'infractions

---

[947] Article 4-5), règlement (UE) n°2016/6719 du 27 avril 2016, préc. : « on entend par "pseudonymisation", le traitement de données à caractère personnel de telle façon que celles-ci ne puissent plus être attribuées à une personne concernée précise sans avoir recours à des informations supplémentaires, pour autant que ces informations supplémentaires soient conservées séparément et soumises à des mesures techniques et organisationnelles afin de garantir que les données à caractère personnel ne sont pas attribuées à une personne physique identifiée ou identifiable ».

[948] W. GILLES, « Démocratie et données publiques : à l'ère des gouvernements ouverts pour un nouveau contrat de société ? », in I. BOUHADANA et W. GILLES (sous la dir.), *Droit et gouvernance des données publiques et privées à l'ère numérique*, éd. IMODEV, Paris 2015, pp. 29 et s.

[949] Articles 226-16 à 226-24, Code pénal (CP), modifiés par la loi du 6 août 2004. Article 226-17-1, CP, créé par l'article 39 de l'ordonnance n°2011-1012 du 24 août 2011. Article 226-19, CPF, modifié par l'article 4 de la loi n° 2012-954 du 6 août 2012. Article 226-24, CPF, modifié par l'article 124 de la loi n°209-526 du 12 mai 2009. Il s'agit selon les cas des peines d'emprisonnements allant jusqu'à 5 ans ou des amendes pouvant aller jusqu'à 300.000 euros.

pénales sur les données personnelles sont à traiter de *lege ferenda* dans le code pénal congolais ou au titre de la répression de la cybercriminalité.[950]

En définitive, à l'ère de la globalisation du monde, la mobilité des personnes se combine également à « une professionnalisation croissante des solutions disponibles » pour la captation des données (et la filière des faux papiers). [951] L'accès aux systèmes d'information numérisés concentre l'attention sur les risques de fraude identitaire, documentaire (hors ligne) et/ou en lien aux données (en ligne). Des questions se posent : « Quelles sont les finalités recherchées par les auteurs de ces nouvelles intrusions ? [...] Quelles en sont les volumétries réelles ? Les systèmes mis en place pour les combattre sont-ils efficaces ? » [952] Une approche quantitative permet d'imaginer l'ordre de grandeur des enjeux et menaces des captations et exploitations illicites des données, des atteintes et usages criminels les concernant.

D'une part, il s'observe l'« inquiétante recrudescence »[953] de la fraude identitaire ou documentaire ; mais celle-ci s'inscrit comme une étape intermédiaire pour d'autres formes de « délinquance astucieuse »[954] sur les données en ligne. Il s'agit des « types de fraudes économiques et sociales »[955], attenant aux contenants et aux contenus numériques. Durant ces vingt dernières années, en apparaissant comme un « phénomène de société » [956] , les arnaques et les fraudes sur les données « administrativement » sensibles ou « identifiantes » [957] ont évolué en « phénomène significatif »[958] de la cybercriminalité.[959] D'autre part, à elles-

---

[950] Articles 190 et 196, projet de loi sur les télécoms et les TIC, préc.

[951] G. DE FELCOURT, *L'usurpation d'identité ou l'art de la fraude sur les données personnelles,* CNRS éd., Paris, 2011, pp. 49-50

[952]*Ibidem*, 32-33.

[953] Les fichiers d'état-civil contiennent des données administrativement « sensibles ». Ils ont tout aussi indispensables que d'autres pour bénéficier de droits ou des prestations. Ils sont la cible de nombreuses tentatives d'utilisation frauduleuse, par l'introduction de données fictives ou usurpées.

[954] OBSERVATOIRE NATIONAL DE LA DÉLINQUANCE (OND), *La Criminalité en France,* Rapport annuel 2008. Sur la période indicative de 2001 à 2007, en partant des références de 1997 renseignant 39.000 cartes nationales d'identité perdues ou volées en France, les chiffres ont été démultipliés par 100, soit 800.000 CNI ainsi déclarées en 2007. Les passeports déclarés tels étaient de l'ordre de 660 en 1999, contre 45.000 en 2005 et 68.000 en 2007.

[955] G. DE FELCOURT, *op.cit,* p. 42.

[956]*Ibidem,* p. 36.

[957]CONSEILS DES PRÉLÈVEMENTS OBLIGATOIRES, *Fraude aux prélèvements obligatoires et son contrôle*, 1er Rapport 2007, La Documentation Française, Paris, mars 2017, pp. 1-329. [http://www.ladocumentationfrancaise.fr/var/storage/rapports-publics/074000186.pdf] (consulté le 8 octobre 2016) S'agissant uniquement du préjudice de la sécurité sociale, il se chiffre à plusieurs milliards de dollars. Ce 1er rapport situait le préjudice entre 8 et 15 milliards d'euros en 2007, sachant que 15 milliards d'euros représentaient déjà 10% des prestations de la sécurité sociale ou la moitié du déficit des régimes sociaux. Le fait que le numéro de sécurité sociale figure sur les bulletins de salaire.

[958] G. DE FELCOURT, *op.cit*, p. 42.

seules « les données personnelles qui étaient considérées auparavant comme un divertissement pour apprenti cyber-pirate, ont trouvé leur "monétarisation" »[960]. En exploitant les vulnérabilités de leurs collectes, traitements, stockages ou échanges, « les cybercriminels ont découvert de nouveaux terrains de chasse avec les données personnelles »[961].

La cybercriminalité met en danger les personnes dans leurs droits et leurs « traces informatiques ». L'environnement numérique est un danger en lui-même. Dans la société numérique, il est devenu indispensable, pour les États, d'organiser la prévention et la répression, voire une riposte musclée, proportionnée ou graduée[962] contre des atteintes informatiques et des attaques multiformes sur la donnée (en tant que valeur et pavé du numérique), sur la personne (en tant qu'utilisateur actif ou passif) et sur le réseau (en tant que véhicule et contenant des systèmes d'info).[963]

B. La prospective de la cybersécurité face à la cybercriminalité dans le droit du numérique congolais

Dans le contexte de la RDC, les défaillances du droit pénal des TIC ont déjà été présentées *supra* (§1, B, 2.). Il faut un aperçu essentiel des instruments de lutte contre la cybercriminalité au niveau international, européen, africain et congolais. Au regard des expériences en Europe et en France, les enjeux de sécurité des TIC se précisent, en vue de dresser une typologie juridique de cybersécurité pour l'économie numérique congolaise.

1. La synthèse des enjeux comparés de cybercriminalité et de cybersécurité en droit du numérique

Notre société numérique est affectée par les propensions à la cybercriminalité et les impacts décuplés des cyberattaques.[964] Les systèmes

---

[959] OBSERVATOIRE NATIONAL DE LA DÉLINQUANCE (OND), *La Criminalité en France,* Rapport annuel 2008, préc. *Cf.* pour Rapport public 2009 : [http://www.ladocumentationfrancaise.fr/rapports-publics/104000678/index.shtml] La vertigineuse tendance à la hausse des pièces d'identité déclarées perdues ou volées ne peut occulter l'usage desdites pièces comme moyen de commission d'actes de cybercriminalité (usurpation d'identité).

[960] G. DE FELCOURT, *op.cit,* pp. 49-50.

[961] *Ibidem.*

[962] F. DOUZET, « Chine, États-Unis : la course aux cyberarmes a commencé », in X. Raufer (sous la coord.), *La première cyber-guerre mondiale ?*, éd. MA, paris, 2015, pp.73 et s. Par rapport à la cybersécurité, « le *New York Times* publie le 4 février 2013 les conclusions d'un rapport juridique secret sur *les pouvoirs du Président Obama en matière de guerre pré-emptive et de riposte dans le cyberespace.* […] À la guerre globale contre le terrorisme se substitue ainsi un nouvel ennemi asymétrique, tout aussi insaisissable, multiforme, capable de frapper n'importe quand et n'importe où, sans préavis, sans nécessairement disposer des moyens d'un État et surtout, sans que l'on puisse l'identifier à coup sûr ».

[963] G. DE FELCOURT, *op.cit,* pp. 30-31.

[964] E. FILIOL et P. RICHARD, *Cyber criminalité, Enquêtes sur les mafias qui envahissent le web,* Dunod, Paris, 2006, p.1. « Les braquages de fourgons blindés existeront toujours mais

d'information deviennent des coffres-forts, pleins de valeurs numériques convoitées. Des usagers lambda ou des professionnels de la malveillance informatique cherchent à accéder ou alors à percer les coffres-forts numériques à partir des fonctionnalités des réseaux des télécoms.

Par le fait des individus (souvent des hacktivistes) des groupements organisés en hackers ou des États eux-mêmes (avec des cybersoldats), le numérique devient tantôt l'objet des infractions, tantôt le moyen de perpétration du crime tantôt de sa diffusion. Plusieurs vulnérabilités font de l'« Internet : le nouveau filon des organisations criminelles ».[965]

Dans le commerce en ligne et l'économie numérique, les techniques à distance et la dématérialisation des transactions accroissent les risques de fraude, d'escroquerie ou d'atteinte aux droits fondamentaux des utilisateurs de la part des détenteurs des moyens numériques. La cybercriminalité s'appuie sur le large champ de l'anonymat et le recul de l'emprise du pouvoir étatique sur/dans le cyberespace. L'activité informatique relativise l'investissement humain et matériel, alors que les préjudices qu'elle cause sont décuplés dans des échelles de dégâts proportionnellement inverses pour le citoyen ou pour la société, en réseau ou hors réseau.[966]

Pour les sociétés de consommation et de l'information, la souveraineté numérique se traduit par la recherche de la confiance en l'économie et au droit étatique. De nombreux utilisateurs précisent que le manque de sécurité des réseaux constitue leur crainte la plus importante. Leur hésitation à transmettre leurs adresses physiques, leurs numéros de compte bancaire et les autres données à caractère personnel traduisent bien un manque de confiance aux procédés de la vie en réseau. Ce manque de confiance contraste avec l'engouement des utilisateurs pour le cyberespace (4,05 milliards de personnes au monde pour 2017). Ce qui porte à croire que la sécurité suffisamment établie, les transactions s'en porteront qualitativement et quantitativement mieux.

Plusieurs règles et mécanismes, préventifs, plutôt que répressifs, sont de mise pour assurer la confiance en l'économie numérique : régulation du marché des télécoms et de l'accès à l'Internet, identification (des acteurs, des offres et des publicités), restrictions des pratiques (interdites, mensongères et autres déloyales) sur le *Web*, systèmes réglementés d'expression de consentement pour l'usage de ses données personnelles, leur collecte et leur utilisation loyale, y compris leur pénalisation (*spamming*).

---

on ne peut pas en faire plusieurs dans la journée ou dans la semaine ! Dans le cas des attaques informatiques, c'est possible : on peut "automatiser" des opérations quotidiennes. Et, en plus, le coût (en termes de moyens nécessaires à l'attaque et de risques juridiques et physiques est moins élevé… »

[965] *Ibidem.*

[966] O. KEMPF, *Introduction à la cyberstratégie*, 2e éd. Economica, Paris, 2015. F.-B. HUYGHE, O. KEMPF et N. MAZZUCCHI, *Gagner les cyberconflits au-delà du technique*, Economica, Paris, 2015. X. RAUFER (sous la coord.), *La première cyber-guerre mondiales ?*, éd. MA, Paris, 2015.

Comme en France et en Europe, la nécessité apparaît en RDC d'entourer les acteurs et les activités de l'Internet de certaines obligations prudentielles, adaptées : transparence, loyauté, respect de la vie privée et de l'ordre public. En outre, le droit comparé renforce la protection des consommateurs, en ce qui concerne notamment le respect de l'ordre public et des bonnes mœurs à travers les réseaux numériques.[967] Dans l'ex-Zaïre, l'ordonnance n°87-243 du 22 juillet 1987 réprime d'une amende l'usage des moyens informatiques à l'encontre des bonnes mœurs et contre toute forme de subvention. Elle est hélas peu connue du grand public congolais.[968]

La cybersécurité est la réponse à la cybercriminalité. La sécurité crée, maintient et rétablit une situation de confiance. Elle est aussi bien un sentiment d'abri qu'un dispositif contre une agression, un risque ou un danger. Il appartient donc à chaque État de renforcer son dispositif législatif et sécuritaire se rapportant au contenu et au contenant des TIC.[969]À l'ère des transformations techniques, la sécurité tant publique que juridique s'apprécie par rapport aux « usages défensifs et offensifs de ces systèmes d'information qui irriguent désormais nos organisations modernes ».[970]

Le cadre juridique protecteur de la donnée et le dispositif de sûreté de la personne se justifient comme composantes indispensables de l'ordre public numérique. La législation étatique permet de construire un cadre protecteur du droit pénal de l'accès au marché numérique, en faveur des citoyens et de leur société. Elle renforce la régulation étatique des activités en ligne. Le cyberespace ne peut finalement pas se passer de l'État, car au sens de Duguit, il a l'apanage du « service d'ordre » et du « service de justice » malgré le recul de la notion de « service public ».[971]

La déréglementation a supprimé le monopole public sur les télécoms. Elle a en même temps réduit l'emprise de la puissance publique sur le développement de l'Internet libre. Bien plus, la régulation par le marché est l'atout des forces économiques qui portent la mondialisation des économies. La régulation par le code informatique est le crédo du Net.

---

[967] C. FÉRAL SCHUHL, *op.cit*, pp. 162-195. Textes applicables en France : Loi LCEN n° °2004-575 du 21 juin 2004 en France a transposé la directive 2000/31/CE sur le commerce électronique. Loi n°78-17 du 6 janvier 1978, relative à l'informatique et aux libertés, modifiée et complétée par la loi n°2004-801 du 6 août 2004. Ordonnance n°2001-741 du 23 août 2001, transposant en droit français la directive du 20 mai 1997. Textes applicables en Europe : Directive n°97/7/CE du 20 mai 1997, concernant la protection des consommateurs en matière de contrat à distance. Directive-cadre n°2005/29/CVE du 11 mai 2005, relative aux pratiques commerciales déloyales qui vise à harmoniser les règles relatives aux pratiques déloyales au sein du marché intérieur.

[968] Ordonnance n°87-243 du 22 juillet 1987 portant réglementation de l'activité informatique en République du Zaïre, JOZ, n°15, 1er août 1987.

[969] N. ARPAGIAN, *La cybersécurité, mesurer les risques et organiser la défense,* PUF, 2e éd., coll. « Que sais-je ? » Droit-politique, 2016 (2010), p. 7

[970] *Ibidem*, p. 7.

[971] *Cf.* au sujet de l'apanage des services de l'État : L. DUGUIT, *Les transformations générales du droit public*, préc. Au sujet du recul, J. CHEVALLIER, *Le service public, op.cit*, p. 3 et s.

En prenant appui sur les TIC, la cybercriminalité se présente comme un défi mondial et une délinquance intelligente. Les outils numériques facilitent, comme vecteur idéal, l'action des délinquants à commettre leurs forfaits sans frontières. Les réseaux numériques contribuent à la simplification de la communication et à la diffusion de l'information à l'échelle planétaire. Ils favorisent la commission d'infractions classiques, tout autant qu'ils ont fait émerger des tas d'infractions spécifiques à effet cybernétique et cinétique. La cybersécurité passe nécessairement par des efforts coordonnés entre États et par l'implication du secteur privé.

La cybercriminalité peut osciller entre des buts économiques, idéologiques voire politiques ; elle reste cependant une activité criminelle « susceptible de se commettre sur ou au moyen d'un système d'information généralement connecté à un réseau ».[972] Pour autant, « Ils nécessitent en conséquence une adaptation constante des réponses judiciaires, des techniques et moyens policiers à la hauteur des préjudices humains et économiques subis ».[973]

Le droit pénal comparé a circonscrit les aspects de la cybercriminalité à travers les qualifications légales et les catégorisations d'atteintes diverses. Ces dernières ne concernent pas uniquement les réseaux informatiques, les systèmes d'informations, mais elles atteignent aussi des infrastructures d'importance vitale, les capacités de défense ou de sécurité nationale, le fonctionnement de nos systèmes de vie économique et sociale. Elles dépassent aujourd'hui les atteintes à la vie privée, pour atteindre d'autres valeurs ainsi que la foi publique.

De la sorte, il apparaît des risques et des menaces cybercriminels, analysables en termes de mode opératoire du crime informatique ou comme des conséquences sociales néfastes. L'approche typologique de la cybercriminalité est ainsi possible à travers le droit pénal spécial du numérique et l'évaluation des menaces sécuritaires pour la société.

2. La typologique de la cybercriminalité économique sous l'angle du droit pénal du numérique et de la sécurité informatique

La doctrine considère la cybercriminalité comme un ensemble, avec deux grandes sous-catégories d'infractions : les infractions où l'information est l'objet du délit, et les infractions où l'informatique est le moyen du délit. Plus récente, est cette catégorie où l'informatique est le support de diffusion, dans le cadre des infractions déjà commises.[974]

Par atteinte à la sécurité des réseaux informatiques, on entend une taxinomie des atteintes à la confidentialité, à l'intégrité, à l'authenticité à l'intégrité des systèmes et des données informatiques. La section I de la Convention de Budapest reprend cette classification et les principales

---

[972] M. QUÉMÉNER, *Cybercriminalité, défi mondial,* Economica, Paris, 2009, p. 3.
[973] *Ibidem*, p. 2.
[974] *Ibid.*

incriminations. Elle concerne les atteintes à la sécurité des réseaux et des données informatiques. Parmi les incriminations, figurent : l'accès illégal aux systèmes d'information, l'interception illégale des données, l'atteinte à l'intégrité du système d'information ou au réseau, l'atteinte à l'intégrité des données, l'abus de dispositif, la falsification informatique et la fraude informatique.[975]

Il est possible de s'en tenir à la « brève analyse d'une hétérogénéité »[976] que représente la cybercriminalité, compte tenu de la multiplicité des modes d'action criminelle via les moyens électroniques. Si déjà les terminologies fluctuantes de la cybercriminalité sont sources de difficulté,[977] elles brouillent plusieurs critères d'approche à cause du gonflement du phénomène par infractions classiques antérieures à l'essor des technologies électroniques, à la popularisation de l'informatique et à la globalisation de l'économie numérique.

La Convention de Budapest sur la cybercriminalité distingue quatre types d'infractions,[978] à savoir :

– les infractions contre la confidentialité, l'intégrité, et la disponibilité des données et systèmes informatiques,[979]
– les infractions informatiques,[980]
– les infractions se rapportant au contenu,[981]
– les infractions liées aux atteintes à la propriété intellectuelle.[982]

Pour la France, Nicolas Arpagian a précisé une typologie des aspects structurant la cybersécurité autour de deux grandes menaces de cyberattaques. Le premier axe concerne les « *attaques sur les réseaux informatiques et téléphoniques* » : espionnage, interceptions, altération des données, prise de contrôle à distance d'un dispositif, d'un outil ou d'un système informatique. Le deuxième axe se rapporte aux « *attaques informationnelles* » : attenter à l'e-réputation, développer des stratégies d'influence à l'ère du Net, maîtriser la mémoire collective, utiliser le piratage numérique comme arme économique ou de subversion, entretenir le commerce illégal.[983]

En RDC, le projet de loi sur les télécoms et les TIC comporte un chapitre d'incriminations de la cybercriminalité, en adaptant la procédure ainsi que certains éléments constitutifs d'infractions par rapport aux TIC. La future

---

975 Convention de Budapest sur la cybercriminalité, préc.

976 F. DECHAMPS et C. LAMBILOT, *Cybercriminalité, état des lieux*, Anthemis, Belgique, 2016, p. 23 et s.

977 S. W. BRENER, « Cybercrime Metrics : Old Wine, New Bottles ? », *Virginia Journal of Law and Technology*, 2004, vol.9, n°1, pp. 43-57.

978 *Cf.* pour l'énumération : DECHAMPS et C. LAMBILOT, *op.cit,* p. 24.

979 Art. 2, 3, 4, 5 et 6, Convention de Budapest, préc.

980 Art. 7 et 8, Convention de Budapest, préc.

981 Art. 9, Convention de Budapest, préc.

982 Art. 10, Convention de Budapest, préc.

983 *Cf.* pour la synthèse : N. ARPAGIAN, *op.cit*, p. 126.

législation présentait un dispositif pénal, clair dans sa typologique devant être suivi d'une politique de cybersécurité, avant que le parlement en 2018 déstructure la politique législative du gouvernement. La liste suivante[984] des futures incriminations légales synthétise les rapports structurant du projet de loi sur les télécoms et les TIC, en faveur de la société et de l'économie numériques :

- des infractions se rapportant au contenu, spécialement la pornographie infantile ;
- des infractions liées aux activités des prestataires de services de communication au public par voie électronique ;
- des infractions liées à la publicité par voie électronique ;
- des infractions liées à la prospection directe ;
- des infractions en matière de cryptologie ;
- de l'adaptation de certaines infractions aux TIC, lorsqu'elles sont utilisées comme moyen pour des atteintes aux biens ou de commission d'infractions par tout moyen de diffusion publique ;
- des atteintes à la défense nationale.[985]

Le projet de loi visait aussi d'autres infractions cybernétiques englobent plusieurs atteintes spécifiques contre : la confidentialité des systèmes informatiques, l'intégrité des systèmes informatiques, la disponibilité des systèmes informatiques, les données informatisées en général et les droits de la personne au regard du traitement des données à caractère personnel.

Concernant la procédure, la future loi sur la cybercriminalité autorise, dans le cadre d'enquêtes judiciaires et d'instructions criminelles, les perquisitions et saisies informatiques, sans dresser une hiérarchie de la preuve, ni faire d'exclusion d'autres sources d'information. Les interceptions judiciaires, l'extraction et la conservation rapide des données sont également admises. Les agents publics habilités (ANTIC) devraient appliquer et constater l'application des mesures d'effacement total ou partiel des données à caractère personnel en cas de traitement illicite ou de décision de justice.[986]

Cependant, la réponse pénale n'est pas la panacée contre la cybercriminalité ; indifféremment des barèmes de sanction, de leurs fonctions dissuasives et intimidantes. Elle doit être complétée d'autres moyens techniques et matériels de lutte, pour non seulement réprimer et prévenir, mais aussi pour construire des systèmes plus robustes. La résilience informatique rime avec cyberdépendance. Les réseaux et les économies numériques doivent continuer à fonctionner malgré l'exploitation des

---

[984] Articles 259 à 310, projet de loi sur les télécoms et les TIC [RDC], préc.

[985] Dans la politique législative actuelle en RDC, c'est le projet de la loi sur les TIC, sous examen au parlement de puis avril 2017, qui apporte la réforme du code pénal congolais datant de 1940. *Cf.* Décret du 30 janvier 1940 portant Code pénal congolais tel que modifié et complété à ce jour, JORDC, 47ᵉ année, n° spécial, 05 octobre 2006, pp. 5-68

[986] Article 330 à 354, projet de loi sur les télécoms et les TIC en RDC, préc.

vulnérabilités et les attaques permanentes qu'ils subissent. « La réussite dans le cyberespace dépend de la capacité à s'adapter à ce contexte de menaces dynamiques ».[987] En effet : « Dans le cyberespace, l'agresseur n'a besoin de trouver qu'une seule faille, alors que le défenseur doit couvrir toutes les faiblesses imaginables ou inimaginables [988] ». Déjà et depuis longtemps, l'économie et les TIC connaissaient la vulnérabilité et la résilience.[989] Le développement du tout numérique « oblige depuis plus de vingt ans à repenser tous les fondamentaux de la société comme du droit [...] même si le droit et la nouvelle technologie n'évoluent pas à la même vitesse, le droit résiste bien aux bouleversements technologiques ».[990]

Concernant les défis et exigences de la cybersécurité pour l'économie : « la résilience est la capacité d'un système ou d'un domaine à résister aux attaques ou aux incidents, et de se rétablir rapidement lorsque de telles circonstances surviennent ». [991] Le principe essentiel et existentiel de l'Internet est l'ininterruption de son fonctionnement. Cette logique empreint les solutions techniques et juridiques de lutte contre la cybercriminalité. Elle vise certes à prévenir et à réprimer, mais sans affecter la continuité de fourniture des services de la société de l'information.

En guise de conclusion du chapitre...

Les défaillances du droit positif congolais se présentent en ce qui concerne les données personnelles et la cybercriminalité. Le contexte de la société de l'information oblige les États du monde à repositionner leur architecture juridique. Et ce, face à la bascule vers le tout numérique et le tout connecté. Il faut faire face aux mêmes défis de globalisation du cyberespace mondial.[992] Pour ce faire, « chaque État dispose de ses propres lois pour son propre territoire. Les lois restent l'expression de la souveraineté des États, car l'État est lié à l'apparition d'un ordre juridique selon la formule "*ubi lex, ibi societas*". [993] Parfois, certains États se regroupent pour harmoniser leurs droits locaux selon différents mécanismes.

---

987 J. Limnnéll, *Le cyber change-t-il l'art de la guerre ?*, in X. Raufer (sous la coord.), La première cyber-guerre mondiale ?, MA éditions, Paris, 2015, p. 36

988 *Ibidem*, p. 34.

989 A. Kabeya Tshikuku, « Résilience économique : qu'attendre des TIC ?, *Revue économique de politique économique* : *Vulnérabilité économique et résilience*, vol. 1, n° 1, Kinshasa, mars 2015, pp. 71-81. « Les TIC peuvent doper les rouages nécessaires pour une résilience de l'économie, par leur "inclusivité" dans toutes les couches de la population. »

990 C. Féral Schuhl, « Préface », in M. Quéméner, *Cybersociété..., op.cit*, p. 4.

991 J. Limnnéll, *op.cit*, p. 38

992 Groupe de la Banque mondiale, *Les dividendes du numérique..., op.cit*, p. 29. « La technologie influe sur les règles (le cadre réglementaire et les normes) pour engendrer de nouvelles idées – par exemple, nouvelles méthodes de production des biens et des services. Si la plupart des règles sont établies localement, la technologie fait l'objet d'échanges entre les marchés et à travers les frontières ».

993 R. Carré de Malberg, *Contribution générale à la théorie de l'État*, Sirey, 1962.

Dans l'Union européenne, il s'agit des [règlements et des] directives pour harmoniser les droits nationaux. Le parlement de chaque État [membre] transpose ensuite la directive dans son droit local ».[994] La construction juridique de l'Europe des télécoms a fait l'objet d'études spécifiques dans le Tome 1 de notre ouvrage et au fil des chapitres précédents.[995] Dans la méthode définie pour notre ouvrage, les expériences européennes et françaises éclairent, par leurs paradigmes et leurs solutions avant-gardistes, l'analyse sur les défis législatifs de la RDC à l'égard des réseaux numériques à intégration des services. Il convient d'achever la prospective de *lege ferenda* sur le renouveau des lois congolaises en ce qui concerne le commerce électronique et le devenir institutionnel de la régulation des TIC.

---

[994] O. ITEANU, *Quand le digital défie l'État de droit*, Eyrolles, Paris, 2016, p. 12.
[995] *Cf.* Tome 1, Titre 2, Chapitre 1. Le Tome 1 est paru toujours aux éditions L'Harmattan, sous le titre : *Droit de l'économie numérique, e-commerce et dérégulation européenne, française, internationale, africaine, congolaise*.

CHAPITRE 2

La prospective de renouveau des droits congolais du commerce électronique et de la régulation des TIC à l'aune du droit international et comparé

Face aux enjeux de la société numérique, il a été remarqué que le gouvernement congolais a bien entrepris des réformes législatives. Ce sont des projets législatifs concernant les TIC. Ils sont formés d'un ensemble de textes juridiques se rapportant aux réseaux des télécoms et aux activités numériques. Le secteur des TIC est au carrefour des progrès technologiques perceptibles dans la nouvelle société congolaise de l'information. Les télécoms constituent effectivement le vecteur essentiel et indispensable du commerce électronique, voire de la vie sociale des populations qui y accèdent. La directive européenne 2000/31/CE a rappelé qu'il faudrait disposer au préalable de l'accès aux réseaux de télécoms, pour avoir la possibilité d'effecteur le commerce électronique. La voie électronique facilite l'exercice du commerce classique, mais sert particulièrement à la finalité d'accomplissement des activités économiques en ligne.

Le sens de l'acquis européen est précisé bien à propos.[996] « Le développement du commerce électronique dans la société de l'information offre des opportunités [...] facilitera la croissance économique des entreprises [...] peut renforcer la compétitivité [...] *pour autant que tout le monde puisse accéder à l'Internet* ».[997] L'accès au réseau est inhérent à l'économie du XXe siècle. C'est bien là une des sources matérielles de nouveaux facteurs de législation en droit du numérique. En France, la réforme du droit – due à l'évolution technologique – a conduit à une mutation des lois des télécoms et des institutions juridiques face au numérique. Le but est de les réaligner sur le droit du numérique en plein essor, avec ses constellations des droits approchant les dimensions du cyberespace : droit de l'Internet, droit des communications électroniques,

---

[996] *Cf.* Tome 1, Titre 1, Chapitre 1, section 1.

[997] Considérant n°2, directive 2000/31/CE, préc.

droit du commerce électronique, droit des données personnelles et droit de l'économie numérique... pour faire le cyberdroit.

Ainsi, la donne essentiellement électronique motive des adaptations du droit classique et des institutions administratives. L'ART en France (créée en 1996) a vu en 2005 ses attributions étendues à la poste et aux communications électroniques, devenant par conséquent l'ARCEP.[998] Sans à avoir formellement la même position, l'ARPTC est dotée d'attributions laconiques dans le domaine de l'Internet. La formule lapidaire du législateur lui confère à cet effet la mission « *de s'assurer que les citoyens bénéficient des services fournis à l'aide de nouvelles technologies de l'information et de la communication* ».[999]L'institution d'un organe de régulation des télécoms n'est pas tout. Il ne doit pas occulter les autres mécanismes régulateurs du marché, dont font partie le contrat électronique au sens des contrats nommés.

Pour le fait que le contrat en ligne lie les parties par leur consentement mutuel et qu'il est encadré tant par un formalisme informatif que celui du double clic, celui-ci joue le rôle de confiance en l'économie numérique. L'usage des TIC pose la question de sécurité juridique. Les ponctuations du processus de contractualisation en ligne s'allient les avantages de l'écrit électronique (traçabilité, archivage). L'éloignement des partis ne devrait pas faire craindre des risques d'exposition aux parfaits inconnus doublés d'anonymes, d'autant que les valeurs monétaires et marchandes sont engagées dans les transactions du Net. Le contrat électronique joue un rôle de régulation des transactions en ligne. Nous avons choisi de l'étudier, à côté de futures modalités d'accès universel au réseau en RDC. Ces aspects sont indispensables à l'existence et à la pratique du commerce électronique.

En plus du projet de loi sur les TIC et les télécoms, deux autres projets de lois tendent à réaligner des points précis du droit civil, du droit commercial et du droit de la régulation étatique. Le but est d'encadrer par le droit les enjeux actuels des TIC. Il faut aussi en assurer la promotion. Auparavant l'État-entrepreneur pouvait, grâce à son monopole d'entreprise, financer des activités non-rentables. Il pouvait par exemple financer les déficits d'accès au réseau pour assurer, en faveur de la population, une accessibilité maximale aux services électroniques et à moindre coût depuis toute région habitée du pays.

Sous l'inspiration française, le service universel s'impose comme une nécessité interventionniste en pleine dérégulation du marché des télécoms. Il faut garantir l'intérêt général qui n'est pas forcément la préoccupation première du marché. Au nom du principe d'égalité, il est question d'effectuer des péréquations géographiques et tarifaires pour des abonnés en

---

[998] A. MBAUNEWA NKIERI, *Droit congolais des télécommunications, État des lieux, Analyse critique et comparative,* Juricongo, Kinshasa, 2012, p. 20.

[999] Article 3, r), loi (RDC) n°014/2002 du 16 octobre 2002 portant création de l'Autorité de Régulation de la Poste et des télécommunications, in JO RDC, 44e année, numéro spécial, 25 janvier 2003, p. 53.

zones où la non-garantie de rentabilité, les risques économiques et les charges financières n'incitent pas à des investissements privés.[1000]

En RDC, comme en Europe, l'optimisation de l'offre de connexion à Internet est un préalable à l'existence du commerce électronique. Disposer d'une loi sur le commerce en ligne ne suffit pas. La considération du législateur communautaire européen l'a ainsi confirmé en l'an 2000.[1001]Quoi de plus normal qu'il y ait deux volets spécifiques de prospective législative pour la RDC. L'objet des projets de lois est le renouveau du cadre juridique non seulement pour les pratiques commerciales en réseau, mais aussi pour la régulation des réseaux numériques d'accès. Le droit congolais se transforme à l'ère numérique. Lutter contre la fracture numérique est une nécessité. En ce sens, le service universel est un modèle qui permet d'organiser l'inclusion numérique des villes, des collectives et des populations dans la société de l'information. Les perspectives du tout numérique fondent de nouveaux défis de souveraineté numérique sur les anciens enjeux d'accès universel aux télécoms. Pour autant, la réforme du droit de la régulation sectorielle doit s'opérer à travers des politiques publiques concrètes. Le secteur public du numérique est sous la mouvance d'une réorganisation institutionnelle autour de nouveaux aspects économiques et sociétaux des TIC au vu du droit d'ici, de maintenant et d'ailleurs.

D'un côté, l'un des projets de loi sur les TIC se rapporte spécifiquement aux échanges électroniques et au commerce en ligne. Les activités numériques se développent à ce jour en RDC comme des situations de fait. Outre la récente loi du 9 juillet 2018 sur les systèmes de paiement, il n'existe pas de cadre réglementaire spécifique appréhendant les activités économiques en ligne. L'e-commerce fait l'objet de certaines références très lapidaires, en tant que service à valeur ajoutée, dans l'exposé des motifs de la loi-cadre de 2002 sur les télécoms. Sans jamais avoir été défini, des liens très approximatifs pourraient être établis avec le droit commun porté par le code général de commerce datant de 1913.[1002] Malgré l'évolution du droit commercial général de l'OHADA, la sphère d'activités économiques en ligne déborde du périmètre des actes de commerce et du commerçant. Elle enserre plusieurs professionnels non-commerçants. **(Section 1)**

D'un autre côté, dans le renouveau d'un droit du numérique, la compétence sectorielle de l'autorité de régulation des télécoms est en cours de révision pour encadrer plus largement les artefacts du numérique. La politique législative envisage la transformation de l'ARPTC en « ARPTNTIC », à l'aune, sans cesse renouvelées, des technologies de l'information et de la communication. **(Section 2)**

[1000]J. CATTAN, *op.cit*, p. 171.

[1001] Considérant n°2, directive 2000/31/CE, préc.

[1002] Décret [du Roi de belges] du 2 août 1913, des commerçants et de la preuve des engagements commerciaux, B.O., 1913, p. 775. *Cf. Les codes Larcier de la République Démocratique du Congo, A- Droit commercial*, 2010, t. III, De Boeck & Larcier (Afrique éditions), Bruxelles, 2010, pp. 2-50.

Section I. La prospective d'un « droit spécial des échanges et du commerce électroniques » en RDC face au droit comparé

De *lege ferenda*, le législateur congolais examine des textes censés encadrer à la fois le développement des réseaux et des activités numériques. Les réalités de la marche du monde s'associent à l'originalité des pratiques commerciales en ligne dans le pays. Le projet de loi sur les échanges et le commerce électroniques s'adapte au droit civil et au droit commercial. **(§1)** De manière plus spécifique, l'objectif législatif de confiance irrigue la transition des règles juridiques y afférentes, à l'instar de la loi française de 2004 pour la confiance dans l'économie numérique. **(§2)**

§ 1. Les enjeux de repositionnement du cadre juridique du commerce électronique congolais

En RDC, la notion des télécoms n'a pas beaucoup évolué depuis 1940, année de l'ordonnance législative de la colonie belge.[1003] Bien que le terme « *télécommunications* » soit expressément défini en droit positif congolais, rien n'y est vraiment prévu au sujet du commerce électronique. Aucune source législative ou réglementaire, générale ou particulière ne le définit ni le régit explicitement.

Néanmoins, le commerce électronique ressort implicitement dans les définitions des « *services des télécommunications*[1004] », des « *services à valeur ajoutée*[1005] » et des « *services de supports des données*[1006]». C'est par des interprétations terminologiques de la loi des télécoms que l'appréhension des aspects juridiques du commerce électronique congolais est possible.

Le législateur a en effet listé, sans but de définition, parmi les services à valeur ajoutée, certaines activités qui correspondent aux services de la société de l'information. Ceux-ci relèvent pour beaucoup du commerce électronique. En effet, aux termes de la loi-cadre de 2002 sur les télécoms,

---

[1003] Ordonnance législative n°254/Télec. du 23 août 1940, Moniteur congolais, JORDC, n° spécial, 25 janvier 2005, Kinshasa, p.18.

[1004] Article 4, point 4, Loi-cadre sur les télécommunications (RDC), préc. Le « Réseau indépendant » est « un réseau de télécommunication réservé à un usage interne, privé ou partagé ».

[1005] Article 4, point 18, LCT (RDC), préc. Par « services à valeur ajoutée », on entend « tous services de télécommunications, n'étant pas des services de télécommunications finales ajoutant d'autres services au service support ou répondent à de nouveaux besoins spécifiques de télécommunications. On peut citer comme exemple, le traitement direct des données, l'enregistrement et la recherche directe des bases de données, l'échange électronique de données, le courrier électronique ou la messagerie vocale ».

[1006] Article 4, point19, loi-cadre n°013/2002 sur les télécoms en RDC, préc. on entend par « services supports des données » : « un service de simple transport de données dont l'objet est soit de transmettre, soit de retransmettre, soit d'acheminer des signaux entre les points des terminaux d'un réseau de télécommunications sans faire subir à ces signaux des traitements autres que ceux nécessaires à leur acheminement et au contrôle de ces fonctions »

« On peut citer comme exemple, le traitement direct des données, l'enregistrement et la recherche directe des bases de données, l'échange électronique de données, le courrier électronique ou la messagerie vocale ».[1007] Ces pratiques sont réelles et effectives en RDC depuis plus longtemps, mais le contexte législatif n'envisageait pas l'explosion de l'Internet grand public, ni de ses applications dans l'économie, le social et l'administration publique du pays. Les pouvoirs publics congolais n'ont pas encore à ce jour considéré l'Internet dans sa dimension d'artère de l'économie, de sang de la compétitivité, de système nerveux du corps social, sauf quand il s'agit de censurer les dérives politiques des contenus en ligne… Aux yeux des pouvoirs publics, l'Internet est une infrastructure de liberté qui doit être réduite au silence, le moment d'endiguer les menaces insurrectionnelles que l'écosystème numérique et ses avatars catalysent.[1008]

Depuis 2002, le législateur congolais considère le commerce électronique comme étant seulement un accessoire aux télécoms. Même à ce jour, il y a méconnaissance législative du commerce en ligne. [1009] Les activités d'intermédiaires ou de prestataires techniques ne sont pas définies, ni présentées dans une logique d'activités économiques en ligne. La loi-cadre sur les télécoms se limite à les considérer comme des régimes particuliers de concession des services publics. En RDC, il est nécessaire de combler un tel vide législatif à travers le projet de loi sur les échanges et le commerce électroniques, dit LECE. Le droit international lui est d'un véritable apport, autant que le droit comparé européen et français lui offre des repères. **(A)**

Qu'à cela ne tienne, de nouvelles perspectives se dessinent quant à l'effectivité du pouvoir des géants économiques de l'Internet sur les valeurs fondamentales des États et leur puissance publique. La souveraineté s'exprime par la loi et le respect de la loi est l'atout de sécurité juridique.[1010] Pour tous les ordres juridiques, le commerce électronique pose ainsi un défi de souveraineté numérique. [1011] Aussi, le droit positif congolais doit-il atteindre un niveau de prospective législative censée encadrer les problématiques nouvelles de la « pluri-normativité » et des autorités « polycentriques » du commerce en ligne.[1012]**(B)**

[1007] Article 4, litera 18, *in fine,* loi-cadre n°013/2002 sur les télécoms en RDC, préc.

[1008] DEUTSCHEWELLE, « Coupures d'internet en Afrique, un remède facile aux impacts imprévisibles », 11.01.2019, [https://p/dw.com/p/3BNzi] (consulté le 13 janvier 2019).

[1009] *Cf.* Titre II, Chapitre 2, Section 2, §1, du présent ouvrage.

[1010] BELLINOUCHE M., CHAVRIER et M. DELAMARRE, *Leçons d'introduction au droit,* Examens et concours, cours complets, sujets corrigés, ellipses, Paris, 2009, pp. 63 et s.

[1011] P. TRUDEL, « Ouverture – La souveraineté en réseaux », in A. BLANDIN-OBERNESSER (sous dir.), *Droits et souveraineté numérique en Europe,* Coll. Rencontres européennes, Bruylant, Bruxelles, 2016, p.10.

[1012] G. J. GUGLIELMI, « Préface », in L. BELLI, *De la Gouvernance à la Régulation de l'Internet,* Coll. Au fil des études : Les Thèses, éd. Berge Levrault, Boulogne-Billancourt, 2016, p. 13.

A. L'objet de la future LECE en RDC et les vides législatifs du commerce électronique au vu du droit international et comparé

Le commerce en ligne est en plein essor dans le pays. Toutefois, il s'y déroule d'une manière empirique. Le droit congolais ne comporte pas de définition, ni de régime, législatif ou réglementaire, sur les activités économiques réalisées à distance et par la voie électronique. Comme l'affirma à juste titre Francis De Belleyme au XVIIe siècle, *« l'exactitude dans les mots produit et engendre l'exactitude dans les choses ».*[1013]

Bien entendu, l'inorganisation du droit du commerce électronique est un important facteur de risque pour les consommateurs et pour les prestataires. C'est aussi source de difficulté pour l'État que d'inventer une fiscalité à la mesure des activités économiques en ligne. Au titre de contribution au droit congolais du cyberespace, nous avions avancé une série de définition doctrinale et de droit comparé, il y a plus de sept ans dans le cadre de nos recherches en droit du cyberespace africain.[1014]Le commerce électronique, c'est bien l'activité économique par laquelle une personne propose ou assure la fourniture des biens et des services à distance et par la voie électronique.

Le terme *commerce électronique* ne présente toutefois pas une acception unique et universelle dans les différents systèmes juridiques nationaux, communautaires ou internationaux.

De lege ferenda, il y a lieu de confronterla prospective législative congolaise du commerce électronique par rapport aux notions qui sont de mise en droit international. Il faut aussi procéder à la confrontation du droit face aux faits du marché électronique. Le droit comparé intervient aussi dans les efforts de conceptualisation du commerce électronique congolais.

En premier lieu, nous visons les différents champs de définition du commerce électronique, principalement : la notion est seulement envisagée en RDC, alors qu'elle est consacrée en Europe et en France.[1015] En second lieu, il faut approcher le droit international pour appréhender son influence sur le droit congolais : la portée risque d'être indicative, car la RDC n'a pas ratifié à ce jour des accords internationaux spécifiques au commerce électronique. Les faits de la révolution numérique ont précédé le droit congolais du commerce électronique. Plusieurs possibilités de législation-type du e-commerce sont offertes en droit international. La future LECE

[1013] BAYONNA BA-MEYA, « La terminologie juridique à l'épreuve de la pratique légale, judiciaire et sociale au Zaïre », *Le droit aux prises aux réalités socioculturelles, Actes des journées scientifiques organisées par la faculté de Droit du 25 au 26 février 1997,* éd. UPC/CEDI, Kinshasa (RDC), p. 9. « Non, les écrits ne restent pas figés, statiques, car l'écrit c'est la parole emprisonnée, c'est l'énergie en attente mais qui rayonne et influence. Non, les paroles prononcées ne s'envolent pas pour dire qu'elles se dissipent dans le cosmos, car les paroles, parce que force créatrice, influencent et façonnent jusqu'au comportement mental et social ».

[1014] K. NDUKUMA, *Cyberdroit, Télécoms, Internet, Contrats de e-commerce..., op.cit,* p. 63-77.

[1015]*Cf.* Tome I, Titre 1, Chapitre 1 : Les critères essentiels du commerce électronique dans le « millefeuille législatif » européen face au droit français.

présente pour la RDC une particularité quant à son objet au regard du droit international ainsi que du droit comparé européen et français.

1. L'existence du commerce électronique dans les faits non légiférés en RDC

Depuis l'an 2000 et un peu plus tôt, le marché de l'offre d'accès à Internet se développe autant que celui de l'offre monétisée des contenus numériques en ligne. L'Internet bas débit, grand public, remonte à 2006. L'offre était alors soutenue par des FAI classiques, qui destinaient leurs services aux clients dits Corporate. Depuis un moment (certainement depuis 2012 avec la 3G), leurs clients-cibles, que furent les cybercafés ou télécentres, sont en perte d'importance à cause de l'individualisation des moyens de connexion. Plus de 15 millions d'internautes mobiles ont été enregistrés en 2017.[1016] Grâce aux opérateurs GSM, leur GPRS (2006), puis leur EDGE (2007), leur 3G (2012) et leur 4G (2018), la pratique du commerce électronique en RDC est courante dans les offres d'achat en ligne. Le premier trait souvent si évident qu'on ne s'y arrête pas est l'achat et la recharge à distance des crédits de communication téléphonique. De plus en plus les téléphones servent de porte-monnaie électronique…

De la sorte, les abonnés téléphoniques peuvent effectuer la provision de leurs comptes-clients en ligne à l'aide de commandes dématérialisées des temps d'appel ou de navigation sur Internet. Avec le clavier alphanumérique des téléphones, les commandes sont réalisées sous forme de syntaxe écrite. Les accusé-réceptions sont fournis automatiquement sur l'écran du téléphone intelligent ou par SMS depuis le serveur de l'opérateur. C'est bien le fameux double-clic du contrat électronique. Dans les faits, les pratiques commerciales et publicitaires se réalisent à travers des commandes en ligne contre accusés de réception sur la même plateforme numérique.

Le 29 mars 2018 au campus numérique de Kinshasa, le Centre Wallonie Bruxelles, la Maison du Savoir, l'Agence universitaire de la Francophonie et le Cedesurk, avaient organisé la « Journée des intelligences numériques ». L'organisation avait révélé une grande inventivité de la part des start-up congolaises engagées dans le commerce électronique. [1017] Par exemple, quelques congolais ont mis en activité sur www.bandombe.com une gallérie d'art virtuelle, permettant des expositions-ventes d'œuvres en ligne et une livraison partout dans le monde par DHL (service postal privé de droit américain). D'autres innovations présentées furent : une plateforme de téléchargement en ligne des livres scolaires congolais, un service d'annuaire

[1016]*Cf.* l'observatoire de l'ARPTC sur le marché de téléphonique mobile, 2017.

[1017] [https://reperenews.com/cwb-une-journee-des-intelligences-numeriques-a-kinshasa/] (consulté le 8 avril 2018).

téléphonique nommant les numéros inconnus une plateforme d'archivages des vieux programmes TV accessibles moyennant paiement, etc.[1018]

Cependant, les faits et actes ci-dessus ne sont qu'empiriquement qualifiés de commerce électronique.[1019] La prospective législative doit cerner les aspects juridiques des services commerciaux de la société de l'information. Les directives 98/34/CE ou 2000/31/CE avaient inclus en Europe les services de communications électroniques dans l'ordre des services de la société de l'information. Sans aller dans une *pétition de principe,*[1020] la RDC connaît bien les opérateurs des réseaux de télécoms, ils relèvent du commerce électronique. En réalité, en tant que prestataires techniques, les sociétés de télécoms sont par essence des acteurs du commerce en ligne. Ils sont de la catégorie de ces professionnels qualifiés d'intermédiaires techniques, qui fournissent infrastructures et applications basiques qui permettent ensuite l'entreprise du commerce électronique sur la couche sémantique. De la sorte, plusieurs activités numériques se professionnalisent, à l'exemple de la publicité en ligne à côté de l'édition professionnelle de journaux sur Internet (cyberjournalisme).

Malheureusement, après 62 ans de *statu quo* réglementaire en RDC, les deux lois de 2002 portent essentiellement sur la téléphonie et l'autorité de régulation.[1021] Ils ne s'intéressent pas aux produits de la société de l'information, ni encore moins aux implications sociétales d'Internet. Le commerce électronique ne trouve pas de régime spécial, quand on sait que les régimes de droit commun ne sauraient répondre aux enjeux économiques de la révolution numérique. Il faut un droit spécial du commerce électronique pour satisfaire les besoins d'encadrement réglementaire, tels que : l'écrit électronique (la preuve et la signature électroniques), les prestataires des services de la société de l'information, le contrat électronique, les communications commerciales en ligne, les données personnelles, les œuvres numériques diffusées sur Internet, intermédiaires techniques…

Le commerce en ligne met également aux prises les droits des tiers : traitement des données personnelles, exposition de la vie privée, dématérialisation des œuvres culturelles et circulation rapide de la valeur d'un patrimoine à un autre, etc. La législation actuelle n'attache cependant pas de qualifications appropriées à tous les archétypes commerciaux du numérique, du fait de leurs spécificités débordantes pour le droit civil. Il

---

[1018] [http://zoom-eco.net/a-la-une/economie-3-0-web-2-0-intelligence-artificielle-les-intelligences-numeriques-et-le-droit/#noredirect] (consulté le 04 avril 2018).

[1019] K. NDUKUMA, *Cyberdroit…*, p. 46-47.

[1020] Y. GARNIER et M. VINCIGUERRA (sous la dir.), *Le petit Larousse illustré,* éd. Larousse, Paris, 2004, p. 771, *Verbo* « pétition de principe » : « raisonnement vicieux à tenir pour vrai ce qui fait l'objet même de la démonstration ».

[1021] Avant l'édiction de l'actuelle loi-cadre n°013/2002 du 16 octobre 2002 sur les télécoms en RDC, la précédente en vigueur fut l'Ordonnance-législative 254/TELEC du 23 août 1940 du Gouverneur général du Congo à l'époque du Congo colonie belge. *Cf.* JO RDC, n° spécial, 25 janvier 2005, Kinshasa, p. 18.

n'apparaît pas non plus de continuité logique entre la loi-cadre sur les télécoms de 2002 et le commerce électronique.

Un encadrement législatif est nécessaire pour la vie des affaires, nées de l'économie de l'information, la *Net économie.* Outre l'impact social du numérique, l'évocation courante du terme « commerce électronique » laisse entendre inévitablement un concept chargé de sens. L'« Internet » ou « réseau de télécoms » s'impose à l'esprit comme son milieu de prédilection. La « vente » également se présente à l'esprit comme un incontournable paradigme du négoce en ligne.[1022]

À défaut de définition terminologique du e-commerce, son contour juridique est à former en se référant aux critères généraux découlant des directives européennes concernées.[1023] En France, l'article 14 de la LCEN lui donne une définition législative précise, en transposition de la directive 2000/31/CE relative au commerce électronique. La doctrine étrangère l'a variablement défini.[1024] Dans les textes internationaux, la CNUDCI et l'OCDE disposent pour les États des modèles de définitions, soit par des « lois-type », soit par des textes présentant une valeur indicative. Les définitions d'organisations internationales spécialisées ne sont pas d'autorité contraignante pour l'ordre juridique interne congolais. Leur forme juridique ne permet pas de les ratifier en l'état au sein du parlement congolais, mais elle offre des paradigmes pour des rapprochements de législation.

2. Les définitions internationales pour le commerce en ligne congolais

Même si la RDC participe au commerce numérique mondial, elle se trouve considérablement dépourvue d'une réglementation adéquate face à l'offre des services de la société de l'information. Sur le plan international, les définitions du commerce électronique proviennent de diverses sources et diffèrent les unes des autres. Celles données par les organisations internationales ont généralement un champ de compréhension très large. Elles essaient d'appréhender les aspects du commerce électronique dans

---

[1022] K. NDUKUMA, *Cyberdroit…*, préc.

[1023] Spéc. : Directive 2000/31/CE sur le commerce électronique ; directive 98/34/CE sur la société de l'information, directive 97/7/CE sur les contrats à distance, préc. *Cf.* J. BERGÉ et S. ROBIN- OLIVIER, *op.cit,* p. 366. « Le droit européen a sa propre "loi". »

[1024] V. GAUTRAIS, *L'encadrement juridique du contrat électronique international,* thèse de doctorat, Faculté des Études supérieures, Université de Montréal, Canada, 1998. M. SAWADOGO FILIGA, « Approche nationale et régionale de la mise en place d'une réglementation du commerce électronique : le cas du Burkina-Faso et de l'Afrique de l'Ouest », *Conférence régionale africaine de haut niveau,* Tunis, 19-21 juin 2003, p. 1-3. Pour Vincent Gautrais, « l'accomplissement d'activités commerciales de manière automatique par l'utilisation des technologies de l'information et de la communication » relève du commerce électronique. Quant au professeur Filiga Michel Sawadogo, le commerce électronique est « tout ou partie des opérations relatives à la publicité, à l'accord des volontés des parties, à la livraison du produit, à la prestation du service ou au paiement du prix, effectuées en ayant recours aux nouvelles technologies de l'information et de la communication ».

l'ensemble de l'économie, des processus industriels ou commerciaux ainsi que dans leurs solutions technologiques ou implications politiques.[1025]

Dans les cas de figure, le commerce électronique, pour ces organisations multilatérales, est soit étendu dans son concept[1026], soit plus étroit[1027] dans son objet. Certaines définitions par exemple englobent toutes les transactions financières et commerciales effectuées par voie électronique, tels que les échanges de données informatisées (EDI), les transferts électroniques de fonds (TEF) et toutes les transactions par carte de crédit ou de débit. (En Europe comme en France, la monnaie électronique ne relève pas du champ de la directive, ni des lois sur le commerce électronique.[1028]) D'autres définitions internationales limitent le commerce électronique à la vente au détail pour les consommateurs effectuant des transactions sur des réseaux ouverts comme l'Internet. La première définition renvoie à une forme de commerce en ligne existant depuis des décennies. La seconde n'existe que depuis quelques années.[1029]

L'OCDE et la CNUDCI (dont la RDC est membre) ont donné des définitions essentielles au e-commerce. L'OCDE, compte tenu de la diversité des besoins des utilisateurs, a considéré qu'une seule définition ne serait pas adaptée à tous les besoins. Le Groupe de travail de l'OCDE sur les indicateurs pour la société de l'information (GTISI) avait décidé lors de sa réunion d'avril 1999 de créer un groupe d'experts sur la définition et la mesure du commerce électronique.[1030]

Aussi, le Groupe d'experts a-t-il envisagé des définitions cohérentes, pouvant offrir des indicateurs utiles. L'OCDE s'est efforcée d'atteindre un « compromis difficile »[1031] quant aux critères très divergents pour une

---

[1025] B. PATTINSON, « e-commerce – vers une définition internationale et des indicateurs statistiques comparables au niveau international, Division de la politique de l'information, de l'informatique et de la communication »,
[http://www.insee.fr/fr/ppp/sommaire/imet97o.pdf] (consulté le 18 août 2016).

[1026] Par exemple, l'objet de définition du commerce électronique peut inclure : la conception et ingénierie en collaboration, commerce, transport, marketing, publicité, services d'information, règlement des comptes, marchés publics, santé, éducation)

[1027] Par exemple, l'objet de définition du commerce électronique peut inclure uniquement la vente au détail ou la livraison par voie électronique.

[1028] *Cf.* pour l'Europe : Directive du Conseil européen et du parlement 2007/64/CE du 13 novembre 2007, sur les services de paiement dans le marché intérieur. Pour la France : Code monétaire et financier.

[1029] Groupe de travail sur les indicateurs pour la société de l'information, « La définition et la mesure du commerce électronique : Rapport sur l'état de la question », Document DSTI/ICCP/IIS(99)4/FINAL, OCDE, Forum sur le Commerce électronique, Paris, octobre 1999, p. 10.
[http://www.oecd.org/dataoecd/12/56/2092492.pdf] (consulté le 19 août 2016).

[1030] Le présent extrait fait l'économie du rapport présenté par le groupe d'experts au Forum de Paris sur le Commerce électronique les 12 et 13 octobre 1999. Leur Rapport rend compte des travaux entrepris en vue d'élaborer un cadre d'établissement des priorités relatives à la mesure du commerce électronique.

[1031] Groupe de travail sur les indicateurs pour la société de l'information, « la définition et la mesure du commerce électronique : rapport sur l'état de la question », OCDE, Document

définition du commerce électronique. « À la suite d'un atelier de l'OCDE (21 avril 1999) qui a réuni des représentants du monde des affaires, des décideurs, des chercheurs et des statisticiens pour examiner les questions de définition et de mesure du commerce électronique, le Groupe de travail de l'OCDE sur les indicateurs pour la société de l'information (GTISI) a décidé lors de sa réunion d'avril 1999 de créer un groupe d'experts sur la définition et la mesure du commerce électronique, dont le mandat est de "compiler les définitions du commerce électronique qui sont pertinentes pour les politiques et statistiquement applicables" ».[1032]

Selon l'OCDE, le commerce électronique peut être entendu comme « toutes formes de transactions liées aux activités commerciales, associant tant les particuliers que les organisations, et reposant sur le traitement et la transmission de données numérisées, notamment texte, son et image. Il désigne aussi les effets que l'échange électronique d'informations commerciales peut avoir sur les institutions et le processus qui facilitent et encadrent les activités commerciales ».[1033]Les critères de définition OCDE intègrent la technologie utilisée (*vs* principe de neutralité technologique),[1034] les parties[1035], les types de transactions[1036], le particularisme du support utilisé ou du processus commercial.[1037] L'OCDE précise que les effets du e-commerce sont un vecteur majeur de croissance économique.[1038] Elle définit

n°DSTI/ICCP/IIS(99)4/FINAL, Paris, 7-8 octobre 1999, p. 4. Quatorze pays ainsi qu'Eurostat, et Singapour en qualité d'observateur, participent aux travaux de ce groupe d'experts. Pour mener leur réflexion, les membres du Groupe d'experts doivent être «pleinement informés des besoins des responsables des politiques en termes d'indicateurs et de données dans le domaine du commerce électronique ».

1032 *Ibidem.*

1033 OCDE, « Le commerce électronique opportunités et défis pour les gouvernements », cité par L. THOUMYRE, *RDTI*, 1997-2001, p. 3.
[http://www.juriscom.net/uni/mem/03/introduction.html#footnote23] (consulté le 11 janvier 2011).

1034 Si l'on se fie au Minitel, par exemple, ou seulement à l'Internet, il y a lieu que les découvertes nouvelles de technologies dépassent le cadre de la définition. Il y a donc lieu de croire qu'une définition du commerce électronique sera forcément dynamique et variera en fonction de l'objectif que l'on souhaite mesurer.

1035 Les définitions des décideurs sont en général très larges afin d'englober les incidences du commerce électronique, tous les segments des transactions ainsi que tous les agents économiques. Toutefois, également dans le cas du commerce sur l'Internet, on peut trouver diverses définitions selon la partie de la transaction sur Internet qu'elles englobent.

1036 Par exemple toutes les transactions financières et commerciales effectuées par voie électronique, notamment l'EDI, les transferts électroniques de fonds (TEF) et toutes les transactions par carte de crédit ou de débit.

1037 Par exemple, des définitions larges englobant toutes les applications des communications qui servent aux activités commerciales. Leur attention est centrée sur le commerce électronique considéré comme une stratégie ou un modèle commercial plutôt que comme une application ou une technologie.

1038 *Ibidem.*

aussi les infrastructures de communication, selon deux dimensions, à savoir : les applications et les réseaux.[1039]

Les travaux du groupe d'experts de l'OCDE ont permis de dresser une liste d'éléments comparables au niveau international dans les processus industriels et commerciaux tirant profit du support électronique :

- commande de biens et de services – à la fois, ventes et achats en ligne ;
- paiement en ligne des biens et services – à la fois, reçus et paiements ;
- réalisation de transactions financières autres que les paiements en ligne, par exemple transactions bancaires ;
- livraison numérique de services – en tant que fournisseur et client ;
- marketing et promotion / recherche d'informations en ligne ;
- recrutement de personnel/recherche de travail en ligne ;
- utilisation des bases de données en ligne – en tant que fournisseur et utilisateur.[1040]

La CNUDCI, dans sa *« loi-type sur le commerce électronique »* du 16 décembre 1996[1041], ne définit pas le commerce électronique, mais elle fournit uniquement une définition de l'EDI[1042], qui l'inclut. Cette loi-type est antérieure à la directive européenne 2000/31/CE sur le commerce électronique qui s'en est largement inspirée. Une seconde loi-type de la CNUDCI[1043], ayant un lien avec le commerce électronique, « a été adoptée le 5 juillet 2001, après la directive n°1999/93 CE du 13 décembre 1999 et la loi française de transposition du 13 mars 2000 sur la signature électronique. Elle est moins innovante que la première loi-type, à l'inverse, influencée par le texte communautaire. Le dialogue des législateurs est donc réciproque ».[1044]

1039 Groupe de travail sur les indicateurs pour la société de l'information, « La définition et la mesure du commerce électronique : Rapport sur l'état de la question », OCDE, Document DSTI/ICCP/IIS(99)4/FINAL, Forum sur le Commerce électronique, Paris, octobre 1999, p. 11.

1040 B. PATTINSON, *op.cit,* p. 119.

1041 Résolution 51/162 de l'Assemblée générale du 16 décembre 1996 portant sur la Loi type de la CNUDCI sur le commerce électronique, Guide pour l'incorporation de la loi type de la CNUDCI, Nations Unies, New York, 1997.

1042 Selon la loi-type (Résolution 51/162, précitée, p. 18.) : « Au nombre des moyens de communication recouverts p a r la notion de "commerce électronique" figurent les moyens de transmission ci-après, qui font appel à des techniques électroniques: communication par EDI définie de manière restrictive, comme la transmission d'ordinateur à ordinateur de données commerciales selon un mode de présentation uniformisé (format standard); transmission de messages électroniques utilisant des normes publiques ou des normes exclusives; transmission par voie électronique de textes librement formatés, par exemple par l'Internet. On a également noté que, dans certains cas, la notion de "commerce électronique" pourrait englober l'utilisation de techniques comme le télex et la télécopie. »

1043 « Loi-type de la CNUDCI sur les signatures électroniques et son Guide d'incorporation », Résolution adoptée par l'Assemblée générale [*sur le rapport de la Sixième Commission (A/56/588)*], Doc. A/RES/56/80, in [http://www.uncitral.org/pdf/french/texts/electcom/ml-elecsign-f.pdf] (consulté le 21 août 2011).

1044 C. CASTETS-RENARD, *op.cit,* p. 142.

L'acquis communautaire européen de même que la transposition française (LCEN) rappellent les solutions innovantes pour l'époque (1996-2001) de la première loi-type de la CNUDCI. Ces solutions se rapportent aux questions suivantes :

- formation et validité des contrats ;
- moment et lieu de l'expédition et de la réception des messages ;
- accès sur l'échange informatisé des données, caractérisant davantage les relations B to C ;
- acceptabilité de l'écrit sous forme de « message de données » avec force probante.[1045]

En somme, la future LECE tient compte, pour la RDC, des expériences de l'OCDE, de la CNUDCI ainsi que du droit européen et français. L''espace économique s'est manifestement mondialisé, grâce aux TIC. Les distances métriques ne sont plus un obstacle au marché électronique sans frontières. « Si le marché doit réellement fonctionner par des moyens électroniques dans un contexte mondialisé, l'Union européenne et les grands ensembles non européens ont besoin de se concerter pour rendre leurs législations et leurs procédures compatibles.[1046] » La mise en rapport des systèmes juridiques vise à « assurer la cohérence des règles communautaires avec les règles internationales […] sans préjudice des résultats dans les organisations internationales (entre autres, OMC, OCDE, CNUDCI) ».[1047] Les ordres juridiques s'influencent réciproquement. Les législateurs s'inspirent mutuellement. Pour le marché électronique mondial, la méthode de la CNUDCI a une influence sur les lois communautaires et/ou nationales.

À propos, « la méthode de la loi-type, déjà retenue par la CNUDCI en matière d'arbitrage international, autorise la large diffusion d'un modèle incorporé en droit national par le législateur avec des variations plus ou moins grandes. Cette méthode a permis la consécration de principes adressés au législateur et au juge plutôt qu'aux opérateurs. ».[1048] C'est ainsi que la loi-type CNUDCI a amené à la création de principes applicables dans les droits nationaux du commerce (électronique), particulièrement : la non-discrimination de la preuve littérale et de la preuve électronique ainsi que la neutralité technologique. La CNUDCI appelle les législateurs nationaux à rechercher une formulation des règles de droit qui restent dans une neutralité

1045 Article 9 de la loi-type de la CNUDCI sur le commerce électronique qui ajoute : « Celle-ci s'apprécie eu égard à la fiabilité du mode de création, de conservation ou de communication du message, la fiabilité du mode de préservation de l'intégrité de l'information, à la manière dont l'expéditeur a été identifié et à toute autre considération pertinente. »

1046 Considérant n°61, directive 2000/31/CE, préc.

1047 Considérant n°58, directive 2000/31/CE, préc.

1048 [www.OCDE.org/fr] (consulté le 3 mai 2013). *Cf.* E. A. CAPRIOLI, *Droit international de l'économie numérique, op.cit*, pp. 276 et s.

technologique.[1049] Et ce, afin d'éviter d'assimiler la définition du commerce électronique à un type de technologie en présence.[1050]

En pratique, si on considère le type d'activité en ligne et le réseau sur lequel le commerce électronique est dirigé, on arrive à toutes les combinaisons de définitions concevables du commerce électronique international. Cela souligne également que l'e-commerce ne se limite pas à une technologie ou à une application. Il inscrit plutôt les TIC dans la chaîne de valeurs des processus commerciaux menés par la voie électronique.[1051] De toutes les définitions juridiques qui ont été développées pour appréhender le commerce électronique, il apparaît clairement que celles-ci devront inclure trois dimensions différentes, à savoir :

- 1° les réseaux de communication sur lesquels est basé le commerce électronique ;
- 2° les applications qui sont considérées comme faisant partie dudit commerce ;
- 3° les transactions, échanges et activités économiques (ou les processus industriels et commerciaux) exercés.

En toute hypothèse, le commerce en ligne est tributaire des techniques de communication à distance, associées nécessairement à la voie électronique. Pour accéder au commerce en ligne, la disponibilité d'accès au réseau est indispensable. Il se pose alors la question préalable d'un accès universel à moindre coût pour les citoyens, quelle que soit la localisation physique des prestataires et destinataires des services électroniques. Nous abordons cette question particulièrement dans le cadre des missions de la régulation des télécoms.[1052] La future loi sur les échanges et le commerce électroniques (LECE) a pour objet de régir la particularité des transactions électroniques, civiles et commerciales, sans régir les aspects périphériques de l'accès au réseau.

3. L'économie de la future LECE en RDC face au droit comparé

Il a été dit que la législation congolaise est silencieuse au sujet de la terminologie du commerce électronique et de sa définition d'objet. L'effort gouvernemental en cours est de légiférer sur les activités économiques en

---

1049 Le principe de neutralité technologique procède de la non-discrimination d'une technologie en faveur d'une autre pour les mêmes fins, mais aussi des principes divers de liberté transposés dans la sphère technologique en vue de ne pas brider l'innovation, ni les possibilités techniques dans les restrictions des choix purement économiques ou politiques. *Cf.* SGARD Q., *Les nouveaux enjeux de la neutralité : du flux à la donnée*, Mémoire présenté dans le cadre du Master 2 Droit du numérique, Administration-Entreprises, sous la direction de M. Antonin Agier et M. William Gilles, Université Paris 1 - Panthéon Sorbonne, Juin 2016.

1050 O. CACHARD, *La régulation internationale du marché électronique, op.cit,* pp. 17-18.

1051 *Ibidem.*

1052 *Cf.* section II du présent chapitre d'ouvrage.

ligne. Il faut, pour les appréhender juridiquement, leur conférer une définition législative de référence.

Pour ce faire, l'article 4, 3 du projet de LECE définit le commerce électronique comme l'« activité commerciale par laquelle une personne effectue ou assure par voie électronique la fourniture de biens ou de services ». Les « activités commerciales » [1053] sont très étendues, mais l'article 3 dudit projet de LECE (RDC) exclut de son champ d'application, les activités professionnelles suivantes :

- « les jeux d'argent, même sous forme de paris et loteries, légalement autorisés »,
- « la représentation et l'assistance en justice »,
- « les activités exercées par les notaires en application des textes en vigueur ».

En droit comparé français, l'article 4 de la LCEN[1054] définit le commerce électronique comme « l'activité économique par laquelle une personne propose ou assure à distance et par voie électronique la fourniture des biens ou de services ».[1055] Cette comparaison amène à plusieurs observations quant aux futures définitions législatives en droit congolais.

Pour le commerce électronique congolais, le champ d'activités est plus étroit qu'en Europe et en France. En droit comparé, l'acception européenne et française est plus large en identifiant le e-commerce comme l'« *activité économique* ».[1056] Cela contraste avec son sens plus restreint que la future LECE entend lui consacrer en droit congolais, à savoir : « *activités commerciales* ». La définition énumérative desdites activités est fournie à l'article 4, 1) du projet de LECE.[1057] Elle rappelle les actes de commerce par nature : les traditionnels actes de l'article 2 du décret du roi du Congo-belge du 2 août 1923 sur les commerçants et la preuve des engagements

---

1053 Article 4, point 1), du projet de loi sur le commerce électronique en RDC : « toute relation d'ordre commercial, qu'elle soit contractuelle ou non contractuelle. Les relations comprennent, sans s'y limiter, les échanges suivants : fourniture ou échanges de marchandises ou de services ; accord de distribution ; représentation commerciale ; affacturage ; crédit-bail ; services consultatifs ; ingénierie ; licence ; investissement ; financement ; opération bancaire ; assurance ; accord d'exploitation ou concession ; coentreprise ou autre forme de coopération industrielle ou commerciale, transport des marchandises ou de voyageurs par voie aérienne ou maritime, par chemin de fer ou par route ».

1054 Article 4 (*in fine*), loi française n°2004-575 du 21 juin 2004 pour la confiance dans l'économie numérique, préc. : « Sont également compris dans le champ de cette définition : « les services tels que ceux consistant à fournir des informations en ligne, des communications commerciales et des outils de recherche, d'accès et de récupération de données, d'accès à un réseau de communication ou d'hébergement d'information, y compris lorsqu'ils ne sont pas rémunérés par ceux qui les reçoivent »

1055 K. NDUKUMA ADJAYI, *Cyberdroit…*, *op.cit*, p. 49.

1056 En Europe : considérant n°18, directive 2000/31/CE, préc. En France : article 14, LCEN, préc.

1057 *Cf. supra* : note 1053.

commerciaux.[1058] Ce sont aussi, avec la modernisation du droit africain, les actes commerciaux de l'article 3 de l'Acte uniforme sur le droit commercial général OHADA.[1059]

La LECE présente une tendance à restreindre le commerce électronique dans le champ du droit commercial classique. L'idée des activités commerciales laisse penser que le droit congolais *de lege ferenda* n'envisage que des actes de commerce par nature, pratiqués en ligne. De ce point de vue, le commerce électronique congolais se limiterait à la réalisation d'actes commerce par nature connus du droit classique. Et pourtant, l'activité économique dépasse les limites du commercial ; le commerce rappelle un seul type de professionnel (critère subjectif) et la circulation des valeurs marchandes (critère objectif). Aujourd'hui, l'e-commerce, l'e-business est toute une affaire économique. Le centre de gravité des affaires intègre désormais les activités agricoles, artisanales et libérales. Le florilège des activités du commerce électronique ne limite plus ce dernier dans les clôtures du droit commercial classique…

Toutefois, le même article 4 du projet de LECE étend le champ d'activités en ligne, de sorte que « les relations comprennent, sans s'y limiter, les échanges » qui s'effectuent par la « voie électronique ». Les échanges électroniques semblent, pour la LECE, être des actes de droit civil à la différence du commerce (en ligne). Le législateur congolais balbutie l'expression du nouveau droit du commerce électronique dans le vieux classicisme du droit : le distinguo entre droit civil et droit commercial. La vie des affaires a évolué au point que les frontières des branches du droit se brouillent et le commerçant n'est qu'un professionnel parmi tant d'autres…[1060]

[1058] Article 2, décret du 2 aout 1923, préc. : « La loi répute acte de commerce : A) tout achat de denrées et de marchandises pour les revendre soit en nature, soit après les avoir travaillées et mises en œuvre, ou même pour en louer simplement l'usage ; toute vente ou location qui est à la suite d'un tel achat ; toute location de meubles pour sous-louer, et toute sous-location qui en est la suite ; toute entreprise de fournitures, d'agences, bureaux d'affaires, établissements de vente à l'encan, de spectacles publics et d'assurances à primes ; toute opération de banque, change ou courtage ; les lettres de change, mandats, billets ou autres effets à ordre ou au porteur ; toutes obligations des commerçants, même relatives à un immeuble, à moins qu'il ne soit prouvé qu'elles aient une cause étrangère au commerce ; B) toute entreprise de construction et tous achats, ventes et reventes volontaires de bâtiments pour la navigation intérieure et extérieure ; toutes expéditions maritimes ; tout achat ou vente d'agrès, apparaux et ravitaillements ; tout affrètement ou nolisement , emprunt ou prêt à la grosse ; toutes assurances et autres contrats concernant le commerce de mer ; tous accords et conventions pour salaires et loyers d'équipage ; tous engagements de gens de mer, pour le service de bâtiments de commerce »

[1059] Acte uniforme du 17 avril 1997 relatif au droit commercial général, entré en vigueur le 1er janvier 1998, tel que modifié en 2010, JO OHADA, 1er octobre 1997, n°1, p. 1.

[1060] F.-X. LUCAS, *Le droit des affaires*, PUF, Coll. Que sais-je ?, Paris, 2005, p. 4.

5. La plasticité de l'objet du commerce électronique

L'intitulé de la future LECE (RDC) ne concerne pas que le commerce électronique mais tout échange électronique. Le contrat électronique n'est pas défini dans le projet de LECE, ce sont surtout les « *échanges électroniques* »[1061] et les « *échanges de données informatiques (EDI)* ».[1062] Pour la RDC, l'OCDE présente beaucoup de définitions du commerce électronique. Les acquis européens ou français limitent leurs choix législatifs sur le commerce électronique. En RDC, le champ de la future LECE couvre à la fois le commerce en ligne et les échanges électroniques, en se référant largement à l'EDI tel qu'analysé ci-dessus. C'est bien là un trait d'influence de la réforme du droit congolais par la CNUDCI et sa loi-type sur le commerce électronique.

Le futur objet du droit du commerce en ligne congolais paraît plus restrictif que l'européen et français. Le fait est que l'article 3-1 du projet de la LECE exclut « *les jeux d'argent, même sous forme de paris et de loteries, légalement autorisés* ». En Europe, l'interdiction des jeux d'argent en ligne a évolué de la prohibition à la libéralisation. Cette avancée devrait inspirer le jeune législateur numérique congolais plutôt que de rester rétrograde. Il lui faut bien observer le droit comparé ainsi que les pratiques actuelles du marché électronique congolais et international. Notamment, le règlement du parlement européen du 10 septembre 2013[1063] a abrogé la restriction de la directive 2000/31/CE du 8 juin 2000. Cette dernière admettait seulement des jeux et concours promotionnels, tout en excluant les jeux de hasard, les loteries et les transactions portant sur des paris. Les interdictions supposaient des enjeux monétaires et des risques d'addiction pouvant entraîner des problèmes d'ordre public, y compris la ruine des ménages.[1064]

Malgré cela, la France a adopté depuis le 1er janvier 2010 la loi n°2010-476 du 12 mai 2010 relative à l'ouverture à la concurrence et à la régulation du secteur des jeux d'argent et de hasard en ligne.[1065] Un régulateur spécifique, l'ARJEL, a été créé pour les jeux d'argent et de hasard en ligne.[1066] Il devient difficile de comprendre pourquoi en RDC leur exclusion est envisagée dans la future LECE. Certes, les jeux d'argent en ligne sont encore sous interdiction de principe dans le régime pénal congolais. C'est l'héritage colonial de l'ancien ordre public prohibitif. Trois textes législatifs

---

1061 Article 4-17), projet de LECE, préc. On entend par « échanges électroniques : [les] échanges qui s'effectuent au moyen des documents électroniques ».

1062 Article 4-16), projet de LECE, préc. On entend par « échanges de données informatisées (EDI) : [le] transfert électronique d'une information d'ordinateur à ordinateur mettant en œuvre une norme convenue pour structurer l'information ».

1063 Règlement du Parlement européen du 10 septembre 2013 sur les jeux d'argent et de hasard en ligne dans le marché intérieur, Document (2012/2322 (INI)), préc.

1064 *Cf. supra* Tome 1, Titre 1, Chapitre 1, section 2, §2, point A/, 1. L'évolution du régime prohibitif des jeux d'argent en ligne du champ du commerce électronique européen.

1065 JO RF, n°0110, 13 mai 2010, p.8881, texte n° 1.

1066 C. BLOUD-REY, « La régulation du secteur des jeux d'argent et de hasard sous le prisme des régulateurs belge et français » in, G. JUILIA (sous la dir.), *op.cit,* p. 76.

interdisent les jeux de hasard (1901), de loteries (1927) et de pronostics sportifs ou autres (1951), sous peine de poursuites pénales.[1067] *A priori*, plus d'un siècle plus tard, le projet de LECE entend pérenniser à contretemps, à contremarche de l'évolution du monde et des économies. Mais, il existe dans le vécu congolais un tel foisonnement d'offres de jeux payants (Pari foot, PMU/Sonal, Winner) que l'attitude prohibitive du législateur semble irrédentiste, voire hypocrite, au regard des faits sur le marché.

La déréglementation des services de télécoms ouvre une brèche au libéralisme des services à valeur ajoutée à travers la loi-cadre de 2002. Des pratiques commerciales nouvelles sont nées de la modernité des réseaux, de l'augmentation conséquente du nombre d'abonnés téléphoniques et d'internautes mobiles. Il en est ainsi des jeux promotionnels, de paris et de tombola en ligne. Par le débridement du marché électronique, le législateur fiscal[1068] a admis ces pratiques en principe prohibées par le législateur pénal. La loi 04/015 relative aux actes générateurs des recettes pour le trésor public attribue l'*« Autorisation d'exploitation d'une entreprise de jeux de hasard (jeux permanents et jeux ponctuels) »* au ministre des sports et des loisirs.[1069]

Le législateur fiscal assume que cette autorisation « résulte donc de l'analyse de tous les actes générateurs tant au regard de leur fondement juridique (lettre, esprit et régularité des actes de création), de leur justification économique que d'éventuels conflits de compétence qu'ils auront engendrés. [...] Par ailleurs, la présente loi tient également compte de l'évolution de la législation notamment [...] des télécommunications. Ainsi, un certain nombre d'actes nouveaux ont été repris sur la nomenclature des recettes ».[1070]

En dernière analyse, pour le commerce électronique, l'exclusion des jeux d'argent et de loterie dans la future LECE (en RDC) est rétrograde et surannée. Sur le principe, la fiscalité autorise de payer au Trésor public un droit, une taxe avant d'exploiter publiquement une activité plutôt prohibée par ailleurs. De surcroit, elle permet au Trésor public de recueillir une taxe *ad valorem* sur les gains des parieurs. Dans l'ordre juridique congolais, la loi pénale (et la future LECE) prohibe(nt) l'entreprise du jeu d'argent (en ligne), tandis que les opérateurs s'y livrent sous le couvert de la loi des finances et moyennant

---

[1067] Arrêté du Gouverneur général du 19 janvier 1901, Jeux de hasard, R.M., 1901, p.17. Décret du 17 août 1927, Loteries, B.O, 1927, p.1487. Ordonnance-Loi n°11-41 du 16 mai 1951, Interdiction des concours et pronostics sportifs ou autres, B.O, 1951, p.1154.

[1068] Loi n°04-015 du 16 juillet 2004 fixant la nomenclature des actes générateurs des recettes administratives, judiciaires, domaniales et de participations ainsi que leurs modalités de perception, JO RDC, 22 juillet 2004, n° spécial, col.3.

[1069] *Ibidem* : Loi n°04-015, point XXIX, 11, « Annexe, Nomenclature des actes générateurs des recettes administratives, domaniales, judiciaires et de participation », annexe telle qu'amendée par la Loi 05-008 du 31 mars 2005, JO RDC, n° spécial, Kinshasa, 4 avril 2005, col. 11.

[1070] Exposé des motifs, Loi n°04-015, préc. Cf. *Les Codes Larcier de la République Démocratique du Congo, Droit fiscal,* t. V, éd. De Boeck Larcier (Afrique éditions), Bruxelles (Kinshasa), 2010, p. 192.

acquittement des taxes spécifiques. Un texte précis devrait être adopté à défaut de modifier le projet de LECE (en cours d'examen). Les travaux législatifs entendent mettre à jour le droit congolais à l'ère de l'économie numérique. Ils devraient s'éviter un prisme sectoriel qui rendrait sectaire le nouveau droit du commerce électronique.

5. Le critère technique indispensable du commerce électronique

Dans le projet de la LECE, le critère technologique de fourniture « *à distance* » n'apparaît pas à côté de celui de la « *voie électronique* », contrairement au droit européen et français. *De lege ferenda*, les critères retenus sont : le qualificatif d'une activité commerciale et la voie électronique qu'elle emprunte. Dans son projet, la future LECE définit la voie électronique comme « canal par lequel les données sont envoyées à l'origine et reçues à destination au moyen d'équipements électroniques de traitement et de stockage de données et entièrement retransmises, acheminées et reçues par fils, par radio, par moyens optiques ou par d'autres moyens électromagnétiques y compris la compression numérique ».[1071]

En revanche, l'acquis communautaire européen rattachait la voie électronique aux services de la société de l'information. En France, le télé-achat (1989) et le contrat conclu à distance (1997) sont des rudiments du commerce électronique contemporain. La démarche de la LECE peut être jugée iconoclaste. Le droit positif congolais risquerait de ne pas se nourrir de l'évolution *ratione temporis* de ses sources face au numérique, comme dans l'acquis des droits européens et français.[1072] La transformation numérique impacte le commerce et l'économie depuis l'apport des techniques rudimentaires de communication à distance. Le droit en Europe et en France conserve tous ses repères d'historicité, à savoir : ses institutions juridiques successives depuis le « télé-achat »[1073], les « contrats à distance »[1074] jusqu'aux « contrats électroniques » ou « contrats en ligne »[1075]. Aussi, la voie électronique euro-française ne se dissocie-t-elle pas de la « distance » en tant que « technique de communication à distance ». Il n'en est pas autant pour l'expérience législative congolaise en la matière.

Au sens de l'acquis européen, la « distance » correspond à « *tout moyen qui, sans qu'il y ait présence physique et simultanée* » des parties peut être utilisé pour conclure un contrat ou pour commercialiser des services (financiers).[1076] Au niveau européen et français, le commerce électronique se singularise par son support technologique. La voie électronique est un type

---

1071 Article 4, point 35), projet de LECE-RDC, préc.

1072 *Cf.* Tome 1, Titre 1, Chapitre 1, Section 2, §2, point B/ Le contrat électronique, une référence de transition des normes à travers les sources *ratione temporis* européennes du commerce électronique.

1073 Directive 89/552/CEE du 3 octobre 1989, préc.

1074 Directives 97/7/CE du 20 mai 1997 et 2002/65/CE préc.

1075 Directive 2000/31/CE du 8 juin 2000, préc.

1076 Article 2, par. 4, directive 97/7/CE, préc. Article 2, e), directive 2002/65/CE, préc.

particulier des techniques de communication à distance, à la différence de celles de type postal, sur papier. Elle correspond aux *« équipements électroniques de traitement et de stockage de données,* [...] entièrement transmises, acheminées et reçues par fils, par radio, par moyens optiques ou par d'autres moyens électroniques ».[1077] Il est précisé, en Europe, que dans le lot de ces équipements sont « compris la compression numérique »[1078].

En Europe, la notion mise en avant est celle de service de la société de l'information. Elle rend l'entreprise économique consubstantielle au réseau électronique en tant que support de réalisation du « service envoyé à l'origine et reçu à destination au moyen desdits équipements électroniques ».[1079] Le droit congolais n'est pas aussi précis. En effet, la mutation numérique influe sur le droit commercial. Le commerce électronique est le fruit d'une évolution des techniques et de la disponibilité le réseau. L'acquis communautaire européen avait permis de légiférer au fur et à mesure des apparitions des phénomènes économiques de l'Internet. À la différence, le futur droit congolais doit répondre à l'ère du temps et du numérique. Comme en Europe, la voie électronique congolaise reste un média, une passerelle, un réseau. Toutefois, le droit congolais n'impose pas de spécificités techniques au sujet des propriétés de traitement et de stockage des équipements électroniques utilisés. En droit européen, cette précision était nécessaire pour remplir les critères qualificatifs du commerce d'électronique.

6. Le choix moniste de la « personne » comme acteur du commerce électronique

Le terme générique « personne » est inscrit à la définition congolaise de la future LECE (article 4, point 3). Ce choix permet d'arriver aux mêmes conclusions *rationae personae*, qu'en droit comparé européen et français du commerce électronique. L'article 14 de la LCEN est similaire ; il n'a pas singularisé les acteurs en prestataire et en destinataire comme le fit la directive 2000/31/CE. La directive européenne avait singularisé le « prestataire » et le « destinataire » des services de la société de l'information. Elle le fit aussi pour le « particulier », le « commerçant », le « professionnel », le « consommateur » et les « parties qui ne sont pas des commerçants ». En revanche, avec l'emploi plus simple du mot « personne », tous les types de rapport : *B to B, B to C, C to C* sont envisageables dans le commerce électronique en RDC.

Dans un objectif de recherche plus poussé, nous avions analysé – avant d'en supprimer le contenu pour d'autres publications – le choix stratégique du générique de la « personne » en France, alors que l'Europe procédait à la

---

[1077] Article 1er, par. 2, directive 98/48/CE, préc.

[1078] *Ibidem.*

[1079] Considérant n°17, directive 2000/31/CE, préc. Article 1er, directive 98/34/CE, paragraphe 2, point a), 2), 2e tiret, préc.

singularisation d'appellation des acteurs du commerce électronique. Le droit français du commerce électronique a nivelé ceux-ci en une sémantique moniste, indifféremment de leurs qualités de commerçant, de non-commerçant, de professionnel ou de simple particulier. La future LECE lève la même option moniste pour la RDC. Ce fut l'acquis européen du commerce électronique qui s'efforçait de distinguer la nature commerciale, mixte, consumériste des personnes interagissant en ligne. De ce distinguo, il résulte des conséquences particulières quant aux régimes modulables par rapport à leurs relations d'affaires sur Internet. Sur le réseau, des habitudes nouvelles brouillent en effet les catégorisations classiques anciennes.

Néanmoins, la future LECE rajoute à l'appellation de la personne, des définitions de « consommateur » [1080], de *« destinataire de biens ou de services »*[1081] et de *« prestataire de services »*[1082]. La question a été posée si le prestataire en ligne est toujours une personne commerçante ou un professionnel. Ne pourrait-il pas être un simple particulier, comme dans les offres de particulier à particulier ? Inversement, le bénéficiaire est-il toujours un consommateur ? En matière des contrats du commerce électronique, la directive 2000/31/CE répète à plusieurs reprises l'idée des « parties qui ne sont pas de simples consommateurs ».[1083] Elle évoque aussi, d'une manière générale, l'idée « des personnes physiques agissant à des fins qui n'entrent pas dans le cadre de leurs activités commerciales ou professionnelles ».[1084]

Le statut européen de « prestataire » – singularisé dans la directive 2000/31/CE – n'est pas repris dans la loi de transposition française de 2004 (LCEN). La personne commerçante n'a pas changé de statut à l'ère numérique. Elle reste la même au regard du droit commercial classique.[1085] Avec le droit OHADA, le commerçant est « celui qui fait de l'accomplissement d'actes de commerce par nature [y compris en ligne] sa profession ».[1086] L'évolution des idées et de la pratique mercantiles n'entend

---

[1080]Article 4, point 5, projet de LECE : « toute personne physique ou morale qui bénéficie des prestations de services ou utilise les produits de commerce pour satisfaire ses propres besoins et ceux des personnes à sa charge ».

[1081]Article 4, point 8), projet de LECE : « Destinataire de biens ou de services : toute personne physique ou morale qui, à des fins professionnelles ou non, utilise les procédés de communication par voie électronique pour acquérir des biens ou pour se procurer des services auprès de fournisseurs de biens ou de services, notamment pour rechercher une information ou la rendre accessible »

[1082]Article 4, point 22, projet de LECE : « Prestataire de services : toute personne physique ou morale utilisant les technologies de l'information et de la communication, y compris les protocoles de l'Internet, qui met à la disposition des personnes physiques ou morales, publiques ou privées, des biens et services »

[1083] Article 10, paragraphes 2 et article 11, paragraphes 1 et 2, directive 2000/31/CE.

[1084] Considérant n°18, directive 2000/31/CE.

[1085] Décret du 2 août 1913, « Article 3 : sont commerciales, et soumises aux règles du droit commercial, toutes les sociétés à but lucratif, quel que soit leur objet, qui sont constitués dans les formes du Code du commerce. La qualité de commerçant s'étend aux associés à responsabilité illimitée. »

[1086] Article 2, acte uniforme du droit commercial général, préc.

plus enfermer dans le droit commercial toute la réalité de la liberté d'entreprise. Il apparaît de plus en plus d'entreprenants à côté du commerçant et des intermédiaires de commerce tout aussi commerçants, mieux identifiables sous l'appellation de professionnels. La démocratisation des outils numériques projette des prestataires occasionnels dans les activités économiques en ligne. Les acteurs de la vie des affaires sont bien sûr le commerçant, paradigme d'un droit professionnel, mais aussi de nombreux professionnels non-commerçants se livrant à des activités artisanales, agricoles, libérales. Les activités numériques les regroupent tous dans la sphère de relation que permettent l'accès au réseau. Si le prestataire a été placé à un bout de la chaîne du commerce en ligne, le consommateur agit à l'autre extrémité de la même chaîne pour des finalités différentes liées à toute entreprise mercantile.

En Europe, le « destinataire de service » n'avait pas toujours répondu à toutes les exigences l'assimilant au statut de consommateur. Les directives européennes ont défini le consommateur par opposition aux finalités commerciales de son action.[1087] Toutefois, le simple particulier s'illustre dans les rapports *C to C* sur les sites comme le www.leboncoin.frou des sites de particulier à particulier, tout autant que des prestataires professionnels « consomment » aussi sur Internet. De plus en plus, les rôles s'inversent en effet dans les habitudes de vente en ligne et/ou suite au protocole TCP/IP, permettant à chaque internaute d'être client/serveur depuis son poste informatique…[1088]

En outre, la future LECE n'a pas défini le commerce électronique pour la RDC, en le rattachant au préalable à la notion de services de la société de l'information comme en Europe. La future LECE ne présente donc pas la même difficulté d'approche pour fixer le périmètre de l'objet du commerce électronique congolais, comme étudié en Europe.[1089] Ainsi, la future LECE module le sens de ses termes de définition en ajoutant « biens ou services » ou encore « TIC », pour expliquer que la prestation des services ne doit pas être considérée comme les seules activités possibles en ligne.[1090] En revanche, l'utilisation des télécoms est la caractéristique essentielle du commerce électronique. Par ailleurs, la livraison matérielle des biens est un

[1087]Loi n° 2014-344 du 17 mars 2014 relative à la consommation [« loi Hamon »], JORF, n°0065, 18 mars 2014, p. 5400. Directive 97/7/CE du Parlement européen et du Conseil du 20 mai 1997 concernant la protection des consommateurs en matière des contrats à distance, JO CE, L 144, 4 juin 1997. Directive 2002/65/CE du Parlement européen et du Conseil du 23 septembre 2002 concernant la commercialisation à distance de services financiers auprès des consommateurs, et modifiant les directives 90/619/CEE du Conseil, 97/7/CE et 98/27/CE, JO CE, L 271, 09 octobre 2002. […]

[1088]*Cf.* V.-L. BENABOU et J. ROCHFELD, *À qui profite le clic ? Le partage de la valeur à l'ère numérique*, Coll. Corpus, éd. Odile Jacob, Paris, 2015.

[1089]*Cf.* Tome I, Titre I, Chapitre 1, Section 1, §1 : Le renvoi aux « services de la société de l'information » dans la directive européenne 2000/31/CE sur le commerce électronique.

[1090]*Cf. supra* : Tome I, Titre I, Chapitre 1, Section 1, §1, B/, point 1 : La problématique des biens du commerce électronique dans le champ des services de la société de l'information.

aspect subséquent d'exécution des contrats électroniques pouvant intervenir *online* ou *offline*.[1091]

En outre, l'existence de la personne, son aptitude juridique et la qualité de sa volonté restent l'exigence préalable pour exercer le commerce électronique, en France comme en RDC.[1092] La particularité du droit commercial congolais était que « *la femme mariée et non séparée de corps ne peut être commerçante sans le consentement de son époux* ».[1093] Tel n'est plus le cas depuis la loi n°16/008 du 15 juillet 2016 modifiant et complétant le code de la famille de 1987. Cela accentue la difficulté de chercher à distinguer en ligne, l'état civil, l'identité des personnes mineures et des adultes, les interdictions et les incompatibilités limitant la libre entreprise.

Cependant, de nouveaux défis juridiques se présentent dans le commerce électronique mondial. Les États, leurs droits et leurs valeurs fondamentales font face à l'effectivité du pouvoir économique des géants de l'Internet. De perspectives de solutions sont à préciser face aux enjeux de souveraineté numérique qui se faufilent à travers le e-commerce international.

B. Les défis de souveraineté numérique face à l'effectivité des géants du Net et aux valeurs fondamentales des États dans le commerce en ligne

Les particularités du Web affectent l'imposition d'un ordre public étatique dans le cyberespace. Deux phénomènes majeurs contribuent à cet état de fait, à savoir : la « pluri-normativité » et l'effectivité du pouvoir économique des géants du Net. « Au début des années 2000, [...] une des grandes préoccupations était d'encourager l'activité économique numérique. Ainsi le législateur a fait le choix d'alléger la responsabilité des intermédiaires techniques. Trente ans plus tard [...] les entreprises en ligne sont devenues pour certaines des acteurs économiques majeurs ».[1094] En RDC, le législateur élabore encore la norme étatique devant régir le commerce électronique. Son action devrait saisir la dominance économique du Net par les firmes étrangères qui sont pour la plupart américaines : les GAFA/GAFTAM/GAFAM. Elle devrait aboutir au respect de ladite norme pour des impératifs de sécurité juridique des internautes congolais.

[1091] *Cf.* Tome I, Titre I, Chapitre 1, Section 1, §1, point B/ : La terminologie « service » de la société de l'information à l'épreuve du vocabulaire juridique.

[1092] *Cf.* autres publications au sujet de « la qualité de "destinataire" des services de la société de l'information et la complexification du statut de "consommateur" des activités économiques du numériques ».

[1093] Décret du 2 août 1913, des commerçants et de la preuve des engagements commerciaux, préc.

[1094] M. CLÉMENT-FONTAINE, « de la contrainte à la coopération : l'évolution du régime de la responsabilité des intermédiaires techniques », in M. BÉHAR-TOUCHAIS (sous la dir.), *L'effectivité du droit face à la puissance des géants de l'Internet*, Vol. 1, Actes des journées du 14, 15 et 16 octobre 2014, éd. IRJS, Paris, 2015, pp. 3-15, spéc. p.3.

1. Le fait de la dominance économique du marché mondial face à la lege ferenda congolaise

Les GAFA/GAFAM/GAFTAM dominent le marché électronique mondial. L'acronyme est pour *Google*, *Apple*, *Facebook*, *Twitter*, *Microsoft*. Leur dominance déborde le champ de l'économie pour s'imposer en réalité dans le champ de la politique et du droit. Elle se manifeste en une imposition des conditions générales d'utilisations à des milliards d'internautes du monde entier. Leurs contrats d'adhésion sont de portée mondiale. Ils obligent un plus grand nombre d'internautes qu'il n'y a de citoyens dans chaque pays, compte tenu du seuil franchi de plus de 4 milliards d'utilisateurs d'Internet. Ces facteurs de puissance privée sont ressentis à l'échelon planétaire. Ils donnent lieu à de véritables points d'observation d'une nouvelle « géopolitique du cyberespace ». [1095] Le contrôle oligopolistique est l'ambition des acteurs de *Silicon Valley* face au marché électronique mondial. Les institutions européennes, le Conseil de l'Europe et ses ordres étatiques en prennent la mesure dans le cadre de leurs stratégies.[1096]

Dans le domaine du numérique, l'émergence de l'anglicisme reste un phénomène général, traduisant l'hégémonie américaine sur le cyberespace. Les firmes américaines exercent leur emprise sur le marché numérique mondialisé.[1097] Le commerce électronique dessine une véritable intelligence économique, sous la plume feutrée d'une guerre économique dans l'espace cyber et à travers des champions économiques. Par conséquent, la Chine protège son marché populaire d'une percée d'américanisation. L'Europe élève ses barrières législatives pour protéger les données personnelles de ses citoyens : le *Big Brother* américain avait longtemps épié ses partenaires stratégiques européens.[1098] La politique législative répond à des exigences de géostratégie en forgeant des instruments de droit étatique. C'est à juste titre que l'Europe entend faire de l'Internet sans frontières un véhicule de ses valeurs fondamentales au-delà des limites de son continent : primauté du droit, démocratie et droits de l'homme.

La RDC ne s'est pas encore placée à la hauteur des enjeux de globalisation de l'économie, dont le commerce électronique national n'est qu'une moindre mesure. Face aux ambitions géoéconomiques des puissances du Net, la RDC présente des retards d'élévation de la norme à la dimension

---

[1095] D. PAPIN (sous.dir.), « Géopolitique du Cyberespace », in *50 fiches pour comprendre la géopolitique*, éd. Bréal, p. 110.

[1096] COMITÉ DES MINISTRES, *Gouvernance de l'Internet – Stratégie du Conseil de l'Europe 2012 -2015*, préc., §6.

[1097] O. KEMPF, *Introduction à la Cyberstratégie*, 2e éd., coll. « Cyberstratégie », Economica, Paris, 2015, pp.118 et spéc. p. 11. En général, les grandes multinationales ont leur siège dans la baie de San Francisco, *Silicon Valley* ; elles restent perçues comme le pôle industriel des NTIC. Ce pôle est le moteur de l'innovation technologique.

[1098] *Ibidem*, pp.118 et spéc. p. 11. En général, les grandes multinationales ont leur siège dans la baie de San Francisco, *Silicon Valley* ; elles restent perçues comme le pôle industriel des NTIC. Ce pôle est le moteur de l'innovation technologique. Mais, l'ère post-Snowden (juin 2013) marque l'actuelle rupture stratégique à la base de la « balkanisation du cyberespace ».

de nouvelles problématiques de mondialisation. Aussi, la prospective de la LECE semble-t-elle très limitée : sa portée n'opère pas d'ajustement juridique à la dimension des logiques de puissance internationale.

La dérégulation des télécoms a profité aux forces économiques. Elle est à la base du contexte actuel de débridement du marché électronique. La dominance privée s'impose dans des espaces de réglementation autrefois réservés aux monopoles publics. Les services publics d'hier portaient la connotation de grandeur et formaient l'aspect stratégique d'une activité d'utilité publique. Le contrôle économique, direct et exclusif, de l'État se fondait sur l'idée que « le pouvoir, la puissance sont par tradition liés à la possession, à la propriété. L'État avec son territoire, sa population et son appareil politico-administratif, fournit peut-être la meilleure incarnation de ce pouvoir-propriété ».[1099]Il en fut ainsi des services publics des télécoms, mais la dérégulation a en a confié l'exploitation à l'initiative privée. Le libéralisme a stimulé l'innovation et la créativité en diversifiant les acteurs du marché numérique. L'économie de marché et le progrès technologique ont fait naître des « puissances privées "protéiformes" ».[1100]La diffusion de l'Internet y contribue chaque jour davantage. La *Net économie* soulève « des questions situées au croisement de l'économie et du politique au regard de l'émergence de quelques mastodontes majoritairement de nationalité américaine mais largement transnationales et adeptes de ce que les américains nomment le "*tax inversions*" (l'optimisation en termes de citoyenneté fiscale) qui se trouvent *de facto* en situation de quasi-monopole connectés ce qui pourra venir heurter les concepts pivots du droit de la concurrence que sont les abus de position dominante et les ententes illicites entre opérateurs ».[1101]

Il en est ainsi des géants du Web, les GAFA. Ils sont en réalité des « champions économiques nationaux » cumulant simultanément dans plusieurs territoires, leurs présences physiques et/ou leurs offres en ligne. Eu égard au phénomène conséquent de « multiplication des flux et des réseaux, [l]e pouvoir-propriété [autrefois apanage du seul État] est pénétré de toutes parts. […] Le pouvoir réside alors dans la maîtrise de ces flux ou de ces réseaux. […] le pouvoir se décompose […] ce qui reste du pouvoir se distribue en fonction de la capacité à contrôler les flux ».[1102] La dominance économique, à l'exemple des GAFTAM, se ressent sur l'effectivité des droits nationaux, dans leurs incapacités à s'appliquer à leur endroit. Il convient de rapprocher l'enjeu de puissance publique territoriale face à ces puissances privées transnationales.

1099 PH. MOREAU DEFARGES, *La Gouvernance, une gestion idéale ?* ,5e éd., coll. Que sais-je ? Droit-Politique, PUF, Paris, (2003) 2015, p.52.

1100 J. MOULIN, « Rapport introductif », in S. CHARTY (sous la dir.), *Regards croisés de droit de la concurrence et de droit de la propriété intellectuelle, (Actes de colloque),* coll. droit privé & sciences criminelles, éd. mare & martin, Nantes, 2015, p. 22.

1101 *Ibidem.*

1102 PH. MOREAU DEFARGES, *La Gouvernance... op.cit,* p.52.

Il est évident que l'Afrique subit les flux mondiaux en tant qu'espace de marché. Elle ne fait pas valoir l'atout de ses masses populaires de plus d'un milliard d'habitants sur le continent, contre environ cinq cents millions pour l'Europe et trois cents millions pour les États-Unis. En RDC, une convention signée entre *Facebook* et Tigo (absorbée par Orange en avril 2016) donne à tous ses abonnés un accès gratuit à ce réseau social numérique (*Facebook*), pourvu qu'ils soient actifs. [1103] Le pays compte environ 80 millions d'habitants, selon l'estimation empirique à défaut de recensement général de la population depuis 1984, le dernier en date. Pour le premier trimestre 2018, son marché de 35,89 millions d'abonnés téléphoniques comptait dans sa quasi-totalité des opérateurs multinationaux, parmi lesquels Orange avec ses 10,85 millions d'abonnés.[1104] On peut imaginer le 2 milliards des gens sur *Facebook* en 2018. 14,17 millions de personnes étaient connectés à Internet mobile et 6,41 millions utilisaient les services de monnaie électronique.[1105]

La multinationalisation est la politique de grandes entreprises occidentales en direction de la RDC. Cette politique d'entreprise leur permet de se positionner à travers plusieurs souverainetés étatiques. Il arrive à ces multinationales de se choisir elles-mêmes (hélas ! de plus en plus) les normes de souveraineté (leur) applicables, si déjà elles n'imposent pas leurs propres standards. Leur pouvoir effectif repose sur leur concentration de la valeur du clic, notamment : le nombre d'internautes, le nombre d'utilisateurs par région ou par pays, le chiffre d'affaires, la collecte des données numériques. Du nombre de leurs facteurs de puissance, il faut noter le savoir-faire technologique (*know-how*) et les brevets industriels que détient à elle-seule la Silicon Valley (Californie) en dépassement de ceux de toute l'Afrique réunie.

2. La gageure des lois sectorielles face à la « multilatéralité » des stratégies internationales de la Net économie

Les connexions numériques sont établies entre des éléments constitutifs d'un réseau sans limitation de frontière à un seul État, en faisant de l'Internet le prolongement des influences de la vie internationale. Les normes étatiques ont du mal à trouver leur efficacité dans le cyberespace, faute de territorialité qui en droit constitutionnel fait la force d'ancrage de la souveraineté d'État. « On assiste à une érosion continue de celle-ci : la souveraineté dans le monde d'aujourd'hui, et surtout, la mondialisation, et en premier lieu la globalisation de l'économie et des communications, enlèvent à l'État une

---

1103 [https://www.agenceecofin.com/operateur/2808-31826-tigo-RDC-lance-facebook-gratuit] (consulté le 2 mai 2016). Voir aussi : ARPTC, *Observatoire du marché de la téléphonie mobile,* préc., p. 4.

1104 AUTORITÉ DE RÉGULATION DES POSTES ET DES TÉLÉCOMMUNICATIONS, *Observatoire du marché de la téléphonie mobile, Rapport du 1er trimestre 2018*, Direction Economie et Prospective, 1er trimestre, 2018, Kinshasa, pp. 3 et 5.

1105 *Ibidem.*

part croissante de sa liberté. Comment pourrait-il prétendre fixer les impôts, ses droits de douane, la réglementation de l'audiovisuel ou d'Internet en faisant abstraction de ce qui se passe chez ses voisins et sur le marché mondial ? ».[1106]

La problématique est de taille quand les États, comme la RDC, doivent faire face aux enjeux (géopolitiques et géoéconomiques) du cybermonde transfrontière. L'enjeu de *souveraineté numérique,* dans un l'espace numérique, concerne la défense et la promotion de ses valeurs nationales par chaque État. La société mondiale de l'information appelle donc à la formation des stratégies, tendant à la reconnaissance et à la valorisation d'une identité du droit africain du cyberespace, du droit du numérique.

Pourtant, sur le plan territorial, les États africains connaissaient déjà entre eux leur lot sporadique de conflits des frontières physiques, comme ceux impliquant la RDC avec le Rwanda ou l'Angola.[1107] En tant qu'espace, la RDC éprouve d'énormes difficultés non seulement pour répondre à la porosité de ses frontières physiques héritées de la colonisation, mais aussi pour en assurer le respect.[1108] Il faut y ajouter la situation post-conflit de l'État qui travaille à rebâtir sur l'ensemble de son territoire son autorité post-rébellions des 1996-1997 et 1998-2003.[1109] Le cyberspace s'en rajoute.

La société numérique est une de ces « espèces d'espaces » de George Perec.[1110] Ses mots sont bien à propos : « L'espace de notre vie n'est ni continu, ni infini, ni homogène, ni isotrope. Mais sait-on précisément où il se brise, où il se courbe, où il se déconnecte et où il se rassemble ? [...] Le problème n'est pas d'inventer l'espace, encore moins de réinventer l'espace [...] mais de l'interroger, ou, plus simplement encore, de le lire ; car ce que

---

1106 P. ARDANT et B. MATHIEU, *Droit constitutionnel et Institutions politiques,* 27e éd., LGDJ, coll. manuel, Paris, 2015-2016, p. 34.

1107 A. MARIE-CHRISTINE, *Les facteurs du refus : six séparatismes africains,* Mémoires et documents de géographie, éd. CNRS, Paris, 1987, p.31. Les africains ont accepté les limites territoriales tracées par les puissances coloniales, soit unilatéralement pour des raisons d'administration, soit sur une base des traités internationaux. Deux facteurs ont été jusqu'ici à l'origine des problèmes entres États africains. Dans le passé, les puissances coloniales ont rattaché à un autre pays une bande de terre ayant appartenu à un ensemble géographique. Après l'indépendance, ces tracés artificiels ont donné des envies de réclamer leur restitution ou des sécessions. C'est le cas de la Libye avec le Tchad en ce qui concerne la bande d'Aouzou, un litige que la France et l'Italie ont légué aux nouveaux États d'Afrique. De son côté, le Tchad revendique un territoire rattaché à la France quelques années avant la seconde guerre mondiale, à l'Oubangui-Chari devenu RCA depuis lors.

1108 C. NGUYA-NDILA MALENGELA, *Frontières et voisinage en RDC*, éd. Cedi, Kinshasa, avril 2006, p. 125.

1109 M. MUHINDO, *RDC : une démocratie piégée*, L'Harmattan, Paris, 2004, pp. 1 et s. P. BOUVIER, *Dialogue intercongolais, une négociation à la lisière du chaos*, L'Harmattan, 2004, pp. 1 et s.

1110 G. PEREC, *Espèces d'espaces*, éd. Galilée, essai, Paris, 1974. « On sent confusément des fissures, des hiatus, des points de friction, on a parfois la vague impression que ça coince quelque part, ou que ça éclate, ou que ça cogne. Nous cherchons rarement à en savoir davantage et plus souvent nous passons d'un endroit à l'autre, d'un espace à l'autre sans songer à mesurer, à prendre en compte ce laps d'espace. »

nous appelons quotidienneté n'est pas évidence, mais opacité ».[1111]Comme tous les espaces, le cyberespace se confronte aux mêmes défis sus-évoqués d'existence et d'influence entre États du monde.

Si la décolonisation marque la fin de l'européanisation officielle du monde, le droit international contemporain encadre le dialogue entre l'Europe et les États africains. Le dialogue des systèmes juridiques se déroule autour des valeurs fondamentales portées par le principe de souveraineté des États. Il y a lieu de placer l'économie numérique sous l'angle de l'autorité de l'État. Sous un tel prisme, l'enjeu de souveraineté numérique exprime la tension d'ordre public existant entre les valeurs fondamentales de la société et l'Internet.

Aujourd'hui, au vu des revendications d'anomie ou d'anarchie que l'Internet comporte, l'État-régulateur (ou l'État tout court) doit s'interroger sur les valeurs à promouvoir par l'instrument du droit afin que la société numérique (congolaise) ne soit pas seulement informationnelle, mais également démocratique. Les valeurs à protéger par le droit demeurent au cœur des préoccupations d'intérêt général, car le Net n'efface pas l'homme, ni les nécessités d'ordre public en société.

Mais singulièrement, le dialogue de la vie internationale s'élargit désormais aux acteurs non-étatiques du Web. Leur diversité est polycentrique. Elle complexifie les spécificités des défis en jeu. Dans le concert des nations, chaque État joue sa partition, au regard de sa tradition juridique. L'enjeu est d'exporter ses valeurs et de faire valoir ses atouts dans le cyberespace qui est un espace international. L'idéal est que cet espace ouvert et collaboratif soit empreint également des originalités africaines. Cependant, les ordres juridiques se confrontent, autant que les marchés nationaux. Le regard de droit comparé offre une disparité de niveau de protection et de promotion d'une société de l'information juste et démocratique.

En premier lieu, l'Europe traduit la volonté de faire d'Internet un outil en faveur des droits de l'homme et de la démocratie.[1112] Tout autant elle entend parer les risques mettant en danger la prééminence du droit, la sécurité et la dignité.[1113]Pour autant, sa Stratégie 2012-2015 de gouvernance du Net ose, au-delà du domaine classique de coopération, axer celle-ci « sur la mise en place d'accords de coopération entre les gouvernements, le secteur privé, la société civile et les milieux techniques concernés ».[1114] Si la coopération développée par le Conseil de l'Europe pour la diffusion de ses valeurs est traditionnellement tournée vers les États, sa politique publique du Net initie de tels accords et peut y être partie.

[1111]*Ibidem.*

[1112] S. TURGIS, « Les valeurs de l'Europe appliqués à Internet » in A. BLANDIN-OBERNESSER (dir.), *Droits et souveraineté numériques en Europe*, 1re éd., Bruylant, Bxl, 2016, p 16-18.

[1113]*Ibid.*

[1114] COMITÉ DES MINISTRES, *Gouvernance de l'Internet – Stratégie du Conseil de l'Europe 2012 -2015*, préc., §6.

Fondamentalement, la Convention européenne de sauvegarde des droits de l'homme et des libertés fondamentales (CEDH, STE n°005) demeure l'instrument général d'encadrement du dialogue des valeurs entre l'Europe, la RDC et le reste du monde. Même si celle-ci a été rédigée il y a plus de 60 ans, la jurisprudence de la Cour européenne des droits de l'homme confirme la vigueur téléologique de la CEDH rédigée en 1950 à servir comme *« instrument vivant à interpréter à la lumière des conditions de vie actuelles »*.[1115] En rapport à la révolution numérique, la CEDH est de rédaction ancienne (par ses 60 ans d'ancienneté), compte non tenu de ses protocoles additionnels et instruments spécialisés qui la complètent.[1116]

Toutefois, la CEDH s'applique à l'environnement numérique, auquel les télécoms ont donné lieu.[1117] Sur ses valeurs des droits de l'homme, l'Europe s'est dotée des moyens de coercition[1118] et des mécanismes de suivi[1119]des engagements des États de son espace. L'Europe des communications électroniques ambitionne d'apporter à l'écosystème du Net son capital singulier des valeurs : démocratie, primauté du droit et droits de l'homme. L'effort constant de réaffirmation des valeurs européennes face au repositionnement des enjeux du numérique est perceptible. L'adoption du « Guide des droits de l'homme pour les utilisateurs d'Internet »[1120] en tient lieu de preuve. Cet instrument, le dernier en date, quoique non contraignant, témoigne largement de la vocation pédagogique de l'Europe en matière

---

1115 Cour européenne des Droits de l'Homme, 25 avril 1978, *Tyrer c. Royaume-Uni,* req. n°5856/72, § 31.

1116 Instruments spécialisés, complémentaires à la CEDH : a) Convention pour la protection des personnes à l'égard du traitement automatisé des données à caractère personnel (STE n°108) en 1981, b) la Convention sur la cybercriminalité (STE n°185), dite Convention de Budapest, en 2001, c) de nombreux instruments déclaratoires en lien avec les problématiques soulevées par Internet adoptés sont énumérés dans le document de Stratégie 2012-2015 sur la Gouvernance de l'Internet. – *Cf.* S. TURGIS, *op.cit.,* p.16-18.

1117 Pour actualiser l'interprétation de la CEDH, la Cour n'hésite pas à faire appel au contenu des deux conventions spécialisées précitées lorsqu'elle est confrontée à des questions traitées par ces instruments. Consultez pour un appel à la Convention n°108 : Cour eur. D.H., 25 février 1997, *Z. c. Finlande,* req. n°22009/93, §§ 95-97 ; Cour eur. D.H. (gde ch.), 16 février 2000, *Amann c. Suisse,* req. n°27798/93, §§ 65 ; Cour eur. D.H. (gde. Ch.), 4 mai 2000, *Rotaru c. Roumanie,* req. n°28341/95, § 43 ; Cour eur. D.H. (gde. Ch.), 4 décembre 2008, *S. c. Royaume-Uni,* req. n°30562/04 et n°30562/04, § 66 ; Cour eur. D.H. (gde ch.), 16 février 2000, *Amann c. Suisse,* req. n°27798/93, §§ 65. – *Cf. Ibidem.*

1118 La Cour européenne des droits de l'homme est chargée de l'interprétation de la CEDH et condamne les États lorsque, saisie par une requérant individuel ou étatique, elle constate une violation dispositions de la Convention.

1119 Art.9*bis*, Règlement intérieur de la Convention pour la protection des personnes à l'égard du traitement automatisé des données à caractère personnel, 2011 ; art. 2, Règlement intérieur du Comité de la Convention sur la Cybercriminalité, 2013. Chacun a mis en place un Comité consultatif agissant par avis ou observations, (voies non délibératives), sur le respect par les États européens des textes respectivement concernés.

1120 Recommandation du Comité des Ministres aux États membres du 16 avril 2014 sur un Guide de droits de l'homme pour les utilisateurs d'Internet, CM/Rec (2014)6.

d'infusion des droits de l'homme dans les pratiques de l'économie numérique.

En deuxième lieu, l'UNESCO tient compte de cet enjeu des valeurs démocratiques et de justice à l'ère numérique. Elle l'évoque en préambule de la Déclaration de Busan, sanctionnant le « premier forum mondial sur les humanités » (Corée, 2011). Elle demeure « consciente de l'urgente nécessité d'aborder les transformations des sociétés découlant de la convergence économique, technologique [...] et des forces politiques aussi bien que de la montée des tensions entre les systèmes des croyances, des idéologies, des loyautés et des identités ; tout en reconnaissant les attentes [...] pour relever ces défis et créer des sociétés plus justes, plus inclusives et équitables ».[1121]À la veille de la « Conférence mondiale sur les humanités » (2017), l'UNESCO engage les États du monde sur la thématique : « les humanités à l'ère de la science et de la technologie transformative » en vue de réfléchir aux réponses à donner aux défis contemporains et urgents.[1122]

En troisième lieu, il est question de rapprocher l'Afrique et la RDC avec l'ordre des valeurs européennes.[1123] La doctrine démontre l'existence d'un aspect dichotomique entre régulation et démocratie, entre régulation et État de droit, et entre régulation et prééminence du droit. Le système juridique africain, tel qu'analysé dans son hétérogénéité, ne présente pas la même base d'intégration économique, ni la même expérience politique que l'Europe.[1124] La RDC, comme d'autres États africains, s'est trouvée en transition politique

---

[1121] UNESCO, *Déclaration de Busan vers une nouvelle humanité pour le 21e siècle*, Premier Forum sur les humanités dans le monde, Busan, République de Corée, 24-26 nov. 2011, doc. SHS/EGC/GEC/2011/PI/H/1. Version anglaise originale Intégrale : *« Aware of the urgent need to address social transformations stemming from the convergence of economic, technological, environmental, social, cultural and political forces, as well as rising tensions between belief systems, ideologies, loyalties and identities ; Recognizing the high expectations of policy makers, the media and the general public with the respect to visions and insights to adress these challenges and create more inclusive, just and equitable societies, ... »*. Notre traduction : « Conscients de la nécessité urgente de faire face aux transformations sociales résultant de la convergence des forces économiques, technologiques, environnementales, sociales, culturelles et politiques, ainsi que des tensions croissantes entre les systèmes de croyances, les idéologies, les loyautés et les identités; Reconnaissant les attentes élevées des décideurs, des médias et du grand public en ce qui concerne les visions et les idées pour relever ces défis et créer des sociétés plus inclusives, justes et équitables, ... »

[1122] UNESCO, *3ème Forum sur les humanités*, 30 oct. – 1er nov. 2014, Daejeon Metropolitan City (Corée du Sud), sous l'égide du Ministre coréen de l'éducation, en préparation de la Conférence mondiale sur les humanités prévue en 2017. La session sur « la vie humaine dans la cyber-société » cadrait avec l'objectif

[1123] S. TURGIS, « Les valeurs du conseil de l'Europe appliquées à l'Internet », in A. BLANDIN-OBERNESSER (sous la dir.), *Droits et souveraineté numérique... op.cit*, p. 17. Stratégie du Conseil de l'Europe sur la gouvernance de l'Internet 2012-2015, Rapport à mi-parcours du Secrétaire général du Conseil de l'Europe, SG/Inf(2014)7, 12 février 2014. « Les valeurs défendues par le Conseil de l'Europe depuis sa création en 1949 – droits de l'homme, démocratie et prééminence du droit [...] ».

[1124] *Cf.* pour l'étude de l'hétérogénéité des systèmes juridiques africains : Tome 1, Titre II, Chapitre 2.

dans les années 1990, au même moment qu'elle s'ouvrait à l'économie de marché. En ces années-là, « l'instauration du multipartisme est un trait commun du mouvement constitutionnel en cours de développement dans les États-africains au sud du Sahara. [...] Il correspond à l'aspiration des populations. Il serait d'ailleurs peu réaliste de penser qu'à elles seules des structures constitutionnelles peuvent avoir des effets magiques dans des pays en proie au sous-développement et dont la plupart sont encore à la recherche de leur identité nationale ».[1125] L'économie va de pair avec la politique.

Le système démocratique est nécessaire à la stabilité politique et au respect de la norme juridique. Le droit doit se construire sur les principes démocratiques. L'assise démocratique assure l'efficience du droit. La loi, en tant qu'expression de souveraineté, contribue à la présence de l'État dans la société et dans l'économie, soient-elles numériques. Elle lui assure tant son indépendance que son impartialité dans le jeu concurrentiel du marché, soit-il électronique. La démocratie doit donc être le socle d'efficience de toute norme juridique et préalablement aussi des économies.

Cependant, l'« exercice du pouvoir politique en Afrique échappe encore aux procédures de contrôle et de sanctions démocratiques. De ce fait, il ignore souvent le garde-fou que constitue le système des incompatibilités entre fonction publique et fonction privée. [...] Ces éléments attestent que les règles de gouvernance imposées aux États africains par les instances internationales ne peuvent connaître d'effectivité en dehors d'une réforme préalable qui organise le fonctionnement de ces États selon les mécanismes de l'État de Droit. ».[1126] Légiférer le commerce électronique, c'est la gageure de primauté de l'ordre étatique dans le flou des enjeux d'économie numérique.

Tous les défis relevés ci-dessus peuvent se résumer dans la recherche de confiance en l'économie numérique et au commerce électronique. Leur prise en compte a son importance de *lege ferenda*.

§ 2. Les innovations de confiance en l'économie numérique pour le futur cadre juridique congolais

Il est important de combler les vides législatifs et réglementaires en RDC, au vu de la réalité du commerce électronique. Les nouvelles tendances de concentration des géants du Net et de leur contrôle du commerce électronique dépassent encore l'appréhension du législateur congolais qui a

---

[1125] C. CONAC (sous la dir.), *L'Afrique en transition vers le pluralisme politique,* Economica, Coll. La vie du Droit en Afrique, Paris, 1993.

[1126] J. DO-NASCIMENTO, « La déréglementation du marché africain des télécommunications », in J-J GABAS (sous la dir.), *Société numérique et développement en Afrique, usage et politiques publiques*, éd. Karthala, Paris, 2004, pp.142 à 150.

limité son objet de *lege ferenda* à des aspects basiques des échanges numériques.[1127]

Néanmoins, les ébauches législatives actuelles en RDC répondent à l'objectif d'apporter des solutions juridiques aux problématiques du commerce en ligne **(A).** Elles répondent aussi aux enjeux de dématérialisation des échanges électroniques et des transactions à l'ère numérique **(B).**

A. Les apports de la future LECE face aux défis législatifs de la société de l'information

La loi-cadre de 2002 sur les télécoms estimait le commerce électronique d'une importance marginale. La croissance des télécoms était encore à ses débuts. Le but du législateur était d'accroître l'offre d'accès au réseau téléphonique et de démanteler le monopole public. L'Internet était lui-même encore à un stade rudimentaire.[1128] Le législateur édicta alors une « loi de téléphonie » plutôt qu'une « législation d'économie numérique ». Il ignora les apports sociétaux de l'Internet. Aussi, le fondement législatif du droit du numérique devrait-il tenir compte de l'évolution des infrastructures des TIC, de leurs accès et de leurs usages multiformes pour le commerce ou pour les services publics. De la sorte, les solutions du droit répondent aux aspects sous-jacents et patents des transformations numériques, socioculturelles et politiques. Plus précisément, comment opère l'électronique dans la circulation des valeurs marchandes ou dans les interactions entre citoyens eux-mêmes et avec leur administration, afin d'en encadrer les pratiques et risques en société organisée ?

1. Le fondement comparé pour une législation congolaise sur le commerce électronique

Le commerce électronique s'associe à l'évolution du marché de l'innovation à travers les technologies numériques. Cette dernière a des impacts divers dans le monde et en Afrique subsaharienne. Les mutations technologiques ont apporté à l'économie des modèles universels et des acteurs globaux. Comparativement, la politique de l'Europe des télécoms aura été une réaction au « big-bang de la déréglementation »[1129] *made in*

[1127] *Cf.* Section I, §1, A/ du présent chapitre d'ouvrage.

[1128] *Cf. infra :* Tableau de l'Institut National de la Statistique, chiffres présentés dans le cadre de l'objectif d'accès universel et d'inclusion numérique à la section 2, §2, du présent chapitre.

[1129] P. MUSSO, *Les télécommunications*, éd. La Découverte, Coll. Repères Économie, Paris, 2008, p. 75 et s. L'auteur pense que « Cette révolution numérique provoque un *big bang* (sic) amplifié par les politiques de dérégulation ». R. GILARDIN, *La « libéralisation » des télécommunications en France (1981-1996)*, Mémoire 4e année, Séminaire : Histoire de la France au XXe siècle sous la direction de Gilles Richard, Sciences Po, Rennes, 2009-2010, p. 64. *Cf.* un des chapitres du mémoire s'intitulant : « le *big-bang* de la déréglementation étasunienne ».

USA. L'acquis communautaire européen a diffusé en la matière des objectifs législatifs en faveur de l'organisation du marché, des intérêts consuméristes et de l'intérêt général. Pour la RDC, le travail législatif en cours devrait se rapprocher du paradigme européen.

La future LECE entend établir un environnement juridique adapté au développement des activités numériques. L'augmentation des échanges électroniques est constante au point qu'ils sont devenus indispensables dans divers domaines de l'économie : production, promotion, vente, distribution de produits. Les pratiques numérisées se retrouvent aussi dans d'autres formes d'échanges : interrogation à distance des bases de données, envoi d'une facture, émission d'un vote, délivrance de documents administratifs. Progressivement, les citoyens se sont habitués au réseau. Ils s'emploient désormais au commerce en ligne, tandis que l'informatisation des services publics progresse ; et ce, depuis les balbutiements d'une historique ordonnance présidentielle de 1987 sur l'activité informatique dans l'ex-Zaïre.[1130] L'émergence de réseaux informatisés est un nouveau facteur de législation et d'e-administration. [1131] Les échanges électroniques entrent désormais dans les considérations du législateur.

Sans une réglementation spécifique, de nombreux obstacles, dont l'insécurité juridique, bloquent le développement des échanges électroniques. Plusieurs problématiques sont encore sans réponse : les applications numériques pour accomplir les actes commerciaux, pour délivrer les services administratifs, pour réunir des éléments probants dans la cadre des procédures judiciaires, pour l'authentification de l'écrit numérique grâce à l'horodatage, à la certification de signature électronique, à la cryptologie avec les variantes de chiffrement et d'images de stéganographie. Il faut combler les insuffisances actuelles du cadre réglementaire des télécoms. Ce dernier couvre à ce jour uniquement les aspects de la téléphonie. Il délaisse les artefacts administratifs, culturels, politiques et économiques de l'Internet et du numérique dans la société actuelle.

2. Les archétypes législatifs du futur droit du numérique face aux artefacts électroniques

De prime abord, la future LECE propose une réglementation (encore inexistante) pour la validité des documents électroniques et la reconnaissance de la signature électronique. Ensuite, elle comble l'absence de dispositions organisant la dématérialisation des formalités, la diffusion d'informations en ligne ainsi que l'archivage électronique. Enfin, elle entend

---

1130 Ordonnance n°87-243 du 22 juillet 1987 portant réglementation de l'activité informatique en République du Zaïre, JOZ, n°15, 1er août 1987, p. 21.

1131 K. NDUKUMA ADJAYI, « L'informatisation du journal officiel, l'exemple d'une politique sectorielle réussie comme préalable à la définition d'une stratégie nationale de développement de l'administration électronique (Congo RD) », *Rapport 2018 sur l'état de la Francophonie numérique*, regard d'expert, Francophonie, Paris, 2018, p. 87.

répondre au fait que les obligations des acteurs ne sont pas clairement définies pour simplifier, dans le cyberspace, la liberté d'accès et d'information.

La future LECE consacre un chapitre aux « obligations souscrites sous forme électronique ».[1132] Ses principes généraux distinguent l'« échange de l'information » et la « conclusion d'un contrat sous forme électronique ». Ainsi, comme en Europe et en France, les futurs contrats électroniques congolais ne peuvent porter sur les actes sous seing privé relatifs au droit de la famille et des successions. Ils ne peuvent pas non plus porter sur les sûretés personnelles ou réelles, de nature civile ou commerciale entre non-professionnels. L'exclusion concerne aussi les actes créateurs ou translatifs des droits réels sur des biens immobiliers et sur ceux pour lesquels la loi requiert l'intervention des cours et tribunaux.[1133]

Quelques différences de choix apparaissent entre la future LECE en RDC, la directive 2000/31/CE en Europe et la LCEN (2004) en France. La future LECE envisage les obligations informationnelles de la phase précontractuelle en ligne uniquement par rapport aux spécifications de l'offre. La LCEN impose aussi ces obligations pour l'identification des parties.[1134] Mais, les législateurs congolais et français offrent la même possibilité de déroger aux obligations informationnelles dans les rapports *B to B* : le processus précontractuel entre professionnels par la voie électronique.[1135]

Par ailleurs, les conditions techniques du double clic sont les mêmes. C'est le prescrit légal de la contractualisation par voie. C'est aussi la même technique processuelle que ce soit dans la directive 2000/31/CE ou dans la LCEN et dans la future LECE congolaise. Pour tous ces textes, l'exigence est de passer commande en ligne contre accusé de réception sur le même support électronique. La seule différence est que la RDC n'exige pas la promptitude du délai d'accusé-réception. La directive 2000/31/CE prohibe tout retard injustifié de réactivité de la plateforme électronique de pollicitation, de commande et d'accusé-réception. Dans le futur droit congolais du commerce électronique, « *l'auteur de l'offre doit accuser réception par voie électronique de la commande qui lui a été ainsi adressée dans un délai ne devant pas excéder cinq jours* ».[1136] Le délai d'acceptation

---

[1132] Titre III, future LECE (RDC), spéc. : article 18.

[1133] Article 19, future LECE (RDC), préc.

[1134] Article 23, alinéa 2, future LECE, préc. : « L'offre énonce en outre : a) les caractéristiques essentielles du bien ou du service ; b) les différentes étapes à suivre pour conclure le contrat par voie électronique ; c) les moyens techniques permettant à l'utilisateur, avant la conclusion du contrat d'identifier les erreurs commises dans la saisie des données et de les corriger ; d) la ou les langue(s) proposée(s) pour la conclusion du contrat ; e) en cas d'archivage du contrat, les modalités de cet archivage par l'auteur de l'offre et les conditions d'accès au contrat archivé ; f) les moyens de consulter par voie électronique les règles professionnelles et commerciales auxquelles l'auteur de l'offre entend, le cas échéant, se soumettre ».

[1135] C. BAKER-CHISS « Le droit de rétractation du contrat éléctronique », in J. ROCHFLED (sous la dir.), *L'acquis communautaire, le contrat éléctronique,* préc., pp. 133-199.

[1136] Article 24, alinéa 2, future LECE (RDC), préc.

nous paraît techniquement trop long. Nous déplorons également l'absence de disposition légale introduisant le droit de rétractation des consommateurs pour les contrats conclus par voie électronique.

Nous pensons à une faiblesse du projet gouvernemental dans la conceptualisation des « contrats à distance » qui s'aligne e droit comparé dans la logique de protection des consommateurs.[1137] La future LECE parle que du contrat électronique, sans intégrer l'historicité faisant de la voie électronique, une manifestation de l'évolution des techniques de communications à distance. La séduction de l'écran et la sophistication d'outils numériques motivent de dilater l'instant du consentement. La rétractation interroge le libre-arbitre qui n'a jamais été autant mis à l'épreuve des frénésies de notre société de consommation.

La contractualisation en ligne est déjà une pratique très en vogue sur le marché congolais d'achat des forfaits d'Internet, de SMS, d'appels ou dans le transfert de la monnaie électronique. L'écran des Smartphones sert de plateforme de commerce électronique : pour recevoir la grille des offres et insérer la syntaxe des commandes en ligne. Si une loi se place en deçà des standards du marché, la sécurité juridique des activités numériques ne saurait être atteinte. Dans son traité : *De l'esprit des lois* (1748), Montesquieu ne constatait-il pas que « les lois inutiles affaiblissent les lois nécessaires ». La sécurité juridique commande de « protéger les citoyens contre des effets secondaires négatifs du droit, en particulier les incohérences ou la complexité des lois et règlements ».[1138]

En outre, les échanges et le commerce électroniques présentent un potentiel certain de croissance dans le pays.[1139] Cette réalité des faits appelle un cadre normatif approprié, sécurisant et efficace, à la hauteur des enjeux économiques et sociaux congolais. La prospective doit être durable, car il faut éliminer les contraintes juridiques bloquant le recours aux échanges électroniques. Pour autant, la future LECE met en évidence l'équivalence hiérarchique de la preuve entre dossiers électroniques et dossiers papiers. Plusieurs principes et définitions essaient de trouver des solutions congolaises afin de résoudre dans la prospective juridique les nouveaux aspects du commerce électronique. Pour les transactions se rapportant à la monnaie électronique, il y a d'ores et déjà une avancée. L'équivalence entre preuve littérale et preuve électronique est acquise depuis la loi n°018/019 du 9 juillet 2018 relative aux systèmes de paiement et de règlement-titres. L'extension de régime est possible pour le commerce électronique, d'autant

[1137]Directive 97/33/CE du Parlement européen et du Conseil du 30 juin 1997, relative à l'interconnexion dans le secteur des télécommunications en vue d'assurer un service universel et l'interopérabilité par l'application des principes de fourniture d'un réseau ouvert (ONP), JO CE, L199/32, 26 juillet 1997.

[1138] M. Bellinouche, A-L. Chavrier et M. Delamarre, *Leçons d'introduction au droit*, ellipses, Paris, 2009, p. 69.

[1139]*Cf. infra :* chiffres présentés dans le cadre de l'objectif d'accès universel et d'inclusion numérique à la section 2, §2, du présent chapitre.

que le paiement électronique intervient pour dénouer les transactions du commerce classique ou en ligne, de nature mixte ou relevant des affaires…

3. Les spécificités des institutions juridiques de la future LECE

Premièrement, l'exposé des motifs de la future LECE évoque les notions de « communication électronique » (activité du réseau) et de « commerce électronique » (activité commerciale dans le réseau).Il parle aussi de la responsabilité du commerçant électronique. Le texte de la LECE ne définit pas la communication électronique, laissant ainsi intacte la notion des « télécoms » inscrite dans la loi-cadre n°013/2002. Deux autres notions dénotent la confusion qu'en fait future LECE. La *« communication par voie électronique »* se conçoit comme une offre des contenus à la disposition du public. Elle se fait par un procédé de communication électronique ou magnétique.[1140] Sans trop faire de différence, la future LECE évoque le *« service de communication au public en ligne »*. Elle le définit comme « toute transmission de données numériques n'ayant pas un caractère de correspondance privée, par un procédé de communication électronique utilisant le réseau Internet permettant un échange réciproque ou non d'informations entre l'émetteur et le récepteur ».[1141]

Au vu de l'expérience européenne et française, le législateur congolais s'efforce avec la même maladresse de distinguer le service de communication électronique et les services de la société de l'information, dont relèvent les communications commerciales et le commerce électronique. Le législateur français avait autrefois utilisé des termes inadaptés pour rassembler, sous le même chapeau de *« communication au public par voie électronique »*[1142], deux institutions juridiques liées à l'usage des réseaux de télécoms. En transposant l'acquis européen, les articles 1er et 20 de la LCEN avaient mélangé la « communication au public en ligne »[1143] et la « communication audiovisuelle »[1144]. La distinction recherchée entre les

[1140] *Cf.* article 4, point 4, LECE-RDC.

[1141] Article 4, point 27, LECE-RDC.

[1142] En droit français, la communication en ligne était jadis considérée comme un sous-ensemble de la communication audiovisuelle. On lui reconnaissait des spécificités (régime de simple déclaration, plutôt que d'autorisation du fait de la loi du 1er août 2000). Mais elle n'en demeurait pas moins intégrée dans le corpus de la loi du 29 juillet 1982 d'abord puis de celle du 30 septembre 1986 qui lui a succédé. Puis, la télématique eut son propre article 77 dans la loi de 1982 et un article 43 dans la loi de 1986, avant que celle-ci et l'Internet furent soumis à des règles regroupées, depuis la loi du 1er août 2000, dans un Chapitre VII de la loi du 30 septembre 1986 intitulé « Des services de communications en ligne autres que de correspondance privée ».

[1143] Art. 1er, LCEN : « On entend par communication au public en ligne toute transmission, sur demande individuelle, de données numériques n'ayant pas un caractère de correspondance privée, par un procédé de communication électronique permettant un échange réciproque d'informations entre l'émetteur et le récepteur ».

[1144] Art. 20, al.1, LCEN : « On entend par communication audiovisuelle toute communication au public de services de radio ou de télévision, quelles que soient les modalités de mise à

deux notions était quasi-nulle, sauf l'adjonction des termes « demande individuelle du destinataire » et « échange réciproque d'informations »pour la première notion. À l'issue du « débat houleux »[1145] de la doctrine, la désormais réglementation de la communication en ligne s'avère autonome. Il en fut dit que la « France est le seul pays européen à connaître deux définitions des services de la société de l'information, dont aucune n'est parfaitement conforme à l'original ».[1146] Pour la sémantique correcte, la doctrine a définitivement distingué :

- d'une part, la « *communication audiovisuelle* », où le contenu est diffusé, c'est-à-dire la radiodiffusion et la télévision, et
- d'autre part, la « *communication en ligne* », qui est interactive et dont l'utilisateur interroge un service, pour recevoir en retour uniquement les éléments demandés.[1147]

Deuxièmement, en Europe et en France, la prospection commerciale est soumise au principe d'expression de volonté, soit préalable, soit postérieure, pour recevoir de la publicité (*opt-in*) ou ne plus en recevoir (*opt-out*) par message électronique. Le choix est laissé aux États membres entre les deux systèmes, pour les moyens autres que les automates d'appel ou les télécopieurs.[1148] Pour la RDC, la future LECE a adopté le système européen « *opt-in* » de la directive 2000/31/CE. L'ancienne directive 97/66/CE du 15 décembre 1997 sur les données personnelles et la vie privée contenait déjà une disposition applicable au *spamming.*[1149]

La même alternative revient dans la directive 2002/65/CE dite directive "services financiers à distance".[1150] La directive 2002/58/CE dite directive "vie privée et communications électroniques" autorise uniquement sur consentement préalable des abonnés, l'utilisation des communications

---

disposition auprès du public, ainsi que toute communication au public par voie électronique de services autres que de radio et de télévision et ne relevant pas de la communication au public en ligne telle que définie à l'article 1er de la loi n°2004-575 du 21 juin 2004 pour la confiance dans l'économie numérique ».

1145 T. VERBIEST, *Le nouveau Droit du Commerce électronique : la Loi pour la confiance dans l'économie numérique et la protection du cyberconsommateur*, LGDJ / Larcier, coll. droit des technologies, Bruxelles 2005, p. 29. « Nul doute que ces définitions continueront à alimenter le débat houleux sur la convergence des médias et la définition des régimes applicables. »

1146 *Ibidem,* pp. 29-30.

1147 J. HUET et E. DREYER, *Droit de la communication numérique*, LGDJ, Paris 2011, p. 92-93.

1148 Article 12 (« appels non sollicités »), directive 97/66/CE du Parlement européen et du Conseil du 15 décembre 1997 concernant le traitement des données à caractère personnel et la protection de la vie privée dans le secteur des télécommunications, *JOCE*, n° L 024, 30 janvier 1998, pp. 0001-0008.

1149 Le spamming est l'envoi massif des messages électroniques non-désirés, à l'endroit d'un destinataire non-sollicités.

1150 Article 10 (« communications commerciales »), directive n°2002/65/CE du Parlement européen et du Conseil du 23 septembre 2002 concernant la commercialisation à distance des services financiers auprès des consommateurs, et modifiant les directives 90/619/CEE du Conseil, 97/7/CE et 98/27/CE, JOCE, n° L271, 9 octobre 2002, pp. 0016-0024.

électroniques à des fins de prospection directe. Ce principe est d'application pour la publicité réalisée « en particulier au moyen d'automates d'appel, de télécopies et de courriers électroniques, y compris les messages courts (SMS) ».[1151] Alors que l'article 22 de la LCEN interdit d'utiliser aux fins publicitaires « les coordonnées d'une personne physique qui n'a pas exprimé son consentement préalable à recevoir des prospections directes par ce moyen »[1152].[1153]

Troisièmement, la future LECE inscrit le principe de la liberté de communication par voie électronique. Elle précise comment s'exercent la liberté d'expression et le droit à l'information, qui sont garantis respectivement par les articles 23[1154] et 24[1155] de la Constitution congolaise. En droit des médias,[1156] la séparation est très fine entre l'audiovisuel et le web 2.0. ; ce qui constitue un enjeu à l'ère de l'émergence de la WebTV, de la VoD et de la TMP.[1157] Les médias sont des moyens d'accès au commerce électronique. Bien plus : « Par le droit des médias, il s'agit, dans la société démocratique, de permettre le libre exercice des ces activités et fonctions multiples (d'information, de culture, de distraction...), d'en fournir et d'en déterminer les limites. [...] Le droit régit l'usage qui peut être fait des médias. Il y apporte certaines restrictions, dans le souci du respect des droits et des libertés, individuels ou collectifs, apparemment opposés[1158] ».

Quatrièmement, la future LECE accepte l'équivalence entre l'écrit électronique et le support papier. Ce choix est motivé par un double souci d'efficacité et de sécurité à plusieurs niveaux : obligations conventionnelles, preuve et signature électronique. Cette option donne suite à la loi-type de 2001 de la CNUDCI concernant les signatures électroniques. Elle est inspirée par une approche de « définition d'un cadre neutre quant aux technologies employées ».[1159] Elle l'est tout aussi dans le cadre d'un « projet de règles

---

[1151] Considérant n°40 et article 13, directive 2002/58/CE du Parlement et du Conseil européen du 12 juillet 2002 concernant le traitement des données à caractère personnel et la protection de la vie privée dans le secteur des communications électroniques (directive vie privée et communications électroniques), JOCE, n° L202, 31 juillet 2002, p. 0037

[1152] *C. Consom.*, art. L 121-20-5, portant application du nouvel art. 33-4-1 du CPT français.

[1153] T. VERBIEST [2005], *op.cit*, p. 44-47.

[1154] Article 23, Constitution de la RDC : « Toute personne a droit à la liberté d'expression. Ce droit implique la liberté d'exprimer ses opinions ou ses convictions, notamment par la parole, l'écrit et l'image, sous réserve du respect de la loi, de l'ordre public et des bonnes mœurs ».

[1155] Article 24, Constitution de la RDC : « Toute personne a droit à l'information. La liberté de presse, la liberté d'information et d'émission par la radio et la télévision, la presse écrite ou tout autre moyen de communication sont garanties sous réserve du respect de l'ordre public, des bonnes mœurs et des droits d'autrui. La loi fixe les modalités d'exercice de ces libertés. »

[1156] E. DERIEUX, *Le droit des médias*, Dalloz, coll. Connaissance du droit, 5e éd., Paris, 2013, p. 3.

[1157] P. DOQUIR et M. HANOT, *Nouveaux écrans, nouvelles régulations*, Larcier, Coll. « droit des technologies », Bruxelles, 2013, p.1.

[1158] E. DERIEUX, *op.cit.*, p. 3.

[1159] « Droit de la preuve et signature électroniques », *JCP*, 2000, éd. G, n°11 (15 mars 2000), *Actualité*, p. 451 ; *J.C.P*, 2000, éd. E, p. 385

uniformes sur les signatures électroniques » du groupe de travail de la CNUDCI à New York le 14 février 2000.[1160]

À la suite de la loi-type de la CNUDCI sur le commerce électronique de 1996, « l'objectif visé par la loi-type 2001 était de favoriser le recours aux signatures électroniques, d'un usage courant dans le commerce électronique, pour garantir l'identité des personnes. Cela supposait la mise en place de critères d'efficacité technique et juridique qui leur assureraient une valeur équivalente à celle de la signature manuscrite ».[1161] Ainsi, les articles 37 à 47 de la future LECE traitent-ils de la preuve électronique, du certificat électronique et de la signature électronique. Le but des équivalences se manifeste sous un aspect de sécurisation et d'authentification des données et des renseignements.[1162] L'équivalence est acquise en droit positif congolais, entre preuves littérale et électronique pour les transactions de monnaie électronique, grâce à la loi n°018/019 du 9 juillet 2018 y relative.

Cinquièmement, les prestataires de services de communication par voie électronique sont appelés à lutter contre l'acceptation, le traitement et la diffusion de contenus illicites. Pour alléger la responsabilité des prestataires du commerce électronique, la directive 2000/31/CE ne les avait pas astreints à une obligation de surveillance générale des contenus hébergés, transportés ou donnés en accès au public. Leur irresponsabilité de principe sur le contenu ne se renverse que si le prestataire a participé à son édition ou en a effectué une manipulation. C'est pourquoi celui-ci doit promptement rendre impossible ou supprimer sur sa plateforme un contenu illicite, dénoncé. Les incriminations conséquentes atteignent tant les opérateurs du commerce électronique que des particuliers destinataires des services électroniques.

La future LECE prévoit la constatation des infractions et des sanctions spécifiques aux échanges électroniques. À l'avenir, l'utilisation frauduleuse de la signature d'autrui sera punissable d'amende (1.000.000 à 10.000.000 de francs congolais).[1163] L'abus de faiblesse ou l'ignorance d'une tierce personne pour lui faire souscrire une vente en ligne dans le cadre des engagements au comptant ou à crédit le sera aussi à hauteur de 10.000.000 de francs congolais.[1164] Au même titre que la révélation du secret professionnel, la divulgation d'informations confiées à l'autorité de certification et/ou à ses agents ainsi que l'incitation ou la participation à la commission de tels actes seront punissables, en vertu de l'article 73 du code pénal congolais.[1165]

1160 CNUDCI, Doc. A/C.N.9/WG.IV/W.P.84 du 8 décembre 1999 ; Groupe de travail CNUDCI sur le commerce électronique, Doc. A/CN.9/465.

1161 A. OUATTARA, *La preuve électronique. Etude de droit comparé Afrique, Europe, Canada,* préface Jacques Mestre, vol. II, coll. Horizons juridiques africains, Univ. Paul Cézanne Aix-Marseille III, Faculté de droit et de sc. Po., PUAM, Aix en Provence, 2011, p.158-159.

1162 Titre V de la future LECE (RDC).

1163 Article 94, future LECE (RDC), préc.

1164 Article 95, future LECE, préc.

1165 Article73, Code pénal congolais (modifié par le Décret du 25 mai 1938), « Les personnes dépositaires par état ou par profession des secrets qu'on leur confie qui, hors le cas où elles

Sixièmement, dans un élan d'e-administration, la future LECE a prévu la dématérialisation de certaines formalités et/ou procédures administratives. Elle ajoute la sécurisation et l'authentification des données ainsi que des renseignements. Cette prévision est en rapport avec le chapitre sur la facturation et la déclaration fiscale, sous forme électronique. Avec la condition d'authenticité d'origine des données et de l'intégrité de leur contenu, la future LECE admet la facturation et la déclaration fiscale, au même titre que l'écrit sur support papier[1166]. La consécration des techniques de compression numérique et de conservation électronique des données de facturation et de déclaration est envisagée dans les mêmes conditions.[1167]

En considérant l'ensemble des aspects des échanges et du commerce électronique, la LECE (RDC) envisage des dispositions régissant les activités des prestataires techniques de services, de sécurisation des échanges électroniques établis sur son territoire. De nouveaux métiers vont ainsi apparaître dans le secteur informel du numérique, à savoir : les prestataires de service d'archivage d'horodatage électronique, de service de recommandés et de certifications électroniques.[1168] Il s'agira de professions réglementées, avec des personnes de confiance et accessibles, moyennant des conditions d'agrément, des conditions administratives, techniques, financières et fiscales.[1169]

La future LECE présente ci-dessus l'avantage de six institutions juridiques nouvelles pour le commerce électronique congolais. L'objectif global de législation est la confiance en l'économie numérique.

B. Les forces et faiblesses de la future LECE dans l'objectif de confiance en l'économie numérique

Les risques liés à la dématérialisation des échanges interpellent quant à la sécurisation du cyberespace ainsi que des activités numériques. L'utilisation des médias informatiques expose des intérêts économiques ou extrapatrimoniaux à des dangers d'un nouvel ordre. La prévention et la répression sont des enjeux de législation et de régulation de l'économie du Net. « S'agissant de l'apport du droit aux NTIC, il faut souligner que le droit n'est pas que contrainte ; il est aussi un instrument essentiel de la sécurité des hommes, de protection de leurs droits, valeurs ou cultures et de promotion de leurs activités ; il peut ainsi favoriser la démocratie, la gouvernance et le développement économique et social. La législation est

---

sont appelés à rendre témoignage en justice et celui où la loi les oblige à faire connaître ces secrets, les auront révélés, seront punies d'une servitude pénale de un à six mois et d'une amende de mille à cinq mille francs, ou d'une de ces peines seulement. »

[1166] Article 35, future LECE, préc.

[1167] Article 36, future LECE, préc.

[1168] Article 48, future LECE, préc.

[1169] Article 49 à 53, future LECE, préc.

donc nécessaire. Mais comment légiférer dans un domaine aussi délicat, et tout particulièrement en matière de commerce électronique ? »[1170]

Les carences du droit alimentent le sentiment d'insécurité dans le cyberespace et ses transactions dématérialisées. La crainte est plus prégnante de subir les atteintes du cybermonde. Les valeurs et intérêts en jeu sont tels que le droit n'autorise d'y transiger sans juste compensation, ni juste motif. L'hégémonie économique des géants du Net préoccupe, autant que l'emprise des opérateurs locaux et des multinationales étrangères sur le réseau. Ce qui leur confère un réel pouvoir sur nos données et nos transactions, alors qu'ils n'en sont que des messagers. Leur médiation technique, l'interconnexion des plateformes et de leurs applications crée une « économie de verrouillage ».

Il émerge de nouveaux types de dangers à l'ère numérique. La fraude à l'identité numérique s'accroît. Les données personnelles sont le pétrole du Net. [1171] Leur marchandisation est en propension : leur collecte, leur traitement et leur circulation buttent contre des impératifs extrapatrimoniaux. Faute d'expérience législative en la matière, la RDC doit construire la confiance en l'économie numérique. Le droit comparé européen et français s'y prête.

2. Les inconvénients du commerce électronique inhibiteurs de confiance

Le commerce électronique présente de nombreux « avantages » pour le consommateur, notamment : rapidité des transactions, large disponibilité d'accès à un choix plus étendu à l'échelon mondial, compétition des prix entre les fournisseurs, transparence tarifaire à l'aide d'outils informatiques de comparaison des prix. [1172] Certains paramètres du marché numérique contrebalancent les avantages *a priori* démocratiques du Net.[1173]. Il est vite apparu des inconvénients corrélatifs à un marché électronique ouvert.

L'enthousiasme pour le commerce électronique libre « butte contre l'observation quasi-monopolistique des sites de ventes en ligne. Le commerce est dominé par des entreprises en position de quasi-monopole détenant plus de 75% de parts de marché, que ce soit *eBay* pour le marché des enchères en ligne, *Amazon* pour le commerce des produits culturels, Apple pour le marché de téléchargement de musique ».[1174] C'est le paradoxe du progrès, notamment :

- dispersion des prix sans constat d'inflexion de la puissance du marché ;

[1170] M. SAWADOGO FILIGA, « Approche nationale et régionale de la mise en place d'une réglementation du commerce électronique : le cas du Burkina-Faso et de l'Afrique de l'Ouest », *Conférence régionale africaine de haut niveau*, Tunis, 19-21 juin 2003, p. 1-3.

[1171] *Cf.* présente Section 1, §1, B de l'ouvrage.

[1172] J. ROCHFELD, *op.cit*, pp. 4 et 5.

[1173] X. GREFFE et N. SONNAC, *Culture Web*, Dalloz, Paris, p. 221.

[1174] P. WAELBROECK, « Le commerce électronique de produits culturels : enjeux informationnels », in X. GREFFE et N. SONNAC, *op.cit*, *idem*, p. 229.

– expansion des offres de produits d'occasion en concurrence de prix face à des produits de meilleure qualité.

Dans un premier temps, l'avantage d'une comparaison tarifaire a permis l'« intelligence du consommateur », mais sans aboutir au nivellement tarifaire des offres. « De plus, les prix moyens observés en ligne sont parfois supérieurs à ceux observés dans le monde physique ! ».[1175]

En second lieu avec l'Internet, avec l'importante croissance des sites des enchères en ligne, l'acheteur cherchant le meilleur prix n'est pas toujours conscient de la qualité des produits. Le marché électronique connaît une demande accrue vers la baisse des prix, phénomène affectant l'offre du marché. « À des prix trop faibles de la concurrence, les offrants des produits de bonne qualité peuvent ne plus suivre au-delà du seuil plancher et ne demeureront que les offrants de pacotilles [...] la bonne affaire réalisée sur le prix ne conditionne pas sa qualité, face à l'asymétrie de l'information liée à l'usage des techniques de communication à distance pour contracter ».[1176]

En dernier lieu, on espérait la baisse des coûts due à la pression des consommateurs sur le prix, à la relativité des moyens d'accès, à la facilité accrue des produits pour les consommateurs, à la diminution des barrières d'accès pour de larges offres transfrontières et d'origines « multi-prestataires » dans le cyberespace. La concurrence a permis le foisonnement des offres en ligne, mais pas forcément une baisse générale des prix entre concurrents. Ce sont d'énormes inconvénients directs qui peuvent freiner la confiance, nécessaire à la consommation et au développement des affaires.

Le même paradoxe du progrès soulève des inquiétudes à partir des caractéristiques du support dématérialisé. L'espace numérique est le lieu de prédilection où se déroule le commerce électronique. Les combinaisons des facteurs liés à l'électronique et au commerce ne rassurent pas toujours :

– la dématérialisation s'associe à la rapidité ;
– la distance implique l'internationalité ;
– la fugacité de la connexion fait osciller la valeur de l'information,
– l'anonymat, la pseudonymisation et la « désensorialisation » interpellent quant à l'authenticité, à l'intégrité et la confidentialité des opérations ;
– l'Internet expose aux malversations, à la compromission des données personnelles et bancaires,

---

[1175]*Ibidem*, pp. 228 et 229.

[1176] G. AKERLOF, *« The Market for "Lemons" : Quality Uncertainty and the Market Mechanism »*, cité par P. WAELBROECK, *op.cit,* p.229 [http://fr.wikipedia.org/wiki/The_Market_for_%22Lemons%22] (consulté le 19 décembre 2013). Selon G. AKERLOF, prix Nobel d'économie en 2001 : « Dans ce marché, les vendeurs qui savent que leur voiture est en bon état veulent en tirer un prix correspondant à la qualité de leur véhicule, tandis que les vendeurs de guimbardes sont prêts à les vendre à un prix faible. [...] Sachant cela, le vendeur d'une bonne voiture qui ne veut pas vendre son véhicule à moins que sa valeur refuse toujours l'offre qui lui est faite. De ce fait ne restent sur le marché que les guimbardes, et les bonnes voitures d'occasion ne trouvent pas preneur ».

– la détention de la plateforme par le commerçant peut faire dénuer des moyens de preuve.

Ces facteurs inhibiteurs de confiance ont principalement conduit à une mise en cause de la sécurité des consommateurs. Dans l'écosystème numérique, ceux-ci sont confrontés à des risques nouveaux et apparents. La dématérialisation des produits et l'absence physique des parties amènent à une perception altérée des biens davantage que pour les services. Les externalités du réseau s'illustrent par la « séduction de l'écran ».[1177] Elles altèrent le comportement normal du consommateur. Ce dernier acquiert sans réfléchir et de façon émotive, un produit offert en ligne.

Par ailleurs, une machine connectée sous-tend toujours la distance métrique entre les parties. Le réseau offre la vertu de proximité à l'éloignement des parties. Il ne permet pas toujours d'identifier les fournisseurs, ni de garantir la qualité des produits, ni sur leur disponibilité en stock. L'affichage sur la vitrine virtuelle traduit une volonté de conclure le contrat, mais la réalité peut être toute autre. Pour ces motifs, les craintes d'inexécution sous-tendent le manque de confiance des consommateurs.

En outre, l'Internet nourrit l'idée d'éloignement physique entre parties et d'une variété des nationalités. Ces extranéités suscitent des craintes de non-prestation des services entre absents ou de non-livraison d'objets éloignés. La perspective s'obscurcit quand on y ajoute l'éloignement des moyens d'actions en justice. L'impuissance d'une action personnelle se confirme en cas de disparition d'un site marchand, souvent situé à l'étranger. À tous ces facteurs d'insécurité, s'ajoutent les difficultés habituelles de la langue et du monde des affaires, en droit international privé. La RDC, l'Europe et la France, leurs pouvoirs publics et acteurs privés, sont à l'épreuve des enjeux de confiance dans la société mondiale de l'information.

2. La construction des objectifs de confiance dans le commerce électronique dans les lois de France et d'Europe

Les possibilités offertes par la société de l'information ont permis à l'Europe de construire un marché intérieur, sans frontière physique. Auparavant, « le développement des services de la société de l'information dans la communauté était limité par un certain nombre d'obstacles juridiques au bon fonctionnement du marché intérieur de nature à rendre moins attrayant l'exercice [...] de la libre prestation des services ».[1178] Grâce au réseau, les consommateurs accèdent à une panoplie de services et d'offres. Les prestataires trouvent des facilités de commerce : « La distribution est le premier canal par lequel le web a fait sentir ses effets sur le fonctionnement

---

[1177] S.A.MAÏGA, *Le Contrat conclu par Internet et la protection des consommateurs,* th. sous dir. de Denis Mazeaud, Univ. Panthéon-Assas (Paris II), soutenu publiquement le 19 décembre 2008, p. 22.

[1178] Considérant n°5, directive 2000/31/CE, préc.

des marchés, quels qu'ils soient[1179] ». L'Internet apporte les avantages de son « caractère naturellement transfrontalier ».[1180] Il contribue à l'abaissement des frontières entre activités et aussi entre pays. Pour les États, l'Internet catalyse plusieurs libertés économiques. Il promeut donc les objectifs d'édification du marché intérieur.

Toutefois, de nombreux points d'insécurité juridique constituaient aussi un frein au développement du vaste marché ouvert au commerce électronique. Les parties nourrissaient des hésitations à s'engager avec des partenaires lointains. Le marché électronique a pour vecteur le réseau Internet : ils se déploient à l'échelle mondiale comme des ensembles très composites. Au niveau européen, encore en 2007, le volume réduit des échanges, témoignait de « la peur des ressortissants européens de subir des protections juridiques différentes dans les autres pays ». Les échanges transfrontières ne représentaient que 7%, tandis que la plupart des acquisitions des biens et des services par des consommateurs étrangers étaient de l'ordre de 25% pour des opérations réalisées « au cours des voyages de loisir ». Pour asseoir la fameuse confiance des acteurs dans les mécanismes de marché, l'Europe devait garantir au consommateur une réelle égalité des règles appliquées et une protection élevée.[1181]

Au sein de la communauté européenne, les disparités législatives affectaient le développement du marché. Au manque de confiance, il a fallu répondre à une véritable harmonisation législative. La recherche de la confiance est devenue le but législatif européen en matière de commerce électronique. La confiance s'inscrit au cœur de l'acquis communautaire et du droit de l'Union européenne.[1182] Par sa lettre du 9 octobre 1997, la commission européenne transmettait au parlement européen un message portant clairement sur la nécessité d'assurer la sécurité et la confiance dans la communication électronique.[1183] La résolution du parlement européen du 17 juillet 1998[1184] « considère que le commerce électronique peut devenir

---

[1179] X. GREFFE et N. SONNAC, *Culture Web*, Dalloz, Paris., p. 221.

[1180] J. ROCHFELD, « La définition du contrat électronique », in J. ROCHFELD (sous la dir.), *Le contrat électronique, L'acquis communautaire, op.cit,* p. 5.

[1181] J. ROCHFELD, « Les nouveaux défis du droit des contrats : l'efficacité de la lutte contre les pratiques commerciales déloyales de l'Internet », in J. ROCHFELD (*sous dir.*), *Les nouveaux défis du commerce électronique,* L.G.D.J., Lextenso éditions, Paris, 2010, p. 7. Pour les chiffres, cf. Eurobaromètre, oct. 2008, p.3, cité par J. ROCHFELD, *ibidem.*

[1182] Le terme « communautaire » est préféré dans le but de montrer la progression des efforts depuis la Communauté européenne jusqu'à l'Union européenne.

[1183] Par lettre du 9 octobre 1997, la Commission a transmis au Parlement européen une communication au Conseil, au Parlement européen, au Comité économique et social et au Comité des régions intitulée "Assurer la sécurité et la confiance dans la communication électronique - Vers un cadre européen pour les signatures numériques et le chiffrement" (COM(97)0503 - C4-0648/97) [www.europarl.europa.eu] (consulté le 19 décembre 2013).

[1184] *JOCE, n° C 292 du 21/09/1998, p. 0217 : «* Résolution sur la communication de la Commission au Conseil, au Parlement européen, au Comité économique et social et au Comité des régions : "Assurer la sécurité et la confiance dans la communication électronique -

l'un des moteurs du développement de la société de l'information planétaire, que ce nouvel espace économique "virtuel", qui présente un grand potentiel de création d'emplois, est toutefois menacé par le manque de sécurité et de confiance sur les réseaux ouverts ».[1185]

Les mécanismes traditionnels du marché (*soft law*) devraient se combiner d'une bonne législation (*hard law*). La régulation étatique du marché devait tenir compte des pratiques professionnelles. Le parlement européen « estim[a] que le développement du commerce électronique suppose un degré de confiance suffisant parmi les utilisateurs et qu'il y a lieu de fixer des normes en ce qui concerne la fiabilité juridique de l'identification, de la validité des contrats, de l'intégrité et de la communication, notamment ».[1186] Les régimes de responsabilité devaient concilier les intérêts de nombreux acteurs. Le parlement « soulign[a] qu'il y a lieu de définir des règles générales qui, d'une part, assurent un renforcement de la confiance à l'égard du commerce électronique et, d'autre part, soient suffisamment souples et ouvertes pour faire face à de nouveaux développements techniques[1187] ».

Dans un objectif pionnier de confiance, le conseil européen adopta la directive 93/13/CEE du 5 avril 1993 concernant les clauses abusives dans les contrats avec les consommateurs. La directive 97/7/CE du 20 mai 1997 renforça le même objectif en matière de contrats conclus à distance. La directive 2000/31/CE du 8 juin 2000 insiste sur sa complémentarité aux précédentes.[1188] En matière contractuelle, son article 9 engagea les États de l'Union à adopter des régimes favorables, rendant possible la conclusion des contrats par voie électronique. L'article vise la levée de tout obstacle d'ordre juridique (et non d'ordre pratique [1189]) pour l'utilisation des contrats électroniques, sans porter atteinte à leur validité ou effet.[1190] Il en a été de

---

Vers un cadre européen pour les signatures numériques et le chiffrement" (COM(97) 0503 C4-0648/97) », [www.eur-lex.europa.eu] (consulté le 19 décembre 2013).

1185 Paragraphe n°23 de la Résolution préc., intitulée : « Assurer la sécurité et la confiance dans la communication électronique – Vers un cadre européen pour les signatures numériques et le chiffrement », COM(97) 0503 C4-0648/97, JOCE, n° C 292 du 21/09/1998 p. 0217.

1186 Paragraphe n°12 de la Résolution, *Ibidem*.

1187 Paragraphe n°13 de la Résolution, *Ibidem*.

1188 M. ANTOINE, A. CRUCQUENAIRE, P. DE LOCHT, M. DEMOULIN, D. GOBERT, C. LAZARO, O. LEROUX et E. MONTÉRO, *Le commerce électronique européen sur les rails ? Analyse et propositions de mise en œuvre de la directive sur le commerce électronique*, Cahiers du Centre de Recherches Informatique et Droit, n°19, Bruylant, Bruxelles, 2001, p. 17-18.

1189 Le considérant n°37 précise que cette exigence européenne aux États membres ne concerne que les obstacles résultant d'exigences juridiques et non pas les obstacles d'ordre pratique résultant d'une impossibilité d'utiliser les moyens électroniques dans certains cas. Cf. aussi M. ANTOINE, A. CRUCQUENAIRE, P. DE LOCHT, M. DEMOULIN, D. GOBERT, C. LAZARO, O. LEROUX et E. MONTÉRO, *op.cit*, p. 200. « *Par exemple, les États membres n'ont pas l'obligation d'équiper l'ensemble des ménages d'un ordinateur avec connexion Internet, ni de les former à l'utilisation de ces moyens de communication afin que ceux-ci puissent désormais passer des contrats par voie électronique !* »

1190 Le considérant n°37 précise que cette exigence européenne aux États membres ne concerne que les obstacles résultant d'exigences juridiques et non pas les obstacles d'ordre pratique résultant d'une impossibilité d'utiliser les moyens électroniques dans certains cas.

même de la directive 2002/65/CE concernant la commercialisation (fourniture) à distance de services financiers aux consommateurs.

En effet, l'acquis communautaire européen a entendu faire du contrat électronique l'instrument d'instauration de la confiance. Olivier Cachard le confirme : « Parmi les instruments juridiques de confiance, le contrat entretient des liens étroits avec la régulation. La régulation intervient là où une mise en œuvre mécanique du procédé de réglementation ne parviendrait pas à régir de façon satisfaisante cet ensemble complexe que constitue le marché électronique. En ce sens, le contrat constitue l'un des "piliers de l'économie libérale". Comme le font les contrats électroniques, la réitération des contrats-types participe à la régulation du marché, notamment quand ces contrats imposent des obligations accessoires de comportement aux cocontractants[1191] ».

Le « contrat par voie électronique » s'entoure d'une abondance de dispositions dans la directive 2000/31/CE, notamment : l'article 1er, alinéa 2 ; l'intitulé de la section 3 et à l'article 9. Même si la directive ne lui consacre pas de définition, son article 1er l'attache à l'objectif de fonctionnement du marché intérieur. [1192] Le contrat électronique est un instrument de confiance. Il accompagne la libre circulation des services et la rencontre des droits nationaux applicables au commerce électronique.

En France, la LCEN ou « loi confiance » transpose la directive européenne 2000/31/CE. Elle précise clairement la logique des instances européennes qui vise à créer la confiance du consommateur. Elle poursuit également une finalité particulière : récupérer le retard dans le développement du commerce électronique.[1193] L'intitulé de la LCEN n'a pas été pas neutre : confiance recherchée pour le Pro et le Consommateur. Des règles claires doivent renforcer cette confiance en l'usage du réseau numérique et en la pratique dématérialisée des échanges.

Avec la LCEN, l'an « 2004 a été la première année où vous n'êtes plus exceptionnel quand vous achetez sur Internet »[1194]. Au début de 2005, l' « aspect social des techniques modernes de communication s'exprime

---

[1191] O. CACHARD, *La régulation internationale du marché électronique, op.cit,* p. 27. M-A FRISON-ROCHE, « Le contrat et la responsabilité : consentements, pouvoirs et régulation économique », *RTDciv.*, Dalloz, 1998, p. 45.

[1192] Cf. article 1er, Directive 2000/31/CE sur le commerce électronique, à savoir : «1. La [...] directive a pour objectif de contribuer au bon fonctionnement du marché intérieur en assurant la libre circulation des services de la société de l'information entre les États membres. 2. La [...] directive rapproche, dans la mesure nécessaire à la réalisation de l'objectif visé au paragraphe 1, certaines dispositions nationales applicables aux services de la société de l'information et qui concernent le marché intérieur…, les contrats par voie électronique… »

[1193] J. ROCHFELD, « Commentaire de la loi pour la confiance dans l'économie numérique », *RTDciv*. 2004, p. 574 et s, cité par J. ROCHFELD, *op.cit*, p. 20.

[1194] M. MOREAU, « Introduction », in J.-C. HALLOUIN et H. CAUSSE, *Le Contrat électronique au cœur du commerce électronique – Le droit de la distribution, droit commun ou droit spécial ?*, LGDJ, Coll. Faculté de Droit et de sciences sociales, Poitiers, France, 2005, p. 5. H. de MAUBLANC, Président de l'ASCER, s'exprimant en 2005.

dans des activités numériques ».[1195] À ce sujet, la fédération de vente en ligne (FEVAD) enregistrait un bilan fort éloquent sur la base du facteur confiance. En réalité, « [l]a vente sur Internet s'est développée de manière exponentielle au cours des cinq dernières années. Le chiffre d'affaires des ventes en ligne a progressé de 35% au cours de l'année 2007 pour avoisiner les 16 milliards d'euros dépensés sur Internet. La même année, la vente sur le réseau Internet comptait 3700 sites marchands actifs (soit 1,5 fois plus qu'en 2006[1196]) et près de 19,8 millions de cybermarchands. Ces derniers accordent une confiance de plus en plus grande à Internet (taux de confiance[1197] des internautes de 61%)[1198] ».

La LCEN recentre des dispositions d'ordre public pour encadrer la constitution et l'expression de la « loi des parties » autour du contrat électronique. Le contrat du commerce électronique se présente comme une technique juridique, sur la base de la technique informatique. Il assure une fonction régulatrice du marché. Il concentre ainsi l'intérêt du marché. L'informatique « ne lui ôte pas son caractère "fondateur" ou "constitutif" du e-commerce. Aucun marché n'existe sans contrat, affirmer l'inverse résulte d'une mode où le marché est abusivement érigé en personne, en sujet, quand il n'est jamais que la résultante des comportements, individuels [...] le marché n'écarte donc pas le contrat, au contraire, le contrat fait le marché. Sans lui, [...] il y aurait simplement un "espace électronique" ».[1199]

3. Les transformations du cadre juridique congolais face aux enjeux de confiance dans le commerce électronique local et international

Le vide législatif ou réglementaire sur le commerce électronique est un facteur d'insécurité et de crainte. Il affaiblit la confiance pour les prestataires et les destinataires des services de la société de l'information. *Ubi lex, ibi societas,* là où une loi existe, la société y est aussi. La Cybersociété n'est pas foncièrement une zone trouble, puisque il existe le droit du cyberespace. Cependant, la multiplicité des droits applicables inquiète les consommateurs en ligne. Plusieurs branches du droit, plusieurs droits nationaux de même que plusieurs prérogatives peuvent être sollicités en même temps.

En l'absence de textes législatifs spécifiques, la complexité du droit applicable, au niveau interne et international accentue la problématique de réglementation de l'environnement numérique. [1200] Concernant les actes

---

[1195] *Ibidem*, p. 6.

[1196] Bilan 2007 de l'e-commerce 2007 : la croissance se poursuit à un rythme soutenu, disponible sur le site FEVAD (Fédération des entreprises de vente à distance).

[1197] Baromètre e-commerce de l'ASCEL, *Bilan annuel*, 2007, p. 10.

[1198] V. FAUCHOUX et P. DEPREZ, *Le Droit de l'Internet : Lois, Contrats et Usages*, 1re éd., LexisNexis, Paris, 2006, 2009, pp. 227 et 103.

[1199] H. CAUSSE, « Le contrat électronique, technique du commerce électronique », in J-C HALLOUIN et H. CAUSSE, op.cit, pp. 11-34, spéc., p.11.

[1200] D. ROCH GNAHOUI, *Transactions et commerce électronique,* Cours de Master, Deuxième partie, Université Gaston Berger, 2006, p. 10 et s.

juridiques passés sur Internet, il n'est pas toujours évident d'identifier le droit applicable ou le juge compétent pour chaque activité numérique.[1201] En France, l'ordre des enjeux a impulsé la transposition des directives européennes en 2004, 2008, 2011, 2014. Pour la RDC, la future LECE doit susciter la confiance par la norme dans les transactions électroniques. Elle doit s'inspirer des dispositifs de protection, organisés en Europe et en France pour la confiance en l'économie numérique. Au vu des attentes, la future LECE marque un virage important pour formaliser les normes, les filières de métier de la net économie, tout en dotant le pays d'une loi de confiance au commerce électronique congolais.

Toutefois, les réalités socioculturelles locales contrastent avec l'élan de modernité du *e-business*. La langue peut être une barrière de diffusion mondiale d'une offre : diversité vernaculaires, géoculturelle... De même, la circulation des produits locaux doit obéir aux standards de métrologie. La culture de l'oralité, doublée d'analphabétisme ambiant, n'encourage guère le congolais à recourir au formalisme technique et juridique du contrat en ligne.

Qu'à cela ne tienne, les opérateurs de télécoms essaient au maximum de simplifier les syntaxes informatiques des commandes en ligne. Ils tentent l'ergonomie en préconfigurant des icônes faciles d'utilisation pour les consommateurs non-lettrés. Les journaux en ligne sont de plus en plus lus par des intellectuels congolais sur des sites web typiquement congolais.[1202] Agences de l'ONU, ambassades étrangères, ONG et firmes internationales contraignent les chercheurs d'emploi, les quêteurs de visa, les demandeurs d'informations ou les fournisseurs de services à recourir aux sites Web dédiés à l'information en ligne.[1203]

Pour le cas de la RDC, la défaillance du réseau postal désavantage la livraison des produits commandés en ligne. Sur ce point, des agents d'intermédiation ciblent les communautés congolaises dans les pays occidentaux. Cette diaspora congolaise est familiarisée aux activités électroniques de leurs lieux de séjours en Europe, aux États-Unis d'Amérique et ailleurs. L'offre des produits locaux leur est adressée par des opérateurs congolais afin qu'ils passent commande depuis l'étranger au profit de leurs familles localisées en RDC. Les services de livraison sont assurés par le cybercommerçant qui garantit la chaîne complète des opérations allant de l'offre, du contrat en ligne, du paiement électronique

---

1201 E. A CAPRIOLI, *op.cit,* p. 11.

1202 Beaucoup d'autres sites affichent le nombre de visiteurs par jour ou par articles [www.7sur7.cd]; [www.congotime.com]; [www.lepotentielenligne.com]; [www.dgitalcongo.net]; [www.lesoftonline.com]

1203 Le site [www.mediacongo.net] demeure le plus grand site d'agrégat des offres en ligne, mais n'assure pas le moyen de paiement ou de correspondance sur son site. Le destinataire est obligé de se rendre sur le site web ou sur les installations physiques de l'offreur pour poursuivre la transaction concernée.

jusqu'à la livraison matérielle.[1204] Il s'agit là d'expériences répandues en RDC en matière de commerce électronique.

Progressivement, la pratique des affaires renforce le sentiment de confiance au clic et en la valeur dématérialisée. Le recours aux services de monnaie mobile s'amplifie, de même que l'achat en ligne des crédits de communication téléphonique et d'Internet. La banque en ligne se développe, avec la bancarisation obligatoire des salaires des fonctionnaires de l'État congolais, et les banques leur offrent des moyens de paiement électronique. Dans les supermarchés, des TPE sont de plus en plus présents. Cependant, la vente sur les places de marché (physique) est encore habituelle chez les consommateurs. À défaut d'existence d'associations ou de fédérations de vendeurs en ligne, il est difficile de disposer d'un baromètre statistique de confiance.

En l'absence d'un Ministère de l'économie numérique, le marché électronique congolais ne se structure pas harmonieusement. Le recul vient de l'intervention multipartite des institutions politiques en dehors de la logique cyber-. La sécurité recourt à la coupure du signal Internet sur toute l'étendue de la République. À part le ministre des postes et NTIC, la gestion des activités numérique se partage entre plusieurs ministères traditionnels, ceux en charge de l'économie, du commerce et de l'industrie. La transition des normes sur les services de la société de l'information doit donner lieu à la création d'organes spécialisés pour réguler le marché numérique congolais. La réforme du régulateur est également envisagée comme soutien des transformations du cadre juridique général des TIC et de celui spécifique au commerce électronique. En effet, ce dernier reste particulièrement attaché au préalable d'une disponibilité d'accès aux communications électroniques.

Ainsi, les objectifs de confiance innervent le droit du numérique : neutralité technologique, équilibre de marché, consumérisme et régulation de l'accès. La loi a établi des régulateurs sectoriels sur les aspects de la société de l'information. L'ARPTC est l'autorité de régulation des télécoms. Elle veille à l'accès universel aux télécoms et/ou d'inclusion numérique, dans l'organisation du secteur public des TIC. Au-delà, l'économie et les finances ont trouvé leur pavé numérique. Entre passé et avenir, le législateur entend restructurer et réaligner l'ARPTC sur l'axe de nouveaux enjeux du marché des télécoms et du numérique. **(Section 2)**

1204 [www.kitunga.be]; [www.monkitunga.com] (à traduire « kitunga » du lingala, dialecte congolaise, par « le panier » en français), pour symboliser le fait d'acheter en ligne depuis l'Europe les denrées et produits de première nécessité disponibles sur le marché physique en RDC, pour obtenir leur livraison à la famille restée dans le pays.

SECTION II. LA RESTRUCTURATION DE L'ARPTC EN « ARPTNTIC » À L'ÈRE DU NUMÉRIQUE ET DE L'INTERNET

De *lege ferenda*, l'ARPTC « créée par la loi n°014/2002 du 16 octobre 2002 devient l'Autorité de Régulation des Postes, des Télécommunications et des Technologies de l'Information et de la Communication du Congo, ci-après "l'Autorité de Régulation", en abrégé "ARPTTIC". Elle est dotée de la personnalité juridique et jouit de l'autonomie financière et de l'indépendance administrative. L'Autorité de Régulation relève du Président de la République ».[1205]

D'un coté, cet article important exprime une problématique (de longue date) que le projet de loi ne résout toujours pas. Les principes du droit de la régulation sont le standard universel des accords de l'OMC de 1994, particulièrement son accord spécifique du 16 février 1997 sur les télécommunications. Quoique ces accords soient intervenus en fin d'époque du Zaïre qui n'eut pu les transposer, les nouvelles autorités de la RDC ne leur avaient pas alors consacré le couvert d'une ratification.[1206] Au regard des standards néanmoins adopté dans nos lois, l'autonomie décisionnelle de l'ARPTC reste encore un enjeu non résolu, notamment : son rattachement à la présidence de la RDC ou alors sa tutelle par le ministère des PTT. **(§1)**

D'un autre côté, les transformations législatives n'innovent pas suffisamment sur les enjeux et les objectifs fondamentaux assignés à la régulation. En tant qu'enjeu contemporain de la régulation à l'ère numérique, l'« interrégulation » et la « régulation convergence » ne figurent pas dans le projet de la nouvelle loi sur l'ARPTC. Ce dernier conserve sa logique purement sectorielle pour une activité numérique pourtant multisectorielle et protéiforme. Par ailleurs, en tant qu'enjeu traditionnel de régulation des télécoms, la *fracture numérique* présente des aspects politiques, juridiques et statistiques qui interpellent sur les compétences de l'ARPTC, dans la promotion des TIC pour un service universel en RDC. **(§2)**

§ 1. Le regard critique sur le statut administratif de l'ARPTC pour une transformation de son « rattachement tutélaire » à la présidence de la république

Les innovations dans le projet de loi sur l'ARPTC sont appréciables concernant la mise en place des attributions du régulateur à l'ère numérique **(A)**. Néanmoins, le choix incohérent du législateur de 2002 semble persister avec le maintien de l'ARPTC sous une sorte de « tutelle » du président de la

---

[1205] Tel est l'énoncé de l'article premier du projet de loi modifiant et complétant la loi sur l'ARPTC. (Source : Secrétariat général du Gouvernement de la RDC, 2016)

[1206] *Cf.* à ce sujet : C. GUERRIER, « Droit et accords OMC dans le domaine des télécommunications : la problématique », *Droit de l'informatique et des télécoms,* revue trimestrielle, 16e année, 1991, pp. 95-96.

République. Cela mérite des critiques, vu le caractère politique de ce rattachement fait en dysharmonie avec son contenu juridique et les conséquences que la loi elle-même en tire **(B)**.

A. Les innovations de la transition des textes juridiques sur l'ARPTC

Actuellement, la RDC n'a pu, contrairement en France, reconnaître à l'ARPTC, le statut d' *« Autorité administrative indépendante »* (AAI). Elle doit arriver à une réforme plus globale du statut des services publics, si elle veut l'amener au standard français, plus avancé en pertinence et en efficience. De *lege ferenda*, les missions de l'ARPTC sont à préciser pour ce que l'institution est elle-même et pour ce que proposent les comparaisons allant de l'ARCEP au ministère de l'économie numérique.

1. Le renouveau des missions de régulation des télécoms, l'ARPTC de demain avec le numérique d'aujourd'hui

Le projet de loi modifiant et complétant la loi n°014/2002 du 16 octobre 2002 sur la création de l'ARPTC a pour objet la révision et la précision des missions, des compétences et des pouvoirs ainsi que l'organisation et les modalités de fonctionnement du régulateur du secteur des PTNTIC, dénommé « Autorité de régulation des Postes, Télécommunications et des TIC », en abrégé « ARPTTIC ». Elle est prévue pour se substituer à l'actuelle ARPTC. Elle a pour objectif d'assurer la cohérence avec les dispositions des lois sur les postes, sur les télécoms et les TIC, de renforcer l'indépendance et l'autonomie de l'autorité de régulation, de préciser ses pouvoirs et d'adapter son rôle à l'évolution du secteur des PTNTIC. Le but est de suivre et d'assurer le développement d'une concurrence effective et durable. [1207]

De ce fait, le projet de loi s'est inscrit dans le but de réaffirmer l'indépendance de l'Autorité de régulation, de clarifier la répartition des compétences entre le régulateur et le ministre ayant en charge les secteurs des PTT ; de compléter ou modifier les attributions du régulateur. Il s'agit notamment de transformer l'interconnexion, l'accès à la boucle locale fixe et aux capacités à haut débit disponibles sur le ou les câbles sous-marins atterrissant en RDC ; le partage d'infrastructures, l'analyse concurrentielle du marché, la définition des opérateurs puissants et des obligations spécifiques qui peuvent leur être imposées, le règlement des différends et la gestion des ressources rares (spectre de fréquences radioélectriques et numérotation).

De *lege ferenda*, les attributions de l'ARPTC sont à réaligner sur les TIC, là où la loi actuelle de 2002 la limite aux télécoms. À cet effet, – outre faire respecter les lois, règlements et conventions sur les PTNTIC – elle est censée :

[1207] « Exposé des motifs », projet de loi modificative de la loi 014/2002 sur l'ARPTC.

- veiller au respect du principe de neutralité technologique, assistera le ministre des PTT notamment dans la préparation de la législation des postes, télécoms et des TIC ;
- assurer la protection des usagers ainsi que la rédaction d'avis et de propositions ;
- continuer à veiller à ce que les différents acteurs titulaires de licence respectent l'autorisation ou la déclaration de la réglementation applicables en matière de communications électroniques ;
- continuer à assurer plus particulièrement, sans que cette liste ne soit exhaustive, le contrôle des homologations et des caractéristiques obligatoires des équipements, la surveillance de leurs conditions d'utilisation, les ressources rares, ou encore le contrôle du respect des cahiers des charges et autres obligations incombant aux opérateurs.

Après leurs déréglementations, les marchés des télécoms se sont développés, mais ont créé des situations oligopolistiques. L'ARPTC cherche, en particulier, à renforcer l'équilibre des marchés, en surveillant les obligations imposées à ceux exerçant une puissance significative sur un marché pertinent.[1208]

Au regard de ses compétences actuelles, l'ARPTC va être fondée à étudier les demandes de licences en matière de télécoms, de cryptologie et des postes. En ce qui concerne les télécoms et les TIC, pour répondre aux demandes de licences, elle va préparer et mettre en œuvre les procédures d'attribution des licences par appel à concurrence, telles que prévues par les lois sur les PTNTIC et conduire leur processus technique d'attribution.

En matière de cryptologie et de sécurisation des échanges électroniques, des questions se posent sur la certification, l'horodatage, l'archivage et les recommandés électroniques. Le régulateur des télécoms se positionne aussi dans l'analyse des demandes d'accréditation des prestataires concernés, le processus technique de leurs attributions sera suivi conformément aux lois sur les PTNIC.

De même, en cas d'atteinte grave et immédiate à une règle régissant le secteur de fourniture et de continuité de service des télécommunications, l'Autorité de régulation peut, après avoir entendu les parties en cause, prendre des mesures conservatoires en vue notamment d'assurer la continuité du fonctionnement des réseaux et des services. Celles-ci doivent être strictement limitées dans le temps pour faire face à la situation. Plus loin dans le projet de loi, il est à noter qu'en cas d'atteinte grave et flagrante aux règles régissant le secteur des télécommunications et des technologies de l'information et de la communication, l'Autorité de régulation sectorielle peut, après avoir demandé aux parties de présenter leurs observations, ordonner des mesures provisoires appropriées en vue d'assurer la continuité du fonctionnement des réseaux et des services.

[1208] « Exposé des motifs », projet de loi modificative de la loi 014/2002 sur l'ARPTC.

En matière de conciliation des acteurs, l'Autorité de régulation sectorielle peut se saisir d'office dans les cas où il existe un refus d'interconnexion ou d'accès, y compris en cas de dégroupage de la boucle locale. Elle dispose des mêmes prérogatives s'il y a échec dans les négociations commerciales ou un désaccord sur la conclusion, l'interprétation ou l'exécution d'une convention d'interconnexion ou d'accès à un réseau des télécoms et des TIC autre que des dégroupages de la boucle locale. En cas de non conciliation, l'Autorité de régulation pourra procéder par un arbitrage, uniquement sur saisine de l'une ou l'autre partie.

Il convient de noter par ailleurs qu'en cas d'échec des négociations commerciales, l'autorité de Régulation peut également être saisie pour régler des différends entre opérateurs, dans leurs activités spécifiées. Le projet de loi vise quelques cas précis : partage d'infrastructures [1209], itinérance nationale[1210] et accès à des capacités internationales.[1211]

2. La discussion parlementaire sur les ambigüités du statut administratif et du rattachement de l'ARPTC dans deux lois en conflit

La session de septembre 2014 de l'assemblée nationale avait accueilli une proposition de loi devant réviser la loi n°014/2002 du 16 octobre 2002 sur l'ARPTC. Son auteur, un député de l'opposition, s'attaquait au fait que la loi des télécoms plaçait l'organe de régulation sectorielle sous l'autorité directe du président de la république.[1212] Contenant trois articles, l'essentiel de cette initiative législative visait à faire relever l'ARPTC, non plus du Président de la République, mais du ministre des PTNTIC. Celle-ci intervenait en même temps que le gouvernement qui proposait un avant-projet de loi portant le même intitulé et le même objet.

Ces deux initiatives contradictoires sont dans le contenu de l'article 2de la loi n°014/2002. La proposition de loi attribuait la tutelle de l'ARPTC au ministère des PTT, alors que le projet de loi tendait au maintien du *statu quo* sous tutelle du Président de la République. Conformément à l'article 130 de la constitution de la RDC[1213], ladite initiative fut transmise au gouvernement

[1209] À savoir : « Les possibilités et les conditions d'une utilisation partagée entre opérateurs d'installations existantes situées sur le domaine public ou sur une propriété privée prévues par la loi relative aux télécoms et aux TIC. »

[1210] À savoir : « La conclusion ou l'exécution de la convention d'itinérance nationale prévue par la loi relative aux télécoms et aux TIC. »

[1211] À savoir : « La conclusion ou l'exécution de la convention d'accès à des capacités internationales disponibles sur le ou les câbles sous-marins atterrissant en RDC prévue par la loi relative aux télécoms et TIC. »

[1212] La proposition de loi fut celle de l'honorable Jean-Baudouin Mayo Mambeke, député élu de Kinshasa, à la suite de sa question orale adressée au ministre des PTNTIC au cours de la session antérieure à septembre 2014.

[1213] Article 130, alinéa 3, Constitution de la RDC : « Les propositions de loi, sont avant délibération et adoption, notifiées pour information au Gouvernement qui adresse, dans les quinze jours suivant leur transmission, ses observations éventuelles au Bureau de l'une ou l'autre Chambre. Passé ce délai, ces propositions de loi sont mises en délibération ».

pour un examen approfondi. La vice-Primature chargée des PTNTIC donna son avis à cet effet.[1214]

Deux motifs essentiels – à la fois politiques et juridiques –sous-tendent l'initiative pour le changement du rattachement hiérarchique de l'ARPTC. Au premier chef, l'auteur de la proposition de loi se fondait sur le caractère anachronique de la situation politique de 2002. Il arguait que « la RDC n'est plus un pays en conflit où les pouvoirs du Président de la République étaient étendus pour les besoins de la sécurité et de la paix ».D'antan, avant la Constitution du 18 février 2006, le rattachement de l'ARPTC à la présidence de la République pouvait s'expliquer. Au second chef, ce rattachement hiérarchique soustrait l'ARPTC du contrôle parlementaire, vu que le président de la République est irresponsable devant le parlement.

En effet, aux termes des articles 145, 146 et 100 de la Constitution congolaise du 18 février 2006, le principe de l'irresponsabilité politique du président de la république devant l'assemblée nationale profite à ses services subordonnés. Seuls le Premier ministre et les membres du gouvernement font l'objet de contrôle parlementaire : motion de censure, motion de défiance, questions orales (avec ou sans débat), questions écrites, interpellation. Or, l'ARPTC intervient conjointement avec le ministre des PTNTIC dans la régulation et la réglementation du secteur numérique. Il semble incohérent que le ministre des PTNTIC réponde seul de sa politique et de ses actes devant l'assemblée nationale. Le ministre n'a pas d'autorité non plus sur l'ARPTC qui dispose pourtant de prérogatives conjointes de contrôle sur les activités relevant de son département ministériel.

La motivation de la réforme comparait l'organisation des télécoms avec les autres secteurs d'utilité publique. La proposition de loi évoquait le secteur de l'électricité, car la nouvelle Autorité de régulation de l'électricité (ARE) y institué relève du ministère de l'énergie. Il en est de même de l'Autorité de l'aviation civile, placée sous la tutelle du ministre des transports. Les arguments ainsi repris sont ceux du député auteur de la proposition de loi réformatrice. Mais au-delà, la critique en droit est nécessaire pour apprécier si une telle révolution dans la tutelle de l'ARPTC est soutenable au regard de la législation nationale congolaise.

En premier lieu, les lois n°013/2002 et n°014/2002 ont été toutes deux promulguées à la même date du 16 octobre 2016. Elles entrent cependant en contradiction manifeste sur le point précis de la tutelle de l'ARPTC.[1215] La contradiction existe en effet entre l'exposé des motifs de la loi-cadre des télécoms et l'article 2 de la loi spécifique sur l'ARPTC. Selon la première citée, « [l]es principales innovations qu'introduit la Loi-cadre sur les télécommunications [...] concernent : la création d'une Autorité de

[1214] Les détails en ont été présentés *supra* : Titre 1, Chapitre 1.

[1215] Il s'agit de la loi-cadre n°013/2002 sur les télécommunications en RDC et la Loi n°014/2002 du 16 octobre 2002 portant création de l'ARPTC.

régulation, *placée sous la tutelle du Ministre des P.T.T.* ».[1216]Son article 8, dernier alinéa dispose qu'« [u]ne loi crée l'Autorité de Régulation et fixe ses statuts ». En contradiction, l'article 2 de la loi n°014/2002 portant sur l'ARPTC dispose : *« L'Autorité de régulation relève du Président de la République ».*[1217] Au regard des principes généraux du droit[1218], une loi spéciale (loi n°014/2002 sur l'Autorité de régulation) peut déroger à une loi générale (loi-cadre n°013/2002 sur les télécoms). La contradiction est évidente quant à la hiérarchie du régulateur, dans les choix adoptés par chacun de ces deux lois précitées. Leur esprit et leur lettre s'opposent d'autant plus que la loi n°014/2002 a préféré l'ambigüité du « relever de » plutôt que le terme« tutelle » connu du lexique juridique... Il y a lieu de s'interroger s'il faut conclure à une dépendance hiérarchique dans le fait de*« Relever du Président de la République »*aux termes de l'article 2 de la loi n°014/2002 créant l'ARPTC.

Selon les arguments du ministère des PTT, le législateur de 2002 ne dit aucunement que l'ARPTC est sous la tutelle du président de la république. La tutelle constitue tous les moyens de contrôle dont dispose l'institution ou l'organe tutélaire sur l'entreprise. Elle est d'ordre administratif, judiciaire, technique, économique ou financier. La tutelle administrative s'exerce sur les actes, à tous les niveaux et à tous les stades de la procédure. Vis-à-vis de l'ARPTC, la « tutelle d'opportunité » est celle « qui subordonne à l'accord des autorités de tutelle la perfection juridique des décisions des autorités sous tutelle et s'analyse exactement en coopération entre ces deux catégories d'autorités, partant en une co-administration ».[1219]

Seulement, il n'en est pas ainsi de l'ARPTC, car la loi n'a pas organisé l'intervention du président de la république à un quelconque stade des activités de l'autorité de régulation. Ainsi, le budget de l'ARPTC est approuvé par son collège de l'ARPTC et non par le président de la république, ni par le ministre des PTT. Ce dernier en reçoit simplement information.[1220] De surcroît, la loi ne prévoit pas l'entérinement, par le président de la république, d'une quelconque des décisions prises par le collège de l'ARPTC en matière de régulation (en rapport avec ses missions). Il apparaît une réelle vacuité de conséquences, pour la loi, de faire relever l'ARPTC de la plus haute autorité du pays. Probablement, la volonté fut de souligner davantage l'indépendance de la régulation, en évoquant un simple rattachement plutôt qu'un véritable pouvoir tutélaire.

[1216] JO RDC, 44e année, n° spécial, 25 janvier 2003, p. 19.

[1217] *Ibidem*, p. 48.

[1218] J. HILAIRE, *Adages et maximes du droit français*, Dalloz, Paris, 2013, p. 185. G. CORNU [2010], *op.cit*, p. 965. *« Generalia specialibus non derogant »* : les dispositions générales ne dérogent pas aux dispositions spéciales. *« Specialia generalibus derogant »* : les dispositions spéciales dérogent aux dispositions générales ou le régime des choses spéciales déroge au régime général. *« In toto jure generi per speciem derogateur »*: En droit, l'espèce déroge au genre.

[1219] G. CORNU [2016], *op.cit*, pp. 922-923.*Verbo : « tutelle ».*

[1220] Article 23, loi n°014/2002.

En revanche, il se vérifie que la loi subordonne effectivement les actes précis de gestion interne de l'ARPTC à l'approbation ou à l'aval du ministre des PTT. Deux mécanismes légaux en témoignent. Le ministre intervient dans l'ordre des décisions de l'ARPTC en vue de leur conférer leur caractère exécutoire.[1221]Il intervient aussi bien dans la définition des sanctions liées aux décisions de l'ARPTC que dans la fixation de certaines procédures de règlement de litige.[1222]

Dans la réflexion, le parti pris par le directeur de la réglementation de l'ARPTC ne résiste pas à la critique.[1223] Selon ses écrits, ce juriste-régulateur avait considéré comme une « coquille[1224] »– c'est-à-dire comme un lapsus du législateur – l'évocation de la tutelle du ministre des PTT sur l'ARPTC, dans les lignes de l'exposé des motifs de la loi-cadre sur les télécoms. Il en est de même d'une série d'arguments simplistes : l'exposé des motifs (évoquant la tutelle du ministre des PTT sur l'ARPTC) serait comme détachable du texte de loi et l'article 2 de la loi n°014/2002 (évoquant le rattachement de l'ARPTC au président de la république) comme étant une disposition intangible dans le texte. Le contenu est cohérent avec des effets quant aux mécanismes d'approbation (contrôle) de certains actes de l'ARPTC par le ministre des PTT.

En revanche, le rattachement de l'ARPTC au Président de la République est dénué de contenu subséquent à ce prétendu pouvoir hiérarchique. Les prérogatives tutélaires sont d'attribution et ne peuvent se satisfaire de « décorum ». Par conséquent, le rattachement de l'ARPTC à la présidence de la République paraît, en toute évidence, être un choix politique. En revanche, l'exposé des motifs de la loi-cadre est conséquent, sur le plan législatif, en conférant un contenu légal conforme à la tutelle voulue et s'exprimant sur certains actes administratifs de l'ARPTC par les pouvoirs tutélaires du ministre des PTT.

En effet, la loi-cadre de 2002 sur les télécoms renforce l'idée d'attribuer au ministre des PTT l'approbation de plusieurs actes de l'ARPTC. [1225] Cependant, la loi n°014/2002, dans son article 2, dispose que l'ARPTC relève du président de la république, mais ne donne aucune précision. Sans incidence juridique sur la tutelle, cette loi n°014/2002 fixe le pouvoir discrétionnaire du chef de l'État pour la nomination du président et du vice-président de l'ARPTC.[1226]De même, ladite loi prescrit que le président de la république reçoit le rapport des comptes de l'ARPTC, alors même que celui-ci

[1221] Article 19, LCT-RDC, préc.

[1222] Article 6, loi n°014/2002 sur l'ARPTC, spécialement en ce qui concerne la prise d'un Arrêté du Ministre des PTT pour la mise en mouvement du pouvoir d'arbitre équitable des litiges entre opérateurs dévolus à l'ARPTC par l'article 5 de la même loi.

[1223] LEPAGE BUSHABU WOTO, *De la mise en œuvre de la régulation des télécommunications en droit congolais (RDC),* Mémoire pour obtention de BADGE, préc., p. 18 et s.

[1224]*Ibidem.*

[1225] Article 19, al. 1 et article 25, al. 1, loi-cadre sur les télécoms en RDC, préc.

[1226] Article 10 alinéa 1, loi-cadre sur les télécoms en RDC, préc.

est rendu public et partagé à la connaissance des ministres des finances et des PTT, sans aucun quitus à y apporter.[1227]

Ainsi, la confusion des deux lois sur la tutelle de l'ARPTC est contraire aux objectifs de bonne gouvernance. La cohérence des textes de loi est mère de sécurité juridique. La contrariété des textes de loi est en effet source de conflits entre autorités publiques intervenant dans le même secteur régulé, en l'occurrence celui des télécoms. Elle dérange les objectifs d'une bonne conduite de politique sectorielle, avec de claires responsabilités des pouvoir publics. Elles affectent l'exercice harmonieux de la régulation. Il faut porter correction au positionnement institutionnel de l'Autorité de régulation.

En même temps, la restructuration de l'ARPTC est devenue une nécessité et une urgence. Plusieurs propositions émergent en droit comparé au sujet des évolutions de la régulation. Le statut de l'ARPTC de 2002 n'est plus conforme au régime général des établissements publics. La loi de 2002 se réfère encore à la loi-cadre du 06 janvier 1978 sur les entreprises publiques.[1228] Par ailleurs, la loi de référence de 1978 est abrogée depuis la promulgation du paquet des lois de 2008 dites de désengagement de l'État, celles ayant opéré la transformation des entités administratives du portefeuille de l'État en RDC. Il est dès lors impérieux de porter correction à de nombreuses erreurs et incohérences.

3. L'ARPTC en porte-à-faux de l'évolution des lois sur le portefeuille de l'État congolais

La loi n°08-009 du 07 juillet 2008 portant dispositions générales applicables aux établissements publics englobe le statut actuel de l'ARPTC. « La loi n°78-002 du 06 janvier 1978 portant dispositions générales applicables aux entreprises publiques inclu[ai]t dans sa définition tout établissement public quelle qu'en soit la nature. Il en découl[ait] que certains établissements publics ne réalisant pas d'activités lucratives se sont retrouvées assujettis aux mêmes contraintes que les structures opérant dans le secteur marchand ».[1229] Aux termes de l'article 1er de la loi n°014/2002, l'ARPTC *« est une personne morale de droit public dotée de la personnalité morale »*. Et pourtant, selon l'article 3 de la loi n°08-009, l'« établissement public est toute personne morale de droit public créée par l'État en vue de remplir une mission de service public [...] dispose d'un patrimoine propre [...] jouit de l'autonomie de gestion et est placé sous la tutelle du Ministre ayant dans ses attributions le secteur d'activités concerné par son objet ».

[1227] Article 28, alinéa 2, loi n°014/2002, préc.

[1228] JO RDC, 44e année, n° spécial, 25 janvier 2003, p. 19 et 49. L'exposé des motifs de la même loi créant l'ARTPC précise que « *l'option a été levée pour un organe public doté d'un statut intermédiaire situé entre le régime des entreprises publiques instituées par la loi cadre du 06 janvier 1978 et le régime d'une régie mais doté d'une large autonomie* ».

[1229] *Les Codes Larcier de la République Démocratique du Congo, Droit administratif*, t.VI, B, éd. De Boeck et Larcier (Afrique édition), Bruxelles (Kinshasa), 2010, p.912.

Le régime de l'ancienne loi du 06 janvier 1978 était relatif aux établissements publics et concernait aussi l'ARPTC. Il est dorénavant reprécisé par la loi n°08-009 du 7 juillet 2008 sur le portefeuille de l'État. Si la loi n°014/2002 sur l'ARPTC évoquait pour cette dernière un statut intermédiaire, la loi de 2008 sur le portefeuille de l'État tranche que « *suivant son objet, l'établissement public est à caractère soit administratif, soit social et culturel, soit scientifique et technique* ».[1230] Le statut administratif de l'ARPTC n'est pas dûment précisé dans la loi sur sa création, qui l'identifie seulement comme personne morale de droit public. La législation congolaise ne consacre pas de statut d'AAI, autorité administrative indépendante. Le statut de l'ARPTC est bivalent, « *situé entre le régime des entreprises publiques et le régime d'une régie dotée d'une large autonomie* ».[1231]

L'étude sur la nature administrative de l'ARPTC présente davantage d'enclin de son appartenance à la catégorie d'établissement public, plutôt qu'à celle d'entreprise publique. La situation se complexifie dans la mesure où n'« ayant pas la vocation de générer et de recouvrer directement des recettes, l'autorité [de régulation] ne peut disposer de conseil d'administration ni d'un collège des commissaires aux comptes à cause de l'inadéquation de leur rôle classique avec le statut de l'Autorité et des difficultés de prise en charge financière de ces organes ».[1232] L'ARPTC ne peut donc pas être qualifiée d' « entreprise publique ».

En effet, l'article 3,-3 de la loi n°08-10 du 07 juillet 2008 organisant le portefeuille de l'État entend par « entreprise publique : toute entreprise du portefeuille de l'État dans laquelle l'État ou toute personne morale de droit public détient la totalité ou la majorité absolue des actions ou parts sociales ». En l'occurrence, l'ARPTC ne dispose d'aucune structure d'actionnariat.

De ce qui précède, l'ARPTC est tout au plus un établissement public, tout au moins un service public, au sens de la loi n°08-010 fixant les règles relatives à l'organisation et à la gestion du portefeuille de l'État[1233], et au sens de la loi n°08-009 du 07 juillet 2008 sur les dispositions générales applicables aux établissements publics. Cette assertion peut se confirmer à l'article 11 de la loi n°08-007 du 07 juillet 2008 portant sur les dispositions générales relatives à la transformation des entreprises publiques. Cet article dispose : « Les entreprises publiques dont les activités sont, soit non lucratives et non concurrentielles, soit le prolongement de celles de l'Administration publique, soit bénéficiant d'une parafiscalité et qui

---

[1230] Article 4, loi n°08-009 du 7 juillet 2008, préc.

[1231] « Exposé des motifs », loi n°014/2002 [sur l'ARPTC], JO RDC, 44e année, n° spécial, 25 janvier 2003, p.49.

[1232] *Ibidem*, p. 50.

[1233] JO RDC, n° spécial, 12 juillet 2008, p.25.

poursuivent une mission d'intérêt général, sont transformées, selon le cas, en établissements ou en services publics ».[1234]

L'ARPTC ne figure pas sur la liste des entreprises publiques transformées en sociétés commerciales. La nouvelle catégorie « société commerciale d'État » s'émancipe de toute forme de tutelle, sauf leur administration et leur gestion assurées par le ministre ayant le portefeuille de l'État à cause de l'actionnariat public.[1235]Les sociétés commerciales, soient-elles à totalité de parts sociales détenues par l'Etat, sont entrées dans le champ du droit des affaires.[1236] Toutes ces variations du comportement de l'État dans l'économie relèvent du Droit public économique…[1237]Le statut intermédiaire de l'ARPTC, tel qu'évoqué dans la loi n°014/2002, a assez peu d'aspect dérogatoire par rapport à la législation générale sur les établissements publics de 2008. Il s'agit de l'absence de conseil d'administration et de collège des commissaires aux comptes au sein de l'ARPTC (pour les raisons susmentionnées). L'ARPTC ne dispose pas de structure organique classique pour établissement public.[1238]

Toutefois, ce défaut d'organe caractéristique ne supprime pas en son sein les fonctions d'un conseil d'administration, d'une direction générale et des commissaires aux comptes. Chacune d'elles est en réalité approchable des fonctions occupées par le collège de l'ARPTC, son président et le ministre des finances en tant que « contrôleur des comptes[1239] » de l'ARPTC. Le statut bivalent de l'ARPTC – entreprise publique à large autonomie – ne dépasse aucunement le cadre général de la loi n°08-009 du 07 juillet 2008. Cette dernière connaît distinctement les statuts sûrement réunis, même si la loi n°014/2002 avait semblé les réunir en un seul dans le chef de l'ARPTC. Désormais, l'article 25 de la loi n°08-009 déduit du statut d'entreprise

---

1234 *Ibidem*, p.5.

1235 Article 8, Loi 08-010 du 7 juillet 2008 fixant les règles relatives à l'organisation et à la gestion du portefeuille de l'État. V. aussi Décret 09/12 du 24 avril 2009 établissant la liste des entreprises publiques transformées en sociétés commerciales, établissements publics et services publics.

1236 Aux termes de l'article 2 du Traité OHADA, « entrent dans le domaine du droit des affaires l'ensemble des règles relatives au droit des sociétés et au statut juridique des commerçants, au recouvrement des créances, aux sûretés et aux voies d'exécution, au régime du redressement des entreprises et de la liquidation judiciaire, au droit de l'arbitrage, au droit du travail, au droit comptable, au droit de la vente et des transports, et de toute matière que le Conseil des ministres déciderait à l'unanimité, d'y inclure, conformément à l'objet du présent traité et aux dispositions de l'article 8 [du même Traité] ». *Cf. aussi* F-X. LUCAS, *Le droit des affaires,* préc. *Cf.* J. CHEVALLIER, *Le service public*, préc.

1237 J.-PH. COLSON et P. IDOUX, *Droit public économique*, 8e éd., LGDJ, coll. « Manuel », Paris, 2016.

1238 Article 6 de la loi 008-009 du 7 juillet 2008 : « Les structures organiques d'un établissement public sont : 1. Le conseil d'administration ; 2. La direction générale ; 3. Le collège des commissaires aux comptes ».

1239 Article 27, Loi n°014/2002 portant création de l'ARPTC.

publique une tutelle obligatoire ; ce qui est conforme aux articles 91, alinéa 4[1240] et 93[1241] de la Constitution du 18 février 2006.[1242]

Quid, à cet égard, du« principe d'autonomie décisionnelle »[1243] des organes étatiques de régulation sectorielle, découlant des accords de l'OMC de 1994 et de 1997 ? La tutelle ministérielle, voulue par le droit congolais, paralyserait-elle ledit principe congolais pour tout service et établissement public congolais ?

En droit administratif, la tutelle s'exerce sur des actes précis. Elle n'affecte donc pas forcément l'autonomie, ni l'indépendance d'une autorité établie. Au contraire, le rattachement au président de la république donnerait un poids d'influence politique plus important que s'il s'agissait du rattachement à un ministère. En l'espèce, l'indépendance administrative n'est pas liée au rang protocolaire de l'autorité de rattachement, mais plutôt à une marge de liberté et d'autonomie d'action.

De ce point de vue, la proposition de réforme de loi n°014/2002 portant sur la création et le fonctionnement de l'ARPTC doit tendre à soumettre son statut au droit des services publics, au droit administratif et à l'organisation du portefeuille de l'État. Il est aussi impératif de mettre fin à cette contradiction du législateur concernant les deux lois sectorielles de 2002, promulguées à la même date et dans le même secteur des télécoms. L'incurie législative est telle que les deux lois se contredisent au sujet de la tutelle d'une seule entité publique, évoquant le ministre comme organe de tutelle et fondant finalement la présidence de la république au même rôle.

Est-il encore possible de reconnaître à l'ARPTC un statut *sui generis* d'une « autorité administrative indépendante », comme l'ARCEP en France, alors que la nouvelle législation sur le portefeuille de l'État ? Elle ne pourrait pas non plus tirer la particularité de son statut du fait de son rattachement au président de la république. La vocation de tout service public et tout établissement public est de disposer d'une tutelle, le choix est celui de la nouvelle législation de 2008 déjà évoquée. En 2002, la loi créant l'ARPTC l'avait fait « relever » du président de la république.

Depuis 2008, le législateur a adopté la réforme du statut des entreprises publiques en établissements publics ou en services publics[1244] ; le principe subséquent est l'exigence d'une tutelle à exercer par les ministres sectoriels sur tout service public de son département. C'est bien là la grande évolution entre le régime des entreprises publiques de 1978 auquel se référait la loi de

---

[1240] Article 91, alinéa 4, Constitution de la RDC, préc. : « Le Gouvernement dispose de l'administration publique »…

[1241] Article 93, al. 1, Constitution de la RDC, préc. : « Le ministre est responsable de son département. Il applique le programme gouvernemental dans son ministère »…

[1242] *Cf.* pour autres développements : point B du présent § d'ouvrage.

[1243] *Cf. supra*, Tome 1, Titre 2, Chapitre 2, Section 1, §1 « La mise en œuvre de la déréglementation dans sa déclinaison générique africaine », spécialement point B/ « La fonction de régulation face aux enjeux de défaillance des marchés et de capture du régulateur en Afrique »

[1244] Certaines entreprises publiques ont également été transformées en sociétés commerciales.

2002 au sujet de l'ARPTC. Depuis 2008, les services publics doivent relever d'un ministre et non plus du président de la république. Dans tous les cas, les prérogatives constitutionnelles ont plutôt été réajustées depuis 2006 en faveur de l'autorité directe des ministres sur les services publics de leur département.

B. L'ambigüité législative et administrative du rattachement hiérarchique et fonctionnel de l'arptc

Des facteurs d'ordre constitutionnel et d'ordre législatif motivent le changement du rattachement hiérarchique de l'ARPTC. Le dynamisme des textes constitutionnels influe sur la réadaptation des règles institutionnelles du secteur des TIC. Le droit public, en tant que « droit de l'État »,[1245] impose aux autorités ministérielles et administratives des règles d'organisation et de fonctionnement pour la gouvernance sectorielle. Dans les faits, les enjeux de l'ère numérique incitent à une transition des normes étatiques. La régulation des enjeux de l'ère numérique est fortement liée au statut administratif du ministre des PTT et de l'ARPTC. Il faut préciser leurs rapports de collaboration ou de subordination.

De ce point de vue, le droit public se présente aussi bien comme « une réglementation fondatrice confrontée aux transformations numériques »[1246] que comme « une réglementation fondatrice pour les usages de l'informatique ».[1247]

1. La fragilité politique des arguments de rattachement tutélaire de l'ARPTC à la présidence de la République

Depuis sa création en 2002, l'ARPTC a connu quatre collèges successifs dont les membres sont nommés par le président de la république. En RDC, le conflit entre deux lois du 16 octobre 2002 sur les télécoms et sur l'ARPTC est resté en l'état actuel du droit. Dans les développements antérieurs, le directeur de la réglementation de l'ARPTC avait fait une étude sur l'énoncé de la tutelle du régulateur à exercer par le ministère des PTT à qui finalement la loi a préféré la présidence de la république.[1248]

[1245] D. TRUCHET, *Le Droit public, Le droit de l'État,* PUF, coll. « Que sais-je ? », 3e éd., n°1327, Paris, 2014 (2003), pp. 43 et 47. « Il est indispensable d'organiser ces règles dans un ensemble cohérent : c'est une exigence d'ordre, de méthode et d'efficacité du droit public, de justice et de démocratie aussi : qu'en resterait-il si, par exemple, le législateur s'affranchissait du respect de la constitution ou l'administration de celui de la loi… ? »

[1246] H. OBERDORFF, « L'espace numérique et la protection des données personnelles au regard des droits fondamentaux » in *Revue de droit public et de la science politique en France et à l'étranger*, RDP, 2016, n°1, Lextenso, Issy-les-Moulineaux, janvier 2016, p. 42-43.

[1247] *Ibidem.*

[1248] LEPAGE BUSHABU WOTO, *op.cit,* p. 59 et s. *Cf. supra,* Titre 1, Chapitre 1, Section 2, §1, B/, « Les erreurs exemplaires de réglementation sous la LCT de 2002 ».

Au départ, un tel choix politique de rattachement pouvait encore se justifier. Le pays était sur le point de sortir d'une guerre de rébellion. L'accord de paix envisagé à l'orée 2002 devait donner lieu à la Constitution de la transition du 4 avril 2003. Il était question de partage équitable et équilibré des pouvoirs entre des composantes politiques autrefois belligérantes.[1249] La composante « Gouvernement de Kinshasa » anticipait de le fait de transférer la gestion du ministère des PTT à la composante « RCD-Goma ». Le président de la République usa de l'astuce politique de conserver à travers la régulation, la haute main sur le secteur des PTT. Ce, même si l'accord de paix l'arrogeait au RCD-Goma (composante rebelle). L'article 2 de la loi n°14/2002 n'eût alors été qu'une dictée politique orientée, tant l'ex-gouvernement contrôlait l'Assemblée législative / Parlement de transition (ACL/PT).

Dans le contexte de fin de guerre civile, il fallait prévenir l'autonomie et l'efficacité de l'ARPTC, face aux interférences des membres du gouvernement. À cet égard, la loi n°014/2002 sur la création de l'ARPTC exposait trois raisons essentielles. Il fallait, « à l'instar de certains autres pays, renforcer son indépendance vis-à-vis du ministre qui exerce aussi la régulation au nom de l'État congolais ».[1250] De plus, soulignait-on, « le secteur étant stratégique sur le plan de la sécurité, il ne faudrait pas qu'il soit sous l'influence de plusieurs personnes ».[1251] En 2002, il était donc admissible que « le contexte sociopolitique de notre pays [RDC] le recommande aussi ».[1252]

1249 P. BOUVIER, *Le Dialogue intercongolais, Anatomie d'une négociation à la lisière du chaos, contribution à la théorie générale de la négociation,* L'Harmattan, coll. Cahiers africains, n°63-64, Paris, 2004, p.50-53, . La guerre de contestation de légitimité contre le Président Mzee Kabila, tombeur de Mobutu en RDC, éclata en en août 1998 dans la partie Est du pays. Il fallut attendre la signature de l'Accord de cessez-le-feu à Lusaka (Zambie) le 10 juillet, le 30 juillet et le 31 août 1999 pour entamer les négociations de paix dans le cadre du « dialogue intercongolais ». L'« Accord global et inclusif sur la transition en République Démocratique du Congo » fut signé le 17 décembre 2002 à Pretoria (Afrique du Sud) entre les opposants armés, le Gouvernement et l'opposition politique. L'accord visait le partage équitable et équilibré du pouvoir au sein du gouvernement, du parlement, des Ambassades, de l'Armée, de la Police, des entreprises et établissements publics. Le ministère des PTT doit revenir, aux termes de cet accord, à la rébellion de l'Est du pays (le RCD-Goma) à l'origine de la guerre dans le pays. La promulgation de la « Constitution de transition » du 4 avril 2003 maintient le Chef de l'État au-dessus de l'exécutif, sans Premier ministre. La volonté est de rattraper par l'envers ce qui a pu être concédé par endroit. Ainsi, quelques mois avant l'accord du 17 décembre 2002, la présidence de la république anticipe au niveau du Parlement, « Assemblée Constituante et Législative-Parlement de transition » (ACL-PT, en sigle), non encore passée sous la coupe réglée de l'Accord pour que les lois du 16 octobre 2002 interviennent en matière des télécoms. La tutelle présidentielle sur l'ARPTC est demeurée en l'état à ce jour. Et le Président de la République étant la plus haute institution, tout changement législatif reste délicat, d'autant que l'ARPTC se plait elle-même dans le *statu quo.*

1250« Exposé des motifs », loi-cadre n°13/2002 sur les télécoms en RDC, préc.

1251*Ibid.*

1252*Ibid.*

Cependant, 15 ans après, l'évolution du droit positif congolais conduit peu à peu à ce que l'ARPTC ne relève plus du président de la république mais plutôt du ministre des PTT. *Premièrement*, par souci d'indépendance, la proposition de loi modifiant la tutelle de l'ARPTC soutient que « la dépendance de l'Autorité de régulation au président de la république la soustrait au contrôle parlementaire dans la mesure où le président de la république est irresponsable devant l'assemblée nationale ». Le choix de la tutelle administrative, initialement fait pour renforcer l'indépendance de l'ARPTC face au ministre des PTT, crée une situation excessive.

L'ARPTC est considérée comme un service de la présidence de la république. Son rattachement hiérarchique s'oppose à l'application de l'article 100 de la Constitution, alinéa 2, en vertu duquel « le Parlement [...] contrôle le Gouvernement, les entreprises publiques ainsi que les établissements et les services publics ». Concernant la « montée en puissance des exécutifs contemporains dans la plupart des démocraties occidentales, le pouvoir exécutif n'est pas seulement un pouvoir d'exécution. Il apparaît désormais comme le véritable centre d'impulsion et de décision, en matière politique, économique ou sociale [...] Fort, souvent, d'une majorité politique dont il est issu et qu'il dirige, l'organe exécutif s'impose ainsi face à un Parlement, fréquemment affaibli dans l'exercice de sa fonction de contrôle ».[1253]

Deuxièmement, le rattachement de l'ARPTC au président de la république est aussi lié à une raison de sécurité. Mais la proposition de loi (en exergue) soutenait que la « Constitution qui répartit les compétences entre les institutions, dispose en son article 91 alinéa 3 : la défense, la sécurité et les affaires étrangères sont des domaines de collaboration entre le Président de la République et le Gouvernement ». Le portefeuille des télécoms n'est pas formellement repris dans ce cadre limitatif. Les télécoms relèvent du gouvernement qui en répond devant l'assemblée nationale, conformément à l'article 91 alinéa 5 de la Constitution.[1254]

Admettons que ce sont bien les raisons officielles de sécurité qui auraient justifié la dépendance de l'ARPTC au président de la république. Il ne paraît cependant pas d'attribution que la loi confère à l'ARPTC dans ce domaine de sécurité. Bien au contraire, l'article 6 de la loi-cadre de 2002 confère au ministre des PTT la mission de police et de surveillance générale du secteur des télécoms, en collaboration avec les ministres ayant en charge la justice, la défense, la sécurité.

Troisièmement, en ce qui concerne l'évolution du contexte politique, la proposition de loi (en exergue) soutient que « Par souci d'efficacité, de cohérence et de conformité à la Constitution en vigueur, il est dès lors,

[1253] L. FAVOREU, P. GAÏA, R. GHEVONTIAN, J.-L. MESTRE, O. PFERSMANN, A. ROUX et G. SCOFFONI, *Droit constitutionnel,* Dalloz, coll. précis, 18e éd. 2010, Paris, 2015, p. 668.

[1254] Article 91, al. 5, Constitution de la RDC : « Le Gouvernement est responsable devant l'Assemblée nationale dans les conditions prévues aux articles 90, 100, 146 et 147 ».

impérieux que la tutelle de l'autorité de la poste et des télécommunications revienne au Ministre qui a en sa charge ce secteur au sein du Gouvernement ».

Parlant d'efficacité, deux autorités nationales interviennent en matière de réglementation et de régulation des télécoms : le ministère des PTT et l'ARPTC. L'article 8, alinéa 2, h) de la loi-cadre sur les télécoms présente l'ARPTC comme une autorité d'exécution de la politique sectorielle, par sa mission de régulation. « Elle a pour attribution de [...] contribuer à définir et à adapter, conformément aux orientations de la politique gouvernementale, le cadre juridique général dans lequel s'exercent les activités relevant du secteur des télécommunications ». En tant qu'instrument d'exécution du programme gouvernemental, elle ne devrait pas raisonnablement demeurer rattachée au Président de la République.[1255]

Parlant de cohérence, le ministre de PTT veille à assurer la séparation et l'indépendance de la fonction de régulation du secteur des télécoms de celle de l'exploitation des réseaux ou de fourniture de services des télécoms.[1256]Cette tâche n'incombe pas au président de la république agissant en garant du bon fonctionnement des institutions politiques du pays (article 69 de la Constitution). La tâche revient bien évidemment au ministre (article 93 de la Constitution). Il a déjà été dit que celui-ci est responsable de son département, il applique dans son secteur, le programme gouvernemental.

2. Les limites du droit des services publics congolais dans la réforme du statut de l'ARPTC au vu de l'ARCEP en France

En France, l'ARCEP a la compétence de réguler les activités postales. Elle a pour office de favoriser l'exercice d'une « concurrence effective et loyale au bénéfice des utilisateurs ». Cette attribution la rapproche singulièrement de l'office général de l'autorité de la concurrence. Le régulateur doit encore tenir compte de l' « intérêt des territoires » et de l'accès des utilisateurs aux services et aux équipements. L'ARCEP a compétence pour réguler ce qui contient les informations transportées (contenant) tandis que le Conseil supérieur de l'audiovisuel (CSA) a compétence pour réguler les informations transportées (contenu). Cette distinction contenant/contenu est comme une *summa divisio* fondant la dualité des régulateurs du numérique, voire leur multiplicité.

Toutefois, cette distinction est fragile et relativisée dans la pratique à l'étranger. D'autres pays préfèrent avoir un seul régulateur pour le contenant et pour le contenu, dans la mesure où les informations peuvent passer par divers contenants (par exemple la télévision ou le téléphone). C'est pourquoi

---

[1255] Article 91, al. 1 et 2, Constitution de la RDC, préc. : « Le Gouvernement définit, en concertation avec le Président de la République, la politique de la nation et en assume la responsabilité. Le Gouvernement conduit la politique de la nation. »

[1256] Article 7, a), loi-cadre sur les télécoms (RDC), préc.

on évoque parfois l'hypothèse de fusion des deux autorités de régulation...[1257]

Sur le volet économique, l'ARCEP surveille les marchés de gros, dans lesquels les opérateurs doivent se comporter d'une façon transparente, non discriminatoire et publier une offre de référence (transparence). Elle fixe les prix et oblige à une orientation du tarif vers le coût, favorisant en aval le dynamisme concurrentiel (tarification). Ce régulateur veille à l'accès au réseau de transports et au réseau de distribution jusqu'au consommateur final (problématique de la boucle locale, voir Télécommunications).

Sur le volet technique, l'ARCEP peut assigner aux opérateurs des fréquences radioélectriques qui sont des ressources rares (facilités essentielles). Leur attribution peut être retirée à l'opérateur en cas de manquement.[1258] Au-delà de ces dimensions très techniques, le régulateur exerce une fonction politique parce qu'il projette dans l'avenir une certaine conception du secteur. Ainsi il peut estimer que la fibre optique doit être ou non favorisée et contraindre les opérateurs en ce sens. De la même façon, il peut ou non adhérer à la théorie de la « neutralité du Net ». Au nom de quoi, il peut imposer aux propriétaires d'un réseau de l'ouvrir à d'autres utilisateurs, même si des investissements supplémentaires à compenser sont nécessaires pour atteindre l'objectif de la régulation du droit de l'accès.

L'indépendance du régulateur étatique est essentielle face aux forces économiques du marché. La « capture du régulateur » est le terme usuellement employé dans les théories économiques. Elle vise la situation dans laquelle une institution – en pratique le régulateur – perd son indépendance par influence exercée par un tiers sur lui. La publicité des rapports est un instrument efficace entre les mains du régulateur. C'est sa façon de se légitimer : rendre des comptes en faisant usage des modes de responsabilités et de « redevabilité » (reddition des comptes) pour marquer son indépendance. Or si le régulateur est capturé par le secteur à contrôler, le système même de régulation s'ébranle. Il « a pour fonction de contrôler en permanence le secteur, pour prendre en *ex ante* la réglementation qui convient et pour sanctionner en *ex pos*t les manquements qu'il a pu constater », sinon sa capture par le marché annihile son office.[1259]

L'ARCEP française se distingue, en effet, de l'ARPTC, par son statut d'AAI, comme le sont les autres autorités de régulation : le CSA, le CRE, l'Autorité de marchés financiers, la CNIL, ... À ce titre, elle fait partie de l'État français, tout en étant indépendante du gouvernement. Son attribution

---

1257 M.-A. FRISON-ROCHE, *Les 100 mots de la régulation,* coll. « que sais-je ? », PUF, 1re éd., 2011, pp. 14-15

1258 L'ARCEP dispose du pouvoir de retirer des fréquences aux opérateurs ne remplissant pas leurs obligations et peut prendre des *mesures conservatoires*. Celles-ci peuvent être attaquées devant la Cour d'appel de Paris, sauf des cas de recours devant le Conseil d'États. L'autorité exerce un pouvoir de règlement de différends et un pouvoir de sanction.

1259 M.A. FRISON-ROCHE, *Les 100 mots de la régulation, op.cit*, pp. 33-34

lui vient certes du parlement, mais depuis 2016, son budget est imputé sur le programme budgétaire 134 du ministère de l'Economie.

En droit congolais, les formes les plus importantes d'autonomie reconnue à des services publics se limitent aux « Institutions d'appui à la démocratie », directement créées par la Constitution ou à défaut par une loi organique.[1260] En effet, ce statut organique et fonctionnel, détaché des pouvoirs judiciaire, législatif et exécutif, n'est reconnu qu'à la Commission nationale électorale indépendante (CENI)[1261] et au Conseil supérieur de l'audiovisuel et de la communication (CSAC).[1262] Quoique disposant d'un statut atypique en droit des services publics, l'ARPTC ne peut en aucun cas être assimilée ni prétendre au statut de ces institutions. Ce statut est défini directement par la Constitution, sauf dérogation reconnue à une « loi organique[1263]» d'en instituer.[1264] Ce qui est loin d'être réalisable au profit de l'ARPTC/ARPTNTIC.

3. Les limites du droit des services publics congolais des télécoms au vu du ministère de l'économie numérique en France

À ce jour en RDC, les activités du portefeuille des PTT s'insèrent dans l'économie numérique. Mais les transformations structurelles n'ont pas suivi. La régulation des télécoms est restée sectorielle. Au sein du même secteur, deux organes étatiques continuent d'assurer la représentation et la réglementation de l'État sur le même marché.

En France, sur le plan organique, le secrétariat d'État de l'économie numérique a supplanté le traditionnel ministère des PTT. Il s'insère dans le ministère de l'économie et des finances. Les compétences du secrétariat d'État en charge du numérique se consacrent à « la promotion et la diffusion numérique, aux contenus numériques, à la politique de données numériques

---

1260 D. BÉRANGER, *Le Droit constitutionnel, à la recherche de l'ordre politique idéal,* PUF, coll. « Que sais-je ? », n°3634, 6e éd., Paris, 2013 (2002), p. 9. « Le pouvoir constitutionnel, qui est une mise en forme du pouvoir politique par le droit, est exercé par des institutions et suppose la formulation des règles juridiques. Une institution n'est autre qu'une action humaine dissociée de son auteur et considérée en elle-même. »

1261 Article 211, Constitution de la RDC, préc. : « Il est institué une Commission électorale nationale indépendante dotée de la personnalité juridique. [...] Une loi organique fixe l'organisation et le fonctionnement de la Commission électorale nationale indépendante ».

1262 Article 212, Constitution de la RDC, préc. : « Il est institué un Conseil supérieur de l'audiovisuel et de la communication dotée de la personnalité juridique. [...] La composition, les attributions, l'organisation et le fonctionnement [...] sont fixés par une loi organique ».

1263 P. AVRIL et J. GICQUEL, *Lexique de droit constitutionnel, Vocabulaire citoyen,* PUF, coll. Que sais-je ?, 4e éd., Paris, 2014 (2003), p. 73. En France comme en RDC, la *« Loi organique »* conserve la même définition. « Traditionnellement, loi relative à l'organisation et au fonctionnement des pouvoirs publics. [...] La Constitution de 1958 (art.46) a défini cette notion jusque-là imprécise : est organique, la loi prévue par la Constitution, adoptée selon une procédure particulière, et obligatoirement soumise au contrôle du Conseil constitutionnel (art. 61, al. 1er) ».

1264 Article 222, Constitution de la RDC, préc. : « Toutefois, par une loi organique, le Parlement pourra, s'il échait, instituer d'autres institutions d'appui à la démocratie ».

et d'inclusion numérique ainsi que celle relative aux droits et libertés fondamentaux dans le monde numérique et à la sécurité des échanges, des réseaux et des systèmes d'information ».[1265]

Il est tout à fait normal que dans un marché libéralisé des communications électroniques, l'État désengagé de l'exploitation puisse s'assurer de « l'élaboration de la réglementation relative au numérique, [et] en particulier aux communications numériques ». C'est en ce sens que l'État « participe à la mise en œuvre du programme des investissements d'avenir dans le domaine numérique ». Le gouvernement contribue « à accélérer la transformation numérique de l'action publique et de l'économie ».Il joue également un rôle incitatif « au développement des entreprises et des acteurs français au numérique ».[1266] La loi française sur la République numérique reste une de grandes réalisations de la secrétaire d'État, Axelle Lemaire.[1267]

La RDC est encore loin de disposer d'un tel ministère. Il conviendra d'y penser au regard des tendances de transformations numériques de la société. L'ancien s'imbrique au nouveau. Le nouveau ne peut exister sans l'ancien.

§ 2. La reconfiguration de l'ARPTC en « ARPTNTIC » entre les enjeux classiques de « service universel » des télécoms et les tendances nouvelles du numérique

La réforme congolaise de l'ARPTC projette d'élargir son intitulé sur les questions des NTIC, en changeant son appellation en « ARPTNIC ». L'ARPTC est l'autorité centrale de mise en œuvre du service universel » des télécoms[1268] et de l'« inclusion numérique ».[1269] Lutter contre la fracture numérique est, pour le pays, un enjeu majeur de transition, pour participer à l'ère numérique. **(A)** De plus, la réforme de l'ARPTC est encore loin des enjeux des tendances nouvelles de la régulation à l'ère numérique. Le projet de loi sur l'ARPTC n'envisage pas la régulation convergente ni l'interrégulation, en dépit du caractère transversal des NTIC. **(B)**

1265 Décret n°2014-435 du 29 avril 2014 relatif aux attributions déléguées à la Secrétaire d'État chargée du numérique.

1266 *Ibidem.*

1267 Loi n° 2016-1321 du 7 octobre 2016 pour une République numérique [« loi Axelle Lemaire »], JO RF, 8 octobre 2016.

1268 Article 3, point q), Loi n°014/2002, préc. : L'ARPTC a pour mission de *« veiller à ce que les fonds du service universel soient utilisés pour assurer la prestation d'un service universel dans le domaine postal et des télécommunications ».*

1269 Article 3, point r), Loi n°014/2002, préc. : L'ARPTC a pour mission de *« s'assurer que les citoyens bénéficient des services fournis à l'aide des nouvelles technologies de l'information et de la communication ».*

A. La disponibilité de l'accès universel et l'inclusion numérique au centre des objectifs de la régulation

En droit congolais, le service universel est « le droit de chacun au bénéfice du service téléphonique de base, du télex, des publiphones à un coût raisonnable depuis toute région habitée du pays ».[1270] Cet enjeu de l'accès est primaire et primordial pour l'économie numérique. Il s'insère dans un objectif politique encadré ou exécuté par une législation spéciale. En Europe, le même enjeu est « de garantir un accès aux services de communications électroniques à l'ensemble de la population et sur l'ensemble du territoire en substituant l'action des autorités publiques aux mécanismes de marché ».[1271] C'est pour arriver à un « accès minimal en économie concurrentiel », que la directive européenne 97/33/CE a pris le soin de le définir en soulignant la nécessité de l'interconnexion.[1272]

Le manque d'accès au réseau rend le commerce électronique impossible. De même, sans grande télé-densité, l'économie numérique ne peut se développer, le réseau étant porteur des valeurs du commerce en ligne. Cela rappelle l'interprétation de portée universelle du législateur européen en lien entre le négoce et le réseau : « le développement du commerce électronique dans la société de l'information offre des opportunités importantes [...] pour autant que tout le monde puisse accéder à l'information ».[1273]

Ainsi, les politiques publiques sont un levier pour les indicateurs clés des TIC. Elles permettent à la RDC de se rattacher au commerce électronique mondial, dominé par les grands pôles européen et américain. Le législateur congolais des télécoms a donné mission à l'ARPTC de « s'assurer que les citoyens bénéficient des services fournis à l'aide des nouvelles technologies de l'information et de la communication ».[1274] Les politiques publiques font intervenir une législation et une régulation avisées, pour un changement qualitatif et quantitatif des indicateurs clés des TIC et pour améliorer le PIB national. Le droit est un instrument de ces politiques.

1. L'accès universel des télécoms comme aspect fondamental du droit de la régulation du numérique

En droit des télécoms, l'accès est un aspect essentiel de la dérégulation. Dans l'économie de marché, l'accès est ouvert pour tout nouvel entrant, sauf les barrières construites par un comportement anticoncurrentiel dont la sanction est réservée à une autorité de concurrence intervenant *ex-post*.

[1270] Article 4, point 30, LCT, préc.

[1271] J. CATTAN, *Le droit de l'accès aux communications électroniques, op.cit,* p. 191.

[1272] Article 2, paragraphe 1, point g), directive 97/33/CE sur l'interconnexion, préc. Le service universel est « un ensemble de services minimal défini d'une qualité donnée, qui est accessible à tous les utilisateurs indépendamment de leur localisation géographique et, à la lumière des conditions spécifiques nationales, à un prix abordable »

[1273] Considérant n°2, Directive 2000/31/CE, préc.

[1274] Article 3, r), loi n°014/2002, préc.

L'impératif d'accès est une conséquence de la dérégulation parce qu'il y a une volonté politique d'organiser l'accès en construisant la concurrence face à la puissance des opérateurs au regard de nouveaux entrants. Ainsi se dégage l'idée d'un droit fondamental d'accès dont le régulateur est l'organisateur ex ante et le gardien *ex post.*[1275]

En Europe, le *Livre vert sur l'intérêt général* de 2003 conservait encore l'idée des années 1990 des services universels comme « un ensemble d'exigences d'intérêt général ». Il visait l'objectif de mise à disposition à tout consommateur et utilisateur de certains services « indépendamment de leur position géographique, au niveau de qualité spécifié et, compte tenu des circonstances nationales particulières, à un prix abordable ». [1276] Définitivement, la relation n'est plus aussi étroite comme au départ entre service public et service universel.[1277] Un compromis a été trouvé en Europe entre la libération des activités de réseau imposée par le droit communautaire et les conceptions nationales – notamment française – du services public ». [1278] De nos jours, la directive 2002/22/CE du 7 mars 2002 [1279] modifiée par la directive 2009/136/CE du 25 novembre 2009, dite « directive "service universel" » encadre cette question qui occupe une place de choix dans la dérégulation européenne des télécoms. Elle garde pour objectif de « fournir un ensemble minimal de services déterminés à tous les utilisateurs finals à un prix abordable ».[1280]

En RDC, les articles 39 et 40 de la loi-cadre n°13/2002 sur les télécoms en attestent de l'adoption des principes identiques de service universel qui ont été adoptés dans le cadre de la dérégulation et mis à la charge de l'autorité de régulation. La problématique du service universel ne se posait guère tant que le régime de monopole était en vogue. Elle apparaît avec le contexte de la régulation et du marché libéralisé.

[1275] M.A. FRISON-ROCHE, *Les 100 mots de la régulation, op.cit,* p. 7.

[1276] P. CHAMPSAUR, *L'interconnexion et le financement du service universel dans le secteur des télécommunications*, La documentation française, Paris, avril 1996, p. 13, cité par J. CATTAN, *op.cit*, p. 190.

[1277] COMMISSION EUROPÉENNE, *Livre vert sur les services d'intérêt général*, COM (2003) 270, 21 mai 2003, p. 16.

[1278] E. GUILLAUME, « Le service universel des communications électroniques », in LAMY, *Droit des médias et de la communication,* Étude 435, juin 2009, cité par J. CATTAN, *op.cit*, p. 174.

[1279] Directive 2002/22/CE du Parlement européen et du Conseil du 7 mars 2002 concernant le service universel et les droits des utilisateurs au regard des réseaux et services de communications électroniques (directive « service universel »), JOCE L 108, 24 avril 2002, p. 51 et s.

[1280] Considérant n°4, Directive 2009/136/CE du P.E et du Conseil du 25 novembre 2009 modifiant la directive 2002/22/CE concernant le service universel et les droits des utilisateurs au regard des réseaux et services de communications électroniques, la directive 2002/58/CE concernant le traitement des données à caractère personnel et la protection de la vie privée dans le secteur des communications électroniques et le règlement (CE) n°2006/2004 relatif à la coopération entre les autorités nationales chargées de veiller à l'application de la législation en matière de protection des consommateurs, JO L 337, 18 décembre 2009, p. 11-36.

Avant la libéralisation, l'État-entrepreneur pouvait, grâce à ses rentes monopolistiques, financer des activités non-rentables notamment la couverture totale de la population en services des télécoms. Par mutation, le service universel s'est posé, en économie concurrentielle, comme un enjeu d'égalité et de disponibilité d'accès minimal aux services publics. Le marché pourrait réponde à ce besoin de résorption des contraintes géographiques et tarifaires, mais les résultats économiques restent le but des opérateurs.

Le service universel apparaît alors comme le "filet de secours" de l'économie de marché, sans pour autant que l'intervention extérieure du régulateur ne provoque une distorsion de la concurrence.[1281] À cet effet, plusieurs mécanismes sont de mise pour prévenir le risque d'exclusion sociale des citoyens tout en préservant le marché, notamment : les obligations spécifiques de prix raisonnable, de déploiement du réseau, de raccordement, les services obligatoires, la péréquation financière, la fourniture ininterrompu des services dans une qualité donnée (continuité), la désignation de l'opérateur historique comme agent d'exécution de ces obligations, etc.[1282]

Dans l'expérience comparée de la France, l'un des trois objectifs majeurs de la loi pour la République numérique concerne l'« accès au numérique »[1283] au moyen de mesures de trois ordres. D'abord, le concept « numérique et territoires »[1284] s'installe dans les compétences et l'organisation des collectivités territoriales. Les mesures de « couverture numérique » impliquent lesdites collectivités à plusieurs égards : accélération, facilitations réglementaires, soutien financier pour le déploiement des infrastructures de réseau (pylônes pour la téléphonie mobile). Depuis 2013, la France met en œuvre un plan d'équipement de tout son territoire en réseaux à fibre optique à l'horizon 2022. Précisément, le très haut débit (THD) doit mobiliser un investissement public et privé, d'un montant global de 20 milliards d'euros. En fait, « [l]e droit à la fibre, notamment, permettra à n'importe quel résident d'un immeuble, propriétaire ou locataire, d'obtenir le raccordement de son logement au réseau de fibre optique, sans avoir à solliciter l'autorisation de sa copropriété, dès lors que les accès physiques le permettent. ».[1285]

Ensuite, plusieurs « facilitations d'usages »[1286] intéressent le commerce et les échanges électroniques, pour les usages comme le « recommandé électronique » et la « fourniture des services de paiement dans le cadre de l'exclusion de demande d'agrément applicable à certains instruments de

---

[1281] J. CATTAN, *op.cit*, p. 171.

[1282] Article 35-1 à -6, CPCE.

[1283] Titre 3, Loi pour la République numérique, préc.

[1284] Chapitre 1er, Titre 3, Loi pour la République numérique, préc.

[1285] « La #LoiNumérique en 15 points clés » [http://www.economie.gouv.fr/republique-numerique/15-points-cles] (consulté le 1er mars 2017).

[1286] Chapitre 2, Titre 3, Loi pour la République numérique, préc.

paiement »,[1287] la « simplification des ventes immobilières » ou encore la reconnaissance officielle de l'e-sport en tant que pratique professionnelle compétitive des jeux vidéo. Pour ces derniers, la « loi Numérique » prévoit une régulation des jeux en ligne, un statut social pour les joueurs professionnels et un régime d'autorisation parentale concernant les joueurs et les spectateurs mineurs.

Enfin, l'« accès des publics fragiles au numérique »[1288] est organisé par la loi française sur la République numérique. Au sens de l'article 104 de la « loi Numérique », cet « accès des publics fragiles au numérique » tient compte de la loi n° 2005-102 du 11 février 2005 pour l'égalité des droits et des chances, la participation et la citoyenneté des personnes handicapées. En particulier, les collectivités sont censées assurer une accessibilité du numérique aux personnes handicapées [malentendantes] pour les services téléphoniques ou pour l'Internet [aux personnes non-voyantes]. Cette obligation d'accessibilité concerne également les grandes entreprises de distribution ou les constructeurs des téléphones. Pour les dix prochaines années, cette mesure enjoint l'organisation des filières de « télé-conseillers » ou de « traducteurs en langage de signe » ainsi que la gestion de services d'accessibilité téléphonique grâce à une mutualisation des coûts au sein d'un groupement interprofessionnel associant nécessairement les opérateurs de communications électroniques.

Par ailleurs, la « loi Numérique » instaure le « droit au maintien de la connexion » en faveur des personnes les plus démunies, en cas de défaut de paiement, pour le temps de l'instruction de leur demande d'aide auprès des services départementaux. En outre, les collectivités françaises doivent déployer une stratégie de développement des usages et services numériques à l'échelle territoriale. L'offre de « services de médiation numérique » devrait servir à accompagner les populations dans l'utilisation du numérique.

En RDC, « aux fins de financer le service universel et de garantir le développement des télécommunications dans les zones rurales et isolées, il est créé un fonds de service universel et de développement de télécommunications ».[1289] Ce fonds n'est toujours pas créé. En principe, « [l]es recettes tirées des frais de licence, d'autorisations de déclarations, de taxes et redevances, en rapport avec les télécommunications, servent, essentiellement, au développement des télécommunications ».[1290] Le Trésor

---

[1287] « La #Loi Numérique en 15 points clés » [http://www.economie.gouv.fr/republique-numerique/15-points-cles] (consulté le 1er mars 2017). Cette mesure de la « loi Numérique » contribue à la facilitation des campagnes de dons par SMS. Ainsi, « les associations faisant appel public à la générosité pourront désormais recevoir des dons par SMS. Chaque donateur pourra donner jusqu'à 50 €, dans une limite de 300 € par mois, par le simple envoi d'un SMS depuis son téléphone mobile. Cette mesure, réclamée par de nombreuses associations, afin notamment d'élargir et de rajeunir leurs communautés de donateurs, doit entrer en application à la fin de l'automne. »

[1288] Chapitre 3, Titre 3, Loi pour la République numérique, préc.

[1289] Article 39, LCT, préc.

[1290] Article 40, LCT, préc.

public, au nom du principe de son unicité, encaisse lesdites recettes et exécute les dépenses générales inscrites au budget de l'État, sans assurer la subvention du développement du secteur numérique.

En juillet 2009, le « Document de politique sectorielle » sur le secteur des télécoms et des TIC de la RDC dressait en Afrique centrale le bilan réel de l'accès aux télécoms, de la pénétration des TIC, du développement et de la gouvernance numériques[1291]. Il était question d'actualiser ce Document tous les cinq ans, mais cela n'a pas été réalisé. L'enjeu primordial est celui du bénéfice de l'offre d'accès aux communications numériques, afin d'être connecté au commerce électronique pour y prester ou consommer. Cet enjeu largement pris en compte en Europe[1292] et en Amérique du Nord[1293] est d'assurer l'accès universel aux moyens de communications et au commerce électroniques.

2. L'accès aux communications électroniques comme préalable pour le commerce électronique dans la lutte contre la fracture numérique

Les télécoms constituent la base du commerce électronique. Les infrastructures techniques de ces activités numériques demeurent fortement concentrées en Europe et aux États-Unis. Selon *Coley*, *Cradler* et *Engel* (1997), l'accès à l'Internet n'est pas distribué de façon strictement aléatoire, il est surtout en lien avec le niveau de revenus et d'instruction. Les préoccupantes disparités économiques concernent la répartition des TIC dans les parties du monde. Elles ont amené Lloyd, ancien président de la fondation *Markle*, à parler de « fracture numérique » (*digital divide)* entre les riches et les pauvres.[1294]

Au cours de l'année 2000, 85% des sites Internet sont installés aux États-Unis, les autres étant principalement en Europe occidentale et dans quelques pays d'Asie. L'Afrique était à la traine. Ainsi, avec moins de 5% de la population mondiale, les États-Unis détenaient 25% des usagers de l'Internet. « Selon l'institut Forest Research, le monde devrait compter en 2013 quelque 2,2 milliards d'internautes. Ce qui représentait une progression

---

[1291] MINISTÈRE DES PTT, *Document de Politique sectorielle, stratégie de développement du secteur des télécommunications et des technologies de l'information et de la communication de la RDC*, juillet 2009, Kinshasa, pp. 45, spéc., p. 3,4, et 5.

[1292] Considérant n°2, Directive 2000/31/CE, préc. : « *le développement du commerce électronique dans la société de l'information offre des opportunités importantes* [...] *pour autant que tout le monde puisse accéder à l'information* ».

[1293] *Cf.* pour les États-Unis : *Communications Act,* 1934, Titre 1, Section 2.La législation de 1934 a adopté en des termes vagues mais bien novateurs l'objectif de service universel, comme celui de la recherche de l'accès universel. Le sens est celui de « la couverture universelle d'une population et d'un territoire en services de communication. K. P. JAYAKARA et H. SAWHNEY, *« Universal service : beyond established practice to possibility space », Telecommunication policy,* Vol. 28, 2004, p. 320 et 342, cité par J. CATTAN, *op.cit,* p. 172.

[1294] A. CARLOS GAMBOA, RON LAPORTE et F. SAUER, « Réduire la fracture numérique », in PNUD, *Coopération Sud – Tous « Branchés » : les technologies de l'information et de la communication pour le développement, numéro un*, PNUD, New York, 2001, pp. 106-107.

de 45% en cinq ans, puisque l'évaluation 2009 recensait 1,5 milliards d'utilisateurs du Net […] L'Amérique du Nord (qui représentait 17% de la population mondiale connectée en 2008, tombera à 13% en 2013. L'Europe passera également de 26% à 22%. Tandis qu'à l'inverse, la Zone Asie-Océanie grimpera de 38% à 43%. Autant de données factuelles que la réalité politique ne pourra longtemps ignorer ».[1295]

Un développement aussi inégal crée nécessairement une véritable fracture numérique entre ces régions du monde. Les pays à revenu par habitant le plus élevé sont aussi ceux où l'introduction de l'Internet est la plus large. Cette inégalité de l'accès à l'Internet se traduit inévitablement par des différences dans la réalisation du commerce électronique, lesquelles sont appelées *« fracture commerciale »*. Pour les pays du Sud, le manque de médias informatiques crée une inégalité d'accès au cyberespace et, par conséquent, à ses avantages économiques.

Par ailleurs, le manque d'accès à l'information freine les conceptions nouvelles du pouvoir. Le Président des États-Unis, Barack Obama en février 2015, déclare : « Nous avons possédé Internet. Nos entreprises l'ont créé, l'ont étendu, l'ont perfectionné, de telle manière qu'ils [les Européens] ne peuvent pas lutter [1296]».[1297]

En RDC, la cartographie effectuée dans le cadre des politiques de réformes du secteur des PTT est la référence officielle actuelle, faute de mise à jour depuis 2009. En juillet 2009, l'accès à l'Internet reste très limité, avec environ 10.000 abonnés concentrés à Kinshasa et dans les principales villes du pays. Les tarifs sont très élevés et les bandes passantes offertes, très limitées, du fait de l'absence d'infrastructures nationale et internationale à haut débit. De nombreux réseaux indépendants, déclarés ou non, utilisent des connexions directes par satellites, desservis par des fournisseurs internationaux. Dans ces conditions, le développement des TIC est lent et coûteux. Leur entrée dans le pays est vraiment réduite.

C'est ainsi que le nombre de foyers disposant d'un ordinateur en 2007 était de 0,3% contre 10,1% au Cameroun ; de 5% au Congo Brazzaville et 4,3% au Gabon, alors qu'en RDC il était de 0,2% contre respectivement 5,2%, 1,4% et 3,6% dans les pays ci-dessus cités. L'indice de développement des TIC (*ICT Development Index*) établi par l'UIT mesure leur niveau d'augmentation dans plus de 150 pays.

En 2007, cet indice plaçait la RDC à la 151e place sur 154, avec un indice de 0,95%. Les trois sous-indices placent celle-ci à la 154e place pour l'accès aux TIC, à la 151e pour leur utilisation et à la 137e position pour leurs compétences. L'indice de développement de la gouvernance électronique de l'ONU classe la RDC, 162e sur 192 pays, avec un indice de 0,2177. Celui-ci,

---

1295 N. Arpargian [2010], *op.cit,* p. 13-14.

1296 « White House. Red Chair. Obama Meets Swisher », Kara Swisher, *Recode.net*, 15 février 2015, [www.recode.net/2015/02/15/white-house-red-chair-obama-meets-swhisher/] (consulté le 23 décembre 2016).

1297 N. Arpargian [2016], *op.cit,* p. 14.

nommé « IDI [1298]» est composé aussi de trois sous-indices : mesures du web, des infrastructures de télécoms et du capital humain.

En 2011, sur ce registre IDI, la RDC a été classée 146e pays sur 157 avec un indice de 1,30. En 2012, elle était au 147e rang sur 157 pays avec un indice de 1,31. Durant cette même période (2011-2012), c'est la Corée du Sud qui était au 1er rang sur 157 pays avec 8,57 et 8,51 d'indice ; les États-Unis, 17e avec 7,53 d'indice et 16e avec 7,35 ; la France 19e avec 7,26et18e avec 7,53 d'indice ; le Niger étant toujours le dernier pays classé sur les 157, avec 0,99 et 0,93 d'indice.[1299] Ces chiffres démontrent que le taux de pénétration des TIC en RDC est un défi pour le gouvernement et les opérateurs congolais.

Au regard des populations à faibles revenus et résidant en majorité en zones rurales, la fracture numérique est considérée comme étant due à un isolement plus important des pauvres par rapport au reste de la communauté mondiale. La technologie devient un enjeu de changement social, d'accès à la connaissance et à l'information. Avec les TIC, la quantité d'informations dont peut disposer un individu, double tous les cinq ans, avec des perspectives plus importantes. L'essor de la télématique, comme élément de notre vie quotidienne dans le monde moderne, a marqué le début d'une ère nouvelle : l'« ère de l'information ».[1300]

C'est récemment, que « l'effectivité de la connectivité large bande mobile a été établie à partir de l'année 2013, après toutes les opérations de paramétrage des nouveaux réseaux 3G au cours de l'année 2012 par les opérateurs détenteurs de licence 3G ».[1301]. Les tendances du numérique sont en nette évolution. Les réseaux mobiles offrent l'accès au e-commerce.

En 2012, les quatre opérateurs de téléphonie mobile GSM auquel s'est ajouté un cinquième[1302], ont acquis chacun une licence GSM 3G, pour élargir leur offre de services Internet GPRS et EDGE. Le « taux d'abonnement au large bande mobile est en moyenne de 3% depuis le lancement de ce service sur les réseaux large bande 3G en RDC. La part des revenus Internet mobile large bande par trimestre est en moyenne de 1% en 2012 et tend vers 2% en 2013. Les revenus voix et SMS et autre SVA [services à valeur ajoutée] représentent en moyenne 98% du revenu global dont la plus grande partie pour la voix (91%) ».[1303]

[1298] *IDI : ICT Development Index ; indice de développement des TIC.*

[1299] ITU, *Measuring the information society 2013,* Geneva, p.17.

[1300] A. CARLOS GAMBOA, RON LAPORTE et F. SAUER, « Réduire la fracture numérique », in PNUD, *Coopération Sud – Tous « Branchés » : les technologies de l'information et de la communication pour le développement, numéro un*, PNUD, New York, 2001, pp. 106-107.

[1301] ARPTC, « L'accès aux réseaux large bande mobile en République Démocratique du Congo », in UIT, 11th World Telecommunication/ICT, *Indicators symposium (WTIS-13)*, Mexico, 4-6 december 2013, Document INF/3-F21, nov. 2013.

[1302] Airtel, Vodacom, Oasis/Tigo, Orange auquel s'ajoute Africell.

[1303] ARPTC, « L'accès aux réseaux large bande mobile en République Démocratique du Congo », in UIT, 11th World Telecommunication/ICT, *Indicators symposium (WTIS-13)*, Mexico, 4-6 december 2013, Document INF/3-F21, nov.2013,

Tableau : En RDC, évolution des abonnements de téléphonie mobile, du taux de pénétration et sa couverture en RDC (source : INS)[1304]

Année	Nombre d'abonnements de téléphonie mobile	Nombre d'abonnements de téléphonie mobile pour 100 hab.	Taux de pénétration mobile (%)	Couverture de la population par le réseau téléphonique (%)
2003	1.246.225	2,15	-	-
2004	1.990.722	3,43	-	-
2005	2.747.094	4,58	-	-
2006	4.415.470	7,12	20	50
2007	6.490.080	10,82	20	50
2008	9.937.622	16,02	20	50
2009	9.458.557	15,25	20	50
2010	11.604.914	17,32	20	50
2011	15.644.877	21,58	20	50
2012	20.258.757	27,59	20	50
2013	28.231.900	37,33	20	50

Tableau d'évolution trimestrielle des abonnements par opérateur (ARPTC)[1305]

Opérateurs	1er trimestre 2012	2ème trimestre 2012	3ème trimestre 2012	1er trimestre 2013	2ème trimestre 2013
Airtel	7.201.795	7.416.971	7.919.406	7.679.809	7.880.556
Vodacom	6.239.451	6.69.284	7.085.811	7.296.066	8.310.725
Tigo	2.554.169	2.642.237	3.000.701	2.935.742	2.9964.026
Orange	1.494.263	1.527.950	1.836.116	1.800.585	1.754.829
Africell	-	-	416.723	1.294.517	1.497.211
Total	17.489.678	18.283.442	20.258.757	21.006.716	22.407.347

3. Les technologies mobiles dans la lutte contre la fracture numérique et le développement en Afrique

Selon « GSM Association »[1306], la technique GSM est la plus efficace pour connecter les pays africains et pour libérer le potentiel de leurs marchés émergents. L'UIT affirme que « dans les pays où la communication par les mobiles constitue la première forme d'accès, des échanges plus nombreux d'information sur le commerce sont une contribution aux objectifs de développement ».[1307] La téléphonie mobile est un important catalyseur du

1304 Tableau 3. 203, INSTITUT NATIONAL DE STATISTIQUES, *op.cit*, p. 465.

1305 *Ibidem.*

1306 L'Association GSMA défend les intérêts de plus de 680 opérateurs de téléphonie mobile dans 213 pays du monde Fer de lance en matière d'initiatives techniques et commerciales ainsi que de politiques publiques, GSMA œuvre pour l'amélioration des services de téléphonie mobile dans le monde entier. Avec plus de 17 milliards de clients dans le monde et une couverture d'environ 80% de la population mondiale par les réseaux mobiles, l'aventure GSM est celle d'une croissance sans précédent.

1307 UIT, *Le mobile dépasse le fixe : Conséquences en matière de politique et de régulation*, 2003.

développement économique et social et joue déjà un rôle essentiel pour surmonter la fracture numérique.

L'Afrique est avant tout une culture orale, les gens sont habitués à parler. Le téléphone mobile s'avère l'outil peut-être approprié, étant donné que les ordinateurs ont besoin d'électricité et d'utilisateurs alphabétisés. Les mobiles rapportent de l'argent et des emplois. Ils enrichissent la vie des gens. Ainsi, les kiosques à téléphone sont un progrès important qui permet un accès aux personnes pauvres et aux villageois. En Tanzanie rurale, une étude menée pour le PNUD a démontré que même si seulement 5% des personnes y ayant répondu possédaient un mobile, 4,49% en avaient déjà utilisé un et 95% en avaient entendu parler.[1308]

En Afrique, ont été établies plus de connexions pour les mobiles que pour les autres technologies (fixes et fixes sans fil). Auparavant pour l'Internet fixe, « quinze fournisseurs d'accès Internet étaient reconnus en 2005, avec un nombre d'internautes estimé à 140.625, celui des abonnés à Internet WLAN à 24.000 et celui des abonnés Internet à large bande à 1.500 la même année » pour une population de 60 millions d'habitants à l'époque[1309]. La téléphonie mobile apporte déjà une contribution significative à l'Afrique sub-saharienne, en raison de son impact positif sur l'emploi, sur l'efficacité économique, sur les recettes fiscales et sur le PIB.

Selon le projet du millénaire de l'ONU : « Les TIC sont un puissant outil pour la réalisation des objectifs de développement parce qu'elles améliorent considérablement la communication et les échanges de savoir et d'information, tout en renforçant et créant de nouveaux réseaux sociaux et économiques ».[1310]

1308 PNUD, *Etude Sur la faisabilité socio-économique des TIC*, mars 2005, [http://www.undporg/business/gsb/tanzania.html] (consulté le 13 août 2016).

1309 OCPT/CRDI, « Etude de faisabilité pour une dorsale ouverte Internet en République Démocratique du Congo », in *Alternative*, juin 2003, [http://web.idrc.ca/uploads/user-S/12095032471FINAL-RDC-TIC.pdf] (consulté le 12 juin 2013).

1310 ONU, « Application des connaissances au Développement », *Projet millénaire ONU, Innovation,* Commission sur les sciences, la technologie et l'innovation, 2005.

Tableau : évolution des revenus de la téléphonie mobile et sa part dans le PIB en RDC (source : INS)[1311]

Année	Revenu de téléphonie mobile en $ USD	Chiffre d'affaires mensuel moyen réalisé par les entreprises de téléphonie mobile avec un client en $USD	Part du revenu de la téléphonie mobile dans le PIB en %
2003	264.000.000	17,65	2,49
2004	338.000.000	14,12	2,99
2005	428.000.000	12,99	5,78
2006	557.674.580	12,69	5,39
2007	667.081.714	10,01	7,20
2008	760.717.000	8,05	7,80
2009	612.587.411	5,49	4,20
2010	638.842.878	5,06	4,07
2011	790.595.893	4,88	4,71
2012	965.439.443	3,71	5,39
2013	1.012.517.982	3,44	5,19

4. La régulation au centre des enjeux de lutte contre la fracture numérique

La définition de politiques cohérentes est une solution pour que les États concernés (ceux de l'hémisphère sud) luttent contre la fracture numérique. Or, la RDC ne dispose pas de document de politique sectorielle à jour ; le dernier est de 2009. Il permet de définir clairement les objectifs de développement, dans le domaine des communications électroniques.

À titre d'exemple, en RDC, le législateur est seulement intervenu en 2002 pour régir les télécoms par une loi se limitant aux services de téléphonies de base, sans viser expressément l'Internet. En effet, dans de nombreux pays d'Afrique subsaharienne, les opérateurs de téléphonie mobile sont exposés à des risques « régulatoires[1312] » importants. Une mauvaise régulation accroît le coût du capital et conduit à un degré d'investissement sub-optimal.[1313] Les meilleures pratiques de régulation interviennent dans la lutte contre la fracture numérique.

Les États, tel que la RDC, doivent effectuer sur les télécoms la transition des normes juridiques, en corrigeant certaines faiblesses, à savoir : une législation sectorielle insuffisante ; une définition pas très précise du régime des réseaux ; une politique de régulation peu claire notamment en matière de licences et d'affectation du spectre des fréquences radioélectriques ; un

---

1311 Tableau 3.206, Institut National de la Statistique, *Annuaire statistique 2014, op.cit,* p. 467.

1312 Le risque « régulatoire » implique à la fois les impacts positifs ou négatifs de la réglementation et de régulation sur les activités liées aux NTIC.

1313 D'après notre analyse des politiques d'investissement de différents opérateurs, un environnement régulatoire basé sur les meilleures pratiques pourrait avoir accru aujourd'hui l'investissement en faveur des mobiles d'environ 25%. Cela correspond à environ 46 Mb $ US.

manque d'indépendance dans la résolution des conflits et d'autonomie des régulateurs, par rapport à l'intervention politique.

En raison de ces disparités, les politiques du commerce électronique proposées par plusieurs pays développés ne sont pas nécessairement adaptées aux pays en développement. Selon leurs attentes, ces propositions sont à apprécier par les pays en voie de développement (PVD). En 1997, « *The Framework for Global Electronic Commerce* », rendu public par la Maison Blanche a permis aux États-Unis de préconiser efficacement l'adoption de cinq principes dans les politiques du commerce électronique mondial. Les politiques publiques doivent servir de levier dans différents axes de réduction de la fracture commerciale de l'Afrique centrale.

Ainsi, le secteur privé doit en prendre l'initiative. Les gouvernements doivent éviter d'imposer des restrictions inutiles sur le commerce électrique. Si une intervention gouvernementale est nécessaire, son objet doit être de soutenir et d'appliquer au commerce électronique, une législation prévisible, réduite au minimum, cohérente et simple. Ils devraient reconnaître les qualités exceptionnelles de l'Internet. Le commerce électronique, par le support Internet, devrait être facilité à l'échelle mondiale.[1314]

Pour l'Afrique, différents experts sont convaincus qu'une réduction des obstacles à l'acquisition des terminaux mobiles peut enclencher un processus durable de réduction de la fracture numérique. Il faut agir sur le coût des appareils, des services et des taxes de télécoms. Le lien entre les taxes et la fracture numérique a montré que les États africains ont souvent taxé les mobiles comme biens de luxe et leur ont ainsi imposé un niveau de prix qui ne peut être envisagé par ceux qui seraient prêts à en bénéficier.

Dans 26 sur 50 pays en voie de développement, on a observé que les taxes représentent plus de 20% du coût total d'acquisition et d'utilisation d'un téléphone mobile. Dans quatorze des pays en voie de développement (PVD), l'utilisateur moyen de téléphone mobile paie plus de 40$ US de taxes annuelles sur les appareils et les services de téléphonie mobile. On peut dire que si un État baisse d'un seul point sa taxe sur la vente des services mobiles, le nombre d'utilisateurs de mobiles augmente dans ce pays de plus de 2% entre 2006 et 2010. Dans une majorité de PVD, le système des télécoms est inapte à assurer les services essentiels. Avec l'idée de *« chaînon manquant »*, dans de grandes régions du territoire, il n'existe aucune infrastructure alors qu'une forte concentration est constatée dans de grandes villes. Une telle disparité est inacceptable pour des raisons humaines et d'intérêt général.[1315]

[1314] S. TANGKITVANICH, « Vues du sud, les politiques du commerce électronique planétaire », in PNUD, *op.cit,* pp. 18-19.

[1315] D. MAITLAND, « Connecter ceux qui ne le sont pas », in GSMA, Régulation et fracture numérique, comment les meilleures pratiques de régulation en matière de téléphonie mobile peuvent accroître les investissements et la pénétration des marchés émergents ?, 2005, p. 7, [www.gsmworld.com] (consulté le 12 août 2011).

Dans la plupart des pays d'Afrique subsaharienne, la pénétration des mobiles est beaucoup plus grande que celle des fixes. La vitesse de propagation du mobile est considérable dans les régions où son usage avait été limité auparavant. En Afrique subsaharienne, depuis fin 2000, le nombre d'abonnés avait presque été multiplié par huit, avec la vague des déréglementations. On compte actuellement environ 830 millions d'abonnés, contre 651 millions en 2016. Toutefois, dans la plupart des pays, la pénétration en 2004 restait inférieure à 10% de la population, ce qui témoigne encore d'un grand marché à pourvoir et d'un énorme potentiel de croissance pour l'avenir.

Les effets positifs ou négatifs des politiques réglementaires et des risques de régulation se ressentent en fonction des taux de croissance du nombre d'abonnés au mobile. La Sierra Léone demeure en Afrique l'exemple le plus frappant des effets pervers d'une réglementation contre-productive, avec des effets négatifs sur l'accès universel. [1316] Les carences législatives, réglementaires et régulatoires constituent des facteurs de risque et d'échec dans le droit des enjeux nouveaux de l'ère numérique.

Concernant la réforme des lois du secteur des TIC, il n'est plus permis d'omettre les tendances de convergence et de transversalité. La régulation sectorielle a des aspects incomplets et inadéquats par rapport à la convergence des industries et des médias à l'ère numérique. Elle est aux prises avec le marché électronique et les enjeux économiques, techniques et de gouvernance. La transition doit tendre vers les aspects d'une régulation multisectorielle et réflexive, en considérant les mutations de la société numérique comme en Europe et en France.

B. Les enjeux législatifs dans les tendances actuelles de convergence, d'interrégulation et de gouvernance du Net pour la restructuration de l'ARPTC

À l'ère numérique, les nouvelles tendances sont de se démarquer de l'« intra-régulation » avec le ministère des PTNTIC. La logique des PTT alimente encore la méthodologie congolaise de gestion des TIC, malgré la convergence numérique. Le marché électronique congolais reste organisé autour de régulateurs étatiques, attachés à leur objet technique : téléphone (ARPTC) ou la télévision (CSAC), sans avoir à ce jour installé un régulateur de la donnée comme la CNIL, en France.[1317] C'est la forme d'une régulation

---

[1316] GSMA, *Régulation et fracture numérique*, rapport, 2005. [www.gsmworld.com] (consulté le 12 aout 2011). En Sierra Leone, bien que l'accroissement de la pénétration ait été important en 2001, le nombre d'abonnés a diminué ces deux dernières années en référence à 2005. Le seul autre pays à avoir subi une croissance négative de la pénétration est la Somalie, pays sans gouvernement et en proie à une guerre civile permanente. La Sierra Leone n'a pas d'instance régulatrice indépendante et de législation en matière de télécoms. L'approche de la question par le gouvernement a été quelque peu imprévisible. Par exemple, en 2004, le Ministre des Finances a décidé d'imposer une taxe onéreuse sur le temps d'antenne.

[1317] M. DE SAINT PULGENT, *op.cit,* p. 4.

sectorielle qui se caractérise par un corps de règles et d'institutions particulières avec des objets sectorisés dans la limite de sa mission. Comme suite à l'accord de l'OMC de 1997, l'ARPTC travaille encore à affirmer son espace d'action.

Depuis plus de deux décennies les télécoms interviennent pratiquement dans une logique de marché, très éloignée de la conception primaire de concession des monopoles publics. En RDC, comme en France, le régulateur du secteur des TIC est l'autorité sectorielle de la concurrence ainsi que celui de la gestion des aspects techniques et de développement du marché libéralisé des télécoms. En France, les dispositions législatives encadrant le statut et le rôle de l'ARCEP figurent dans le code de la poste et des communications électroniques (CPCE). L'ARCEP est notamment chargée d'accompagner l'ouverture à la concurrence du secteur des télécoms, et de réguler les marchés correspondants. Dans le secteur d'activités numériques, le rôle essentiel du régulateur s'illustre sur le marché des communications électroniques. Il veille au développement d'une concurrence effective et loyale en faveur des consommateurs.[1318]

Cependant, les enjeux du numérique ne se satisfont plus des missions restreintes de services publics classiques, ni du simple décloisonnement du monopole sectoriel des télécoms. « Aujourd'hui, les secteurs en cause ne peuvent plus rester cloisonnés et étanches tant les points de jonction et de convergence se multiplient avec l'essor du numérique et de l'évolution des techniques ». [1319] L'idée devient récurrente de rapprocher la régulation technique des réseaux avec celle de la communication audiovisuelle.[1320] En France, le président François Hollande a plaidé en octobre 2014 en faveur d'un rapprochement des compétences du CSA et de l'ARCEP, sans forcément arriver à leur fusion.[1321] Avec la convergence numérique, les télécoms sont devenues de véritables services de la société de l'information, insérés dans l'économie numérique.

1. Pour une éventuelle législation en RDC sur les enjeux de régulation convergente comme en Europe : un service public de la donnée

Dans la transition vers le droit du numérique, la future loi sur les télécoms et les TIC entend créer en RDC une Agence nationale des TIC (ANTIC). Elle sera dotée d'une mission de régulation et de suivi des activités de sécurité électronique.[1322] Elle est aussi censée assurer la régulation des

---

1318 Article L.36-5 s. et L.130 s., CPCE français, préc.

1319 M. DE SAINT PULGENT, *op.cit,* p. 4.

1320 *Ibidem,* p. 4.

1321 *Le monde,* 14 janvier 2015. La position du nouveau président de l'ARCEP repousse l'idée d'une fusion.

1322 Article 189 (ou 190 nouveau) du Projet de loi sur les télécoms et les TIC en RDC, préc. « Il est institué une Agence Nationale des Technologies de l'Information et de la Communication chargée de la régulation des activités de sécurité électronique. »

données personnelles.[1323] Le modèle d'interrégulation a donc été envisagé dans la future loi congolaise. Pour une économie de moyens, à titre transitoire, l'ARPTC va se charger de la régulation convergente sur des questions classiques lui incombant et des questions nouvelles dévolues à l'ANTIC, comme une interrégulation avec l'ARPTC.

Aux termes du futur article 180 du projet de loi sur les télécoms et les TIC en RDC, « sous réserve de la création de l'ANTIC, la régulation des données à caractère personnel en RDC sera assurée par l'ARPTNTIC ». au sens du futur article 183 de ce projet, « L'Autorité de Régulation exerce les [deux] missions suivantes : [1°] veiller à la mise en œuvre des traitements des données à caractère personnel, conformément aux dispositions de la présente Loi ;[2°] informer les personnes concernées et les responsables de traitement de leurs droits et obligations et s'assurer que les Technologies de l'Information et de la Communication ne comportent pas de menace au regard des libertés publiques et de la vie privée ».

De la sorte, la transformation législative innove en cumulant au sein de l'ARPTC, deux missions analogues à l'ère numérique. En droit français, ces missions sont attribuées à deux AAI distinctes, à savoir : l'ARCEP et la CNIL.[1324] La comparaison des expériences en RDC et en France laisse à conclure à une concordance des missions spécifiques de régulation. Il s'agit de confronter, d'une part, les missions ANTIC et celles de la CNIL, pour la régulation des données à caractère personnel et, d'autre part, les missions ARPTNTIC et celles de l'ARCEP, pour la régulation des télécoms.[1325] L'insertion des principes de la gouvernance se joint également aux enjeux de la régulation du numérique.

2. Pour une intégration en RDC des enjeux de gouvernance du Net dans la régulation des télécoms à la lumière de l'expérience européenne

En Europe, le 26 mai 1994 marque déjà un tournant dans le repositionnement du droit positif face à la convergence des communications électroniques. À cet égard, la libéralisation du cadre réglementaire et le rôle du secteur privé étaient considérés, dans le « Rapport Bangemann », comme les matériaux de construction de « L'Europe et la société de l'information

---

[1323] Article 183 (ou 181 nouveau) du Projet de loi sur les télécoms et les TIC en RDC, préc.

[1324] A. DEBET, J. MASSOT et N. METALLINOS, *Informatique et libertés, la protection des données à caractère personnel en droit français et européen*, éd. Lextenso, coll. les intégrales, n°10, Issy-les-Moulineaux, 2015, pp.773-909, spéc. p. 800. *« Aucune des missions confiées à la CNIL par la loi du 6 janvier 1978 n'a été abandonnée dans la version résultant de la loi du 6 août 2004. ».* Conformément à l'article 11 1° de cette version de loi de 2004, la CNIL « informe toutes les personnes concernées et tous les responsables de traitement de leurs droits et obligations ». L'article 11 2° dispose que la CNIL « veille à ce que les traitements de données à caractère personnel soient mises en œuvre conformément aux dispositions de la présente loi ».

[1325] *Cf. Supra* pour les développements spécifiques en rapport aux enjeux de données à caractère personnel. (Tome 2, Titre 2, Chapitres 1 et 2).

planétaire ». En décembre 1993, à la demande du Conseil européen, ce rapport recommandait à la Communauté européenne de « placer sa confiance dans les mécanismes du marché qui sauront nous amener dans l'ère de l'information ».

En dénonçant les entraves du monopole public à l'encontre du développement du marché électronique, ce rapport, qui porte bien le nom de son coordonnateur, recommandait la libéralisation des infrastructures non pas progressivement, mais le plus rapidement possible avant le terme de 1998.[1326] Au sens du *Livre vert « Croissance, compétition, emploi »* présenté à la Commission européenne en décembre 1993, (auquel ce rapport faisait suite) les télécoms de base étaient déjà perçues comme les *« artères du marché unique »* et le *« sang de la compétitivité européenne »*.[1327]Au fil du temps, l'essor des réseaux d'information, y compris celui de l'Internet, participe à créer *« le nouveau système nerveux de notre planète »*.[1328]

Dans les perspectives du *Livre vert* de 1994[1329] – citant le Rapport Bangemann une dizaine de fois en quarante-quatre pages – « les infrastructures des télécommunications formeront la base fondamentale sur laquelle reposeront la société et l'économie européenne au cours des décennies à venir ». La temporalité de la déréglementation du socle analogique de l'ère numérique place l'expérimentation du modèle de régulation sectorielle des télécoms face à des problématiques supplémentaires de mutations numériques. Ces dernières sont liées à :

- l'explosion du téléphone mobile et d'Internet,
- l'accès haut débit,
- la convergence multimédia,
- la multiplication des services numériques.

Le Web est le symbole de tout le numérique. Le tout connecté et le tout convergent (audiovisuel, informatique et télécoms) accentuent véritablement les enjeux du marché électronique sur le champ du droit. Il faut intégrer, à cet égard, le fait que « Internet a été construit sur un réseau technique : le web. Il a engendré un espace : le numérique. Sur ce nouvel espace, des entreprises ont développé des services, des prestations et des biens, tandis que les personnes y ont trouvé des moyens d'expression nouveaux et profitent de richesses nouvelles. Cela a engendré une économie que certains

---

[1326] Groupe de haut niveau sur la société de l'information, *L'Europe et la société de l'Information planétaire,* 26 mai 1994, pp. 1-32 dit *« Rapport Bangemann »* du nom de Martin Bangemann, vice-président de la Commission européenne alors présidée par Jacques Delors.

[1327] I. CROCQ, I. CROCQ, *Régulation et réglementation dans les télécommunications,* Economica, coll. Nouvelles technologies de l'information et de la communication, Paris, 2004, p.1.

[1328] M. QUÉMÉNER [2013], *op.cit,* p. 9.

[1329] Commission des CE, Livre vert sur la libéralisation des infrastructures de télécommunications et des réseaux de télévision par câble, octobre 1994.

appellent « nouvelle économie », tandis que d'autres allant plus loin y voient une ère ».[1330]

Le dialogue de notre ère du numérique n'est plus seulement celui des systèmes juridiques des États dans un cadre multilatéral. Il implique aussi un rapport de forces, à travers le système télécoms mondialisé (Internet), mettant l'ordre juridique des États en discussion entre eux avec aussi des entités non-étatiques, dont l'effectivité des pouvoirs économiques et normatifs justifie aujourd'hui l'interlocution internationale.

Sur la base des enjeux de la convergence numérique des communications électroniques, la régulation sectorielle connait de nombreux problèmes. La gouvernance sert alors à compléter les limites de la régulation, sur des aspects où la réglementation nationale *ex post* ou *ex ante* peut être dépassée ou impossible à se développer. À titre illustratif, « certaines activités économiques nouvelles peinent à rentrer dans les cadres définis antérieurement pour les activités plus classiques. »Il en est « ainsi du combat qui oppose l'ARCEP à la société "*Skype*" qui refuse de se soumettre globalement au code des postes et télécommunications prétexte pris qu'elle ne fait que transiter de la voix sur l'Internet. Ce faisant, cette nouvelle activité qui fait néanmoins concurrence aux opérateurs traditionnels de téléphonie ne joue pas avec les mêmes règles ("*level playing field*") et il existe là de potentielles distorsions de concurrence. »[1331]

D'autre part, l'internationalisation des réseaux de communications numériques réduit les repères de localisation des faits et affecte l'exercice de la souveraineté nationale sans sa territorialité. La régulation a été contrainte par la mondialisation à « penser global » et à « agir global » dans une « géographie juridique » qui n'adhère pas à la configuration de l'Internet. Sans bouleverser l'ensemble du droit, la RDC, en référence à d'autres États, travaille à des adaptations pour trouver des solutions d'« ancrage territorial des mécanismes de responsabilité ». Celles-ci entendent créer un équilibre dans la responsabilisation des acteurs du Net sur des questions de liberté pour les internautes.[1332]

Les droits subjectifs doivent être assurés et garantis en ligne. La censure ne doit pas être laissée au bon vouloir des intermédiaires techniques, si l'État n'est pas entièrement en mesure de jouer la police générale sur toutes les activités d'Internet. Ces dernières sont en quasi-totalité entre les mains des prestataires privés. Il faut donc créer des acteurs publics faisant application du droit national. Il faut participer à la création du droit international. Il faut penser à des mécanismes supranationaux d'harmonisation des lois nationales

---

1330 M.-A. FRISON ROCHE, *Internet et espace d'interrégulation,* coll. the Journal of the Régulation, Dalloz, Paris, 2016, p.VII.

1331 J. MOULIN, « Rapport introductif », in S. CHATRY*(sous la dir.), La régulation d'Internet, regards croisés de droit de la concurrence et de droit de la propriété intellectuelle, (Actes de colloque),* coll. droit privé & sciences criminelles, éd. mare& martin, Nantes, 2015, p. 22.

1332*Cf. Cahier français*, n°372, préc.

et d'encadrement des flux d'informations qui dépassent des périmètres harmonisés du droit communautaire ou national.[1333]

En Europe, le rapport a été établi dans la jonction des secteurs publics : la transversalité entre le secteur régulé des communications électroniques et d'autres activités régulées de la société. Les axes de la gouvernance portent donc en premier lieu sur la régulation convergente et la régulation multisectorielle. En effet, à l'ère du numérique, les enjeux de société de l'information confrontent les « réglementations sectorielles des communications électroniques face aux secteurs impactés, eux aussi souvent réglementés par ailleurs ».[1334]Ensuite, la modernisation du rôle du régulateur est liée à la problématique d'imposer la souveraineté nationale dans le cyberespace. La question est comment soumettre aux lois nationales les acteurs multinationaux de l'Internet.

Enfin, la production des normes de gouvernance n'est pas qu'étatique, la plupart des normes techniques sur des aspects clés de la fonctionnalité du net se trouve en dehors de la puissance publique. Leur effectivité et leur universalité tiennent de leur consubstantialité à l'Internet ; elle est globale par essence et fonctionne sur la base desdites normes. Tous les États requièrent leur implication dans la définition des « politiques d'intérêt général concernant les ressources clés mondiales de l'Internet », soit par les organes de l'ONU, soit dans le cadre d'une coopération des États, au lieu de pérenniser par les instances privées, leur mode de gestion actuelle. L'État doit disposer d'un organe qui puisse agir dans *« droit flou »*, selon les lois étatiques, sans altérer le fonctionnement du marché numérique, car le but est d'en assurer le fonctionnement.[1335]

Si l'application des règles du monde « réel » au monde « virtuel », ne fait guère de doute, la particularité de l'environnement numérique requiert aussi qu'il soit doté de ses propres règles. Il en est aussi du droit d'auteur avec le courant des libertariens. Ses ténors soutiennent que les actifs véhiculés par Internet sont des biens de l'humanité, comme les océans, l'air et la couche d'ozone. Et pourtant, l'information circulant dans les réseaux a un coût pour son producteur, particulièrement pour les biens culturels, alors que les technologies numériques rendent finalement sa consommation et sa reproduction faciles. Les « libertaires », les « libertariens » en revendiquent la gratuité, car une génération d'internautes a été habituée à ce mode de consommation.

[1333] N. MALLET-POUJOL, « Le droit de l'Internet à l'épreuve de la mondialisation », Cahier français, *La société numérique*, n°372, La documentation française, Paris, 2013, p. 12-13.

[1334] J.J. LAFFONT & J. TIROLE, *A theory of incentives in procurement and regulation,* Cambridge, MIT Press, 1993, p. 2. Les économistes ont fait des implications économiques de ces dividendes tout un domaine de leur étude dans la « nouvelle économie publique (qualifiée aussi s'économie de la régulation) » – V. aussi (GROUPE DE LA) BANQUE MONDIALE, *Les dividendes numériques,* préc, p. 32. « Les travaux des économistes comme Jean Tirole ont montré que la réglementation mise en place dans de tels secteurs doit être soigneusement adaptée pour garantir la concurrence sans nuire aux intérêts des consommateurs ».

[1335] N. MALLET-POUJOL, *op.cit,* pp. 14-17.

Comme toute valeur qu'il est possible de numériser, les œuvres intellectuelles deviennent plus facilement accessibles par support électronique. Et, à moindre coût d'opportunité, cela favorise, par exemple, tromperies et contrefaçons. En tant que « réseau de communication universelle et polymorphe, [...] Internet est une agora universelle accessible à tous et de partout (ou presque). Chacun peut non seulement y recueillir les informations mais aussi, et c'est peut-être le plus novateur, en offrir gratuitement. [...] les frontières entre la communication publique et celle privée s'évanouissent ».[1336]

3. Pour une éventuelle législation en RDC sur les enjeux de « régulation convergente » au vu du droit comparé du numérique

La régulation n'a pas de « définition indiscutable ».[1337] Elle est inséparable de la gouvernance. « Appliquée à un marché, la régulation vise à créer et même à imposer un équilibre entre forces ou des règles, dont le jeu spontané ne permettrait pas un fonctionnement satisfaisant ».[1338]Il témoigne de l'érosion de l'emprise de la souveraineté de l'État et de l'obscurcissement des frontières définies entre secteurs régulés. Au titre de variantes, l'autorégulation, la corégulation, l'interrégulation sont des éléments de difficulté de la régulation étatique. À une époque, le modèle de régulation sectorielle faisait face aux exigences d'un marché libéral des télécoms de base ; mais la régulation multisectorielle répond à la convergence des réseaux, qui intègrent un ensemble de services et suscitent des enjeux, dans plusieurs directions du droit.

Le modèle d'un régulateur convergent est celui chargé de réguler les télécoms, de la fourniture de services Internet, des multimédias et de la radiodiffusion et télédiffusion. L'objectif recherché est de bénéficier de synergie entre les activités relevant des communications électroniques et de la diffusion traditionnelle de l'audiovisuel, pour une régulation efficace et réactive sur l'ensemble des aspects des TIC. La convergence numérique rend évident la nécessité d'établir des entités de régulation convergentes. Toutefois, des résistances contre cette tendance sont apparues dans certains

---

1336 L. DE SOUZA et A. LATREILLE, « Les nouveaux défis du droit de la propriété intellectuelle : l'usage des signes distinctifs et les communications électroniques », in J. ROCHFELD, *Les nouveaux défis du commerce électronique*, *op.cit,* p. 127. Les auteurs poursuivent en affirmant : Pour ces raisons, Internet constitue probablement aujourd'hui le plus important vecteur de reproduction de signes distinctifs sous la forme nominale (suite de caractères alphanumériques, dite aussi marque verbale) ou figuratives (dessins), notamment de marques protégées.

1337 T. PENARD et N. THIRION, *op.cit,* p. 1. *Cf.* M.-A. FRISON-ROCHE, « Le droit de la régulation », in Cahier Dalloz, *Droit des affaires*, Paris, n°7, 2001, p. 610 et s. CHAMPAUD, « Régulation et droit économique », *R.I.D.E.*, 2002, L. BOY, « Réflexion sur le "droit de la régulation" : à propos du texte de M-A. Frison-Roche », *R.I.D.E,* n°37, 2001, pp. 3031 et s.

1338 M. DE SAINT PULGENT, « Les besoins d'interrégulation engendrés par Internet. Propos introductifs. », in M.-A. FRISON ROCHE (sous la dir.), *op.cit,* p. 3.

pays, notamment en France où de nombreux régulateurs sont institués pour des objets techniques différents de l'activité numérique. Les régulations des télécoms et de la radiodiffusion seront de plus en plus intégrées, du fait de la convergence des TIC. Telle est la tendance …

En France, la fusion de l'ARCEP, du CSA, de l'HADOPI et de l'Agence nationale des fréquences (ANFr) ces dernières années, fait l'objet de débats récurrents. Si, pour l'avis général, le concept parait naturel, des obstacles en ont empêché sa réalisation. Au Royaume-Uni, l'OFCOM, formé par la fusion de cinq instances régulatrices distinctes, l'OFTEL (régulateur des télécommunications), de la Commission Indépendante de la Télévision, de l'Autorité de la Radio, de la Commission des Standards de Radiodiffusion et de l'Agence de Radiocommunication, est considéré comme la référence en matière de régulateurs convergents. Aux États-Unis, il y ale FCC, *Federal commission of communications.* Au Canada, il existe le Conseil de la radiodiffusion et des télécommunications canadiennes (CRTC). En Afrique du Sud, l'ICASA, *Independent Communications Authority of South Africa,* a été formée par la fusion de deux organes de régulation précédents, la *South African Telecommunications Regulatory Authority* (SATRA) pour les télécommunications et TIC et l'*Independent Broadcasting Authority* (IBA) pour la radiodiffusion et la télédiffusion. En Tanzanie, la *Tanzania Communications Regulatory Authority* (TCRA), a été établie par la fusion de la « *Tanzania Communications Commission* », régulateur des télécommunications, et de la « *Tanzania Broadcasting Commission* », régulateur de la radiodiffusion.

Pour obtenir une régulation efficace, il est évident que les activités caractérisées par un degré élevé d'interactions doivent être réunies dans le même organisme de régulation afin que celles-ci fréquentes et complexes soient gérées en interne au niveau des positions de travail de cet organisme et non par des réunions formelles entre différentes institutions. Cela permet d'éviter de « disséminer » des responsabilités relatives aux diverses technologies, dans plusieurs structures étatiques, toujours difficiles à coordonner.

Cependant, en RDC, l'opportunité d'engager une véritable expérience de la régulation de la convergence n'a pas réussi : les mesures gouvernementales de redéfinition du *« paysage audiovisuel congolais »* n'ont pas été un exemple de succès. [1339] En avril 2015, la migration technologique nationale a placé l'adoption de la télévision numérique terrestre (TNT) au carrefour de différentes techniques de fourniture de services TV et de la régulation de plusieurs technologies convergentes. La

---

[1339] Arrêté interministériel n°002/TNT/CAB/M-CM/LMO/2015 et n° CAB/VPM/PTNTIC/TLL/0002/2015 du 25 avril 2015 du Vice-premier Ministre, Ministre des PTT et du Ministre de l'information et média portant définition des acteurs du nouveau paysage audiovisuel congolais, récupération par l'État congolais des fréquences analogiques octroyées aux chaines de télévision et interdiction d'importation en République Démocratique du Congo des récepteurs analogiques, *JO.RDC*, n°11, 1er juin 2016, col. 24.

convergence de la régulation s'applique bien « aux développements légaux se rapportant aux plateformes qui permettent une convergence technique entre les contenus basés sur l'Internet, les services de diffusion, la télévision connectée ou les dispositifs de télévision intelligente ».[1340]

Par arrêté du 25 avril 2015, le processus de migration du pays de la télévision analogique à la TNT a abouti à la création d'un nouveau Comité national de migration de la TNT. Ce dernier est sous l'autorité du Ministre de la communication et des médias. Contrairement aux objectifs de sa création en 2002, l'ARPTC a constaté que la mission légale était contournée de ainsi que le dédoublement de ses compétences, au profit dudit comité *ad hoc* par un arrêté ministériel. Pour l'économie numérique, la synergie est nécessaire entre les organes distincts de régulation de la TNT et des télécoms de base. C'est à l'aune de la convergence que se présente la tendance internationale vers l'« interrégulation », ayant guidé l'initiative des arrêtés sur la migration de la TV analogique vers la TNT. Mais, lesdits arrêtés ont eu la faiblesse d'exclure l'ARPTC du processus et d'empiéter sur ses prérogatives, en créant une commission *ad hoc* sous l'égide du gouvernement.[1341]

En effet, dans cette démarche, le nouveau paysage audiovisuel congolais adapté à la TNT a été restructuré autour des prestataires techniques, classés en quatre types d'acteurs ou exploitants. Premièrement, la catégorie des « éditeurs de programmes » identifie l'opérateur assumant exclusivement les tâches de production studio et/ou d'édition de contenu ou programmes. L'opérateur TV est considéré traditionnellement comme chaine de télévision. Il assume dans la télédistribution actuelle, la production, la transmission et la diffusion. Dans la migration vers la TNT, il devient « éditeur de programmes », en se limitant désormais aux seuls travaux définis pour sa catégorie.

Deuxièmement, une autre catégorie, les *« opérateurs de Multiplex »,* est formée par des assembleurs de contenu se limitant à agréger les programmes et services provenant de plusieurs éditeurs ou opérateurs télécoms, afin de former des bouquets et les rendre disponibles à un diffuseur pour la distribution.

Troisièmement, le *« diffuseur »* est un opérateur qui assure la fonction essentielle de diffusion dans le spectre des fréquences hertziennes et effectue le transport et la distribution des programmes par fibre optique, par câble,

---

[1340] S. MÜLLER, « Chapitre 7 *Convergence of Regulation: Audiovisual Media Services, Internet and Regulation* », in P-F. DOCQUIR et M. HANOT (sous dir.), *Nouveaux écrans, nouvelle régulation ?,* Larcier, coll. Droit des technologies, Bruxelles, 2013, pp. 155-167, spéc. p. 115. *"This chapter examines the legal developments pertaining to platforms that allow technical convergence between Internet based content, broadcast services, and connected TV or smart TV devices".* Notre traduction : « Ce chapitre examine les développements juridiques relatifs aux plates-formes permettant la convergence technique entre le contenu Internet, les services de diffusion et les appareils de télévision connectée ou de télévision intelligente ».

[1341] Précisément : le ministère des PTNTIC et celui de la Communication et Médias.

par satellite ou par faisceau hertzien (FH). Il est le seul habilité à détenir des fréquences dans le cadre des licences attribuées par l'autorité compétente.

Quatrièmement, le *« fournisseur des services (Télé-distributeur) »* assemble des programmes d'origine étrangère et locale dans des bouquets, afin de les commercialiser à l'intention des clients particuliers, moyennant un abonnement mensuel ou annuel. Cet opérateur offre en RDC des bouquets TV au diffuseur qui en assure la distribution à travers le réseau TNT.[1342]

En application de cet arrêté interministériel, le ministre de la communication et des médias a pris un autre arrêté[1343] afin d'habiliter vers la TNT la coordination du Comité national de la migration, à recevoir les demandes et conduire les procédures de délivrance des licences d'exploitation des services TNT.[1344] Cet arrêté dispose que, dans le mois suivant le dépôt du dossier, soit notifié au candidat ou soumissionnaire, pour la prise en compte de sa demande. Celui-ci transmet le dossier, après notification, aux autorités de régulation pour avis. Après avis favorable, la délivrance de la licence d'exploitation de la TNT peut intervenir par décision du ministre de la communication et des médias.[1345]

Les catégories de service placées sous l'autorité de cette coordination sont notamment : le service d'édition de programme ou édition de contenu, le service de multiplexage, le service de diffusion, le service de télédistribution, le service payant ou gratuit, le service thématique ou généraliste, le service en définition standard ou haute définition, le service d'édition en ligne, les services linéaires et/ou services enrichis ou services interactifs, la commercialisation des matériels et équipements numériques.[1346]

Cependant, pour l'ensemble des services précités, la loi n°014/2002 sur la création de l'ARPTC confère à celle-ci les compétences d'« instruire les dossiers de demande de concession, délivrer, suspendre ou retire les autorisations, recevoir les déclarations, établir les cahiers de charges correspondant aux autorisations, veiller au respect des obligations contractées par leurs utilisateurs, fixer périodiquement le nombre de nouveaux opérateurs admissibles au bénéfice d'une concession ou d'une autorisation ».[1347] Ainsi, cet arrêté se superpose-t-il aux attributions données

---

1342 Article 2, Arrêté interministériel du 25 avril 2015 n°002/TNT/CAB/M-CM/LMO/2015 et n° CAB/VPM/PTNTIC/TLL/0002/2015, préc.

1343 Arrêté ministériel n°CAB/M-CM/LMO/006/2015du 25 avril 2015 du ministre de la Communication et Médias portant procédure d'obtention d'autorisation d'exploitation de la TNT, in JO RDC, col. 27.

1344 Article 1, Arrêté susdit :*« La Coordination du Comité national de la Migration vers la TNT procède à des appels à candidature pour la fourniture des services de la télévision numérique terrestre à vocation nationale ou régionale pour le réseau public et à l'examen des dossiers des soumissionnaires privés pour les réseaux privés ».*

1345 Article 8, Arrêté n° CAB/M-CM/LMO/006/2015du 25 avril 2015, préc.

1346 Article 2, arrêté n° CAB/M-CM/LMO/006/2015du 25 avril 2015, préc.

1347 Article 3, loi n°014/2002 sur l'ARPTC, préc.

par la loi à l'Autorité de régulation, tout en créant une structure *ad hoc*, en parallèle à ces prérogatives. L'esprit du législateur était de concentrer l'étude des dossiers techniques (licences, fréquences, cahiers des charges) en rapport avec les technologies des télécoms ou les technologies de la communication audiovisuelle.

D'un côté, l'arrêté n°CAB/M-CM/LMO/006/2015 du ministre de la communication et des médias se caractérise par un excès de pouvoir, devant entrainer la nullité de son acte. En prescrivant que « tout dépôt de dossier donne lieu, suivant le service, la zone ou l'opération visée, au paiement de frais non remboursables »[1348], un autre motif d'ordre fiscal (pour excès de pouvoir) vicie l'arrêté pour établir des droits de perception des frais au profit du Comité de migration de la TNT dans l'étude des dossiers ; c'est une violation des dispositions d'ordre public en matière de procédures et principes de droit.[1349] Mais surtout, cet arrêté sépare les procédures de régulation conjointe des TIC, voulue par la loi, sur l'unicité en RDC des régimes de régulation technique, de toutes les communications numériques dont font partie la TNT et les réseaux télécoms ouverts au public.

Pour autant, l'ARPTC avait introduit, auprès des ministres signataires, un recours administratif pour annule ces arrêtés. Dans un silence persistant, elle agit dans le cadre de ses prérogatives légales sans tenir compte du contenu de ces arrêtés, en se réservant le droit d'adresser un recours en annulation devant le Conseil d'État.[1350] Elle peut aussi, par voie d'exception, adresser une requête auprès de la Cour constitutionnelle si son application lui en était requise, en tenant compte de la position politique des membres du gouvernement concernés.[1351] Au lieu de juxtaposer des compétences et démultiplier des intervenants publics pour des technologies alternatives comme en RDC, d'autres États du monde, en Afrique et en Asie, ont développé des expériences plus harmonieuses de régulation convergente. La RDC pourrait s'en inspirer face aux enjeux d'une régulation adéquate à l'ère numérique.

[1348] Article 5, arrêté n°CAB/M-CM/LMO/006/2015 du 25 avril 2015, préc.

[1349] Article 2, loi n°014-015 du 16 juillet 2004, préc. : « Il ne peut être institué d'autres actes générateurs des recettes administratives, judiciaires, domaniales et de participation qu'en vertu d'une loi, et après avis préalable du Ministre ayant les finances dans ses attributions ». *Cf.* aussi. Loi n°004-2003 portant réforme des procédures fiscales, JO RDC, n° spécial, 31 mars 2003, p. 5. *Cf.* aussi Loi n°06/003 du 27 février 2006 modifiant et complétant certaines dispositions de la loi n°004/2003 du 13 mars 2003 portant réforme des procédures fiscales, JO RDC, 47e année, n° spécial, 15 mars 2006, pp. 6-9.

[1350] Article 155, Constitution de la RDC, préc. : « Sans préjudice des autres compétences que lui reconnaît la Constitution ou la loi, le Conseil d'État connaît, en premier et dernier ressort, des recours pour violation de la loi formés contre les actes, règlements et décision des autorités administratives centrales ».

[1351] Article 162, Constitution de la RDC, préc. : « La Cour constitutionnelle est juge de l'exception d'inconstitutionnalité soulevée devant ou par une juridiction. Toute personne peut saisir la Cour constitutionnelle pour inconstitutionnalité de tout acte législatif ou réglementaire ».

En Malaisie, la *Malaysian Communications and Multimedia Commission* (MCMC), créée en 1998, est le seul régulateur des secteurs des télécommunications, de la radiodiffusion et de l'informatique. En 2008, le gouvernement coréen a créé la *Korea Communications Commission* (KCC) en fusionnant le régulateur des télécommunications et le régulateur de la radiodiffusion, alors qu'ils furent respectivement le ministère de l'information, de la communication (MIC) et la Commission coréenne de la radiodiffusion (KBC).

La KCCa fusionné sous une seule autorité réglementaire les télécommunications, les allocations de fréquences et la radiodiffusion, y compris leurs contenus, afin de s'adapter à la montée des technologies de convergence, en particulier la télévision sur Internet (IPTV). L'introduction de l'IPTV en Corée a été retardée de plusieurs années, du fait de différends entre le MIC et la KBC, à propos de la juridiction. Toutefois, après la création de la KCC, le régulateur issu de la convergence a finalisé les règles permettant aux opérateurs de fournir l'IPTV. À la fin de l'année 2009, la Corée comptait un million d'abonnés à l'IPTV.

Progressivement, d'autres pays transforment des régulateurs spécifiques aux télécommunications en régulateurs convergents portant sur l'ensemble des TIC. Ainsi, la portée du régulateur du Kenya a été étendue, comme cela est présenté dans le site de la CCK, le régulateur du Kenya. La Commission des communications de ce pays (CCK) est l'autorité de régulation du secteur des communications.[1352]

4. Pour une réforme de la régulation et de la gouvernance de l'Internet en RDC au regard des problématiques de souveraineté dans la société numérique mondiale

Le Sommet mondial sur la société de l'information (SMSI : Genève 2003, Tunis 2005) marque, pour toute la Terre, le tournant officiel d'appréhension de l'Internet par le droit. En effet, une société de l'information a émergé, à l'ombre de la « souveraineté postmoderne ».[1353] L'Europe avait adopté en 1998 une directive spécifique sur les services de la société de

---

[1352] Créée en 1999 par la Loi sur les communications (KCA) n°2 de 1998, le mandat initial de la CCK était la régulation des sous-secteurs des télécommunications et des postes, et la gestion du spectre des fréquences radioélectriques du pays. Les changements et l'évolution rapide de la technologie ont pratiquement effacé les distinctions traditionnelles entre les télécoms, les technologies de l'information et de la radiodiffusion. Par conséquent, le gouvernement kenyan, en janvier 2009, a adopté la loi sur les communications du Kenya (amendement). Cette dernière a renforcé la portée de la réglementation et de la compétence de la CCK, et l'a effectivement transformée en un régulateur convergent. La CCK est maintenant chargée de faciliter le développement des secteurs de l'information et de la communication (y compris les services de la radiodiffusion, des multimédias, des télécoms et postaux) et le commerce électronique.

[1353] P. TRUDEL, « La souveraineté en réseau », in BLANDIN-OBERNESSER A. (sous la dir.), *Droits et souveraineté numérique en Europe*, 1re éd., Bruylant, Bruxelles, 2016, p. 11.

l'information.[1354] Les enjeux de la gouvernance de l'Internet se complètent à ceux de la dérégulation des télécoms des années 1990-2000. La révolution numérique est advenue à la suite du déclin des monopoles et de l'ascension de l'économie numérique, post-éclatement de la bulle Internet (2003). La société mondiale de l'information n'a pas aboli l'État, mais elle en a fait, par conséquent, un « État démythifié » [1355] ou « État englobé ». [1356] La mondialisation (de l'Internet) en aurait « fait seulement le rouage privilégié de la gouvernance planétaire ».[1357]

À l'ère numérique, des transformations du droit s'opèrent, « substituant l'horizontalité à la verticalité »et créant des rapports juridiques de l'État dans « un espace public en mouvement constant ».[1358]Le cyberespace agit sur les attributs de souveraineté, car cet espace numérique enchevêtre la technique et le politique, le public et le privé, le national et l'international. « Classiquement la souveraineté s'entend de l'existence d'un monopole étatique sur l'énonciation et l'application du droit ».[1359] L'ère numérique annonce celle de la « souveraineté en réseau ». [1360] Mais, la « plurinormativité » [1361] du Web amène au constat que l'État n'est plus le seul centre d'émission de la norme dans la société numérique.[1362] Ne s'agit-il pas d'une situation de l'« État polycentrique » [1363] ? Cette notion décrit l'existence d'entités autonomes au sein de l'État et rappelle l'idée de « voir comme consommée l'installation au niveau mondial du pluralisme juridique ».[1364]

L'Internet est en effet planétarisé, dématérialisé, décentralisé, délinéarisé. Il reste ouvert 24h/24, 7 jours sur 7, pour toutes sortes de transactions sans limites des frontières nationales. Il semble déposséder l'État du monopole de

---

1354 Directive 98/34/CE du Parlement européen et du Conseil du 22 juin 1998 prévoyant une procédure d'information dans le domaine des normes et réglementations techniques, JO CE n° L 204, 21.7.1998.

1355 J. CHEVALLIER [2014], *op.cit.*, p. 69.

1356 *Idem*, p. 48.

1357 PH. MOREAU DEFARGES, *La mondialisation, op.cit.*, 52.

1358 *Ibidem*, p. 44-45.

1359 P. TRUDEL, « Ouverture – La souveraineté en réseaux », in A. BLANDIN-OBERNESSER (sous dir.), *Droits et souveraineté numérique en Europe,* Coll. Rencontres européennes, Bruylant, Bruxelles, 2016, p.10.

1360 *Ibidem*, p. 5-7.

1361 La problématique ressortie par le terme « plurinormativité » est partagée avec le Professeur Sawadogo Filiga Michel, « Approche nationale et régionale de la mise en place d'une réglementation du commerce électronique : le cas du Burkina – Faso et l'Afrique de l'Ouest », *Conférence régionale africaine de haut niveau,* Tunis, 19-21 juin 2003 (inédit).

1362 L. BELLI, *De la gouvernance à la régulation de l'Internet,* Préface de Louis Pouzin et Gilles J. Guglielmi, Coll. Au fil des études – Les thèses, éd. Berger-Levrault, Boulogne-Billancourt, 2016, pp.3-10.

1363 J. CHEVALLIER [2014], *op.cit.*, p. 85.

1364 G. J. GUGLIELMI, « Préface », in L. BELLI, *De la Gouvernance à la Régulation de l'Internet,* Coll. Au fil des études : Les Thèses, éd. Berge Levrault, Boulogne-Billancourt, 2016, p. 13.

contrôle de l'espace public, c'est-à-dire le lieu de citoyenneté, l'assise de souveraineté, où il se déployait en maître de la coercition légitime.

Dès lors, la problématique des souverainetés nationales est posée face à l'Internet planétaire, bien au-delà de la simple extranéité qui, en droit international privé, suscite des conflits des lois civiles ou pénales.[1365] Si la dérégulation des télécoms de base complexifiait déjà le phénomène de millefeuille législatif, elle s'est pourtant limitée à une reconfiguration législative du mode d'intervention de l'État dans un marché d'ancien monopole public. La « société d'information planétaire »[1366] apporte une nouvelle réalité de démultiplication des centres d'édiction des normes techniques et/ou des lois privées du marché. Il y a des « polycentres » d'autorités normatives sur Internet. Autrement dit, nous assistons à la « consolidation d'un environnement pluri-normatif caractérisé par la prolifération d'un réseau décentralisé de "centres de régulation" prônant la négociation d'outils régulatoires souples, catégorisables comme la soft law ».[1367]

En fait comme en droit, des organismes privés, comme l'ICANN, le W3C ou l'ITF, fixent des protocoles de routage et des attributions des ressources-racines, indispensables à de la fonctionnalité logique et sémantique de l'Internet. Cette gestion privée de l'« ordre public numérique » est devenue le défi commun de tous les systèmes juridiques : l'Internet a des institutions de droit privé (pour la plus part basés aux États-Unis) qui édictent des normes *suis generis,* à portée universelle. Pour le premier cas du genre : « L'ICANN gère sans aucun doute un service public international puisqu'elle permet un accès ordonné à l'Internet dans le monde entier, notamment en coordonnant l'attribution des indicateurs uniques d'Internet, les « IP » (*Internet protocols*), qui permettent d'accéder à l'Internet et que des bureaux d'enregistrement, qu'elle accrédite, transforment en adresses électroniques ».[1368]

En principe, la loi est l'expression de la souveraineté, Les procédures parlementaires ou référendaires sont, pour la souveraineté, la forme par laquelle le droit constitutionnel habilite les lois à produire des effets

---

1365 G. CORNU, *op.cit*, p. 567. *Verbo*, « Droit international privé » : au sens étroit et traditionnel à partir du XIXe siècle (le plus important aujourd'hui), branche du Droit ayant pour objet le règlement des relations internationales de Droit privé, notamment par le procédé du conflit des lois. Dans son sens large et ancien (aujourd'hui peu usité), cette branche de droit a pour objet le règlement des relations internationales affectées par la diversité des Droits internes.

1366 Groupe de haut niveau sur la société de l'information, *L'Europe et la société de l'Information planétaire,* 1994 (dit *« Rapport Bangemann »* du nom de Martin Bangemann, vice-président de la Commission européenne alors présidée par Jacques Delors.)

1367 L. BELLI, *De la gouvernance à la régulation de l'Internet*, *op.cit.*, p.18.

1368 A. PELLET, « Une gestion de l'ordre public de l'Internet ? », in Société française pour le Droit de l'Internet, *Internet et le droit international,* Colloque de Rouen, éd. A. Pedone, Paris, 2014, p. 239

juridiques précis, assortis des incriminations et des peines.[1369] L'organisation des services d'ordre et de justice sont les devoirs de structuration du pouvoir de l'État.[1370] Les chartes, dites également « le code », en tant que « processus auto-organisationnel » restent d'origine des souverainetés infra-étatiques, mais qui prennent une dimension supranationale à l'échelon du Web. Elles demeurent des « obligations communes et mutuelles ».[1371]

La coercition reste également de l'apanage de la puissance publique, mais avec les normes techniques d'une part et les codes privés d'autre part, l'Internet présente des sanctions impératives. À vrai dire, « La sanction éventuelle pour un comportement non-conforme peut être une punition juridiquement étatique, mais l'instrument répressif est plutôt la réprobation du groupe ».[1372] En particulier, pour les normes techniques infra-étatiques du Web, leur impérativité réside dans le rejet d'opérabilité avec le système global, si elles sont enfreintes. La sanction de violation des normes numériques n'est pas juridique mais factuelle, car il faut observer les standards techniques pour indispensablement accéder au système. D'où leur impérativité par l'effectivité, mais pas au même titre que la norme juridique.

Pour le dernier cas du genre : au premier cadran des télécoms de base, la réglementation s'était détachée de la régulation. Cette dernière se complète inséparablement de la gouvernance numérique. L'action de légiférer ou de réglementer relève de la souveraineté, mais celle-ci subit des influences du réseau électronique. Selon François Ost et Michel van de Kerchove, la « loi [est] en érosion constante », car la régulation se démarque de la réglementation des télécoms de base, en marquant déjà une étape de transition de la force pyramidale de la norme juridique. « La loi au sens formel du terme se voit traditionnellement reconnaitre sinon une souveraineté, tout au moins une "quasi-souveraineté"[1373] dans la hiérarchie des sources formelles du droit.[1374] » La pyramide tient à la nature du droit : celui-ci est « linéaire », son autorité allant dans le sens unique de l'ordre sans inversion sinon c'est anarchie, ni rétroaction sinon c'est la rébellion contre

---

[1369] Selon le principe de souveraineté : article 3, Constitution française de 1958 : « La souveraineté nationale appartient au peuple, qui l'exerce par ses représentants et par la voie du référendum » ; article 5, Constitution congolaise de 2006 : « La souveraineté nationale appartient au peuple. Tout pouvoir émane du peuple qui l'exerce directement par voie de référendum ou d'élections et indirectement par ses représentants ». L. FAVOREU, P. GAÏA et *al*, *Droit constitutionnel..., op.cit*, pp. 25 et s. (sur l'État de droit, L'encadrement juridique du pouvoir).

[1370] L. DUGUIT, *Les transformations générales du droit public*, *op.cit*, p. 24 et s.

[1371] PH. MOREAU DEFARGES, *La Gouvernance,* préc., p. 60-61.

[1372] *Ibidem*, p. 61.

[1373] F. DELPÉRÉE, « La Constitution et la règle de droit », in *Annales de droit*, t. XXXII, n°2-3, 1972, p.190.

[1374] A. MAST, *Précis de droit administratif belge,* Bruxelles-Gand, 1964, p. 10. E. ERGEC, *Introduction au droit public,* t. I, *Le système institutionnel,* 2e éd. revue et augmentée, Bruxelles, E. Stony-Scientia, 1994, p. 107. La loi est l'expression de la volonté nationale. La plénitude de compétence du pouvoir législatif lui permettant d'exercer toutes les compétences que la constitution n'a pas confiées à d'autres pouvoirs.

l'ordre. Il est « arborescent », se démultipliant à partir d'un foyer de création unique. Il est « hiérarchique » en disposant de la supériorité étatique et de la subordination des sujets.[1375]

Toutefois, la convergence numérique des télécoms renforce la réalité que « tout le droit n'est pas dans la loi ».[1376]La révolution numérique a distancé le « temps des institutions » du « temps des réseaux ». Non seulement les nouvelles réalités du Net sollicitent les interstices de la loi grâce à des ajustements réglementaires et des subdélégations faites au régulateur. Mais plus visiblement encore elles mettent surtout l'accent sur l'efficience d'une régulation *ex ante* de préférence à une régulation *ex post.*[1377] Internet est une de ces « forces imaginantes » du droit, selon Mireille Delmas-Marty : il affecte sensiblement les systèmes juridiques classiques.[1378]

L'auteure souligne que le droit étatique se caractérise par des termes statiques comme « fondement », « socle », traduisant ses institutions juridiques, intériorisées par les gouvernants et les gouvernés. [1379] En convergeant avec la pensée de Jacques Chevallier, « [l]a figure postmoderne du réseau tend dès lors à se substituer à celle de la pyramide ». [1380] La régulation réadapte la portée de la règlementation, qui devait rester impersonnelle, générale et antérieure aux faits. « Il ne s'agit pas de faire plier le droit sous le joug de l'économie mais de prendre dorénavant en compte, en temps réel, les critères pertinents de l'économie dans l'élaboration du droit. »[1381]

Ainsi, la fonction de régulation fait appel au mode de réflexivité de la gouvernance, sans trop s'éloigner du mode d'impérativité du gouvernement. Elle peut donc s'étendre au-delà de la typologie sectorielle de ses compétences. Il s'agit là de « différents mécanismes de gouvernance qui ont permis, et qui continuent à permettre une pluralité de parties prenantes de façonner l'évolution de l'Internet. L'émergence du concept gouvernance et les déclinaisons de la notion de régulation ». Ces mécanismes sont de régulation sectorielle, de régulation convergente et de gouvernance.

[1375] Au sujet de « la souveraineté traditionnelle de la loi » : F. OST et M. VAN KERCHOVE, De la pyramide au réseau ? Pour une théorie dialectique du droit, Publications des Presses des Facultés universitaires Saint-Louis, Bruxelles, 2002, p. 78. (F. OST et M. VAN KERCHOVE, « De la pyramide au réseau ? Vers un nouveau mode de production du droit ? », *R.I.E.J.*, 2004.

[1376] W. GANSHOFVAN DERMERSCH, « Propos sur le texte de loi et les principes généraux du droit », *in J.T*, 1970.

[1377]M-C. ROQUES-BONNET, *op.cit.*, p.169. « Le Rapport rendu le 27 juin 2007 identifiait une nouvelle « logique de l'organisation institutionnelle française », celle de la régulation dite « ex ante », c'est-à-dire prenant « le soin de fixer des règles censées éviter des pratiques anticoncurrentielles ».

[1378] M. DELMAS-MARTY, « À l'heure de la mondialisation, nous avons besoin d'un droit flou », *Libération*, Interview par Robert Maggiori et Anastasia Vécrin, 23 septembre 2016.

[1379]*Ibidem.*

[1380] J. CHEVALLIER, *op.cit.*, p.85.

[1381] A. RUTILY et B. SPITZ, « Les nouveaux enjeux de la révolution numérique », *Hermès*, n°44, 2006, p. 29.

Simultanément, ils interrogent les droits africains et européens quant à « l'application de ces concepts dans l'écosystème internautique ».[1382]

EN GUISE DE CONCLUSION DU CHAPITRE...

La RDC fait partie de ces pays africains de jeune démocratie, qui restent encore en quête de stabilité politique et institutionnelle. Si celle-ci travaille à sauvegarder et à solidifier son ordre constitutionnel face aux conflits armés et de légitimité, la transition vers la régulation et la gouvernance de l'Internet s'avère un défi politique. Le défi abordé est double. Il a trait à la réglementation du commerce électronique en droit interne, tant (que) les organisations internationales et le droit comparé abondent en expériences-types. Il se réfère aussi à la régulation des communications électroniques. Il méritait bien d'être approfondi dans un cadre de développement plus spécifique.[1383]

La régulation des télécoms ne saurait plus rester sectorielle, en insistant sur son autonomie et sa légitimité afin d'arbitrer le jeu économique du marché numérique ouvert. [1384] Dans le monde, « le développement du numérique et de l'Internet a contribué au déplacement des frontières entre acteurs de ces secteurs et soulèvent des questions sur des voies de régulation à adopter, les autorités légitimes, l'enchevêtrement des législations, la réactivité du droit dans un environnement technologique en mouvement rapide ».[1385]

Suivant l'expérience française, les régulateurs des télécoms, côtoient dans les secteurs avoisinant de leurs activités des entités administratives indépendantes sur le même type sectoriel : ARCEP, CSA, HADOPI, DGCCRF, CNIL, etc. Comparativement, la RDC n'a pas suivi l'expérience de création des mêmes autorités sectorielles. L'ARPTC travaille à côté des administrations classiques (ministères) intervenant de télécoms, de concurrence et de propriété intellectuelle. Par ailleurs, la convergence numérique des médias et des réseaux appelle à une extension de son champ pour une « interrégulation » avec d'autres secteurs régulés, eu égard à la transversalité des TIC.[1386] La première réforme avait produit « la régulation,

---

1382 L. BELLI, *De la gouvernance à la régulation de l'Internet*, Préface de Louis Pouzin et Gilles J. Guglielmi, Coll. Au fil des études – Les thèses, éd. Berger-Levrault, Boulogne-Billancourt, 2016, p. 9.

1383 *Cf.* Titre 1, Chapitre 1, du présent ouvrage, et les développements sur l'avènement de la société numérique congolaise.

1384 A. PERROT, « Les frontières entre régulation sectorielle et politique de la concurrence », *Revue française d'Economie*, n°4, 2002, Vol. XVI, pp. 81-110.

1385 A. RUTILY et B. SPITZ, « Les nouveaux enjeux de la révolution numérique », *Hermès*, n°44, 2006, p. 29.

1386 V. A. DELION, « Notion de régulation et droit de l'économie », in *Annales de la Régulation,* Paris, LDGJ « Bibl. de l'Institut A. Tunc », T. IX, vol. I, 2006, p. 23. M-A FRISON-ROCHE, « L'hypothèse de l'interrégulation », in *Les risques de régulation,* Paris,

démantelant les corsets rigides de la réglementation », mais l'Internet appelle à une « régulation réflexive » ou « procédurale ».[1387]

Désormais, « la norme doit se cristalliser au carrefour de la contrainte et du consentement, ne fonctionnant que si elle est intériorisée et vécue ». Une fois « les vieux carcans législatifs et administratifs » démantelés, « l'économie ne doit plus être enfermée dans les corsets bureaucratiques, elle doit être régulée, encadrée par des normes souples. « Dans le sillage de la gouvernance, éclosent les autorités indépendantes, instances collectives de surveillance ». [1388] L'Internet est donc devenu le terrain de jeu de la régulation et de la gouvernance. Il requiert un ou des arbitres chargés au bon déroulement de la partie et de sanctionner l'envers des règles du droit. Le marché étant le fruit de la technique, la fracture numérique est sa négation.

L'ensemble des développements de notre ouvrage démontre des transformations du droit et de ses institutions en vue de les adapter aux évolutions des technologies numériques, au regard de leur popularisation dans l'économie et la société. Le réalignement nécessaire des points du droit public et du droit privé a été la trame d'analyse des réformes balbutiantes en RDC face à l'expérience avant-gardiste et éprouvée de l'Europe et de la France autour des télécoms de base et du numérique contemporain. Le tout plaide pour un Droit adapté aux défis de la société de l'information : droit de l'économie : droit de l'économie numérique (particularité), droit des télécoms (« sectorialité »), droit du numérique (globalité), cyberdroit (originalité), droit du cyberespace (universalité).

Pour le Professeur Abdoullah Cissé, « c'est ainsi qu'on a commencé, devant l'impossibilité de ranger [le Cyberdroit] dans une catégorie connue, à saisir ce qu'il n'était pas (droit de l'immatériel) en oubliant que l'immatériel ne se limite pas au cyberespace, avant de mettre l'accent sur ce qu'il est (droit du numérique) sans avoir au préalable réduit sa réalité à une de ses facettes (droit de l'informatique) et puis à d'autres comme le droit de l'Internet pour découvrir que celui-ci n'était pas le seul réseau (droit des réseaux) ni le seul médium (droit du multimédia) pour *in fine* observer tous les efforts s'effondrer, tel un château de cartes, devant la convergence des médias ».[1389]

Dalloz/Presses de Sciences Po, coll. « Droit et Économie de la Régulation », 2005, T. III, p. 60-69.

[1387] G. TEUBER, *Droit et réflexivité, l'auto-référence en droit et dans l'organisation,* traduction N. Boucquey, Story-LGDJ, Paris-Bruxelles, 1994. Il se contente au mieux de fixer quelques objectifs généraux, à charge pour les acteurs privés de déterminer eux-mêmes, au terme d'une délibération réglée, les normes susceptibles des les atteindre. La légitimité de la norme régulatoire est celle dans laquelle les régulés se reconnaissent ou adhèrent pas la persuasion intellectuelle.

[1388] PH. MOREAU DEFARGES, *La Gouvernance, op.cit,* p. 63.

[1389] *Ibid.*

CONCLUSION

Dans le présent ouvrage, la dérégulation mondiale des télécoms est le pilier de la refondation du droit congolais de l'économie numérique. Les analyses comparées servent de référence pour comprendre et baliser la transition du droit positif congolais face à l'Internet. Malgré l'accession du pays à la société de l'information, la législation ne prévoit pas encore de régime spécifique sur le numérique, ni sur son économie informationnelle, ni sur le commerce électronique, au diapason des États postmodernes.

Étant en retard dans le processus de libéralisation des télécoms, la réglementation congolaise ne prévoit pas de dispositions par rapport aux enjeux de l'Internet. Ses mécanismes de régulation ne sont guère adaptés aux artefacts sociétaux du numérique. Des solutions pragmatiques sont nécessaires pour le fonctionnement du secteur des télécoms et du numérique. Le parlement congolais examine depuis le 19 avril 2017 les projets de lois devant assurer le renouveau du cadre légal des télécoms étendues aux TIC...[1390] Les défis législatifs du pays sont liés à l'inachèvement des réformes sectorielles des télécoms après la précédente réforme de 2002. Il faut aussi combler les carences des règles par rapport à l'effectivité de l'économie numérique.

À ce jour, l'opérateur historique[1391] ne dispose pas d'installation lui permettant d'exercer l'exclusivité résiduelle, dont la loi congolaise lui accorde le privilège sur la fourniture d'infrastructures de transmission de signaux de télécoms.[1392] Toutefois, dans les faits, l'exploitant public ne dispose pas sur le marché du « réseau de référence » répondant à ses droits spéciaux. À défaut pour l'exploitant public de remplir totalement son rôle

[1390] Le 22 novembre 2018, le projet de loi sur les télécoms et les TIC franchissait le cap de la commission mixte paritaire Sénat-Assemblée nationale. Le texte adopté par les deux chambres législatives n'a pas encore été promulgué par le président de la République à la clôture de la toute dernière session de décembre 2018 pour la législature (2011-2018). Sans doute, la prochaine mandature (2018-2023) s'y penchera, vu les élections générales prévues le 23 puis le 30 décembre 2018 pour le renouvellement des institutions politiques, législatives et exécutives, au niveau national et provincial.

[1391] M.-A. FRISON-ROCHE, *Les 100 mots de la régulation, op.cit.*, p. 104. L'opérateur historique désigne l'opérateur d'État (le plus souvent) qui est présent sur le marché avant son ouverture.

[1392] Article 38, loi-cadre sur les télécoms en RDC, préc.

d'opérateur de monopole des infrastructures, les opérateurs privés substituent les maillons manquants du réseau national dit *backbone*. Ce sont ces nouveaux entrants, les concessionnaires, que la loi autorise à fournir des services relevant de leurs « droits de licences » (autorisation ou concession). En recourant à ses propres installations alternatives, le marché offre au public l'accès à la fois aux infrastructures de réseau et aux services de télécoms.

Par ailleurs, la loi-cadre n°013/2002 organise une intervention bicéphale de l'État-régulateur des télécoms en RDC. Deux autorités étatiques exercent la puissance publique dans le même secteur. Il s'en suit des cas récurrents de conflits de compétences. L'« intra-régulation » est le terme approché par le président de l'ARPTC. Le régulateur coexiste encore avec un ministère des PTT dans le domaine. Cette configuration renforce le défi de séparation organique des fonctions de réglementation et de régulation.[1393] L'accession de la RDC à l'économie numérique est un enjeu juridique supplémentaire. Des défis s'attachent au processus de transformation des services publics des télécoms. Ils concernent les enjeux d'ajustement des institutions juridiques dans les deux phases de mutations techniques du marché électronique.

Dans le premier temps de la dérégulation des télécoms de base, la RDC a effectivement appliqué le modèle de l'OMC à travers ses deux lois de réformes des télécoms du 16 octobre 2002 : la loi-cadre n°013/2002 sur les télécoms[1394]et la loi n°014/2002 sur l'autorité de régulation des télécoms.[1395] Plus de quinze ans après, la concession des services publics[1396] est encore la conception dominante dans le pays, d'autant que la législation de 2002 a conservé la configuration d'un marché dual ; semi-ouvert et semi-monopolistique. Tenant du droit sectoriel, le législateur de 2002 autorise la concurrence sur les services des télécoms, tandis qu'il confère des droits exclusifs à l'exploitant public pour les infrastructures du « réseau de base ». [1397] À plusieurs égards, la réalité libérale du marché congolais contraste radicalement avec l'idéologie colbertiste que sa législation entretient encore.[1398]

[1393] O. MANIKUNDA MUSATA, *La dynamique de la régulation des télécommunications en République Démocratique du Congo : de la synergie intra-sectorielle à l'interrégulation,* ENST Paris/ARTEL/ARCEP/FRATEL/ESMT/Word Bank Institute, BADGE régulation des télécoms promo 2005, mars 2006, pp. 1-118.

[1394] Loi n°014/2002 portant organisation et fonctionnement de l'autorité de régulation de la poste et des télécommunications, ARPTC en sigle, JO RDC, idem, pp.47 et s.

[1395] Loi-cadre n°013/2002 du 16 octobre 2002 sur les télécommunications en RDC [LCT], JO RDC, n° spécial, 44e année, 25 janv. 2003, pp. 17-46.

[1396] G. JÈZE, *op.cit*, p. 64.

[1397] « Exposé des motifs », loi-cadre 013/2002 du 16 octobre 2002 sur les télécommunications, préc., pp. 19 et s.

[1398] I. CROCQ, *Régulation et réglementation dans les télécommunications,* Economica, coll. Nouvelles technologies de l'information et de la communication, Paris, 2004, p. 8. HAYEK, *Droit, législation et liberté,* PUF, coll. « Quadrige », Paris, 1995, p. 158-161. Le colbertisme reste le fondement mercantile de l'État-entrepreneur, avec l'idée de contrôle et d'exploitation

L'inadéquation de la loi et des faits est source des défis d'une part pour le marché et de l'autre pour la régulation étatique. D'un côté, la libéralisation du marché s'avère totalement acquise *de facto*, alors que l'exclusivité est seulement *de jure* sur un segment inactif. Les premiers opérateurs privés exploitaient déjà le marché congolais des services des télécoms depuis 1989, avant leur libéralisation officielle par les lois de 2002.

Ainsi, la RDC expérimente encore le schéma de dérégulation des télécoms de base. L'ouverture législative accuse un grand retard par rapport aux droits de l'accès aux communications électroniques en Europe et en France. Malgré l'application du schéma international des réformes des télécoms de 2002, des erreurs de réglementation alimentent encore les enjeux de collaboration entre le ministre des PTT en tant qu'administration classique[1399] et l'ARPTC en tant que nouvelle autorité administrative devant réguler le marché électronique. Les droits exclusifs de l'exploitant public renforcent les contraintes pour le régulateur d'assurer l'équilibre du marché.[1400] La régulation devient complexe au regard de la multiplicité d'acteurs du marché, ayant des statuts et des intérêts différents.[1401] Les tendances nouvelles de la régulation sont « entre classicisme et innovation », dans le sens de la « transition numérique ».[1402]

De nouveaux défis de l'économie numérique confrontent la législation conçue au départ pour les télécoms de base se trouvant face aux multiplications d'« interfaces entre monde numérique et monde matériel ».[1403] Mais à défaut d'ajustement du cadre légal au vu des activités numériques, le droit positif congolais présente de nombreuses carences de régime. Les lois de télécoms de 2002 sont inaptes à s'élever au niveau voulu pour les droits subjectifs et l'intérêt général. En effet « cet objet de mutation, ces transformations qu'entrainent digitalisation [numérisation] et

---

des secteurs publics par l'État lui-même. Hayek est de ceux qui pensent que « le droit […] se prête de bonne grâce aux jeux de la politique et de l'idéologie », et ce « aux antipodes de la neutralité scientifique que certains rêvent de lui conférer ».

1399 L'approche des ministères des PTT a été supplantée par celle des ministères de l'économie numérique, car les PTT en tant que marché des services libéralisés, sont insérés dans l'économie en s'écartant de plus en plus de la logique classique des services publics monopolistiques. Cette nouvelle approche est consécutive à la dérégulation et aussi aux nouvelles règles de l'OMC (ex-GATT) dans le commerce international des services.

1400 L. BENZONI et P. DUTRU, *op.cit.*, p. 19. Pour les autres, la « microéconomie s'est fondée sur une conception du marché ou la demande pour un bien ou un service donné rencontre une offre concurrentielle. Le point de croisement des courbes d'offre et de demande détermine l'équilibre du marché, concurrentiel *a priori* ».

1401 N. SHUTOVA, *op.cit*, p. 21. « Cette focalisation sur les questions de défaillance du marché et de systèmes d'intervention hors-marché s'explique naturellement par les caractéristiques économiques du secteur des télécommunications : externalités positives de consommation, intensité capitalistique de certains segments, progrès technique […], utilisation des ressources « rares » (fréquences), fonction de coûts sous-additive, etc. »

1402 N. CURIEN, « La régulation réflexive à travers le miroir de la transition numérique », in M.-A. FRISON ROCHE (sous la dir.), *op.cit.*, p. 99-108.

1403 M.-A. FRISON ROCHE, *op.cit.*, p. 5.

convergence ont créé les conditions qui s'apparentent à une nouvelle "dérégulation". Le modèle régulatoire des années 80 [...] vacille car il ne répond plus (ou plus complètement) aux contenus, aux marchés et aux besoins, ... ».[1404]

La convergence numérique et précisément l'Internet accroissent « la complexité et l'incertitude, situation dans laquelle les opérateurs accroissent leur puissance »,[1405] alors que la RDC garde inchangé son cadre légal suranné de 2002 et sa régulation sectorielle trop étriqué. Dans la société de l'information, « [l]es secteurs régulés se croisent grâce au numérique et dans le numérique ».[1406] Les défis d'accès à l'économie numérique motivent de nouvelles formes possibles de régulation auxquelles l'expérience juridique de la RDC commence à s'adapter.

À l'épreuve de l'Internet, les autorités nationales de réglementation (ARN) s'efforcent de répondre aux défis juridiques du cyberespace planétarisé. Pour le bon fonctionnement du marché numérique, la régulation des télécoms associe avec pragmatisme les normes juridiques et techniques, les règles nationales et internationales, les lois du marché et les modes d'intervention publique. Les apports du droit comparé européen et français du numérique sont nécessaires pour éclairer la faible expérience juridique congolaise en matière d'économie numérique.

Dans le second temps de la révolution numérique, la popularisation de l'Internet et des outils électroniques confirme l'accession réelle de la RDC à l'économie numérique.[1407] Dans ce contexte, les techniques de communication électronique deviennent les artères de l'économie : le numérique irrigue la production, la distribution et la consommation des richesses. Le réseau est le moyen de connexion de plusieurs marchés distincts au-delà des fonctionnalités primaires des télécoms, celle de l'intermédiation technique. Avec l'essor des techniques numériques et « tant que les points de jonction et de convergence se multiplient », des secteurs jadis étanches se décloisonnent.[1408] Les régulations sectorielles s'exercent « assez généralement en "silo" », vu l'« objet technique » de chacun des secteurs économiques.[1409] La généralisation du numérique apporte la convergence des médias. Elle étend les champs d'action des acteurs économiques du Net, au point de mélanger des branches d'activités autrefois

---

[1404] M. HAMOT, « Nouveaux écrans, nouvelle régulation ? Prendre le tempo et le temps de la mutation », in P.-F. DOCQUIR et M. HAMOT, *Nouveaux écrans, nouvelles régulations*, Larcier, coll. « droit des technologies », Bruxelles, 2013, p. 14.

[1405] N. CURIEN, *op.cit.*, pp. 99 et s.

[1406] M. DE SAINT PULGENT, « Les besoins d'interrégulation engendrés par Internet. Propos introductifs », in M.-A. FRISON ROCHE (sous la dir.), *op.cit.*, 2016, p. 4.

[1407] *Cf.* Statistiques *infra* notes n°219, 220 et-221.

[1408] M. HAMOT, *op.cit.*, p. 8.

[1409] M. DE SAINT PULGENT, *op.cit.*, 2016, p. 4. Notamment, les secteurs des télécoms, des finances et de l'audiovisuel utilisent l'Internet mais disposent chacun d'un régulateur étatique spécifique : ARCEP/ARPTC, Banque centrale et CSA/CSAC.

séparées.[1410] Le droit de l'économie numérique dépasse nécessairement le cadre des télécoms. Il suggère la collaboration fonctionnelle à organiser entre plusieurs régulateurs.

L'interrégulation correspond à ce rapprochement des modalités d'actions entre régulations étatiques spécialisés.[1411] La régulation convergente a le double sens de fusion des moyens de régulation sectorielle[1412] et/ou de « convergence des réglementations ».[1413]La relation hiérarchique propre à l'État associe la régulation des télécoms aux lois et tendances du marché. Le droit doit assurer l'encadrement « "par réflexivité", le secteur trouvant dans le Régulateur son propre reflet ».[1414]

En ce sens, il ne suffit plus d'entendre seulement la voix de l'opérateur et de l'État, mais aussi, celle de l'« "internaute-citoyen" [...] dans un système participatif afin de produire des normes adéquates ».[1415] En somme, « [l]a régulation devient ainsi interrégulée, plus globale et plus politique ».[1416]

Le gouvernement congolais travaille au renouveau du cadre juridique congolais. De *lege ferenda*, le parlement examine trois projets de paquet des lois sur les télécoms et les TIC, sur le commerce électronique et sur l'extension de la régulation des télécoms à l'ère numérique.[1417]Le projet de loi sur télécoms et les TIC est le premier volet de réforme au centre du futur cadre juridique. Son architecture est renforcée par un deuxième volet des projets de lois spécifiques sur le commerce électronique et sur la régulation des NTIC. L'économie numérique est donc une source matérielle pour le renouveau du droit. Elle transcende les enjeux de régulation sectorielle. Les droits européens et français sont en avance dans le régime à accorder aux

---

1410 *Ibidem.*

1411 M.-A. FRISON ROCHE, « L'hypothèse de l'interrégulation », in *Les risques de la régulation*, Paris, Dalloz/Presse de Science po, Coll. « Droit et Économie de la régulation », 2005, t. III, pp. 69-80.

1412 M. DE SAINT PULGENT, *op.cit*, p. 4. « Le besoin d'interrégulation procède aujourd'hui d'un souci sinon d'unification, du moins de mise en cohérence de différents niveaux qui ne peuvent plus demeurer dans une juxtaposition confinant à l'ignorance. ». P. DUTRU, « De l'accès aux infrastructures à l'accès aux moyens numériques : Nouvelle frontière pour la régulation des communications électroniques », in M.-A. FRISON ROCHE (sous la dir.), *op.cit*, p. 17-41.

1413 M. JEUNEHOMME, « L'industrie innovante dans le secteur de l'e-santé face aux défis des régulations », in M.-A. FRISON ROCHE (sous la dir.), *op.cit.*, pp. 81-98.

1414 N. CURIEN, *op.cit.*, pp. 99 et s.

1415 S. CHATRY, « La perspective d'une régulation participative », in M.-A. FRISON ROCHE (sous la dir.), *op.cit.*, pp. 157-166.

1416 *Ibidem.*

1417 Lettre n°CAB/PM/CNTIC/PCK/2015/8005 du 17 décembre 2015 du Premier Ministre de la RDC, Mata Ponyo Mapon, ayant pour « Objet: Relance de programmation en commission des lois des textes sur les télécoms et TIC [...] Y faisant suite, je vous informe que j'accède à votre demande d'examiner, en Conseil des Ministres, les projets de loi sur : (i) les télécommunications et les technologies de l'information et de la communication, (ii) les échanges et le comme électroniques, et (iii) la modification de la loi n°014/2002 du 16 octobre 2002 portant création de l'autorité de régulation de la poste et des télécommunications du Congo ».

aspects de la société de l'information. L'expérience comparée éclaire nos analyses pour la refondation en RDC d'un droit de l'économie numérique sur les bases de celui des télécoms. (Titre I)

Dans la décennie 2000, l'introduction de la concurrence avait déjà engagé le service public des télécoms dans l'économie de marché. Le processus de dérégulation reste à parachever pour les télécoms. Aujourd'hui, l'utilisation des techniques numériques irrigue tous les secteurs de l'économie : production, distribution, consommation. Par conséquent, « [d]ans tous ces secteurs, le numérique, qui permet la mise en donnée du monde manifeste sa capacité à bouleverser les règles du jeu et les positions établies et exige de repenser la régulation ». [1418] L'avènement de la société de l'information implique des enjeux juridiques d'un genre nouveau.[1419]Les principales lois en RDC sont inappropriées pour encadrer des défis juridiques plurisectoriels de la société de l'information.[1420] Le retard législatif congolais devient criant face à la globalisation. En effet, l'« économie numérique suscite des questions qui ne touchent plus exclusivement les marchés des services de communications électroniques, mais qui concernent des activités économiques et des pratiques sociales de plus en plus diversifiées : administration électronique, cybercriminalité, problématiques liées à la protection des données personnelles ou aux territoires numériques, et, désormais, phénomènes d'"ubérisation du droit" de l'économie ». [1421] Plusieurs aspects de l'Internet méritent l'encadrement juridique, comme les cas de la preuve et de la signature électroniques ou encore de la « cybersécurité ». [1422] Les politiques publiques orientent, l'instrument du droit encadre les phénomènes de l'Internet, selon l'expérience en droit comparé européen et français. (Titre II)

Sans aucun doute, les régimes préventifs et pénaux sont cruciaux pour l'économie numérique. Les technologies numériques n'effacent pas la valeur centrale de l'homme, ni le rôle indispensable de l'État : elles demeurent au service des personnes et doivent demeurer pour autant sous le contrôle de l'ordre public, dans un système social organisé. La personne humaine se situe au centre d'intérêt du cyberspace et de son économie. Ses droits

---

[1418] M. DE SAINT PULGENT, *op.cit.*, p. 4.

[1419] Depuis 15 ans en RDC, les lois de télécoms du 16 octobre 2002 présentent les seules règles spécifiques se rapportant aux aspects techniques de l'Internet et de ses services protéiformes. Il a fallu attendre 62 ans pour qu'elles abrogent l'ordonnance législative n°254/Téléc. du 23 août 1940 sur les télécoms coloniales.

[1420] Loi-cadre n°013/2002 du 16 octobre 2002 sur les télécommunications en RDC, JO RDC, n° spécial, 44e année, 25 janv. 2003, pp. 17-46. Loi n°014/2002 portant organisation et fonctionnement de l'Autorité de régulation de la poste et des télécommunications, ARPTC en sigle, JO RDC, *idem*, pp. 47 et s.

[1421] M.-A. FRISON ROCHE, « Les besoins d'interrégulation engendrés par Internet. Propos introductifs », in M.-A. FRISON ROCHE (sous la dir.), *Internet, Espace d'interrégulation*, Dalloz, Paris, 2016, p. 4.

[1422] X. LEONETTI, *Guide de cybersécurité, Droit, méthodes et bonnes pratiques*, L'Harmattan, Paris, 2015, p.13 et s.

fondamentaux et sa sûreté individuelle doivent être garantis dans l'économie numérique. En effet, « les technologies numériques exercent des effets ambivalents : elles catalysent l'exercice des droits, mais elles synthétisent aussi des risques inédits face auxquels nos catégories juridiques et nos capacités d'intervention apparaissent aujourd'hui inadaptées ».[1423] L'autre facette de la même réalité est que l'État demeure aussi le seul à pouvoir garantir ces droits, puisqu'il dispose du monopole de « redistribuer les responsabilités entre les différents acteurs numériques ».[1424]

De *lege ferenda* pour la RDC, le droit de la personnalité et la protection des données personnelles sont garantis en réseau. Ces droits sont sanctionnés pénalement face aux techniques numériques automatisées de l'État, des administrations, des infomédiaires et autres utilisateurs.[1425] D'une part, la réforme législative prévoit des garanties en faveur de la personne humaine et de sa vie privée quant aux usages du réseau électronique. Si le projet de loi sur les TIC entend déterminer les principes de loyauté quant à la collecte, au traitement des données à caractère personnel,[1426] il ne consacre cependant pas le droit à l'« autodétermination informationnelle », comme en Europe.[1427] Il envisage la création d'une agence nationale des TIC (ANTIC) devant assurer un minimum de « service public de la donnée » comme en droit français[1428] et européen.[1429] Pour être satisfaisant, le niveau congolais

---

1423 J.-M. SAUVÉ, *op.cit.*, p. 10.

1424 *Ibidem.*

1425 M.-L. LAFFAIRE, *Protection des données à caractère personnel, tout sur la nouvelle loi « informatique et libertés »,* éditions d'organisation, coll. « guide pratique », Paris, 2005, p. 35. En France, La loi Informatique et liberté concerne les traitements automatisés et non automatisés de données à caractère personnel connues ou appelées à figurer dans des fichiers, à l'exception des traitements mis en œuvre pour l'exercice d'activités exclusivement personnelles, dans les conditions de la loi.

1426 J. EYNARD, *Les données personnelles, quelle définition pour un régime de protection efficace ?*, Michalon, Paris, 2013, p. 9 et s. Les technologies intrusives permettent insidieusement le contrôle des êtres humains, avec les risques sur les libertés fondamentales et leur vie privée. Le concept « Big Brother » (de George Orwell, 1984, Gallimard, 1950) rencontre bien la captation des informations « identifiantes », nominatives ou qui permettent l'identification de la personne humaine en ligne et son profilage. Avec les techniques numériques en ligne, la massification des données devient une pratique courante dite « *big data* », conduisant à un affaiblissement des principes garantissant la qualité des données ». Les « *big data* » sont des données structurées ou non dont le très grand volume requiert des outils d'analyse adaptés.

1427 CONSEIL d'ÉTAT, *La France dans la transformation numérique : quelle protection des droits fondamentaux ?*, un colloque organisé par le Conseil d'État le 6 février 2015, La documentation française, n°16, Paris, 2016, p. 11. Étude du conseil d'État, *Le numérique et les droits fondamentaux,* la Documentation française, 2014, p. 267. L'étude du Conseil d'État préconise à cette fin d'inscrire dans notre droit positif le principe d'autodétermination informationnelle plutôt qu'un droit de propriété sur les données à caractère personnel.

1428 En France, le service public de la donnée est assuré grâce à des institutions comme la CNIL, la CADA, l'Etalab, le SGMAP, etc.

1429 I. BOUHADANA et W. GILLES, « Rapport introductif », *Academic days on Open Government issues,* 5 et 6 décembre 2016, IMODEV/ Univ. Paris 1 Panthéon-Sorbonne, Paris, 2016 (Texte lu, 5/12/2016). *Cf.* [http://academicdays.imodev.org].

de protection tel qu'envisagé reste néanmoins inférieur aux récentes dispositions adoptées en avril et octobre 2016 en Europe[1430] et en France.[1431]

D'autre part, le législateur congolais envisage des modalités de protection individuelle et collective des internautes contre les facteurs de « cyberinsécurité »[1432] à l'instar de la France. L'ère numérique reste marquée par une « délinquance économique et financière en croissance », dénotant une « criminalité complexifiée par le recours au numérique », dans un « écosystème numérique vulnérable ». [1433] La cybersécurité désigne le dispositif matériel et intellectuel de lutte contre la cybercriminalité.[1434] Elle prend en compte les « contenants »[1435] et les « contenus »[1436] des réseaux numériques. La cybercriminalité est une transformation tant de la mentalité et de la logique criminelles, que de l'expansion du phénomène Internet et de ses facilités d'action.

La réalité du « même Internet pour tous et partout »[1437] convainc d'avoir recours au droit comparé pour bâtir un dispositif pénal renforcé. La

---

1430 Règlement (UE) 2016/679 du parlement européen et du conseil du 27 avril 2016 relatif à la protection des personnes physiques à l'égard du traitement des données à caractère personnel et à la libre circulation de ces données, et abrogeant la directive 95/46/CE (règlement général sur la protection des données), JOUE, L 119, 4 mai 2016, pp. 1 et s. L'article 99 du règlement dispose qu'il est applicable à partir du 25 mai 2018.

1431 *Cf.* Loi n° 2016-1321 du 7 octobre 2016 pour la République numérique, préc. Les objectifs de cette loi sont répartis en trois volets : 1° circulation des données et du savoir (service public de la donnée et données aux fins d'intérêt général) ; 2° protection des citoyens dans la société numérique (neutralité des réseaux, portabilités des données, droit de récupération de ses données en toutes circonstances, nouveaux droits à l'autodétermination informationnelle : droit à l'oubli numérique pour les mineurs, testament numérique pour donner des directives aux plateformes numériques, confidentialité des correspondances privées ; 3° accès au numérique pour tous (couverture mobile, accessibilité aux services numériques publics, accès des personnes handicapées aux services téléphoniques et aux sites Internet). Il convient d'ajouter sur ce dernier volet : l'incrimination de la « revanche pornographique » passible de peine de prison (2 ans) et d'amende (60.000 euros) en cas de mis en ligne des images d'une personne nue à son insu ou sans son consentement.

1432 N. ARPAGIAN, *La cybersécurité, mesurer les risques et organiser la défense,* PUF, 2e éd., coll. Droit-politique, Que sais-je ?, (2010) 2016, p. 111. Les États-Unis d'Amérique sont l'un des seuls pays à publier un baromètre de cybersinsécurité.

1433 M. QUÉMÉNER, *Criminalité économique et financière à l'ère numérique,* Economica, coll. pratique du droit, Paris, 2015, pp. 17-22.

1434 N. ARPAGIAN, *op.cit*, p. 8. X. LEONETTI, *Guide de cybersécurité, Droit, méthodes et bonnes pratiques,* préc., p. 13 et s. La cybercriminalité est un ensemble d'infractions portant atteinte aux technologies et aux réseaux numériques ou usant de ceux-ci comme moyen de menacer ou d'attenter les valeurs juridiques et/ou légitimes à protéger.

1435 *Ibidem.* Le contenant désigne « les moyens techniques (réseaux informatiques, téléphoniques, satellitaires…) utilisés pour l'échange de données, qui peuvent faire l'objet d'opérations d'infiltration, d'altération, de suspension voire d'interruption ».

1436 *Ibidem.* Le contenu désigne « l'ensemble des informations qui circulent ou sont stockées sur des supports numériques (sites Internet, bases de données, messageries et communications électroniques, transactions dématérialisées…) ».

1437 CH. TARDIEU, *Internet et libertés,* CNRS éd., Paris, 2010, p. 9. « À l'évidence, la facilité avec laquelle l'information circule sur la Toile, la trace indélébile qu'il en demeure impliquent, selon une antique devise, de savoir "raison garder", d'avancer avec mesure,

confiance en l'économie numérique congolaise nécessite un système de protection des données personnelles et de sécurisation pénale compte tenu des « typologies des risques cybercriminels ».[1438]

Pour le premier volet des télécoms de base, le renouveau de la législation nationale se justifie par l'avènement de la société congolaise de l'information. Contrairement à l'Europe et à la France, en RDC les étapes des mutations de l'économie et des changements du droit n'ont pas traversé les révolutions sociales antérieures à la révolution numérique.[1439] *Pour le second volet des lois sur la régulation et l'e-commerce*, l'économie numérique est la « nouvelle économie »[1440] de l'Internet : elle ne cessera d'étonner par son inépuisable chaîne de valeur au bout du clic.[1441] Sa particularité est d'avoir assuré le recul de l'exclusivité et de la rivalité des biens et des services. En d'autres termes, l'accès aux ressources numériques par les uns n'entraîne ni épuisement pour les autres, ni empêchement de consommation simultanée par tous.[1442] La théorie microéconomique standard

---

prudence, vigilance. Et dans le respect mutuel. La nouvelle société mondiale de l'interconnexion peut-elle être, en effet, autre chose que l'affaire de tous ? »

1438 M. QUÉMÉNER ET Y. CHARPENEL, *Cybercriminalité Droit pénal appliqué,* Economica, coll. pratique du droit, Paris, 2010, pp. 9. L'indication non-exhaustive des types des risques liés à la cybercriminalité sont : Sabotage, vol, intrusion, fraude, piratage, atteinte à la vie privée, contenus illégaux. (*Cf. Livre bleu des Assises de la Sécurité et des Systèmes d'information*, octobre 2009.)

1439 H. TORDJMAN, A. SINAÏ, N. MAMÈRE, H. KEMPF, F. JARRIGE, J.-F. HÉROUARD, A. GRAS, J. DECARSIN et D. BOURG, « "La Troisième Révolution" de Rifkin n'aura pas lieu », *Libération*, Tribune, 21 octobre 2014, [www.liberation.fr] (consulté le 25 décembre 2016). « Comme la Première Révolution industrielle, qui serait née au XIXe siècle de la machine à vapeur et de l'imprimerie, ou la Deuxième, qui aurait vu au XXe siècle la convergence du moteur à combustion électrique, la Troisième Révolution industrielle devrait surgir naturellement de la "jonction de communication par Internet et des énergies renouvelables". La thèse de la troisième révolution industrielle et tous ceux qui vantent le capitalisme numérique restent enfermés dans une vision simpliste des technologies et de leurs effets. Ils oublient de penser les rapports de pouvoir, les inégalités sociales, les modes de fonctionnement de ces "macro-systèmes" comme enjeux de l'autonomie des techniques et des techno-sciences, sans parler de la finitude des ressources et de l'ampleur des ravages écologiques réels de ce capitalisme de l'immatériel. »

1440 I. CROCQ, *Régulation et réglementation dans les télécommunications,* Economica, coll. Nouvelles technologies de l'information et de la communication, Paris, 2004, p. 4. Les auteurs situent cette économie entre l'économie publique et l'économie industrielle. Elle fonde la régulation sur l'existence de défaillances du marché. Mais, à la différence de l'économie publique traditionnelle, elle tient compte des défaillances de la régulation, dont la première qui est aussi la principale, est l'asymétrie de l'information entre le régulateur et le réglementé. (À nous d'ajouter que c'est ce qui traduit bien l'importance de l'information dans cette nouvelle forme d'économie ainsi que la nécessité de l'organisation mi-factuelle, mi-réglementaire du système de marché (entendu comme la confrontation de l'offre et de la demande, cela rappelle bien le visage de l'économie numérique).

1441 V.-L. BENABOU et J. ROCHFELD, *op.cit,* p. 30.

1442 J.J. LAFFONT & TIROLE, *A theory of incentives in procurement and regulation,* Cambridge, MIT Press, 1993, cité par I. CROCQ, *op.cit,* p. 4.

a intégré le fait que « l'Internet est un outil qui sait créer de nouvelles et puissantes interdépendances entre individus ».[1443]

Du fait de ces interdépendances, dites « externalités du réseau »[1444], le comportement des internautes du Web 2.0 influe la structure des marchés des services de l'Internet à travers et vice-versa. Un slogan est répandu à propos du business sur le Net et des réseaux sociaux : si vous n'êtes pas le consommateur, vous êtes le produit.[1445] L'« *homo economicus* » se transforme en « *homo socialis* » face aux externalités du réseau.[1446] Ces dernières servent aussi bien comme modèles économiques que pour la structuration du marché de l'Internet.[1447]

En effet, « l'apparition de nouveaux médias et les déclinaisons de plus en plus nombreuses des modes de communications audiovisuelles, relancent aujourd'hui la question d'une nouvelle dérégulation à laquelle devrait, en toute logique, répondre une rerégulation ».[1448] Réaliser l'équilibre du marché des télécoms demeure l'objectif du régulateur congolais, mais les défis de lois d'économie numérique ne se suffisent plus, ni ne se satisfont du modèle de régulation « des années 80 qui avait accompagné l'introduction de la concurrence signant la fin du monopole d'État des premiers temps ».[1449]

En 2002, la RDC a exécuté avec maladresses le schéma de dérégulation de l'OMC de 1997. Des correctifs sont nécessaires notamment en ce qui concerne l'indépendance fonctionnelle de l'ARPTC et l'imprécision de son action au sujet de l'Internet. Un ajustement des fonctions du régulateur est nécessaire à l'ère numérique, comme il en fût en France pour le passage de

---

[1443] L. BENZONI et P. DUTRU, *op.cit.*, p. 19.

[1444] N. COUTINET, « Les technologies numériques et leur impact sur l'économie », in Cahier Français, *La société numérique,* n°372, La documentation française, Paris, janvier-février 2013, p. 21. Si les secteurs traditionnels sont dominés par les économies d'échelle de production, l'économie de l'information évolue sous l'emprise des économies de réseau liées à la demande. Celle-ci dépend du nombre d'agents qui l'achètent.

[1445] *Ibidem*, p. 19 et 22. Les préférences de consommation sur le marché se forment par routine et habitude en relation avec le milieu social. Les interdépendances entre individus qui en découlent entre individus sont définies comme des externalités. Il s'agit de *« l'effet d'influences externes sur les décisions internes des individus ou des entreprises ».* L'externalité devient le moteur de comportement. Avec l'Internet, l'on assiste à un renforcement des *« interdépendances, qu'il est de surcroît possible de mesure et de capter pour mieux les exploiter à des fins commerciales ».*

[1446] *Ibid. Cf.* aussi C. MANARA (sous la dir.), *Réseaux sociaux : 100 questions juridiques à l'initiative de l'ADIJ*, 2e éd, diateino, coll. « questions », Paris, 2013, p.17 et s. Vie familiale, activités commerciales, justice, utilisations d'un réseau social dans le cadre du travail, etc. sont quelques-unes des problématiques nouvelles retenues.

[1447] Pour le dicton du Net : « Si c'est gratuit, c'est que vous êtes le produit » [http://citations.webscence.com/citations/anonyme/est-gratuit-est-que-vous-etes-produit-2633] (consulté le 19 mai 2014).

[1448] M. HAMOT, S. PAÏMAN et V. STRAETMANS, « La compétence matérielle à l'épreuve juridique de la réalité des modèles audiovisuels et des pratiques régulatoires », in *Auteurs et Médias, Les nouvelles frontières de la radiodiffusion*, n°6, 2007, p. 540, cité par M. HAMOT, *op.cit.* , p. 14

[1449] M. HAMOT, *op.cit.* , p. 14.

l'ART au rôle de l'ARCEP. Aussi, le « projet de loi sur l'ARPTNTIC » entend-il amender l'objet technique de la régulation sectorielle, au regard de la transformation numérique de l'économie congolaise. Il faut également renforcer les anciens objectifs de service universel assignés à la régulation des télécoms, car la lutte contre la fracture numérique est indispensable pour l'accès au commerce électronique.[1450]

Dans son expérience plus en avance que celle de la RDC, le droit européen et français insère l'accès aux communications électroniques dans le régime du commerce électronique après avoir identifié et catégorisé les infomédiaires des télécoms. Mais, la RDC ne dispose pas de ce type de législation sur les activités numériques. Le droit OHADA reprend les télécommunications dans sa liste d'acte de commerce, sans avoir pour le moment construit son droit uniforme.[1451]Le *projet congolais de loi sur les échanges et le commerce électroniques* trace une perspective nouvelle, à confronter avec le droit comparé européen et français. La globalisation permet des échanges entre les marchés congolais et le monde entier, mais le niveau de protection du système juridique européen est beaucoup plus élevé. La RDC peut trouver en cette inégalité l'opportunité d'ajuster son droit positif dans la société de l'information.[1452]

À cet égard, trois types d'enjeux de la société numérique peuvent servir de finalité à la transformation du cadre juridique de la RDC, à savoir : 1° légiférer les phénomènes sociaux émergents et réguler ceux de la révolution numérique, 2° établir dans la société congolaise la sécurité juridique et la confiance en l'économie numérique, et 3° répondre à la globalisation des économies de l'Internet. « La vision du gouvernement dans ce secteur est de faire entrer la R.D.Congo de plain-pied dans l'économie numérique. [...] Cette vision devra se traduire par l'amélioration de la gouvernance de ce secteur ».[1453] Les droits européens et français offrent des expériences avant-gardistes susceptibles d'éclairer les réformes des lois sectorielles congolaises, promulguées en 2002.

Aussi, l'économie numérique est-elle à la fois la source matérielle, l'objet et l'objectif de renouveau du droit des télécoms. Les anciens défis législatifs des télécoms éclairent les besoins d'une nouvelle législation devant encadrer

---

1450 Considérant n° 2, Directive 2000/31/CE, préc. Le législateur européen considère effectivement que le commerce électronique « facilitera la croissance économique des entreprises européennes ainsi que leurs investissements dans l'innovation, et il peut également renforcer [leur] compétitivité, *pour autant que tout le monde puisse accéder à l'Internet* ». *Cf.* aussi en France : loi n°2009-1572 du 17 décembre 2009 relative à la lutte contre la fracture numérique, JORF, n°0293, 18 décembre 2009, p. 21825.

1451 Article 3, Acte uniforme Ohada du 15 décembre 2010 sur le droit commercial général, préc.

1452 K. NDUKUMA ADJAYI, *Cyberdoit, télécoms, contrats de e-commerce, une contribution au droit congolais*, préc., pp. 1-367.

1453 AGENCE NATIONALE POUR LA PROMOTION DES INVESTISSEMENTS, « Nouvelles technologies de l'information et de la communication », *Cahier sectoriel*, ANAPI, Kinshasa, mai 2017, p. 29.

les aspects encore anomiques du numérique. Notamment, les enjeux initiaux de l'informatique mettaient aux prises le citoyen face au traitement automatisé, effectué par l'administration sur ses données à caractère personnel.[1454] Les pratiques du *« big data »* (méga données) ou encore celles de leur transfert international ont tracé de nouvelles trajectoires de transformation du droit de la protection des données personnelles.

Sur le sujet, le système français de protection français reste une référence depuis 1978 avec la Loi informatique et libertés. [1455] De même, la cybersécurité ne saurait s'appuyer en RDC sur un dispositif pénal approprié. En revanche, depuis le 23 novembre 2001 à Budapest, le Conseil de l'Europe a adopté la Convention sur la cybercriminalité.[1456] Cette dernière est à l'échelon planétaire la référence au regard de son niveau de protection et de coercition. [1457] Au niveau international depuis 2013, le « Centre européen de lutte contre la cybercriminalité » (EC3, en acronyme) travaille avec comme objectifs de « rendre la navigation sur Internet plus sûre et de protéger les citoyens, les entreprises et les différentes infrastructures des organisations criminelles actives sur la toile ». [1458] Si toutefois l'Union africaine a adopté la Convention africaine sur la cybersécurité et la protection des données à caractère personnel,[1459] la RDC reste du lot de ces pays qui ne l'ont pas encore ratifiée.[1460]Malgré les récentes ratifications de la Guinée et du Sénégal, la convention ne sait entrer en vigueur faute de quorum de ratifications. Le droit positif congolais présente donc une architecture pénale défaillante face au phénomène des cybercrimes.

Vu les contingences de l'économie numérique, le renouveau du droit s'impose comme nécessaire sur les aspects pertinents ci-dessus.[1461] Outre les

---

[1454] M-L. LAFFAIRE, *Protection des données à caractère personnel, tout sur la nouvelle loi « informatique et libertés »,* éd. d'organisation, coll. « Guide pratique », Paris, 2005, pp. 35 et s.

[1455]Loi n°78-17 du 6 janvier 1978 relative à l'informatique, aux fichiers et aux libertés, JO RF, 7 janvier 1978 (modifiée en 2004).

[1456]CONSEIL DE L'EUROPE, *Convention sur la cybercriminalité*, Budapest, 23 novembre 2001, STE n°185, pp. 1-30.

[1457] En dehors des États européens, la Convention de Budapest a été signée par les États-Unis, le Japon, le Canada, l'Australie et l'Afrique du Sud qui ne sont pas membres du Conseil de l'Europe. La convention est théoriquement ouverte à tous les pays qui en feraient la demande.

[1458] M. QUÉMÉNER, *Cybercriminalité & Gouvernements ouverts*, *op.cit*, pp. 22 et s.

[1459] La Convention africaine sur la cybersécurité a été adoptée à Malabo le 27 juin 2014 au cours de la 23ème session ordinaire de la conférence de l'Union africaine à Malabo.

[1460] C. AHOUTY, « Le cadre juridique de prévention et de lutte contre la cybercriminalité en Afrique », *Conférence internationale sur le renforcement de la cybersécurité et de la cyberdéfense,* OIF, Grand Bassam (Côte d'Ivoire), 8-10 février 2016. Le Sénégal, par exemple, s'est inscrit dans le processus de ratification de la Convention de Budapest sur la cybercriminalité en priorité par rapport à la Convention africaine sur la cybersécurité.

[1461] A. GONOR, *Le temps,* éd. GF, coll. Corpus, Paris, 2001, p. 217. Nous connotons volontiers les sens logique de l'expression « contingence incontournable », pour justifier le rapport causal entre l'avènement de l'économie numérique et la réforme du droit des télécoms en RDC. Au sens premier de la philosophie : « La contingence est le caractère de ce dont l'existence n'est pas nécessaire, mais simplement possible. Lorsqu'une chose contingente est

défaillances susdites à combler, le renouveau du droit concerne les défis examinés qui ont spécifiquement porté sur la régulation des communications électroniques et sur l'encadrement juridique du commerce électronique. Dans sa politique législative, le gouvernement congolais entend contrôler les aspects nationaux de l'Internet. Des initiatives législatives entendent restructurer l'autorité de régulation des télécoms (ARPTC) pour lui conférer les prérogatives d'une agence nationale de promotion des TIC et de protection des données personnelles.[1462] Dans la vie des institutions, le débat s'est concentré sur le statut administratif de l'autorité nationale de régulation (ARPTC) et sur sa tutelle que le législateur n'a pas pu assumer en logique juridique, mais plutôt en artifice politique.

Nous avons démontré que la loi n°008-009 sur les établissements publics est intervenue dans le paquet des lois du 07 juillet 2008 relatives tant à l'organisation et à la gestion du portefeuille de l'État qu'au désengagement de l'État. Cette réforme générale des services administratifs étatiques réserve le pouvoir tutélaire des établissements publics aux ministres et non au président de la république. En quoi consiste le pouvoir hiérarchique de ce dernier sur l'ARPTC ? Quel est son contenu ? En droit, les compétences étant d'attribution[1463], il ne ressort de l'analyse aucun contenu juridique lié à la fonction d'attache que la loi n°014/2002 confère à la présidence de la RDC sur l'ARPTC.

Il a été constaté également que le législateur de 2002 ne tire pas des conséquences juridiques autour de la manière d'organiser un tel rattachement hiérarchique. La situation politique conjoncturelle en RDC (guerre civile de 1998 à 2003[1464]) avait amené le législateur de 2002 à choisir, selon des nécessités de contrôle stratégique des télécoms. Au vu de toutes les attributions tutélaires conférées au ministère des PTT sur plusieurs actes de l'ARPTC (dans la loi n°014/2002), le projet législatif qui en porte modification, ne devrait-il pas se détacher du choix purement politique de la tutelle présidentielle ? Dans la réforme en cours du cadre légal, le ministre des PTT en charge du processus a choisi de ne pas intervenir, en invitant le Chef de l'État à statuer lui-même sur la question.

La nature du pouvoir hiérarchique du président de la république sur l'ARPTC devrait se structurer autour du contrôle des actes de l'organe placé sous son autorité. Cependant, aucune disposition de la loi n°014/2002 ne dispose concrètement d'une quelconque attribution en ce sens, à son profit.

---

devenue réelle, on peut dire qu'elle aurait pu aussi bien ne pas arriver. Est ainsi contingence ce dont l'existence est simplement possible ».

[1462] *Cf.* Projet de loi sur télécoms et les TIC en RDC, en cours d'examen à l'assemblée nationale depuis avril 2017.

[1463] G. CORNU [2005], *op.cit,* p. 89. En parlant d'une autorité ou d'un organe, il s'agit du « contenu d'une fonction conférée par la loi ; plus précisément : catégorie d'actes ou de matières qui entre dans les pouvoirs ou la compétence de cette autorité ou de cet organe ».

[1464] P. BOUVIER, *Le Dialogue intercongolais, Anatomie d'une négociation à la lisière du chaos, contribution à la théorie générale de la négociation,* L'Harmattan, coll. Cahiers africains, n°63-64, Paris, 2004, p.50-53.

La tutelle dont il est question ne permet ni d'exercer de contrôle financier (audit)[1465], ni d'approuver préalablement certains de ses actes, ni présenter un Rapport d'exercice comptable destiné à un contrôle postérieur.[1466] Le corps de la loi sur la création de l'ARPTC n'indique pas clairement les matières sur lesquelles s'exercerait une telle tutelle. En effet, comme le précise la doctrine : « À la différence du pouvoir hiérarchique qui est de droit commun, la tutelle est conçue comme un pouvoir exceptionnel. La tutelle ne se présume pas ; elle n'existe que dans la mesure et les limites où la loi l'a organisée… ».[1467]

En revanche, les lois n°013/2002 et n°014/2002 sur l'ARPTC ont effectivement organisé les actes tutélaires du ministère des PTT sur l'ARPTC. Tel en est le cas des dispositions concernant l'approbation du Ministre des PTT sur les actes du collège de l'ARPTC, dans la loi-cadre sur les télécoms. Premièrement, « La licence d'exploitation et le cahier des charges sont préparés par l'Autorité de Régulation *approuvés et signés par le Ministre et publiés au journal officiel* ».[1468] Deuxièmement, « L'autorisation et le cahier des charges qui lui sont annexés sont délivrés par l'autorité de régulation, *après approbation du Ministre* ».[1469] Finalement, le Prof Félix Vunduawe – jadis juge à la cour constitutionnelle de la RDC et actuel président du Conseil d'État – tranche qu'« En droit positif congolais, le contrôle de tutelle sur les actes s'exprime de deux manières : […] par tutelle *a posteriori*, lorsque le caractère exécutoire est subordonné à l'approbation qui rétroagit à la date de l'édiction de la décision».[1470] Ainsi, le ministre exerce *a posteriori* un pouvoir d'approbation sur les actes de l'ARPTC ; ce qui logiquement constitue bien un contrôle tutélaire des actes de cette institution. Si tel est le vœu de la loi-cadre (loi générale) sur les télécoms, la loi créant l'ARPTC (loi spéciale) ne déroge pas à ce vœu puisque silencieuse sur ce point précis.

À la différence de l'ARPTC rattachée au Président de la République, l'évolution de la législation congolaise sur les services publics consolide, dans ses options, les pouvoirs de « tutelle d'opportunité » du ministre des PTT sur les actes de l'ARPTC. Il en est ainsi des choix postérieurs à la loi n°08/009 du 07 juillet 2008 portant dispositions générales, applicables aux établissements publics.[1471] L'article 19, alinéa 1 de la loi-cadre de 2002

[1465] JO RDC, 44e année, Numéro spécial, 25 janvier 2003, p.50. L'exposé des motifs de la Loi n°014/2002 sur l'ARPTC renseigne que « cependant, le contrôle financier de l'Autorité reste ouvert au Ministre ayant les finances dans ses attributions à travers les audits externes et les mécanismes classiques de contrôle usités par ce Ministère ».

[1466] Article 28, alinéa 2, loi n°014/2002 sur l'ARPTC, préc. « Le rapport [annuel de l'ARPTC] est rendu public et adressé au : Président de la République, Ministre ayant les Finances [...] et Ministre ayant les postes et télécommunications dans ses attributions »

[1467] A. DE LAUBADERE, *Manuel de Droit Administratif*, 12è éd., LGDJ, Paris, p. 167.

[1468] Article 19, alinéa 1, LCT-RDC, 2002, préc.

[1469] Article 25, alinéa 1, LCT-RDC, 2002, préc.

[1470] VUNDUAWE TE PEMAKO, *Traité de Droit administratif*, Larcier, Bruxelles, 2007, pp. 839-840.

[1471] JO RDC, n° spécial, 12 juillet 2008, p. 17.

prescrit le mécanisme d'approbation préalable par le ministère des PTT pour plusieurs actes de l'ARPTC. Aux termes de l'article 25 de la loi n°08-009 du 7 juillet 2008 sur les établissements publics, il est de principe que l'« établissement public est placé sous la tutelle du ministre en charge du secteur d'activités concerné». D'autre part, l'alinéa 2 du même article précise que : « Les statuts de l'établissement public déterminent les matières sur lesquelles portent la tutelle ainsi que les mécanismes de son exercice ». La forme d'expression de la tutelle est définie à l'alinéa 3 de ce même article 25 qui explique que le « [m]inistre de tutelle exerce son pouvoir de contrôle par voie d'approbation ou d'autorisation ».

Il est vrai que dans les structures de l'ARPTC (dirigée surtout par un Collège), l'absence de conseil d'administration peut interroger sur la tutelle définie par les articles 26 à 29 de la loi n°08-009 du 7 juillet 2008 sur les actes d'administration concernés. Cependant, la loi-cadre de 2002 renforce la conviction d'un contrôle tutélaire du ministre des PTT sur les décisions du Collège de l'ARPTC. Cependant le législateur congolais des télécoms ne précise pas comment prendre les approbations, car par délégation prévue par la Constitution, le ministre des PTT « statue par arrêté »[1472] et dispose de latitude dans sa décision. Le législateur est également silencieux sur le délai nécessaire du ministre pour donner cette approbation. En analysant, il est facile de soutenir, avec une rigueur scientifique, que le régulateur est soumis au régime de tutelle d'opportunité du Ministre des PTT, l'approbation (des autorisations et licences) sur les actes préalables de l'ARPTC étant indiscutablement un mécanisme de contrôle hiérarchique du Ministre.[1473]

L'exercice de la tutelle sur les actes est plus « respectueux de l'autonomie[1474] » de chaque autorité. Il est important de le souligner puisque l'idée de tutelle n'est pas contraire à l'autonomie ni à l'indépendance de l'ARPTC, voulue par l'accord de l'OMC de 1997 et traduit par le législateur de 2002. Celle-ci étant limitée à des actes précis, par des approbations ponctuelles ; elle ne nuit pas à l'efficacité de l'autorité de régulation, ni ne crée davantage d'interférence à son action. La tutelle de fait et de droit du Ministre, sur les actes de l'ARPTC n'est donc pas contraire à son autonomie statutaire et fonctionnelle.

Plus de dix ans après sa création et son fonctionnement, les innovations du projet de loi, spécifiques à l'ARPTTIC sont susceptibles d'apporter des évolutions au statut et aux prérogatives de l'ARPTC. Mais malheureusement, le projet de loi de restructuration de l'ARPTC est plus orienté par une prise de position politique, tendant au renforcement de son autonomie face au Ministère des PTT. Dans son rapport d'enquête de 2008 sur le cadre réglementaire, le Sénat congolais est éloquent : « L'importance et la place de la régulation dans un secteur aussi vital que les télécommunications qui

---

1472 Article 93, alinéa 2, Constitution de la RDC, préc.

1473 A. MBAUNEWA NKIERI, *op.cit*, p. 163-164.

1474 Dalloz, *Lexique des termes juridiques*, 17e éd., Dalloz, Paris, 2009, p. 723.

évoluent désormais dans un environnement concurrentiel et libéral ne sont plus à démontrer. Aussi, le caractère incontournable de la régulation pour gérer ce secteur conformément aux normes de l'Union Internationale des Télécommunications requiert-elle une intervention efficiente et régulière du Ministère des PPT dans la sphère des compétences qui est la sienne. Or, les lois sus-indiquées, au lieu de permettre le développement escompté et favoriser une exploitation optimale du secteur des télécommunications en RDC sont plutôt à la base de la confusion ayant entraîné les conflits de compétences entre le Ministère des PTT, l'Autorité de Régulation et le Secrétariat général aux PTT ».[1475]

Pourquoi ne pas franchir le cap de création d'un ministère de l'économie numérique distinct du ministère des PTT, afin d'éviter des confusions de rôles d'autorités étatiques dans un seul et même secteur des télécoms ?Ce ministère fusionnerait pour plus de cohérence et d'efficience les aspects de la révolution numérique qui sont aujourd'hui traités de manière disparate en RDC. L'unité de l'action étatique présenterait davantage de logique pour répondre aux nouveaux défis gouvernance du numérique : réguler l'Internet national ainsi que son économique numérique et considérer les libertés publiques qui s'en trouvent impactées.

En définitive, notre ouvrage effectue une démonstration des transformations des droits européens et congolais : au bout de ces quarante dernières années, les évolutions des techniques et des marchés ont donné lieu à l'économie numérique mondiale. Tout au long de notre étude comparée, trois ordres juridiques sont confrontés en vue de modéliser leurs ajustements des lois étatiques face aux défis auxquels les télécoms, l'Internet et leurs usages économiques les confrontent. Le système juridique européen et français est indéniablement en avance, mais en RDC les pouvoirs publics font preuve tantôt de pragmatisme et d'innovation, tantôt d'immobilisme face à la nécessité de rattraper les retards ou de corriger les défaillances législatives. Toutefois, beaucoup de corrélations n'ont pas été abordées particulièrement dans notre étude, s'agissant d'autres aspects de droit spécifiques, notamment : l'e-gouvernement, le droit des médias, le droit de propriété intellectuelle et des marques, les libertés publiques, la fiscalité du numérique, le droit de la monnaie électronique.[1476]

En perspective, plusieurs archétypes du numérique se profilent à l'échelon planétaire, au regard d'autres mutations en cours de l'économie et

---

[1475] M. MUTINGA MUTUISHAYI et *al*, *op.cit*, p. 5-6.

[1476] P. STORRER, *Droit de la monnaie électronique*, RB édition, Paris, 2014, pp. 13-241. En RDC, les TIC ont permis l'inclusion financière à l'aide du paiement électronique mobile (*m-paiement*) ou encore de la bancarisation via la technologie mobile (*m-banking*). Avec des produits phares comme le « M-Pesa » du Kenya, la monnaie virtuelle mobile est écoulée dans tous les réseaux africains du groupe Orange et Vodafone, y compris en RDC.

de la diversification des usages de l'Internet :*« ubérisation du droit»*[1477], objets connectés[1478], villes intelligentes, « droit des robots »[1479], *« darknet »* ou *« dark web »,* guerre électronique.[1480] Cela a été dit au premier tome de publication ; mais notre ouvrage analyse l'essentiel des aspects juridiques se rapportant au marché des télécoms et des activités économiques en ligne. Les sources européennes, françaises et internationales ont alimenté l'appréhension des défis des télécoms et la maturation des solutions nécessaires pour un nouveau droit du numérique en RDC à l'ère du temps.

Il importe de répéter que « [l]a révolution numérique n'aura d'intérêt que si elle conduit à repenser nos modes de fonctionnement. À défaut la technique prendra le pas sur l'Homme, pouvant conduire à une appropriation de nouvelles technologies au profit d'une société totalitaire et liberticide dénoncée notamment par George Orwell dans *1984* ou encore par Aldous Huxley dans *le meilleur des mondes* ».[1481]

Un travail de veille technologique et juridique doit être poursuivi, sur base de la méthode comparée et du pragmatisme se rapportant à la trame de réflexion engagée dans notre ouvrage. Le cadre juridique européen et français offre des références d'ajustement de normes par rapport aux enjeux de la révolution numérique en Afrique et en RDC. S'il devient évident que le numérique ouvre de nouvelles branches du savoir pour le droit, l'approche d'une certaine « africanologie » en la matière devrait se nourrir du vieux, du nouveau et de l'ailleurs.[1482] Bienvenu le Droit du numérique en RDC !

[1477] I. PARACHKEVOVA et M. TELLER, « L'ubérisation du droit », in M. DALLOZ (sous dir.), *Variations juridiques et sociologiques regards experts sur des grandes mutations du droit*, L'Harmattan, Paris, 2016, pp.105-120

[1478] J. RIFKIN, *La nouvelle société du coût marginal zéro : l'Internet des objets, l'émergence des communaux collaboratifs et l'éclipse du capitalisme*, éd. Les liens qui libèrent (LLL), 2014.

[1479] R. GELIN et O. GUILHEM, *Le robot est-il l'avenir de l'homme ?,* La documentation française, coll. « doc' en poche place au débat », Paris, 2016, pp. 3-156. « Les progrès de l'informatique et de l'électronique sont en passe de donner corps à un vieux rêve de l'homme : créer un être à son image, polyvalent, capable d'interagir, d'apprendre et de prendre des décisions. Tout indique en effet que le robot s'apprête à occuper une place de choix dans nos vies […] Notre modèle juridique doit-il leur faire davantage de place ? ». *Cf.* aussi : A. BENSOUSSAN et J. BENSOUSSAN, *Droit des robots,* Larcier, Minilex, Bruxelles, 2015, p. 121. Dans la conclusion de leur étude, les auteurs laissent la perspective suivante : « La singularité du robot dans l'espace juridique a vocation à s'accentuer ; symétriquement, tandis que la pertinence de la qualification des biens meubles décroît, la nécessité de doter le robot intelligent d'un statut juridique inédit se fait plus pressante ».

[1480] X. RAUFER (sous la dir.), *op.cit*, pp. 1-205. X. LEONETTI, *op.cit*, pp. 87-99.

[1481] W. GILLES, « Démocratie et données publiques : à l'ère des gouvernements ouverts : pour un nouveau contrat de société ?», in I. BOUHADANA et W. GILLES (sous la dir.), *Droit et gouvernance des données publiques et privées à l'ère numérique*, les éd. IMODEV, Paris, 2015, p. 16. (G. ORWELL, *1984*, Gallimard, 1950. A. HUXLEY, *Le meilleur des mondes*, Plon, 2013)

[1482] J. SHAMUANA MABENGA, *Africanologie, ébauche d'une discipline scientifique*, L'Harmattan-RDCongo, Paris, 2017, p. 83. L'auteur définit « l'africanalogie comme une science qui étudie spécialement l'Afrique et les Africains, selon les différentes branches du savoir ».

MES REMERCIEMENTS

- *à M. William Gilles, co-directeur du Master II sur l'administration et les données numériques et directeur de la Chaire des Amériques de la Sorbonne, pour sa direction de ma thèse durant ses quatre dernières années ;*
- *à M. David Capitant, directeur de l'école doctorale de droit comparé de la Sorbonne, M. Jean-Jacques Lavenue, professeur émérite de l'Université de Lille 2, M. Pablo Gallegos Fedriani, professeur à l'Université de Buenos Aires, M. Shamuana Mabenga, professeur des Universités, pour avoir accepté de composer notre jury de soutenance de thèse ;*
- *à Mme Judith Rochfled, professeure à l'Université Paris 1 Panthéon Sorbonne, pour son encadrement de nos premières années de recherche ;*
- *à Mme Irène Bouhadana et Mme Marie-Odile Raynaud pour leur accompagnement ;*
- *à M. Sougoumar Mayoura et Goraya Ranjit Singh, deux inestimables rencontres ;*
- *à M. Evariste Boshab, professeur de droit constitutionnel et chef de département de droit public de l'UNIKIN, pour l'initiation à la recherche et au sens de la méthode ;*
- *à Mme Kwadeba N'Gahowaly, mon épouse, pour sa présence ;*
- *à Mme Bernadette et M. Bony, deux êtres providentiels, pour leurs soutiens ;*
- *à Mme Annie Kithima, M. Antoine Ghonda, Mme Muduka Inyanza (RIP) et au Général Denis Kalume, les mentors professionnels de nos débuts ;*
- *à M. Patty Kalayi pour la passion partagée des études scolaires et doctorales sans compter aujourd'hui celle de l'enseignement universitaire ;*
- *à M. Kaumba Lufunda pour l'aiguillage aux ateliers francophones et américains de haut niveau sur la lutte contre la cybercriminalité ;*
- *à Mme Josiane Riga, Mme Claire Flavigny et M. Hakim Bouchiker, pour leur travail administratif au « sésame » du secrétariat de thèse et de l'école de droit de la Sorbonne ;*
- *à toutes les aides précieuses de ces dernières années : M. Néhémie Mwilanya, M. et Mme Gauthier et la grande famille Unzola, M et*

Mme. Nsiatiti, M. Antoine et Mme Nadine Sueur, Mlle Lio et mes neveux "Sueur", M. Patrick Shabani, M. Jean Tambu, M. Stéphane et son père de Dacty Copies / Paris Ve, Mlle Dethy Longandjo, Me Christian Nduaya, M. Jordy Panza, le jeune avocat Emmanuel Luzolo, M. Mechak Kasangana Ngoy, Yodan Ngoy Mwimbi Funakoshi, Mme Omba L., M. Kudela, M. K. Mutond., Morgane, André Julien Mbem ...

- *à l'équipe du Master 2 Pro (ex-DESS) en droit du cyberespace africain de l'université Gaston Berger de Saint-Louis (Sénégal) et au Professeur Abdoullah Cissé pour l'éveil de nos jeunes intelligences ;*
- *à l'Université Protestante au Congo, son Recteur Mgr Ngoy Boliya et au Collège Boboto, en mémoire du père Recteur Bokamba Bo-I-Kali s.j. (RIP) et des préceptes du père Recteur Carlos Meija s.j. pour leurs solides bases de formation et d'humanisme ;*
- *à l'Ambassade de la RDC en France et celle de la France en RDC pour le sésame ;*
- *à l'Assemblée nationale, au Ministère des Postes, Télécoms et Nouvelles Technologies de l'Information et de la Communication de la RDC et au Vice-Premier ministre des PTNTIC, M. Thomas Luhaka, pour les facilités de documentation ;*
- *à M. Léon Ntalé, fondateur de Microcom pour son soutien ponctuel à l'étudiant que nous fûmes et au livre sur la « cyber guerre » ;*
- *à M. Kalev Mutond ;*
- *au Groupe Whatsapp « Le Panier » (Jessy Kabasele et Serge Tshibambe) pour le délassement dans les âpres heures de lecture et d'écriture ;*
- *à tous et à chacun pour sa contribution à cette quête de l'insaisissable.*

BIBLIOGRAPHIE

I. LÉGISLATION INTERNATIONALE

- Accord de création de l'OMC du 24 avril 1996.
- Acte constitutif de l'UA, signé à Lomé (Togo) le 11 juillet 2000
- Convention de Vienne sur les relations diplomatiques.
- Résolution 51/162 de l'Assemblée générale du 16 décembre 1996 portant sur la Loi type de la CNUDCI sur le commerce électronique, Guide pour l'incorporation de la loi type de la CNUDCI, Nations Unies, New York, 1997.
- 4e Protocole de l'Accord général sur le Commerce et les Services, AGCS/OMC du 17 février 1997.

II. LÉGISLATION EUROPÉENNE

1) Traités, conventions et accords

- Convention de Bruxelles du 27 septembre 1968, signée entre les États membres de la Communauté économique européenne, concernant la compétence judiciaire et l'exécution des décisions en matière civile et commerciale, modifiée et complétée (JO CE du 11 avril 1983, n° C97, Nouvelle version : JO CE 1989, l. 258, RC 1991. 437, RC 1997. 874).
- Traité sur le fonctionnement de l'Union européenne, version (FR) consolidée, JO UE, C 83/47, 30 mars 2001.
- Conseil de l'Europe, *Convention sur la cybercriminalité*, Budapest, 23 novembre 2001, STE n°185.

2) Règlements européens

- Règlement (CE) n°2887/2000 du Parlement et du Conseil du 18 décembre 2000 relatif au dégroupage de l'accès à la boucle locale, JO CE, L 336, 30 décembre 2000.
- Règlement CE n°44/2001 du Conseil du 22 décembre 2000 concernant la compétence judiciaire, la reconnaissance et l'exécution des décisions en matière civile et commerciale.
- Règlement n°593/2008 du P.E.et du Conseil du 17 juin 2008 sur la loi applicable aux obligations contractuelles, dit Rome I
- Règlement 544/2009/CE du 18 juin 2009 modifiant le règlement 717/2007/CE concernant l'itinérance sur les réseaux publics de téléphonie mobile à l'intérieur de la communauté et la directive 2002/21/CE relative à un cadre réglementaire

commun pour les réseaux et services de communications électroniques, JOCE, L 167, 29 juin 2009.

- Règlement (CE) n°1211/2009 instituant l'Organe des régulateurs européens des communications électroniques (ORECE) ainsi que l'Office (BEREC), JO CE, L 337, 18 décembre 2009.
- Règlement (UE) 531/2012 du Parlement européen et du Conseil du 13 juin 2012 concernant l'itinérance sur les réseaux publics de communications mobiles à l'intérieur de l'Union (refonte), JO UE L 172/10, 30 juin 2012.
- Règlement 910/2014 du Parlement européen et du Conseil du 23 juillet 2014 sur l'identification électronique et les services de confiance pour les transactions électroniques au sein du marché intérieur et abrogeant la directive 1999/93/CE, JO UE, L 257, 28 août 2014.
- Règlement (UE) 2015/2120 du Parlement européen et du Conseil du 25 novembre 2015 établissant des mesures relatives à l'accès à un Internet ouvert et modifiant la directive 2002/22/CE concernant le service universel et les droits des utilisateurs au regard des réseaux et services de communications électroniques et le Règlement (UE) n°531/2012 concernant l'itinérance sur les réseaux publics de communications mobiles à l'intérieur de l'Union, JO UE, L 310, 26 novembre 2015.
- Règlement (UE) n° 2016/679 du 27 avril 2016, dit RGPD, règlement général sur la protection des données personnelles.
- Règlement Rome II relatif à la loi applicable à la responsabilité délictuelle, même dans les litiges internationaux.

3) Directives

- Directive 88/301/CEE de la Commission du 16 mai 1988 relative à la concurrence dans les marchés de terminaux de télécommunications, dite directive « terminaux de télécommunications », JO CE, L113, 27 mai 1988.
- Directive 89/552/CEE du Conseil du 3 octobre 1989 visant à la coordination de certaines dispositions législatives, réglementaires et administratives des États membres relatives à l'exercice de l'activité de radiodiffusion, JO CE, L 298, 17 octobre 1989.
- Directive 90/387/CEE du Conseil, du 28 juin 1990, relative à l'établissement du marché intérieur des services de télécommunications par la mise en œuvre de la fourniture d'un réseau ouvert de télécommunication, JO CE, n° L 192 du 24.07.1990.
- Directive 90/388/CEE de la Commission du 28 juin 1990 relative à la concurrence dans les marchés des services de télécommunications, dite directive « services de télécommunications », JO CE, L192, 24 juin 1990.
- Directive 92/44/CEE du Conseil du 5 juin 1992 relative à l'application de la fourniture d'un réseau ouvert aux lignes louées, JO CE L 165, 19 juin 1992,
- Directive 94/46/CE de la Commission du 13 octobre 1994 modifiant les directives 88/301/CEE et 90/388/CEE en ce qui concerne en particuliers les communications par satellite, JO CE L 268, 19 octobre 1994.
- Directive 95/46/CE du Parlement européen et du Conseil du 24 octobre 1995 relative à la protection des personnes physiques à l'égard du traitement des données à caractère personnel et à la libre circulation de ces données, JO UE, 23 novembre 1995.

- Directive 95/51/CE de la Commission du 18 octobre 1995 modifiant les directives 98/388/CEE et 90/388/CEE en ce qui concerne la suppression des restrictions à l'utilisation des réseaux câblés de télévisions pour la fourniture de services de télécommunications déjà libéralisés, JO CE, L 256, 26 octobre 1995.
- Directive 96/2/CE de la Commission du 16 janvier 1996 modifiant la directive 90/388/CEE en ce qui concerne les communications mobiles et personnelles, JO CE, L 20, 26 janvier 1996.
- Directive 96/19/CE de la Commission du 13 mars 1996 modifiant la directive 90/388/CEE en ce qui concerne la réalisation de la pleine concurrence sur le marché des services de télécommunications, JO CE, L 74, 22 mars 1996.
- Directive 97/13/CEE du Conseil du 10 avril 1997 relative à un cadre commun pour les autorisations générales et les licences individuelles dans les secteurs des télécommunications, JO CE L 117.
- Directive 97/33/CE du Parlement européen et du Conseil du 30 juin 1997, relative à l'interconnexion dans le secteur des télécommunications en vue d'assurer un service universel et l'interopérabilité par l'application des principes de fourniture d'un réseau ouvert (ONP), JO CE, L199/32, 26 juillet 1997.
- Directive 97/36/CEE du Parlement européen et du Conseil du 30 juin 1997 modifiant la directive 89/552/CEE, JO CE, L 202, 30 juillet 1997.
- Directive 97/51/CE du Parlement européen et du Conseil du 26 février 1998 concernant l'application de la fourniture d'un réseau ouvert (ONP) à la téléphonie vocale et l'établissement d'un service universel des télécommunications dans un environnement concurrentiel, JO CE, L295, 29 octobre 1997.
- Directive 97/55/CE du Parlement européen et du Conseil modifiant la directive 84/450/CEE du Conseil, JO CE L 290 du 23 octobre 1997.
- Directive 97/66/CE du Parlement européen et du Conseil du 15 décembre 1997 concernant le traitement des données à caractère personnel et la protection de la vie privée dans le secteur des télécommunications, JO CE, L 024, 30 janvier 1998.
- Directive 97/7/CE du Parlement européen et du Conseil du 20 mai 1997 concernant la protection des consommateurs en matière des contrats à distance, JO CE, L 144, 4 juin 1997.
- Directive 98/10/CE du Parlement européen et du Conseil du 26 février 1998 concernant l'application de la fourniture d'un réseau ouvert (ONP) à la téléphonie vocale et l'établissement d'un service universel des télécommunications dans un environnement concurrentiel, JO CE, L 101, 1er avril 1998.
- Directive 98/34/CE du Parlement européen et du Conseil du 22 juin 1998 prévoyant une procédure d'information dans le domaine des normes et réglementations techniques, JO CE n° L 204, 21.7.1998.
- Directive 98/48/CE du Parlement européen et du conseil du 20 juillet 1998 portant modification de la directive 98/34/CE du 22 juin 1998 prévoyant une procédure d'information dans le domaine des normes et réglementations techniques (JO CE, L 204, 21 juillet 1998, p. 37), JO CE, L 217, 5 août 1998.
- Directive 1999/64/CE de la Commission du 23 juin 1999 modifiant la directive 90/388/CEE en vue de garantir que les réseaux de télécommunications et les réseaux câblés de télévision appartenant à un seul et même opérateur constituent des entités juridiques distinctes, JO CE L 175, 10 juillet 1999.

- Directive 1999/93/CE du Parlement européen et du Conseil du 13 décembre 1999 sur un cadre communautaire pour les signatures électroniques, JO CE L 13, 19 janvier 2000.
- Directive 2000/31/CE du Parlement européen et du Conseil du 8 juin 2000, relative à certains aspects juridiques des services de la société de l'information, et notamment du commerce électronique, dans le marché intérieur (« *directive sur le commerce électronique* »), JO CE n°178, 17 juillet 2000.
- Directive 2002/19/CE du 7 mars 2002 (directive « accès »), JO CE, L 108, 24 avril 2002.
- Directive 2002/20/CE du 7 mars 2002 (directive « autorisation »), JO CE, L 108, 24 avril 2002.
- Directive 2002/21/CE du P.E et du Conseil du 7 mars 2002 relative à un cadre réglementaire commun pour les réseaux et les services de communications électroniques (directive « cadre »), JO CE, L108/33, 24 avril 2002,
- Directive 2002/22/CE du 7 mars 2002 (directive « service universel »), JO CE, L 108, 24 avril 2002.
- Directive 2002/58/CE du Conseil de l'Europe, n° 2002/58/CE du 12 juillet 2002 concernant le traitement des données à caractère personnel et la protection de la vie privée dans le secteur des communications électroniques (directive vie privée et communications électroniques), JO CE, n° L202, 31 juillet 2002.
- Directive 2002/65/CE du Parlement européen et du Conseil du 23 septembre 2002 concernant la commercialisation à distance de services financiers auprès des consommateurs, et modifiant les directives 90/619/CEE du Conseil, 97/7/CE et 98/27/CE, JO CE, L 271, 09 octobre 2002.
- Directive 2002/77/CE de la Commission du 16 septembre 2002 relative à la concurrence dans le marché de réseaux et des services de communications électroniques, JO CE L 249, 17 septembre 2002.
- Directive 2005/29/CE du Parlement européen et du Conseil du 11 mai 2005 relative aux pratiques commerciales déloyales des entreprises vis-à-vis des consommateurs dans le marché intérieur, JO UE, L 149, 11 juin 2005.
- Directive 2009/136/CE du Parlement européen et du Conseil modifiant la directive 2002/22/CE concernant le service universel et les droits des utilisateurs au regard des réseaux et services de communications électroniques, la directive 2002/58/CE concernant le traitement des données à caractère personnel et la protection et de la vie privée dans le secteur des communications électroniques et le Règlement (CE) n°2006/2004 relatif à la coopération entre les autorités nationales chargées de veiller à l'application de la législation en matière de protection des consommateurs, JO CE, L 337 du 18 décembre 2009.
- Directive 2009/24/CE du 23 avril 2009 concernant la protection juridique des programmes d'ordinateur, JO CE, L 111, 5 mai 2009.
- Directive 2009/140/CE du Parlement européen et du Conseil du 25 novembre 2009 modifiant les directives 2002/21/CE relative à un cadre réglementaire commun pour les réseaux et services de communications électroniques, 2002/19/CE relative à l'accès aux réseaux de communications électroniques et aux ressources associées, ainsi qu'à leur interconnexion, et 2002/20/CE relative à l'autorisation des réseaux et services de communications électroniques, JO UE, L 337/37, 18 décembre 2009.
- Directive 2011/83/UE du Parlement européen et du Conseil du 25 octobre 2011 relative aux droits des consommateurs, modifiant la directive 93/13/CEE du

Conseil et la directive 1999/44/CE du Parlement européen et du Conseil et abrogeant la directive 85/577/CEE du Conseil et la directive 97/7/CE du Parlement européen et du Conseil, JO UE, L 304, 22 novembre 2005.
- Directive 2014/61/UE du Parlement européen et du Conseil du 15 mai 2014 relative à des mesures visant à réduire le coût du déploiement de réseaux de communications électroniques à haut débit, JO UE, L 155, 23 mai 2014.

4) Décisions et résolutions du Parlement européen

- Décision 676/2002/CE du 7 mars 2002 relative à un cadre réglementaire pour la politique en matière du spectre radio électrique dans la Communauté européenne, J.O. L 108 du 24 avril 2002.
- Décision n°676/2002/CE du Conseil du 7 mars 2002 relative à un cadre réglementaire pour la politique, en matière de spectre radioélectrique dans la communauté européenne, JO CE, L108, 24 avril 2002.
- Résolution du Parlement européen du 5 février 2009 sur les échanges commerciaux internationaux et l'internet (2008/2204(INI)), JO UE n° C67, 18 mars 2010.
- Résolution du Parlement européen sur *les jeux d'argent et de hasard en ligne dans le marché intérieur*, 10 septembre 2013, [http://www.europarl.europa.eu/sides/getDoc.do?pubRef=-//EP//TEXT+TA+P7-TA-2013-0348+0+DOC+XML+V0//FR] (consulté le 21 novembre 2013) :

5) Projets, communications, lignes directrices

- Lignes directrices concernant l'application des règles de concurrence de la Communauté au secteur des télécommunications, JO CE n° C233, 6 septembre 1991.
- Commission de la Communauté européenne, *Programme d'action : vers un marché communautaire compétitif en matière des télécommunications en 1992 – Mise en application du livre vert sur le développement du marché commun des services et équipements des télécommunications* (état des discussions et propositions faites à la Commission, tel qu'approuvé), Communication de la Commission, 9 février 1998, COM/88/48/FINAL.
- Commission de l'Union européenne, *Vers un cadre européen global pour les jeux de hasard en ligne*, Communication de la Commission au Parlement européen, au Conseil, au Comité économique et social et au Comité des régions, 23 octobre 2012, Doc. 596 final.
- Lignes directrices de la Commission sur l'analyse du marché et l'évaluation de la puissance sur le marché en application du cadre réglementaire communautaire pour les réseaux et les services de communications électroniques, JO CE, 11 juillet 2002, C 165.

6) Textes officiels

- Commission de la Communauté européenne, *Livre vert sur le développement du marché commun des services et équipements des télécommunications,* Bruxelles, COM (87) 290, 30 juin 1987.

- Commission de la Communauté européenne, *Vers une économie européenne dynamique, Livre vert sur le développement du marché commun des services et équipements de télécommunications*, COM (87) 290 final, 30 juin 1987.
- Commission européenne, *Livre vert sur la libéralisation des infrastructures de télécommunications et des réseaux de télévision par câble*, octobre 1994.
- Commission européenne, *Livre vert sur la libéralisation des infrastructures de télécommunications et des réseaux de télévision par câble – Partie II – Une approche commune de la fourniture d'infrastructures de télécommunications au sein de l'Union européenne*, COM (94), octobre 1994 et janvier 1995.
- Commission européenne, *Livre vert sur les communications commerciales dans le marché intérieur*, 8 mai 1996, COM (1996)192 final.
- Commission européenne, *Livre vert sur la convergence des secteurs des télécommunications, des médias et des technologies de l'information, et les implications pour la réglementation,* COM(97) 623 final, 3 décembre 1997.
- Commission européenne, *Livre vert sur les services d'intérêt général,* COM (2003) 270, 21 mai 2003.
- Commission européenne, *Accord de partenariat ACP-CE*, signé à Cotonou le 23 juin 2000, révisé à Luxembourg le 25 juin 2005, Coll. développement, Office des publications officielles des CE, Luxembourg, 2006.
- Commission européenne, *Livre vert sur la révision de l'acquis communautaire en matière de protection des consommateurs*, COM (2006) 744 final, Bruxelles, 8 février 2007.
- Commission de l'UE, *Livre vert sur les jeux d'argent et de hasard en ligne dans le marché intérieur,* 24 mars 2011, COM (2011) 128 final, SEC (2011) 321 final.
- Comité des ministres, *Gouvernance de l'Internet – Stratégie du Conseil de l'Europe 2012-2015,* 15 mars 2012, CM(2011)175 final 2.
- Commission européenne, *Livre vert « se préparer à un monde audiovisuel totalement convergent : croissance, création et valeurs »*, COM (2013) 231, 24 avril 2013.
- Commission européenne, *Livre vert sur les relations entre l'Union européenne et les pays d'Afrique, des caraïbes et du Pacifique (ACP) à l'aube du 21e siècle – Défis et options pour un nouveau partenariat*, 21 novembre 2016, COM(96)0570 – C4-0639/96, [Courrier (Bruxelles), 1997-03/04, n°162].
- *Eurobaromètre*, n°186, enquête menée en octobre 2006 ; Commission européenne, *Livre vert,* COM (2006) 744.
- *Eurobaromètre*, octobre 2008.
- JO CE, L74/13, 22 mars 1996.
- JO CE, L199/32, 26 juillet 1997.
- JO CE, L 204, 21 juillet 1998.
- JO CE, L 217, 05 août 1998.
- JO CE, L 178, 23 janvier 1999.
- JO CE, L 249, 17 septembre 2002.
- JO CE, L 337, 18 décembre 2009.
- JO UE, L 119, 4 mai 2016.
- Recommandation 84/550/CEE du 12 novembre 1984 concernant la première phase d'ouverture des marchés des télécommunications, Doc. 3198H0550, JO CE, 16 nov. 1984.
- Recommandation de la Commission concernant l'interconnexion dans un marché des télécommunications libéralisé : - partie 1 : « Tarification de l'intercon-

nexion », le 8 janvier 1998, JO CE L73, 12 mars 1998 ; - partie 2 : « Séparation comptable et comptabilisation des coûts », le 8 avril 1998, JO CE L141, 13 mai 1998.

- Recommandation 2003/311/CE de la Commission du 11 février 2003 concernant les marchés pertinents de produits et de services dans le secteur des communications électroniques, susceptibles d'être soumis à une réglementation *ex ante* conformément à la directive 2002/21/CE du Parlement européen et du Conseil relative à un cadre réglementaire commun pour les réseaux et services de communications électroniques, JO. CE du 8 mai 2003, L 114.

III. LÉGISLATION FRANÇAISE

1) Constitution

- *Constitution de la République française*, 4 août 1958, version du 7 août 1958, telle que modifiée à ce jour.

2) Codes des lois et textes législatifs

- Code civil, tel que modifié par l'article 2 de l'ordonnance n°2016-131 du 10 février 2016 portant réforme du droit des contrats, du régime général et de la preuve des obligations, JO RF, n°0035, 11 février 2016, texte n°26.
- Code du commerce.
- Code des procédures civiles d'exécution.
- Code pénal.
- Code de la poste et des communications électroniques.
- Code de la santé publique.
- Code de la consommation.
- Code de la sécurité intérieure, créé par la loi n°2013-1168 du 18 décembre 2013 relative à la programmation militaire pour les années 2014 à 2019 et portant diverses dispositions concernant la défense et la sécurité nationale.
- Loi n°78-17 du 6 janvier 1978 relative à l'informatique, aux fichiers et aux libertés, JO RF, 7 janv.1978.
- Loi n°81-994 du 9 novembre 1981 portant dérogation au monopole d'État de la radiodiffusion, JO RF, 10 novembre 1981.
- Loi n° 82-652 du 29 juillet 1981 sur la communication audiovisuelle, JO RF, 30 juillet 1982.
- Loi n°82-652 du 29 juillet 1982 *sur la communication audiovisuelle*, version initiale, JO RF du 30 septembre 1982 [version consolidée].
- Loi n°86-1067 du 30 septembre 1986 relative à la liberté de communication [audiovisuelle], JO RF, 1er octobre 1986 [Loi Léotard].
- Loi n°90-58 du 2 juillet 1990 relative à l'organisation du service public des postes et des télécommunications, JO RF, n°174, 08 juillet 1990.
- Loi n°90-1170 du 29 décembre 1990 sur la réglementation des télécommunications, JO RF, n°303, 30 décembre 1990.
- Loi n°96-659 du 26 juillet 1996 de réglementation des télécommunications, JO RF, n°174, 27 juillet 1996.
- Loi n°96-660 du 26 juillet 1996 relative à l'entreprise nationale France Télécom, JO RF, n°174, 27 juillet 1996.

- Loi n°2003-1365 du 31 décembre 2003 relative aux obligations de service public des télécommunications et à France Télécom, JO RF, n°1, 1er janvier 2004.
- Loi n°2004-575 du 21 juin 2004 pour la confiance dans l'économie numérique [dite « LCEN »], JO RF, n°143, 22 juin 2004.
- Loi n°2004-669 du 9 juillet 2004 relative aux communications électroniques et aux services de communication audiovisuelle, JO RF, 10 juillet 2004.
- Loi n°2004-801 du 6 août 2004 relative à la protection des personnes physiques à l'égard des traitements de données à caractère personnel et modifiant la loi n°78-17 du 6 janvier 1978 relative à l'informatique, aux fichiers et aux libertés, JO RF, n°182, 7 août 2004.
- Loi de 1905 sur les fraudes et les falsifications, assurant sa protection de ses règles de protection à toute personne.
- Loi de 1972 sur le démarchage. Loi de 1978 sur les clauses abusives.
- Loi n°2005-516 du 20 mai 2005 relative à la régulation des activités postales, JO RF, n°117, du 21 mai 2005.
- Loi n°2008-3 du 3 janvier 2008 pour le développement de la concurrence au service des consommateurs, JO RF, n°3, 4 janvier 2008.
- Loi n°2008-776 du 4 août 2008 de modernisation de l'économie [dite « LME »], JO RF, n°181, 5 août 2008.
- Loi n°2009-1572 du 17 décembre 2009 relative à la lutte contre la fracture numérique, JO RF, n°0293, 18 décembre 2009.
- Loi n°2010-476 du 12 mai 2010 relative à l'ouverture à la concurrence et à la régulation du secteur des jeux d'argent et de hasard en ligne, JO RF n°0110, 13 mai 2010.
- Loi n° 2014-344 du 17 mars 2014 relative à la consommation [« loi Hamon »], JO RF, n°0065, 18 mars 2014.
- Loi n° 2016-1321 du 7 octobre 2016 pour une République numérique [« loi Axelle Lemaire »], JO RF, 8 octobre 2016.
- Ordonnance n°2001-741 du 23 août 2001 portant transposition de directives communautaires et adaptation au droit communautaire en matière de droit de la consommation, JO RF25 août 2001.
- Ordonnance n°2005-648 du 6 juin 2005 relative à la commercialisation à distance des services financiers auprès des consommateurs, transposant la directive 2002/65/CE.
- Ordonnance 2005-674 du 16 juin 2005 relative à l'accomplissement de certaines formalités contractuelles par voie électronique, JO RF, n°140, 17 juin 2005.
- Ordonnance n°2011-1012 du 24 août 2011 relative aux communications électroniques, JO RF, 26 août 2011.
- Ordonnance n°2014-948 du 20 août 2014 relative à la gouvernance et aux opérations sur le capital des sociétés à participation publique, JO RF, n°0194, 23 août 2014.

3) Textes réglementaires

- Arrêté du 25 février 2016 portant désignation de l'organisme chargé de gérer la liste d'opposition au démarchage téléphonique, JO RF, n°0050, texte n°36, 28 février 2016.

- Circulaire du 16 mars 1988 prise en application du décret n°87-775 du 24 septembre 1987 relatif au régime général des liaisons spécialisées et au régime des réseaux télématiques ouverts à la des tiers utilisant des liaisons spécialisées.
- Arrêté du 3 décembre 1987 relatif à l'information du consommateur sur les prix, JO RF, 4 août 1988.
- Décret n°87-775 du 24 septembre 1987 relatif aux liaisons spécialisées et aux réseaux téléphoniques ouverts à des tiers.
- Décret n° 90-1213 du 29 décembre 1990 relatif au cahier des charges de France Télécom et au code des postes et télécommunications, articles 15 à 22, JO RF, 30 décembre 1990.
- Décret n°92-280 du 27 mars 1992 pris pour l'application des articles 27 et 33 de la loi n° 86-1067 du 30 septembre 1986 fixant les principes généraux définissant les obligations des éditeurs de services en matière de publicité, de parrainage et de télé-achat.
- Décret n°92-280 du 27 mars 1992 pris pour l'application des articles 27 et 33 de la loi n°86-1067 du 30 novembre 1986 et fixant les principes généraux définissant les obligations des éditeurs de services en matière de publicité, de parrainage et de télé-achat, JORF, n°75, 28 mars 1992.
- Décret n°2001-1331 du 28 décembre 2001, modifiant le décret n°92-280 du 27 mars 1992 pris pour l'application du 1° de l'article 27 de la loi n° 86-1067 du 30 septembre 1986 relative à la liberté de communication et fixant les principes généraux concernant le régime applicable à la publicité et au parrainage.
- Décret n°2011-219 du 25 février 2011 relatif à la conservation et à la communication des données permettant d'identifier toute personne ayant contribué à la création d'un contenu mis en ligne.

4) Textes officiels et rapports institutionnels

- JO RF, 1er janvier 2004.
- JO RF, 22 juin 2004.
- JO RF, 10 juillet 2004.
- JO RF, n°0110, 13 mai 2010.
- JO RF, n°0065, 18 mars 2014, texte n°1.
- JO RF, n°0064, 16 mars 2016, texte n°29.

IV. LÉGISLATION CONGOLAISE

1) Texte constitutionnel

- Constitution de la République Démocratique du Congo du 18 février 2006, telle que modifiée par la loi n°11/002 du 20 janvier 2011 portant révision de certains articles de la Constitution du 18 février 2006 (Textes coordonnés), JO RDC, numéro spécial, 5 février 2011.

2) Textes législatifs

- Arrêté du Gouverneur général du 19 janvier 1901, Jeux de hasard, R.M., 1901.
- Décret [du Roi de belges] du 2 août 1913, des commerçants et de la preuve des engagements commerciaux, B.O., 1913.

- Décret sur les loteries du 17 août 1927, *Bulletin officiel*, Congo-Belge, 1927.
- Décret du 30 janvier 1940 portant code pénal congolais tel que modifié et complété à ce jour, mise à jour au 5 octobre 2006, JO RDC, 47e année, n° spécial, Kinshasa, 05 octobre 2006.
- Décret du 7 mars 1960 portant Code de procédure civile, *Moniteur congolais*, 1960.
- Décret-loi sur le prix du 20 mars 1961, tel que modifié par l'Ordonnance-loi n°83-026 le 12 septembre 1983, in *Les codes Larcier de la République démocratique du Congo*, t.III, vol. 2, éd. De Boeck & Larcier (Afrique éditions), Bruxelles (Kinshasa), 2003.
- Décret du 20 mars 1961 sur la réglementation des prix, *Moniteur congolais*, 1961.
- Décret-loi n°101 du 3 juillet 2000 portant fixation de la nomenclature des actes générateurs des recettes administratives, judiciaires, domaniales et de participations et de leurs modalités de perception [inédit].
- Loi-cadre n°013/2002 du 16 octobre 2002 sur les télécommunications en RDC [LCT], JO RDC, n° spécial, 44e année, 25 janvier 2003.
- Loi n°014/2002 du 16 octobre 2002 portant création de l'Autorité de régulation des postes et des télécommunications, JO RDC, 44ème année, numéro spécial, Kinshasa, 25 janvier 2003.
- Loi n°004-2003 du 14 mars 2003 portant réforme des procédures fiscales, JO RDC, n° spécial, Kinshasa, 31 mars 2003.
- Loi n°04/015 du 16 juillet 2004 fixant la nomenclature des actes générateurs des Recettes Administratives, Judiciaires, Domaniales et des Participations ainsi que leurs modalités de perception, JO RDC, 45e année, n° spécial, Kinshasa, 22 juillet 2004, (Autre publication : JO RDC, 47e année, n° spécial, 18 aout 2006,).
- Loi n°05/008 du 31 mars 2005 modifiant et complétant la Loi n°04/015 du 16 juillet 2004 fixant la nomenclature des actes générateurs des Recettes Administratives, Judiciaires, Domaniales et des Participation ainsi que leurs modalités de perception, JO RDC [http://leganet.cd/Legislation/Dfiscal/L05.008.31.03.2005.nomenclature.htm] (consulté le 18 juillet 2016).
- Loi n°06/003 du 27 février 2006 modifiant et complétant certaines dispositions de la loi n°004/2003 du 13 mars 2003 portant réforme des procédures fiscales, JO RDC, 47e année, n° spécial, 15 mars 2006.
- Loi n°08/007 du 07 juillet 2008 portant dispositions générales relatives à la transformation des entreprises publiques JO RDC, 49è année, n° spécial, 12 juillet 2008.
- Loi n°08/009 du 7 juillet 2008 portant dispositions générales applicables aux établissements publics, JO RDC, 49e année, n° spécial, 12 juillet 2008.
- Loi 08-010 du 7 juillet 2008 fixant les règles relatives à l'organisation et à la gestion du portefeuille de l'État, JO RDC, 49e année, n° spécial, 12 juillet 2008.
- Loi organique n° 16/027 du 15 octobre 2016 portant organisation, compétence et fonctionnement des juridictions de l'ordre administratif, JO RDC, n° spécial, Kinshasa, 18 octobre 2016.

3) Textes réglementaires

- Arrêté interdépartemental DENI/CAB06/005/87 portant mesures d'exécution de l'ordonnance n°83-178 portant création de la commission de la police du commerce, *Législation et réglementation économiques et commerciales*, 2e éd., 1998.
- Arrêté interministériel n°001/CAB/VPM/MIN/PTT/2011 et n°045/CAB/MIN/FINANCES/2011 modifiant et complétant l'Arrêté n°005/CAB/MIN/PTT/2009 et n°071/CAB/MIN/FINANCES/2009 du 26 février 2009 portant fixation de taux de la taxe de numérotation à percevoir à l'initiative de l'ARPTC pour l'utilisation des ressources en numérotation, JO RDC, 52è année, n°4, 15 fév.2011, col. 6
- Arrêté interministériel n°002/TNT/CAB/M-CM/LMO/2015 et n° CAB/VPM/PTNTIC/TLL/0002/2015 du 25 avril 2015 du Vice-premier Ministre, Ministre des PTT et du Ministre de l'information et média portant définition des acteurs du nouveau paysage audiovisuel congolais, récupération par l'État congolais des fréquences analogiques octroyées aux chaines de télévision et interdiction d'importation en République Démocratique du Congo des récepteurs analogiques, JO RDC, n°11, 1er juin 2016, col. 24.
- Arrêté interministériel n°004/CAB/MIN/PTT/2005 et n°015/CAB/MIN/FINANCES/2005 du 28 juillet 2005 portant taux de la taxe de régulation à percevoir à l'initiative du Ministère des PTT et de l'ARPTC [inédit].
- Arrêté interministériel n°005/CAB/MIN/PTT/2005 et n°110/CAB/MIN/FINANCES/2005 du 29 juillet 2005 portant fixation des taux des droits, taxes et redevances à percevoir à l'initiative du Ministère des PTT, JO RDC, n° spécial, 46e année, Kinshasa, 1er novembre 2005, col. 57-60.
- Arrêté interministériel n°006/CAB/MIN/FIN&BUD/2003 et n°001/CAB/MIN/PTT/2003 du 25 janvier 2003 portant fixation de la taxe terminale sur les communications internationales entrantes, JO RDC, n° spécial, 44e année, 25 janvier 2003.
- Arrêté interministériel n°068/CAB/MIN/INTERSEC/2009, n°212/CAB/MIN/J/2009, n° CAB/MIN/PTT/011/2009 du 21 décembre 2009 modifiant et complétant l'Arrêté interministériel n°25/CAB/MINÉTAT/INTERDESEC/010/2008 et n°003 CAB/MIN/PTT/2008 du 8 mars 2008 du Ministre d'État en charge de l'intérieur et du Ministre des PTT fixant les conditions de souscription à l'abonnement téléphonique en République Démocratique du Congo.
- Arrêté interministériel n°25/CAB/MINÉTAT/INTERDESEC/010/2008 et n°003/CAB/MIN/PTT/2008 du 8 mars 2008 fixant les conditions de souscription à l'abonnement téléphonique [inédit].
- Arrêté interministériel n°25/CAB/VPM/MIN/INTERSEC/024/2015, n°03/CAB/VPM/PTNTIC/2015, n°008/CAB/MIN/CM/LMO/2015 du 19 mai 2015 modifiant et complétant l'Arrêté n°068/CAB/MIN/INTERSEC/2009,n°212/CAB/MIN/J/2009,n°CAB/MIN/PTT/011/2009fixant les conditions de souscription à l'abonnement téléphonique en République Démocratique du Congo, JO RDC, n°11, 56èmeannée, Kinshasa, 1er juin 2015, col.7.
- Arrêté interministériel n°CAB/MIN/PT&TIC/059/2014 et n°CAB/MIN/FINANCES/2014/109 du 5 juillet 2014 portant fixation des taux des droits, taxes et redevances à percevoir à l'initiative du ministère des Postes,

télécommunications et nouvelles technologiques de l'information et de la communication [inédit].

- Arrêté ministériel n° CAB/M-CM/LMO/006/2015du 25 avril 2015 du Ministre *de la Communication et Médias p*ortant procédure d'obtention d'autorisation d'exploitation de la TNT, in JO RDC, col. 27.
- Arrêté ministériel n°008/MINPF/LMM/2016 du 01 novembre 2016 portant suspension d'un mandataire public au sein de la société congolaise des postes et télécommunications, en sigle "SCPT SA" [inédit]. « Le directeur général de la SCPT, Didier Musete suspendu, 3 nov. 2016, MCNTEAM, *Mediacongo* [http://www.mediacongo.net/article-21757.htmlactualité] (consulté au 17 novembre 2017)
- Arrêté ministériel n°026/CAB/VPM/MIN/PNTC/LKNG/OPS/2012 du 30 mars 2012 portant mesures d'application du décret 012/15 du 20 février 2012 fixant les modalités de calcul et les taux des revenus des prestations de l'ARPTC [inédit].
- Arrêté ministériel n°CAB/MIN/PT&NTIC/0011/09/2012 du 10 septembre 2012 portant attribution de la licence d'établissement et d'exploitation de réseau public de télécommunications de troisième génération « 3G » en République démocratique du Congo [inédit].
- Arrêté ministériel n°CAB/MIN/PTT/0027/31/93 du 18 novembre 1993 fixant les conditions d'exercice des activités du secteur de télécoms, JO RDC, n° spécial, 44e année, Kinshasa, 25 janvier 2003.
- Arrêté n°003 /CAB/MIN/PTT/2009 du 26 février 2009 portant création du Plan National de Numérotation et Arrêté n° 004/CAB/MIN/PTT/2009 du 26 février 2009 portant fixation des modalités de gestion du Plan National de Numérotation, JO RDC, 50e année, n°5, 1er mars 2005, col. 1-10.
- Décret n°03/027 du 16 septembre 2003 fixant les attributions des ministères du gouvernement de transition, JO RDC, n° spécial, 44e année, 23 septembre 2003.
- Décret 09/12 du 24 avril 2009 établissant la liste des entreprises publiques transformées en sociétés commerciales, établissements publics et services publics, JO RDC, 50e année, n° spécial, 30 avril 2009,
- Décret n°012/15 du 20 février 2012 fixant les modalités de calcul et les taux des revenus des prestations de l'Autorité de Régulations de la Poste et des Télécommunications, « ARPTC » en sigle, JO RDC, n°6, 15 mars 2012, col.9-10.
- Ordonnance n°17/025 du 10 juillet 2017 fixant les attributions des ministères, JO RDC, n° spécial, 58e année, Kinshasa, 19 juillet 2017.
- Ordonnance législative n°254/Télec. du 23 août 1940, Moniteur congolais, JO RDC, n° spécial, 25 janvier 2005, Kinshasa.
- Ordonnance-loi n°41-63 du 24 février 1950 sur la concurrence déloyale et sa répression, Bulletin Administratif [Congo-Belge], 1950.
- Ordonnance-loi n°11-41 du 16 mai 1951, Interdiction des concours et pronostics sportifs ou autres, *Bulletin officiel,* 1951.
- Ordonnance-loi n°68-475 du 13 décembre 1968 portant création de l'OCPT, Moniteur congolais, n°3, 1er février 1969.
- Ordonnance-loi n°71-015 du 15 mars 1971 sur les installations radioélectriques privées, Moniteur congolais, n°8, 15 avril 1971.
- Ordonnance n°78-222 du 5 mai 1978 portant statut de l'ONPTZ, JOZ., n°12, du 15 juin 1978.

- Ordonnance n°83-178 du 28 septembre 1983 portant création de la commission de la police du commerce, JOZ, n°19, 1er octobre 1983.
- Ordonnance n°87-243 du 22 juillet 1987 portant réglementation de l'activité informatique en République du Zaïre, JOZ, n°15, 1er août 1987.
- Ordonnance n°12/008 du 11 juin 2012 fixant les attributions des Ministères, JO RDC, 53e année, n° spécial, 14 juin 2012.
- Ordonnance [du Président de la RDC] n°14/073 du 5 décembre 2014 portant approbation de l'Accord de don H81-ZR conclu entre la RDC et la Banque mondiale, au titre de la 5e phase du programme régional de réseaux de télécommunication haut débit en Afrique centrale (CAB5), JO RDC, 56è année, n° spécial, 10 janv. 2015, col.2.
- Ordonnance n°15/015 du 21 mars 2015 fixant les attributions des ministères, JO RDC, 53e année, n° spécial, 14 juin 2012, JO RDC, n° spécial, 56e année, 27 mars 2015, col. 23 et s.
- Ordonnance n°15/017 du 25 mars 2015 portant nomination des mandataires publics au sein de la Société commerciale des postes et télécommunications, en sigle SCPT, JO RDC, 56e année, 1er avril 2015, col. 9-10.

4) Décisions du collège de l'Autorité des postes et télécommunications

- Décision n°001/ARPTC/2005 du 25 avril 2005 relative au désaccord entre l'Office congolais des postes et télécommunications (OCPT) et les sociétés de télécommunications (inédite). [Source : archivage de la notification de la décision faite à la société Vodacom Congo, l'une des parties litigantes].
- Décision n°002bis/ARPTC/CCG/2006 du Collège de l'ARPTC du 27 janvier 2006 autorisant la société Celtel Congo à fournir les services Internet.
- Décision n°003/CLG/ARPTC/2006 fixant les règles de procédure applicables en cas de manquements par les opérateurs de postes ou de télécommunications à leurs obligations légales.
- Décision n°004/CLG/ARPTC/2006 fixant la procédure de règlement des différends en matière de poste ou de télécommunications.
- Décision n°016/ARPTC/CLG/2006 du 23 juin 2006 portant définition des principes d'interconnexion, JO RDC, n°15, 47e année, Kinshasa, 1er août 2006, col. 13 et s.
- Décision n°005/ARPTC/CLG/2007 du 29 juin 2007 du Collège de l'ARPTC portant identification des abonnés du service de la téléphonie mobile JO RDC, 48e année, n° 10, Kinshasa, 15 octobre 2007, col. 1 et 2.
- Décision n°001/ARPTC/CLG/2009 du 14 janvier 2009 et n°005/ARPTC/CLG du 24 février 2009.
- Décision n°008/ARPTC/CLG/2011 du 28 février 2011 du Collège de l'ARPTC modifiant la Décision n°044/CLG/ARPTC/2008 du 25 août 2008 portant conditions et modalités de promotion des services de télécommunications en République Démocratique du Congo, JO RDC, n°8, 52e année, 15 avril 2011, col. 27.
- Décision n°036/ARPTC/CLG/2011 du 14 juin 2011 du collège de l'ARPTC portant attribution d'un canal de fréquences de service de radiodiffusion télévisuelle à la chaîne de télévision Broad Casting Network « BNTV/Baraka » à Kinshasa, JO RDC, 1er déc.2011, n°23, col. 23.

- Décision n°037/ARPTC/CLG/2011 du collège de l'ARPTC du 27 avril 2011 attribuant les fréquences à l'Ambassades des États-Unis à Kinshasa, JO RDC, n°23, 52e année, 1er déc. 2011, col.24.
- Décision n°038/ARPTC/CLG/2011 du collège de l'ARPTC du 27 avril 2011 autorisant la Banque First International Bank (FIBANK) à installer et exploiter un réseau indépendant constitué de quatre stations VSAT, JO RDC, n°23, 52è année, 1er déc. 2011, col. 25.
- Décision n°062/ARPTC/CLG/2011 du collège de l'ARPTC du 02 septembre 2011 attribuant les fréquences à l'Ambassades d'Afrique du Sud à Kinshasa, JO RDC, n°52, 52e année, 1er déc. 2011, col. 52.
- Décision n°26/ARPTC/CLG/2011 du Collège de l'ARPTC attribuant les fréquences faisceaux hertziens dans les bandes de 8 GHz et de 11 GHz à la société CIELUX, JO RDC, 52e année, n°23,1er déc.2011, col. 11.
- Décision n°29/ARPTC/CLG/2011 du Collège de l'ARPTC portant sélection de la société CYBERNET comme attributaire d'une licence d'établissement et d'exploitation d'un réseau de Télécommunications par satellite de type VSAT, JO RDC, 52e année, n°23, 1er déc.2011, col. 15.
- Décision n°003/ARPTC/CLG/2012 du Collège de l'ARPTC autorisant la société Oasis Sprl à fournir le service Internet au public, JO RDC, 53e année, n°23, 1er décembre 2012, col. 11.
- Décision n°009 ARPTC/2012 du Collège de l'ARPTC modifiant la décision n°028/ARPTC/CL/2011 portant définition des principes de tarification du service de détail voix applicables par les exploitants des réseaux et services de télécommunications ouverts au public en RDC, JO RDC, 53e année, n°23, 1er décembre 2012, col. 20.
- Décision n°021/ARPTC/CLG/2012 du 03 mars 2012 du Collège de l'ARPTC portant suspension des promotions des services de télécommunications en RDC [inédit]
- Décision n°028/ARPTC/CLG/2012 du Collège de l'ARPTC attribuant les fréquences additionnelles dans la bande GSM 900 à la société Oasis Sprl, JO RDC, 53e année, 1er décembre 2012, col. 53.
- Décision n°33/ARPTC/CLG/2012 du Collège de l'ARPTC attribuant les fréquences additionnelles dans la bande GSM 900 à la société CCT Sarl, JO RDC, 53e année, 1er décembre 2012, col. 54.
- Décision n°001/ARPTC/CLG/2015 du 02 février 2015 portant encadrement des tarifs voix applicables par les exploitants des réseaux et services des télécommunications ouverts au public en RDC. [Inédit]

5) Textes officiels et rapports institutionnels

- AGENCE NATIONALE POUR LA PROMOTION DES INVESTISSEMENTS, « Nouvelles technologies de l'information et de la communication », *Cahier sectoriel*, ANAPI, Kinshasa, mai 2017.
- ASSEMBLÉE NATIONALE, *Règlement intérieur*, JO RDC, 48e année, Kinshasa, numéro spécial, 20 février 2007.
- COPIREP, *Rapport annuel 2013*, Établissement public, Kinshasa.
- GOUVERNEMENT DE LA RDC, *Programme économique et social, vision, défis, stratégies et politiques et sectorielles*, PEG en sigle, septembre 2011, Kinshasa.

- INSTITUT NATIONAL DE LA STATISTIQUE, *Annuaire statistique 2014*, Ministère du plan et révolution de la modernité & PNUD, Kinshasa, juillet 2015.
- MINISTÈRE DES PTT, *Document de Politique sectorielle, stratégie de développement du secteur des télécommunications et des technologies de l'information et de la communication de la RDC*, Kinshasa, juillet 2009.
- *Recueil de textes sur l'amélioration du climat des affaires,* n° spécial, JO RDC, 51ème année, Kinshasa, 3 mars 2010.
- JO RDC, n° spécial, 44e année, Kinshasa, 25 janvier 2003.
- JO RDC, n° spécial, 46e année, Kinshasa, 25 janvier 2005.
- JO RDC, 46e année, Kinshasa, 1er septembre 2005.
- JO RDC, n°15, 47e année, Kinshasa, 1er août 2006, col. 21 et s.
- JO RDC, n° spécial, 47e année, Kinshasa, 18 août 2006.
- JO RDC, n° spécial, 49e année, Kinshasa, 12 juillet 2008.
- JO RDC, n°23, 53è année, Kinshasa, 1er décembre 2012.
- JO RDC, 1er déc.2011, n°23.
- JO RDC, n°8, 15 avril 2009, 1re partie, Avis et annonces, col. 74.

V. JURISPRUDENCES

1) Jurisprudence américaine

- Cour d'appel fédérale du 9e circuit, 23 août 2004 et 12 janvier 2006 et 12 janvier 2006, *LICRA and UEJF v. Yahoo !,* n° 01-17424.

2) Jurisprudence européenne

- Arrêt du 16 octobre 2008, *Bundesverband der Verbraucherzentralen und Verbraucherverbände*, C-298/07, Rec. p. I-7841,
- CJCE, affaire *Factort,* arrêt du 25 juillet 1991, *C-221/89, Rec.,* 1991.
- CJCE, 17 novembre 1992, *Royaume d'Espagne, Royaume de Belgique et République indienne c/ Commission,* aff. Jointes C-271/90, C-281/90 et C-281/90, *Recueil* 1992.
- CJCE, affaire C-69/91, 27 octobre 1993, *Procédure pénale contre Francine Decoster, épouse Gillon, Rec.* 1993.
- CJCE, *Compagnie Maritime belge c/ Commission,* C-395/96 C-396/6 P, TPI, *Gencor Ltd/ Commission*, aff. T-102/96.
- CJCE : affaires Francesco Benicasas / Dentalkit Srl, 3 juillet 1997, activités CJCE, 1997, n°20.
- CJCE, 23 nov.1999, Portugal c/ Conseil, C-149/96.
- CJCE, 23 avril 2009, *VTB-VAB* c/ *Total Belgium NV*, Aff. C-261/07, *D.* 2009, AJ.
- CJCE, Arrêt du 23 mars 2010, Google France et Google, C-236/08 à C-238/08.
- CJCE, Arrêt du 25 mars 2010, *BergSpechte*, C-278/08.
- CJUE, *Affaire Peter Pammer* et *Hôtel Alpenhof GesmhH,* C-585/08 (jointe à C-144/09), 7 décembre 2010, RJ, 2010, I-12527.
- CJUE, Arrêt du 12.07.2011, L'Oréal SA, Lancôme parfums et beauté & Cie, Laboratoire Garnier & Cie, L'Oréal (UK) Limited contre eBay International AG, eBay Europe SARL, eBay (UK) Limited, *Affaire C-324/09,* Recueil de la jurisprudence 2011 I-06011.

- CJUE, France c/ Commission, C-559/12P, 3 avril 2014.
- CJUE, Gde ch., aff. C-293/12, 8 avril 2014, *Digital Rights Ireland Ltd.*
- CJUE, *Affaire Google Spain SL et Google Inc. c/ Agencia Española de protección de Datos et Mario Costeja González*, C-131/12, Arrêt (grande chambre), 13 mai 2014.
- CJCE, *Compagnie Maritime belge (transport SA) et Dafra-Lines A/S c/ Commission,* aff. Jtes C-395/96 C-396/6 P, 16 mars 2000, Recueil de la jurisprudence, 200, I, pp. 1365
- CJCE, *République française c/ Commission,* C-202/88, 19 mars 1991, concurrence dans les marchés des terminaux de télécoms.
- CJUE, *France vs. Commission,* affaire C-559/12P, avril 2014, Communiqué de presse n°48/14, Luxembourg, 3 avril 2014.
- TPI, *Gencor Ltd/ Commission,* arrêt 25 mars 1999, aff. T-102/96, Recueil, 199, II.

3) Jurisprudence française

- Conseil constitutionnel, Décision relative à la loi transférant à la juridiction judiciaire le contentieux des décisions du Conseil de la concurrence, 23 janvier 1987.
- Conseil d'État, Arrêt du Bac d'Eloka, Société commerciale de l'Ouest africain, 22 janvier 1921.
- TGI, Troyes, Aff. Hernès International c/ SA eBay France et eBay International AG, 4 juin 2008, *RLDI,* n° 39, 2008, n°1296.
- TGI, Paris, *Max Mosley* c. *Google Inc.* et *Google France,* RG 11/07970.
- Conseil d'État, Arrêt *Etablissement Vezia,* 20 décembre 1935 (GAJA).
- Conseil d'État, Arrêt Monpeurt, 31 juillet 1942 (GAJA)
- Conseil d'État, Arrêt Bouguen, 2 avril 1943 (GAJA).
- Cass. Com., 9 novembre 1970, Bull. IV, n° 298, in CAMPANA M.-J., *Code de commerce*, 20e éd., Litec, Paris, 2008.
- Cass. Com., 18 février 1975 : Bull. civ. IV, n°48.
- Conseil d'État français, 10 juillet 1981, n°05310, recueil Lebon. En cause : Conseil d'État, commissaire aux comptes de société *vs* décision du médiateur, statuant au contentieux sur requête pour excès de pouvoir, à propos de la nature juridique du médiateur. [http://www.legifrance.gou.fr/affichJuriAdmin.do?idTexte=CÉTATEXT000007664894] (consulté le 16 mars 2017)
- Cass. Crim. 12 novembre 1986, Bull. Crim., n°861.
- Cass. Civ. 28 avril 1987 RTD civ. 1987-537.
- Cass. Civ. 1ère, 25 mai 1992, *D.* 1993.
- Cass. Civ., 1ère, 24 nov. 1993, JCP, éd. G. 1994, n°22334.
- Cass. Civ. 1re, 30 janvier 1996, n°93-18684, Bulletin 1996, n°55, p. 35
- Cass. Crim., 14 octobre 1998, D. 1999.
- Cass. Civ. 1re, 4 mai 1999, *D.* 1999. IR 170.
- TGI, Paris, Ordonnance, Juge des référés, 22 mai 2000.
- Cass. Civ. 1re, 10 juillet 2001, *D.* 2002, Somm. 932.
- Cass. Civ., 1re Ch., 15 mars 2005, n°02-13285.

- TGI Paris, 8 juillet 2005, Real de Madrid Football club c/ Zinedine Zidane, David Beckham, Raul G. et al. c/ Hilton Group PLC, *sporting Exchange TD*, William H., *sportingbet* PLC et al.
- TGI, Mulhouse, Jugement correctionnel n°122/2006, 12 janv. 2006. [www.davidtate.fr]
- Tri.com., Paris, 1re ch. B, 30 juin 2008, *Parfums Christian Dior et a.* c/ *eBay Inc.*, *eBay International AG.* – 1re ch. B, 30 juin 2008, décisions, [www.legalis.net.net]
- Cour Cass. Crim, 9 septembre 2008, Giuliano, n°07-87281.
- Cour d'appel de Pau, 23 mars 2012, n° 11/03921 [www.legalis.net].
- France *vs* Commission, affaire C-559/12P, avril 2014, CJUE, Communiqué de presse n°48/14, Luxembourg, 3 avril 2014 [www.curia.europa.eu].
- Cass. Civ. 1re, 2 juillet 2014, *D.* 2014, 1492.
- Conseil d'État, Arrêt, Caisse primaire Aide et Protection, 13 mai 1938 *;* Arrêt Monpeurt, 31 juillet 1942 (GAJA).
- Conseil d'État, Arrêt, *Caisse primaire Aide et Protection,* 13 mai 1938 (GAJA),
- Cour d'appel de Paris, Facebook Inc. c/ Monsieur X, 12 février 2016, n°15/08624.

VI. OUVRAGES

1) Ouvrages généraux

- AMIDOU KANE CH., *L'Aventure ambigüe,* Paris, Julliard, 1971.
- ARISTOTE, *Politique,* Livre II, trad. par J. Aubonnet et M.-L. Desclos, éd. Les belles lettres, Paris, 1998.
- AUBY J.-B., *La Globalisation, le Droit et l'État,* LGDJ, coll. « systèmes », 2e éd., Paris 2010.
- AUDIT B., *Droit international, privé,* Economica, n°43, Paris, 2000.
- AVRIL P. et GICQUEL J., *Lexique de Droit constitutionnel, Vocabulaire citoyen,* PUF, coll. Que sais-je ?, 4e éd., Paris, 2014 (2003).
- AZEMA J., BESNARD GOUDET R., ROLLAND B. et VIENNOIS J.-P., *Dictionnaire de Droit des Affaires,* Ellipses, coll. dirigée par SCARANO J.-P., Paris, 2007.
- BAKANDEJA WA MPUNGU G., *Le Droit du Commerce international. Les peurs justifiées de l'Afrique face à la mondialisation des marchés,* De Boeck université, Coll. Droit/Économie, Bruxelles, 2001.
- BARANGER D., *Le Droit constitutionnel, à la recherche de l'ordre politique idéal,* 6e éd., PUF, coll. « Que sais-je ? », n°3634, Paris, 2013 (2002).
- BENTHAM M., *De l'influence des temps et des lieux en matière de législation,* Œuvres, éd. E. Dumont, Bruxelles, Coster, 1829.
- BERGÉ J. et ROBIN-OLIVIER S., *Droit européen, Union européenne, Conseil de l'Europe*, 2e éd. mise à jour, Coll. Thémis droit, PUF, Paris, 2008.
- BERGEL J.-L., BRUSCHI M. et CIMAMONTI S., *Traité de droit civil. Les biens*, 2e éd., Coll. Jacques Ghestin, LGDJ, Lextenso édition, Paris, 2010.
- BERRAMDANE A. et ROSSETTO J., *Droit de l'Union européenne, Institutions et ordre juridique*, Coll. Cours, LMD, éd. LGDJ, 2013.
- BIHL L., *Consommateur défends toi* !, Denoël, 1976.
- BLUM F. et LOGUE A., *State monopolies under EC law,* Chichester, John Wiley & Sons Ltd, 1998.

- BONNET J. et GAHDOUN P.-Y., *La question prioritaire de constitutionnalité*, PUF, 1re éd., coll. « Que sais-je ? », Paris, 2014.
- BOSHAB É., *Entre la Révision de Constitution et l'Inanition de la Nation,* Larcier, Bruxelles, 2013.
- BOSSIS G. et ROMI R., *Droit du cinéma,* LGDJ, coll. Systèmes, Paris, 2004.
- BOURGOIGNIE, *Elément pour une théorie du droit de la consommation*, Story Scientia, Bruxelles, n°28, 1988.
- BOUVIER P. (avec la collab. de BOMBOKO F.), *Le Dialogue inter congolais, Anatomie d'une négociation à la lisière du chaos, contribution à la théorie générale de la négociation,* L'Harmattan, coll. Cahiers africains, n°63-64, Paris, 2004.
- BURBAN J.- L., *Les institutions européennes,* Vuibert, 3e éd., coll. gestion internationale, Paris, 2002.
- CALAIS-AULOY J. et TEMPLE H., *Droit de la consommation*, Dalloz, 9e éd., Coll. Précis Droit privé, Paris, 2015.
- CARBONNIER J., *Droit civil, introduction,* 8e éd., PUF, 1969.
- CARBONNIER J., *Droit et Passion du Droit sous la Vè République,* Flammarion, coll. champs essais, n°819, Paris, 1996.
- CARBONNIER J., *Flexible Droit pour une sociologie du droit sans rigueur*, 10è éd., LGDJ, Paris, 2001.
- CARRÉ DE MALBERG R., *Contribution générale à la théorie de l'État,* Sirey, 1962.
- CAS G., *La défense du consommateur,* PUF, coll. « Que sais-je ? », Paris, 1975.
- CHEVALLIER J., *L'État post-moderne,* 4e éd., LGDJ, Lextenso éditions, coll. droit et société, n°35, Paris, 2014.
- CHEVALLIER J., *Le service public, une administration citoyenne ?* 10e éd., PUF, coll. Que sais-je ? Droit-Politique, Paris (1987) 2015.
- COLLARD DUTILLEUEL F. et DELEBECQUE P., *Contrats civils et commerciaux,* 9e éd., Dalloz, Paris, 2011, n° 627.
- COLSON J.-P. et PH. IDOUX, *Droit public économique*, 8e éd., LGDJ, coll. « Manuel », Paris 2016.
- CORNU G., *Vocabulaire juridique*, 11e éd., PUF, coll. Quadrige, Paris, 2016 (1987).
- CORNU G., *Vocabulaire juridique*, 9è éd., PUF, coll. Quadrige, Paris, 2011 (1987).
- COUTANT M.-F., *Les tribunaux de commerce*, PUF, Coll. « Que sais-je ? », Paris, 1998, p.5.
- DALLOZ, *Lexique des termes juridiques*, 17e éd., Dalloz, Paris, 2009.
- DELMAS-MARTY M., *Le Flou du droit,* PUF, coll. Quadrige Essais Débats, Paris, 2004.
- DENIS-JUDICIS X. et PETIT J.-P., *Les Privatisations*, Montchrestien, coll. Clefs-Economie, 1998.
- DENOIX DE SAINT MARC R., *L'État,* PUF, 3e éd., coll. « Que sais-je ? », Paris, 2016 (2004).
- *Dictionnaire de poche* 2012, Larousse, Paris, 2011.
- *Dictionnaire Larousse illustré,* 2017.
- DONY M., *Droit de l'Union européenne,* 6e éd., Université de Bruxelles, 2015.
- DOYERE J., *Le Combat des consommateurs*, éd. du Cerf, 1975.

- DUGUIT L., *Le pragmatisme juridique, conférences prononcées à Madrid, Lisbonne & Coïmbre en 1923*, éd. La Mémoire du Droit, Coll. inédit, trad. Simon Gilbert, Paris, 2008.
- DUGUIT L., *Les Transformations du Droit public,* La Mémoire du Droit/Librairie Armand Colin, Paris, 1999 (1913).
- DUGUIT L., *Les Transformations générales du Droit privé depuis le Code Napoléon,* 2e éd. revue, La Mémoire du Droit, Paris, 2008.
- FAVOREU L., GAÏA P., GHEVONTIAN R., MESTRE J.-L., PFESMANN O., ROUX A. et SCOFFONI G., *Droit constitutionnel,* 7e éd., Dalloz, Coll. Droit public-science politique, Paris, 2004.
- FAVOREU L., GAÏA P., GHEVONTIAN R., MESTRE J.-L., PFESMANN O., ROUX A. et SCOFFONI G., *Droit constitutionnel,* 18è éd., Dalloz, Coll. Précis, Paris, 2015.
- FLICHY P., *Les industries de l'imaginaire*, Presses Universitaires de Grenoble, Paris, 1980.
- GAVALDA C. et PARLEAMI G., *Droit des Affaires de l'Union européenne,* Litec, LexisNexis, 6e édition à jour du Traité de Lisbonne, Paris, 2010.
- GIDE C., *Cours d'économie politique*, Sirey, 1909.
- GONOR A., *Le Temps,* éd. GF, coll. Corpus, Paris, 2001.
- HILAIRE J., *Adages et Maximes du droit français*, Dalloz, Paris, 2013.
- HUET J., DECOCQ G., GRIMALDI C., LECUYER H. et MOREL-MAROGER J., *Traité de Droit civil. Les principaux contrats spéciaux,* 3e éd., LGDJ, Lextenso éditions, Coll. Jacques Ghestin, Paris, 2012.
- HUXLEY A., *Le meilleur des mondes*, Plon, Paris, 2013.
- J. SHAMUANA MABENGA, *Africanologie, Ébauche d'une Discipline scientifique*, L'Harmattan-RD Congo, Paris, 2017.
- JALBY CH., *La Police technique et scientifique*, PUF, 3e éd., coll. « Que sais-je ? », Paris, 2014.
- JÈZE G., *Les Principes généraux du Droit administratif, La notion de Service public, les Individus au Service public, le Statut des Agents publics*, Dalloz, 3e éd., Paris, 2004.
- KABANGE NTABALA C., *Droit administratif,* t.1, Publications des Facultés de Droit des Universités du Congo, Kinshasa, 2005.
- LANGELLIER J.-P., *Mobutu*, éd. Perrin, coll. Biographie, Paris, 2017.
- LAPAY G., *Comprendre la Mondialisation*, Economica, 1996.
- LAUBADERE (de) A., *Manuel de Droit Administratif,* 12è éd., L.G.D.J, Paris.
- *Le petit Larousse Illustré 2017,* Dictionnaire de langue française.
- LEGRAND P., *Le droit comparé*, PUF, 5e éd., coll. « Que sais-je ? », Paris, 2015 (1999).
- *Les Codes Larcier (RDC), Droit administratif,* t.VI, B, éd. De Boeck et Larcier (Afrique édition), Bruxelles (Kinshasa), 2010.
- *Les Codes Larcier de la République Démocratique du Congo, A- Droit commercial*, 2010, t. III, De Boeck & Larcier (Afrique éditions), Bruxelles, 2010.
- LINOTTE D. et GRABOY-GROBESCO A., *Droit public économique,* Dalloz, coll. Mémentos, Paris, 2001.
- LUCAS F.-X., *Le droit des affaires*, 1re éd., 2005, PUF, coll. « Que sais-je ? », Paris, 2005.
- MALAURIE P., AYNES L. et STOFFEL-MUNCK P., *Droit civil. Les Obligations,* éd. Défrénois, Lextenso éditions, Paris, 2011.

- MARAIS (du) B., *Droit public de la Régulation économique*, Presses de Sciences Po et Dalloz, 2004.
- MARCOU G., *Droit de la Régulation, Service public et Intégration régionale,* 2 tomes, L'Harmattan, coll. Logiques juridiques, 2005.
- MCLUHAN M., *The Medium is the Message,* 1967.
- MESTRE J., PANCRAZI M.-E., ARNAUD-GROSSI I., MERLAND L. et TAGLIARINO-VIGNAL N., *Droit commercial, Droit interne et aspects de droit International*, 29e éd., LGDJ, Lextenso éditions, Paris, 2012.
- MICHALET C.-A., *Qu'est-ce que la Mondialisation ?*, La Découverte, Paris, 2002.
- MOHAMED GHADHI A., *La longue marche de l'Afrique vers l'intégration, le développement et la modernité politique*, L'Harmattan, Paris, 2009.
- MONTESQUIEU, *De l'Esprit des lois,* t. I, Garnier, Paris, 1956.
- MOREAU DEFARGES PH., *La Gouvernance, une gestion idéale?,* 5e éd., PUF, coll. Que sais-je ? Droit-Politique, Paris, (2003) 2015.
- MOREAU DEFARGES PH., *La Mondialisation, un Monde globalisé,* 9e éd., PUF, Coll. « Que sais-je ? », n°1687, Droit-Politique, Paris, 2012 (1997).
- MORÉTEAU O. et VADERLINDEN J., *La Structure des Systèmes juridiques*, Bruylant, Académie internationale de Droit comparé, XVIe Congrès de l'Académie internationale de droit comparé, Brisbane 2002, Bruxelles, 2003.
- MULLER M., *Les Politiques publiques,* PUF, coll. « Que sais-je ? », n° 2354, Paris, 2015.
- MUSGRAVE R. A., *The Theory of public finance*, McGraw-Hill, New York, 1959.
- NGUYEN-THANH D., *Techniques juridiques de Protection des Consommateurs*, INC, 1970.
- OST F. et VAN DE KERCHOVE M., *De la Pyramide au Réseau ? Pour une Théorie dialectique du droit,* Presses des facultés universitaires, Saint-Louis, 2002.
- OST F., *Le Temps du Droit,* éd. Odile, Jacob, Paris, 1999.
- PÉTEL P. (dir.), BENILSI S., CABRILLAC S. et AL, *Code de commerce annoté,* 28è éd., LexisNexis, Paris, 2016.
- PICARD P., *Eléments de Microéconomie. Théorie et applications*, Montchrestien, 2è éd., 1990.
- PIGOU A., *The Economics of Welfare,* Macmillan, Londres, 4e éd., 1932.
- PLAISANT G. V., *Essai sur la Notion du Consommateur en Droit positif,* JCP, éd. G. 1993, I, n°3655.
- REED CH., *Internet Law, Text and Materials,* Cambridge, 2nd éd, 2004.
- RIPERT G., ROBLOT R., et VOGUEL L., *Traité de Droit commercial,* tome I, vol. 1, LGDJ, 18e éd., 2001.
- ROMANO S., *L'Ordre juridique,* traduction par FRANÇOIS L. et GOTHOT P., Paris, Dalloz, 1975.
- SERRES M., *Petites Poucettes*, éd. Le Pommier, Paris, 2012.
- SEVELY-FOURNIER C., *Essai sur l'acte juridique extinctif en droit privé. Contribution à l'étude de l'acte juridique,* t. 100, 2010.
- SHARKEY W.W., *The Theory of natural Monopoly,* Cambridge University Press, 1982.
- SINAY-CYTERMANN A., *Protection ou surprotection du consommateur ?,* JCP, éd. G, Doctr. n°3804, 1994.
- STRICLER Y., *Les Biens*, éd. Thémis droit, PUF, 1e éd. Paris, 2006.

- SUPIOT A., *La Gouvernance par le Nombre*, Fayard, Paris, 2015, cité par ITEANU O., *Quand le Digital défie l'État de droit*, Eyrolles, 2016, Paris.
- TERRÉ F. et FENOUILLET G., *Droit civil : Les Personnes,* 8ᵉéd., coll. Précis de Droit privé, Dalloz, Paris, 2012.
- TERRÉ F., *Introduction générale au Droit,* 9ᵉ éd., Dalloz, Paris, 2012.
- TIGER PH., *Le droit des affaires en Afrique,* 3ᵉ éd., PUF, coll. « Que sais-je ? », Paris, 2001.
- TORT P., *L'effet Darwin*, éd. du Seuil, Paris, 2008.
- TOUZEIL-DIVINA M., *Dictionnaire de Droit public interne,* LexisNexis, Paris, 2017.
- TRUCHET D., *Droit administratif*, 5ᵉ éd., PUF, coll. Thémis, 2013.
- TRUCHET D., *Le Droit public*, 2ᵉ éd., PUF, coll. « Que sais-je ? », Paris, 2010 (2003).
- TRUCHET D., *Le Droit public, Le Droit de l'État,* 3ᵉ éd., PUF, coll. « Que sais-je ? », n°1327, Paris, 2014 (2003).
- TRUCHY, *Economie politique*, t. I.
- VILLIER M., *Le Droit romain*, PUF, Coll. Quadrige, Paris, 2002. (1945)
- VON HAYEK F., *Droit, Législation et Liberté,* PUF, coll. « Quadrige », Paris, 1995.
- VON HAYEK F., *Droit, Législation, Liberté*, t. I, PUF, Paris, 1979.
- VUNDUAWE TE PEMAKO, *Traité de Droit administratif*, Larcier, Bruxelles, 2007.
- ZOLA É., *Au Bonheur des Dames*, Livre de poche, Paris, 1883.
- ZOLLER E., *Introduction au Droit public*, 2ᵉ éd., Dalloz, coll. Droit public, Science politique, précis, Paris, 2013.

2) Ouvrages spécifiques

- ANDERSON C., *La longue traine, quand vendre moins c'est vendre plus,* Flammarion, Champs-Essais, n°1050, Paris.
- ARPAGIAN N., *La Cybersécurité, mesurer les risques et organiser la défense,* 2ᵉ éd., PUF, coll. « Que sais-je ? », Paris, 2016 (2010).
- JOBERT B. (dir.), *Le Tournant néo-libéral en Europe,* L'Harmattan, 1994.
- BALLE F., *Les Médias,* PUF, coll. « Que sais-je ? », Paris, 8ᵉ éd. 2014 (2004).
- BAMDÉ A., *L'Architecture normative du Réseau Internet, Esquisse d'une Théorie*, L'Harmattan, coll. Le droit aujourd'hui, Paris, 2016.
- BANCEL-CHARENSOL L., *La Déréglementation des Télécommunications dans les grands pays industriels,* ENSTPTT-Economica, Paris, 1996.
- BÉHAR-TOUCHAIS M. (sous la dir.), *L'effectivité du droit face à la puissance des géants de l'Internet,* Actes des journées du 20, 21 et 22 octobre 2015, IRJS éditions, t. 74, vol. 2, Paris, 2016.
- BÉHAR-TOUCHAIS M., ROCHFELD J., DE GUILLENCHMIDT-GUIGNOT A. et (avec collab.) FOURNIER A., *Les Jeux en ligne en France et en Europe : quelles réformes trois ans après l'ouverture du marché ?,* Société de Législation comparée, vol.7, coll. Trans Europe experts, Paris, 2013.
- BELLANGER P., *La Souveraineté numérique,* Stock, Paris, 2014.
- BELLI L., *De la Gouvernance à la Régulation de l'Internet,* éd. Berger Levrault, coll. « Au fil des études, les thèmes », Paris, 2016.
- BENABOU V.-L. et ROCHFELD J., *À qui profite le clic ? Le partage de la valeur à l'ère numérique*, Coll. Corpus, éd. Odile Jacob, Paris, 2015.

- BENSOUSSAN A. et BENSOUSSAN J., *Droits des robots*, Larcier, Minilex, coll. Lexing Technologies avancées, Bruxelles, 2015.
- BENSOUSSAN A., FORGERON J.-F et A.B.-AVOCATS, *Les Arrêts-Tendances de l'Informatique*, éd. Lavoisier, Paris, 2003.
- BENSOUSSAN A., *Informatique, Télécoms, Internet, Réglementation, Contrats, Fiscalité, Assurance, Santé, Fraude, Communications électroniques,* 5e éd., éd. Francis Lefebvre, Levallois, 2017.
- BENSOUSSAN-BRULÉ V., COQUER A., ENTRAYGUES D., GRATEAU M., LAPRAYE B., LEGRAS H., LEGRIS L., MARC A., TIREL V. et TORRES CH., *Le Data Protection Officer, une Fonction nouvelle dans l'Entreprise,* Bruylant, coll. Minilex, Bruxelles, 2017.
- BENYEKHLEF K., *Une possible Histoire de la Norme*, Montréal, éd. Thémis, 2008.
- BLANDIN-OBERNESSER A. (sous la dir.), *Droits et souveraineté numérique en Europe,* 1re éd., Bruylant, Bruxelles, 2016.
- BOCHURBERG L., *Internet et Commerce électronique, Site web, Contrats, Responsabilité, Contentieux,* 2è éd., encyclopédie Delmas, Dalloz, Paris, 2001.
- BOUHADANA I. et GILLES W. (sous la dir.), *Cybercriminalité, Cybermenaces et Cyberfraudes*, IMODEV, Paris, 2012.
- BRUNAUX O., *Le Contrat à distance au XXIe siècle*, LGDJ., t. 524, coll. Bibliothèque de droit privé, Paris, 2010.
- CACHARD O., *La Régulation internationale du Marché électronique*, LGDJ, Paris, 2002.
- CACHARD O., *Le Droit face aux Ondes électromagnétiques*, Lexis/Nexis, coll. actualité, Paris, 2016.
- CAHIERS FRANÇAIS, *La société numérique,* n°372, *Paris,* 2013.
- CAPRIOLI É. A., *Droit international de l'Économie numérique, les problèmes juridiques liés à l'internationalisation de l'économie numérique,* 2è éd., LexisNexis, Litec, coll. Pratique pro, 2007.
- CARPENTIER M., *Télécommunications en Europe,* Bruxelles, CEE, 1998.
- CASTETS-RENARD C., *Droit de l'Internet*, Montchrestien / Lextenso éd., coll. cours LMD, Paris, 2010.
- CATALA P., *Des transformations du droit par l'informatique. Émergence du droit de l'informatique,* éd. de Parques, 1983.
- CATTAN J., *Le Droit de l'Accès aux Communications électroniques,* PUAM, coll. Droit de l'information et de la communication, Univ. d'Aix-Marseille, Aix-en-Provence, 2015.
- CHOMARAT L., *La Publicité,* PUF, 1re éd., coll. « Que sais-je ? », Paris, 2013.
- COHEN E., *Le Colbertisme « high-tech ». Économie des Télécoms et du Grand Projet,* Hachette, coll. Pluriel, 1992.
- CONSEIL D'ÉTAT, *La France dans la transformation numérique : quelle protection des droits fondamentaux ?,* un colloque organisé par le Conseil d'État le 6 février 2015, La documentation française, n°16, Paris, 2016.
- CONSEIL D'ÉTAT, *Le Numérique et les droits fondamentaux,* La documentation française, Étude du Conseil, Paris, 2014.
- COSER (de) T., DEMOULIN M., JACQUEMIN H., MONTÉRO É., VANDERCAMMEN M. et VERBIEST T., *Les pratiques du Commerce électronique*, n°30, Cahiers du Centre de Recherches, Coll. Informatique et Droit, Bruylant, Bruxelles, 2007.

- CROCQ I., *Régulation et réglementation dans les télécommunications*, Economica, coll. Nouvelles technologies de l'information et de la communication, Paris, 2004.
- CURIEN N. et MAXWELL W., *La Neutralité d'Internet,* La découverte, repères, 2011.
- DEBET A., MASSOT J. et METALLINOS N., *Informatique et Libertés, la Protection des Données à caractère personnel en Droit français et européen*, éd. Lextenso, coll. les intégrales, n°10, Issy-les-Moulineaux, 2015.
- DECHAMPS F. et LAMBILOT C., *Cybercriminalité, État des lieux*, Anthemis, Belgique, 2016.
- DELPRAT L. et HALPERN C., *Communication et Internet : pouvoirs et droits*, éd. Vuibert, coll. lire agir, Paris, 2007.
- DÉRIEUX E. et A. GRANCHET, *Droit de la Communication, Lois et Règlements,* Hors-série 2014, 35e année, Legipresse, Coll. L'actualité du droit des médias et de la communication, Paris, 2014.
- DÉRIEUX E., *Le Droit des Médias*, Dalloz, coll. Connaissance du droit, 5e éd., Paris, 2013.
- DOCQUIR P.-F.et HANOT M., *Nouveaux écrans, nouvelles régulations*, Larcier, Coll. Droit des technologies, Bruxelles, 2013.
- DONDERO B., *Droit 2.0, Apprendre et Pratiquer le Droit au XXIe siècle,* LGDJ., Lextenso-édition, Paris, 2015.
- EL ZEIN W., *Les Aspects juridiques de la Libéralisation des Télécommunications (étude comparée)*, LDGJ / éd. Alpha, Paris, 2012.
- EYNARD J., *Les Données personnelles, Quelle définition pour un régime de protection efficace ?* Michalon, Paris, 2013.
- FAUCHOUX V., P. DEPREZ et J.-L. BRUGUIÈRE, *Le Droit de l'Internet : Lois, Contrats et Usages*, 2e éd., LexisNexis, coll. Communications et commerce électronique, Paris, 2013.
- FELCOURT (DE) G., *L'Usurpation d'identité ou l'art de la fraude sur les données personnelles,* CNRS éd., Paris, 2011.
- FÉRAL-SCHUHL C., *Cyberdroit, le droit à l'épreuve de l'Internet*, 6è éd., Dalloz, Paris, 2011-2012.
- FILIOL E. et RICHARD P., *Cyber criminalité, Enquêtes sur les mafias qui envahissent le web,* DUNOD, Paris, 2006.
- FRISON-ROCHE M.-A. (sous dir.), *Internet, Espace d'Interrégulation*, coll. « the journal of regulation », Dalloz, 2016.
- FRISON-ROCHE M.-A. (sous la dir.), *Les régulations économiques, légitimité et efficacité,* Vol. n°1, Dalloz, coll. Thèmes et commentaires, Droit et économie de la régulation, Paris.
- FRISON-ROCHE M.-A., *Les 100 Mots de la Régulation,* 1re éd., PUF, coll. « Que sais-je ? », Paris, 2011.
- GABAS J.-J., *La société numérique et le développement en Afrique, usages et politiques publiques,* éd. Karthala, Paris, 2004.
- GAUTRAIS V., *L'Encadrement juridique du Contrat électronique* international, Montréal, 1998.
- GELIN R. et GUILHEM O., *Le Robot est-il l'avenir de l'Homme ?*La documentation française, coll. « doc' en poche place au débat », Paris, 2016.

- GILLE L. (sous la dir.), *Les dilemmes de l'économie numérique, la transformation des économies sous l'influence de l'innovation,* éd.fyp, coll. Innovation, Paris, 2009.
- GREFFE X. et SONAC N., *Culture Web*, Dalloz, Paris.
- GRYNBAUM L., LE GOFFIC C. et MONET-HAIDARA L., *Droits des Activités numériques*, Dalloz, coll. précis, Paris, 2014.
- GUALINO J., *Dictionnaire pratique, Informatique, Internet et nouvelles Technologies de l'Information et de la Communication*, Gualino éditeur, Paris, 2006.
- HALLOUIN J.-C. et CAUSSE H., *Le Contrat électronique au cœur du Commerce électronique – Le Droit de la Distribution, Droit commun ou Droit spécial ?* LGDJ, coll. Faculté de Droit et de sciences sociales, Poitiers, France, 2005.
- HOLLANDE A. et LINANT DE BELLEFONDS X., *Pratique du Droit de l'Informatique et de l'Internet*, 6è éd., Delmas, Paris, 2008, n°1302- 1319.
- HUET J. et DREYER E., *Droit de la Communication numérique*, LGDJ, Paris 2011.
- ITEANU O., *L'identité numérique en question,* Eyrolles, Paris, 2008.
- ITEANU O., *Quand le Digital défie l'État de droit*, Eyrolles, 2016, Paris.
- IVAN DU ROY, *Orange stressé, le Management par le stress,* Le nouvel observateur, Paris, 2009.
- KEMPF O., *Introduction à la Cyberstratégie*, 2è éd., coll. « Cyberstratégie », Economica, Paris, 2015.
- KLOETZER H., *Introduction à l'Économie numérique,* éd. Hermès/Lavoisier, coll. Management et informatique, Paris, 2012.
- LAFFAIRE M.-L., *Protection des Données à caractère personnel, Tout sur la nouvelle Loi « Informatique et Libertés »,* éd. d'organisation, coll. Guide pratique, Paris, 2005.
- LAFFONT J.J. et TIROLE, *A theory of incentives in procurement and regulation,* Cambridge, MIT Press, 1993.
- LE MÉTAYER D. (éd), *Les Technologies de l'Information au service des droits : Opportunités, Défis, Limites,* éd. Bruylant, Cahiers du Centre de Recherches, Informatique et Droit, n°32, Bruxelles, 2010.
- LE TOURNEAU PH., *Contrats informatiques et électroniques*, 6è édition, Dalloz, Paris, 2011-2012.
- LEONETTI X., *Guide de Cybersécurité, Droit, Méthodes et bonnes Pratiques,* L'Harmattan, Paris, 2015.
- LINANT DE BELLEFONDS X., *Le Droit du Commerce électronique*, 1re éd., « Que sais-je ? », PUF, Paris, 2005.
- LORVO F., *Numérique : de la Révolution au naufrage ?* éd. Fauves, Paris, 2016.
- LUCAS A., *Droit d'auteur et numérique,* Droit@Litec, 1998, n°5.
- MANARA C., *Droit du commerce électronique,* LGDJ, Lextenso éditions, coll. systèmes Droit, Paris, 2013.
- MAS F., *La conclusion des contrats du commerce électronique*, LGDJ, Bibliothèque de droit privé, t.437, Paris, 2005.
- MATTHIEU, *Les services bancaires et financiers en ligne,* Revue Banque Edition, coll. « Droit Fiscalité », 2005, cité par C. FÉRAL-SCHUHL, *Cyberdroit, Le droit à l'épreuve de l'Internet*, 6è éd. (2011-2012), Dalloz, Paris, 2010.
- MBAUNEWA NKIERI A., *Droit congolais des télécommunications, État des lieux, Analyse critique et comparative,* Juricongo, Kinshasa, 2012.

- MONTÉRO E., « La publicité sur Internet », in COSTER (de) T., DEMOULIN M., JACQUEMIN H., MONTÉRO E., VANDERCAMMEN M. et VERBIEST T., *Les pratiques du commerce électronique,* Cahiers du Centre de Recherche Informatique et Droit, Bruylant, Bruxelles, 2007.
- MUSSO P., *Les Télécommunications*, éd. La Découverte, Coll. Repères Économie, Paris, 2008.
- NDUKUMA ADJAYI K., *Cyberdroit Télécom, Internet, Contrats de e-commerce, une contribution au Droit congolais,* Presses Universitaires du Congo (PUC), Kinshasa, 2009.
- NIHOUL V. P., *Droit européen des télécommunications. L'organisation des marchés,* Bruxelles, Larcier, 1999, p. 31.
- OUATTARA A., *La Preuve électronique. Etude de Droit comparé Afrique, Europe, Canada,* préface Jacques Mestre, vol. II, coll. Horizons juridiques africains, Univ. Paul Cézanne Aix-Marseille III, Faculté de droit et de sc. Po., PUAM, Aix en Provence, 2011.
- PAILLIER L., *Les Réseaux sociaux sur Internet et le Droit au respect de la Vie privée,* Larcier, coll. "droit des technologies", Bruxelles, 2012.
- PERRIAULT J., *Mémoires de l'Ombre et du Son, Une Archéologie de l'audiovisuel*, Paris, Flammarion, 1981.
- PIETTE-COUDOL TH., *Les Objets connectés, Sécurité juridique et technique,* Lexis/Nexis, Coll. Actualités, Paris, 2015.
- POPOVIC D., *Le Droit communautaire de la Concurrence et des Communications électroniques*, LGDJ, Paris, 2009.
- QUÉMÉNER M. et Y. CHARPENEL, *Cybercriminalité-Droit pénal appliqué,* Economica, coll. pratique du droit, Paris, 2010.
- QUÉMÉNER M., *Criminalité économique et financière à l'ère numérique,* Economica, coll. pratique du droit, Paris, 2015.
- QUÉMÉNER M., *Cybercriminalité, Défi mondial,* Economica, Paris, 2009.
- QUÉMÉNER M., *Cybersociété entre espoirs et risques*, L'Harmattan, Coll. Justice et démocratie, Paris, 2013.
- RABAGNY-LAGOA A., *Droit du Commerce électronique*, Ellipses, Paris, 2011.
- RIEFFEL R., *Révolution numérique, Révolution culturelle ?,* Gallimard, Paris, 2014.
- RIFKIN J., *La nouvelle Société du coût marginal zéro : l'Internet des objets, l'émergence des communaux collaboratifs et l'éclipse du capitalisme*, éd. Les liens qui libèrent (LLL), 2014.
- RIFKIN J., *La troisième Révolution industrielle, Comment le pouvoir latéral va transformer l'énergie, l'économie et le monde*, éd. Les liens qui libèrent (LLL), 2012.
- ROCHFELD J. (sous la dir.), *L'acquis communautaire, le Contrat électronique,* Economica, coll. Études juridiques, n°34, Paris, 2010.
- ROCHFELD J. (sous la dir.), *Les nouveaux défis du commerce électronique,* Economica, coll. Études juridiques, n°34, Paris, 2010.
- ROQUES-BONNET M., *Le Droit peut-il ignorer la Révolution numérique ?,* éd. Michalon, Paris, 2010.
- SCHAEFER V. et CROSNER H. (dir.), *La Neutralité de l'Internet un enjeu de communication,* CNRS éditions, coll. Les essentiels d'Hermès, Paris, 2011.
- SCHERER E., *La Révolution numérique, glossaire*, Paris, Dalloz, 2009.
- STORRER P., *Droit de la Monnaie électronique,* RB édition, Paris, 2014.

- TARDIEU CH., *Internet et Libertés*, CNRS éd., Paris, 2010.
- VERBIEST T., *Le nouveau Droit du Commerce électronique : la Loi pour la confiance dans l'économie numérique et la protection du cyberconsommateur*, LGDJ / Larcier, coll. droit des technologies, Bruxelles 2005.
- VIVANT M., LE STANC C. et AL., *Droit de l'information et des réseaux, informatique, multimédia, réseaux, Internet*, éd. 2002, Lamy, Paris, 2002, n°2951.
- VIVANT M., *Les Contrats du Commerce électronique : Conception, Construction, Rédaction,* Litec, coll. Approfondir-Droit@Litec, Préface de Francis Lorentz, Paris, 1999.
- WU T., *The Master Switch, The Rise and Fall of Information Empires,* New York, Knopf Publishing Group, 2010.

3) Ouvrages collectifs ou mélanges (à partir des intitulés d'articles spécifiques pour certains)

- BUSSEUIL G., « La phase précontractuelle – La formation du contrat électronique », in ROCHFELD J. (sous la dir.), *L'acquis communautaire, le contrat électronique,* Economica, coll. Études juridiques, n°34, Paris, 2010.
- CABRILLAC R. (sous la dir.), *Dictionnaire du vocabulaire juridique 2015*, LexisNexis, Paris.
- CHAPPEZ J., LAIDIE Y., SIMON G., « Mondialisation et services juridiques », in LOQUIN E. et KASSEDJAN C. (sous la dir.), *La Mondialisation du droit,* éd. Litec, Paris, 2000.
- CHATRY S., « La perspective d'une régulation participative », in M.-A. FRISON ROCHE (sous la dir.), *Internet, Espace d'interrégulation*, Dalloz, Paris, 2016.
- CHATRY S. (sous la dir.), *La régulation d'Internet, regards croisés de droit de la concurrence et de droit de la propriété intellectuelle, (Actes de colloque),* coll. droit privé & sciences criminelles, éd. Mare& martin, Nantes, 2015.
- CHEVALLIER J., « Droit et action publique », in *Le Droit figure du politique, Mélanges en l'honneur de Michel Miaille*, Faculté de droit de Montpellier, 2008, vol. 2.
- CHEVALLIER J., « La politique française de modernisation administrative », *L'État de droit, Mél. G. Braibant*, 1996.
- CLÉMENT-FONTAINE M., « De la contrainte à la coopération : l'évolution du régime de la responsabilité des intermédiaires techniques », in BÉHAR-TOUCHAIS M. (sous la dir.), *L'effectivité du droit face à la puissance des géants de l'Internet*, Actes des journées du 14, 15 et 16 octobre 2014, vol.1, IRJS éd., Paris, 2015.
- CONTIS N., « Présentation critique de la loi du 12 mai 2010 ouvrant à la concurrence le secteur des jeux et paris sportifs en ligne », in JULIA G. (sous dir.), *Jeu, Argent et Droit,* coll. Actes, IRDA, Dalloz, Paris, 2013.
- CULOT M., « Télévision connectée : un débat enrichi par l'approche des usages », in P.-F. DOCQUIR et M. HANOT, *Nouveaux écrans, nouvelles régulations*, Larcier, Coll. « droit des technologies », Bruxelles, 2013.
- CURIEN N., « La régulation réflexive à travers le miroir de la transition numérique », in FRISON ROCHE M.-A. (sous la dir.), *Internet, Espace d'interrégulation*, Dalloz, Paris, 2016.

- DALLE M., « Réflexions sur l'éducation des internautes au respect du droit d'auteur », *in* NETTER E. et CHAIGNEAU A. (sous la dir.), CASTETS-RENARD C., CATTAN J. *et al, Les Biens numériques,* Ceprisca, Coll. Colloques, diffusion PUF, Amiens, 2014.
- DEHOUSSE F. et HAVELANGE F., « Aspects audiovisuels des accords du GATT : exception ou spécificité culturelle », in DOUTRELEPONT C. (dir.), *L'Europe et les enjeux du GATT dans le domaine de l'audiovisuel,* Bruylant, 1994.
- DOCQUIR P.-F. et HANOT M. (sous la dir.), *Nouveaux écrans, nouvelles régulations ?*, Larcier, Coll. « droit des technologies », Bruxelles, 2013.
- DO-NASCIMENTO J., « La déréglementation du marché africain des télécommunications », in GABAS J.-J. (sous la dir.), *Société numérique et développement de l'Afrique, usage et politiques publiques,* éd. Karthala, Paris, 2004.
- DOUZET F., « Chine, États-Unis : la course aux cyberarmes a commencé », in RAUFER X. (sous la coord.), *La première cyber-guerre mondiale ?*éd. MA, Paris, 2015.
- DUREZ C., « Les mille visages du jeu », in JULIA G. (sous dir.), *Jeu, Argent et Droit,* Coll. Actes, IRDA, Dalloz, Paris, 2013.
- EKAMBO J.-C. (sous la dir.), *L'internet et la RDC – Technologies – Appropriations – Société,* Université Catholique au Congo, CEDESURK, Doc.048/09, Kinshasa, 2009.
- FALLON M., « Variations sur le principe d'origine entre le droit communautaire et droit international privé », *Nouveaux itinéraires du droit, Mélanges en l'honneur de François Rigaux,* Bruxelles, Bruylant, 1993, p.189.
- FERRIER, « Le droit de la consommation, élément d'un droit civil professionnel », *Mélanges Calais-Auloy,* Dalloz, Paris, 2004.
- FILIGA-MICHEL SAWADOGO, POUGOUÉ P.-G. et ISSA-SAYEGH J. (Sous la coord.), *OHADA Traités et Actes uniformes commentés et annotés*, Juriscope, Futuroscope Cedex (France), 2008.
- FRISON ROCHE M.-A., « L'hypothèse de l'interrégulation », in *Les risques de la régulation,* t. III, Paris, Dalloz / Presse de Science po, coll. Droit et Économie de la régulation, 2005.
- FRISON ROCHE M.-A., « Les besoins d'interrégulation engendrés par Internet. Propos introductifs », in M.-A. FRISON ROCHE (sous la dir.), *Internet, Espace d'interrégulation,* Dalloz, Paris, 2016.
- GARNIER Y. et VINCIGUERRA M. (sous la dir.), *Le petit Larousse illustré,* éd. Larousse, Paris, 2004.
- GILLES W. et BOUHADANA I., « Cyberespace, cybercriminalité et libertés », in GILLES W. et BOUHADANA I. (sous la dir), *Cybercriminalité, cybermenaces et cyberfraudes,* éd. IMODEV, Paris, 2012.
- GILLES W., « Démocratie et données publiques : à l'ère des gouvernements ouverts pour un nouveau contrat de société ? », in BOUHADANA I. et GILLES W. (sous la dir.), *Droit et gouvernance des données publiques et privées à l'ère numérique*, éd. IMODEV, Paris 2015.
- GRYNBAUM L., « Les services financiers à distance par voie électronique », in ROCHFELD J. (sous la dir.), *L'acquis communautaire, le contrat électronique,* Economica, coll. Études juridiques, n°34, Paris, 2010.

- Grzegorczyk C., « Trois modèles de l'homme juridique », *L'image de l'homme en droit,* Mélanges publiés à l'occasion du centenaire de l'Université de Fribourg, éd. Univ. De Fribourg, Suisse.
- Guillaume M., *Où vont les autoroutes de l'information ?*cité par Capitant H. (Travaux de l'Association), *Droit privé. Le contrat électronique,* éd. Panthéon Assas, Journées nationales, T.V, Toulouse, 2000.
- Guillien R. et Vincent J. (*sous la dir.*), *Lexique des termes juridiques,* 17e éd., Dalloz, Paris, 2010.
- Hanot M., Païman S. et Straetmans V., « La compétence matérielle à l'épreuve juridique de la réalité des modèles audiovisuels et des pratiques régulatoires », in *Auteurs et Médias*, n°6 : *Les nouvelles frontières de la radiodiffusion*, 2007.
- Huyghe F.-B., Kempf O. et Mazzucchi N., *Gagner les cyberconflits au-delà du technique*, Economica, Paris, 2015. X. Raufer (sous la coord.), *La première Cyber-guerre mondiales ?*éd. MA, Paris, 2015.
- Jaffre B., « Bilan des privatisations des télécoms africains », in Gabas J.-J. (sous la dir.), *Société numérique et développement de l'Afrique, usage et politiques publiques,* éd. Karthala, Paris, 2004.
- Jeuge-Maynart I. (sous la dir.), *Le Petit Larousse illustré 2017*, Larousse, Paris, 2016.
- Jeunehomme M., « L'industrie innovante dans le secteur de l'e-santé face aux défis des régulations », in M.-A. Frison Roche (sous la dir.), *Internet, Espace d'interrégulation*, Dalloz, Paris, 2016.
- Jost F., « Où va la TV, De l'influence de la TV numérique sur les programmes et la programmation », in Delavaud G. (sous la dir.), *Permanence de la TV,* Paris, édition Apogée, 2011, cité par Docquir P.-F. et Hanot M., *Nouveaux écrans, nouvelles régulations*, Larcier, Coll. « droit des technologies », Bruxelles, 2013.
- Juilia G. (sous la dir.), *Jeu, Argent et Droit,* Coll. Actes, IRDA, Dalloz, Paris, 2013.
- Kitumu B.-B., « Grandes dates de l'Internet », in Ekambo J.-C. D. et Lino Pungi J., *L'Internet et la R.D.C. Technologies – Appropriations – Société,* Cedesurk, UCC/Fac.des Com. Sociales, Kin, 2009.
- Lambertine (de) (sous la dir.), *La Vente par voie télématique. Rapport intérimaire,* CNRS, Ivry, 1988.
- Larouche P., « Telecommunications », in Geradin D. (dir.), *The liberalization of state monopolies in the European Union and beyond,* La Haye, Kluwer Law International, 2000.
- Limnéll J., « Le cyber change-t-il l'art de la guerre », in Raufer X. (sous la coord.), La première cyber-guerre mondiale?, MA éditions, Paris, 2015.
- Manara C. (sous la dir.), *Réseaux sociaux : 100 questions juridiques à l'initiative de l'ADIJ*, 2e éd, diateino, coll. « questions », Paris, 2013.
- Marino L. et Perray R., « Les nouveaux défis du droit des personnes : la marchandisation des données personnelles », in Rochfeld J. *(dir.)*, *Les nouveaux défis du commerce électronique*, LGDJ, Lextenso éd., 2010.
- Marino L., « La protection des données personnelles et le contrat électronique », in Rochfeld J. (sous la dir.), *L'acquis communautaire, le contrat électronique,* Economica, coll. Études juridiques, n°34, Paris, 2010.

- MATHIEU-IZORCHE, « Un Code de consommation écrit à quatre mains, rencontre onirique entre deux amis », *Mélanges Calais-Auloy*, Dalloz, 2004.
- *Mélanges Calais-Auloy,* Dalloz, Paris, 2004.
- MOULIN J.-M., « Rapport introductif », in CHATRY S. (sous la dir.), *La régulation d'Internet, Regards croisés de Droit de la concurrence et de Droit de la propriété intellectuelle,* Actes de colloque, éd. Mare& martin, coll. droit privé et criminel, Paris, 2015.
- MÜLLER S., « Chapitre 7 Convergence of Regulation: Audiovisual Media Services, Internet and Regulation », in P-F. DOCQUIR et M. HANOT (sous dir.), *Nouveaux écrans, nouvelle régulation ?,* Larcier, coll. Droit des technologies, Bruxelles, 2013.
- PAPIN D. (sous.la coord.), « Géopolitique du cyberespace », *50 fiches pour comprendre la géopolitique,* Boréale, Paris.
- PARACHKEVOVA I. et TELLER M., « L'ubérisation du droit », in DALLOZ M. (sous dir.), *Variations juridiques et sociologiques regards experts sur des grandes mutations du droit,* L'Harmattan, Paris, 2016.
- PELLET A., « Le bon droit et l'ivraie – Plaidoyer pour l'ivraie (Remarques sur quelques problèmes de méthode en droit international du développement) », in *Le droit des peuples à disposer d'eux-mêmes : méthodes d'analyse du droit international. Mélanges offerts à Charles Chaumont*, Paris, A. Péroné, 1984.
- PÉNARD T. et THIRON N., « La régulation dans les télécommunications : une approche croisée de l'économie et du droit », in THIRON N. (sous la dir.), *Libéralisations, privatisations, régulations, aspects juridiques et économiques des régulations sectorielles,* Larcier, Bruxelles, 2007.
- PÉNARD T. et THIRON N., « La régulation dans les télécommunications : une approche croisée de l'économie et du droit », in THIRON N. (sous la dir.), C. CHAMPA ÛD, et AL., *Libéralisations, privatisations, régulations, aspects juridiques et économiques des régulations sectorielles,* Larcier, Bruxelles, 2007.
- PENNEAU A., « La forme et la preuve du contrat électronique », in ROCHFELD J. (sous la dir.), *L'acquis communautaire, le contrat électronique,* Economica, coll. Études juridiques, n°34, Paris, 2010.
- PHILIPPE D.-M., « Le contrat de prestations de services : tentatives de définition, perspectives de réglementation », in L'AFFINEUR J. (éd.), *Les prestations de services et le consommateur*, Bruxelles, E. Story Scient, 1990.
- PICCIO C. et MOURON PH. (sous la dir.), *L'ordre public numérique, Libertés, Propriété, Identités,* PUAM, coll. Inter-normes, Aix-en-Provence, 2015.
- PIRONON V., « Les nouveaux défis du droit international privé : site actif, site passif, activité dirigée », in ROCHFELD J. (sous la dir.), *Les nouveaux défis du commerce électronique,* LGDJ, Lextenso éd., 2010.
- POILLOT E., « L'exécution du contrat électronique », in ROCHFELD J. (sous la dir.), *L'acquis communautaire, le contrat électronique,* Economica, coll. Études juridiques, n°34, Paris, 2010.
- POILLOT PERUZZETTO S., « La loi applicable au contrat électronique », in CAPITANT H. (Travaux de l'Association), *Droit privé. Le contrat électronique,* éd. Panthéon Assas, Journées nationales, T.V, Toulouse, 2000.
- QUÉMÉNER M., « Le magistrat, régulateur ponctuel, régulateur final », *in* FRISON ROCHE M.-A. (sous la dir.), *Internet, Espace d'interrégulation*, Dalloz, Paris, 2016.

- RAYNARD J. *(sous la dir.), Les premières journées internationales du droit du commerce électronique, Actes du colloque de Nice des 23,24 et 25 octobre 2000 organisé par le Département Sciences Juridiques de l'EDHEC et école du Droit de l'Entreprise de la Faculté de Droit de l'Université de Montpellier sous la responsabilité scientifique de* CAPRIOLI *E. A.*, Litec, Paris, 2002.
- RAYNOUARD A., « La formation du contrat électronique », in CAPITANT H. (travaux de l'Association), *Droit privé. Le contrat électronique,* éd. Panthéon Assas, Journées nationales, T.V, Toulouse, 2000.
- REY A. et *al, Le Petit Robert de la langue française,* 2017.
- ROCHFELD J., « La définition du contrat électronique », in ROCHFELD J. (sous la dir.), *L'acquis communautaire, le contrat électronique,* Economica, coll. Études juridiques, n°34, Paris, 2010.
- ROCHFELD J., « Les géants d'internet et l'exploitation des données personnelles : l'activation du droit « à l'oubli » numérique à l'égard des moteurs de recherche », in BÉHAR-TOUCHAIS M., *L'effectivité du droit face à la puissance des géants de l'Internet*, Actes des journées du 14, 15 et 16 octobre 2014, vol.1, IRJS éd., Paris, 2015.
- ROCHFELD J., « les nouveaux défis du droit des contrats : l'efficacité de la lutte contre les pratiques commerciales déloyales de l'Internet », in ROCHFELDJ., *L'acquis communautaire, le contrat électronique,* Economica, coll. Études juridiques, n°34, Paris, 2010.
- SAINT PULGENT (DE) M., « Les besoins d'interrégulation engendrés par Internet. Propos introductifs », in FRISON ROCHE M.-A. (sous la dir.), *Internet, Espace d'interrégulation,* Dalloz, Paris, 2016.
- SALGUES B., « Premier bilan et impasses procédurales du SMSI, vers de nouvelles pistes d'usage des TIC », chap.2, in MATHIEN M. (sous la dir.), *Le Sommet mondial sur la société de l'information et « après » ? Perspectives sur la cité globale*, Bruylant, Coll. Médias, Sociétés et Relations Internationales, Bruxelles, 2007.
- SONNAC N., « Marchés convergents, intérêts économiques divergents ? Le secteur audiovisuel », in P-F DOCQUIR et M. HANOT, *Nouveaux écrans, nouvelles régulations ?* Larcier, Coll. « droit des technologies », Bruxelles, 2013.
- SOUZA (de) L. et LATREILLE A., « Les nouveaux défis du droit de la propriété intellectuelle : l'usage des signes distinctifs et les communications électroniques », in ROCHFELD J., *(dir.), Les nouveaux défis du commerce électronique*, LGDJ, Lextenso éd., 2010.
- STORSUL T. et STUEDAHL D. (sous la dir.), *Ambivalence towards convergence. Digitalization and Media Change,* Göteborg, Nordicom, 2007.
- SURUN I. (sous la dir.), *Les sociétés coloniales à l'âge des empires (1850-1960),* Neuilly-sur-Seine, Atlande, 2012.
- THIRION N. (sous la dir.), CHAMPAUD C., DANET D., LE FLOCH P., LE GALL P., MARTIN F., MONTELS B., PENARD T. et STEPHANTA P., *Libéralisations, privatisations, régulations, aspects juridiques et économiques des régulations sectorielles,* Larcier, Bruxelles, 2007.
- THONON M., « Libération des contenus. La carte postale, le téléphone, la télévision », in DELAVAUD G. (sous la dir.), *Nouveaux médias, nouveaux contenus,* Paris, éditions Apogée, 2009.
- TRUDEL P., « La *lex electronica », in* MORAND A. CH. (dir.), *Le Droit saisi par la mondialisation,* Bruylant, Bruxelles, 2001.

- TURGIS S. « Les valeurs de l'Europe appliquées à Internet », in BLANDIN-OBERNESSER A. (sous la dir.), *Droits et souveraineté numérique en Europe,* 1re éd., Bruylant, Bruxelles, 2016.
- UNIVERSITÉ PROTESTANTE AU CONGO, *Le Droit aux prises aux réalités socioculturelles, Actes des Journées scientifiques organisées par la Faculté de Droit du 25 au 26 février 1997,* éd. UPC/CEDI, Kinshasa (RDC).
- USUNIER L., « La loi applicable au contrat électronique », in ROCHFELD J. (sous la dir.), *L'acquis communautaire, le contrat électronique,* Economica, coll. Études juridiques, n°34, Paris, 2010.
- VILLIERS (de) M. et BERRANGER (de) T. (sous la dir.), *Droit public général, institutions politiques, administratives et européennes, droit administratif, finances publiques et droit fiscal,* LexisNexis, Coll. Manuel, Paris, 2015.
- VILOTTE J.-F., « Les régulations sectorielles de l'Internent ne doivent se distinguer de la régulation des réseaux physiques de distribution que si et seulement si la continuité de l'application du Droit le justifie » in M.-A. FRISON-ROCHE, *Internet, espace d'interrégulation,* coll. « the journal of regulation », Dalloz, 2016.
- VIVANT M. (sous la dir.), « À propos du droit des télécommunications », *RLDIR,* 2004, p. 849.
- WAELBROECK P., « Le commerce électronique de produits culturels : enjeux informationnels » [in GREFFE X. et SONAC N.]
- WEISS M., « Les biens virtuels dans les mondes numériques », in MOURON P. et RICCIO C. (sous la dir.), *L'ordre public numérique : Libertés, Propriétés, Identités,* coll. Inter-normes, PUAM, Aix-en-Provence, 2015.

4) Thèses, cours et mémoires

a) Thèses de doctorat d'universités

- BERTHOU R., *L'évolution de la création du droit engendrée par Internet : vers un rôle de guide structurel pour l'ordre juridique européen,* Thèse, Rennes I, 2004.
- HONDE J. T., *Service public et efficacité ; la Réforme des Télécommunications en France,* Thèse de doctorat en droit public sous la dir. du Prof Roland Drago, Université Panthéon Assas, Paris, soutenue en mai 1993.
- KABRÉ W. D., *La conclusion des contrats électroniques,* Th. Doct. en Droit privé, Univ. de Namur, Belgique, 2012.
- MAÏGA S. A., *Le contrat conclu par Internet et la protection des consommateurs,* Thèse de doctorat en Droit présentée et soutenue publiquement devant le jury le 19 décembre 2008, Université Paris II Panthéon-Assas, sous la dir. Prof. Denis Mazeaud, Paris, 2008.
- NDUKUMA ADJAYI K., *Le Droit de l'économie numérique en République démocratique du Congo à la lumière des expériences européennes, françaises,* Th. Doct droit comparé, sous dir. M. William Gilles, Univ. Paris I Panthéon Sorbonne, 17 novembre 2017 (2016-2017).
- SHUTOVA N., *Monopole naturel, Marchés bifaces, différenciation tarifaire : trois essais sur la régulation de télécommunications*, th. Doct., sous la dir. M. Laurent Benzoni, Université Panthéon-Assas, Paris, 24 septembre 2013.

b) Cours d'enseignement universitaire

- CISSÉ A., *Objet du Droit du cyberespace,* Cours de Master 2 Pro, Université Gaston Berger, Saint-Louis/Sénégal, 2005-2006 [inédit]
- KALONGO MBIKAYI, *Droit civil des obligations*, cours, UNIKIN/UPC, Kin, Juin, 2003, p. 45.
- MUSSA T., *Transactions et commerce électroniques, Preuve (par écrit) et signature électronique,* Première partie, Cours, Master en Droit du cyberespace africain, 2006-2007.
- SAKHO A., *Régulation des Télécoms*, M4a1 : notes polycopiées de cours de droit du cyberespace africain, Université Gaston Berger, Saint-Louis (Sénégal), 13 juillet 2006.

c) Mémoires de recherche et de professionnalisation

- BUSHABU WOTO L., *De la mise en œuvre de la régulation des télécommunications en droit congolais (RDC),* Mémoire pour obtention de BADGE, Promo 2005, Télécom Paris Ecole nationale supérieure des télécoms (ENST)/Arcep Burkina-Faso/Institut de la Banque mondiale/ESMT Dakar, Ouagadougou, 2005.
- CARPENTIER M., *Télécommunications en Europe,* Bruxelles, CEE, 1998, cité par GILARDIN R., *La « libéralisation » des télécommunications en France (1981-1996),* Mémoire 4e année, Séminaire : Histoire de la France XXe siècle sous la dir. Gilles Richard, Science Pô, Rennes, 2009-2010.
- GASCOIN G., *Les casinos sur l'Internet,* Mémoire/DEA, sous dir. Prof. Jérôme Huet, Univ. Paris II, 2002-2003.
- GILARDIN R., *La « Libéralisation » des Télécommunications en France (1981-1996),* Mémoire 4e année, Séminaire : Histoire de la France XXe siècle sous la dir. Gilles Richard, Science Pô, Rennes, 2009-2010.
- MANIKUNDA MUSATA O., *La dynamique de la régulation des télécommunications en République Démocratique du Congo : de la synergie intra-sectorielle à l'interrégulation,* Badge régulation des télécoms promo 2005, Paris/ARTEL/ARCEP/FRATEL/ESMT/Word Bank Institute, mars 2006.
- MATOT C.-E., *Jeux, Service public et Puissance publique,* Mémoire de DEA, Droit public de l'économie, Univ. Paris II Panthéon-Assas, 1999-2000, cité par GASCOIN G., *Les casinos sur l'Internet,* Mémoire/DEA, sous dir. Prof. Jérôme Huet, Univ. Paris II, 2002-2003.
- ROCH GNAHOUI D., *Transactions et commerce électronique,* Cours de Master, 2e partie, Université Gaston Berger, 2006.
- SGARD Q., *Les nouveaux enjeux de la neutralité : du flux à la donnée*, Mémoire présenté dans le cadre du Master 2 Droit du numérique, Administration-Entreprises, sous la direction de M. Antonin Agier et M. William Gilles, Université Paris 1 - Panthéon Sorbonne, Juin 2016.

VII. ARTICLES

1) Articles généraux

- ALEMAGNA L., « Axelle Lemaire : "Pourquoi je quitte le gouvernement" », *Libération,* 27 février 2017.

- BAYONNA BA-MEYA, « La terminologie juridique à l'épreuve de la pratique légale, judiciaire et sociale au Zaïre », in Université Protestante au Congo, *le droit aux prises aux réalités socioculturelles, Actes des journées scientifiques organisées par la faculté de Droit du 25 au 26 février 1997,* éd. UPC/CEDI, Kinshasa (RDC).
- BÉHAR-TOUCHAIS M., « Abus de puissance économique et droit international privé », *RIDE,* Paris, 2010.
- BIOLAY J., « La nouvelle directive européenne relative aux pratiques déloyales : défense prioritaire du consommateur et pragmatisme », *Gazette du Palais*, 9 novembre 2005
- BLAISE J. B., « Influences croisées entre droits nationaux et droit communautaire de la concurrence : France », in *Droits nationaux, droit communautaire : influences croisées*, en hommage à Louis Dubois, La documentation française, coll. Monde européen et international, 2000.
- BOY L., « Réflexion sur le « droit de la régulation », in *R.I.D.E.*, n°37, 2001.
- CAFAGGI F., « Le rôle des acteurs privés dans les processus de régulation : participation, autorégulation et régulation privée », *RF adm. publ.,* n°109, janvier 2004.
- CASSADA D. et SADIN E., « Big Brother n'existe pas, il est partout », *Multitudes*, 2010/1/.
- CHABOT, *Revue Lamy Droit des affaires,* Paris, mars 2009.
- CHAMPAUD, « régulation et droit économique », *R.I.D.E.*, 2002.
- CHÉROT J.-J., « L'imprégnation du droit de la régulation par le droit communautaire », *Rencontres Petites affiches*, Paris, 6 fév.2002.
- CHEVALLIER J., « Le pouvoir du monopole et le droit administratif français », *RDP,* 1974.
- CHEVALLIER J., « Réflexion sur l'institution des autorités administratives indépendantes », *JCP,* 1996, n°3254.
- CHOURAQUI GH., « Les privatisations en Grande-Bretagne : les leçons d'une expérience », *Revue française d'économie,* vol. 4, n°2, Paris, 1989.
- DELMAS-MARTY M., « À l'heure de la mondialisation, nous avons besoin d'un droit flou », *Libération*, Interview par Robert Maggiori et Anastasia Vécrin, 23 septembre 2016.
- DÉNORD F., « "Néo-libéralisme" et "économie sociale de marché" : les origines intellectuelles de la politique européenne de la concurrence (1930-1950) », in *Histoire, économie et société*, n°1, 2008.
- DÉNORD F., KNAEBEL R., RIMBERT P., « L'ordolibéralisme allemand, cage de fer pour le vieux continent », *Le Monde diplomatique*, août 2015.
- ERHEL C., « Souveraineté et innovation : trouver l'équilibre », in BLANDIN-OBERNESSER A. (sous dir.), *Droits et souverainetés numériques en Europe,* Bruylant, Bruxelles.
- ÉPICURE, « Maximes », in GOLDSHMIDT V., *La Doctrine d'Épicure et le Droit,* éd. Vrin, 1977.
- FOYER J., « Le droit communautaire, Droit de professeur français ? », in *Rev.Hist. Fac. Drt.*, 1992, n°13.
- FREGOSI R., « Transition démocratique », version française de l'article en espagnol pour le *Diccionario de Ciencia Politica,* éd. Universidad de Concepción, Chili, 2012.

- GARDE A. et HARAVON M., « Pratiques commerciales déloyales », *LPA,* n°153, 2 août 2006.
- GHESTIN J. et MARKOVITS Y., « L'adaptation à la responsabilité des prestataires de services de la directive de la Communauté économique européenne du 25 juillet 1985 sur la responsabilité des produits défectueux », *R.E.D.C.*, 1989.
- GIRAUD A., « Les prémisses de la déréglementation », *Les cahiers de l'AHTI,* n°9, janvier 2008.
- GLAIS M., « Analyse économique de la définition du marché pertinent : son apport au droit de la concurrence », *Économie rurale*, 2003, n°27.
- GOLDMAN B., « Frontières du droit et *lex mercatoria* », *Arch. Philo. Dr*, 1964, vol. IX.
- GORE A., « Remarks as delivered to the superhighway Summit, Royce Hall », UCLA Los Angeles, California, 11 janvier 1994.
- HUET P., « Allocation et gestion des ressources rares », *L'actualité juridique, Droit administratif,* n°3, 20 mars 1997.
- IZRAELEWICZ E., « La grande entreprise face à l'État-nation », *Le monde*, 9 avril 1996.
- KAREL VON MIERT, « un entretien avec le Commissaire européen à la concurrence », *Le Monde, 20 décembre 1994.*
- LAGARDE P., « Le principe de proximité dans le droit international privé contemporain », *Recueil des cours de l'académie de droit international*, Tome 196 (1986-I).
- MANIN A., « Organisations internationales », *Répertoire international*, Dalloz, 1998.
- MARCOU G., « La notion juridique de la régulation », *AJDA*, 2006.
- MEKKI M.et GRIMALDI C., « Les clauses portant sur une obligation essentielle », *RDC*, 2008, n° 21.
- MONFRORT C., « Loyauté des pratiques commerciales : concurrents, agissez en cessation ! », *RLDA*, janv. 2008, n°23, Repères, n°1418.
- MONTANE DE LA ROQUE P., « Propositions pour un nouveau régime », *Écrits politiques et constitutionnels,* Toulouse, Presses de l'IEP de Toulouse, 1982.
- MUIR WATT H. et BUREAU D., « L'impérativité désactivée ? », *Revue critique 2009.*
- NÖLKENSMEIER H., « Influences croisés entre droits nationaux et droit communautaire de la concurrence : Allemagne », in *Droits nationaux, droit communautaire : influences croisées*, en hommage à Louis Dubois, La documentation française, coll. Monde européen et international, 2000.
- QUADRI R., « Le Droit international cosmique », *R.C.A.D.I.*, 1959/III, vol. 98.
- PAISANT, « Essai sur la notion de consommateur en droit positif », *JCP,* 1993. I. 3655.
- PLUCHART J.-J., « Vers un capitalisme post-moderne », in Magazine Panthéon Sorbonne, *L'Art et le temps,* n°20, Université Paris 1, janv.-mars 2017.
- POMPEY J., « Discussion avec Jane Ginsburg » [Interview], in PANTHÉON-SORBONNE, *Les défis scientifiques du tourisme*, Magazine de l'Université Paris 1, n°21, avril-juin 2017.
- PONTHOREAU M.-C., « Trois interprétations de la globalisation juridique. Approche critique des mutations du droit public », *AJDA*, 2006.
- RÉMY-CORLAY P., « La directive 2005/29/CE sur les pratiques déloyales, directive d'harmonisation maximale », *RTD civ.* 2005.

- REY F., « Livre vert, livre blanc, ça sert à quoi ? », *www.metiseurope.eu*, 1er mai 2007.
- SAMUELSON P.A., « The pure theory of public expenditures », *Review of Economics and Statistics,* vol.36, 1954.
- SANJUAN T., « En changeant la Chine nous change aussi », *Quand la Chine change le monde,* Panthéon Sorbonne magazine, n°17, Paris, mars-mai 2016.
- TIMSIT G., « La régulation, la notion et le phénomène. », *RF adm. publ.,* n°109, janvier 2004,
- WEIL P., « Vers une normativité relative en droit international ? », *RGDIP*, 1982, n°1.

2) Articles spécifiques

- AFP-JA, « Infographies : les derniers chiffres de Facebook pour l'Afrique subsaharienne », *Jeune Afrique*, 10-11 septembre 2015.
- AFTEL, *Internet, les enjeux pour la France,* cité par HUET J., *in «* Aspects juridiques du commerce électronique : approche internationale », *Les petites affiches,* 26 septembre 1997, n°116.
- AHOUTY C., « Le cadre juridique de prévention et de lutte contre la cybercriminalité en Afrique », *Conférence internationale sur le renforcement de la cybersécurité et de la cyberdéfense,* OIF, Grand Bassam (Côte d'Ivoire), 8-10 février 2016.
- ALINDAOU (Consulting international), *La révolution numérique en Afrique : le saut qualitatif pour fournir les biens et services*, Étude présentée au Forum Forbes Afrique, Brazzaville, juillet 2015.
- ALLEAUME C., « Chapitre IV : Les biens numériques (une notion au service du Droit)», in LE MÉTAYER D. (éd), *Les technologies de l'information au service des droits : opportunités, défis, limites,* Cahiers du Centre de Recherches, Informatique et Droit, n°32, éd. Bruylant, Bruxelles, 2010.
- ALLEN T. et WIDDISON R., « Can computers make contracts? », *Harvard Journal of Law and Technology,* 9-1, 1996.
- ANTOINE M., A. CRUCQUENAIRE, P. DE LOCHT, M. DEMOULIN, D. GOBERT, C. LAZARO, O. LEROUX et E. MONTÉRO, *Le commerce électronique européen sur les rails ? Analyse et propositions de mise en œuvre de la directive sur le commerce électronique*, Cahiers du Centre de Recherches Informatique et Droit, n°19, Bruylant, Bruxelles, 2001.
- BACON L., « France Télécom devient Orange, "une rupture avec l'histoire" », *Libération*, Reportage, 28 mai 2013.
- BAKER-CHISS C., « Le droit de rétractation du contrat électronique », in ROCHFELD J. (sous la dir.), *L'acquis communautaire, le contrat électronique,* Economica, coll. Études juridiques, n°34, Paris, 2010.
- BÉHAR-TOUCHAIS M., « Le droit de la responsabilité à l'épreuve des géants de l'Internet. Aspects de droit international privé », in BÉHAR-TOUCHAIS M. (sous la dir.), *L'effectivité du droit face à la puissance des géants de l'Internet*, Actes des journées du 14, 15 et 16 octobre 2014, vol.1, IRJS éd., Paris, 2015.
- BENHAMOU F., « L'irrésistible ascension de l'Internet », in Cahier français, *La société numérique,* n°372, La documentation française, Paris, janvier-février 2013.

- BENZONI L. et DUTRU P., « De l'accès aux infrastructures à l'accès aux moyens numériques : Nouvelles frontières pour la régulation des communications électroniques », in FRISON ROCHE M.-A. (sous la dir.), *Internet, Espace d'interrégulation*, Dalloz, Paris, 2016.
- BIHL L., « Vers un droit de la consommation », *Gaz. Pal.* 13-14 septembre 1974.
- BISMUTH R., « L'intervention régulatrice de l'État sur les flux transfrontaliers *via* Internet : un système de contrainte », in FRISON ROCHE M.-A. (sous la dir.), *Internet, Espace d'interrégulation*, Dalloz, Paris, 2016.
- BLANCHARD M., « La phase précontractuelle – La communication commerciale électronique », in ROCHFELD J. (sous la dir.), *L'acquis communautaire, le contrat électronique,* Economica, coll. Études juridiques, n°34, Paris, 2010
- BLOUD-REY C., « La régulation du secteur des jeux d'argent et de hasard sous le prisme des régulateurs belge et français » in JUILIA G. (sous la dir.), *Jeu, Argent et Droit,* Coll. Actes, IRDA, Dalloz, Paris, 2013.
- BOISNEAULT F. et KELLER J., « le "paquet télécoms" adopté par le parlement européen » [archives], *Juriscom*, 21 décembre 2009.
- BOUNIE D. et BOURREAU M., « Les marchés à deux versants dans les médias », in GREFFE X. et SONAC N., *Culture Web*, Dalloz, Paris.
- BOUVIER Y., « Construire l'Europe industrielle par les entreprises. La politique de concurrence et les fusions industrielles dans les télécommunications européennes dans les années 1980 », *Histoire, Économie et Société*, n°1, 2008.
- BOYLAUD O. et NICOLETTI G., « Le secteur des télécommunications : réglementation, structure du marché et pertinence », *Revue économique*, OCDE, 2001.
- BRENNAC E., « De l'État producteur à l'État régulateur, des cheminements nationaux différenciés. L'exemple des télécommunications », in B. JOBERT (dir.), *Le tournant néo-libéral en Europe,* L'Harmattan, 1994.
- BRENER S. W., « Cybercrime Metrics: Old Wine, New Bottles ? », *Virginia Journal of Law and Technology*, 2004,vol.9, n°1.
- CAPRIOLI É. A. et SORIEUL R., « Le commerce international électronique : vers l'émergence de règles juridiques transnationales », *JDI*, n°2, 1997.
- CAPRIOLI É., « Aperçu sur le droit du commerce électronique (international) », in *Souveraineté étatique et marchés internationaux à la fin du 20ème Siècle,* Travaux du CREDIMI, Dijon, 2000.
- CARLOS GAMBOA A., RON LAPORTE et SAUER F., « Réduire la fracture numérique », in PNUD, *Coopération Sud – Tous « Branchés » : les technologies de l'information et de la communication pour le développement, numéro un,* PNUD, New York, 2001.
- CARON F., « Internet, c'est la troisième révolution industrielle », *L'Express,* 27 avril 2000.
- CAUSSE H., « Le contrat électronique, technique du commerce électronique », in HALLOUIN J.-C. et CAUSSE H., *Le Contrat électronique au cœur du commerce électronique – Le droit de la distribution, droit commun ou droit spécial ?* LGDJ, Coll. Faculté de Droit et de sciences sociales, Poitiers, France, 2005.
- CHARBON P., « Genèse du vote de la loi de 1837, origine du monopole des télécommunications », in BERTHO-LAVENIR C. (sous la dir.), *L'État et les Télécommunications en France et à l'étranger 1837-1987, actes du colloque organisé à Paris les 3 et 4 nov. 1987 par l'École Pratique des Hautes Études et l'Université Paris V*, Librairie Droz, Genève, 1991.

- COUTINET N., « Les technologies numériques et leur impact sur l'économie », in Cahier Français, *La société numérique,* n°372, La documentation française, Paris, janvier-février 2013.
- « Dossier : Les objets connectés, nouvelle passion française », *Le Monde* 25 nov. 2014.
- « Droit de la preuve et signature électroniques », *JCP,* 2000, éd. G, n°11 (15 mars 2000), *Actualité*, p. 451.
- DARRIGRAND A., « La modernisation du service public : l'exemple des PTT 1990 – leçons d'une réforme », *Politiques et management public*, vol. 20, n°4, décembre 2002.
- DELMAS-MARTY M., « Le pluralisme ordonné et les interactions entre ensembles juridiques », conférence présentée le 26 janvier 2006, Université Bordeaux IV, sur l'invitation de Ponthoreau M.-C., en référence à DELMAS-MARTY M., *Les forces imaginantes du droit (II), Le pluralisme ordonné*, Seuil, 2006.
- *Droit de l'informatique et des télécoms, Computer & Telecoms law review,* Revue trimestrielle, avec la collab. de « EDIT », 16e année, Paris, 1999/1.
- FALQUE-PIERROTIN I., Présidente de la CNIL, « L'éducation au numérique, un défi majeur que nous devrons relever tous ensemble », *CCE*, n°3, Entretien, 2014.
- FÉRAL-SCHUHL C., « Préface », in QUÉMÉNER M., *Cybersociété entre espoirs et risques*, L'Harmattan, Coll. Justice et démocratie, Paris, 2013.
- FISCHER J., « Computers as agents: A proposal approach to revised U.C.C. article 2 », *Indiana Law Journal,* n°72, 1997.
- FRISON-ROCHE M.-A., « Le droit de la Régulation », *Recueil Dalloz,* 2001, n°7.
- FUENTES-CAMACHO T., « Introduction : l'UNESCO et le droit du cyberepace », *Les dimensions internationales du droit du cyberespace,* Economica / éd. UNESCO, Coll. droit du cyberespace.
- GHERNAOUTI S., « Les enjeux de la cybersécurité et de la cyberdéfense », *Conférence internationale sur le renforcement de la cybersécurité et de la cyberdéfense,* OIF, Grand Bassam (Côte d'Ivoire), 8-10 février 2016.
- GOBERT D. et MONTÉRO E., « La signature dans les contrats et les paiements électroniques : l'approche fonctionnelle », DA/OR, avril 2000, n°53.
- GOBERT, D. « La publicité sur Internet en pleine (r)évolution », *Ubiquité*, n°7, décembre 2000.
- GOMEZ J.-J., « Avant-propos », in ROZENFELD S. (sous dir.), *Les 50 décisions clés du droit de l'Internet,* éd. Celog, coll. Legalis, Paris, 2005.
- GORE A., « Informations superhighways speech », Sommet de l'Union internationale des télécommunications, Buenos Aires, 21 mars 1994.
- GRYNBAUM L., « LCEN : Une immunité relative des prestataires de services Internet », *CCE*, septembre 2004.
- GUERRIER C., « Droit et accords OMC dans le domaine des télécommunications : la problématique », *Droit de l'informatique et des télécoms,* revue trimestrielle, 16e année, 1991.
- GUILLAUME E., « Le service universel des communications électroniques », *Lamy, Droit des médias et de la communication,* Etudes 435, juin 2009, cité par CATTAN J., *Le droit de l'accès aux communications électroniques,* Coll. Droit de l'information et de la communication, Univ.d'Aix-Marseille, PUAM, Aix-en-Provence, 2015.

- HANOT M., « Introduction, Nouveaux écrans, nouvelles régulations ? Prendre le tempo et le temps de la mutation », in P-F DOCQUIR et M. HANOT, *Nouveaux écrans, nouvelles régulations*, Larcier, Coll. « droit des technologies », Bruxelles, 2013.
- HANOT M., « Nouveaux écrans, nouvelle régulation ? Prendre le tempo et le temps de la mutation », in DOCQUIR P.-F.et HANOT M., *Nouveaux écrans, nouvelles régulations*, Larcier, Coll. « droit des technologies », Bruxelles, 2013.
- HANOT M., « Prendre le temps et le temps de la mutation », Introduction et Chapitre 1, in DOCQUIR P-F. et HANOT M., *Nouveaux écrans, nouvelles régulations*, Larcier, Coll. « droit des technologies », Bruxelles, 2013.
- HARIVEL J., « Le Minitel, une exception française », *Revue de l'Institut du Monde et du Développement*, n°4, Les éditions IMODEV, Hiver, 2013, Paris.
- HEROLDE A., « Les aides publiques européennes au cinéma dans le cadre de l'OMC », IRIS Plus, *Observations de l'observatoire européen de l'audiovisuel,* éd. 2003-6.
- HOLSENDOLPH E., « U.S. settles phone suit, drop I.B.M. case ; A.T. &T. to split up », *New York Times,* 8-9 janvier 1982.
- HUET J., « Aspects juridiques du commerce électronique », *Les petites affiches,* n°16, Paris, 1997.
- HUET J., « La problématique juridique du commerce électronique », *RJC* 2001, n°1.
- INTVEN H., JEREMY O. et SEPULVEDA E., « Octroi des licences pour les services de télécommunications », in *Manuel de la réglementation des télécommunications,* Module 2, Infodev, Banque Mondiale.
- JAYAKARA K. P. et SAWHNEY H., *« Universal service : beyond established practice to possibility space », Telecommunication policy,* Vol. 28, 2004.
- KABEYATSHIKUKU A., « Résilience économique : qu'attendre des TIC ?*Revue économique de politique économique* : *Vulnérabilité économique et résilience,* vol. 1, n° 1, Kinshasa, Mars 2015.
- KONGO J., « Vol et diffusion des données numériques sur les réseaux sociaux, Me Kodjo : "la cybersécurité est la réponse à la cybercriminalité », *Le Pouvoir,* 8e année, n°295, 27-31 mars 2017, Kinshasa.
- LAFFAIRE M.-L., *Protection des données à caractère personnel, tout sur la nouvelle loi « informatique et libertés »,* éditions d'organisation, coll. « guide pratique », Paris, 2005.
- LARRIEU J., « L'internationalité de l'internet », *Revue Lamy Droit des affaires*, supplément, février 2002, n°46.
- LATTY F., « La diversité des sources du droit de l'internet », in Société française pour le droit international, *Internet et le droit international,* colloque de Rouen, Actes du 47e colloque du 30 mai au 1er juin 2013, éd. A. Pedone, Paris, 2014.
- LE CŒUR P., « Le gouvernement veut changer le statut de France Télécom dès cette année », *Le Monde,* 21 nov. 1996.
- LE GALL P., « Concurrence et régulation sur les marchés financiers », in N. THIRION (sous la dir.), C. CHAMPAUD, et AL., *Libéralisations, privatisations, régulations, aspects juridiques et économiques des régulations sectorielles,* Larcier, Bruxelles, 2007.
- LEMAIRE A. [Secrétaire d'État chargée du Numérique et de l'Innovation], « ce que la loi va changer », Dossier de presse, Loi pour une République numérique, Paris, 10 octobre 2016.

- LEROUX V., « Les foncements économiques de la monopolisation du réseau téléphonique », *L'État et les télécommunications en France et à l'étranger 1837-1987,* Droz, 1991.
- LOLIVIER M., « Préface », in VERBIEST T., *Le nouveau droit du commerce électronique, La loi pour la confiance dans l'économie numérique et la protection des consommateurs,* LGDJ / Larcier, Bruxelles, 2005.
- LONGWORTH E., « Opportunité d'un cadre juridique applicable au cyberespace – y compris dans une perspective néo-zélandaise », *Les dimensions internationales du droit du cyberespace,* Economica / éd. UNESCO, coll. droit du cyberespace, Paris, 2000.
- MALLET-POUJOL N., « Le droit de l'Internet à l'épreuve de la mondialisation », Cahier français, *La société numérique,* n°372, La documentation française, Paris, 2013.
- MAS F., « L'esquisse d'un régime spécifique du courtage aux enchères par voie électronique », *RLDI,* Janvier 2006.
- MONTÉRO E., « Le régime juridique des sites de vente aux enchères sur Internet », n°55.
- NDUKUMA ADJAYI K., « La problématique de l'application de la nouvelle loi 04/015 du 16 juillet 2004 fixant la nomenclature des actes générateurs des recettes administratives, judiciaires, domaniales et de participations ainsi que leurs modalités de perception », *Vodanews,* n°8, Kinshasa, sept.-oct. 2004.
- NDUKUMA ADJAYI K., « Le phénomène de la prospection et de la contractualisation sur Internet : entre déphasage du droit congolais des télécoms et défis de confiance du e-commerce », *Vodanews,* n°16, Dépôt légal n°MPI/021/2004, Kinshasa, oct. nov.déc. 2006.
- NDUKUMA ADJAYI K., « L'informatisation du journal officiel, l'exemple d'une politqie sectorielle réussie comme préalable à la définition d'une stratégie nationale de développement de l'administration électronique (Congo RD) », *Rapport 2018 sur* l'état *de la Francophonie numérique,* regard d'expert, Francophonie, Paris, 2018.
- N'KULI G., « Discours DGA : Contribution de Vodacom Congo à la construction de la RDC », *Vodanews,* n°15, dépôt légal n°MPI/021/2004, juillet-septembre 2006.
- N'KULI G., Exposé du DGA à l'occasion du lancement officiel du GPRS sur le réseau Vodacom, Kinshasa, 19 janvier 2006, *Vodanews,* n°13.
- NORODOM A.-T., « Propos introductifs – Internet et le droit international : défi ou opportunité ? », Société française pour le droit international, *Internet et le droit international,* colloque de Rouen, Actes du 47e colloque du 30 mai au 1er juin 2013, éd. A. Pedone, Paris, 2014
- NORODOM A.-T., « Propos introductifs – Internet et le droit international : défi ou opportunité ? », Société française pour le droit international, *Internet et le droit international,* colloque de Rouen, Actes du 47e colloque du 30 mai au 1er juin 2013, éd. A. Pedone, Paris, 2014.
- NUNU NTSHINGILA, Communiqué de *Facebook*, Directrice division Afrique, Johannesburg.AFP-JA, « Infographies : les derniers chiffres de *Facebook* pour l'Afrique subsaharienne », *Jeune Afrique*, 10-11 septembre 2015.
- OBERDORFF H., « L'espace numérique et la protection des données personnelles au regard des droits fondamentaux » in *Revue de droit public et de la science*

politique en France et à l'étranger, R.D.P., 2016, n°1, Lextenso, Issy-les-Moulineaux, janvier 2016.

- OUÉDRAOGO P., « L'organisation de l'écosystème numérique Internet, un enjeu majeur pour la cybersécurité dans les pays en développement », *Conférence internationale sur le renforcement de la cybersécurité et de la cyberdéfense,* OIF, Grand Bassam (Côte d'Ivoire), 8-10 février 2016.
- PENARD T., « L'accès au marché dans les industries du réseau : enjeux concurrentiels et réglementaires », *RIDE*, n°2/2, Paris, 2002.
- PERRIAULT J., « Effet diligence, effet serendip et autres défis pour les sciences de l'information », Paris X Nanterre, CRIS/SERIES, octobre 2012, [http://archives.limsi.fr/WkG/PCD2000/textes/perriault.htlm].
- PERRIAULT J., « Le numérique : une question politique », Hermès, n°38, 2004.
- QUÉMÉNER M., « La criminalité économique et financière à l'ère numérique », *Conférence internationale sur le renforcement de la cybersécurité et de la cyberdéfense,* OIF, Grand Bassam (Côte d'Ivoire), 8-10 février 2016.
- QUÉMÉNER M., *Cybercriminalité & Gouv. Ouverts*, 1res journées académiques/Academic days 2016, IMODEV/ Université Panthéon-Sorbonne, texte d'exposé, 5 décembre 2016.
- RALLET A., « Une économie de la communication ? », Hermès, n°44, 2006.
- RIVAUD PH., « Leadership et gouvernance communautaire : la Commission européenne et l'idée de service universel des télécommunications (1987-1998) », *European issue,* n°11, juillet 2001, Fondation Robert Schuman.
- RUTILYA. et SPITZ B., « Les nouveaux enjeux de la révolution numérique », *Hermès*, n°44, 2006.
- SAUVÉ J.-M., « Séance d'ouverture », in Conseil d'État, *La France dans la transformation numérique : quelle protection des droits fondamentaux ?,* Un colloque organisé par le Conseil d'État le 6 février 2015, La documentation française, Coll. Droit et débat, DILA/Conseil d'état, Paris, 2016.
- SAVATIER R., « La vente à distance », *Dalloz*, Chronique 45, Paris, 1971.
- SAWADOGO FILIGA M., « Approche nationale et régionale de la mise en place d'une réglementation du commerce électronique : le cas du Burkina-Faso et de l'Afrique de l'Ouest », Conférence régionale africaine de haut niveau, Tunis, 19-21 juin 2003.
- STREEL (de) A., QUECK R., « Un nouveau cadre réglementaire pour les communications électroniques en Europe », *JTDE*, n°101, septembre 2003.
- STROWEL A., « Introduction », *Google et les nouveaux services en ligne. Impact sur l'économie du contenu et questions de propriété intellectuelle,* Larcier, 2008.
- TANGKITVANICH S., « Vues du sud, les politiques du commerce électronique planétaire », in PNUD, *Coopération Sud – Tous « Branchés » : les technologies de l'information et de la communication pour le développement, numéro un,* PNUD, New York, 2001.
- TRONQUOY P., « La société numérique, La révolution numérique », *Cahiers français*, n°372, La documentation française, Paris, janvier-février 2013.
- TROYE-WALKER A., « Le cadre juridique du commerce électronique en Europe », première session : « le cadre juridique international du commerce électronique », in RAYNARD J. (sous la dir.), *Les premières journées internationales du droit du commerce électronique, Actes du colloque de Nice des 23,24 et 25 octobre 2000,* Litec, n°20, Coll. actualité de droit de l'entreprise, Cahors (France), 2002.

- TRUDEL P., « Le cyberespace, réseaux constituants et réseau des réseaux », *Les autoroutes de l'information : enjeux et défis,* Actes du colloque du Centre Jacques Cartier organisé du 5 au 8 décembre 1995, Université de Montréal, Centre de Recherche en droit Public, 1996.
- VALLÉE A., « Les États pourront-ils faire l'Europe de Télécommunications ? », in *Réseaux,* vol.8, n°40, 1990.
- VALLÉE O., « La dette publique est-elle privée ? », *Politique africaine*, n°73, mars, 1999.
- VAN DER ESCH V.-B., « Dérégulation, autorégulation et le régime de concurrence non faussée dans la CEE », *Cahier de droit européen,* n°5-6, 1990, cité par POPOVIC D., *Le droit communautaire de la concurrence et les communications électroniques*, LGDJ, Paris, 2009.
- VOLLE M., « Géopolitique du cyberespace », in Cahier français, *La société numérique*, La documentation française, n°372, Paris, 2013.
- WATIN-AUGOUARD M., « Préface », in LORVO F., *Numérique : de la révolution au naufrage ?,* éd. Fauves, Paris, 2016.
- WATIN-AUGOUARD M., « Une "cyber-guerre mondiale" ? La vision stratégique », in RAUFER X., *La première Cyber-guerre mondiale*, MA éditions, Paris, 2015.

VIII. RAPPORTS PUBLICS

1) Organisations internationales

- BANQUE MONDIALE, *Les Dividendes du Numérique, Rapport sur le développement dans le monde 2016*, Washington, avril 2016.
- CNUDCI, *Loi-type sur les signatures électroniques et son Guide d'incorporation*, Résolution adoptée par l'Assemblée générale sur le rapport de la 6e Commission (A/56/588), Doc. A/RES/56/80 [http://www.uncitral.org/pdf/french/texts/electcom/ml-elecsign-f.pdf].
- CNUDCI, Doc. A/C.N.9/WG.IV/W.P.84du 8 décembre 1999 ; Groupe de travailCNUDCI sur le commerce électronique, Doc. A/CN.9/465.
- OCDE, « Défis actuels et futurs de la gouvernance publique », in *Le Panorama des administrations publiques 2009*, éd. OCDE.
- OCDE, *Rapport de réunion ministérielle sur le futur de l'économie de l'internet, Orientations de l'OCDE pour les politiques pour la prise en compte des questions de protection et d'autonomisation des consommateurs dans le commerce mobile*, Séoul, 17-18 juin 2008, [http://www.oecd.org/dataoecd/51/60/40883688.pdf] (consulté le 25 novembre 2013).
- OCDE, *La définition et la mesure du commerce électronique : Rapport sur l'état de la question,* Groupe de travail sur les indicateurs pour la société de l'information, Document DSTI/ICCP/IIS(99)4/FINAL, OCDE, Forum sur le Commerce électronique, Paris, octobre 1999. [http://www.oecd.org/dataoecd/12/56/2092492.pdf] (consulté le 19 août 2016).
- OCDE, *Rapport de réunion ministérielle sur le futur de l'économie de l'internet, Orientations de l'OCDE pour les politiques pour la prise en compte des questions de protection et d'autonomisation des consommateurs dans le commerce mobile*, Séoul, 17-18 juin 2008,

[http://www.oecd.org/dataoecd/51/60/40883688.pdf] (consulté le 25 novembre 2013).

- SMSI, *Agenda de Tunis pour la société de l'information,* 18 novembre 2005, WSIS-05/TUNIS/DOC/6(Rév.1).
- ONU, « Application des connaissances au Développement », *Projet millénaire ONU, Innovation,* Commission sur les sciences, la technologie et l'innovation, 2005.
- UIT, *Tendances des réformes dans les Télécommunications, 2002, Une régulation efficace*, Rapport, Genève, 2002.
- UIT, *Principes généraux et méthodes de partage des fréquences entre services de radiocommunication ou entre stations radio électriques*, Recommandation UIT-R SM 1132-2, Genève, 1995-2000-2001.

2) Entités européennes

- LAMOULINE C. et POULLET Y., *Des autoroutes de l'information à la « démocratie électronique » : de l'impact des technologies de l'information et de la communication sur nos libertés,* Rapport présenté au Conseil de l'Europe, Bruylant, Bruxelles, 1997.
- LEVY P., *Cyberculture, Rapport au Conseil de l'Europe dans le cadre du projet « Nouvelles technologies : coopération culturelle et communication »*, Paris, Odile Jacob, 1997.
- Rapport de Criminologie virtuelle de McAfee, Etude paneuropéenne au sujet du cybercrime organisé, Février 2005.
- Rapport intermédiaire de la Commission européenne concernant la vente de billets d'avion sur Internet. MÉMO 09/379, *EU-Investigation into websites selling consumer electronic goods.*
- Stratégie du Conseil de l'Europe sur la gouvernance de l'Internet 2012-2015, Rapport à mi-parcours du Secrétaire général du Conseil de l'Europe, SG/Inf (2014)7, 1er février 2014.
- CJCE, *« L'influence du droit national et de la juridiction des États membres sur l'interprétation du droit communautaire »*, Acte du colloque organisé par le CJCE, le 26 mars 2007 pour le cinquantième anniversaire des Traités de Rome.

3) Entités françaises

- BERGOUGNOUX J., *Services publics en réseaux : perspectives de concurrence et nouvelles régulations,* Rapport du groupe présidé par Jean Bergougnoux, Commissariat général du Plan, *La documentation française*, 2000.
- CONSEIL D'ÉTAT, « L'intérêt général », *Rapport public 1999, EDCE*, n°50, La Documentation française.
- BOULAUD D., *Le nouveau cadre européen des communications électroniques pour quels équilibres ?* Assemblée nationale, Rapport d'information, n°3048, 11e législature, 2001, Paris.
- OBSERVATOIRE NATIONAL DE LA DÉLINQUANCE (OND), *La Criminalité en France,* Rapport annuel 2008.
- CONSEIL D'ÉTAT, Section du Rapport et des études, étude générale adoptée par l'Assemblée générale du Conseil d'État, 2 juillet 1998, Paris, *La documentation française*, 1998.

- *Rapport à Monsieur le garde des Sceaux*, Ministre de la Justice, 22 septembre 2005, La documentation française, 2006.

4) Entités congolaises

- ASSEMBLÉE NATIONALE, *Rapport de mission de la commission d'enquête parlementaire sur le backbone national en fibre optique*, Commission d'enquête sur la non-connexion à la fibre optique (sigle : A.N/C.E/FIB.OPT), Kinshasa, mai 2014.
- AUTORITÉ DE RÉGULATION DE LA POSTE ET DES TÉLÉCOMMUNICATIONS, *Rapport public d'activités2003*, Kinshasa, 2003.
- AUTORITÉ DE RÉGULATION DE LA POSTE ET DES TÉLÉCOMMUNICATIONS, *Observatoire du marché de la téléphonie mobile, Rapport du 2e trimestre 2015*, Direction économie et prospective, Kinshasa, 2015.
- AUTORITÉ DE RÉGULATION DE LA POSTE ET DES TÉLÉCOMMUNICATIONS, *Observatoire du Marché de la téléphonie mobile,* Rapport du 3e trimestre 2016, Direction économie et prospective, Kinshasa / RDC.
- AUTORITÉ DE RÉGULATION DE LA POSTE ET DES TÉLÉCOMMUNICATIONS, *Observatoire du marché de la téléphonie mobile, Rapport du 2è trimestre 2017*, Direction Économie et Prospective, Kinshasa, avril-juin 2017.
- MUTINGA MUTUISHAYIM. et *al*(Sénateurs), *Rapport de la Commission d'enquête sur le secteur des télécommunications en RDC*, Sénat, RDC, mai 2008.

IX. AUTRES SOURCES DOCUMENTAIRES

1) Autres documents officiels

- ANSIP A. [vice-président de la Commission européenne, chargé du marché unique numérique] et OETTINGERG. [Commissaire européen à l'économie et à la Société numériques], *Présentation de la stratégie européenne pour un marché unique*, (#DigitaSingleMarket), Bruxelles, 6 mai 2015.
- ARCEP, Communiqué de Presse, « L'Arcep contribue à la consultation publique de la Commission européenne sur la révision du cadre réglementaire des télécoms », 28 janvier 2016.
- ARPTC, « L'accès aux réseaux large bande mobile en République Démocratique du Congo », in UIT, 11th World Telecommunication/ICT, *Indicators symposium (WTIS-13)*, Mexico, 4-6 december 2013, Document INF/3-F21, nov.2013.
- *Baromètre e-commerce de l'ASCEL*, Bilan annuel, 2007.
- CEEAC, *Vision stratégique de la CEEAC à l'horizon 2025,* Secrétariat général, adopté par la 13e conférence des Chefs d'États et de gouvernement, Brazza, 30 octobre 2007.
- COPIREP, *Présentation du Projet CAB5 au VPM, Ministre des PTNTIC*, Hôtel Kempinski, Kinshasa, 9 janvier 2015.
- ITU, *Measuring the information society 2013,* Geneva.
- JOURNAUX OFFICIELS, *Communications électroniques et services de communication audiovisuelle*, les éd. Journaux officiels, coll. « aux sources de la loi », Paris.
- Règlement n°15/2002/CM/UEMOA relatif aux systèmes de paiement dans les États membres de l'UEMOA.
- ROMIEU, Conclusions sous Conseil d'État, 22 mai 1903, Caisse des Écoles, Rec.

- UIT, Atelier pour la création de nouveau plan de numérotage national en Afrique, Cotonou (Bénin), 30 juin-04 juillet 2003.
- UIT, *Le mobile dépasse le fixe : Conséquences en matière de politique et de régulation*, 2003.

2) Textes inédits

- Accord de don H81-ZR conclu entre la RDC et la Banque mondiale, au titre de la 5e phase du programme régional de réseaux de télécommunication haut débit en Afrique centrale (CAB5) [Inédit].
- AFRICELL S.A. (DG), AIRTEL S.A (DG A.I. & LEGAL & REGULATORY), ORANGE SA (DG & S.G), TIGO (D.G & REGULATORY), VODACOM CONGO S.A (D.G & LEGAL) et YOZMA S.A (D.G & P.R), Compte-rendu de la réunion tenue par les opérateurs télécoms sur la régulation des prix le 19 décembre 2014 au siège de Tigo [inédit].
- Archives de la Vice-primature, Ministère des PTNTIC (RDC), décembre 2014 à février 2016.
- Archives de la Vice-primature, Ministère des PTNTIC (RDC), Compte-rendu d'entretien, février 2015.
- BAUDRIER A., *Administration et droit de la régulation*, Cours ENST-Paris, Ouagadougou, 13 juin 2005 [inédit].
- Déclaration d'indépendance du cyberespace de John Perry BARLOW Davos, 1996, publié en Français par le webzine *Cybersphere*, aujourd'hui disparu.
- Groupe de haut niveau sur la société de l'information, *L'Europe et la société de l'Information planétaire,* 26 mai 1994.
- Lettre n°CAB/VPM/MIN.PTNTIC/TLL/NAK/ktc/0114/2015 du 7 janvier 2015 du VPM, Ministre des PTNTIC en réponse à la lettre n° CAB/PM/CJFAD/SML/2014/00016801 du 26 décembre 2014 du Premier Ministre de la RDC.
- Lettre n° 1029/04/2015 du 20 avril 2015 du Directeur de Cabinet du Chef de l'État sur la création de la société de patrimoine (SPN, CAB5).
- Lettre n°753/BM/RDC/RR/EPM/JN/2015 du 20 octobre 2015 du Représentant résident de la Banque mondiale en RDC (Emmanuel Pinto Moreira), en réaction la lettre n° Vodacom-Cgo/LR&I/CL/AB/DB/0189/09/15 du 25 sept. 2015 relative au « projet de loi sur les télécommunications en RDC ».
- Lettre n°CAB/PM/CNTIC/PCK/2015/8005 du 17 décembre 2015 du Premier Ministre de la RDC, Matata Ponyo Mapon, ayant pour Objet: Relance de programmation en commission des lois des textes sur les télécoms et TIC.
- Lettre collective n°DPE/LYK/BL/F.0516/2014 du 12 mai 2016 de la Fédération des entreprises du Congo (FEC) adressée au VPM, Ministre des PTT, concernant : « Transmissions […] commentaires des opérateurs [privés] de Téléphonie et des ISP réunis au sein de la FEC ».
- Lettre n°CAB/PTNTIC/TLL/KNZ/hle/0889/2016 du 31 mai 2016 du Vice-Premier Ministre, Ministre des PTNTIC, Thomas Luhaka, adressée au Président de l'ARPTC, concernant la « Hausse des prix de services des télécommunications ».
- Projet de loi sur le commerce électronique en RDC, Gouvernement/Assemblée nationale, Assemblée nationale [inédit].

- Projet de loi sur les télécoms et les TIC, Assemblée nationale, version gouvernementale du 14 juin 2016, Assemblée nationale, 4 avril 2017[inédit].
- Projet de loi modifiant et complétant la loi n°014/2002 du 16 octobre 2002 portant organisation et fonctionnement de l'ARPTC en signe, 4 avril 2017, Assemblée nationale [inédit].
- TIDJANE DEME, Demande de licence d'opérateur d'infrastructure en RDC, Google Sénégal, Dakar, 19 mars 2015.
- Vodacom, Tigo, Orange et Airtel, Requête en inconstitutionnalité de l'Arrêté interministériel (…) fixant les conditions de souscription à l'abonnement téléphonique en République Démocratique du Congo, sous R.Const. n°177, 16 novembre 2015. [Source : Greffe de la Cour Constitutionnelle, le Greffier principal, Lucie Baluti Mondo, Directeur]

X. RESSOURCES EN LIGNE

1) Liens html factuels

- « Histoire de SFR » [www.sfr.com/nous-connaître/sfr-en-bref/01272016-1700-lhistoire-du-groupe-sfr]
- « Le partage des connaissances en toute liberté » [www.weblibre.org] (consulté en 2007)
- « Les contrats chinois en République Démocratique du Congo : un nouvel ordre économique pour l'Afrique ? », 28 mai 2008, [http://www.ananzie.net/Les-contrats-chinois-en-RDC-un] (consulté le 18 juillet 2016).
- « Pourquoi la hausse des tarifs de l'internet mobile ? », *RFI,* 11 juin 2016.http://www.rfi.fr/afrique/20160611-rdc-pourquoi-hausse-tarifs-internet-mobile] (consulté le 19 juin 2016).
- « RDC Congo : Didier Musete, l'ADG de la SCPT, suspendu de ses fonctions pour 3 mois », *Agence écofin, TIC & Telecom,* 4 novembre 2016 [www.agenceecofin.com](consulté le 22.11.2016).
- « White House. Red Chair. Obama Meets Swisher », by KARA SWISHER, *Recode.net*, 15 février 2015, [www.recode.net/2015/02/15/white-house-red-chair-obama-meets-swhisher/] (consulté le 23 décembre 2016).

2) Articles accessibles sur Internet

- ABDOUL KARIM S., BENARD Y., JAFFAR H., MOUNGALLA T. et ASU E., « Décollage digital du continent : le défi des infrastructures » (panel 1), *Forum Forbes Afrique*, 21 juil. 2015, [http://formuforbesafrique.com/blog/sessions/décollage-digital-du-continent-le-defi-des-infrastructures/] (consulté le 13 juillet 2016).
- ABDOULAYE BIO TCHANE, « Révolution mobile et numérique en Afrique : le saut qualitatif pour fournir les biens et services », *Forum Forbes Afrique*, 21 juil. 2015, [http://formuforbesafrique.com/blog/sessions/presentations-de-letude programme/](consulté le 12 juillet 2016).
- AGENCE ECOFIN, « RD Congo : Liquid Telecom étend sa fibre optique jusqu'à Lubumbashi », Kinshasa, 14 nov. 2012, [http://www.agenceecofin.com/equipement/1411-7569-rd-congo-liquid-telecom-etend-sa-fibre-optique-jusqu-a-lubumbashi] (consulté le 12 juin 2017).

- ARTEL (Burkina-Faso), « Quelle gestion des ressources rares pour favoriser l'arrivée de nouveaux entrants : cas du Burkina Faso », *FRATEL, Table ronde n°2,* 6e réunion annuelle, Tunis, 16 octobre 2008, [www.fratel.org] (consulté le 24 novembre 2016).
- BARLOW J. P., « *A declaration of the independence of Cyberspace* », 8 février 1996, [https://www.eff.org/fr/cyberspace-independance] (consulté le 12 février 2017).
- BAZI-DUMONT D., « Le processus de libéralisation des télécommunications en France », posté le 4 fév. 2004 [www.e-juristes.org/le-processus_de_liberalisation-des167] (consulté le 14 juin 2016).
- BAZI-DUMONT D., « Le processus de libéralisation des télécommunications en France », *e-juristes.org*, posté le 4 avril 2004, [http://www.e-juristes.org/le-processus-de-liberalisation-des167] (consulté le 11 novembre 2016).
- BEATTIE [http://www.investopedia.com/ask/answers/09/att-breakup-spinoff.as] (consulté le 05 avril 2017).
- BELOUIN O.et DEGEZ S., « Quelques petites particularités du contrat électronique… », 7 mars 2016, in [www.degez-kerjean.fr] (consulté le 17 mars 2017).
- BENSOUSSAN[https://www.alainbensoussan.com/communsinformationnels-numérique/2015/12/23/]
- BERNER X., « La loi Numérique : le décret sur la loyauté des plateformes prend forme », 26 janvier 2017, in [www.nextimpact.com] (consulté le 1er juin 2017).
- BOUHADANA I. et GILLES W., « Rapport introductif », *Academic days on Open Government issues,* 5 et 6 décembre 2016, IMODEV/ Univ. Paris 1 Panthéon-Sorbonne, Paris, 2016 (Texte lu le 5/12/2016). [http://academicdays.imodev.org].
- BROUSSARD M.-A., « Les Casinos virtuels, une zone de non droit ? » http://www.droit-tic.com/pdf/casinos_virtuels.pdf (consulté le 13 novembre 2013).
- BRUNSHWIG H., *Le partage de l'Afrique noire,* Paris, Flammarion, 2009 (1971), cité par DE GEMAUX C., « La Conférence de Berlin, 1885 », *Herodote.net, Toute l'histoire en un clic.*www.herodote.net/Text/berlin-1885.pdf (consulté le 12 juillet 2016).
- BVert 65, 1 – Volkszählung, 15 décembre 1983, cité par SAUVÉ J.-M., « Les autorités administratives indépendantes », intervention au Comité d'évaluation et de contrôle des politiques publiques (CEC) sur les AAI, jeudi 11 février 2010, [http://www.conseil-État.fr/Actualites/Discours-Interventions/Les-autorites-administratives-independantes] (consulté le 16 mars 2017).
- CARIOU C. et GAULON-BRIAN M., « Du Minitel à l'internet », *La revue des Industries créatives et des médias,* publié le 29 mars 2012 [http://www.inaglobal.fr/telecoms/article/du-minitel-linternet] (consulté le 3 décembre 2013).
- CERT-LEXSI, *Cybercriminalité des jeux en ligne*, livre blanc du Laboratoire d'expertise en sécurité informatique, juillet 2006, [http://www.lexsi.com/telecharger/gambling_cybercrime_2006.pdf] (consulté le 13 nov. 2013).
- CISSÉ, A., *M1 a) Objet du droit duDroit du cyberespace,* Notes de Cours de Master 2 Pro, Univ. Gaston Berger, Saint-Louis/Sénégal, 2011

[http://foad.refer.org/IMG/pdf/cours_objet_droit_du_cyberespace.pdf] (consulté le 22 nov. 2012).

- CNC, « Les nouvelles formes de consommation des images: TNT, TVIP, VOD, sites de partage, piraterie… », *Analyse qualitative*, novembre 2007, [www.cnc.fr,doc.pdf] (consulté le 23 décembre 2013).
- COCHET-CORDEY F., *Vulnérabilité et droit. Le développement de la vulnérabilité et ses enjeux en droit,* Grenoble, Presses Univ.de Grenoble, 2000, 13, [www.pug.fr/telech_ouvrage:vulnerabilité.pdf] (consulté le 28 décembre 2013).
- COHEN D., GORDON D., ZHANG S., GALZI O. et BHATTACHARYA K., « Le numérique, vecteur de croissance inclusive pour l'Afrique », 21 juil. 2015, panel 2, *Forum Forbes Afrique,* Brazzaville 2015, [http://formuforbesafrique.com/blog/sessions/le-numérique-vecteur-de-croissance-inclusive-pour-lAfrique/] (consulté le 3 juillet 2016).
- COLOMA T. « Quand le fleuve Congo illuminera l'Afrique, Le "Contrat du siècle", *Le Monde diplomatique*, février 2011, [https://www.monde-diplomatique.fr/2011/02/COLOMA/20108].
- CONSEILS DES PRÉLÈVEMENTS OBLIGATOIRES, *Fraude aux prélèvements obligatoires et son contrôle*, 1er Rapport 2007, La Documentation Française, Paris, mars 2017, [http://www.ladocumentationfrancaise.fr/var/storage/rapports-publics/074000186.pdf] (consulté le 8 octobre 2016).
- Constitution de la Transition en RDC du 4 avril 2003 [http://mjp.univ-perp.fr/constit/cd2003.htm] (consulté le 23 novembre 2016).
- DARMON L., « Livre vert, livre blanc », *europeplusnet.com*, 2005.
- Déclaration de presse du DG d'Africell, Mbayo : « Tarification des services des télécommunications : l'ARPTC se conforme à l'avis de la CSJ », février 2015, [www.forumdesas.org/spip.php?article3387] (consulté le 9 juillet 2016).
- DECOCQ G., « L'influence des droits nationaux sur le droit communautaire de la concurrence », Ordre des avocats au conseil d'État et à la cour de Cassation Paris, 7 novembre 2008, [http://www.ordre-avocats-cassation.fr/upload/revues/georges-decocq_28.pdf] (consulté le 11 mai 2012).
- DECOCQ G., « L'influence des droits nationaux sur le droit communautaire de la concurrence », Ordre des avocats au conseil d'État et à la cour de Cassation Paris, 7 novembre 2008, [http://www.ordre-avocats-cassation.fr/upload/revues/georges-decocq_28.pdf] (consulté le 11 mai 2012).
- DEVILLE, *Glossaire*, http://alpestat.com/lexique/html/_subventions_croisees.html](consulté le 16 déc. 2013).
- Dictionnaire Larousse, [http://www.larousse.fr] (consulté le 25 novembre 2013).
- *Dictionnaire Larousse*, [www.larousse.fr] (consulté le 26 novembre 2013).
- Discours-bilan du Premier Ministre (sortant) de la RDC du 22 novembre 2016 [http://7sur7.cd/new/primature-augustin-matata-ponyo-sort-par-la-grande-porte-discours-bilan] (consulté le 24 novembre 2016).
- DO-NASCIMENTO J., « Le développement du téléphone portable en Afrique », p.1 [www.iut-orsay.u-psud.fr] (consulté le 21 novembre 2016).
-

Dossier : [https://www.legifrance.gouv.fr/affichLoiPubliee.do?idDocument=JORFDOLE000031589829&type=general&legislature=14] (consulté le 26 décembre 2016).

- Dossier: « Articles de presse de la catégorie "SMS" », « RDC: l'envoi et la réception des SMS rétablis après 17 jours d'interruption », 07 février 2015 ; « RDC : les entreprises des télécommunications annoncent la reprise des SMS dimanche 8 février [2015]», 06 février 2015 ; « SMS et Internet coupés en RDC », 20.01.2015 » ; « Le phare : « Internet et textos : la censure continue », 03 février 2015[www.radiookapi.net/mot-cle/sms] (consultés le 10 juillet 2016).
- ESSOLOMWA L., « Téléphonie mobile : la RDC entre consolider les groupes et ouvrir le marché », 24 juin 2016, Adiac-Congo/MCN, *MediaCongoNet*, [www.mediacongo.net/article-actualité-18636.html] (consulté le 8 juillet 2016).
- *Eurobaromètre* sur la protection des consommateurs dans le marché intérieur, enquête menée de février à mars 2006 et publiée en septembre,http://ec.europa.eu/consumers/topics/eurobarometer_09-2006_en.pdf] (consulté le 1er janvier 2017).
- FENEYROL M., « Déréglementation et télécommunications, des premiers mouvements aux lois de 1990 », [http://www.ahti.fr/index.php/index.php/articles/11-cahier/23-cahier-9.html] (consulté le 10 novembre 2016).
- FERNANDEZ P., « Notion de consommateur : une précision très intéressante », 14 octobre 2005. http://aufildudroit.over-blog.com/article-1014418.html (consulté le 31 juillet 2017).
- FINGERHUT J., « Des particuliers très professionnels... Internet ou vide-greniers, les vendeurs flirtent parfois avec l'activité commerciale. Un négoce à risques. », *La Gazette Drout – L'hebdo des ventes aux enchères*, [www.gazette-drouot.com] (consulté le 3 décembre 2013).
- Forbes Afrique, « La révolution numérique : Accélérateur de la croissance africaine », 4è éd., *Forum économique*, 21 juillet 2015, Brazzaville, Congo [http://forumforbesafrique.com] (consulté à nouveau le 1er juillet 2016).
- FRATEL, « Les effets de la régulation sur le développement de la concurrence », *Sixième réunion annuelle de FRATEL*, Tunis, 16 et 17 octobre 2008, www.fratel.org (consulté le 24 novembre 2016).
- GAGNON C., « L'échange de consentement et le commerce électronique : de l'autorité de la volonté à "la volonté " de la machine », 1998
- GAZZANE H., « Suicides à France Télécom : le rappel des faits », *Le Figaro,* 7 juillet 2016 [www.lefigaro.fr] (consulté le 11 novembre 2016).
- GERADIN D., « Regulatory issues raised by network convergence: the case of multi-utilities », *J Network* Industries, n°2, 2001,[http://papers.ssrn.com/sol3/papers.cfm?abstract_id=49007] (consulté le 4 avril 2017).
- *Glossaire des services publics*, le site officiel de l'administration française, [www.service-public.fr] (consulté le 18 novembre 2013).
- GSMA, *Régulation et fracture numérique*, rapport, 2005. [www.gsmworld.com] (consulté le 12 aout 2011).
- JEREMY HODARA, MBWANA ALLIY et NINO NJOPKOU, « Le e-commerce en Afrique : comment dépasser les contraintes ? », 21 juil. 2015, (panel 3) *Forum Forbes Afrique*, Brazzaville 2015,

[http://formuforbesafrique.com/blog/sessions/le-e-commerce-en-Afrique-comment-depasser-les-contraintes/] (consulté le 3 juillet 2016).

- *Le dico du commerce international*, [http://www.glossaire-international.com/pages/tous-les-termes/ohada.html] (consulté le 13 septembre 2016).
- MAITLAND D., « Connecter ceux qui ne le sont pas », in GSMA, Régulation et fracture numérique, comment les meilleures pratiques de régulation en matière de téléphonie mobile peuvent accroître les investissements et la pénétration des marchés émergents?, 2005, [www.gsmworld.com] (consulté le 12 août 2011).
- MANIKUNDA MUSATA O., « Communiqué de Presse », Président de l'ARPTC, Kinshasa, 19 juin 2016, in C. MOANDA, « Internet : L'ARPTC ordonne aux télécoms de revenir aux anciennes tarifications », 20 juin 2016, *Politico.cd* [http://www.politico.cd/actualite/la-une/2016/06/19/internet-larptc-ordonne-aux-telecoms-de-revenir-aux-anciennes-tarifications.html] (consulté le 25 juin 2016).
- MASINI O., « PTNTIC : La RDC passe de la licence 2G à www.congoopportunities.net:?p=5018](consulté le 11 juillet 2016).
- MASSE D. G., [http://www.masse.org] (consulté le 26 novembre 2013).
- MONTESQUIEU, *Esprit des lois par Montesquieu : avec les notes de l'auteur et un choix des observations de Dupin, Cervier, Voltaire, Mably, la harpe, Servan,*http://dicocitations.lemonde.fr/citations-auteur-montesquieu-4.php] (consulté le 14 mars 2017).
- N'DOUBA A., « Loi Hamon : le nouveau régime des contrats conclus à distance et hors établissements », in *Village de la justice, La communauté des métiers du Droit,* étude d'avocat, 10 juin 2014 [http://www.village-justice.com/articles/loi-hamon-nouveau-regime-des,17093.html] (consulté le 11 janvier 2017).
- NAWAF SHATHIL S., « L'insertion de l'infraction de vengeance pornographique dans le code pénal », *e-juristes.org*, posté le 10 juillet 2016, [http://www.e-juristes.org/linsertion-de-linfraction-de-vengeance-pornographique-dans-le-code-penal/]
- NDUKUMA ADJAYI K. « Les enjeux législatifs de la transition post-conflit dans la société numérique congolaise », *Academic days on Open Government issues,* IMODEV/ Univ. Paris 1 Panthéon-Sorbonne, Paris, 5 et 6 décembre 2016. http://cms.imodev.org/nos-activites/europe/france/academic-days-on-open-government-issues-december-5-6th-2016-paris-France/conference-planning-internal-5th-december-2016-fracture-numerique-participation-citoyenne-open-gov/] (consulté le 16 décembre 2016).
- OCDE, « Le commerce électronique opportunités et défis pour les gouvernements », cité par THOUMYRE L., *RDTI*, 1997-2001, http://www.juriscom.net/uni/mem/03/introduction.html#footnote23] (consulté le 11 janvier 2011).
- OCPT/CRDI, « Etude de faisabilité pour une dorsale ouverte Internet en République Démocratique du Congo », in *Alternative*, juin 2003, [http://web.idrc.ca/uploads/user-S/12095032471FINAL-RDC-TIC.pdf] (consulté le 12 juin 2013).
- *Office of Communications Act 2003,* in [www.legislation.gov.uk.]et [www.ofcom.org.uk/about/sdrp/] (consultés le 3 avril 2017).
- PATTINSON B., « e-commerce – vers une définition internationale et des indicateurs statistiques comparables au niveau international », Div. pol, de l'info, de l'informatique et de la communication »,

[http://www.insee.fr/fr/ppp/sommaire/imet97o.pdf] (consulté le 18 août 2016).

- PENARD et THIRION« La régulation dans les télécommunications : une approche croisée de l'économie et du Droit » [https://scholar.googleusercontent.com/scholar?q=cache:49RX7tVNRdMJ:scholar.google.com/&hl=fr&as_sdt=0,5] (consulté le 14 juin 2016).
- PENARDT.et N. THIRION, « La régulation dans les télécommunications : une approche croisée de l'économie et du Droit », [https//perso.uni-rennes1.fr] (consulté le 14 juin 2016).
- PILLOU J.-F. (sous la dir.), « L'analogique et le numérique », sept. 2015 [www.commentcamarche.net:#ID=471&module=contents](consulté le 3 juillet 2016).
- PLICHON O., « suicides à France Télécom : le procès se profile », *Le Parisien,* 8 juillet 2016 [www.leparisien.fr] (consulté le 17 juillet 2016).
- PNUD, *Etude Sur la faisabilité socio-économique des TIC*, mars 2005, [http://www.undporg/business/gsb/tanzania.html] (consulté le 13 août 2016).
- POIDEVIN B., « La vente entre consommateurs "C to C" : le cadre juridique », *Jurisexpert*, Cabinet d'avocats, Lille, 26 juillet 2011 [https://www.jurisexpert.net/la-vente-entre-consomateurs-c-to-cle-cadre-juridique/] (consulté le 3 décembre 2013).
- POIDEVIN B., « Le C to C ou ventes entre particuliers, quel cadre juridique ? », *Jurisexpert*, Cabinet d'avocats, Lille, 22 juin 2009 [https://www.jurisexpert.net/le-c-to-c-ou-ventes-entre-particuliers-quel-cadre-juridique/] (consulté le 3 déc.2013).
- POLLE B., « Téléphonie mobile : le nombre d'abonnés africains en hausse de 70% depuis 2010 », *Jeune Afrique*, rubrique www.jeuneafrique.com/345544/economie/État-de-leconomie-mobile-afrique-rapport-gsma-2016] (consulté le 21 novembre 2016).
- Président de l'ARPTC, Communiqué de presse, 19 juin 2016, *Politico.cd,* www.politico.cd/actualite/la-une/2016/06/19/Internet-larptc-ordonne-aux-telecoms-de-revenir-aux-anciennes-tarifications.html] (consulté le20 juin 2016).
- PROULX S., « Penser les usages des TIC aujourd'hui : enjeux, modèles, tendances », in VIEIRA L. et PINÈDE N., (sous la dir.), *Enjeux et usages des TIC : aspects sociaux et culturels »*, t. 1, Bordeaux, Presses Universitaires de Bordeaux, 2005. [http://sergeproulx.uqam.ca/wp-content/uploads/2010/12,2005proulx-penser-les-usa-43.pdf] (consulté le 26 décembre 2016).
- RACHIDI MABANDU, « Hausse de prix des cartes prépayées, internet […] », *Forum des As / La prospérité,* Journal (quotidien), Kinshasa, 08 juin 2016 [http://mediacongo.net/article-actualite-18262.html] (consulté le 25 octobre 2016).
- RADIO OKAPI, « la RDC officiellement connectée au câble à fibre optique », Monusco, Fondation Hirondelle, le 08 juillet 2013, [www. radiookapi.net/actualité/2013/07/08/la-rdc-officiellement-connectée-au-cable-fibre-optique] (consulté le 18 août 2016).
- RADIO OKAPI, « Me Kodjo Ndukuma s'exprime l'assainissement du secteur des télécommunications », Kinshasa, 1er juin 2015, in [http://www.radiookapi.net/emissions-2/linvite-du-jour/2015/06/01/kodjo-ndukuma-sexprime-lassainissement-du-secteur-des-telecommunications#sthash.94iJ7kQw.dpuf] (consulté le 1er juin 2016).

- RADIO OKAPI, « RDC : Africell dénonce la coupure de son interconnexion avec Vodacom, Tigo et Airtel », 12 novembre 2012,[www.radiookapi.net/economie/2012/11/12/rdc-africell-denonce-la-coupure-de-son-interconnexion-avec-vodacom-tigo-airtel] (consulté le 12 juillet 2012).
- RADIO OKAPI, « RDC : Africell dénonce la coupure de son interconnexion avec Vodacom, Tigo et Airtel », 12 nov. 2012, [www.radiookapi.net/economie/2012/11/12/rdc-africell-denonce-la-coupure-de-son-interconnexion-avec-vodacom-tigo-airtel] (consulté le 12 juillet 2012).
- RADIO TOP CONGO FM, « Interview du Vice-Premier Ministre, Ministre des PTNTIC, Thomas Luhaka », 1er avril 2016 [www.topcongo.fm] (consulté le 17 avril 2016).
- Recommandation 84/549/CEE du 12 novembre 1984 concernant la mise en œuvre d'une approche commune dans le domaine des télécommunications, Doc.384X0549, JOCE, L298, 16 nov. 1984, p.0049-0050. [http://admin.net/eur/loi/leg-euro/fr_384X0549.html], consulté le 13 juillet 2016.
- REPORTERS SANS FRONTIÈRES, « Levée de la suspension du service SMS », 28 décembre 2011 [https://rsf.org/fr/actualites/levee-de-la-suspension-du-service-de-sms] (consulté le 1er juillet 2006).
- REVERT A., « RDC : envolée des prix de l'Internet », *TV5 Monde,* 14 juin 2016 [http://information.tv5monde.com/afrique/rdc-envolee-des-prix-de-l-Internet-112843] (consulté le 8 juillet 2016).
- RICHARD J., *«* Le droit souple : quelle efficacité, quelle légitimité, quelle normativité ? *», Dalloz-actualité, Le quotidien du droit, interview* [http://www.dalloz-actualite.fr/interview/droit-souple-quelle-efficacite-quelle-legitimite-quelle-normativite#.VFe0KnbplzU] (consulté le 3 novembre 2014).
- RUIZ.P.https://www.developpez.com/actu/130017/Afrinic-pourrait-ne-plus-allouer-d-adresses-IP-aux-pays-africains-qui-suspendent-l-acces-a-Internet-a-leur-population/ (consulté le 8 août 2017).
- SORIANO S., « New Challenges in Europe », Intervention du Président de l'ARCEP, 4e Stakeholder Forum du BEREC, Bruxelles, 17 octobre 2016.http://www.arcep.fr (consulté le 7 avril 2017).
- Source diplomatique : [http://www.diplomatie.gouv.fr/fr/dossiers-pays/republique-democratique-du-congo/presentation-de-la-republique-democratique-du-congo/article/geographie-et-histoire-80709] (consulté le 9 août 2017).
- SUTTON E., « La Commission européenne dévoile sa stratégie numérique en 3 axes », 7 mai 2015, in [www.idboox.com.] (consulté le 14 décembre 2017).
- SWISHER K., « White House. Red Chair. Obama Meets Swisher », *Recode.net*, 15 février 2015.[www.recode.net/2015/02/15/white-house-red-chair-obama-meets-swisher/] (consulté le 3 août 2017).
- TAILLET A., VOORWINDEN A. et YAMAKAWA H., « Le numérique a besoin de valeurs » - http://www.touteleurope.eu/actualité/le-numerique-a-besoin-de-valeurs-entretien-avec-maitre-bensoussan-specialiste-du-droit-de-l-inf.html] (consulté le 26 décembre 2016).
- TÉ-LESSIA J., « Orange finalise le rachat de Tigo RDC », *Jeune Afrique*, 21 avril 2016 [www.jeuneafrique.com/319909/economie/orange-finalise-rachat-de-tigo-rdc] (consulté le 8 juillet 2016.)

- THIBAULT P. et MABI C., « Le politique face au numérique : une fascination à hauts risques », https://socio.revues.org/1344?lang=fr (consulté le 12 juin 2017).
- THOUMYRE L., « L'échange des consentements dans le commerce électronique », 1999 [http://www.juriscom.net] (consulté le 11 septembre 2011).
- TIC MAG, 12 février 2016 in [https://www.ticmag.net/viber-whatsapp-skype-comment-reguler-les-ott-qui-penalisent-les-operateurs-mobiles/] (consulté le 8 octobre 2016).
- TORDJMAN H., SINAÏ A., MAMÈRE N., KEMPF H., JARRIGE F., HÉROUARD J.-F., GRAS A., DECARSIN J. et BOURG D., « "La Troisième Révolution" de Rifkin n'aura pas lieu », *Libération*, Tribune, 21 octobre 2014, [www.liberation.fr] (consulté le 25 décembre 2016).
- TORDJMAN H., SINAÏ A., MAMÈRE N., KEMPF H., JARRIGE F., HÉROUARD J.-F., GRAS A., DECARSIN J. et BOURG D., « "La Troisième Révolution" de Rifkin n'aura pas lieu », *Libération*, Tribune, 21 octobre 2014. http://www.liberation.fr/terre/2014/10/21/la-troisième-revolution-de-rifkin-n-aura-pas-lieu-1126521 (consulté le 25 décembre 2016).
- TSHISHIKU M., « Assemblée Nationale : Les députés refusent au ministre Ambatobe le droit de défendre trois projets de loi », in *La tempête des Tropiques,* [http://7sur7.cd/new/2017/04/assemblee-nationale-les-deputes-refusent-au-ministre-ambatobe-le-droit-de-defendre-trois-projets-de-loi/] (consulté le 21 avril 2017)
- VPM, Ministre de l'Intérieur et Sécurité et VPM, Ministre des PTNTIC, « Communiqué du Gouvernement relatif à l'opération de contrôle d'identification des abonnés des services de télécommunications en République Démocratique du Congo », Kinshasa, 26 décembre 2015, [http://www.7sur7.cd/new/sur-decision-du-gouvernement-telecommunications-desormais-tout-abonne-doit-etre-identifie-par-son-operateur/] (consulté le 15 septembre 2016).
- WÉRY É., « Le Rapport du Conseil d'État français sur l'internet et les réseaux numériques : la bible ! », *Actualité,* 1er octobre 1998 [www.droit-technologie.org] (consulté le 23 novembre 2014).

3) Pages web, liens html

- [http://citations.webscence.com/citations/anonyme/est-gratuit-est-que-vous-etes-produit-2633] (consulté le 19 mai 2014).
- [http://curia.europa.eu/juris/liste.jsf ?num=C-395/96&language=fr] (consulté le 11 juin 2017).
- [http://ec.europa.eu/internal_market/services/gambling_en.htm] (consulté le 23 décembre 2013).
- [http://edaboard.com/thread555115.html] (consulté le 24 novembre 2016).
- [http://eur-lex.europa/legal-content/FR/TXT/?uri=CELEX%3A61988CJ0202] (consulté le 4 juillet 2016).
- [http://legimobile.fr/fr/jp/j/c/civ/1ere/1996/1/30/93-18684/](consulté le 29 octobre 2014).
- [http://lexpansion.lexpress.fr/high-tech/orange-l-operateur-telecom-historique_1753139.html] (consulté le 17 juillet 2017).
- [http://m.huffpost.com/mg/entry/8122780] (consulté le 10 juillet 2016).

- [http://maf.fr/fr/article/decision-du-23-janvier61987-Conseil-de-la-concurre/] (consulté le 16 mars 2017)
- [http://museedutelephone.narbonne.pagesperso-orange.fr/telegraphe.htm] (consulté le 16 juin 2016).
- [http://news.netcraft.com/],
- [http://www.arcep.fr/uploads/tx_gspublication/revue-stratégique-conclusions-priorités-janv2016.pdf] (consulté le 30 juin 2016).
- [http://www.berenboom.be/pdf/NoteReal.pdf] (consulté le 21 octobre 2014.)
- [http://www.conformementvotre.fr/un-millefeuille-legislatif-reglementaire/] (consulté le 13 octobre 2013).
- [http://www.conso.net/content/la-portabilite-de-votre-numero-de-telephone-fixe-en-10-points]
- [http://www.csa.fr/Services-interctifs/Services-de-medias-audiovisuels-a-la-demande-SMAD] (consulté le 8 juillet 2017).
- [http://www.droit.umontreal.ca/~gagnonc/travaux/consentement.html] (consulté le 11 septembre 2011).
- [http://www.economie.gou.fr/cedef/loi-de-modernisation-economie-lme] (consulté le 7 avril 2017).
- [http://www.economie.gouv.fr/republique-numerique/15-points-cles] (consulté le 1er mars 2017).
- [http://www.eventsrdc.com/rdc-une-loi-sur-les-tic-en-elaboration/] (consulté le 28 août 2016).
- [http://www.jeuneafrique.com/mag/298324/economie/whatsapp-skype-viber-casse-tete-operateurs/] (consulté à nouveau le 8 octobre 2016).
- [http://www.legalnet.cd/legislation/Droit%2àeconomique:telecommunication/AI M.19.05.2015.html] (Consulté le 21 septembre 2015).
- [http://www.maghrebarabe.org/fr/] (consulté le 13 juillet 2016)
- [http://www.pcinpact.com/news/66793-ordinateurs-foyers-francais-equipement-netbooks-tablettes.html] (consulté le 30 juin 2016).
- [http://www.radiookapi.net/2016/06/20/actualite/economie/hausse-du-prix-dinternet-larptc-ordonne-aux-operateurs-de-revenir] (consulté le 20 juin 2016).
- [http://www.sadc.int/themes/infrastructure/ict-telecommunications/] (consulté le 13 juillet 2016).
- [http://www.vie-publique.fr/actualite/panorama/texte-discussion/projet-loi-pour-republique-numerique.html] (consulté le 8 octobre 2016).
- [http://www.zdnet.fr/actualites/l-art-devient-officellement-l-arcep-39227791.htm] (consulté le 8 octobre 2016).
- [https://en.wikipedia.org/wiki/WACS_(cable_system)] (Consulté le 18 juillet 2016).
- [https://fr.m.wikipedia.org/wiki/3rd_Generation_Partership_Project] (Consulté le 17 juillet 2016).
- [https://fr.m.wikipedia.org/wiki/LTE_(reseaux_mobiles)] (consulté le 17 juillet 2016).
- [https://www.cnsea.fr/surendettement/la-loi-et-le-surendettement-neiertz-borloo-lagarde-hamon#neiertz] (consulté le 2 juillet 2017).
- [www.achpr.org/fr/instruments/au-constitutive-act] (consulté le 12 juillet 2016).
- [www.droitcongolais.info/files/avis-Ministere-des-Postes,-perte-certificat—JO-n-8,-annee-50,-15-avril-2009-.pdf](consulté le 9 juillet 2016).

- [www.idboox.com/economie-du-livre/la-commission-europeenne-devoile-sa-strategie-numerique-en-3-axes] (lu le 4 déc. 2017).
- [www.idboox.com/economie-du-livre/la-commission-europeenne-devoile-sa-strategie-numerique-en-3-axes] (lu le 4 déc. 2017).
- [www.jeuneafrique.com/339107societe/technologie-whatsapp-a-conquis-lafrique/]
- [www.journalofficiel.cd/jordc/resthesau.php?id_terme_initial=3204&lettre=P] (consulté le 1er juillet 2016).
- [www.leganet.cd/Doctrine.textes/decon/Dcontrats%20sino_congolais.pdf]

4) Sites Web

- [http://ecowas.int/]
- [http://www.amazone.fr]
- [http://www.au.int/fr]
- [http://www.cellular-news.com/coverage]
- [http://www.ibctelecoms.com.gsmafrica]
- [http://www.leganet.cd]
- [https://m.blablacar.fr]
- [www.afrinic.net]
- [www.arcep.fr]
- [www.assemblée-nationale-cd]
- [www.ceeac-eccas.org]
- [www.cellular.co.za]
- [www.cemac.int]
- [www.cnc.fr]
- [www.cnil.fr]
- [www.comesa.int]
- [www.conseil-État.fr]
- [www.csa.fr]
- [www.curia.europa.eu]
- [www.davidtate.fr]
- [www.eac.int]
- [www.europa.eu]
- [www.europarl.europa.eu]
- [www.europedia.org]
- [www.francophonie.org]
- [www.fratel.org]
- [www.glossaire-international.com]
- [www.imf.org]
- [www.itu.int]
- [www.le-dictionnaire.com]
- [www.legalis.net]
- [www.legalnet.cd]
- [www.legifrance.gouv.fr]
- [www.nepad.org]
- [www.ofcom.org.uk]
- [www.rascom.org]
- [www.rura.rw]

- [www.sadc.int]
- [www.traite-de-lisbonne.fr]
- [www.uemoa.int]
- [www.vodacom.cd]
- [www.wto.org].

TABLE DES MATIÈRES

SCIENCES DE L'INFORMATION ET DE LA COMMUNICATION AUX ÉDITIONS L'HARMATTAN

Dernières parutions

LA PRESSE CONGOLAISE DE FRANCE 1995-1997
Jerry Mpereng
Cet ouvrage est une étude monographique de la presse congolaise parue en France entre 1995 et 1997 dans la diaspora. Cette production journalistique est particulièrement riche en informations sur cette communauté en exil, mais elle révèle aussi un fonctionnement spécifique, du fait qu'elle évolue en dehors des circuits de fabrication et de distribution de la presse française. L'intérêt de ce livre réside donc dans l'analyse méthodique d'une source d'information.
(Coll. Études africaines, 108 p., 13 euros)
ISBN : 978-2-343-15285-1, EAN EBOOK : 9782140114557

INTELLIGENCE ARTIFICIELLE
Pratiques et enjeux pour le développement
Alain Kiyindou
Quand on parle d'intelligence artificielle (I.A.), on aborde généralement le sujet sous un angle purement technique, ou sur une comparaison de l'intelligence des machines avec celle de l'homme. Cet ouvrage offre une perspective différente, parce que communicationnelle. En effet, l'intelligence artificielle génère un être à vivre ensemble tout comme elle est un appui remarquable aux techniques et systèmes de communication. L'ouvrage est divisé en trois parties. La première revient sur les fondements et les spécificités de l'intelligence artificielle, la deuxième met en lumière la façon dont l'intelligence artificielle a été et est abordée en Sciences humaines et sociales avec une nette focalisation sur les Sciences de l'information et de la communication et, la troisième, relève les enjeux et pratiques de l'intelligence artificielle dans le cadre du développement. Plusieurs aspects sont ainsi analysés : la sécurité, la santé, l'éducation, l'économie, l'environnement.
(Coll. Communication et Civilisation, 212 p., 21,5 euros)
ISBN : 978-2-343-16366-6, EAN EBOOK : 9782140112034

PRATIQUE DU JOURNALISME
Le guide du débutant
Mamady Wasco Keita
L'écriture journalistique est une écriture efficace, qui sait aller à l'essentiel tout en éveillant l'intérêt du lecteur ou de l'auditeur. Elle est aussi l'art de choisir le bon angle pour présenter de façon attractive une information signifiante ou utile. C'est ce à quoi ce guide entend initier le futur journaliste. De la grammaire traditionnelle, enseignée à l'école élémentaire, aux techniques et savoir-faire des journalistes, il aborde tous les genres (interview, reportage, éditorial, billet, etc.) au moyen d'exemples concrets, sans négliger la présentation de l'information (titraille et illustrations notamment).
(Coll. Harmattan Guinée, 144 p., 16 euros)
ISBN : 978-2-343-16594-3, EAN EBOOK : 9782140109942

DÉSINFORMATION 2.0
Comment défendre la démocratie ?
Boris Barraud
La désinformation est, depuis l'invention du langage, un moyen de faire l'histoire en influençant les opinions et les sentiments populaires. Avec internet ce phénomène change de dimension et pose des questions inédites. Les nouvelles technologies permettent aux diverses formes de manipulation de l'information de toucher de vastes publics. Chaque citoyen-internaute devient un acteur des manoeuvres de désinformation, en particulier en les relayant sur les réseaux sociaux. Internet constitue

ainsi une révolution de l'information, mais aussi une révolution de la désinformation. Or la mécanique démocratique est mise en danger par les fausses informations, par les « fake news ». La désinformation 2.0 est à la fois un symptôme de la crise de la démocratie et un appel à reconstruire la démocratie.

(Coll. Questions contemporaines, 260 p., 26 euros)

ISBN : 978-2-343-16322-2, EAN EBOOK : 9782140107160

ETAT DES LIEUX DE LA PRESSE AUX CONGOS

Joseph Okania

Joseph Okania fait ici l'autopsie de ce mal récurrent qu'est l'amateurisme des journalistes congolais, lequel, bien que décrié par tous, gangrène le corps de la presse congolaise, rives droite et gauche confondues. Une immersion complète et une investigation de l'intérieur des médias l'ont conduit à cerner les inepties qui essaiment l'espace médiatique des deux Congos. Il appelle les journalistes au ressaisissement, en vue de redorer le blason terni de cette corporation et ainsi de redonner à la presse congolaise ses lettres de noblesse.

(Coll. Harmattan Congo-Brazzaville, 160 p., 17,5 euros)

ISBN : 978-2-343-15977-5, EAN EBOOK : 9782140103223

MÉDIAS PIONNIERS AU CONGO

Se kukianga (1891) et Minsamu Miayenge (1892)

Jean-Chrétien D. Ekambo

Préface de Bertrand Cabedoche

"La méticulosité et la pugnacité de l'auteur l'ont poussé à croiser les références documentaires. Mais ce n'est pas seulement un récit de l'aventure médiatique de deux magazines et de deux missions protestantes européennes dans le Congo de la fi n du XIXe siècle. On ne peut qu'admirer la puissance de distanciation du chercheur : Jean-Chrétien Ekambo ne relativise rien, ni l'exploitation éhontée et brutale ; il ne légitime rien, ni la violence symbolique et physique ; il n'atténue rien, ni les responsabilités directes des acteurs ; il n'élude rien, ni la dimension marchande des expéditions coloniales. L'auteur travaille à l'écart du romantisme et de l'antiracisme". Bertrand Cabedoche

(Coll. Medias d'hier, 206 p., 22 euros)

ISBN : 978-2-343-14775-8, EAN EBOOK : 9782140101816

LES MÉDIAS EN AFRIQUE DEPUIS LES INDÉPENDANCES : BILAN, ENJEUX ET PERSPECTIVES

Ndiaga Loum, Ibrahima Sarr

Préface de Marc-François Bernier

La place et le rôle des médias en Afrique sont à la fois liés au poids de l'histoire et aux contraintes du présent. Nés pendant la période coloniale, les médias dits modernes sont les témoins privilégiés de la trajectoire politique, économique, sociale et culturelle de l'Afrique avec les différentes séquences liées à la colonisation, à la décolonisation, au règne du parti unique, à l'avènement du "printemps politique africain", à la fin du monopole de l'Etat sur les médias. Il semble nécessaire, au regard du poids de l'histoire et des évolutions actuelles, de comprendre où se situent aujourd'hui les médias en Afrique.

(Coll. Études africaines, 276 p., 27 euros)

ISBN : 978-2-343-15559-3, EAN EBOOK : 9782140099342

SOTELGUI

De la coopération Sud-Sud au portefeuille de l'Etat (1993-2013)

Mamadou Pathé Barry

Cet ouvrage s'interroge sur l'échec financier de la Sotelgui, opérateur historique des télécommunications de Guinée, qui a été l'un des premiers de la sous-région à réussir sa restructuration et sa privatisation et à introduire la téléphonie cellulaire GSM, Areeba, Orange, Cellcom et Intercel. Il a ensuite vu naître, l'un après l'autre, d'autres opérateurs GSM, qui, eux, évoluent actuellement dans le pays. L'auteur montre comment cette société, qui regorgeait d'atouts économiques, disposait d'un taux d'équipement des plus élevés et d'un vivier de cadres fort compétents, s'est retrouvée, vingt ans après sa création, face à une situation de « cessation de paiement ».

(Coll. Harmattan Guinée, 152 p., 18 euros)

ISBN : 978-2-343-15181-6, EAN EBOOK : 9782140099670

LA PAROLE PUBLIQUE DANS LES MÉDIAS AU SÉNÉGAL

Les discours médiés du politique et du religieux

Birahim Thioune

Ce livre a pour vocation de montrer les ressorts de la médiation par presse interposée et les mécanismes des discours mobilisés, à l'occasion des rapports publics entre acteurs politiques ou médiateurs religieux. Il aborde sous un angle nouveau et différent du traitement journalistique la complexité des échanges langagiers entre acteurs de la scène publique sénégalaise.

(Coll. Harmattan Sénégal, 90 p., 11,5 euros)

ISBN : 978-2-343-15548-7, EAN EBOOK : 9782140097881

LES TÉLÉCOMMUNICATIONS AU BURKINA FASO ENTRE 1958 ET 2018

Enjeux et défis

Jacques Philippe Nacoulma

Cet ouvrage propose une approche sociologique critique des acteurs qui ont été en lien avec les télécommunications au Burkina Faso de 1958 à 2018: les enseignants-chercheurs, les journalistes, les ingénieurs télécoms, les informaticiens, les commerçants du secteur informel, les agents commerciaux du secteur formel, les étudiants, mais aussi les réparateurs et les bricoleurs de téléphones et d'ordinateurs. Les résultats des recherches menées dans plusieurs villes présentent les enjeux et les défis stratégiques, monétaires et économiques des technologies de l'information et de la communication.

(Coll. Harmattan Burkina Faso, 114 p., 13,5 euros)

ISBN : 978-2-343-15487-9, EAN EBOOK : 9782140097034

MEDIA IN THIRD-WAVE DEMOCRACIES

Southern and Central/Eastern Europe in a Comparative Perspective

Edited by Péter Bajomi-Lázár

The media and political systems of former communist countries in Central/Eastern Europe share a number of similarities with those in Southern Europe. According to Karol Jakubowicz, these similarities also include late democratisation, a weak middle class, marked social and economic differences, a strong catholicism, etc. Where are the third-wave democracies to date, particularly as regards their media systems? And where are they heading for? This volume with his differents talks of a joint conference in 2016 attempts to answer these questions and many more.

(240 p., 15 euros)

ISBN : 978-2-343-13011-8, EAN EBOOK : 9782140089305

COMMUNIQUER POUR ÊTRE ET PARAÎTRE DANS LA SOCIÉTÉ DE CONSOMMATION

Kacou Goa

Cet ouvrage invite chaque personne à comprendre les différentes formes de communication-marketing et les idéologies de la société de consommation dans laquelle elle évolue. Il intègre les moyens d'une communication-marketing et corporate appropriée, les approches de planification et contrôle marketing, les enjeux de la planification. La communication, c'est la vie : savoir communiquer pour être et paraître dans la société.

(Coll. Harmattan Côte-d'Ivoire, 230 p., 23,5 euros)

ISBN : 978-2-343-14625-6, EAN EBOOK : 9782140091780

ART, MÉDIAS ET ENGAGEMENT

Actions citoyennes et soulèvements arabes

Sous la direction de Fathallah Daghmi

L'ouvrage éclaire le cadre de productions artistiques représentées par le film, le documentaire, la peinture ou encore le street art, et les modalités d'usages médiatiques comme outils de médiations et de mobilisation sociale, comme forme d'interaction entre la réalité vécue et sa dimension symbolique avant, pendant et après les soulèvements arabes.

(Coll. Communication et Civilisation, 260 p., 27 euros)

ISBN : 978-2-343-13973-9, EAN EBOOK : 9782140089237

LE SCHÉMA DIRECTEUR INTELLIGENT

Rufin Ndinga

Le Schéma directeur intelligent (SDI) a tout d'une réponse idoine aux problèmes complexes du monde moderne. C'est une méthode rationnelle et universelle d'analyse globale, au demeurant ouverte et vivante, susceptible d'apprentissage, y compris sur soi, et d'adaptation dans l'environnement, voire dans l'organisation. De la gestion tous azimuts au développement, le Schéma directeur intelligent a été bien éprouvé dans les programmes de l'ONU et de la stratégie nationale de développement durable (SNDD) dont celui de la Société nationale des pétroles du Congo.

(896 p., 60 euros)

ISBN : 978-2-343-09793-0, EAN EBOOK : 9782140084874

LA RÉCIT MÉDIATIQUE ET LE TEMPS

Accélérations, formes, ruptures

Jean-François Tetu

La vitesse de transmission de l'information, et de sa circulation, fortement accélérée à l'ère numérique, invite à réexaminer le rapport entre les médias et notre perception du temps. Suivant la théorie de Ricoeur, pour qui c'est le récit qui construit notre expérience temporelle et le rend proprement humain, ce livre entreprend une synthèse des changements contemporains de notre perception du temps. Il place en son centre les modalités narratives des médias, et l'opposition forte à cet egard de l'information en continu et de celle des médias plus traditionnels.

(Coll. Communication et Civilisation, 180 p., 19 euros)

ISBN : 978-2-343-13829-9, EAN EBOOK : 9782140077128

MÉDIAS, MONDIALISATION ET DIVERSITÉ CULTURELLE

Le cas de l'Afrique subsaharienne

Caroline Pachecus

Les médias ne font pas que transmettre de l'information. Ils sont aussi des véhicules de culture. Dans notre monde globalisé, les médias n'assurent-ils pas l'uniformisation des cultures vers les cultures économiques les plus puissantes ? Ce travail interroge l'interdépendance en Afrique subsaharienne entre médias, globalisation, mondialisation des cultures, résistance des identités culturelles.

(Coll. Études africaines, 268 p., 28 euros)

ISBN : 978-2-343-14120-6, EAN EBOOK : 9782140078484

RIVALITÉS FRANCO-BELGES AU RWANDA ET POLÉMIQUES JOURNALISTIQUES

Emmanuel Murhula A. Nashi

Ce livre traite de la complaisance des grands médias francophones européens à l'égard des rivalités franco-belges en Afrique en général, et plus spécifiquement du degré de réflexivité des africanistes occidentaux - journalistes, écrivains, chercheurs - par rapport à la politique rwandaise des gouvernements Mitterrand-Balladur en France, et Dehaene en Belgique, lors de la guerre au Rwanda. C'est au vu des divergences entre africanistes que s'est imposé la nécessité d'analyser les récits et discours des médias dominants occidentaux et leurs effets à propos de la guerre du Rwanda de 1994.

(Coll. Comptes Rendus, 336 p., 34 euros)

ISBN : 978-2-343-14309-5, EAN EBOOK : 9782140077661

TECHNIQUES DE PROGRAMMATION D'ANTENNE POUR LA RADIO ET LA TÉLÉVISION AFRICAINES À L'ÂGE DU NUMÉRIQUE

Emmanuel Mbédé, Gervais Mbarga

Préface de Hervé Bourges

Cet ouvrage sur la programmation radio et télévision à l'âge numérique est conçu pour appuyer les professionnels de l'audiovisuel en Afrique. Cette industrie connaît une explosion formidable. Ce livre présente les stratégies et les techniques de ces métiers avec pour objectif de fournir des attitudes, des outils, des instruments et des méthodes pour construire une grille d'antenne attractive et performante, susceptible en temps de très forte concurrence d'attirer, de capturer et de captiver des audiences.

(Coll. Harmattan Cameroun, 300 p., 31 euros)

ISBN : 978-2-343-13769-8, EAN EBOOK : 9782140074110

Structures éditoriales du groupe L'Harmattan

L'Harmattan Italie
Via degli Artisti, 15
10124 Torino
harmattan.italia@gmail.com

L'Harmattan Hongrie
Kossuth l. u. 14-16.
1053 Budapest
harmattan@harmattan.hu

L'Harmattan Sénégal
10 VDN en face Mermoz
BP 45034 Dakar-Fann
senharmattan@gmail.com

L'Harmattan Cameroun
TSINGA/FECAFOOT
BP 11486 Yaoundé
inkoukam@gmail.com

L'Harmattan Burkina Faso
Achille Somé – tengnule@hotmail.fr

L'Harmattan Guinée
Almamya, rue KA 028 OKB Agency
BP 3470 Conakry
harmattanguinee@yahoo.fr

L'Harmattan RDC
185, avenue Nyangwe
Commune de Lingwala – Kinshasa
matangilamusadila@yahoo.fr

L'Harmattan Congo
67, boulevard Denis-Sassou-N'Guesso
BP 2874 Brazzaville
harmattan.congo@yahoo.fr

L'Harmattan Mali
Sirakoro-Meguetana V31
Bamako
syllaka@yahoo.fr

L'Harmattan Togo
Djidjole – Lomé
Maison Amela
face EPP BATOME
ddamela@aol.com

L'Harmattan Côte d'Ivoire
Résidence Karl – Cité des Arts
Abidjan-Cocody
03 BP 1588 Abidjan
espace_harmattan.ci@hotmail.fr

L'Harmattan Algérie
22, rue Moulay-Mohamed
31000 Oran
info2@harmattan-algerie.com

L'Harmattan Maroc
5, rue Ferrane-Kouicha, Talaâ-Elkbira
Chrableyine, Fès-Médine
30000 Fès
harmattan.maroc@gmail.com

Nos librairies en France

Librairie internationale
16, rue des Écoles – 75005 Paris
librairie.internationale@harmattan.fr
01 40 46 79 11
www.librairieharmattan.com

Librairie l'Espace Harmattan
21 bis, rue des Écoles – 75005 Paris
librairie.espace@harmattan.fr
01 43 29 49 42

Lib. sciences humaines & histoire
21, rue des Écoles – 75005 Paris
librairie.sh@harmattan.fr
01 46 34 13 71
www.librairieharmattansh.com

Lib. Méditerranée & Moyen-Orient
7, rue des Carmes – 75005 Paris
librairie.mediterranee@harmattan.fr
01 43 29 71 15

Librairie Le Lucernaire
53, rue Notre-Dame-des-Champs – 75006 Paris
librairie@lucernaire.fr
01 42 22 67 13

www.ingramcontent.com/pod-product-compliance
Lightning Source LLC
LaVergne TN
LVHW021151061026
849535LV00002B/429